JN437454

北傳四阿含(長 · 中 · 雜 · 增一經)

축역 원시근본불교성전

활안 · 월산 · 우림 축역
법연 · 무불심 편찬

세계불교성전편찬위원회

발원문

부처님. 당신은
마치 거꾸러진 것을 바로 세우고
가려진 곳을 열어 보이며
길잃은 자에게 길잡이가 되고
어둠 속의 등불과 같습니다.

저희들은 오랜 세월
부처님의 품안에서 가르침을 듣고
큰 깨달음을 얻어
막힌 마음을 뚫고
구부러진 생각을 폈습니다.

이제 늦었지만 새로운 각오로
고통중생에게 다소나마 도움이 될 수 있는
부처님 경전을 출간하여 널리 보급코자 계획하였아오니
가상이 여기시고 법계의 모든 중생들이
모두 함께 불도를 이루게 하옵소서.

서기 2007년 8월 15일
무불심 합장

경찬사

천 년 모기가 한 방울의 바닷물을 맛보고 3천대천세계의 일을 알았다 하고, 백겁동안 업보를 받은 어머니가 아들의 독경소리와 사경공덕으로 업보를 벗은 일은 이미 경론에 널리 소개된 바이다.

지난해 우리는 금강선원 합동 수련법회에서 근본불교성전을 출판하여 많은 사람들에게 공감을 얻은 바 있다.

그런데 이번에는 한 스님과 보살님의 숨은 원력으로 원시불교성전을 출간하게 되었으니, 이번에야말로 우리 불교계에 큰 복이 아닌가 생각된다.

한 세상 외롭고 쓸쓸하게 살아오면서 자신에게 힘이 되었던 불법을 만 중생에게 회향하는 마음을 가지신 스님, 보살님. 어찌 그 마음을 말과 글로 다 표현해 쓸 수 있으랴.

경에 말씀하시기를

"부처님의 말씀을 많이 듣고 널리 쓰고 출판하여 보시하는 사람은, 첫째 건강하고, 둘째 부귀하며, 셋째 명예가 귀하고 되고, 넷째 지혜가 총명해지고, 다섯째 태어나는 곳마다 5복이 구족하고, 여섯째 권속이 화합하며, 일곱째 조상이 왕생극락하고, 여덟째 자신이 죽으면 반드시 원하는 곳에 태어나고, 아홉째 자리이타에 충만한 불사를 하고, 열째 반드시 성불한다."

고 하였다. 왜냐하면 모든 사람들이 그 책을 보고 바른 믿음을 일으켜 평화와 안락을 얻기 때문이다.

그러므로 측천무후는 강한 정치인으로 많은 사람들을 심판하였으나 마지막

불경을 읽고 그 마음을 봄바람처럼 부드럽게 썼고, 제바달다는 부처님을 비방하고 산채로 지옥에 떨어졌으나, 부처님의 가르침을 받고 장차 천왕여래가 된다는 수기를 받았다.

그러므로 옛사람들은 틈만나면 먹과 붓을 구해 불경을 쓰고 배꼈으며, 돈이 생기면 금과 은을 사서 대장경을 새겼으니, 그것이 지금 전 세계에 유포되고 있는 ≪팔만대장경≫이다. 위로는 삼보 사중의 은혜를 갚고, 아래로는 삼도의 고통을 구하자는데 목적이 있었으니, 술 좋아하던 이태백이도 마지막 향산에 묻혀 부처님을 바라보고 누워있기를 원했고, 대 문장가 소동파도 그의 누이동생 소소매와 함께 관음예문을 지어 읽으며 다생의 죄업을 참회했던 것이다.

불경을 읽으면 우선 마음이 편해지고 몸이 정숙해져서 가는 곳마다 보리심을 발하게 된다.

아무쪼록 이 인연으로 이 책과 인연된 모든 사람들의 건강을 빌면서 끝으로 인경송(印經頌) 한 구를 붙인다.

印經功德殊勝行　無邊勝福皆回向
普願沈溺諸衆生　速往無量光佛刹

단기 4330년 8월 15일
대원사 주지 월산

편찬사

활안 스님을 모시고 법회한 지 어언 20여 성상이 지났습니다. 날마다 포교하느라 동분서주 하면서도, 글 쓰는 것 또한 밥 먹고 잠자듯 하여 어언 그 서적이 150여 권에 달했으나, 그 글의 요지는 항상 부처님께서 45년 동안 길거리에서 포교하시던 정신을 벗어나지 않고 있습니다.

미약한 힘이나마 포교에 일조(一助)가 되게 하기 위해 상계동 일우에 "무량선원 설법전"을 만들었습니다. 지난 석달 동안은 수년 전 편집한 "석가여래 성도기"를 가지고 교육하였는데, 체계있게 공부하는데는 ≪원시근본불교성전≫부터 시작하는 것이 옳다고 생각하여 이 책을 내는데 힘을 합쳐 출간하게 된 것입니다.

독자여러분께서는 주마간산격(走馬看山格)으로 대충 보아 넘기지 말고, 마음속에 깊이 새겨 생활불교의 자량(資糧)이 되도록 힘써 노력해 주시기 바랍니다.

불기 2551년 8월 15일
무량선원 주지 법인 합장

머리말

≪원시근본불교성전≫은 부처님 열반하신 뒤, 1세기경부터 3세기 사이에 상좌·대중부계통 스님들이 자기 종파에 필요한 경전들을 취집 선별하여 정찬(精撰)한 것이므로, 부처님 당시의 일을 알려면 이 경전을 의지하지 아니할 수 없다.

이 경전은 크게 팔리어 경전과 산스크리트(범어) 경전으로 나누는데, 팔리어 경전은 남방불교의 근본성전이 되었고, 산스크리트 경전은 북방불교의 성전이 되어 우리에게 익숙한 경전이다.

지난해 우리는 남방소전의 ≪근본불교성전≫ 일부를 출판하여 널리 보급한 바 있는데, 이번에는 북방불교성전인 ≪4아함경≫을 총정리 하여 단권으로 출판한다.

동국역경원에서 나온 것만도 평균 500쪽 15권이 되어, 약 7500쪽에 달하는 엄청난 분량이다. 그런데 거기 반복된 것이 많으므로 반복된 말을 축소시켜 그 대의만을 단권으로 축소시켰으니, 널리 깊이 연구하고 싶은 분은 원전 동국역경원간 ≪4아함경≫과 한문경전인 ≪고려대장경≫·≪신수대장경≫의 아함부를 참고하시기 바란다.

간경사업이란 감히 한 두 사람의 힘으로서는 엄두를 낼 수 없다. 그런데 상계동 무량사 법인스님과, 포천 대원사 월산큰스님의 원력과, 무불심보살님의 성스러운 마음에 의해 이 책이 출판되게 되었으니 진실로 천 년 가뭄의 단비요, 만 년 암야의 등불이다.

함께 기쁜 마음으로 편주와 교정을 보아주신 김익순 교수님과 뜻모아 교재편찬에 동참해 주신 여러 학자님들께 진심으로 감사드린다.

불기 2551년 8월 15일
세계불교성전편찬위원회 대표 활안 한정섭

일러두기

1. 이 경전은 북방소전의 4아함, 즉 ≪장아함경≫ · ≪중아함경≫ · ≪잡아함경≫ · ≪증일아함경≫을 중점적으로 축소시킨 것이다.

2. ≪장아함경≫은 대체적으로 문장이 긴 것으로 총 22권 30경으로 구성되어 있고, ≪중아함경≫은 중간적 문체로 60권 224경, ≪잡아함경≫은 50권 1362경, ≪증일아함경≫은 51권 472권으로 구성되어 있다.

3. ≪증일아함경≫은 1+2식으로 사전처럼 외우기 쉽게 되어 있고, ≪잡아함경≫은 이것 저것 부처님과 부처님 제자, 더 나아가서는 천인 · 아수라 · 장자 · 거사의 말씀까지도 뒤섞여 있어 부처님 당시 정신적 · 물질적 · 사회풍습을 이해하는데 큰 도움이 된다.

4. 중국의 번역은 후진(後秦) 불타야사와 축불념이 413년 ≪장아함경≫을 번역하고, 동진(東晋) 승가바제가 397, 398년 ≪중아함경≫을 번역했으며, ≪잡아함경≫은 송(宋)나라 때(435) 구나발다라가 번역하고, ≪증일아함경≫은 397년 동진 승가바제가 각각 번역한 것으로 되어 있다.

5. 이 책은 동국역경원간 4아함을 ≪신수대장경≫과 ≪고려대장경≫을 대조해 가며 간추려 정리하되 반복된 곳은 삭제하고 그 핵심 내용만을 정리하였다.

목 차

중아함경(中阿含經)

잡아함경(雜阿含經)

증일아함경(增一阿含經)

장아함경(長阿含經)

장아함경(長阿含經) 제1권 제1분 ①

1. 대본경(大本經)

부처님께서 기수급고독원에 계실 때 화림굴 강당에 모여 있던 비구들이 과거 부처님들의 이력을 알고 싶어 하자 부처님께서 천이통으로 들으시고 숙명통으로 그 내력을 알아 설명하였다.

"과거 91겁 전에는 비바시(毘婆尸) 부처님이 탄생하였고,
31겁 전에는 시기(尸棄) 부처님과 비사바(毘舍婆) 부처님이 태어났고,
31겁 중에는 구류손(拘留孫)·구나함(拘那含)·가섭(迦葉) 부처님이 태어났다.

비바시 부처님 때 사람의 수는 8만 4천 세이고, 시기 때는 7만,
비사바 때는 6만, 구류손 때는 4만, 구나함 때는 3만, 가섭 때는 2만,
나의 시대는 백 년이다.

비바시·시기·비사바 부처님의 성은 모두 구리야이고
그 다음 세 부처님은 가섭이며,
나는 고오타마다.

앞의 세 부처님과 나의 종족은 찰리이고,
다음 세 부처님은 바라문이다.

비바시 부처님은 파아탈리나무 밑에서 성불하고, 시기는 푼다리카,

비사바는 사알라, 구류손은 시리이사, 구나함은 우둠바라,
가섭은 니그로오다, 그리고 나는 앗삿타나무 밑에서 성불하였다.

비바시 부처님과 시기 부처님은 큰 지혜와 위덕으로 3회에 걸쳐 설법하였고
비사바는 2회, 구류손과 구나함, 가섭 부처님과 나는 1회 설법하였다.

건다 · 제사는 비바시의 제자이고,
아비부 · 삼바바는 시기의 제자이며,
부유와 울다마는 비사바의 제자이고,
살리와 비루는 구류손의 제자이며,
서반과 울다라는 구나함의 제자이고,
제사와 바라바는 가섭의 제자이며,
사리불과 목건련은 나의 제자이고,
무우와 인행, 적멸과 선각, 안화와 선우, 아난은
각각 일곱 부처님들의 시자였다.

또 방응 · 무량 · 묘각 · 상승 · 도사 · 집군 · 나후라는 일곱 부처님의 아들이고,
반두와 반두마저, 명상과 광요, 선등과 칭계, 사득과 선지,
대덕과 선승, 범덕과 재주, 정반과 대청정묘는 일곱 부처님의 부모이고,

반두마성 · 광상성 · 무유성 · 안화성 · 청정성 · 바라나성 · 가비라성은
각각 일곱 부처님이 태어난 나라이다.

빽빽한 구름이 하늘에 가득 찼을 때 번갯불이 천하를 비추듯이
모든 부처님들께서 태어나실 때는 해와 달이 미치지 못하는 곳까지
깨끗한 유리그릇이 안팎이 없이 비치듯이
큰 빛 두루 비쳐 미치지 않는 곳이 없었다.

하늘 가운데 하늘 복을 성취하고
사람 가운데 가장 높은 위치에 섰다가,
사자가 걸으면서 사방을 살피듯이
사방으로 일곱 발자국, 하늘 위에서나 땅에서 홀로 높다 하시니,
32상 80종호, 8상 성도로 오늘에 이르렀다.
오늘 나만 그런 것이 아니고 과거칠불도 그렇고
장차 오는 미륵 부처도 그렇게 될 것이다."

〈불설 장아함경 제1권 칠불경 · 칠불부모성자경 · 비바시불경 · 대본경〉

장아함경 제2권 제1분 ②

2. 유행경(遊行經) ①

어느 때 부처님께서 라자그르하(羅閱城) 기사굴산(耆闍崛山)에 계실 때 마가다(摩竭)국왕 아사세(阿闍世)가 발지국(跋祇國)을 치고자 우사 대신을 보내 자문하였다.

"마가다국왕 아사세는 부처님 발에 머리를 조아려 예배드리고 자문을 구합니다. 발지국 사람들은 스스로 건강하고 용맹 부강하여 제게 순종하지 않으므로 제가 치고자 하여 세존께 가르침을 받고자 합니다."

부처님께서는 말 머리를 아난 존자에게 돌려 물었다.

"아난아 너는 발지국 사람들이 자주 모여 서로 바른 일을 의논한다는 말을 들었느냐?"

"예. 들었습니다."

"임금과 신하가 서로 화순하고 위 · 아래 사람이 공경하고 법을 받들어 예를

지키며 산다는 말도 들었느냐?"

"예. 들었습니다."

"부모님께 효도하고 어른을 공경하고 종묘사직을 잘 지키며, 남녀노소의 행이 깨끗하여 사문과 바라문 등 수행자들을 공경하고, 수계자(守戒者)들을 잘 보호한다는 말도 들었느냐."

"예. 들었습니다."

"그렇다면 그 나라는 어떤 나라의 침입을 받더라도 망하지 아니할 것이다."

이 말을 들은 우사 대신은 아사세왕에게 돌아와 전쟁의 무용론을 펴 결국 전쟁하지 않고 자국의 국민들을 윤리 도덕적인 면에서 강도 높은 나라가 되도록 훈련하였다.

한편 부처님께서는 나열성 부근에 있는 모든 비구들을 모으고 영원히 멸하지 않는 일곱 가지의 법(不退法・不衰法・不亡法)을 설했다.

첫째, 7불퇴법은

① 자주 모여 정의를 강론을 하는 것이고,

② 위・아래가 협동한 것이며,

③ 법을 받들어 행하고,

④ 수행자를 보호하며,

⑤ 바른 생각으로 효도하고,

⑥ 청정한 평등행으로 어린아이들을 잘 보살피며,

⑦ 남을 먼저하고 나를 뒤로 하는 것이다.

둘째, 7불쇠법은

① 일이 적은 것을 즐거워 하고,

② 침묵을 즐거워 하며,

③ 잠을 적게 자고,

④ 패거리를 만들지 않으며,

⑤ 덕이 없이 스스로를 자랑하지 않고,
⑥ 악한 사람과 짝하지 않으며,
⑦ 산이나 숲 속의 한적한 곳에서 혼자 있기를 즐기는 것이다.

셋째, 7불망법은
① 여래를 믿고 따르는 것이고,
② 부끄러움을 아는 것이며,
③ 지은 죄를 부끄럽게 생각하고,
④ 많이 듣고,
⑤ 고행 수도하고,
⑥ 먼저 한 공부를 잘 기억하고,
⑦ 지혜를 닦아 익히는 것이다.

넷째, 7장법이 있으니
① 부처님을 존경하고,
② 법을 존경하고,
③ 스님들을 존경하고,
④ 계율을 존경하고,
⑤ 선정을 존경하고,
⑥ 부모를 존경하고,
⑦ 방일하지 않는 것이다.

또 7법이 있으니
① 내 몸을 깨끗이 하고,
② 음식을 깨끗이 먹고,
③ 세상을 즐기지 않고,
④ 항상 죽음을 생각하고,
⑤ 무상을 생각하고,

⑥ 괴로움을 생각하고,
⑦ 무아를 생각하는 것이다.

또 7법이 있으니
① 깨달음을 생각하고,
② 법을 생각하고,
③ 정진을 생각하고,
④ 기쁨을 생각하고,
⑤ 의각(猗覺)을 생각하고,
⑥ 정각(正覺)을 생각하고,
⑦ 호각(護覺)을 생각하는 것이다.

또 6법이 있으니
① 몸으로 사랑하고,
② 입으로 사랑하며,
③ 뜻으로 사랑하고,
④ 깨끗한 재물을 얻을 것을 생각하고,
⑤ 성현의 훈계를 받아 빠뜨림이 없게 하고,
⑥ 도를 알고 고통을 알아 멀리 여의는 것이다.

또
삼보와 보시, 계율·하늘을 생각하면 영원히 법이 망하지 않을 것이다."
하시고 그 길로 죽림정사에 이르러 계·정·혜 3학에 대하여 설명하였다.
"계를 닦아 정을 얻으면 큰 과보가 있고, 선정과 지혜를 닦아 과를 얻으면 등해탈을 얻어 3루(欲漏·有漏·無明漏)에 벗어나고, 해탈 지혜가 생긴다" 하였다.

그때 많은 우바새들이 부처님을 찾아뵙고, 3보에 귀의하고 5계를 지킬 것을 맹세하자, 계를 지키고 파하는데 다섯 가지 공과가 있음을 설하셨다.

첫째, 계를 파하는 사람은
① 재산을 구해도 뜻대로 되지 않고,
② 얻은 재물도 날로 점점 없어지고,
③ 이르는 곳마다 사람들의 존경을 받지 못하고,
④ 추한 이름과 나쁜 소문이 천하에 퍼지게 되고,
⑤ 죽은 뒤에는 지옥에 들어간다.

둘째, 계를 잘 지키면
① 구하는 것이 잘 되고,
② 재산이 점점 불어나고,
③ 가는 곳마다 사람의 존경을 받고,
④ 좋은 이름과 칭찬이 천하에 두루 퍼지고,
⑤ 목숨을 마친 뒤에 반드시 천상에 태어난다.

하루는 파아탈리푸트라성에 이르러 아난 존자에게 물었다.

"누가 이 성을 쌓았느냐?"

"우사 대신이 쌓았습니다."

"그는 하늘의 뜻을 얻었도다. 영토에 맞추어 상·중·하 백성들이 모여 살면 큰 복이 있을 것이다."

하고 이튿날 신도들의 공양을 받고는

"이제 그대들은 이곳의 현인과 지혜로운 사람이 사는 곳에서 계를 지키는 깨끗한 행으로 살면 천인이 기뻐하고 존경할 것이다. 그러니 널리 베풀고 두루 사랑해 자비로운 마음이 생기도록 좋은 일을 많이 하라. 만일 그렇지 못하면 이 성이 무너지게 될 것인데, 이 성이 무너질 때는 삼재가 일어날 것이다."

하시고 장차 그 강을 건너가시니 그 강 이름이 그 때부터 '고오타마강'이라 불려지게 되었다.

부처님은 강을 건넌 뒤 노래 불렀다.

부처님은 바다의 사공이고 법의 다리 나루로서,
대중의 큰 수레로 일체의 천상 인간을 건져주신다.
또 스스로 번뇌를 끊어 저 언덕에 이르러 신선이 되고,
모든 제자들로 하여금 결박을 풀고 열반을 얻게 한다.

발지국을 거쳐 구리(拘利)에 이르러 비구들에게,
"계 · 정 · 혜 3학과 해탈은 오직 부처님만 분별한 진리이니
괴로움을 떠나 중생을 교화해, 나고 죽음의 번뇌를 끊게 하라."
하시고 나아디카아(那陀)촌의 벽돌집 휴게소에 이르러 잠시 쉬면서 말씀하셨다.

"이곳에 12거사가 있으니
① 카쿠다(伽伽羅)이고,
② 카알링가(伽陵伽)이며,
③ 니카타(毘伽陀)이고,
④ 리슈(利輸)이고,
⑤ 사아로오(遮樓)이고,
⑥ 바야로오(婆耶樓)이고,
⑦ 밧다로오(婆頭樓)이고,
⑧ 수밧다로오(藪頭樓)이고,
⑨ 툿타(陀利舍菟)이고,
⑩ 산툿타(藪達利舍菟)이고,
⑪ 야쇼오(耶輸)이고,
⑫ 야쇼오다로오(耶輸多樓)이다.
이들은 5하분결(下分結)을 끊고 생천했으며, 또 50인의 죽은 자도 3결을 끊고 사다함이 되었고, 또 다른 500인도 3결을 끊고 수다원이 되었다.

아난아, 법의 거울이란 성인의 제자들이 무너지지 않는 믿음을 얻는 것이니, 즐겨하고 기뻐하고 화합하며 수다원을 향해서 수다원을 얻고, 사다함을 향하여

사다함을 얻고, 아나함을 향하여 아나함을 얻고, 아라한을 향하여 아라한을 얻는 것이니, 이것을 4쌍 8배라 한다.

이러한 사람을 성현이라 부르고, 또 성현의 계는 맑고 깨끗하여 더러움이 없고, 이지러지거나 빠짐이 없어 명철하고 지혜로운 사람이 될 것이니, 이런 사람을 선정을 얻은 사람이라 할 수 있다.

다시 부처님은 바이살리(毘舍利)에 이르렀다.

그때 음녀 암바바리(菴婆婆梨)가 이 소문을 듣고 보배수레를 장식하고, 부처님께 나아가 3귀 5계를 받고 공양청을 하고 떠났다.

이 소문을 들은 예차(隷車) 사람들도, 5색 말에 5색 수레를 타고 가다가 암바바리의 권속들과 만났다. 암바바리가 움직이지 않자 예차 사람들이 물었다.

"그대는 누구의 힘을 믿고 길을 비키지 않는가?"

"내일 부처님을 공양코자 공양물을 준비해 오는 길이다."

"16금을 줄테니 그 공양청을 우리에게 양보하라."

"설사 당신네 나라 전체를 다 준다 해도 나는 이 공양청을 바꿀 수 없다."

"아, 우리들의 첫째 복을 이 여인에게 놓쳤구나."

하고 일백 명이 수레를 나누어 타고 갔다.

그때 부처님께서는 이 광경을 보고 비구들에게 말했다.

"비구들아 알라. 이 몸을 관찰하고 밖으로 관찰하는 것을 게을리 하지 말라. 부지런히 잊지 않고 생각에 게으르지 않고, 탐욕하지 아니하고 수(受)·의(意)·법(法)에 대해서도 그렇게 행하고, 그쳐야 할 법을 알게 되리라."

그때 병기(幷暨) 바라문이 게송으로 부처님을 찬탄하였다.

"마가다의 앙가(鴦伽)왕이 좋은 이익을 얻기 위해 몸에 보배갑옷을 입듯,
세존이 이 땅에 나타나시니 3천 위의와 이름이 히말라야의 향연과 같다.
그 광명은 아침 해와 같고,
밝은 달이 하늘에 높이 뜬 것 같아 널리 세간을 비춘다.

여래의 지혜는 어둠속의 별과 같고,
밝은 눈은 세상의 모든 의혹을 풀어주시네."

예차 사람들이 듣고 병기에게 옷을 보시하자 병기는 그것을 받아 부처님께 공양 하였다.

부처님께서는 비로소 예차 사람들에게 법을 말씀 하셨다.

"이 세상에 다섯 가지 보배가 있다.
첫째, 여래가 세상에 나타나는 것이고,
둘째, 여래의 바른 법이며,
셋째, 불법을 믿고 아는 것이고,
넷째, 여래의 법을 성취하는 것이며,
다섯째, 위험에 빠진 사람을 그 재앙으로부터 구원하는 것이다."

예차 사람들은 법을 듣고 기쁨에 넘쳐 공양을 하였다.

"내일 저희들의 초대를 받아 주옵소서."

"내일은 이미 암바바리와 약속했으니 다른 때를 기약하도록 하자."

이튿날 부처님께서 1,250명 대중과 함께 암바바리에게 가니 암바바리가 말했다.

"이 바이샬리에서 저희 동산이 가장 훌륭합니다. 저는 이 동산을 여래께 바치겠습니다. 받아 주십시오."

"좋다. 이 동산은 승단의 것이다. 여래가 가지는 동산·숲·방·집·옷·발우 6물은 참으로 위대한 것이다."

하고 다음과 같이 게송을 읊었다.

"탑 세우고 절 짓고, 동산 과일 시원함을 보시하고,
다리와 배로 사람을 건네주고 광야에서 물과 풀을 보시하며,
또 집지어 보시하면 그 복 밤낮으로 불어나고,
계를 갖추어 맑고 또 깨끗하면 그는 죽어 반드시 천당에 태어난다."

그 때 암바바리가 낮은 평상을 가져와 부처님 앞에 앉자, 부처님께서 시(施)·계(戒)·생천(生天)에 관해 설하시고, "애욕이 화근 덩어리"임을 말씀한 뒤, 4성제·8정도를 설하였다. 암바바리는 그 자리에서 발심하여 3보에 귀의하자 재가신도로써 인증하여 5계를 설하였다.

부처님께서는 이렇게 암바바리를 제도하고, 바이샬리에 계시다가 다시 죽림정사로 오셨다. 소문을 듣고 찾아온 비사타야(毘沙陀耶)가 공양청을 하였다.
이튿날 그의 집에 가니 그가 게송으로 찬탄하였다.

"만약 음식 의복 침구로써
계를 지키는 사람에게 보시하면,
그는 곧 큰 갚음을 얻을 것이다."

그해 나라에서는 큰 흉년이 들어 걸식하기가 힘들었으므로 부처님께서는 비구스님들을 모으고
"그대들은 각각 떼를 지어 아는 곳을 따라 바이샬리나 발지로 가서 안거하라. 나는 아난과 함께 여기서 지내겠다."
그런데 그때 부처님께서는 그때 큰 병을 앓으셨는데 오직 정진력으로 이겨냈다. 아난이 걱정하자 "걱정하지 말라" 위안하고
"자기를 등불로 삼고, 법을 등불로 삼으며, 자귀의 법귀의 하라. 안팎의 몸을 관찰, 수(受)·의(意)와 법(法)을 부지런히 관찰하라. 내가 죽은 뒤에도 이대로만 수행하면, 그는 곧 나의 참 제자요 제일가는 학자가 될 것이다."
하고 아난을 데리고 차바라(遮婆羅) 탑으로 갔다.
아난이 탑 앞에 자리를 깔자 부처님께서는 편히 누워 쉬면서 말씀하셨다.
"4신족을 닦아 행하면 1겁도 더 생명을 유지할 수 있다."
그러나 아난은 알아 듣지 못하고 아무 말도 하지 않고 나무밑으로 가 쉬고 있었다. 그때 니련선하에서부터 반열반에 드시기를 희망한 마왕 파순이 와서 말했다.

"이제 때가 다한 것 같습니다."

"그런 소리 말라. 나는 갈 때를 다 알고 있다. 제자들이 모일 때까지 기다려 3개월 후에 말라족(末羅族)의 발상지 쿠쉬나가라(拘尸那竭) 사알라원(娑羅園)의 두 나무 사이에서 멸도하리라."

이 말을 듣고 마왕 파순이 물러가자 부처님은 의삼매(意三昧)에 들어, 명(命)을 버리고 수(壽)에 머물자 천지가 6종으로 진동했다. 그때 세존께서 읊었다.

있음과 없음, 두 행 중에서
나는 이제 유위를 버렸으니
마음 삼매를 오로지 하여
새가 알에서 나오는 것과 같이 하리라.

그때 아난이 천지가 진동한 것을 보고 놀라 물으니
"천지진동에는 여덟 가지 인연이 있다."
하시고 다음과 같이 설명해 주셨다.

① 땅은 물 위에 있고 물은 바람을 의지하고, 바람은 허공을 의지해 존재하는데, 공중에 큰 바람이 있어 때로 스스로 일어나면, 큰 물이 어지러워 땅을 진동할 때 천지가 진동하고,
② 비구, 비구니, 위신력 있는 하늘이 물의 성질이 많음과 땅의 성질이 적음을 알려고 스스로 시험해 보고자 할 때 땅이 흔들리며,
③ 보살이 도리천에서 내려와 어머니 태에 들어 생각을 산란하지 않으면 땅이 진동하고,
④ 보살이 어머니 태에서 나와 생각을 산란하지 않으면 땅이 진동하며,
⑤ 보살이 위없는 정각을 이루면 땅이 진동하고,
⑥ 부처님이 도를 이루어 악마・악마의 하늘・사문・바라문・모든 하늘・모든 중생이 굴릴 수 없는 법륜을 굴리면 땅이 진동하며,
⑦ 부처님의 교화가 끝나려 할 때 생각이 산란하지 않고 열반코자 할 때 땅이 진동하고,

⑧ 부처님이 반열반할 때 땅이 진동한다.

〈불설장아함경 제2권, 유행경 제1권〉

장아함경 제3권 제1분 ③

2. 유행경 ②

부처님께서 아난에게 말씀하였다.

"세상에는 찰리・바라문・거사・사문・4천왕・도리천・악마・범천중 등 여덟 무리가 있는데 나는 그들의 필요를 따라 수없이 다니면서 설법했으나 내가 그곳에서 없어지고 나면 그들은 내가 누구인지 알지 못했다. 이것은 진실로 미묘한 일을 오직 여래만이 성취한 것이다. 5온이 일어나고 머물고 멸하는 것을 확실히 알고 있기 때문이다. 아난아, 향탑(香塔)으로 가자. 그리고 그 주위에 있는 비구들을 다 한 자리로 모이게 하라."

아난이 분부를 받고 대중을 모이자 말씀하였다.

"나는 4념처・4의단・4신족・4선・5근・5력・7각의・8징도를 통하여 최정각을 이루었다. 너희들은 마땅히 이 법 가운데서 화합하고 다투거나 송사해서는 안된다. 12부경을 잘 받아지니고 서로 공경하고 순종하라. 머지않아 나는 열반에 들리라."

이 말씀을 듣고 비구들이 통곡하며 몸부림치자 말씀하였다.

"걱정하고 슬퍼하지 말라. 나는 이제 자재하여 아늑하고 편안한 곳으로 갈 것이다. 대중의 화합을 위해 미리 이 뜻을 전한 것이니 방일하지 말라. 계율을 갖추어 보호하라. 악마 파순이 울비라 니련선으로부터 지금까지 나를 따라 다니다가 이제 포기하고 그는 돌아갔다. 내가 유위를 버리고 영원한 삼매에 든다는 것을 알았기 때문이다."

아난이 청했다.

"세존이시여, 멸도에 들지 말고 일 겁 동안만 더 살아계십시오."

"귀찮게 하지 말라. 내가 지난번 4신족을 얻고 원한다면, 1겁도 더 머물 수 있다고 말했으나, 누구하나 청하는 사람이 없어 이미 결정 지워진 것이다. 여러 말 하지 말고 우리 암바라 마을로 가자."

그래서 발지국을 경유하여 암바라 마을에 이르러, 세존께서는 대중을 위해 계・정・혜 3학을 말씀하시고, "이를 닦으면 큰 과보가 있다"고 설명하였다. 그리고 첨파 마을을 거쳐 건다 마을, 바리바 마을을 지나 부미성으로 들어갔다. 시사파숲에 머물렀다. 거기서 비구들께 말씀하였다.

"혹 어떤 사람이 나도 부처님께 어떤 나라에서 무슨 말을 들었다 하더라도 함부로 믿지 말고, 허실을 따져 계율과 법에 본말을 규명한 뒤 실천하여야 한다. 다시 파바성으로 가자."

부처님께서는 파바성 사두원에 이르러 공사자 주나에게 설법하고 공양청을 받았다. 가서 보니 희귀한 전단나무 버섯으로 공양을 준비했는데, 다른 사람이 먹으면 소화를 시키지 못할 것 같아 "먹지 말라"고 일렀다.

부처님께서는 홀로 공양을 드시고 주나의 질문을 따라 네 종류의 사문에 대해서 말씀하였다.

① 도를 행함이 뛰어난 자이고,

② 도의 뜻을 잘 설명하는 자이며,

③ 도를 의지해 생활하는 자이고,

④ 도를 행하는 척 더러움만 짓는 자이다.

①은 은혜와 사랑, 가시밭을 건너 열반에 이른 자이고, ②는 진리의 뜻을 알아 도에는 더러움과 때가 없음을 설명하여 사랑스럽게 의심을 풀어주는 자이고, ③은 법규를 연설하고 도를 의지해 사는 자며, ④는 속이 간사하고 삿되 겉으로는 청백한 척하면서 속으로는 거짓과 속임이 많은 자이다."

설법이 끝난 뒤 부처님은 아난과 함께 가시다가 자리를 깔도록 하고, 길가에 누우셨다.

"등쪽이 매우 아프구나."

“주나가 바친 공양 때문이 아닐까요?”

“그런 소리 하지 말라. 주나는 나에게 마지막 공양을 제공한 자이기 때문에 큰 공덕을 받을 것이다.”

부처님은 다시 일어나 길을 가시다가 또 한 번 누우시고 앉아 쉬셨다. 그때 구이나갈성에서 파바성을 향해 가던 아라한 제자 복귀가 말했다.

“참으로 부처님의 용안은 단정하십니다. 공부한 사람이 아니면 이런 모습을 나타낼 수 없습니다. 저도 옛날 삼매에 들었을 때 5백 대의 수레가 지나갔어도 몰랐습니다.”

“나는 언젠가 아월촌 초막에 있으면서 뇌성벽력으로 황소 네 마리와 농부 형제가 죽었는 데도 경행하고 있었다.”

사람들이 물었다.

“부처님. 사람이 죽고 소가 죽었는 데도 모르셨습니까?”

“삼매에 들어 있었느니라.”

이 말씀을 들은 복귀는 황금빛 찬란한 옷 두 벌을 보시하였다. 부처님은 그것을 받아 한 벌은 아난에게 주시고 한 벌은 직접 입으셨다.

복귀는 그 자리에서 법문을 듣고 우바새가 된 뒤 부탁하였다.

“혹 파바성에 오시게 되면 저희 집에 들려주시옵소서.”

부처님께서 새 옷을 입고 계시니 그 용모가 더욱 빛났고 8만 4천 털구멍에서 광명이 쏟아졌다. 아난이 말했다.

“부처님 제가 부처님을 모신 지 25년이 되지만 이렇게 몸에서 빛이 발하는 것은 처음 보았습니다.”

“두 가지 인연이 있나니 하나는 처음 도를 이루었을 때와 마지막 세상을 하직할 때 이다. 아난아 내 목이 마르니 어디 가서 물을 떠오너라.”

“방금 500대의 수레가 상류를 지나가 물이 흐려져 있습니다.”

“그냥 떠 오너라.”

“발을 씻을 수는 있어도 드실 수는 없습니다. 구손강(拘孫江)이 있는 곳에 가서 드시면 어떠하겠습니까?”

“좋도록 하라.”

그때 설산의 귀신이 여덟 가지 물을 바쳐 목을 축이신 뒤 구손강에 이르러 목욕하시고 물을 마셨다.

거기서 얼마쯤 가시다가 어떤 나무 밑에 이르러 춘다에게 명령하였다.

"너는 승가리를 네 겹으로 접어 여기 깔아라. 내 잠깐 쉬어 가리라."

춘다가 자리를 깔고 옆에 앉아 말했다.

"저는 반열반에 들려합니다."

하고 승낙을 받은 뒤 그곳에서 반열반에 들었다.

아난이 물었다.

"만일 부처님께서 멸도 하신다면 어떤 장례법을 써야 할까요?"

"가만히 있으면 신도들이 알아서 처리할 것이다."

"그래도 궁금합니다."

"전륜성왕의 예법에 의해서 하라. 먼저 향탕으로 몸을 씻고 무명천으로 5백 겹을 감은 뒤, 몸을 황금관에 넣고 깨 기름을 쏟아 붓고, 다시 그것을 쇠곽에 넣고 향곽으로 덮고 다비한다. 사리가 나오거든 네거리에 탑을 세우고, 그 위에 비단을 걸어 지나가는 사람들이 모두 보고 사모하여 큰 이익을 얻게 하라. 탑을 세울만한 사람은 넷이 있으니 ①은 여래이고, ②는 벽지불이고, ③은 성문이고, ④는 전륜성왕이다."

하시고, 구리성 밀라유의 두 나무(雙樹) 사이로 가자고 하셨다.

한 바라문이 지나가다 보고

"저희 마을에 이르러 하루 쉬시고 내일 아침 저의 공양을 받아 주시옵소서."

"갸륵하다. 친구여, 나는 이미 그대의 공양을 받았노라."

하시고, 아난에게 말씀하였다.

"너는 구리성에 들어가 나의 본생처에 자리를 펴라. 머리는 북쪽으로 다리는 서쪽을 향하게 하라. 왜냐하면 내 법이 장차 북쪽에서 널리 퍼져 유행하게 될 것이기 때문이다."

아난이 자리를 깔자 누우시니 쌍수의 신들이 때아닌 꽃으로 공양을 하였다. 부처님께서 말씀하였다.

"이것은 진공양이 아니다."

"그렇다면 어떤 것이 진공양입니까?"

"어떤 사람이고 나의 법(5온·6입·12처·18계·무아법)을 받아 법대로 행하는 것이다."

그때 범마나라(梵摩那羅)가 부채를 들고 와 부처님께 부채질을 하였다. 부처님께서 말씀하였다.

"뒤로 물러나라. 지금 구리성 안 12유순 안에는 천신들이 가득차 나를 보기 원하고 있으니 가려서는 안된다."

"어떤 인연이 있어 이렇게 천인들이 공경합니까?"

"91겁 전 비바시 부처님을 섬겼는데 풀 횃불로 그의 탑을 비춘 인연이다."

아난이 물었다.

"이 보잘 것 없는 성에서 멸도하시지 않았으면 합니다. 저 첨파·비사리국 왕사성·밧지·사위국·가비라국·바라나국 등 부유한 나라도 많지 않습니까?"

"무슨 소리를 하느냐. 이 땅은 옛날 대선견왕이 다스린 바 있는데 그때의 땅 이름은 구사바제(拘舍婆提)였다. 길이가 480리, 넓이가 280리, 그때 땅과 곡식은 풍성했다. 백성들은 불꽃처럼 왕성했으며 성은 7겹으로 난간을 이루었고, 금성·은성·유리성·수정성·은문·금문·수정문·유리문이 차례로 있어 성 주위가 온통 4보로 구성되어 있었다. 보배참호가 일곱 겹으로 쌓여 있는 가운데 연꽃·우발라꽃·발두마꽃·구물두꽃·분타리꽃들이 피어 있었고, 밑에는 금모래가 깔렸으며, 가로수는 모두 다린나무, 금나무에는 은잎과 은꽃 열매가 맺히고, 은나무에는 금잎과 금꽃 금열매가 열렸으며, 수정나무에는 유리꽃에 유리열매가 열렸고. 물은 맑고 깨끗했으며, 벽돌로써 그 가장자리를 쌓고 금사다리에는 은발판에 은사다리, 금발판에 금사다리, 유리·수정도 마찬가지였다. 성 곳곳에 다라나무가 꽉 차 있었고, 사방에서 꽃이 피어 진실로 아름다웠다.

전륜성왕은 7보(金輪·白象·紺馬·神珠·玉女·居士·主兵寶)를 성취하고 네 가지 덕(長壽·건강·단정·寶物德)으로써 나라를 다스렸으니 백성들은 안락하고 평온하였다.

〈불설장아함경 제3권, 유행경 제2권〉

장아함경 제4권 제1분 ④

2. 유행경 ③

선견왕은 세 가지 인연 때문에 그 같은 복을 받았으니 보시·지계·선사(禪思)가 그것이다. 다음에는 4선(離喜樂·定生喜樂·護念樂行·護念淸淨) 4무량심(慈·悲·喜·捨)을 닦아 천복을 받았다.

그러나 이와 같은 모든 복도 결국에는 변하고 쇠하며 멸하는 것이다. 그래서 내가 출가하여 도를 닦고 성도를 이루어 지금 이곳까지 온 것이다. 그러니 이 성을 적다고 업신여기지 말라. 장차 이 성은 선견대왕의 시대처럼 번성해질 것이니 내가 한밤중에 멸도에 든다는 것을 말라유 사람들에게 알려라."

그때 말라유 사람들이 이 소문을 듣고, 가족들과 함께 흰 천을 가지고 사라쌍수로 모여와 문안드리자

"내 그대들에게 무병장수하고 고통을 없애주리라."

하고 다음과 같이 법문하셨다.

"이 세상 모든 것은 변해가나 그 변해가는 것을 아는 것은 변치 않나니, 이것을 깨달아 영원히 죽지 않은 이치를 알아야 한다."

말라유 사람들은 이 법문을 듣고 5백 장의 흰 천을 바치고 떠나갔다.

그때 구리성 안에 수발다(須髮多)라 부르는 바라문이 있었다. 나이 120살이 되도록 천하를 주유하며 정법을 물었으나, 누구 하나 일깨워 주는 사람이 없었다. 그는 아난의 뿌리침을 물리치고 기필코 부처님을 뵙겠다고 소리치자 부처님께서 들여 보내라 하였다.

"부처님 저는 어려서부터 천하를 주유하며 6사의 선지식과 96종의 이교도들을 만나 보았습니다. 모든 사람들이 자기 법이 옳고 다른 법은 모두 그르다 하는데 어떤 법이 진짜 정법입니까. 가르쳐 주시옵소서."

"수발다라여, 바를정자(八正道)가 있으면 외도도 나의 법이고, 바를정자가 없으면 불법도 이도이니라."

수발다라는 그 자리에서 도를 깨닫고

"나는 부처님을 따라 8정도의 법을 통해 이미 범행이 섰고, 큰이익을 얻었습니다. 저 같은 늙은이도 출가 사문이 될 수 있겠습니까?"

"다른 종교인이 내 법 가운데 들어올 때는, 4개월 동안을 말미를 두어 모든 위의를 갖춘 연후에 구족계를 받을 수 있으나, 그러나 이것은 오직 그 사람의 행에 달려 있으므로 그대만은 예외가 될 것이다. 그대는 나의 마지막 제자다."

그리하여 수발다라는 그 자리에서 출가 수계하고 아라한이 된 뒤 부처님 보다 먼저 반열반에 들었다.

아난이 부처님의 임종을 앞두고 뒤에 서서 울고 있으니 부처님께서 말씀하였다.

"그만 그쳐라. 걱정하지 말라. 슬퍼하지 말라. 너는 나를 섬기는데 지금까지 몸과 입과 뜻의 행에 사랑이 있어 누구도 짝할 이 없었다. 과거 모든 부처님 제자들도 그러했지만, 특히 아난은 말 이전에 행동을 보여 싫증내는 일이 없었다. 그러므로 부지런히 정진하면 머지않아 도를 이룰 것이다."

이에 아난이 물었다.

"부처님께서 살아 계실 때는 4방의 큰 스님들과 족성들이 찾아 왔었는데, 부처님께서 계시지 않으면 그들의 발걸음이 그만 끊어질 게 아닙니까?"

"그것도 걱정하지 말라. 불제자에게는 네 가지 생각이 있나니, 부처님이 태어난 곳과 깨달음을 얻은 곳, 전법하신 곳, 열반에 든 곳을 생각하고 기뻐하며 기억하여 잊지 아니하므로, 내가 살아 있는 것과 같이 될 것이다. 그들도 모두 그와 같은 생각을 가지고 순례하며 복을 닦아 생천의 인연을 지을 것이다."

"천노 비구 · 비구니들은 어찌하면 좋겠습니까?"

"교계(敎誡)를 받지 않거든 범단벌(梵檀罰)을 행하여 더불어 말하지도 말고 오고 가지도 말며 가르치고 일도 함께 하지 말라."

"모든 여인들에 대해서는 어떻게 하면 좋겠습니까?"

"나이 많은 사람은 할머니 · 어머니 · 누이, 비슷한 자는 친구, 손아래는 동생

·딸·손녀같이 대하면 아무 이상 없을 것이다. 가능하면 서로 보고 말하지 말되 말할 때는 스스로 그 마음을 거두어 잡아라. 경과 계는 그대들을 보호할 것이니 모든 출가자들에게도 그렇게 가르쳐라. 그리고 무엇이고 의심이 있으면 때를 놓치지 말고 물으라."

모든 비구들이 침묵하고 "의심이 없다"고 하자,

"그대들은 앞으로 7생 이후에는 모두 아라한이 되리니 게으름 없이 정진하라."

하시고 금빛 팔을 높이 들어 보이신 뒤

"여래가 세상에 태어나는 것은 마치 우담바라꽃이 가끔 한 번씩 피는 것과 같다."

하시고 초선·2선·3선·4선 공처(空處)·식처(識處)·불용정(不用定)·유상무상정(有想無想定)·멸상정(滅想定)에 들었다.

아난이 아나율다에게 물었다.

"이미 열반 하셨을까요?"

"아닙니다. 다시 4선에 이르러 반열반 하실 것입니다."

그때 천지가 진동하고 큰 어두움이 흘렀다. 그런데 갑자기 부처님 몸에서 큰 광명이 쏟아지니 하늘에서 만다라꽃·우발라꽃·발두마꽃·구물두꽃·분다리꽃 등이 여래 위에 내리고 전단향 가루를 부처님 위에 뿌렸다. 범천왕과 제석천·비사문·아나율·범마나·아난·금비라신·밀적역사와 마야, 수림신, 욕계 6천 비구스님들이 게송으로 말했다.

모든 인연은 성했다 쇠했다 영원함이 없나니
한 번 난 자는 죽지 않음이 없으나 부처님의 멸도는 즐거움이네.

〈제석천〉

복나무의 큰 숲 위없는 복이시어
공양받는 좋은 밭인데 쌍수 사이에서 멸도하셨네.

〈비사문천왕〉

무위에 머무시는 부처님은 들숨 날숨을 쓰지 않으니
본래 적멸에서 와 그 빛을 여기서 빠지셨네.

〈아나율〉

게으르고 교만심 없고 자기 단속 높은 지혜
집착 없고 물듦 없이 애욕 떠난 높은 이여.

〈범마나 비구〉

하늘사람 두려워서 온몸의 털이 서네.
일체 모두를 성취하고 정각으로 멸도에 드셨다네.

〈아난다 비구〉

세간은 모두 보호자 잃고 중생은 길이 눈멀었네.
바른 깨달음 사람 중의 영웅, 석가 사자 뵐 수 없네.

〈금비라신〉

이 세상 저 세상 범천세계 모든 곳에서도
다시는 사람의 영웅 뵈올 수 없게 됐네.

〈밀적역사〉

룸비니동산에서 태어나 그 도는 널리 퍼졌고
돌아와 본래 난 곳에 이르니 무상한 몸 길이 버렸네.

〈마야부인〉

어느 때나 또 다시 때 아닌 꽃을 피우리
10력 공덕 갖추신 여래 멸도에 드셨으니.

〈목신〉

여기 가장 묘락의 땅, 부처님 이곳에서 생활하시고

여기서 법륜 굴리신 뒤 또 여기서 반열반 하셨네.

〈임신〉

여래 위없는 지혜 가지시어 언제나 무상을 말씀하시고
중생 괴로움 결박 풀으시고 필경 적멸에 들으셨네.

〈4천왕〉

이것은 부처님 최후의 옷, 지금까지 여래를 싸고 있었네.
부처님께서 멸도 하셨으니 장차 이 옷 누구를 주리.

〈염마천〉

이것은 최후의 몸, 5음 18계가 여기서 멸했네.
걱정도 기쁨도 없고 다시 늙고 죽는 근심 없으리.

〈도솔천왕〉

부처님 오늘 한밤중에 오른쪽 옆구리를 깔고 누워
이 사라 동산에서 석가 사자는 멸도 하셨다네.

〈화락천왕〉

큰 별과 달 갑자기 떨어지니
세간은 길이 쇠하고 어두워라.
무상 덮치자 지혜의 태양 졌도다.

〈타화자재천왕〉

이 몸은 거품 위태롭기 그지없는 몸, 그 누가 즐기랴.
부처님 금강신 얻었지만 그래도 무상하게 무너지네.
빨리 없어지기 작은 눈(雪) 같으니 그 나머지야 말해 무엇하랴!

〈비구스님들〉

사람들은 슬피 울며 땅에 몸을 던져 뒹굴었다.

그때 아나율 존자가 말했다.

"이제 그만 그치라. 하늘들이 도리어 괴이하게 생각하겠다."

그래서 울음을 그치고 밤새도록 법을 강했다. 아난이 여러 비구들을 데리고 말라유 사람들께 부처님의 멸도를 알리니, 말라유 사람들은 슬피 탄식하면서 향과 꽃, 음악을 마련하여 부처님께 공양하고, 동자들로 하여금 평상의 네 귀에 깃발과 일산을 꽂고, 동·서 4방으로 다니면서 모두 공양하게 하였다. 말라유의 대신 로이(露夷)의 딸은 수레바퀴만한 황금꽃으로 공양하고, 많은 말라유 사람들은 향꽃을 준비하였다.

7일이 지난 뒤에는 서쪽 희련선하(熙連禪河)를 건너 있는 천관사(天冠寺)에 이르러 전륜성왕의 장례법대로 장구(葬具)를 향화와 관·곽 향유로 채우고 흰 천으로 말았다. 그리고 대신 로이가 불을 놓았으나 불이 붙지 않았다. 모두 이상하게 생각하자 아나율이 말했다.

"큰 가섭이 아직 도착하지 않는데 원인이 있으니 당신들은 그만 두어라."

마침 그때 큰 가섭이 500명의 제자들과 파바국에 있다가 한 니건타가 만다라꽃을 들고 오는 것을 보고 물었다.

"그 꽃은 어디서 났는가?"

"석가 부처님 다비식장에서 얻은 것입니다."

이 말을 듣고 가섭과 500제자는 모두 탄식하면서 급히 서둘러 구리성에 이르러 보니 부처님은 이미 곽 속에 깊이깊이 모셔져 향나무 더미에 얹어져 있었다. 가섭이 통곡하며,

"부처님 왜 이리 빨리 가셨습니까. 부처님 몸을 뵙고 싶습니다."

하니 갑자기 곽 밖으로 두 발이 뻗어져 나왔다. 가섭이 예배하고 보았으나 벌써 두 발이 본래대로 들어가 있었다. 큰 가섭은 대중들과 함께 세 번 돌고

부처님은 거룩하신 분, 누구도 짝할 이 없습니다.
이제 사랑의 가지를 끊고 집착을 떠나 사람을 가르치셨습니다.
물듦도 없고 티끌도 없는 성자님께 머리숙여 예배합니다.

언제나 비고 고요한 행을 즐기며 복과 지혜를 겸전한 성자이시여,
사를 돌이켜 바름에 들게 하던 세존께서는 이제 적멸에 들으셨습니다.
더러움도 없고 티도 없으며, 이제 그 마음 항상 고요합니다.
지혜의 눈은 한량없고 단이슬 온갖 명칭은 멸하였습니다.
사자의 소리 숲 속에 있어 두려움 없는 것 같고,
악마를 항복받고 4성(姓)을 뛰어 넘었으니
그러므로 이제 저희들은 머리 조아려 예배합니다.

추도송이 끝나자 곧 화장더미에 불이 붙어 재로 변했다. 말라유 사람들이 4군을 동원하여 사리를 서로 가져가고자 하였다. 구리족・차라파국의 발리족, 라마가국의 구리족, 비이제국의 바라문들, 가비라국의 석가족, 비사리국의 리차, 마가타국의 아사세왕은 각기 과거의 인연을 들어가며 사리의 분배를 요구하였다.

그래서 마가다국왕 아사세는 향성(香城) 바라문을 보내 중재하도록 하였다. 이때 향성 바라문이 말했다.

"부처님은 모든 중생들을 항상 안락하게 하시고 세상을 편안하게 하셨다. 그런 성자의 가르침을 받은 우리가 부처님의 사리를 가지고 다툰다는 것은 말이 아니다. 그러니 전 사리를 여덟 분으로 나누어 각기 가지고 가서 탑을 세워 공양하도록 하자."

모두가 찬성하였다. 그래서 구리국・파바국・차라국・라마가국・비이제국・가비라국・비사리국・마가타국이 똑같이 나누어 가지고 가고, 향성 바라문은 사리병을 가지고, 필발촌 사람들은 재를 긁어 탑을 세우니 생시에 미리 털을 가지고 세운 탑까지 합하면 모두 11개 탑이 5천축국에 서게 되었다.

사람들이 말했다.

"부처님은 비성(沸星)이 날 때 나시고 출가하고 성도하시고 멸도 하셨다."

그래서 그 날짜는 모두 2월 8일로 정해졌으니 그 게송은 다음과 같다.

8일에 나시고 8일에 집 떠나고,
8일에 보리를 이루시고 8일에 멸도하셨다.

2월에 나시고 2월에 출가하셨으며,
2월에 보리를 이루시고 2월에 열반에 드셨다.

바라꽃 불꽃처럼 되어 온갖 광명 서로 비치고,
그 본래 나신 곳에서 여래는 멸도 하셨다.
큰 자비 열반에 드시니 많은 사람들 칭찬 경배
온갖 두려움 모두 벗어나 결정코 열반에 드셨도다.

〈불설장아함경 제4권, 유행경 제2 · 불반니원경 · 대열반경〉

장아함경 제5권 제1분 ⑤

3. 전존경(典尊經)

부처님께서 1,250인과 함께 기사굴산 중에 계실 때 집악천(執樂天) 반차익자(般遮翼子)가 와서 말했다.

"요즘 범천왕이 도리천에 와서 제석천왕과 자주 이야기 하는 것을 들었습니다. 4천왕(東提帝賴吒, 南毘樓勒, 北毘沙門, 西毘樓搏)은 각기 제자리에 앉았고, 또 다른 큰 신천들이 있어 범행을 깨끗이 닦았으니 하늘의 5복(壽 · 色 · 名 · 樂 · 威)을 누리고 있습니다."

하니 그때 석제환인이 여래의 8무등법(無等法)을 설하셨다.

"여래는 지진(至眞) 등정각으로 10호를 구족, 미묘한 법을 설하셨으니 3세 어느 곳에서도 그 같은 불법을 보지 못했고, 진실로 부처님은 이 법을 깨닫고 능히 열반의 경로를 열어 보였다. 마치 항하와 염마의 두 물이 바다로 들어가는 것 같이, 여래는 지혜 있는 권속을 성취하고 4부 대중을 거느렸으며, 언행이 일치하여 온갖 세상을 안락하게 하고 있다."

그때 범동자가 오니 제석천왕이 전존(典尊)에 대한 이야기를 들려주었다.

"여래가 옛날 보살이었을 때 세상에 지주왕이 제1 태자 자비왕을 거느리고 있었는데, 그때 전존이란 대신의 아들 염만(焰鬘)이 있었다. 왕이 유희하고 욕락할 때는 나라 일을 전존에게 맡겼다.

전존은 나라 일을 다스릴 때 먼저 그 아들에게 물은 뒤에 일을 결정하고 처리했는데 얼마 되지 않아 그가 목숨을 마쳤으므로 그의 아들 염만에게 그의 아버지 전존의 일을 맡겼다. 나라 임금이 나이 들어 정사가 어려워지자 새 전존은 6찰제리들과 의논하여 태자를 왕위에 계승하도록 하고, 또 6찰제리들에게도 땅을 봉해주도록 하였다. 염부제 땅을 모두 7분으로 나누어 성·촌·읍·군 나라들의 몫을 만들고 각각 분배하였으나, 그들은 그 직을 모두 전륜에게 맡겨 다스리게 함으로써, 실제 이 염부제는 큰 전존에 의해 운영되고 있었다.

그때 전존은 나라 안에 있는 7대 거사의 일을 처리해주고 7비구 바라문들에게 경전을 읽어 외우도록 하였으며, 그리고 그 모든 일들을 이들에게 맡기고 한 여름 4개월 동안 4무량심을 닦기 위해 동쪽 한가한 곳에 집을 짓고 수행하였다.

그때 범천이 동자로 변하여 나타나

"그대는 누구인가?"

"범동자인데 이것은 오직 범천의 사람들만 알고 다른 사람들은 불신(火神)으로 보고 있습니다."

"무슨 법을 배워야 제석천에 날 수 있겠는가?"

"나와 남에 대한 생각을 버리고 욕심 없애 더러운 냄새가 없어야 그 하늘에 태어날 수 있습니다."

"더러운 냄새란 어떤 것입니까?"

"속임과 질투심, 거만과 증상만으로 3독심을 일으키는 것이다."

"그 일은 세속적인 생활로서는 하기 어려우니 출가해야 되는 것 아닌가?"

"그것은 지혜 있는 사람이 할 바이고 보통 사람들은 할 수 없습니다."

큰 전존은 그 길로 나가 자비왕에게 출가할 것을 고하니 자비왕은 처음에는 돈과 색으로 그를 유인하다가 되지 않으니 나라까지도 다 줄 것을 생각하고 게송으로 읊었다.

"단특 가릉성 아바 포화성, 아반 대천성, 앙가 첨바성,
수미 살라성 서타 노루성, 바라 가시성,
이 모든 것을 그대에게 줄 것이니
그대는 집을 떠나지 말고 7년 동안만 즐기고 가라."

"세상은 무상하여 잠깐도 머물지 않습니다. 사람의 목숨은 기약이 없습니다. 단 7일도 되지 않겠사오니 저를 놓아주십시오."

모든 대신들과 바라문·거사·장자들이 이 말을 듣고 그를 따라 출가하여 도를 닦았으니, 그때의 전존은 오늘의 석가 부처님이다."

〈불설장아함경 제5권, 전존경·대견고바라문연기경〉

4. 사니사경(闍尼沙經)

부처님께서 나제(那提)의 건치주처(揵稚住處) 휴게소에 계실 때 아난이 물었다.

"부처님께서는 기특하시게도 저 가가라·비가타·가리수·차루·바야루·바두루·수파누·타리사누·수달리사누·아수·야수디루 등 여러 대신들이 5하분결을 끊고 천상에서 멸도를 얻고, 다시는 이 세상에 태어나지 않는다고 말씀하시고, 그 뒤 50인에 대해서 3결을 끊고 수다원을 얻는다고 하셨으며, 16대국(앙가·마가타·가시·거살라·발지·말라·지제·발사·거루·반사라·아설가·아반제·바차·소라바·건타라·검부사) 사람들에게는 모두 수기하시면서, 왜 마가다국 사람들에게만은 수기하시지 않습니까?"

그때 사니사라고 하는 한 귀신이 오자 부처님께서 물었다.

"너는 어떻게 도의 자취를 보았길래 이름을 사니사라 하였느냐?"

"저는 원래 사람의 왕으로서 여래의 법 가운데서 우바새가 되어 일심으로 부

처님을 섬기다가 죽어 비사문천왕의 아들로 태어났습니다."
이 이야기를 듣고 아난은 비로소 의심이 끊어졌다.

또 도리천이 4천왕과 그 권속들을 거느리고 한 자리에 모여 함께 의논하고 생각하고 관찰하였다. 그때 범동자가 나타나 다섯 가지 범음성에 대해 설명하였다.

① 소리가 바르고 곧고,
② 소리가 평화롭고 고상하고,
③ 소리가 맑고 트이고,
④ 소리가 깊고 차(滿)고,
⑤ 소리가 두루 퍼져 멀리 들리는 것이다.

옛날 마가다의 우바새가 목숨이 마친 뒤 아나함을 얻은 자도 있고, 사다함을 얻은 자도 있고, 자재천·타화자재천·도솔천·염마천·도리천·4왕천, 또는 찰제리·바라문·거사·대가의 집에 태어난 자도 있다. 여래는 다만 방편으로 선·불선을 설하시기도 하고 공(空)·정법(淨法)을 연설하시기도 하여 마치 그 맛이 제호와 같다."

하니 그때 범동자가 말했다.

"여래 지진(至眞)은 내외신관(內外身觀)을 통하여 세간의 탐욕과 걱정을 없애고, 수(受)·의(意)·법(法)으로 타수지(他受智) 타생지(他生智)를 내게 한다.

또 여래께서는 칠정구(七定具)를 설하나니 바른 소견·바른 뜻·바른 말·바른 행동·바른 방편·바른 생각이 그것이다. 또 4신족이 있으니

① 욕정(欲定) ② 정진(精進) ③ 의정(意定) ④ 사유정(思惟定)·멸행(滅行)·성취(成就)·수습신족(修習神足)이 그것이다.

또 3경로가 있으니 탐·진·치 3독을 즐겨 행하던 사람이, 여래의 법문을 듣고 선지식을 만나 기쁜 마음으로 과거의 잘못을 뉘우치고 바른 사람이 된다면, 그는 곧 바른 생사의 길을 버리고 열반의 길에 나아가게 될 것이다."

이렇게 사니사는 부처님께, 부처님은 아난에게, 아난은 대중에게 설법을 하였다.

〈불설장아함경 제5권, 사니사경·인선경〉

장아함경 제6권 제2분 ①

1. 소연경(小緣經)

부처님께서 사위국 녹자모 강당에 계실 때 바실타(婆悉吒) 바라타(婆羅吒) 두 바라문이 출가 수행하자 부처님께서 물었다.

"그대들은 출가하여 공부하는데 장애가 되는 것은 없는가?"

"있습니다. 바라문들이 우리를 보기만하면 우리 종족은 맑고 깨끗하여 제일이고, 다른 종족은 검고 어두워 비열하다고 비방합니다."

"바실타여, 나의 가문에서는 종성을 필요로 하지 않는다. 세상 사람들은 바라문·찰제리·거사·수타라 4성을 나누어 깨끗하고 더러운 것을 가리지만, 바라문 가운데서도 깨끗한 사람도 있고 더러운 사람도 있으며, 찰제리·거사·수타라에 있어서도 마찬가지다. 모두 그것은 인과의 갚음에서 나타나는 것이지 그것이 본래 그렇게 결정 지워져 있는 것이 아니다. 바라문도 결혼하여 애를 낳고, 살생하고, 도둑질하고, 사음하고, 거짓말하는 자가 있는가 하면, 수타라도 방생하고 훔치지 않고, 정조를 지키고 거짓말 하지 않는 자가 있기 때문이다. 석가종은 파사닉왕을 받들고 있는데 파사닉왕은 나를 받들고 있으니 그것은 법을 깨달았기 때문이다.

옛날 옛적 천지가 무너질 때 중생들은 모두 목숨을 마치고 광음천에 환생하여, 기쁨으로써 먹이를 삼고 광명으로 서로 비치며, 신족으로 허공을 날아다녔다. 그 뒤 땅이 변해 물이 되고 온 세계가 해와 달, 별이 없이 완전히 암흑천지로 변했다.

그 뒤 물이 변해 하늘 땅이 생기고, 광음천 사람들이 복진타락하여 이 세상에 태어났다. 그러나 아직도 남은 복이 있어 신족으로 날아다니고, 스스로 빛을 비치며 오래 살았다.

그 뒤 땅에서 단샘이 솟아 마치 타락과 꿀 같았다. 그것을 맛본 사람들이 그 맛에 도취되어 자꾸 마시다 보니, 몸이 점점 거칠어지고 굳어져 신족이 없어져 날아다니던 사람이 걸어다니게 되었다. 마침내 해와 달이 생기고 별들이 생겨 낮과 밤이 생겼다. 거칠고 추한 사람은 단정한 자를 시기 질투하고, 단정한 자는 교만하여 우열이 생기게 되었는데, 마침내 지비(地肥)를 먹고 더욱 거칠어져 크고 작은 사람과 예쁘고 미운 사람이 생기게 되었다.

이때부터 부드러운 지비는 다시 나지 않고 거치른 지비가 나게 되었는데 그래도 향과 맛은 앞에 것만은 못했으나 먹음직스러웠다. 그런데 중생들이 이것을 먹으면서 많이 먹은 자와 작게 먹은 자가 있어, 많이 먹은 자는 얼굴빛이 거칠어지고 작게 먹은 자는 오히려 즐겁고 윤기가 났다. 여기서 단정과 누추의 차이가 더욱 두드러지게 나타나, 지비는 없어져 버리고 멥쌀이 나왔다. 거기에는 아직 등겨가 없고 빛과 맛 향기가 그윽한 깨끗한 음식이었지만, 그것을 먹음으로부터 대소변을 보게 되어 남녀의 구별이 생기게 되고, 정욕이 일어나 축생과 같은 행위를 함으로써, 서로 배척하고 몰아내어 함께 살지 못하는 자도 있었다.

이것이 차차 상습화 되니 옛날에 그르다고 생각한 것이 지금은 옳다고 생각하여, 정욕을 마음껏 즐기면서도 부끄러워하는 마음이 없으므로, 드디어 집을 짓고 방을 만들고 칸을 막고 포태를 형성, 아침 저녁으로 마구 취하다 보니 차차 먹을 것이 귀해지게 되었다. 드디어 사람들은 먹을 것을 한꺼번에 취하여 저축함으로써, 멥쌀은 거칠고 더러워져 사람들의 모습 또한 조잡하게 되었고, 허공을 날던 신족도, 빛을 발하던 광명도 차차 없어졌다. 그래도 땅에서 나는 단샘은 아직 타락과 같아 먹을 만 하였고, 겨 없는 쌀 또한 좋았으나 게으른 자들이 많이 저축하고, 심지어 남의 것을 빼앗아갈 정도가 되므로 땅에 깃대를 세워 토지를 분할하게 되었다.

이로 인해 가진 자와 못 가진 자, 약한 자와 강자 사이에 싸움이 일어나 지옥·아귀·축생이 생기자 사람들은 그와 틈을 해결하기 위하여 왕을 내세워 공정한 비판을 구하게 되었다.

이것이 평등주(平等主), 즉 찰제리의 탄생이다. 그런데 그 가운데서도 집은 우리와 같고 대자연은 자유다고 하여, 출가 입산하여 도를 닦음으로써 사람들은 그를 공경하게 되었으니 이가 곧 바라문이다. 바라문은 일생동안 도를 닦으면서 무지한 중생들을 계도하고 선을 안내하는 도덕론 자가 되었으므로, 한 때는 찰제리보다도 더 높은 위치에 있었고, 그 바라문과 찰제리를 사·농·공·상으로 받들어 모시는 백성들은 평민으로써 바이사가 되고, 이 세 부류(바라문·찰제리·바이사)를 손발로 받들어 모시는 사람들을 수타라, 즉 천인·노예가 되었다.

그러니 이 4성계급은 사람들이 살아오는 과정 가운데서 생겨난 제도이고, 사람은 본래부터 똑같은 사람으로서 절대 평등한 인격을 가지고 있었던 것이다. 사람의 인격은 그의 말과 행동에 달려있고, 또 마음 쓰는데 달려 있으니, 태어나는 종족을 중심으로 귀천을 따지는 것은 옳지 않는 것이다."

바실타와 바라타는 이 말씀을 듣고 번뇌에서 벗어났으며 마음에 해탈을 얻어 한없이 기뻐하였다.

〈불설장아함경 제6권, 소연경·백의금당이바라문연기경〉

2. 전륜성왕수행경(轉輪聖王修行經)

어느 때 부처님께서 마라혜루(摩羅醯樓)에 이르러 1,200 대중에게 말씀하셨다.

"그대들은 마땅히 자기를 등불로 삼고 법을 등불로 삼지 다른 것을 등불로 삼지 말며, 자기에 귀의하고 법에 귀의하며 다른데 귀의하지 말라.

스스로 몸을 관찰하여 게으르지 말고 분명히 기억해 잊지 않아, 세상의 탐욕과 걱정을 없애고 안팎 몸을 관찰하면, 악마들이 방해하지 못하게 하라. 그렇게 하면 공덕이 날로 불어날 것이다.

옛날 견고념(堅固念)이란 왕이 있었는데 이마에 물을 쏟는 찰제리 종족이었다. 그는 전륜성왕이 되어 4천하를 차지하고 있었다. 그래서 그는 사람 가운데 뛰어난 왕으로 7보를 구족, 원적을 항복받고 무기를 쓰지 않고도 태평성대를 이루었다.

그런데 한 번은 그 윤보가 갑자기 없어졌으므로 이에 소문을 들은 견고념은 아들에게 자리를 물려주고 말했다.

"나는 법의를 입고 출가해서 도를 닦고자 하니, 너는 바른 법을 행해 매달 보름마다 향탕에 목욕하고 정법전에 오르면, 저절로 신보가 돌아오리라."

"전륜성왕의 바른 법은 어떤 것입니까?"

"법에 의해서 법을 세우고 법을 갖추어 그것을 공경하고 존중하는 것이다. 법을 관찰하고 법으로써 우두머리를 삼고 바른 법을 보호하는 것이다. 법으로써 예쁜 여자를 가르치고 왕자·대신·관리·백성·사문·바라문도 그렇게 하고, 내지 금수·초목에 이르기까지도 그렇게 하되 모두 법으로써 보호하라. 그리고 이들의 모든 행이 맑고 참되고 공덕을 구족히 하며, 부지런히 힘써 게으르지 않고 교만을 버리고 욕을 참아 어질고 사랑하며, 또 고요히 홀로 있어 스스로 닦고 그치고 쉬어 혼자 열반에 이르고, 3독심을 버리고 3독의 악에 물들지 않게 하고, 집착하고 머물고 살만한 데도 집착하지 않고 머물지 않고 살지 않으며,

또 몸과 입과 뜻의 행동은 순진무구하게 하고, 바른 생각으로 맑고 깨끗하게 하며, 사랑과 지혜가 한량없이 하고, 의식주에 만족하고 그것으로써 중생들을 복되게 하는 사람이 있으면, 너는 그를 자주 찾아가 어떤 것이 선악이고 범·불범, 친·불친인가를 묻고 해야 할 일과 해서는 안되는 일, 즐겁고 괴로운 일들을 물어 그것을 있는 그대로 실천해야 한다. 이것이 전륜성왕의 수행법이다."

태자는 아버지의 가르침을 받고, 보름날 향탕에 목욕하고 견고념왕이 시키는 대로 하였더니 7보가 저절로 나타나고 4병(兵)이 14척이나 되는 금수레를 가지고 왔다. 태자는 오른쪽 어깨를 드러내고 오른쪽 무릎을 땅에 꿇고 오른 손으로 금수레를 어루만지며 말한다.

"너는 동방을 향해 법답게 굴려 떳떳한 법칙을 어기지 말라."

윤보가 천천히 동방세계를 낱낱이 굴러가며, 그곳에 있는 모든 백성들과 임금님들을 교화하고, 다시 남·서·북방도 그와 같이 해야 하느니라.

이렇게 6대를 한결같이 내려 왔으나 오직 한 왕이 이 법을 따르지 않아, 사람의 수명은 날로 짧아지고 성질은 험악하여 서로 싸우고 빼앗고 죽고 죽이는 것을 상식으로 생각하였다. 드디어 창과 활 칼 같은 무기가 생겨 살인·도둑질·사음·거짓말이 횡행하는 세상이 되었다. 아무리 가르쳐도 비뚤어진 소견은 고쳐지지 아니 했으며, 탐내고 성내고 어리석은 짓을 하는 것도 날로 불어났다.

사람의 수명이 10세 정명까지 내려가 태어난 지 5개월이 되면, 시집가고 장

자가 자식들을 낳고 죽지 못해 사는 고통을 겪게 되었고, 무명 천 비단으로 짠 옷을 구경하기도 어렵고, 짐승의 털로 짠 옷들을 제일로 칠 것이다. 땅에서는 갖가지 가시나무가 나 사람을 장애하고 모기·등에·파리 같은 잡균들이 생겨 뭇 삶을 고통스럽게 할 것이며, 전염병이 생기고 10악이 팽배하여 사람이 눈을 뜨고는 보기 어렵고, 귀를 가지고는 듣고 어려운 사건들이 생길 것이다.

비로소 사람들은 자신들의 잘못을 뉘우치고 참회하며, 시정해 가되 악보다는 선을 행하고, 사(邪)보다는 정(正)을 실천하는 사람들이 많아지게 되면, 사람의 수명은 점점 불어 백 세, 천 세, 만 세를 거쳐 84,000세에 이르면, 비로소 견고념의 생각과 그의 아들 손자 때와 같은 전륜성왕이 나와, 법이 없어도 살아갈 수 있는 세상이 될 것이다.

나이 4만 세까지도 법답지 않는 음욕과 탐욕, 비뚤어진 생각이 없고, 9종횡사(추위·더위·굶주림·목마름·대변·소변·탐·진·늙음)가 있다가 5만 세 이상이 되면 차차 그러한 것들이 없어져, 서로 사랑하고 아끼는 것을 내몸과 같이 하는 세상이 올 것이다. 그러므로 그대들은 마땅히 선행을 닦아, 불법이 점점 자라나게 하고 안색이 좋게 하며, 세상의 평화가 이루어질 수 있도록 정신적인 후원자가 할 것이다."

〈불설장아함경 제6권, 전륜성왕수행경〉

장아함경 제7권 제2분 ②

3. 폐숙경(弊宿經)

동녀 가섭은 500비구와 함께 구살라국을 유행하다가 사파혜 바라문촌에 이르러 시사바숲에 머물고 있었다. 바사닉왕이 폐숙에게 범분으로 만들어 주어 아주 풍요로운 가운데 평화롭게 살면서 이견을 가지고 있었다.

"다른 세상도 없고 다시 태어나는 것도 없으며 선악의 과보다 없다."

그런데 그때 마을 사람들은 수없이 그를 찾아 예를 올리고 공양하였다. 폐숙이 찾아가니 가섭이 물었다.

"지금 저 해와 달은 이 세상 밖에 있는가 안에 있는가?"

"밖에 있다."

"이것 하나만 보더라도 이 세상 밖에 다른 세상이 있는 것이 틀림없지 않는가?"

"그런데 나에겐 연유가 있다. 네가 옛날 죽어가는 사람들에게 이 세상 밖에 다른 세계가 있으면 꼭 알려다오. 그렇게 하면 크게 보답하겠노라 하였는데, 선한 일 한 사람과 악한 일 한 사람이 한 사람도 없으며, 사람이 죽었을 때와 살았을 때 근종을 달아도 별로 차이가 나지 않고, 죽은 사람을 시루에 쪄 그 혼령이 날아가는 것을 보려하여도 보지 못했다. 그러므로 나는 저 세상과 인과가 있는 것을 믿지 않는다."

"지옥과 천당의 하룻밤 하루낮의 시간은 우리 인간의 50세부터 천 세, 만 세에 이르는데 어떻게 그렇게 쉽게 올 수 있으며, 모든 것은 마치 불이 두 나무를 부비는 데서 나타나듯 인연 따라 생기는 것인데, 살을 베고 가죽을 뜨고 삶는다 해서 알 수 있겠는가. 마치 이것은 꿈 속에서 모든 것을 보다가 깬 뒤에는 보지 못한 것과 같으니 삿된 생각을 하지 말라."

그리하여 폐숙은 사심을 버리고 정법에 돌아왔다.

〈불설장아함경 제7권 폐숙경〉

장아함경 제8권 제2분 ③

4. 산타나경(散陀那經)

부처님께서 라자그리하 기사굴산 칠엽수 굴 속에 계실 때 그 성에 살고 계신 산타나가 부처님을 뵈오려 왔다가 시간이 맞지 않아 범지 동산으로 갔다.

범지들은 높은 소리로 난잡하게 나라일, 전쟁담, 무기, 대신과 서민의 일을 이야기하며 떠들다가, 산타나가 오는 것을 보고 조용히 물었다.

"그대 스승 고오타마는 깊은 산 속에 홀로 고요히 있는데, 이는 애꾸눈 소가 풀을 뜯을 때 한 쪽만 보는 것과 같지 않는가. 당신의 스승은 큰 지혜가 있다고 하나, 나는 한 화살로 여섯 기관을 가려 거북이를 쏘아 죽이듯, 말 한 마디로 꼼짝 못하게 할 수 있다."

그런데 그때 부처님께서 그 소리를 하늘 귀로 들으시고 거기 오셨다.

범지들은 자신들도 모르게 일어나 인사드렸다.

"잘 오셨습니다. 사문이시여, 무슨 일로 여기까지 오셨습니까. 우선 자리에 앉으십시오. 당신은 무슨 법으로 제자들을 가르치십니까?"

"내 법은 깊고 넓어 그대들이 미칠 수 있는 것이 아니다."

"좋습니다. 그러나 저희들도 조심스럽게 들을 것이니 일러주십시오."

"그대들의 행은 왜 그렇게 비루한가. 옷을 벗고 앉을 때는 손으로 그것을 가리고, 음식을 받을 때도 온갖 방법(중간병 · 중간사람 · 대중식 · 포태식 · 개 · 파리가 있는 집)으로 가려 받고, 물고기나 술을 먹지 않고, 두 그릇에 먹지 않고, 한 밥덩이를 한 번 삼켜 먹되 일곱 덩이에서 그만 두고, 보태주는 밥도 일곱 번 이상을 지내지 않고, 2일 내지 7일 만에 한 번 먹고 혹은 과일 · 가라지 · 밥물 · 싸라기 · 쭉정이 · 소똥 · 사슴똥 · 나무뿌리 · 줄기 · 잎을 먹고, 혹은 사의(莎衣) · 엽의(葉衣) · 초의(草衣)를 입고 사슴 가죽 털옷을 입는 자도 있으며, 한 손을 들고 두 손을 들고, 혹은 평상에 앉고 늘 쭈그리고 앉는 자가 있는가 하면 머리 깎고 수염을 둔 자, 알몸으로 소똥이나 가시덤불에 눕는 자도 있으며, 하루에 밤낮으로 목욕을 세 번씩 하여 온갖 고행을 하고 있는데, 이것이 진짜 수행이라고 생각하는가."

"그렇습니다. 진짜 깨끗하고 좋은 수행이라 생각합니다."

"그래 이런 수행을 통하여 예경을 구하고 공양을 받고 집착하고 버릴 줄 모르며 멀리 떠나지도 못하는데, 갱생한 물건을 먹고 쓰는 것을 보고 꾸짖고 음식을 쌓아놓고도 남을 주지 않고, 자기 허물은 보지 않고 남의 허물만 보고, 자신만 칭찬해 열 가지 사견을 가지고 선정은 구하지 않고, 금수와 같은 지혜와 고행을 뽐내고 교만하고, 신의를 지키지 않고 계를 갖지 아니해 잘못하면, 원망을 품고 교활한 마음으로 거짓을 부리고, 자기의 소견은 맞고 남의 장단을 찼으며, 항상 사견 변견을 가지고 있지 않느냐. 그런데 이것을 깨끗하다고 보는가?"

"그렇지 않습니다. 그것은 부정한 것입니다."

"그렇다. 악을 그치고 선을 행하며 스스로 그 마음을 깨끗하게 가지는 것, 이것이 진짜 고행자가 해야 할 일이다. 살생하지 않고 도둑질하지 않고, 사음하지 않고 거짓말 하지 않고, 탐·진·치의 3독을 행하지 않는 것이다. 사랑하는 마음이 4방에 꽉 차 세상을 풍요롭게 하고, 어여삐 여기고 기뻐하고 바라는 마음을 통해, 숙명을 얻고 천안통을 얻어 생사의 멀고먼 길을 꿰뚫어 보아야 한다. 이것이 내가 항상 후배들을 지도하는 방법이다."

범지들은 그 자리에서 일어나 절을 하고 큰소리로 외쳤다.

"저희들은 니구타 범지입니다. 니구타 범지입니다."

부처님께서는 산타나 거사를 데리고 본자리로 돌아오셨다.

〈불설장아함경 제8권, 산타나경·니구타범지경〉

5. 중집경(衆集經)

부처님께서 1,250명 대중과 함께 말라로부터 파바성 사두 암파 동산에 이르러 사리불에게 말씀하였다.

"지금 4방에서 비구들이 모여 밤새도록 정진하고 있다. 나는 등병을 앓아 잠깐 쉬고 싶으니 그대는 비구들을 위해 설법하라."

그리고 세존께서는 승가리를 네 겹으로 접고 오른쪽 옆구리를 깔고 사자처럼 발을 포개고 누우시자 사리불이 비구들에게 말했다.

"지금 이곳 니건자들은 자신의 스승을 잃은 뒤 서로 옳고 그름을 따지며 싸우고 있다. 백성들은 그것을 싫어하여 괴로워하고 있으니, 새로운 탑에 진흙을 발라 장엄하게 꾸미듯이 법과 율을 모아 저런 다툼이 생기지 않도록 예방하여야겠다.

여래에게는 바른 법이 있으니 일체 중생은 모두 음식을 우러러 생존하듯이, 행으로 말미암아 존재해야 할 것이다.

여래에게는 두 가지 법이 있으니 명과 색이요, 치(痴)와 애(愛)며, 유견(有見)과 무견(無見)이고, 무참(無慚)과 무괴(無愧)며, 유참(有慚)과 유괴(有愧)이고, 진지(盡智)요 무생지(無生智)이고, 정묘색(淨妙色)과 부사유(不思惟)이고, 원증(怨憎)과 부사유(不思惟)며, 종타문(從他聞)과 사사유(邪思惟)다.

또 두 가지 인연이 있으니 학해탈(學解脫)과 무학해탈(無學解脫)이고, 유위계(有爲界)와 무위계(無爲界)다.

또 여래는 항상 세 가지 바른 법을 말씀하셨으니, 탐욕·진에·우치의 3불선근이다. 이와 반대 되는 것은, 불탐·불에·불치이고, 또 불선에는 3법이 있으니 몸과 입과 뜻으로 선행을 하지 않는 것이고, 악행을 하는 것이다.

또 3불선상(不善想)이 있으니 욕상(欲想)·진상(瞋想)·해상(害想)이고, 이와 반대되는 것은 3선상이다.

또 이 세 가지를 생각(思) 속에서 실천하는 것과 반대로 실천하는 것이 있으니, 앞의 것은 3불선사이고 뒤에 것은 3선사다.

또 3복업이 있으니 시업(施業)·평등업·사유업이고, 3수(受)가 있으니, 낙·고·불고불락이다. 다시 3법이 있으니 욕구(欲求)·유구(有求)·범행구(梵行求)이고, 아증성(我增盛)·세증성(世增盛)·법증성(法增盛)은 3증성이며, 욕계·에계·해계와 출리계(出離界)·무에계(無恚界)·무해계(無害界)는 삼계이다.

또 색계·무색계·진계(盡界)가 있고, 계취(戒聚)·정취(定聚)·혜취(慧聚)는 3

취이고, 증성계·증성정·증성혜는 3계(戒)이며, 공·무원·무상삼매는 3삼매이다. 지식상(止息相)·정근상(精勤相)·사상(捨相)은 3상이고, 자식숙명지명(自識宿命智明)·천안지명(天眼智明)·누진지명(漏盡智明)은 3명이고, 신족변화(神足變化)·지타심수의설법(知他心隨意說法)·교계(敎誡)는 3변화이다.

또 현욕(現欲)·화욕(化欲)·타화욕(他化欲)은 3욕생본(欲生本)이고 환락심(梵光音天) 염락천(光音天)·지식락(遍淨天)은 3락행이다.

또 행고(行苦)·고고(苦苦)·변역고(變易苦)는 3고이고, 미지근(未知根)·지근(知根)·지이근(知已根)은 3근이다. 현성당·천당·범당은 3당법이고, 견발(見發)·문발(聞發)·의발(疑發)은 3발이며, 과거·현재·미래의 일을 의논하면 3론이 된다.

또 3취가 있으니 정정취(正定聚)·사정취(邪定聚)·부정취(不定聚)이고, 3우(憂)는 신·구·의로서 근심하는 것이다. 또 3장로는 연기장로(年耆長老)·법장로(法長老)·작장로(作長老)이고, 3안은 천안·육안·혜안이다.

또 여래에게는 네 가지 법이 있으니 망어·양설·악구·기어는 4악업이고, 진실어·유연어·화합어·양설어는 4선어이며, 보지 않는 것을 보았다고 하고, 듣지 않는 것을 들었다고 말하며, 깨닫지 않는 것을 깨달았다고 말하고, 모르는 것을 안다고 말하는 것은 4악법이고, 그 반대되는 것은 4성어(聖語)이다.

또 네 가지 음식이 있으니 단식(摶識)·촉식(觸識)·염식(念識)·식식(識食)이 그것이고, 현재 고행으로 뒤에 괴로움을 받는 것과 뒤에 즐거움을 받는 것, 현재 즐거운 행으로 뒤에 괴로움을 받는 것과 뒤에 즐거움을 받는 것이 있으니 이것도 4법이다.

또 4법이 있으니 욕수(欲受)·아수(我受)·계수(戒受)·견수(見受)이고, 탐욕·진에·계도(戒盜)·아견은 4신박(身縛)이다. 또 욕자(欲刺)·에자(恚刺)·견자(見刺)·만자(慢刺)는 4자(刺)이고, 태·란·습·화는 4생이며, 내외신관(內外身觀)을 부지런히 닦아 세상의 탐욕과 근심을 버리고, 수(受)·의(意)·법(法)을 내외로 닦으면 이것을 4념처라고 한다.

또 4의단(意斷)이 있으니 이미 난 악은 끊고 나지 않은 악은 내지 않고, 이미 난 선은 기르고 나지 않은 선은 나게 하는 것이고, 또 4신족은 사유욕정멸행신족(思惟欲定滅行神足)과 정진정・의정・사유정이고, 이생희락(離生喜樂 ; 覺觀 속에서 欲惡不善을 없앤 것), 정생희락(定生喜樂 ; 內信心으로 覺觀을 멸한 것), 억념사락(憶念捨樂 ; 모든 기쁨을 떠나 평등심에 나아가는 것), 사념청정(捨念淸淨 ; 모든 고락을 떠나 근심과 걱정을 없앤 것)을 4선이라 하고, 사랑・슬픔・기쁨・버림을 4범당(梵堂)이고, 공처・식처・불용처・유상무상처는 4무색이다.

또 4법족이 있으니 불탐・불에・정념・정정이 그것이고, 4현성족(賢聖族)이 있는데 의・식・주・약에 만족하여 좋은 것을 얻을 때나 나쁜 것을 얻을 때나 기뻐하고 싫어함이 없고, 물들고 집착하지 않아 금기를 알고 출요의 길을 알아, 이 법 가운데서 부지런히 힘써 게으르지 않고 빠짐도 줄어듦이 없이 하는 것이다.

또 혜시(惠施)・애어(愛語)・이인(利人)・등리(等利)를 4섭법이라 하고, 3보와 계에 대해 무너짐이 없는 믿음을 내는 4수다원지(支)법이 있으며, 견색수증(見色受證)・신수멸증(身受滅證)・염숙명증(念宿命證)・지루진증(知漏盡證)의 4수증이 있고, 고지득(苦遲得)・고속득(高速得)・낙지득(樂遲得)・낙속득(樂速得)의 4득법이 있으며, 고・집・멸・도의 4성제법이 있고, 수다원・사다함・아나함・아라한의 4사문과가 있으며, 실처(實處)・시처(施處)・지처(智處)・지식처(止息處)의 4법이 있고, 법지(法智)・미지(未智)・등지(等智)・염심지(念心智)의 4지가 있으며, 법・의・사・응(法・義・詞・應)의 4변이 있고, 수・상・행・식의 4식주처(識住處)도 있다.

또 4액(扼)이 있으니 욕・유・견・무명액이 그것이고, 무욕・무유・무견・무무명액이 그것이며, 계・견・심・도의(度疑)는 4정이다.

또 받을 줄 알고 행할 줄 알고 즐겨할 줄 알며, 버릴 것을 아는 4법이 있고, 행・주・좌・와, 어・묵・동・정의 4위의 법도 있다.

또 생각에 적고・넓고・한량없고・소유없는 네 가지가 있고, 결정적으로 수기를 받고 분별로써 받으며, 힐문(詰問)으로 받고 지주(止住)로써 받는 4기론(記論)이 있고, 신·구·의·명(命)의 청정한 도를 방호하는 4호법도 있다.

또 다섯 가지 법이 있으니 색·성·향·미·촉의 5입이 그것이고, 색·수·상·행·식 5음이 그것이며, 탐욕·진에·수면·도희(掉戲)·의개(疑蓋) 등 5개(蓋)가 그것이고, 신견·계도·의결(疑結)·탐욕·진에의 5하결(下結)이 그것이며, 색애·무색애·무명·만(慢)·도(掉) 5상결(上結)이 그것이다.

신·진·염·정·혜(信·進·念·定·慧)의 5근과 5력이 있고, 여래는 10호를 구족하고 무병 안온하며, 순진무구하고 무란 무치하며, 법의 생멸을 다하는 것을 믿는 5신법이 있다.

또 현성은 비시(非時)·허(虛)·비의(非義)·허언(虛言)·무자(無慈)의 5발(發)을 하지 않고, 5선발을 하며, 주처·단월·이양·색·법을 증진하는 5증질(憎嫉)이 있으며, 신부정·식부정·행무상·불가락·사상(死想)의 5상이 있고, 비구가 욕심·진에·질투·색·신견으로부터 벗어나 욕심내지 않고 즐겨하지 않고 움직이지 않고 친근하지 않는 5출요(出要)가 있으며, 게으르지 않고 한적한 곳을 찾아 즐겨 마음을 오로지 하되, 알지 못한 것을 알고 다하지 못한 것을 다하고, 편안치 못한 것을 편안하게 하는 5법이 있다.

또 비구는 여래·범행자·스승의 설법을 듣고 깊이 생각해 관찰하고, 법애(法愛)를 분별하여 마음에 환희를 얻고 법애(法愛)로서 몸과 마음을 편안하게 하여 선정을 얻고, 진실한 지견을 내는데, 이것이 초해탈이다. 또 비구법을 듣고 그것을 즐겨 받아 가져 외우고 즐겨하고, 남을 위해 설명하니 정을 얻게 한다.

또 중반(中般)·생반(生般)·무행반(無行般)·유행반(有行般)·상류아가니타반(上流阿迦尼吒般)의 5반이 있다.

또 여섯 가지가 있으니 안·이·비·설·신·의의 내 6입과, 색·성·향·미·촉·법의 외 6이 그것이며, 안식·이식·비식·설식·신식·의식의 6식과, 안

・이・비・설・신・의 6수신(受身)이 있고, 색・성・향・미・촉・법의 6상신(想身)과 6사신(思身)・6애신(愛身)이 있으며, 3보와 계를 공경하지 않고 성내는 누(漏)가 있으면 6쟁본(諍本)이 된다.

또 지・수・화・풍・공・식의 6계가 있고, 6근이 6경을 살피는 6찰행(察行), 견(見)・문(聞)・이(利)・계(戒)・공경(恭敬)・억념(憶念)의 6무상법이 있으며, 3보・계・보시・천을 생각하는 6사념(思念)이 있다.

또 불선・무참・무괴・문소(聞小)・나・태・망실의 7비법이 있고, 그 반대되는 7법이 있으며, 또 7식주가 있으니 초식주(初生天) 2식주(梵光音天) 3식주(光音天) 4식주(遍淨天) 5식주(空處) 6식주(識處) 7식주(無所有處)가 그것이다. 이것을 7선정이라 부르기도 한다.

또 신부정・음식부정・세간불락・죽음・무상・고・무아 7상이 있고, 정견・정사・정어・정업・정명・정정진・정념 7삼매가 있으며, 각・염・법・정・진・희・의(猗)・정・호 등 7각의가 있다.

또 여래에게는 여덟 가지 바른 법이 있으니 8성도가 그것이고, 이・쇠・훼・예・찬・방・고・락(利・衰・毁・譽・讚・謗・苦・樂)은 8법이며, 안으로 색을 관찰하는 것은 1해탈, 안으로 색상이 없이 바깥 색을 관찰하는 것은 2해탈, 깨끗한 3해탈, 색상을 초월하여 성내는 생각을 없애고 공처해탈에 주하는 것은 4해탈, 공처를 넘어 식처에 들어가는 것은 5해탈, 식처를 넘어 불용처에 드는 것은 6해탈, 불용처를 넘어 유상무상처에 이르는 것은 7해탈, 유상 무상처를 넘어 상지멸(想知滅)에 이르는 것은 8해탈이며, 4향 4과를 완성한 것은 8법이다.

또 9중생거가 있는데 중생이 몇 가지 몸과 생각을 가지고 인천 중에 태어나면 초중생거이고 범광음천에 나면 2중생거, 광음천에 나고 3중생거, 변정천에 나면 4중생거, 4무상천에 나면 5중생거, 공처에 나면 6, 식처에 나면 7, 일용처에 나면 8, 유상무상에 나면 9중생거이다.

또 10무학법이 있으니 정견·정사·정어·정업·정명·정념·정진·정정·정혜·정해탈이다.

이상 열 가지 법을 한데 모아 그것으로써 다툼을 막고 범행을 오래 서게 하며 이익 됨이 많게 하면 인간과 천상으로 하여금 안락케 할 것이다."

그때 세존은 사리불의 이 말을 인정하고 모든 비구들은 그 말을 듣고 기뻐하였다.

〈불설장아함경 제8권, 중집경·대집법문경〉

장아함경 제9권 제2분 ④

6. 십상경(十上經)

다시 사리불이 부처님의 분부를 받고 설법하였다.

열 가지 상법(上法)이 있으니 성·수·각·멸·퇴·증·난해·생·지·증법(成·修·覺·滅·退·增·難解·生·知·證法)이 그것이다.

첫째, 성법은 모든 착한 법에 방일하지 않는 법인데, 여기에 부끄러워하고 뉘우치는 두 가지 법이 있으며, 착한 벗을 사겨 법문을 듣고 법을 성취하는 세 가지 법이 있고, 중국에 살아 좋은 벗을 친하고 스스로 근신하고, 일찍 선의 근본을 심는 여러 가지가 있다. 여래의 10호를 믿고, 무병장수·순진무구·무난무실 고의 근본을 다하는 다섯 가지 법이 있으며, 몸으로 사랑하여 범행자를 공경하고 어질고 착한 마음으로 살고, 공경·존중·화합하여 다툼이 없고 홀로 다녀도 잡된 마음이 없으며, 입의 사랑과 뜻의 사랑도 그렇게 하는 것이다.

그래서 계를 범하지 않고 물들고 더러움이 없으며, 지자의 칭찬하는 계를 구족하고 정의(定意)를 성취한다. 그리하여 평등한 마음으로 출요(出要)하고 괴로움을 다하고 바른 소견과 범행을 가지나니 이것이 여섯 가지 중요한 법이다.

또 믿음·재물·계·참·괴·불염·보시·지혜를 얻고 범행을 얻어 지혜를 더하고 세존을 의지해 머물고 스승·범행자를 의지하여 참괴심을 내며, 사랑과 공경심을 갖는 것이다.

또 늘 세존을 의지해 머무르면서 언제나 청해 듣고, 존장들로 하여금 깊은 뜻을 설하게 하여, 이미 법을 듣고 몸과 마음이 즐겁고 도를 막는 쓸데없는 잡담을 하지 않고, 대중 속에 나아가 스스로 설법하며, 혹은 마군에게 설법하며 현성들이 침묵하지 않게 하고, 많이 듣고 넓게 알아 지켜 잊지 않으며, 법의 깊은 것과 상·중·하의 착한 것과, 의미의 진실하고 분명함과 범행을 구족하고 흔들림이 없는 마음을 가지고, 닦고 익히기를 부지런히 하여 악을 멸하고 선을 더해 힘써 감당한 법을 버리지 않는 것이다.

지혜로써 일어나고 멸하는 법을 알고 현성에 나아가는 곳을 알아, 능히 괴로움의 끝을 아는 것이고, 5수음의 생멸심을 관하여 수·상·행·식의 집을 멸하는 것이고, 아직 얻지 못한 범행을 얻어 그 지혜가 더욱 성장하는 것이니, 이것이 여덟 가지의 성법이다. 여기에 또 아홉 가지 범지성법이 있으니 정멸(淨滅)·계정(戒淨)·심정(心淨)·견정(見淨)·도의정(度疑淨)·분별정(分別淨)·도정(度淨)·제정(除淨)·무욕정(無欲淨) 해탈정멸지가 그것이다.

또 열 가지 성법(成法)이 있으니 비구가 비구계로서 위의를 구속하고, 작은 죄도 크게 뉘우쳐 두려워하고 마음에 비뚤어짐이 없게 하는 것이며, 선지식을 얻어 말이 곧고 바르고 모든 것을 포함하는 것이고, 선법을 구하기를 좋아하고 펴기를 아끼지 않는 것이며, 범행자를 돕고 어려운 일을 하는 가운데서도 남들을 가르치는 것이고, 많이 듣고 가져 잊지 않는 것이며, 정진으로 불선법을 없애고 선법을 불어나게 하는 것이고, 모든 일에 전념하여 다른 생각이 없어지고 선행으로 지혜를 성취, 법의 생멸을 관찰하고 율로서 괴로움의 근본을 끊는 것이며, 한가히 있기를 즐기고 생각을 오로지 하여 선심(禪心)에 의해 희롱심이 없는 것이니, 그것이 10성법이다.

둘째, 수법은 항상 자기 몸을 생각하는 법인데, 지・관(止・觀)이 2법이고, 공・무상・무작삼매가 3수법이며, 내외의 몸을 관찰, 게으르지 않고 기억하여 세상의 탐욕과 걱정을 버리고 안팎의 몸을 관찰하기를 그렇게 하여 4념처를 실천하는 것이 제4 수법이고, 신・진・염・정・혜의 5근법을 닦는 것이 제5의 수법, 3보와 계・보시・천당을 생각하는 것이 6수법, 7수각은 7각지(念・法・進・喜・定・除・捨)를 말하고, 8수법은 8정도이고, 9수법은 희(喜)・애(愛)・열(悅)・낙(樂)・정(定)・혜(慧)・사(捨)・무욕(無欲)・해탈(解脫)이며, 10수법은 8정도에 바른 해탈, 바른 지혜가 그것이다.

셋째, 각법은 번뇌를 내는 촉감을 멸하는 것이니, 명과 색을 깨닫는 것이 2각법, 고・낙・불고 불락의 3수가 3각법, 4각법은 4식(食)이니 단・촉・염・식식이 그것이고, 5수음(색・수・상・행・식)은 5각법, 안・이・비・설・신・의 6내입을 6각법, 7각법은 7식주이니 초식・2식주(범광음천)・3식주(광음천)・4식주(변정천)・5식주(공처)・6식주(식처)・7식주(불용처)가 그것이며, 8각법은 이・쇠・훼・예・찬・방・고・낙 8법이 그것이고, 9법은 9중생거를 말하니, 초중생거로부터 9중생거까지이고, 10각법은 안・이・비・설・신, 색・성・향・미・촉 5색업을 말한다.

넷째, 멸법은 아만을 말하니 무명・애가 제2 멸법, 욕애・유애・유무애는 3멸법, 욕・아만・계・견의 4수를 4멸법, 탐・진・수면・도희・의의 5개(蓋)를 5멸법, 색・성・향・미・촉・법의 6애를 6멸법, 사(使)・욕애(欲愛)・유애(有愛)・견(見)・만(慢)・진(瞋)・무명(無明)・의(疑)의 7사를 7멸법, 8사법은 8정도의 반대이고, 9멸법은 애(愛)・이(利)・용(用)・욕(欲)・착(著)・질(嫉)・수(守)・호(護)이며, 10멸법은 사견・사사・사어・사업・사명・사방편・사념・사정・사해탈・사지 등 10사행(邪行)을 말한다.

다섯째, 퇴법은 악로관(惡露觀)을 하지 않는 것이 1퇴법, 계를 헐고 바른 견을 부수는 것이 2퇴법, 탐・진・치의 3불선근이 3퇴법, 4퇴법은 욕・유・견・무명의 4액법(扼法), 5퇴법은 3보·계·범행을 해치고 좋아하지 않는 것이며, 6퇴법은 3보·계·선정·부모를 공경하지 않는 것이고, 7퇴법은 불신·불참·불괴·소문(少聞)·나태·실·무지를 말하며, 8퇴법은 나태로 인해 계속적인 수면과 불정진하는 8해태법을 말하고, 과거·현재·미래의 3세에 나를 괴롭히는 자를 생각하여 공경과 배움에 대해 생각하는 것이고, 9퇴법은 3세에 나를 침범하여 번민하게 하거나 했고, 10퇴법은 10불선법을 말한다.

여섯째, 증법은 악로관을 1증법이라 하고, 계와 견을 갖추는 것을 2증법, 무탐·무에·무치를 3증법, 4증법은 무욕·무유·무견·무명의 4액을 말하고, 5증법은 희·염·지(止)·낙·정이며, 6증법은 3보를 공경하고 계·정·3세에 내가 사랑하는 사람을 침범하여 번민하게 하거나 했고, 내가 미워하는 사람을 3세에 공경과 사랑하였거나 하는 것이며, 부모를 공경하는 것이고, 7증법은 고·집·멸의 미과출요(未過出要)에 있어서 여실히 지견을 낸 것이니, 관욕화경(觀欲火坑)은 도산지옥과 같이 보고 욕을 알며, 탐하지 않고 욕에 머무르지 않고 번뇌를 역순으로 관해 여실히 깨달아 알고 보는 것이다. 4념처를 알되 5근·5력·7각지·8정도를 닦고 행하는 것이다. 8증법은 8불퇴법이니 탁발 수면에 게으른 것을 말한다. 9증법은 9무뇌이니 침노자에 대해 3세 동안 번민하지 않고 공경하는 것이고, 10증법은 10선행을 말한다.

일곱째, 난해법은 간단이 없는 선정이 1난해법이고, 깨끗하고 더러움을 만드는 인과 연이 2난해법, 알기 어려운 현성과 법, 여래가 3난해법, 4성재가 4난해법이고 비구가 한적한 곳에 이르러 정진하면 알기 어려운 것을 알고 다하지 못한 것을 다하며, 편안하지 못한 것을 편안하게 하는 것이 5난해법이며, 무상(無上)·견무상(見無上)·문무상(聞無上)·이양무상(利養無上)·계무상(戒無上)·공경무상(恭敬無上)·염무상(念無上)이 6난해법이고, 의(義)를 즐기고 때를 알기 좋아하며 만족할 줄 알고, 스스로 거두어 좋아하며 대중을 모으기 좋아하는 것이 7난해법이며, 여래 지진이 세상에 나타나 적멸무위의 설법을 할 때, 이것을 비범행법이라 하니 이는 지옥에 났다가 축생·아귀·장수천에 난다. 설사 중국에 태어나더라도 사견 전도심으로 악행을 하고, 귀먹고 벙어리가 되어, 법을 듣거나 닦지 못하고 범행을 닦을 수 없다고 고집하는 8불한처는 8난해법이고, 믿음만 있고 범행이 없거나, 믿음도 있고 계도 있으면서도 많이 듣지 못하고, 많이 듣고도 범행을 갖추지 못하고, 설법하지 못하며, 설법을 잘 해도 대중을 기르지 못하고, 대중을 기를 수 없고, 범행까지 갖추고, 4선까지 갖추는 것이니 이를 9범행이라고 한다. 말하자면 비구가 믿음・계・다문・설법・대중을 기르고, 대중 가운데서 널리 설법하고 4선・8정을 갖추어 해탈지견을 얻는 것이 9난해법이다. 열 번째 난해법은 10현성을 말하니 다섯 가지 없애는 법, 여섯 가지 성취법, 한 가지 버릴법, 네 가지 의지법, 멸이제(滅異諦)・구승묘(求勝妙)・흘들림 없는 생각・몸의 행이 선 것・마음의 해탈・지혜의 해탈인 10현성거를 말한다.

여덟 번째, 생법은 ①은 번뇌의 해탈을 멸하고 ②는 진지와 무생지이고 ③은 지식(止息)・정진・사리(捨離)를 말하고, ④는 법지(法智)・미지지(未知智)・등지지(等知智)・지타심지(知他心智)이고 ⑤는 삼매를 닦아 현재와 미래에도 즐겁고 안팎의 지혜를 내는 것이고, 현성의 무애(無愛)로 안팎의 지혜를 내는 것이며, 모든 부처님과 현성들의 닦은 대로 안팎의 지혜를 내고 적멸상을 의지해 안팎의 지혜를 내는 것이다. 그리고 ⑥은 안・이・비・설・신・의 경계에 대하여 적정도 없고 기쁨도 없고 버림도 없는 것이며, ⑦은 깨끗지 못하다는 생각, 음식이 부족하다는 생각, 세간을 즐겨할 것이 못된다는 생각, 죽음・무상・괴롭다는 생각, 거기에는 내가 없다는 생각을 하는 7상(想)을 말하고, ⑧은 8대인법을 말하니 도는 마땅히 욕심이 적은 것이고, 만족을 아는 것이고, 한가하고 고요한 것이고, 스스로 지키고 정진하고 생각을 오로지 하고 뜻을 안정하고 지혜로운 것이며, ⑨는 깨끗하지 못하고 음식을 관하고 일체 세간을 즐겨하지 않고, 죽음・무상・고・무아를 생각해 욕심이 없는 9상(想)이다. 그리고 ⑩은 10칭예법(稱譽法)을 말하는데 비구가 스스로 믿음을 얻었으면 남을 위해 설법하고 칭찬하고 계를 가지고 남을 위해 설명하고, 지계 자를 칭찬하고 스스로 욕심을 적게 하고, 족함을 알고, 한가한 것을 즐기고, 많이 듣고 정진하여 선정을 얻고 지혜를 얻는 것을 말한다.

아홉 번째, 지법(知法)은, ①은 모든 중생은 먹는 것으로 생존을 유지하는 것이고, ②는 곳과 곳 아닌 것을 아는 것이며, ③은 욕의 출요로서 색계, 색의 출요로서 무색계에 이르러 일체 유위법으로부터 벗어나는 것이고, ④는 법(法)·의(義)·사(詞)·응(應)의 4변(辯)을 말하며, ⑤는 욕심·진에·질투·색·신견에 대해 즐겨하지도 생각하지도 않고 친근하지도 게으르지도 않아 멀리 떠나 부드러워 그로 인해 생긴 번뇌에서 모두 벗어나는 것을 말한다. ⑥은 사량심을 닦으면서 성을 내고, 해탈을 닦고 슬픔에서 벗어나고자 하고, 버림의 해탈, 생각이 없는 행을 행하면서 의심을 내고 여러 가지 어지러운 생각을 내는 것이고, ⑦은 7근(勤)을 말하는데 지계에 힘쓰고 탐욕·사견을 멸하고 많이 듣고 정진하고 바른 생각을 내고 바른 선정에 힘쓰는 것이다. 그리고 ⑧은 8제입(除入)을 말하니 안에 색상이 있어 바깥색이 적은 것을 보고 혹은 좋다 추하다 관찰하고, 바깥색의 많은 것과 안색이 없으면서도 바깥색이 적은 것, 청색청광·황색황광·적색적광·백색백광 등의 견해를 내는 것을 말하고, ⑨는 9이법(異法)이니 생과(生果)·인과·생촉·인촉·생수(生受)·인수·생상·인집·생욕·생리·생구·생번뇌·인번뇌가 그것이고, ⑩은 10멸법이니 바른소견으로 사견을 없애고 거기서 일어나는 악을 소멸하고 선을 내어 다 성취하는 것이니 바른 뜻·말·행동·생활·방편·기억·선정·지혜·해탈에 대해서도 마찬가지다.

열 번째, 증법은 걸림없는 해탈을 ①로 하고, 명(明)과 해탈을 ②로 하며, 숙명통·천안통·누진통 3명을 ③으로 하고, 4사문과를 ④로 하고, 5무학취(無學戒·定·慧·解脫·解脫智見聚)를 ⑤증법으로 하고, ⑥ 증법은 3보와 계·정·부모를 공경하는 6경법을 말하고, ⑦증법은 7누진력을 말하니 번뇌가 다한 비구가 일체 모든 고·집·멸과 미과출요(未果出要)에 있어서 여실한 지견을 가지는 것이니 욕심을 관찰하기는 불구덩이 칼과 같이 보아 거기 머무르지 않고 여실히 깨달아 알고 보고 그래서 세간의 탐욕과 질투 악과 불선을 새지도 않고 일어나지도 않게하는 것이다. 그리고 또 5근·5력·7각지·8정도를 닦을 때도 마찬가지다. 그리고 ⑧ 증법은 8해탈을 말하니 안팎의 색상을 벗어나 해탈을 얻고 8처·식처·불용처·유상무상처·상지멸에 머무는 것이고, ⑨증법은 4선

8정을 지나 멸진정에 들어가 상수멸(想受滅)하는 것이며, ⑩증법은 10무학법이니 8정도의 법에 바른 지혜와 해탈을 얻는 것이다.”

〈불설장아함경 제9권, 십상경〉

7. 증일경(增一經)

부처님께서 급고독원에 계실 때 1,250인과 함께 계시면서 말씀하셨다.

“나는 너희들과 더불어 참된 미묘법을 연설하리니 상·중·하의 모든 법이 청정하여 범행을 구족하라.

첫째, 1증법이 있으니 성·수·각·멸·증법이 그것인데 선법을 버리지 않는 것이고, 성법은 스스로 몸을 생각하는 것이고, 수법은 고·락·사를 생각하는 것이며, 번뇌의 촉을 떠나지 않는 것이 각법이고, 아만을 없애는 것이 멸법이고, 걸림이 없는 마음의 해탈이 증법이다.

둘째, 2증법이 있으니 참과 괴가 1성법이고, 지와 관이 2수법이며, 명과 색이 2각법이고 무명과 유애가 2멸법이며, 명과 해탈이 2증법이다.

셋째, 3성법은 착한 벗을 가까이 하고 법문을 듣고 법을 성취하는 것이고, 3수법은 공·무상·무작삼매를 얻는 것이며, 3각법은 고수·낙수·불고불락수를 말하며, 3멸법은 욕애·무애·무유애를 없애는 것이고, 3증법은 숙명지·천안지·누진지를 밝히는 것이다.

넷째, 4성법은 중국에 살면서 착한 벗을 가까이 하고 스스로 삼가하고 일찍 선의 근본을 심은 것이고, 4수법은 신·수·심·법을 닦는 것이며, 4각법은 단식·촉식·염식·식식을 하는 것이고, 4멸법은 욕(欲)·아(我)·계(戒)·견(見) 4수(受)를 없애는 것이며, 4증법은 4사문과를 증득하는 것이다.

다섯째 5성법은 부처님은 10호를 구족하고, 무병 상락하여 순수무첨하고 어지럽지 않으며, 기억력이 좋고 법의 생멸을 알아 나고 멸함을 다한 5멸진지이고, 5수법은 신·정진·염·정·혜이며, 5각법은 색·수·상·행·식 5수음이며, 5멸법은 탐·진·수·도(掉)·의(疑)의 5개이고, 5증법은 무학의 계·정·혜

・해탈・해탈지견이다.

여섯째, 6성법은 비구가 항상 사랑을 행하고 범행을 닦고, 인애에 살펴 대중과 화합해 살되 홀로 있으면서도 잡되지 않는 것이고, 발우 밥을 서로 나누어 먹어 성계(聖戒)를 헐뜯지 않고 지자의 칭찬하는 바 되며, 바른소견과 범행을 닦아 공경할만한 사람이 되는 것이다. 6수법은 6념(3보・戒・施・天)이고, 6각법은 6입을 깨달은 것이며, 6멸법은 6경의 애착을 끊은 것이고, 6증법은 6신통을 말한다.

일곱째, 7성법은 신・계・참・괴・문(聞)・시(施)・혜(惠)의 7제를 말하고, 7수법은 7각의, 7각법은 7식주처, 7멸법은 욕・유・견・만・진에・무명・의사의 7사법(使法)을 말하고, 7증법은 4제법을 사실적으로 알고 여실히 깨달은 뒤 4념처・4정근・5근・5력・7각의・8정도를 닦고 행하는 것이다.

여덟째, 8성법은 8인연이니 스승을 의지하여 참괴심을 내고 진리를 묻고 깊은 뜻을 알아, 몸과 마음을 즐겁게 가지며, 도를 막는 범행을 얻지 못한 사람들에게 범행을 얻어 지혜롭게 살게 하는 것이며, 무익한 일을 하지 않고 대중 속에 나아가 설법하고 많이 듣고 널리 알아, 지켜 가져 잃지 않고 힘써 닦아 악한 법을 없애고 착한 법을 불려서 성현의 법으로 괴로움의 끝을 다하는 것이고, 8수법은 8정도이고, 8각법은 이・쇠・훼・예 등 8법이며, 8멸법은 8사법을 멸하는 것이고, 8증법은 8해탈이다.

또 아홉째, 9성법은 9정멸지법이니 계・심・견・탁의(度疑)・분별・도정(道淨)・제정(除淨)・무욕・해탈정멸지가 그것이고, 9수법은 9희본(喜本)으로 기쁨・사랑・열・낙・정・지견・없앰・무욕・해탈이며, 9각법은 9중생거이니 천중생거・범광음천거・광음천거・변정천거・무상천거・공처거・식처거・불용처거・유상무상처거이다. 9멸법은 9애본이니 사랑을 구애(求愛), 사랑의 활동과 욕심, 집착・질투・지킴이 그것이고, 9증법은 9진(盡)이니 초선・2선・3선・4선・공처・식처・불용처・유상무상처・멸진정이 그것이다.

열째, 10성법은 계를 지켜 위의를 산실하지 않는 것이고, 선지식을 얻고 바른말 착한 법 구하기를 즐겨하며, 범행자를 돕고, 하기 어려운 일을 하며, 가르치고, 많이 듣고 잊지 않고, 힘써 착한 법을 자라게 하며, 지혜를 성취하여 한가히 선정 속에서 사는 것이다. 10수법은 10정행이니 8정도에 해탈과 지혜를 더한 것이고, 10각은 10색입을 말하니 5근 5경의 입(入)이 그것이며, 10멸법은 10사행을 멸하는 것이니 사견・사지(邪志)・사어・사행・사명・사방편・사념・사정・사해탈・사혜이고, 10증법은 10무학이니 무학의 바른 소견과 뜻・말・행동・생활・방편・생각・선정・해탈・지혜이다.

비구들이여, 이것이 10종법이다. 나는 내가 깨달은 대로 그대들을 위해 가르쳤으니 그대들은 힘써 닦고 실천하라."

〈불설장아함경 제9권, 증일경〉

장아함경 제10권 제2분 ⑤

8. 삼취경(三聚經)

"삼취법이란 첫째는 악한 세계로 나아가는 것이고, 둘째는 착한 세계로 나가는 것이며, 셋째는 열반 법으로 나가는 것이다. 인자한 마음이 없고 독해심(毒害心)을 품는 것은 악도이고, 악심으로 중생을 해치지 않는 것은 선도이며, 4정근과 신념처를 닦는 것은 열반으로 나아가는 것이다.

또 파계하고 견을 무너뜨리는 것은 악도이고, 계와 견을 갖추는 것은 선도이며, 지・관은 열반법이다. 또 탐・진・치 3독은 악도이고 무탐・무진・무치는 선도이며, 무상・공・무작삼매는 열반의 길이다. 정다운 말과 성내는 말, 두려운 말, 어리석은 말은 악도이고, 그와 반대는 선도이며, 4념처를 닦는 것은 열반의 길이다.

또 5계를 지키는 것은 선도이고 파계하는 것은 악도이며, 신・진・염・정・

혜는 열반에 나아가는 길이다.

또 3보와 계・정・부모를 공경하지 않는 것은 악도이고, 공경하는 것은 선도이니, 이 여섯 가지를 생각하는 것은 열반에 나아가는 길이다.

또 살생・도둑질・음탕・거짓말・이간질・욕설・꾸밈말은 악도이고, 그 반대는 선도이며, 7각의(念・擇法・정진・猗・定・喜・捨覺意)는 열반으로 행하는 길이다.

또 8정도는 선근이고 8사행은 악도이며, 역시 8정도는 열반의 길이다.

또 자신을 괴롭히고 지금도 장차도 괴롭히고, 내가 사랑하는 것을 괴롭히고 지금도 장차도 괴롭히고, 미워하는 것도 그렇게 하면 9뇌(惱)가 되는데 이는 악도의 길이고, 그 반대는 선도이며, 기쁨・사랑・기뻐함・즐거움・정・지견・버림・무욕은 열반의 길이다.

또 10불선은 악도이고, 10선은 선도이고, 8정도와 10해탈, 지혜를 보탠 것은 열반의 길이다."

〈불설장아함경 제10권, 삼취경〉

9. 대연방편경(大緣方便經)

어느 때 부처님께서 구류사국(拘流沙國)의 겁마사(劫摩沙) 거리에서 1,250명과 함께 계실 때 아난이 말했다.

"세존이시여, 저는 12인연법을 매우 깊이알기 어렵다고 생각하였습니다."

"그렇다. 그것은 심히 깊고 어렵다. 그러나 순서를 밟아 공부하면 어렵지 않으니 나고 죽음은 유(有)에서 생기고, 유는 취(聚), 취는 애(愛), 애는 수(受), 수는 촉(觸), 촉은 6입(入), 6입은 명색(名色), 명색은 식(識), 식은 행(行), 행은 무명(無明)에서 인연 되었기 때문이다.

그러므로 무명으로 인해 행이 있고 행으로 인해 식, 식으로 인해 명색, 명색으로 인해 6입, 6입으로 인해 촉, 촉으로 인해 수, 수로 인해 애, 애로 인해 취, 취로 인해 유, 유로 인해 생으로 인해 노・사, 우・비・고・뇌가 생긴 것이다.

그러니 만약 생이 없다면 늙고 죽음이 없듯, 무명이 멸하면 행·식도 따라서 없어지게 될 것이다.

그러면 유란 무엇인가. 5욕락에 대한 생각이 있으면 욕유(欲有)이고, 색에 대한 생각이 있으면 색유(色有)가 되며, 무색에 대한 생각 있으면 무색유가 된다. 취는 욕취(欲取)·견취(見取)·계취(戒取)·아취(我取)가 중심이고, 애는 욕애(欲愛)·유애(有愛)·무유애(無有愛)가 중심이 되며, 수는 고·락·불고불락이 중심이다.

세상사람들은 사랑과 이익을 구하여 삶이 있고 삶으로 인하여 욕심→집착→질투→지킴→보호→칼 막대기→송사→악이 있다. 그러므로 악을 없애려면 사랑을 없애야 한다."

〈불설장아함경 제10권, 대연방편경〉

10. 석제환인문경(釋提桓因問經)

어느 때 부처님께서 마갈타국 암바라촌 북쪽 비타산 인타바라라 굴 속에 계셨다.

그때 제석천왕은 그의 음악신 반차익에게 유리 거문고를 가지고 가 찬양하도록 하고 뒤따라가 물었다.

"이 세상사람들은 무슨 원한이 있기에 원수가 되어 칼과 몽둥이를 쓰고 있습니까?"

"탐욕과 질투 때문이다. 탐욕과 질투는 사랑과 미움 때문에 생기나니 욕망을 씨앗으로 하고 있다."

"그렇다면 그 욕망은 무엇을 인연으로 할까요?"

"생각(想)을 인연으로 하고 생각은 조희(調戲)가 근본이 된다. 그러므로 만일 조희가 없다면 칼과 막대기도 필요치 않게 될 것이다."

"그렇다면 일체 사문 바라문들은 조희를 없애고 적멸에 들었을까요?"

"아직 들지 못한 사람들도 있다. 입과 생각, 구하는 마음이 남아있기 때문이다. 몸을 기뻐하고 걱정하며 몸을 버리는 사람은 남을 해치지도 않고 자신도 괴롭게 하지 않는다.”

“성현의 율 가운데는 몇 가지가 있습니까?”

“눈이 색을 볼 때에는 친해야 할 것과 친해서는 안되는 것이 있듯이 귀의 소리, 코의 냄새, 입의 맛, 몸의 접촉, 뜻의 법에도 마찬가지다.”

“비구의 구경법에는 몇 가지가 있습니까?”

“사랑함으로써 괴로워하는 바가 있는데 몸이 없어지면 그것이 곧 구경법이다.”

“저는 일찍이 아수라와 싸워 패하고, 희락과 염락(念樂)을 얻은 일이 있습니다. 그때 그런 생각을 했습니다. 내가 만일 다시 어머님의 뱃속에 들어간다면, 건너지 못할 자를 건너게 해주시는 부처님을 믿고 그 법을 닦으리라. 그래서 지혜를 얻고 바른 이치를 보고 본래 일어난 곳을 훤희 알아 거기서 길이 해탈하리라 생각하였습니다.”

“장하다 제석이여. 그대는 반드시 그러한 꿈을 이루리라.”

〈불설장아함경 제10권, 석제환인문경, 제석소문경〉

장아함경 제11권 제2분 ⑥

11. 아누이경(阿㝹夷經)

부처님께서 명녕국(冥寧國) 아누이 땅에 계실 때 1,250인과 함께 계셨다. 이른 시간 탁발 가다가 방가바 범지들이 있는 곳에 들리니 그들이 말했다.

“예차의 아들 선숙이 부처님 밑에서 공부를 포기한 것은, 부처님이 그를 멀리하기 때문이라고 하던데 사실입니까?”

“그렇지 않다. 그는 내가 옛날 비사리의 미후강변 집법당에 있을 때, ‘부처님께서 신통력을 보여주시지 않고 우리 아버지의 비밀한 재주를 가르쳐 주지 않으면 나는 중노릇을 하지 않고 가겠습니다'고 하여, '너는 내가 신통력을 보여주기로 약속하고 너의 아버지 비밀을 일러 준다고 하여 중노릇 하려고 왔느냐' 하고 물으니, '그렇지 않다'고 하여 '중노릇 하고 안하고는 너의 마음이지 나의 신통과는 관계없다'고 한 일이 있다.

그는 일찍이 청량지의 못 가운데 물을 여덟 가지(冷·輕·柔·淸·甘·無垢·不腹·身安)로 찬탄하듯 3보에 귀의 하였지만, 스스로 범행을 닦지 않고 계를 지키지 않기 때문에, 나와 함께 공부하지 못하고 있는 것이다. 스스로 자신을 아라한이라 지칭하면서, 가라루 니건자의 질문을 받고 답변을 하지 않고 오히려 성을 냈으며, 부처님 제자를 흉내 내면서 7종의 고행(평생 나체로 술을 마시지 않고 고기나 밥 국수를 먹지 않으며 음행하지 않고, 평생 동안 4탑 비사리에 있는 憂園塔·象塔·多子塔·七聚塔을 떠나지 않는 것)을 즐겨하고 있다.

백토읍 구라제 니건자가 똥무더기를 핥고 있는 것을 보고 그리워했으며, 미후강변의 파리자 범지의 신통담을 듣고 그리워했었다. 그러나 구라제 니건자는 그 후 7일 만에 죽어 기시아귀가 되고, 파리자 범지는 노끈 평상에 발을 떼어내지 못했으니 승냥이가 사자를 흉내 낸 것과 같다고 하였으나, 그는 늘 외도들의 신통이나 고행을 즐길 뿐, 불법을 가까이 하지 아니했으므로 그가 불법을 닦았다고는 생각하지 않는다.

어떤 사문과 바라문들은 이 세상을 자재천이 만들었다. 사람의 자식들은 모두가 하늘님의 자손이다 하는데, 모두 이것은 광음천이 타락해 나타난 것을 알지 못하기 때문이다. 그는 종종 내곁에 따라다니며 내가 얻은 음식을 나누어 먹은 일이 있지만, 나의 바른 행 보다는 신비나 이상한 것을 보고자 노력했기 때문에, 불법 속에 있으면서도 외도의 경계를 벗어나지 못하고 있는 것이다."

〈불설장아함경 제11권, 아누이경〉

12. 선생경(善生經)

부처님께서 라아자그리하 기사굴 산중에 계실 때, 성중에 선생(善生) 장자의 아들이 있었는데 마음씨가 착해, 아버지의 말씀을 잘 실천하고 있었다.

매일 아침이면 동산에 나가 소풍하고 목욕한 뒤, 젖은 몸으로 6방을 향해 절을 했는데, 그 날도 그렇게 하다가 부처님 눈에 띄었다.

"무엇 때문에 그렇게 절을 하는가?"

"아버지의 유언입니다."

"성자의 율에는 그렇게 의미없는 절이 있을 수 없다. 4결업(結業)을 알고 6손재법을 깨달은 뒤, 6방에 예경하면 큰 공덕이 있으리라."

"4결업이란 어떤 것입니까?"

"4결업이란 네 가지 악행을 일으키는 업이니, 살생·도둑질·사음·거짓말이며, 탐욕·성냄·두려움·어리석음이니라."

"6손재업은 어떤 것입니까?"

"술에 빠지고 노름하고 방탕하고, 기악하고 악한 벗 사귀고 게으른 것이니, 술에 빠지면 ① 재물을 없애고, ② 병이 나고, ③ 싸우며, ④ 악평이 높아지고, ⑤ 성질이 사나워지며, ⑥ 지혜가 날로 줄어든다.

놀음하면, ① 재산이 줄어지고, ② 이기더라도 원한을 사며, ③ 지혜인의 꾸지람 받는 사람이 되고, ④ 사람들이 공신(恭信)하지 않으며, ⑤ 멀리 피하고, ⑥ 도둑심이 생긴다.

방탕하면, ① 자신을 보호하지 못하고, ② 재물을 보호하지 못하며, ③ 자손을 보호하지 못하고, ④ 스스로 놀라고 두려워하며, ⑤ 고악(苦惡)이 항상 몸을 따르고, ⑥ 늘 허망한 생각이 난다.

기악에 빠지면, ① 노래, ② 춤, ③ 악기(거문고 비파 등), ④ 손뼉소리, ⑤ 북소리, ⑥ 이야기 거리를 찾아 헤매게 된다.

악한 벗에도 여섯 가지가 있으니 ① 수단을 써 속이고, ② 그윽한 곳을 좋아하며, ③ 남의 집 사람을 꾀고, ④ 남의 물건을 도모하며, ⑤ 재물의 이익을 구하고, ⑥ 남의 허물을 즐거워한다.

또 게으르면 ① 부해지면 부자가 되었다고 더욱 게을러지고, ② 가난하면 가난하다고 일하지 않으며, ③ 추우면 춥다, ④ 더우면 덥다, ⑤ 이르면 이르다, ⑥ 늦으면 늦다고 핑계하여 일하지 않는 것이다.

친한 벗에도 네 가지가 있으니 ① 두려움으로써 항복받고, ② 아름다운 말로 달래며, ③ 공경 순종하는 체 하고, ④ 악한 짓 하는 벗이다.

두려움으로 항복받는 데도 네 가지가 있으니, ① 먼저는 주었다가 뒤에 빼앗고, ② 적은 것을 주고 많은 것을 바라고, ③ 두려워서 억지로 친하며, ④ 이익을 위해서 친한 사람이다.

아름다운 말을 하는 사람은 ① 선악을 다 따르고, ② 어려움이 있으면 버리며, ③ 겉으로는 착한 체 하면서 속으로 방해하고, ④ 위태로운 일이 있으면 곧 배반하는 것이다.

공경 순종하며 친한 체 하는 데도 네 가지가 있으니 ① 먼저는 속이고, ② 뒤에도 속이며, ③ 현재도 속이고, ④ 작은 허물을 가지고도 매질하는 사람이다.

악한 벗은 ① 술 마실 때, ② 도박할 때, ③ 음탕할 때, ④ 노래 부르고 춤출 때만 친한 체 하는 사람이다.

또 네 가지 친한 사람이 있으니 ① 허물을 그치게 하고, ② 사랑하고 어여삐 여기며, ③ 이익을 주고, ④ 함께 일하는 사람이 되어 구호자가 되는 사람이다.

허물을 그치게 하는 데도 네 가지가 있으니 ① 악한 일을 그치게 하고, ② 정직을 보여주며, ③ 자비심으로 생각하고, ④ 천상의 길을 열어주는 자이다.

자비한 자에게도 넷이 있으니 ① 이익을 보고 대신 기뻐하고, ② 악을 보고 걱정하며, ③ 덕을 칭찬하고, ④ 악설을 방지해 주는 사람이다.

이익되게 하는 자에게도 네 가지가 있으니 ① 방일하지 않게 하고, ② 손재를 보호하며, ③ 두려워하지 않게 하고, ④ 조용히 훈계하는 자이다.

일을 함께 하는 자에게도 네 가지가 있으니 ① 신명을 아끼지 않고, ② 재물을 아끼지 않으며, ③ 두려움을 구제하고, ④ 조용히 깨우침을 주는 자이다.

이렇게 4악업을 막고 가까이해서는 안될 친구와 가까이 해야 할 친구를 안 뒤에는 6방을 알아야 하니, 부모는 동방이고 스승은 남방이며, 아내는 서방이요 친척은 북방이고, 종들은 하방이며, 사문 바라문은 상방이다.

첫째, 자식은 부모를 다섯 가지로 봉사해야 한다. ①은 모자람이 없이 이바지하고, ② 할일이 있으면 먼저 부모에게 알리며, ③ 부모님 하는 일을 순종하고, ④ 바른 명령을 어기지 않으며, ⑤ 실직하지 않게 해야 한다.

또 부모도 자식에게 사랑해야 하는데 ① 자식의 악행을 용서하고, ② 가리키고 일러 주고 착한 것을 보여 주며, ③ 사랑이 뼈 속까지 스며들게 하고, ④ 좋은 배필을 선택해주며, ⑤ 때를 따라 쓰임새를 대어 주어야 한다.

둘째, 제자는 스승에 대하여 ① 필요에 따라 공급하고, ② 애경 공양하고, ③ 존중 찬탄하며, ④ 가르침을 경순하고, ⑤ 들은 것을 잊지 않는 것이다.

스승은 제자에 대하여 다섯 가지로 잘 보호해야 한다. ① 법 따라 다루고, ② 듣지 못한 것을 듣게 하며, ③ 물음을 따라 뜻을 알게 하고, ④ 착한 것을 보이며, ⑤ 아는 것을 다 가르쳐 주는 것이다.

셋째, 남편이 아내를 공경하는 데는 ① 예로써 대접하고, ② 위엄을 지켜주며, ③ 언제나 의식을 대어주고, ④ 때를 따라 장엄하게 하며, ⑤ 집안일을 맡기는 것이다.

아내는 남편에 대하여 ① 먼저 일어나고, ② 나중에 앉으며, ③ 부드러운 말을 하고, ④ 공경 순종하며, ⑤ 뜻을 먼저 알아 받드는 것이다.

넷째, 친족에 대해서는 서로가 ① 베풀어주고, ② 착한 말 하며, ③ 이롭게 하고, ④ 이익을 주며, ⑤ 속이지 않고, ⑥ 방일을 보호하며, ⑦ 손재를 보호하고, ⑧ 두려움에서 보호하며, ⑨ 가만히 훈계하고, ⑩ 서로 칭찬하는 것이다.

다섯째, 주인은 하인에 대하여 ① 능력을 따라 부리고, ② 때에 따라 음식을 주며, ③ 수고로움을 위로하고, ④ 병나면 약을 주며, ⑤ 휴가를 주어 쉬게 한다.

그리고 하인은 주인에 대하여 ① 일찍 일어나고, ② 일을 주밀하게 하며, ③ 주지 않는 것을 취하지 말고, ④ 일은 순서있게 하며, ⑤ 주인의 명예를 드러내는 것이다.

여섯째, 시주자는 사문 바라문에 대하여 ① 몸, ② 입, ③ 뜻으로 사랑을 행하고 ④ 때맞추어 보시하며, ⑤ 문을 막지 않는 것이다.

사문 바라문은 시주에 대하여 ① 악으로부터 보호하고, ② 선을 가르쳐 주며, ③ 선한 마음을 품게 하고, ④ 듣지 못한 것을 듣게 하며, ⑤ 들은 것은 더 잘 알게 하고, ⑥ 천상의 길을 열어 보이는 것이다."

"참으로 거룩하십니다. 부처님의 가르침은 저의 본래 소망을 지나고 아버지의 가르침을 넘어섰습니다. 진실로 부처님은 넘어진 자는 일으켜 주고 닫힌 자는 열게 하며, 어리석은 자는 깨닫게 하고 어두운 곳에 빛과 같습니다. 가르쳐 주신 진리를 열심히 실천하며 평생의 불자로써 부끄러움 없이 살도록 하겠습니다. 감사합니다."

〈불설장아함경 제11권, 선생경 · 육방예경 · 시가라월육방예경〉

장아함경 제12권 제2분 ⑦

13. 청정경(淸淨經)

부처님께서 가비라국 면기(緬祇) 우바새 동산에 계실 때, 주나 사미가 파파국으로부터 안거를 마치고 와서, 니건자가 죽은 뒤 그의 제자들이 두 파로 갈라져 분쟁이 일어나, 교단이 엉망진창이 된 것을 말하자 부처님께서 말씀하였다.

"그 법은 진정한 법이 아니고 삿된 소견이라, 마치 썩은 탑에 색칠을 한 것과 같다. 만일 그 제자들이 스승의 법이 수승하여 바른 소견을 내 깨달음을 얻었다고 한다면, 그것은 무상정등각의 가르침이 될 것이다. 어떤 사람은 세상에 나와 걱정거리를 만들어 주고 가는 사람도 있고, 반대로 청정범행을 통해 해탈을 얻게 하는 사람도 있는데, 걱정거리를 만들어 주는 사람은 청정범행을 닦은 사람이고, 그렇지 않은 사람은 윤리도덕이 없는 사람인줄 알아라. 불법은 제호와 같다. 4념처·4신통·4의단·4선·5근·5력·7각의·8성도는 마치 우유와 버터에서 치즈를 만들어 내는 것과 같다.

비구는 설법할 때 글과 뜻이 바르지 못하게 하면 안되고, 옳다 그르다 하면 안된다. 오직 12부경(貫經·祇夜·授記·偈·法句·相應·本緣·天本·廣·未曾有·譬喩·大敎經)을 잘 받아지니고 헤아리고 관찰하여 널리 펴서 분포하여야 한다.

그리고 내가 제정한 옷은 무덤이나 장자 집에서 나왔던지 추한 것이나 천한 것이 모두 추위와 더위, 모기·등에를 막는 것으로 족하고, 음식은 굶주림을 제거하고 도 닦는 양식으로 족할 것이며, 주처는 나무밑·한데·방안·누각·굴·밖이 되었던지, 비·바람·눈·서리를 피하기 위한 것으로 족하고, 약은 대소변·우유·기름·검은 석밀로 족해야 한다.

불자는 온갖 즐거움과 즐거움으로써 즐기고, 꾸짖는 것으로 만족해야 하니 여래께서 꾸짖는 것은 5욕이고 칭찬하여 즐기는 것은 수행이다. 누구나 탐욕을 버리고 악법이 있어 각관을 닦음으로부터 4선·8정을 닦아 중반·생반·행반·무행반·상유반에 이르면 이것이 즐거움의 공덕이다.

공부하는 사람이 5개를 없애고 37조도품을 닦으면, 9사(殺·盜·婬·妄·捨道·墮慾·嗔·畏·痴)를 떠날 것이니 그것이야말로 즐거운 것이다. 여래는 3세에 걸쳐 시(時)·실(實)·의(義)·이(利)·법(法)·율어(律語)를 하여 허망함이 없다. 이 세상 모든 것은 변해가는 것이다. 나와 내 것이 없으니 삿된 견해를 버리고 8해탈을 증득하라."

〈불설장아함경 12권 청정경〉

14. 자환희경(自歡喜經)

부처님께서 나란다성 파바아이캄바바니(婆婆利菴婆林)에 계실 때 사리불이 부처님께 물었다.

"이 세상 어느 곳에 여래의 집착없는 깨달음과 같은 사람이 있을까요?"

"그렇다. 3세 여래 부처님들의 지혜와 신족, 공덕 도력을 아는 이는 없다."

"그러나 저는 부처님의 일반적인 법은 능히 알 수 있으나, 저를 위해 설법하는 것은 날로 깊어 갈수록 깊고 오묘합니다. 검고 흰 것과 인연이 있고 없는 것, 비침이 있고 없는 것, 그래서 저는 여래 지진을 믿고 끝까지 알고자 노력합니다."

"그렇다. 세존의 설법에는 체계있게 제재되어 있는 법이 있으니, 4념처 · 4정근 · 5근 · 5력 · 7각지 · 8정도가 그것이니, 이것에 통달하면 지혜와 신통이 남김없게 된다. 그런데 어찌 세간의 사문과 바라문들이 헤아릴 수 있겠느냐. 또 제어해야 할 법은 6근이 6경을 보고 수입하는 것이고, 또 위 되는 법이 있으니 식의 입태(入胎)다. ①은 난입태(亂入胎) · 난주(亂住) · 난출(亂出)이고, ②는 불난입 하나 난주 · 난출이며, ③은 불난입 · 불난주하나 난출이고, ④는 불난입 · 불주 · 불난출인데 그 가운데 ④가 제일이다.

또 여래의 법에는 정혜의(定慧意) 삼매를 따라 염각의(念覺意)를 닦을 때, 욕 · 이 · 멸진 · 출요(欲 · 離 · 滅盡 · 出要)를 의지하고, 고 · 낙 · 희법을 느리게 빠르게 하는 법이 있으니, 고와 낙을 얻는 것을 느리게 하고, 고와 낙을 멸하는 것을 속히 하느니라."

"그렇습니다. 세존의 설법은 미묘하여, 여자들에 이르기까지 유루를 멸해서 무루를 이루어 마음에 해탈을 하고, 지혜의 해탈을 하며 범행을 마치고 생사를 벗어났습니다."

"그렇다. 나의 말은 청정하여 무익하고 허망한 말은 하지 않으며, 이기주의적 편견을 갖지 않으며, 안온 부드럽고 때를 잃지 않고 헛되게 하지 않는다. 또 선정, 삼매에 들어 머리로부터 발에 이르기까지, 피부의 안팎에 부정이 끼지 않도록 하고, 초견정으로부터 4견정에 이른다. 여래는 또 성 · 주 · 괴 · 공의 원리를 몇 백천 겁을 두고도 다 기억하고, 유루 · 무루의 깊고 얕은 것과 넓고 좁은 것을 알아, 수다원 · 사다함 · 아나함 · 아라한 등 왕복하는 도과를 빠짐없이 이해하고, 있는 생각이 생각 없는데 이르는 것과, 천안통 · 천이통 · 타심통 · 숙명통 등을 알아 누(漏)가 다한 것까지 알고 있다. 그러므로 3세를 두고 삼먁삼붓다는 여래응정등각 뿐이다."

그때 옆에서 부처님께 부채질을 하고 있던 울타이가 말했습니다.

"그렇습니다. 부처님은 위와 같이 위없는 법을 갖추고 있으면서도 소욕지족(少欲知足)하시니 참으로 놀랄 일입니다. 스스로 청정하기 때문에 4부 대중도 함께 청정히 하고 있습니다.

〈불설장아함경 12권, 자환희경·신불공덕경〉

15. 대회경(大會經)

부처님께서 석시제국(釋翅提國) 가유림(迦維林)에서 5백 아라한들과 함께 계실 때 4정거천이 찬탄하였다.

비구들은 갖가지 더러움 보고 단정한 마음 스스로 보호하며,
가시 끊고 사랑 구덩이 고르고 무명 구덩이 메우고,
홀로 청정한 장소에 모이니 좋은 코끼리 길들인 것 같습니다.

여기 귀의하는 사람들 다시는 악세에 물들지 않고,
인간세상 벗어나면 반드시 청정한 하늘 몸 받는다.

차례를 헤아릴 수 없는 신묘천들이 와서 공양하고 예배했으나, 다른 이들은 알지도 보지도 못하나니 세상에 있는 모든 신들도 그러하였다. 10만의 귀신, 7천의 지신(地神), 6천의 열차(悅叉), 또 마국(馬國)의 비파밀신(毘波蜜神), 금비라신(金毘羅神)도 왕사성의 비부라산에 있으면서 많은 권속들과 함께 왔다. 동방의 제두뢰타도 건발바와 함께 오고 남방의 비루륵은 용왕과 함께, 서방의 비루박차는 구반다와 함께, 북방의 비사문도 모든 야차와 함께 왔는데 모두 다 그의 아들들 91명씩을 거느리고 왔다.

그때 세존은 환위허망(幻僞虛妄)의 마음을 항복받고자 다음과 같이 주문을 외

웠다.

마구루 라마구두라, 비루라바루라, 전타나가, 마세치가니연두 니연두, 파나로 오호노노주, 제바소모, 마두라, 지다라사나, 건답바, 나라주, 사니사, 시하, 무련타라, 비파밀다라, 수진타라, 니려니하, 두부루 수리바적바.

그리고 나찰과 아수라, 모든 하늘과 5통 바라문을 위해 주문을 설했다. 그때 마왕이 모든 대중이 부처님 계신 곳에 모여 있는 것을 보고 화를 내어 4병을 거느리고 수레를 치는데 마치 뇌성벽력과 같았다. 큰 바람과 비를 쏟고 번개와 천둥을 치면서 왔으나 생각은 오로지해 방일이 없고, 깨끗한 계율을 두루 갖추어 뜻을 정하고 스스로 생각하며, 그 의지를 보호하는 5백나한을 보고 그 마음 여름 하늘에 눈과 같이 풀어졌다.

〈불설장아함경 12권, 대회경・대삼매경〉

장아함경 제13권 제3분 ①

1. 아마주경(阿摩晝經)

부처님께서 구살라국(拘薩羅國) 이차능가라(伊車能伽羅) 바라문촌에 계실 때, 욱가라촌에 살고 있는 비가라사라(沸伽羅娑羅) 바라문이 찾아왔다.

"저희 마을은 풍성하고 살기 좋아 백성들이 많습니다. 바사익왕께서 저희 조상들께 범분(梵分)으로 이 땅을 제공하여, 우리는 7대를 두고 이곳에 살면서 진정한 바라문으로써 남의 비방이나 멸시를 받고 살지 않았습니다. 저의 제자들은 3부의 구전(舊典 ; 리그・사마・야주르베다)을 읽고 외워 훤히 알고, 갖가지

경서를 다 분별하고 대인의 상법과 제사의 의례를 잘 알고 있습니다. 저는 부처님께서 10호를 구족하고 32상 80종호를 갖추시고 마군이를 항복받고, 1,250인과 더불어 이곳에 와 계신다는 말씀을 듣고 제자 아마주를 데리고 왔습니다."

"나는 먼저 아마주가 5백 마납들을 데리고 와서 나의 상호를 점치고, 10호를 들은 뒤 떠난 것을 알고 있습니다."

"예, 부처님. 아마주가 그때 자신이 성마왕(聲摩王)의 후예로써 본래는 석가족의 종이었다는데, 진종의 바라문이 된 연유를 알고 부처님께서 항마성도 하신 것도 알았으며, 설법하실 때는 윗말도 좋고 중간말도 좋고 끝말도 좋게 하여, 구족한 의미로써 청정한 행을 하고 있다는 말도 들었습니다. 그러나 저는 부처님과 같은 이를 만나 수레에서 내려 경례했다면, 나의 명성과 녹이 한꺼번에 떨어지기 때문에 그렇게 해서는 안된다고 생각하였는데, 이제 와서 부처님을 뵈오니 모두가 지옥종자를 장만했다고 생각하였습니다. 깊이 참회하면서, 그리고 부처님과 부처님의 가르침 스님들께 귀의하오니 저의 귀의를 받아주십시오."

부처님께서는 침묵으로 이를 허락하시고 그들은 세 번 돌고 공양청을 한 뒤 떠났다. 그래서 부처님은 약속한 날짜와 시간에 맞추어 1,250명을 거느리고 오셔 다시 한 번 그의 참회를 받으신 뒤 축원하였다.

"마땅히 그대의 수명을 연장시키고 안온하게 하고 제자들의 백라병을 없애주리라."

말이 끝나자 곧 제자의 백라병은 즉시 나아 다시 7일 동안의 공양을 청해 받고 설법하여 모두를 기쁘게 하였다.

〈불설장아함경 제13권, 아마주경〉

장아함경 제14권 제3분 ②

2. 범동경(梵動經)

부처님께서 마가다국 대숲절에 계시다가 빔비사라 임금의 당상에 나아갔다. 그때 범지 선념의 제자 범마달(梵摩達)이, 그의 제자들과 함께 부처님을 따라다니며 불법을 헐뜯고 있었다. 그래도 부처님은 아무말이 없으시자 하루는 대중들이 강당에 모여 의논하였다.

"어찌하여 부처님은 저 습관과 소견, 친근이 다른 사람들에 대하여 말씀 한마디 없으실까?"

이 뜻을 아신 세존께서 말씀하였다.

"너희들은 저들처럼 따라다니면서 또는 그냥 있으면서 화를 내면 안된다. 왜냐하면 그들은 소견이 좁고 보잘 것 없기 때문이다. 기껏 해보아야 5계와 10계를 찬탄하거나 헐뜯거나 향화나 가무, 비비식, 금은 전보 가지기, 아내와 자식 남녀 종을 두지 않는 것, 코끼리 말 등 6축과 4병(象・馬・車・步)을 기르지 않고 전탑에 곡식을 심지 않으며 말과 저울로 남을 속이지 않고 판매・계약・저당하여 이익을 내지 않으며, 사람의 앞뒤에서 음모하지 않고 목숨을 기르되 배로 헤아려 알맞게 먹고, 몸가짐은 하늘을 나는 새처럼 가볍게 한다. 칭찬하는 자도 그것은 계를 가지는 소소한 인연에 불과하기 때문이다.

다른 사문들은 신시(信施)를 저축하면서도 의식에 만족치 못하고, 귀신의 의지처를 만들고, 생업에 종사해 잡보(雜寶) 이양을 취해 온갖 장식으로 몸과 머리를 장엄하고, 일산과 총채를 가지지만 사문 고오타마는 그런 일이 없다. 바둑・장기・8도를 즐기지 않고 세속적인 언어나 평가를 하지 않고, 행・주・좌・와에 여자와 친척에 대한 이야기, 바다에 들어가 보물을 캐고, 직업을 가지고 정승을 붙여 남의 심부름꾼이 되지 않고, 무술(刀杖・弓矢)・점술・귀신 놀음을 하지 않고, 선악의 주문을 외우지 않고, 약석(藥石)으로 병 치료를 일삼지 않으며, 저주하는 부적을 갖지 않는다. 천시를 점쳐서 풍년과 흉년, 일식과 성쇠를 논하지 않는다. 모두 이것은 계의 소소한 인연이다.

그러면 어떤 것이 큰 법인가. 겁(劫)의 본말과 외도들의 62견에 들어가 18견을 자유자재하는 것이다. 부처님은 정의삼매(定意三昧)에 들어가 세상의 성패와 광음천 이야기를 하고 단(斷)・상(常)・거(去)・래(來) 등 모든 견에서 벗어나는 큰 빛이 있다. 9류 중생의 심성과 4성제・8정도의 선행(禪行)을 알아 생사를 초월했기 때문이다."

〈불설장아함경 제14권, 범동경〉

장아함경 제15권 제3분 ③

3. 종덕경(種德經)

어느 때 부처님께서는 앙가국을 지나 첨파성의 가가 못가에 계셨다. 그때 바사닉왕의 범분으로 살아가는 종덕 바라문이 높은 누에 올라가 빨랫줄처럼 대오를 지어 가는 사람들을 보고 시자에게 물었다.

"무슨 일이 일어났는가?"

"여래・지진・등정각께서 오셨다고 합니다."

"나도 가고자 한다."

"큰 바라문께서는 7대 이래로 부모가 진정(眞正)하여 남의 업신여김과 비방을 받지 않고, 3부의 베다를 다 통하고 경서를 해설할 능력을 가졌으며, 모든 상법(相法)을 통달하고 제사 의례에 능통할 뿐만 아니라, 온갖 상호를 성취하여 범상(梵像)과 계덕(戒德)을 갖추고, 부드럽고 평화로운 변재로 5백 제자의 스승이 되어 있으므로, 가시지 말고 그를 이리로 오도록 하십시오."

"그런 말을 하지 말라. 사문 고오타마는 석종자로써 출가 득도하여 전법하고 있는 분이시다. 그 분의 설법은 상·중·하 어떤 것이나 바르고 의미가 구족하며 청정하다. 이러한 진인은 내가 마땅히 찾아 뵈어야 한다."

그리하여 종덕은 제자들의 만류에도 불구하고 첨바성 가가못 부근으로 가, 부처님을 뵈오니 부처님께서 물었다.

"바라문이여, 바라문은 어떤 법을 구족한 것을 바라문이라 합니까?"

"5법(7대가 청정하고, 이학 3부를 외우고, 얼굴이 단정하고, 경을 가지는 것이 구족하고, 지혜가 통달하여)을 성취한 것을 바라문이라 합니다. 그러나 혹 종성이 청정치 못하고 경전을 외우지 못하고 얼굴이 단정하지 못하더라도, 대인의 상법을 잘 알고 제사 의례에 밝고 계행을 깨끗하게 가지면, 바라문이라 할 수 있습니다."

그때 5백 바라문들이 그런 소리를 하지 말라고 하였다. 그러나 종덕 바라문은 낱낱이 예를 들어가며 설명하였다.

"나의 생질 앙가마납은 석가 부처님을 제하고는 인물이 제일 잘 생겼다. 그러나 그는 살생하고 도둑질하고 음탕하고 허망하고 속되다. 불을 질러 사람을 태우고 길을 막아 악을 행한다. 어찌 이런 사람을 얼굴이 잘 생기고 경전을 잘 외운다고 바라문이라 할 수 있겠는가. 그러므로 바라문은 계가 있고 지혜가 있어야 한다."

부처님께서 말씀하였다.

"불교에서도 마찬가지다. 마치 두 손이 서로를 씻어주듯, 계와 지혜를 구족하면 나는 그를 불러 비구라 이름한다."

종덕 바라문이 물었다.

"불교에서의 계는 어떤 것입니까?"

"출가 수행하여 홀로 있으면서도 항상 즐겁게 사는 것이다."

"혜는 어떤 것입니까?"

"삼매를 통해 부동처(不動處)를 얻고 3명(明)을 얻은 것이다. 여기에는 무명과 번뇌가 있을 수 없으므로 다시 타락하는 일이 없으리라."

종덕 바라문은 3보에 귀의하여 정법 가운데서 영원한 우바새가 될 것을 다짐하였다.

〈불설장아함경 제15권, 종덕경〉

4. 구라단두경(究羅檀頭經)

어느 때 부처님께서 구살라국 카누바제 바라문촌 북쪽 시사바숲속에 계셨다.

그때 그 촌에 살고 있는 구라단두 바라문이 높은 누에 올라 보니 많은 사람들이 시사바숲을 향해 가는지라 물으니, 부처님을 뵙기 위해 간다고 하였다.

이에 자신도 함께 가겠다고 하니 다른 바라문들이 말렸다.

"대바라문께서는 바사닉왕의 범분(梵分)으로 동산과 욕지, 인민과 촌락을 가지고 계신 분으로써, 5백의 제자를 둔 다섯 가지를 구족한 바라문인데, 무엇이 부족하여 저자를 뵙고자 하시나이까?"

"내 들으니 고오타마는 석종자로써 32상 80종호를 갖추었을 뿐아니라, 출가수행하여 3명과 6통을 얻고 10호를 갖추었다 하니, 내 한 번이라도 친히 뵙고자 하노라."

그리하여 수많은 장자·거사·바라문들을 거느리고 가 부처님께 문안드리고 한쪽에 앉아 여쭈었다.

"고오타마께서는 3중·16종의 제사에 대해서 잘 알고 계신다고 하는데, 지금 저희들은 500의 숫소와 암소, 500의 숫송아지와 암송아지, 500의 숫염소와 암염소를 잡아 제사지내고자 합니다."

"옛날 어떤 임금님은 황후와 함께 정실(靜室)에 들어가 몸에 향유를 바르고, 사슴 가죽을 입고 사슴뿔을 머리에 이고 앉아 소젖을 먹으며, 나라와 백성들이 안락하기를 빌고 8법을 성취하고, 대신들에게는 4법을 가르치는 것으로 제사를 지내고, 그 희생물들을 백성들에게 나누어 줘 목축하고 농사짓고 사랑스럽게 함으로써 그 제사를 복되게 지냈다.

그러면 그 8법이란 무엇인가. ① 7대에 걸쳐 그의 부모님이 남의 업신여김을 듣지 않고, ② 얼굴이 단정하며, ③ 계덕을 갖추고, ④ 코끼리·말·수레 타기와 칼·창·활 등으로 무술을 익혔다. ⑤ 큰 위력으로 작은 왕들을 다 포섭하고, ⑥ 말을 잘 하고 부드럽게 하며, ⑦ 지혜와 꾀와 용기가 있고, ⑧ 겁약이 없는 것이다.

그리고 대신들의 4법은 ① 청정한 가문, ② 학문이 있고, ③ 말을 잘 하며,

④ 제사법을 잘 아는 것이다.

그러므로 그 왕은 ① 7대부를 업신여기지 않고, ② 얼굴이 단정하며, ③ 증상계가 있고, ④ 모든 기술에 능하며, ⑤ 전쟁에 능하고, ⑥ 작은 왕들을 끌어 들이는 위력이 있으며, ⑦ 말을 잘 하고, ⑧ 재물이 풍족해야 하며, ⑨ 지혜를 갖추고 ⑩ 궁내(宮內)와 ⑪ 왕자·황자들에게 알리며, ⑫ 신하들에게 알리고, ⑬ 장자, ⑭ 거사, ⑮ 바라문, ⑯ 이학들에게 일러 3부의 경전에 모두 통달해 세상을 털끗만큼도 괴롭히지 않는 것이다.

그러나 이것만으로 제사를 잘 지냈다고는 할 수 없다. 살생하지 말고 주지 않는 물건 갖지 않으며, 청정을 지키고, 거짓말·이간질·꾸미는 말·악담·욕하지 말고, 탐·진·치 3독을 하지 않으면서, 제사를 지내면 그 제사야말로 거룩한 제사가 된다.

옛날 그 임금님은 소나 말, 염소 등의 희생물을 쓰지 않고, 우유·깨기름·꿀·흑밀·석밀 등을 써서 제사를 지내되, 처음도 중간도 끝도 기쁜마음으로 제사를 지냈다."

"이 외에도 다른 제사가 또 있습니까?"

"3제사와 16사구를 갖추면서도 중승들과 초제승(招提僧)을 공양하고 그들을 위해 승방과 당각을 세우고 3귀 5계를 받아 3명 6통을 얻는다면 이 제사야 말로 가장 훌륭한 제사가 된다."

고 하고 다음과 같이 게송을 읊었다.

"제사에서는 불이 가장 위가 되고
다음은 풍송(諷誦) 시(詩)가 되며
사람 중에서는 왕, 흐름 중에서는 바다
별 가운데서는 달, 빛 가운데서는 해가 되듯
상하 시방과 전후 좌우와, 하늘과 사람 가운데서
가장 위대한 자는 3보이니 3보께 공양하라."

그때 구라단두 바라문이 작은 좌복을 가지고 와서 부처님 옆에 깔고 앉아 청법하자, 부처님께서는 시(施)·계(戒)·생천론(生天論)을 설하고, 또 5온·12처·18계와 4제와 12인연법을 설하여 진리에 대한 눈을 뜨게 하자 3귀 5계를 받고 불자가 된 뒤, 부처님과 그의 권속 1,250명을 자기 처소로 초대하여 7일 동안 정성껏 받들어 공양하였다.

〈불설장아함경 제15권, 구라단두경〉

장아함경 제16권 제3분 ④

5. 견고경(堅固經)

부처님께서 나난타성 파바리엄차의 숲 속에 계실 때 견고라는 장자의 아들이 와서 청했다.

"부처님. 장자나 거사 아들들이 오거든 신통력을 한 번 보여주십시오."

"나는 제자들에게 그런 것을 가르치지 않는다. 오직 한가한 곳에 있어 만일 공덕이 있으면 숨기고 잘못이 있으면 바로 참회하라고 했다."

"저는 부처님의 상인법(上人法 ; 보통사람을 초월한 법)을 의심하지 않으나 국토가 풍락하고 백성이 치성하므로, 부처님께서 신족통을 보이면 여러 가지 이익되는 일이 많을 것 같아 말씀드립니다."

"들어보라. 신족에는 세 가지가 있는데, 첫째는 한 몸으로 무량한 몸을 나투는 것이고, 둘째는 남의 마음을 관찰하는 것이며, 셋째는 교계(敎誡)의 신족이니 중생의 근기 따라 도법을 가르치는 것이다.

몸은 한 몸이되 상대방 근기 따라 알맞은 몸을 나타내어 교화하는 것이 신족통이고, 상대방이 무엇을 생각하고 있는가 그 마음을 따라 가르침을 베풀되 출가한 자에는 출가한 방법을 쓰고, 재가한 자에게는 재가자의 방법을 써서, 중생을 제도함으로써 이것 밖에 다른 신통을 말하지 않는다.

어떤 비구가 대범천왕에게까지 올라가 4대는 무엇에 의하여 멸하는가를 묻다가 마침내 나에게 와서 물었다. 그래서 내가 말했다. '4대는 굵고 가는 것, 길고 짧고, 좋고 나쁜 것으로 말미암아, 명색·식의 순서로 없어지니 생각이 없어지면 마침내 4대도 없어진다'고 하였더니, 견고는 그 비구(아실이)의 말을 듣고 환희하였다."

〈불설장아함경 제16권, 견고경〉

6. 나형범지경(裸形梵志經)

부처님께서 위야국(委若國) 금반(金盤) 녹야림에 계실 때 나형범지 가섭이 와서 물었다.

"부처님께서는 일체의 제사법을 꾸짖고 고행자들을 욕한다고 하시던데요."

"그런 소리 하지 말라. 고행하는 사람도 천당 가고 악도에 가는 자가 있고, 제사지내는 사람도 천당에 태어나고 악도에 태어나는 것을 본다. 문제는 마음의 자세이고 정성스러운 마음이지 누구나 일률적으로 이렇다 말할 수는 없다. 도는 자취가 있는 것이라 스스로 닦고 깨달은 사람이 알 수 있으므로, 나는 때에 따라 진실을 이치대로 말하고 법률대로 말할 뿐이다. 생각에 뜻을 깨달을 때(念覺意)는 지식(止息)을 의지하고, 무욕·출요를 의지하여 법·정진·기쁨·의(猗)·정(定)·사(捨)를 닦게 하기 때문이다."

"저희들은 손으로 그것을 가리고 밤에 주는 밥과 썩은 밥은 받지 않고, 두 벽, 두 칼 중간 밥은 받지 않으며, 아이 밴 집의 밥, 함께 먹고 있는 집의 밥은 받지 않으며, 집 문 앞에 개가 있는 집, 밥에 파리가 있는 집의 밥, 남의 말을 먼저 하는 집의 밥은 받지 않고, 생선 고기를 먹지 않으며, 술을 마시지 않고 두 그릇에 음식을 담아 먹지 않으며, 단번에 일곱 순갈에서 그치며, 1일 내지 7일에 한 번씩 음식을 먹습니다. 혹은 밥을 깨·쭉벼·쇠똥·사슴똥 혹은 나무뿌리·가지·잎·꽃·열매만을 먹으며, 옷은 잔디·나무껍질·풀옷·사슴가죽

옷을 입고 머리를 기르기도 하고 털을 엮어 쓰며, 혹은 무덤에 버린 옷을 입습니다.

혹은 손을 든 자도 있고 항상 자리에 앉지 않고 쭈그리고 앉고, 머리를 깎고 수염을 남겨둔 자도 있고, 혹은 가시덤불 위에서 눕고 열매나 씨앗 위에서 자며, 알몸으로 쇠똥 위에 누운 자도 있고, 하루에 세 번 목욕하고 하룻밤에 세 번 목욕한 자도 있습니다. 이것이 우리들이 하는 고행입니다. 우리들은 이 고행을 통하여 사문 바라문이란 명예를 얻었습니다."

"고행자가 계를 지키고 소견을 구족, 부지런히 수행하여 널리 법을 편다면 무슨 잘못이 있겠는가. 수행자가 살·도·음·망을 철저히 지키고 4선을 닦아 구족한다면, 그 분이야말로 거룩한 사문 바라문이며, 만일 그러한 법을 통해 3명과 6통을 얻고 널리 그 법을 펴 세상을 편안하게 한다면, 그 사람이 진짜 사문이고 바라문이다. 누구나 이 법을 의지하여 두려움 없이 법을 전하면 그는 '사자후 한다'고 할 수 있다."

가섭은 곧 발심하여 출가하기를 원하니 이에 부처님은

"누구나 외도 이학이 우리 법에 들어와 수행할 때는 적어도 4개월 이상 함께 살면서 풍습을 익힌 뒤에 구족계를 주라."

고 하였다.

〈불설장아함경 제16권, 나형범지경〉

7. 삼명경(三明經)

어느 때 부처님께서 구살라국 이차능가라촌 이차숲(伊車林)에 계셨다. 그때 비가라바라(沸伽羅婆羅) 바라문과 다리차(多利車) 바라문이 있어 많은 제자를 거느리고 있었다.

그런데 비가라바라제자에 바슬타(婆悉陀)가 있고, 다리차제자에 파라타(婆羅墮)가 있었는데, 이 두 사람이 이른 아침에 동산에 이르러 토론하게 되었다.

그때 바실타가 파라타에게 말했다.

"내 도는 진정하여 능히 출요를 얻고 범천에 이른다."

"나도 마찬가지다."

그들은 각기 자기 스승의 가르침임을 강조하면서 외쳤다. 그러면서 서로 의논했다.

"우리 다같이 석가 세존께 나아가 물어보자."

그리하여 두 사람이 부처님께 나아가자 부처님께서 말씀하였다.

"내 법과 네 법을 훤히 아는 사람은 시비하지 않는다. 그대들이 모두 범천에 태어난다고 하는데 지금까지 누가 범천을 본 사람이 있느냐?"

"없습니다. 옛날 3명 바라문으로 알려진 아타마(阿陀摩)는 모든 성전의 가영과 시서를 다했고, 바마제바·비바심타·이니라사·사바제가·바바실·가섭·아루나·구담마·수지·바라손타도 범천을 보지 못했습니다."

"마치 음탕한 사람이 여자 한 사람을 상상으로 사랑한 것과 같구나. 성도 이름도 모르면서 홀로 좋아하다 만 것처럼, 빈 사다리를 허공 가운데 세워놓고 저 언덕에 이르러 가라고 한 것과 같고, 깊은 강물을 홀로 뛰어 건너간 것과 같다. 그런데 3명 바라문들이 아직도 질투하고 성내고 원한이 있다고 하니 말이 되지 않는다. 바실타야, 저 범천에는 가족과 살림살이가 있다고 들었는가?"

"없다고 들었습니다."

"저들 3명 바라문에게는?"

"가족과 살림살이가 있습니다."

"그렇다면 업이 다른데 어떻게 그곳에 가서 태어날 수 있겠는가. 자재천도 마찬가지다. 이 세상에서 자·비·희·사를 닦는 사람은 성냄과 어리석음이 없어짐으로써, 저절로 저 천당에 뜻이 맞게 되므로 목숨이 마치면, 바로 그곳에 가서 태어나게 되는 것이다."

부처님의 이 말씀을 듣고 바실타와 파라타는 그 자리에서 법의 눈을 얻고 환희하였다.

〈불설장아함경 제16권 삼명경〉

장아함경 제17권 제3분 ⑤

8. 사문과경(沙門果經)

부처님께서 나열기성 기구 동자(耆舊)의 암바라 동산에 계실 때 위제희부인과 그의 아들 아사세왕이 왔다.

"부처님 오늘 저희들은 달 밝은 날 밤에 무엇을 할 것인가에 대해 물었더니 우야바타(優耶婆陀)태자는 '4병을 모아 국경의 반란을 치자'거 하고, 용맹한 장군에게 물으니 '4병을 순찰하여 역순을 따르는가를 시험해 보자'고 했으며, 우사 대신은 부란가섭, 우사의 아우 수니타는 말가리구사리, 전작 대신은 아기다시사흠바라, 가라 수문장은 파부타가전나, 우타이만제자는 산야이비라리불, 또 왕의 동생 무외는 니건자에게 가서 마음을 열리는 말씀을 듣는 것이 좋다고 하였는데, 수명 동자가 '불 세존께 가는 것이 좋겠다' 하여 5백 코끼리를 앞세우고 부처님께 나아갔다.

그런데 1,250명 대중과 함께 계신 부처님께서 너무도 고요하기 때문에 혹 복병의 저격이나 받지 않았는가 하고 생각했는데, 모두가 삼매 속에서 한정(閑靜)에 들어 있었기 때문이었다."

아사세왕이 물었다.

"우리 아들 우바야도 이렇게 지관(止觀)을 성취했으면 좋겠습니다. 그런데 부처님, 이 세상 모든 사람들은 각기 직업을 가지고 그 과보를 얻기 위해 노력하는데, 이곳 스님들은 무슨 과보를 위해 저렇듯 삼매를 닦습니까?"

"세속법은 차별하여 양반 상놈이 분명하지만, 불법은 평등하여 상하 전후 좌우가 없습니다. 대왕께서 지금 이곳에 있는 사문 한 사람을 꼭 집어, '저 사람은 옛날 나의 종이니 이리 데려와 종으로써 위신을 갖추라'고 한다면 되겠습니까. 출가 사문은 동일한 모습으로 동일한 행을 실천하고 있기 때문에, 절대 평등할 뿐 아니라 누구에게나 절대적인 공경과 사랑을 받습니다."

"그렇습니다. 세존님, 저는 이곳에 오면서 부처님께 4성계급을 묻지 않고 삼보에 귀의하였습니다."

"이것은 현재의 과보입니다. 이 세상 어떤 사람이 임금님의 절을 받을 사람이 있겠습니까. 진리의 수호자가 아니면 될 수 없는 것입니다. 그런데 수행자는 홀로 출가하여 수행을 즐기고 방일하지 않아, 누진지증(漏盡智證)도 있고 오분향(五分香)을 성취했습니다. 모두가 욕락을 떠나 해탈을 얻은 까닭입니다."

"부처님이시여, 저는 진실로 아버지를 죽인 큰 죄인이었습니다. 모두가 어리석고 어두운 무리 때문이었습니다. 저의 허물을 진실로 뉘우치오니 반드시 받아주십시오."

"모든 법 가운데는 허물을 뉘우치면 스스로 이익되고 편안한 법이 있으니, 나는 마땅히 그대의 뉘우침을 받아 허물을 뉘우친 임금님을 평안하게 했습니다."

"저는 오늘부터 3보에 귀의하여 다시 퇴전하지 아니할 것이며, 중생을 위해 좋은 복전이 되겠습니다."

〈불설장아함경 제17권, 사문과경〉

9. 포타바루경(布吒婆樓經)

부처님께서 사위국 기수급고독원에 계실 때 탁발하러 나가시다가 때가 일러 포타바루 범지의 숲을 구경하게 되었다.

범지는 기쁘게 맞으며 자리를 권하자 부처님께서 물었다.

"여기서 무슨 일을 하십니까?"

"많은 학자들이 모여 토론합니다. 어떤 사람은 '인연이 있어 생각이 일어나고 인연이 없어 생각이 멸한다'고 하기도 하고, 또 어떤 사람은 '명(命)으로 인하여 생각이 일어나고 멸한다'고 하며, 또 어떤 이는 '귀신의 놀음이다' 이렇게 말하는 사람도 있습니다."

"거기에는 모두 문제가 있습니다. 인이 있으면 연이 있고, 연이 있으면 인이 있습니다. 인연 속에서 5개(蓋)를 멸하고 각관의 도를 닦아 여의면 초선에 이르고, 거기서 다시 희락상을 버리고 제2선에 들고, 이렇게 3선 4선을 지나 공처·식처·무소유처·비상비비상처에 이르면 제8정에 이른다. 이렇게 고·집·멸·도의 4제 법문을 차례로 체험하여 4향 4과에 이르면 생·노·병·사의 고통을 없애고 해탈자재의 몸을 얻게 된다."

포타바루 범지는 그 자리에서 법문을 듣고 출가하여 4사문과를 얻은 성자가 되었다.

〈불설장아함경 제17권, 포타바루경〉

10. 노차경(露遮經)

부처님께서 구살라국 사라바제 바라문 마을 북쪽 시사바숲 속에 계실 때 노차바라문이 공양청을 해왔다.

그는 7대를 진정한 부모를 모시고 3부 베다에 정통하고 제례 의식에 능통해 있으면서도, 부처님께서 발심 출가하여 성도하고 포교하고 다니신다는 말씀을 듣고, 마음 속으로 진실로 공경하고 있었다.

그런데 그는 부처님을 청해놓고 이런 생각을 하였다.

"사문 바라문들은 자기가 깨달은 경지가 있더라도 남에게 이야기 하지 않고 오직 침묵할 뿐인데, 오히려 이야기하게 뇌면 새로운 감옥을 만들게 되어 탐악한 법을 만들지는 않을까."

그러나 부처님은 청한 대로 대중들과 함께 가서 옛날 음식을 먹고 발우를 씻고 손을 씻었다. 그런데 그는 작은 평상을 가져와 부처님 앞에 놓고 어제 저녁에 나쁜 소견을 내었던 것에 대하여 말씀드렸다. 그랬더니 부처님께서 다음과 같이 말씀하였다.

"세상에는 세 스승이 있다. 제1 스승은 수염과 머리를 깎고 3의를 입고 집을 나왔으나 그 목적을 달성하지 못한 사람들이다. 이것은 묵은 감옥을 부수고 새 감옥을 지은 격이니 탐착의 스승이다.

제2 스승은 제1 스승보다는 났지만 아직 완전한 경계에 이르지 못해 남의 의지사가 될 뿐 독립자증한 분은 되지 못한 것이다.

제3 스승도 마찬가지다. 현상계·율계·의계·시계(時戒)사가 될 뿐 완전한 스승은 되지 못한 사람이다.

그러나 어떤 사람은 수다원향을 통하여 수다원과를 얻고, 사다함향을 통하여 사다함과를 얻고, 아나함향을 통하여 아나함과를 얻고, 아라한향을 통하여 아라한과를 얻는 것이다.

그런데 하물며 이러한 과를 얻지 못한 사람이 하늘나라에 난다고 하더라도 온전히 태어날 수 없을 것이며, 설사 태어난다고 하더라도 복을 다하지 못하여 타락하지 않겠는가. 생각해보라."

노차 바라문은 큰 깨달음을 얻고 환희하여 3귀 제자가 되었다.

〈불설장아함경 제17권, 노차경〉

장아함경 제18권 제4분 ①

1. 세기경(世紀經) ①

(1) 염부제주품(閻浮提洲品)

부처님께서 사위국 기수급고독원에 계실 때 1,250비구들이 이런 생각을 했다.

"진실로 알 수 없는 일이다. 이 세상이 처음 이루어지고 멸망한 일에 대해서는?"

부처님께서 이들의 생각을 아시고 삼매에서 일어나 다음과 같이 말씀하였다.

"하나의 해와 달이 4천하를 다니면서 두루 빛을 비추는데 여기에는 똑같은 천 세계가 있다.

거기에는 똑같이 천 개의 해와 달, 천 개의 수미산·4천하·바다·용·금시조·악도·4천왕·7천수·8천옥·1천의 도리천·염마천·도솔천·화자재천·타화자재천이 있다.

이렇게 천 개의 범천세계를 소천세계, 1천 소천세계를 중천세계, 중천세계의 천 개를 대천세계라 하고, 소·중·대 3개의 세계를 3천대천세계라 한다.

이러한 세계들이 겹겹으로 둘러싸여 하나의 불찰(佛刹)을 형성하고 있는데, 대지의 깊이는 16만 8천 유순, 땅은 물을 의지하였고, 물은 바람, 바람은 허공을 의지해 있는데, 물의 깊이는 3.030유순이나 되고 바람 둘레는 6,040유순이며, 물의 깊이와 수미산은 똑같이 84,000유순이다.

산은 곧게 세워져 있으며, 향기로운 나무가 가득 차 있고, 4방에는 7보가 가득 차 있다. 7보의 수미산은 밑층이 60유순, 밑길이가 7겹으로 형성되어서 금·은·수정·유리·적주·중보의 무리들이, 여러 가지 빛을 내며 온갖 장엄을 형성하고 있다.

수미산 맨 밑에는 가루라들과 지만·희락 등의 귀신들이 살고 있는데 그 높이는 4만 2천 유순, 4천왕이 사는 궁전에는 7겹의 보배성이 있고 무수한 새들이 노래하고 있으며, 33천은 그 위에 자리잡고 있다. 33천 위에는 염마천·도솔천·화자재천·타화자재천 그 위에는 광음천·변정천·과실천·무상천·무조천·무열천·선견천·색구경천이 있고, 공처·식처·무소유처·유상무상처·중생해가 바다처럼 널려 있다.

수미산 북쪽에는 울단월, 동쪽에는 불바제, 서쪽에는 구야니, 남쪽에는 염부제가 있는데 남은 좁고 북은 넓다.

수미산 북쪽은 금광명이 비추고, 동쪽은 은, 서쪽은 수정, 남쪽은 유리광명이 비치고, 울단월에는 둘레가 7유순이나 되는 큰 나무가 있고, 불바제에는 가람부, 구야니에는 근제수가 있으며, 그 나무 밑에는 석우당(石牛幢)이 있고, 염부제에는 4방 50유순이나 되는 염부수가 있다. 금시조왕과 용왕나무는 둘레가 7유순이나 되는데 구리섬바라라 이름한다. 아수라왕에게도 둘레가 7유순이 되는 선화라는 나무가 있고, 도리천에도 화도수가 있다.

수미산 기슭에는 가타라는 4만 2천 유순이나 되는 나무가 있고, 그 기슭은 넓고 멀다. 그 사이사이에 우발라꽃・발두마꽃・구물두꽃・분타리꽃과 갈대와 소나무 대나무가 있어 그 향기로 꽉 차 있다. 카타라산 멀지 않는 곳에도 2만 1천 유순이나 되는 이사타라산이 있고, 카타라산에서 4만 2천 유순 떨어진 곳에 순전한 우발라꽃・발두마꽃・구물두꽃・분타리꽃과・갈대・소나무・대나무가 우거져 있다.

이사타라산 근처에는 1만 2천 유순이나 되는 수거타라산이 있고, 그곳에도 잡화와 갈대 소나무가 우거져 있으며, 수거타라산에서 멀지 않은 곳에 높이 6천유순의 선견산이 7보로 장엄되어 있고, 선견산 근처에는 마식산・니민타라산・조복산・금강위산이 있다.

금강위산 주위에는 큰 바닷물이 가득차 있는데 그 북쪽 언덕에 염부수 총림이 주위 50유순을 둘러싸고 있다. 또 암안라총림 근처에도 염바・바라・다라・나다라・위남・위녀・산나・전단・거수라・파내바라・비라・향내・위리・안석류・위감・하리륵・비혜륵・아마륵・아마리・감자・갈대・대나무・사라・사라업・목과・대목과・해탈화・첨파・바라라・수마나・바사・다라리・가야・포도총림이 연이어 50유순씩이 이어져 있다.

또 포도밭을 지나면 다시 꽃못・발두마못・구물두못・분타리못이 있는데 그 가운데 독사들이 가득 차 있고, 그 빈 땅 가운데 울선나란 큰 바닷물이 가득 차 있다. 또 그 물 밑에는 전륜성왕의 길이 12유순이나 나 있고, 그 길 양쪽에는 일곱 겹의 담장과 난간, 그물, 가로수가 7보로 꾸며져 있다.

염부제땅에 전륜성왕이 나타날 때는 물이 저절로 없어져 땅이 평평하게 되고, 바다에서 멀지 않는 곳에 울선산이 있어 단정 화려하게 된다. 또 울선산 근처에 금벽이란 8만 개의 바위굴이 있고 여섯 개의 이빨을 가진 코끼리왕들이 그 속에서 살고 있다.

금벽산 근처에 주위 5백 유순의 설산이 있고 설산 중간에 보배 산과 아뇩달못이 있다. 못물은 차고 맑고 깨끗하고 그 주위에는 7보가 모여 금난간에서는 은나무, 은난간에서는 금나무, 유리난간에서는 수정나무, 수정난간에서는 유리나무, 적주난간에서는 마노나무, 마노난간에서는 적주나무, 자거난간에서는 보배나부가 빛나는데 거기 또 갖가지 방울들이 달려 아름다운 소리를 내고 있다.

금나무에는 금뿌리·금가지·은잎·은꽃·은열매가 맺히고, 은나무에는 은뿌리·은가지·금잎·금꽃·금열매가 맺히며, 수정나무에는 유리꽃 열매가 맺혀 있으며, 적주나무에는 마노꽃과 열매가, 자거나무에는 온갖 보배꽃이 피어있다.

주위 정원과 못에도 갖가지 꽃과 열매가 피어 있으며, 향기로운 바람이 풍기어 4방에 퍼지고 있다. 아뇩달 못 밑에는 금모래가 가득차고, 금광(金桄)에는 은계단, 은광에는 금계단, 유리광에는 수정계단, 수정광에는 유리계단, 적주광에는 마노계단, 마노광에는 적주계단이 형성되어 있고, 못 주위 4방 난간에는 청·황·적·백의 잡화들이 수레바퀴처럼 장엄되어 있다.

아뇩달 못 동쪽에는 갠지스강이 5백의 강물을 거느리고 동쪽으로 흘러가고 있으며, 남쪽에서는 신두강이 사자 입 같은 데서 나와 남해로 들어간다. 또 서쪽에는 바차하가 말 입 같은 데서 나와 서해로 흘러가고 북쪽에서는 사타하가 코끼리 입에서 나와 북해로 흘러 들어가고 있다. 그리고 아뇩달 궁중에는 5주당이 있는데 용왕은 항상 그 속에 살고 있다

원래 염부제에는 뜨거운 바람과 모래가 몸과 살을 태우는 창난이 있고 독이 있으며, 금시조의 저격을 받는 3환(患)이 있는데 아뇩달 못이 용왕에게 이 3환을 없애주므로 무열뇌지라 부른다.

또 설산 오른쪽에는 비사리성이 있고, 그 북쪽에는 흑산·향산이 있어 밤낮없이 노래와 춤이 어울리고, 산 두 끝 사이에는 주(晝)와 선주(善晝)가 있어 밤낮없이 건달바들이 묘한 음악소리를 울리고 있다. 선와 선주의 굴 북쪽에는 선주사라 나무왕이 있고, 선주 코끼리왕이 살고 있다.

또 7천의 선주왕 북쪽에는 마타연이란 목욕연못이 있는데 주위가 50유순이나 된다. 물은 맑고 시원하고 티끌이 없다. 7보배 해자로 섬돌을 두르고 7겹의 난간과 그물, 항하수가 있어 모두가 7보로 되어 있다.

금나무에는 금뿌리 은나무에는 은뿌리, 적주나무에는 적주뿌리가 달려있으며, 갖가지 나무에 갖가지 꽃과 열매가 섞여 있어 아름답기 그지없다.

〈불설장아함경 제18권, 1. 세기경 ① 염부제품〉

(2) 울단월품(鬱單越品)

울단월 천하에는 산도 많고 물도, 정원도 많으며 온갖 꽃과 나무가 풍요롭다. 무수한 새들이 그 속에서 노래하고 춤춘다.

울단월 4면에서는 아뇩달 못이 있고, 네 곳에 하구가 있어 넓고 깊이 흐르되 까불거나 사납지 않다. 양쪽 언덕에는 만 가지 꽃이 피어 온갖 향기가 나부끼고, 땅 또한 부드러워 가시와 구덩이가 없으며 악한 짐승도 없다. 음양이 고르고 부드러워 4기가 화순하고 춥지도 덥지도 않아 뇌환이 없다. 기름을 땅에 바른 것 같아 티끌이 있지 않고, 무성한 풀들이 아름다운 꽃을 피우고 있다.

땅에서는 항상 자연의 멥쌀이 심지 않아도 저절로 나고 찌꺼기가 없어 온갖 맛을 다 낸다. 염광이라는 가마솥에는 섶나무를 빌리지 않고도 저절로 배꽃 같은 밥이 되고, 나뭇잎은 곡궁(曲躬)이 되어 수십리를 연이어 있어 비를 맞지 않고도 다닐 수 있다.

또 장엄수(莊嚴樹)·화만수(華鬘樹)·기수(器樹)들이 줄을 이어 선견문을 이루고 거기서 흐르는 하수들이 보배처럼 흘러간다. 사람들은 그 가운데 들어가서 목욕하고 배를 타고 마음대로 놀이하며, 전단향수를 몸에 발라 몸을 윤택하게 하고 또 그 과일을 따 배를 채운다.

또 남쪽에는 묘체하(妙體河), 서쪽에는 묘미하(妙味河), 북쪽에는 광영하(光影河)가 있어, 그 사이사이마다 온갖 것이 아름답게 꾸며져 있으나 구덩이나 언덕이 없고, 모기·등에·파리·벼룩·이·뱀·벌·전갈·호랑이·승냥이 같은 해충과 무서운 짐승들이 없다.

간간히 잠깐 동안 단비가 내려 만물을 축여줌으로써 풍요롭고 번성하다. 따라서 그러한 음식과 옷과 환경 속에서 사는 사람들은, 기력이 충만하여 병이 없고 얼굴빛이 평화로워 쇠퇴하거나 축나지 않아 항상 신체가 빛나고 화열하여 차별이 없으므로 언제나 젊음을 유지한다.

서로 보고 눈이 맞아 숲 속에 들어가면 골육이 아니면 하루 이틀 즐기는 사이에 아이들이 출생하는데, 거리에 버려두면 지나가는 사람들이 손가락을 빨려 몇일 사이에 성인이 되게 한다.

혹 사람들이 목숨이 다해 마치게 되면 우위선가(優慰禪伽)란 새가 날아가다, 그 시체를 물고 떠나 그 영혼은 곧 하늘에 가 태어난다. 대 소변을 볼 때에도 땅위에 있으면 바로 그 땅이 벌어져 있다가 다 보고 나면 땅이 오므라진다. 늘 선행을 하므로 악이 없고 은혜 속에 살아가 가난하고 병들고 무지한 사람이 없다. 의복·음식·주거는 마음 따라 즐기기 때문에 4천하 가운데서 울단월이 제일이라 부르는 것이다.

〈불설장아함경 제18권, 1. 세기경 ① 울단월품〉

(3) 전륜성왕품(轉輪聖王品)

전륜성왕이 있어 금륜보(金輪寶)와 백상(白象)·감마(紺馬)·신주(神珠)·옥녀(玉女)·거사(居士)·주병(主兵) 7보를 성취하고, 장수·건강·단정·넉넉한 창고로 4신덕을 갖춘다.

첫째, 금륜보는 전륜성왕이 염부제에 나오면 찰제리 머리에 물을 붓고, 보름달이 찼을 때 향탕에 목욕하고 높은 궁정에 올라 채녀들과 함께 오락하면, 갑자기 14척이나 되는 천 개의 바퀴를 가진 휘황찬란한 금수레가 나타난다.

그리하면 전륜성왕은 4병을 부르고 그 앞에 나아가 오른쪽 어깨를 드러내고, 왼쪽 무릎을 땅에 붙이고 오른손으로 금바퀴를 어루만지며 말한다.

"너는 동방을 향하여 법답게 구르되 떳떳한 법칙을 어기지 말라."

그때 금륜보 앞에는 4신(神)이 있어 그를 인도하여 머무는 곳마나, 작은 나라에 왕들이 금발우에 은좁쌀, 은발우에 금좁쌀을 바치며 말한다.

"잘 오셨습니다 대왕이여. 이제 동방은 풍요하며 모든 보배가 많고, 인민은 번성하며 성질은 인화·자효·충순합니다. 원컨대 성왕은 이곳에서 정치를 다스리면 저희들이 필요한 모든 것을 좌우에서 공급 하겠습니다."

"그만두라. 그대들이 이미 나에게 공양해 마쳤으니 나는 그것으로 만족한다. 다만 바른 법으로써 다스려 교화하여 치우치거나 즐겨하지 말라. 살생하지 말고 도둑질 하지 말고, 사음·양설·욕설·거만한 말·꾸밈말·탐취·질투·사견하지 않게 하라. 이것이 나의 바램이다."

이렇게 남서 북방으로 다니며 교계함으로써 염부제의 토지는 풍성하고, 많은 보배를 내고 숲과 물이 청정하며 평평하여 넓기로 이름난 곳을 바퀴가 돌아다닌다. 땅을 그어 한계를 지으면 (남북 10유순×동서 12유순) 한밤중에 천신들이 내려와 7보로 7중의 성과 난간·그물·향수를 꾸며 온갖 새가 와 노래하였다. 이렇게 자리가 정해지면 금륜보는 더 이상 나아가지 않으니 이것이 금륜보다.

둘째, 백상보는 순백색의 털과 일곱 군데가 평탄하고 날아다닐 힘을 가졌다. 머리에는 여러 색깔로 되어 있고, 6개의 어금니는 진금으로 사이를 메워 있어 모든 능력이 갖추어져, 그를 타고 아침에 성을 나와 4해를 다녔는 데도 밥 때가 되어 돌아와 있었다.

"백상보는 나를 성서롭게 하는구나. 나는 이제 전륜성왕이 되었다."

이것이 백상보다.

셋째, 감마보는 감청색 붉은 갈기와 꼬리, 머리를 가진 코끼리와 같은 목을 가진 말이 나타난다. 그러하면 아침마다 전륜성왕은 이 7보를 가지고 4방으로 다니면서 마보(馬寶)로 시험한다.

넷째, 신주보는 빛과 바탕이 맑게 트인 구슬이 나타나 궁중을 비추면 전륜성왕이 한밤중에 그것을 깃대위에 달고 나아가면 한밤중에도 1천 유순을 비춘다.

다섯째, 옥녀보는 얼굴빛은 조용하고 단정하여 길고 짧고 굵고 여의지도, 희고 검고, 억세지도 연약하지도 않다. 겨울에는 따뜻하고 여름에는 시원하고 온갖 털구멍에서 전단의 향기를 내뿜고, 입으로는 우담발화꽃 향기를 내는, 말에는 유연하고 거동은 조용하고, 먼저 일어나고 뒤에 앉아 온갖 법칙을 잃지 않는 여인을 말한다. 전륜성왕은 이를 보고 기뻐하며 애착하지 않고 친근하지 않으며 말한다.

"그대는 진실로 나의 상서다."

이것이 옥녀보다.

여섯째, 거사보는 땅 속에 묻혀 있는 것을 능히 보고 그 주인을 잘 옹호하여, 주인 없는 것을 갔다가 왕의 쓰임에 공급한다.

"대왕이여, 무엇이고 필요한 것이 있으면 말씀하십시오. 무엇이고 부족함이 없이 제가 알아서 변통하겠습니다."

무엇이고 필요한 것을 말하면 즉시 낚시꾼이 바다에서 고기를 낚듯, 힘들이지 않고 그것을 대령하였으니 이 또한 전륜성왕의 기쁨이다.

일곱째, 주병보는 지모(智謀)와 용맹·영략·독결을 능히 알 수 있는 병사들이 나타나,

"언제고 명령만 하십시오. 토벌할 일이 있으면 저희들이 능히 준비하겠습니다. 알아서 모일 자는 모이고 모인 자를 훈련시켜, 가고 오는 것을 마음대로 하겠습니다."

이것이 7보다. 이렇게 4신보와 7보를 완성한 전륜성왕은 때때로 조용히 거리에 나가 백성들을 살피면, 마치 부모와 자식이 사랑과 지덕으로 부모를 받들듯 국민과 왕이 그렇게 한 집안처럼 지내게 된다. 무엇이고 필요한 것은 서로 공급하고 부족한 것을 떠나 세상은 풍요롭고 즐거우니, 그 땅에 가시덤불·구덩이·언덕·모기·등에·벌·전갈·파리·벼룩·뱀·도마뱀·돌·모래·기와조각 같은 것은 저절로 땅 속으로 들어가고, 4시는 고르고 꽃과 나무가 무성하여 여러 가지 선행만이 거듭 나타나게 된다.

그때 전륜성왕은 이렇게 세상을 아첨하고 굽음이 없이 정의로써 다스리다가 목숨이 다해 마치게 되면 그들은 창기악(倡伎樂)으로 장사지내고 화장하여 네거리에 7보탑을 세우니, 그때 7보 4신덕을 함께 그 탑 속에 넣음으로써 모든 백성들은 그를 믿고 공경하고 사모 그의 공덕이 한이 없다.

〈불설장아함경 제18권, 1. 세기경 ① 전륜성왕품〉

장아함경 제19권 제4분 ②

1. 세기경 ②

(4) 지옥품(地獄品)

4천하에는 다시 8천하가 있어 그 밖을 둘러싸고 있는데 그 위에 큰 바다와 금강산에 에워싸여 있다. 두 개의 큰 금강산 사이에는 어둡고 아득한 세계가 있는데 거기에는 해도 달도 비치지 않는 8대 지옥이 있다.

첫째, 지옥은 상(想),

둘째, 지옥은 흑승(黑繩),

셋째, 지옥은 퇴압(堆壓),

넷째, 지옥은 규환(叫喚),

다섯째, 지옥은 대규환(大叫喚),

여섯째, 지옥은 소자(燒炙),

일곱째, 지옥은 대소자(大燒炙),

여덟째, 무간(無間)이라 부른다.

이 지옥 옆에 16의 소지옥이있는데 흑사(黑沙)·비시(沸屎)·오백정(五百釘)·기(飢)·갈(渴)·동부(銅釜)·다동부(多銅釜)·석마(石磨)·농혈(膿血)·양화(量火)·회하(灰河)·철환(鐵丸)·근부(釿釜)·시랑(豺狼)·검수(劍樹)·한빙(寒氷)지옥이 그것이다.

상지옥 중생들은 그의 손톱에 쇠톱이 달려 있어 손만 대면 유영도(油影刀)가 상대방을 죽이게 되는데, 찬바람만 나면 죽은 자가 다시 살아나 '네가 나를 죽였다'고 생각하여 복수함으로써 상지옥이라 한다. 상지옥에서 나온 사람은 흑사·비시·아귀·철환·동복(銅鍑)·부동·농혈·양화·회하·근부·검수·한빙·흑승·퇴압·규환·무간 등 16의 작은 지옥들을 거치게 된다. 몸으로 착하지 않은 업 짓고 입과 뜻도 착하지 않으면 상에 떨어져 털이 곤두선다.

부모·스승·부처님께 악독하면 흑승지옥,

살·도·음으로 방생·보시·청정을 생각하지 아니하면 퇴압지옥,

진에(瞋恚)의 독으로 살생하며 잡된 행동을 하면 규환지옥,

사견을 익히고 사람의 그물에 걸려 비루한 짓 하면 대규환지옥,

항상 태우고 굽는 일로 중생을 괴롭히면 소자지옥,

선업 선과를 버리고 패악하면 대소자지옥,

중죄를 짓고 악업을 지으면 무간지옥,

그 가운데서도 8대지옥을 통연한 불빛으로 묵은 악의 재앙에서 오는 것이 많다.

또 이 두 금강산 사이에서 증거(增佉)라는 큰 바람이 불고 불꽃이 일어나면, 4천하가 온통 바람과 화염으로 휩싸이게 될 것인데, 다행히 이 금강산이 있어 막아주기 때문에 그 액난을 면하고 있는 것이다.

또 이 두 산 사이에는 후운(厚雲)·무운(無雲)·가가(呵呵)·내하(奈何)·양명(洋鳴)·수걸제(須乞提)·우발라·구물두·분다리·발두마라 이름하는 10대 지옥이 있다.

이들 지옥 중생들이 고통을 받을 때, 살결이 구름처럼 부풀어 오르고 불어난 몸이 구름 한 점 없는 하늘과 같이 되어, 어느 곳도 의지할 곳이 없으므로 후운·무운·가가라 한다.

또 고통이 심하여 말하고자 하나 혀가 놀아가지 않아, 마치 염소가 우는 것과 같으므로 양명이라 하고, 그 모습이 수걸제꽃과 같이 검고 우발라처럼 독하고, 구물두와 같이 붉고, 분다리와 같이 희고, 발두마와 같이 빨가므로 모두 그렇게 이름을 지은 것이다.

이곳에 들어가면 64곡(斛)의 둥구미 속에 깨를 담아놓고 백 년에 하나씩 가져가, 그 깨가 다하더라도 1후운지옥의 죄를 다 받지 못하니, 어떤 것은 20후운을 1겁을 쳐 계산하여도 끝이 나지 않는 곳도 있다.

구파리(瞿波梨) 비구는 악한 마음으로 사리불과 목건련을 비방하고 이 지옥에 떨어져, 1백유순의 불꽃에 태워지고 귀도 멀고 눈도 멀어 보지도 못하고 듣지

도 못하면, 대개 선비가 입안에 도끼가 있어 몸을 베이는 나쁜 말을 하고 그런 과보를 받게 된다.

또 염부제 남쪽 큰 금강산 안에 4방 60유순이 되는 염라왕궁이, 7중으로 된 성과 난간·그물·가로수가 있는데, 하루에 세 번씩 구리물을 들어 쓰는데 염라왕이 그 가운데 가치게 하면 옥졸들에게 잡혀 갖은 고통을 겪게 된다.

염라대왕은 사자들을 시켜 죄인들에게 3사(使)를 낱낱이 묻게 한다.

"너는 제1천사를 아느냐?"

"모릅니다."

"머리는 희고 이는 빠지고, 눈은 어두워지고 가죽은 늘어지고, 살은 주름지며 등은 굽고, 지팡이를 기둥삼아 앓으면서 가는 몸은 떨고 기운이 쇠약한 것들을 보지 못했어."

"보았습니다."

"그런 것을 보고도 어찌하여 나도 그렇게 된다는 것을 생각하지 못하는가?"

"방탕하여 몸과 입과 뜻으로 악을 짓고 선을 행할 줄 몰랐기 때문입니다."

"이제 마땅히 너에게 방탕의 괴로움을 알게 하리라.

다시 묻겠노라. 너는 제2 천사도 보지 못했느냐?"

"네. 무엇인지도 잘 모릅니다."

"세상사람들이 병이 위중하여 오줌똥을 가리지 못하고, 아무데나 누고 피골이 상접하여 눈물을 흘리고 있는 것을 보지 못했단 말이냐?"

"많이 보았습니다."

"그렇다면 너는 어찌하여 그런 것을 생각하지 않고 방일하고 방탕하였느냐? 그러면 제3천도 보지 못하였겠구나?"

"예."

"죽은 몸이 무너져 뻣뻣한 몸이 나무등걸과 같이 되면 그것을 묶어 산 속에 버리든지, 아니면 화장하여 뿌리는 것을 보지 못했다는 말이냐!"

"보았습니다."

"그런 것을 본 놈이 어찌 죽을 줄을 모르고 방일하였다는 말이냐. 오늘 내가 받는 죄는 부모 형제의 잘못도 아니고 천제 조상의 잘못도 아니고, 스승·종·하인의 죄도 아니며, 사문 바라문의 잘못도 아니니, 스스로 저지른 악을 네가 스스로 받아야 할 것이니라."

죄인이 옥문을 들어서니 4방의 네 문은 쇠로 쌓은 담장 가운데 있고, 쇠그물로 주위를 얽어 개미새끼도 끼어 나갈 수 없게 되어 있었다.

쇠땅 위에서 불꽃이 솟아 뭉게구름을 형성하니 그러한 지옥이 열여섯 개나 되었다.

염라대왕은 홀로 생각하였다.

"어리석도다. 중생들이여, 어찌하여 선행을 행하지 못하고 악을 저질러 저지경이 된다는 말인가. 나는 염라대왕의 임무를 마치면 다시는 저런 꼴 보지 않기 위하여 출가 수도하여 노·병·사의 세계를 벗어나리라."

〈불설장아함경 제19권, 1. 세기경 ② 지옥품〉

(5) 용조품(龍鳥品)

세상에는 태·난·습·화 4종의 용과 4종의 금시조가 있다. 바다밑 8만 유순에 용궁이 있는데 온갖 새들이 소리에 맞추어 노래하는 것은 칠보로 구성된 7중의 궁전과 난간, 그물·가로수도 마찬가지다.

또 수미산왕과 카타라산 중간에 난타와 발난타의 두 용왕궁도 있다.

대해 북쪽 언덕에 큰 나무가 있는데 구라염마라 나무밑에 용왕과 금시조가 함께 살고 있다. 나무의 동·서·남·북에도 각각 그와 같은 궁전이 있어 용과 금시조가 함께 사는데, 난생의 금시조가 용을 잡아먹고자 할 때는, 구라염마라 나무 동쪽가지에서 날아 내려와 날개로 대해의 물을 치면, 대해수가 양쪽으로 갈라져 2백 유순이 들어나므로 마음대로 용들을 잡아먹는다. 태·습·화 금시조도 그와 같이 하여 용들을 잡아먹는다.

그러나 사갈용왕이나 난다·발난타·이나바라·제두뢰타·선견·아로·가루라·가구라·아파라·가누·구가누·아뇩달·선주·우염가파두·득차가용왕 등 큰 용왕은 잡아 먹지 못한다.

모든 중생은 자기의 취향에 따라 용이나 새, 토효(兎梟)·개·소·사슴·벙어리·마니바타의 계를 가지고 그를 향하면, 자기의 행업을 따라 용이나 새 마니바타가 되게 된다. 그러므로 나는 그러한 계와 행을 사견이라 하는 데, 왜냐하면 그와 같은 생은 지옥이나 아귀 축생의 무리가 되기 때문이다.

부처님은 장님들 코끼리 잡은 이야기를 하셨다.

"코끼리의 코를 만진 사람은 굽은 멍에나 기둥과 같다고 하고, 코끼리의 이빨을 만진 사람은 절구공, 코끼리의 귀를 만진 사람은 키, 머리를 만진 사람은 솥, 등과 배를 만진 사람은 언덕, 넓적다리를 만진 사람은 나무와 같다고 하고, 발사위를 만진 사람은 호박, 꼬리를 만진 사람은 밧줄과 같다고 하였다. 외도 이학들의 주장도 이와 같이 그것이 학문이 아니고 종교가 아닌 것이 아니라, 이 우주인생의 근본을 총체적으로 보지 못하고 부분적으로 봄으로써, 중생들의 마음을 더욱 방황하게 한 것이므로 나는 그를 사도라 하고, 불교를 정도라 하는 것이다."

〈불설장아함경 제9권, 1. 세기경 ② 용주품〉

장아함경 제20권 제4분 ③

1. 세기경 ③

(6) 아수륜품(阿須倫品)

수미산 북쪽 대해 물밑에 4방 8만 유순에 아수륜이 있는데 모두 7보 7중으로 형성되어 있다. 금성에는 은문, 은성에는 금문, 온갖 새들이 노래하고 있다.

이 성은 아수륜왕이 다스리는 작은 성은 윤수마발타라는 큰 성 가우데 있는데 이 성은 4방 6만 유순 되는 성으로써 7보로 형성되어 있다. 성의 높이는 3

천 유순 넓이는 2천 유순인데 7시리사당(尸利沙堂)이 있다. 당 동쪽에는 사라원, 남쪽에는 극묘원, 서쪽에는 염마원, 북쪽에는 낙림원이 있고, 사라와 극묘 중간에는 주도(晝度) 나무가 있으며, 염마와 낙림 중간에는 발난타 못이 있다.

만일 아수륜왕이 사라 등 여러 동산으로 놀러가고자 하면 각 아수륜왕(비마질다・라하・파라가・염마・대신)들은 모두가 '나를 생각하고 있다'고 하며 그 권속들과 함께 모여온다.

그때 라하 아수라왕은 제지・웅력・무이・두수・최복 등을 좌우에 거느리고 시위한다. 모두 이것은 각 아수륜왕들의 복보(福報)다. 리하왕의 궁전을 대해의 물밑에 있고 해수는 위에 있어 4풍(住・持・不動・堅固風)은 대해의 물을 붙들어 허공에 달아 두는 것은 마치 뜬구름과 같이 한 것인데, 끝내 떨어지지 않는다.

〈불설장아함경 제20권, 1. 세기경 ③ 아수륜품〉

(7) 사천왕품(四天王品)

수미산 동쪽 1천 유순에 제두뢰타의 현상(賢上)성이 있는데 4방이 6천 유순이다. 남쪽에는 비루륵의 선견성, 서쪽에는 비루바차의 주라선견성, 북쪽에는 비사문천왕의 가외・천경・중귀 3성이 있다.

중귀성 북쪽에는 가비연두 동산이 있고 그 성 중간에 나린니못이 있으며, 그 절벽에 청・황・적・백의 연꽃들이 수레바퀴처럼 돌아가고 있다.

중귀성에서 보배층계를 타고 현상성에 이르고 거기서 다시 선견성에 이르며 가외성 천경성까지 나아가 다시 가비연두 동산 나린니 연못을 거쳐 4천왕궁에까지 갈 수 있다.

비사문천왕이 가비연두 동산에 나아가고자 하면 벌써 제두뢰・루륵 천왕들이 알고 건달바・구반다・용신들을 데리고 4천왕과 함께 온다. 이렇게 동산에 모여 2,3일 동안 오락한 뒤 돌아올 때는 반사루・단타라・혜마발타・제게라・수일로마와 같은 귀신들이 비사문천왕을 모시고 돌아온다. 이것은 오직 비사문천왕의 복보이다.

〈불설장아함경 제20권, 1. 세기경 ③ 사천왕품〉

(8) 도리천품(忉利天品)

수미산 꼭대기에 주위가 8만 유순이나 되는 33천이 있는데 모두가 7중의 성으로 일곱 겹의 난간과 그물, 가로수가 7보로 구성되어 있다. 성문의 높이는 60유순, 넓이는 30유순으로 500유순씩 지나 한 문이 있고 그 낱낱의 문에 500귀신이 있어 33천을 호위하고 있다. 금성에는 은문, 은성에는 금문, 수정성에는 유리문, 유리성에는 수정문, 적주성에는 마노문, 마노문에는 적주문, 자거성에는 중보문, 중보성에는 자거문이 있으며, 난간도 그러하여 온갖 방울과 그물이 달려 갖가지 빛을 발하고 있다. 또한 무수한 새들이 노래하고 있다.

그 성안에는 또 6만 유순씩 되는 작은 성들이 있는데 그 장엄은 위와 같다.

또 7겹성에는 4문이 있고 문에는 난간·누각·정자가 있고, 두루 둘레 원림과 욕지가 있으며 온갖 보배의 꽃과 과일들이 줄지어 번창하고, 작은 성밖 중간에는 이라발용의 궁전이 있다. 선견성 안에는 순금으로 된 선법당이 있는데 그 북쪽에 제석궁이 있다. 동쪽에는 추삽원(麤澀園)이 있고, 추삽원 가운데 천금으로 장식한 석타(石垛)가 두 개 있는데, 현(賢)이고 선현(善賢)이다. 또 선견당 남쪽에는 화락원(畵樂園)이 있고, 거기에도 주(晝)와 선주(善晝) 두 개의 석타가 있다. 서쪽에는 잡원(雜園)이 있는데 선견(善見)과 순선견(順善見)이란 석타가 있고, 북쪽에는 대희원(大喜園)이 있고 희·대희락 석타가 있다. 모두 이곳의 물들은 비단과 같이 부드럽고 솜처럼 부풀었다 가라앉는다.

추삽원과 화락원 중간에는 난타못이 있고 그 물은 청정하여 더러움이 없으며, 일곱 겹 해자도 두루 둘러 칙체(厠砌)했다. 일곱 겹 난간에 일곱 겹 그물과 향수가 둘러 있고 모두가 7보로 되었는데, 4면에는 네 개의 계단이 사다리처럼 난간을 나투고 있다. 물론 거기에는 청·황·적·백의 꽃들이 사이사이 섞여 있고 한 꽃의 크기는 1유순이며, 향기도 1유순이나 풍기고 그 뿌리는 수레바퀴통과 같으며, 그 즙은 흘러나와 희기가 젖과 같고 꿀과 같이 달다.

또 잡원과 대희원 중간에 두 동산이 있는데 거기 4방 유순이나 되는 주도수(晝度樹)가 있다.

선견당 북쪽에 두 층계가 있어 추삽원에 갈 수 있고, 다시 거기서 화락원·

잡원 · 대희원 · 대희못에 이르러 갈 수 있게 되어 있으며, 주도나무와 33천을 거쳐 이라발용왕에 이르러 갈 수 있다.

만약 제석천이 추삽원에 나가고자 하면, 그의 생각을 따라 33천의 신하들과 모든 천인 용왕들이 모여 온다. 특히 용왕은 그 몸을 변해 33두(頭)에 낱낱이 여섯 개의 이빨씩이 나고 그 어금니에 일곱 개의 목욕 못을 만들고, 그 욕지 위에 일곱 개의 연꽃이 있는데, 잎은 1백 개이고, 꽃잎 속에서는 일곱 명의 옥녀가 있어 노래로써 춤을 춘다.

석제환인은 온갖 보배로 꾸미고 영락을 치장한 뒤, 16천왕을 거느리고 용왕의 정수리에 앉아 추삽원으로 간다. 자연의 바람이 문을 열고 꽃이 불어 땅에 흩으면 온갖 꽃이 쌓이고, 모인 꽃은 무릎에까지 차오른다. 제석은 현과 선현의 두 석타 위에 앉아 욕락을 즐긴다. 다른 33천도 그곳에 이르러 똑같이 그것을 보고 있으나 본행의 공덕이 부족하기 때문에 욕락은 직접 즐기지 못한다. 그러나 공행이 뛰어난 사람은 그 가운데서도 1일 내지 7일 동안 욕락을 즐기며, 제석천을 따라 화락원 · 잡원 · 대희원을 유관할 수 있다.

추삽원에 들어가면 몸이 거칠어지고 깔깔해지며, 화락천에 들어가면 그 그림빛을 따라, 매달 8일 14일 15일을 여러 천녀들과 함께 화장하고, 대희원에 들어가면 누구나 마음대로 도착하고 환희하고, 선법당에 들어가려고 한다. 누구나 법을 생각하면 청정락을 받게 된다. 주도나무에는 만타라는 신이 있어 광대음락으로 스스로 오락을 즐기고, 꽃과 잎 무성한 것을 4방에서 볼 수 있기 때문이다.

석제환인의 좌우에는 항상 인드라 · 구이 · 비루 · 비루바제 · 타라 · 바라 · 기바 · 영혜누 · 물라 · 난두라는 10대 천자가 있어 수호하고 시위하기 때문에 귀하게 보인다.

물에는 우발라 · 발두마 · 구물두 · 분타리 · 수건두꽃들이 피어 항상 부드럽고 연하고 향기롭고 깨끗하다. 육지에는 해탈 · 첨복 · 바라타 · 수만주나 · 바사이 용녀꽃이 피고, 구야니 · 울단왈 · 불우체에 피는 꽃과 용궁 금시조의 궁전에 피는 꽃도 또한 그와 같다.

아수륜의 궁중에는 담바발라 · 발두마 · 구물두 · 분타리꽃이 향기롭게 피고,

육지에는 수호·빈부·큰 빈부·가가리·큰 가가리·만다라·큰 만다라 꽃이 피고, 4천왕과 33천·염마천·도솔천·화자재천·타화자재천꽃도 마찬가지다.

이 하늘에는 10법이 있는데

① 날아가는데 한이 없고,

② 날아오기에 한이 없으며,

③ 가는 데 걸림이 없고,

④ 오는 데도 걸림이 없으며,

⑤ 몸에는 피부·골체·힘줄·피와 살이 없고,

⑥ 몸에는 부정한 대소변이 없고,

⑦ 몸에는 지극한 피로가 없고,

⑧ 천녀는 아이를 낳지 않고,

⑨ 하늘신은 눈을 깜박이지 않고,

⑩ 몸에서는 금빛·불빛·푸른빛·누른빛·붉은빛·검은빛·흰빛을 마음대로 나타낸다.

반딧불의 광명은 등불만 못하고, 등불은 횃불, 횃불은 불더미, 불더미는 4천왕의 궁전, 성곽·영락·의복·몸빛의 광명만 못하고, 4천왕의 광명은 33만 못하고, 33천은 염마천, 염마천은 도솔천, 도설천은 화자재천, 자재천은 타화자재천, 타화자재천은 범가이(梵迦夷), 범가이는 광음천, 광음천은 변정천, 변정천은 과실천, 과실천은 무상천, 무상천은 무조천(無造天), 무조천은 무열천, 무열천은 선견천, 선견천은 대선견천, 대선견천은 색구경천, 색구경천은 지자재천, 지자재천의 광명은 부처님 광명만은 못하고 부처님 광명도 4제의 광명만 못하다.

염부제 사람의 키는 3주(肘) 반이고 옷 길이는 7주, 구야니 불우체 사람들 키는 3주 반이고 옷 길이는 2배이고, 넓이는 3주 반이다.

울단왈 사람의 키는 7주이고 길이는 2배이며, 무개는 1냥이다.

아수륜은 키가 1유순, 옷은 2배이고 넓이는 1유순 옷의 무게는 6수(銖)이다.

4천왕의 키는 반 유순 옷은 2배 넓이는 반 유순 옷의 무게는 반 냥이고,

도리천왕의 키는 1유순 옷은 2배 넓이는 1유순 옷의 무게는 6수,

염마천왕의 키는 2유순 옷은 2배 넓이는 2유순 옷의 무게는 3수,
도솔천왕의 키는 4유순 옷은 2배 넓이는 4유순 옷의 무게는 1수 반,
화자재천왕의 키는 8유순 옷은 2배 넓이는 8유순 옷의 무게는 1수,
타화자재천의 키는 16유순 옷은 2배 넓이는 16유순 옷의 무게는 반 수이다.

염부제 사람들의 수명은 100세가 정명인데
구야니는 200세, 불우제는 300세, 울단왈은 천 세, 아귀는 7만 세, 용과 금시조는 1겁, 아수륜은 천 세, 4천왕은 5백 세, 도솔천은 천 세, 염마천은 2천 세, 도솔천은 4천 세, 자재천은 8천 세, 타화자재천은 1만 6천 세, 범가이천은 1겁, 광음천은 2겁, 변정천은 3겁, 광과천은 4겁, 무상천은 500겁, 무조천은 천 겁, 무열천은 2천 겁, 선견천은 3천 겁, 대선견천은 4천 겁, 색구경천은 5천 겁, 공거천은 만 겁, 불용처천은 4만 2천 겁, 유상무상천은 8만 4천 겁이다.

모든 중생은 네 가지 음식으로 세상을 살아가는데 단식과 세활식, 촉식·염식·식식이다.
여러 가지 음식을 덩어리로 만들어 먹는 것이 단식(搏食)이고, 습으로 만들어 먹는 것이 세활식(細滑食)이며, 그 향기만 맡는 것이 촉식(觸食)이고, 생각으로 먹는 것이 염식(念食)이며, 인식만 하는 것이 식식(識食)이다.

염부제 사람과 구야니 불우체 사람들은 밥과 밀가루 어육을 단식하며 옷과 몸을 세활하고,
울단왈 사람들은 자연의 멥쌀에 천식을 하며 옷과 몸을 세활식 하며,
용과 금시조는 자라 악어 생선을 먹고 세욕과 의복을 세활식 하고,
아수륜은 정식(淨食)으로 단식하고 세욕과 의복을 세활식 하며,
6욕천은 정식(淨食)으로 단식하고 세욕과 의복을 세활식 한다.
그 이상의 모든 하늘은 선정으로 희락식을 한다.
나머지 난생은 촉식하고, 생각으로 모든 근을 증장시키는 것이 염식이며, 지옥중생과 무색천은 식식한다.

염부제 사람들은 금은보배와 곡식·비단·종으로 생을 다스리고, 그것을 판매함으로써 생활한다.
구야니 사람들은 소와 염소, 구슬 보배로 장사해 생활하고,
불우체 사람들은 곡식과 비단 구슬로 생활하고,
울단왈 사람들은 장사하지 않고도 생활한다.

염부제 사람과 구야니 불우체 사람들은 혼인할 때 남자는 장가가고 여자는 시집가지만, 울단월 사람들은 결혼하지 않는다.
용과 가루라 아수라도 결혼하고, 4천왕·도리천·타화자재천도 혼인한다. 그 이상의 하늘에는 남녀가 없다.

염부제 구야니 불우체 울단월 사람들은 남녀가 서로 만나 몸을 부딪치면 음양을 이루고, 용과 가루라도 마찬가지이다.
아수라는 몸이 서로 가까이 하여 기운으로써 음양을 이루고, 4천왕과 도리천도 그러하다.
염마천은 가까이 함으로써 음양을 이룬다.
도솔천은 손만 잡아도 되고, 화자재천은 쳐다보기만 해도 되고
타화자재천은 잠깐 쳐다보는 가운데서 이룬다.

만일 사람·축생·아귀가 살아서 3업을 악하게 하면
몸이 무너진 뒤 식이 멸하고 지옥의 초식(初識)이 생겨,
명색·6입·촉·식·유·생·노·병·사가 생긴다.
그런데 만일 어떤 중생이 선행을 했으면 명을 마치는 순간
새로 태어나는 천당의 식이 나타나 날게 되면 천당에 태어난다.

처음 하늘(4천왕천)에 태어나면, 인간의 1,2세 아이와 같이 화현하여 천인의 무릎에 앉아 선행 닦을 것을 생각하고, 먹을 것을 생각하면 곧 백미진수가 앞에 나타난다. 복이 많으면 밥의 빛이 희고, 중간이면 푸르고 그 복이 하치이면

붉다. 먹고 나면 소화가 잘 되고 음료수는 감로장인데, 이 또한 복락 따라 색깔이 달라진다.

이렇게 음식을 먹은 아이는 하루가 달라지게 커지면서 목욕탕에 들어가 목욕하고, 4욕락을 즐기다가 향나무 밑으로 가 나무에서 나는 향을 바르고, 겁패의(劫貝衣 ; 면포 옷)를 입고 장엄한 뒤 머리에 꽃타래를 쓴다. 그릇나무로 가면 온갖 그릇이 대기하고 있으며, 과일나무에 이르면 먹고 싶은 과일을 따 그냥 먹기도 하고 즙을 내 먹기도 한다. 다시 악기 나무 있는 곳에 가서 묘한 소리를 듣고, 동산에 나아가 천녀들과 희롱하는데, 동쪽을 향하면 서쪽을 잊고, 서쪽을 향하면 동쪽을 잊는다.

그러면 그 가운데서 채녀가 생겨 아이를 나면 앞서 자신과 같이 성장한다. 도리천의 아이는 바로 태어나면서 염부제의 2,3세와 같고, 염마천의 아이는 3, 4세, 도솔천의 아이는 4, 5세, 화자재천의 아이는 5, 6세, 타화자재천의 아이는 6, 7세와 같다.

매 반달마다 이들은 8일・14일・15일 3재를 지내는데, 초8일 때는 4천왕이 사자를 시켜 세상의 효순과 장로들에 대한 공경을 사찰하는 까닭이고, 14일은 태자에게, 15일은 직접 나가 사찰하며 교화를 받고, 재계한 사람은 상을 주고 그렇지 아니한 사람은 벌을 주기 때문이다.

사람이 살고 있는 집에는 다 귀신이 있다. 일체의 뒷골목 네거리, 백정의 장터, 묘지에는 다 귀신이 있다. 그 이름은 그가 의지하는 사람이나 강・산・나무・성을 이름으로 하는데, 그는 태어날 때부터 사람을 따라 다니며 보호한다. 만일 귀신이 정기를 빨아먹으면 그는 죽는다. 선악업을 따라 보호하고 버리는 것이 차이가 있다. 마치 한 사람의 목자에게 수백 수천의 짐승이 따르는 것과 같다.

염부제 중생에겐 ① 용맹스럽다. ② 기억력이 강하여 범행을 부지런히 닦고, ③ 부처님이 그 땅에 나시는 일이 있어 구야니 사람보다 났다.

구야니 사람에게는 ① 소 ② 염소 ③ 주옥들이 많으니 그것만은 염부제 사람들 보다 났다.

불우체는 ① 토지가 넓고 ② 크고 ③ 땅이 아주 묘하게 생긴 것이 특징이다.

울단왈 사람들은 ① 얽매임이 없고 ② 소유개념이 없으며 ③ 수명이 천 세나 되는 것이 특징이다.

아귀는 ① 수명이 길고 ② 몸이 크고 ③ 남이 지은 것을 자기가 받고,

축생(용·금시조)은 ① 수명이 길고 ② 몸이 크고 ③ 궁전이 호화롭다.

아수륜은 ① 궁전이 높고 크고 ② 장엄하며 ③ 청정하다.

4천왕은 ① 수명이 길고 ② 단정하고 ③ 즐겁다.

도리천·염마천·도솔천·화자재천·타화자재천은 ① 장수하고 ② 단정하고 ③ 즐거움을 느끼는 것이 똑같다.

욕계 중생에는 ① 지옥 ② 축생 ③ 아귀 ④ 사람 ⑤ 아수륜 ⑥ 4천왕 ⑦ 도리천 ⑧ 염마천 ⑨ 도솔천 ⑩ 화자재천 ⑪ 타화자재천 ⑫ 마천(魔天) 등 모두 12종류가 있다.

색계에는 ① 범신천 ② 범보천 ③ 범중천 ④ 대범천 ⑤ 광천 ⑥ 소광천 ⑦ 무량광천 ⑧ 광음천 ⑨ 정천 ⑩ 소정천 ⑪ 무량정천 ⑫ 변정천 ⑬ 엄식천 ⑭ 소엄식천 ⑮ 무량엄식천 ⑯ 엄식과실천 ⑰ 무상천 ⑱ 무조천 ⑲ 무열천 ⑳ 선견천 ㉑ 대선견천 ㉒ 아가니타천 등 모두 22천이 있다.

무색계에는 ① 공지천 ② 식지천 ③ 무소유지천 ④ 무상유상지천 등 4처가 있다.

또 세상에는 지·수·화·풍 4천신이 있는데 처음 지신은 자신만이 있다고 하고, 다른 신은 부정하였다. 그러나 부처님께서 시(施)·계(戒)·생천론(生天論)과 정(淨)·누(漏)·출요(出要)의 일을 가르치고, 4제 3귀의를 가리켜 다만 지대에는 흙의 요소가 많을 뿐임을 알게 되었다. 수·화·풍신도 처음에는 지신과 같은 생각을 가지고 있었으나, 부처님의 교화로 깨달음을 얻어 서로 조화를 이루게 되었다.

구름에는 ① 흰빛 ② 검은빛 ③ 빨간빛 ④ 붉은빛이 있는데 지대가 많으면 희게 보이고, 수대가 많으면 검게 보이고, 화대가 많으면 빨갛게, 화대가 많으면 붉게 보인다. 낮고 높음을 따라 10리부터 4천리까지 가는데, 광음천 이상에

는 구름이 없다.

번개에도 ① 동방번개는 신광(身光)이고 ② 남방번개는 난훼(難毁)며 ③ 서방번개는 유염(流炎)이고 ④ 북방번개는 정명(定明)이다.

하늘의 전기가 서로 돌아가며 부딪쳐 우레를 형성하고, 또 때로는 4대가 서로서로 부딪치는 가운데 우레가 나기도 한다.

점쟁이에게는 5가지의 미혹이 있다. ① 구름 속에 우레와 번개가 있는 것을 보고 비가 올 것이라 점치나, 화대가 많을 때는 구름을 불살라 비가 오지 않기도 한다.

② 구름 속에 우레와 번개가 있는 것을 보고 비가 올 것이라 점치나, 큰 바람이 불면 구름이 흩어져 비가 오지 않기도 한다.

③ 구름 속에 우레와 번개가 있는 것을 보고 비가 올 것이라 점치나, 큰 아수라가 큰 구름을 거두어 바다 가운데 두면 비가 내리지 않는다.

④ 구름 속에 우레와 번개가 있는 것을 보고 비가 올 것이라 점치나, 운사(雲師)와 우사(雨師)가 방일하고 음란하면 마침내 비를 내리지 않는다.

⑤ 반대로 세간 외부무리들이 법답지 않고 방일 부정하며, 간탐・질투・전도되면 비가 내리지 않는다.

그래서 점을 쳐도 점이 꼭 맞지 않을 수도 있다.

〈불설장아함경 제20권, 1. 세기경 ⑶ 노리천품〉

장아함경 제21권 제4분 ④

1. 세기경 ④

(9) 삼재품(三災品)

세상에는 해와 달로써 헤아릴 수 없는 네 가지 일이 있다.

첫째, 세간이 점점 일어나 멸하는 것이고,

둘째, 세간이 무너진 뒤 그 중간이 텅 비어 세간이 없고, 일월과 세수로써 헤아릴 수 없는 것이며,

셋째, 천지가 처음 일어나 성립되는 것이고,

넷째, 천지가 이미 생겨 지속하는 것이다.

세상에는 3재가 있는데 풍・수・화 3재가 그것이다. 그러나 화재는 광음천 이상을 오르지 못하고, 수재는 변정천을 넘지 못하며, 풍재는 과실천을 넘어가지 못한다.

처음 화재가 일어나려면 세상 사람들이 모두 바른 법을 행하여 10선을 닦고 제2선(禪)을 얻어, 성인도・천도・범도에 머물러 무각・무관(無覺無觀)을 닦으므로, 모두가 광음천에 가서 태어난다. 이때 지옥중생은 죄업이 끝나고 사람으로 태어나고 축생・아귀・아수륜과 6욕천도 모두 광음천으로 올라간다. 그때 세상에는 비가 오지 않아 태울만한 모든 것들을 다 태워버린다. 그러면 그 뒤에 흑풍이 사납게 일어나 이 세상의 모든 물을 다 말려버린다. 이것에 제2일이다.

제3일이 되면 황하・야바나하・바라하・아이라바제하・아마겁하・신타하・고사하가 다 없어져 버리고, 제4일에는 샘물・못물이 다 마른다. 제5일에는 해수가 마르고, 제6일에는 산이 다 타고, 제7일에는 모든 것이 다 타 없어져 버린다.

그러므로 부처님께서는 늘 비구들에게

"일체의 행은 무상하다. 변하고 무너져 믿을 수 없다. 무릇 모든 것은 하염없는 것이니 싫어하고 벗어나 해탈의 길을 구해야 한다."

〈불설장아함경 제21권, 1. 세기경 ④ 삼재품〉

(10) 전투품(戰鬪品)

옛날 하늘들은 아수륜과 싸웠으나 한 번도 이긴 일이 없다. 천상인은 쾌락 속에 유연하고 나태하나, 아수륜들은 하늘·허공·바다·육지에 거주하는 자들이 모두 용맹하여 무지하게 달려들기 때문이다.

〈불설장아함경 제21권, 1. 세기경 ④ 전투품〉

장아함경 제22권 제4분 ⑤

1. 세기경 ⑤

(11) 삼중겁품(三中劫品)

세상에는 또 도병(刀兵)·곡귀(穀貴)·질역겁(疾疫劫)이 있는데, 사람의 수명이 10세 정명에 이를 때, 세상에 맛난 음식이나 의복 같은 것은 다 없어져 버리고 거친 것만 남게 되는데, 7일 동안 도병겁이 오게 된다.

도병겁시대에는 무엇이고 잡기만 하면 모두 칼이 되어 토막토막 잘려지고, 서로 성내고 해치기 때문에 사람이 살 수 없게 된다.

다음 기아의 겁은 아무 것도 먹을 것이 없어 거의 굶어죽게 되므로 질병이 생겨 살아있는 사람이 거의 없다. 이것이 질역겁이다.

모두가 사람의 업력에 따라 나타난 현상이기 때문에, 그 누구도 말릴 수 없는 일이나, 사람들은 그것이 스스로의 업 때문인 것을 깨닫고 10선을 행한다. 열심히 선행을 하다 보면 100년 만에 정명이 한 살씩 불어 84,000세에까지 이르게 되는데, 그때 세상을 최고도로 아름다운 모습을 가져 꽃과 같은 세상이 다시 전개 된다."

〈불설장아함경 제22권, 1. 세기경 ⑤ 삼중겁품〉

(12) 세본연품(世本緣品)

이것이 세상이 일어나 멸하고 멸했다 다시 일어나는 세기경의 내용이다.

〈불설장아함경 제22권, 1. 세기경 ⑤ 세본연품〉

중아함경(中阿含經)

중아함경(中阿含經) 제1권

1. 칠법품(七法品)

(1) 선법경(善法經)

부처님께서 기수급원에 계실 때 비구 스님들께 말했다.

"누구나 ① 법을 알고, ② 뜻을 알며, ③ 때를 알고, ④ 절제를 알며, ⑤ 자기를 알고, ⑥ 무리를 알며, ⑦ 사람을 아는 7법을 성취하면 곧 환희를 얻어 번뇌가 없어진다.

첫째, 법을 안다는 것은 12부(정경・가영・수기・가타・인연・친족・본생・차설・생처・광처・미증유 및 설법)의 뜻을 아는 것이다.

둘째, 뜻을 안다는 것은 말의 뜻을 아는 것이다.

셋째, 때를 안다는 것은 고(高)・하(下)・사상(捨相)을 아는 것이다.

넷째, 절제 때를 안다는 것은 먹고 마시고 다니고 머물고 앉고, 눕고 대소변을 보고 잠자고 바른 지혜를 닦는 것을 말한다.

다섯째, 자기를 안다는 것은 자기의 믿음과 계율・지식・보시・지계・변재・교훈의 소득을 아는 것이다.

여섯째, 무리를 안다는 것은 찰리・법통・거사・사문들이, 어떻게 다니고 머무르며 앉고 말하고 침묵하는 것인가를 아는 것이다.

일곱째, 사람을 안다는 것은 잘나고 못난 것을 아는 것이다.

믿음이 있고 없는 사람과 스님들을 가까이 하는 사람과 멀리 하는 사람, 예를 올리고 예를 올리지 않는 자, 경을 묻는 사람과 묻지 않는 자, 일심으로 듣는 사람과 듣지 않는 사람, 듣고 외워 지니는 사람과 지니지 않는 자, 뜻을 관하는 자와 관하지 않는 자, 법을 알고 들었을 때 법과 뜻을 행하여 나아가 실천하는 자, 실천하는 가운데서도 자리이타에 충만한 자가 있고 그렇지 못한 자가 있다. 마치 이런 사람은 소에서 우유가 나오고, 우유에서 요구르트·버터·치즈가 나오는 것과 같다."

〈중아함경 제1권, 1. 칠법품 선법경〉

(2) 주도수경(晝度樹經)

"33천에 파아릿찻타카(晝度樹)가 있는데 33천 사람들은 그 나무의 잎이 시들어 누렇게 되어 떨어지고, 망울이 생기고 봉우리가 나고, 발우처럼 되어 활짝 피면 그 광명과 향기가 온 세계에 가득 찰 것을 생각하며, 모두 기뻐하듯이 뜻과 같이 거룩한 제자들도 집을 떠나, 삭발하고 탐악을 버리고 각관을 닦아 4선·8정에 이르면, 마치 파아릿찻타카 나무가 차례로 피어나듯 기뻐한다."

그때 33천 대중들은 번뇌가 다한 아라한을 칭찬하면서 '그는 다시 후생을 받지 않으리라'고 한 것이다.

〈중아함경 제1권, 1. 칠법품 주도수경〉

(3) 성유경(城喩經)

"왕의 변성에는 일곱 가지 일(七事)과 네 가지 밥(四食)이 구족하면, 안으로 무너지기 전에는 외적의 침입을 받지 않는다.

무엇이 일곱 가지인가.

① 망보는 다락을 만들고,

② 성밖으로 못을 만들어 깊고 넓게 하며,

③ 그 밖으로 길을 내고,

④ 4중의 군사(象·馬·車·步)를 거느리며,

⑤ 병기(활·창)를 갖추고,

⑥ 용맹 지략한 대장,
⑦ 바깥에 성을 쌓는다.

그리고 4식은
① 물과 풀, 섶나무 자료
② 벼 · 보리를 생산 저축해 놓고,
③ 점두(黏豆)와 콩 · 팥,
④ 타락과 기름 · 꿀 · 감자 · 생선 · 소금 · 고기를 저장하는 것이다.

마찬가지로 수행자는 누구나 7선법과 4증상심을 일으키면 마왕의 침노를 받지 않으니 7선법은,
① 견고한 믿음(堅固, 信)
② 참(慚) ; 남에게 부끄러워하고,
③ 괴(愧) ; 스스로 부끄러워하며
④ 정진(斷惡修善),
⑤ 널리 배우고 많이 듣고(廣學多聞),
⑥ 념(念 ; 正念)
⑦ 혜(慧 ; 흥 · 망 · 성 · 쇠를 判斷)이다.

4증상심은
① 각관을 통해 욕악을 벗어나 초선을 성취하고,
② 각관을 쉬고 선정의 기쁨을 맛보는 제2선을 성취하며,
③ 기쁨의 탐욕에서 떠나 모든 것을 바른 생각과 지혜에 머무는 제3선을 성취하고,
④ 고락 · 기쁨의 뿌리까지도 다 버리는 사념청정으로 제4선을 성취한다.

〈중아함경 제1권, 1. 칠법품 성유경〉

(4) 수유경(水喩經)

부처님께서 여러 비구들에게 말씀하셨다.

"여기 일곱 종류의 물 사람이 있다.

① 어떤 사람은 언제나 물 속에 누워있고,

② 어떤 사람은 언제나 물 속에서 나왔다가 다시 빠지며,

③ 어떤 사람은 언제나 물 속에서 나와 머물러 있고,

④ 어떤 사람은 언제나 물 속에서 나와 머물러 있다가 주위를 살피며,

⑤ 어떤 사람은 물 속에서 나와 머물러 있다가 주위를 살피고 건너가고,

⑥ 어떤 사람은 물 속에서 나와 건너가 저 언덕에 이르며,

⑦ 어떤 사람은 물 속에서 나와 건너가 저 언덕에 이른 뒤 거기 머무른다.

너희들은 이 뜻을 알겠느냐?"

"세존이시여, 세존은 법의 근본이 되시고 법의 주인이 되시며, 모든 법은 세존으로부터 알게 되니 세존께서 말씀하여 주시옵소서."

"그렇다면 자세히 들으라. 출가 수행자도 마찬가지다.

① 어떤 사람은 불선법에 덮인 바 되고, 더러움에 물들어 악의 갚음을 받고 생사의 근본을 지어, 이것이 물 속에 누워 있는 사람이다.

② 또 어떤 사람은 이미 믿음의 선법을 얻어 지계・보시・다문・지혜를 닦다가 다시 그것을 잃고 악에 빠진다. 이것은 물에서 나왔다가 다시 물 속으로 들어간 사람이다.

③ 어떤 사람은 뒷날 가서도 선법을 잃지 않고, 괴로움의 참모습을 보고 그 원인을 알아 괴로움을 멸하기 위하여 도를 닦는데, 이 사람이 물에서 나온 뒤에 머무르고 머무른 뒤에 살펴본 사람이다.

④ 그는 이와 같이 알고 보았으므로 3견(身見・邊見・戒禁取見)을 다하고, 수다원을 얻어 다시는 악도에 떨어지지 않고 정각을 향해 나아가되, 일곱 번 천상과 인간을 갈다 왔다 한다.

⑤ 어떤 사람이 물에서 나온 뒤 머무르고, 머무른 뒤 살펴보며 살펴본 뒤 건너간다고 하는가. 이미 집을 나와 믿음의 선법을 얻어 지혜와 지혜를 닦

아 익힌 뒤, 끝까지 견고히 그것을 잃지 않고 4제의 이치를 통찰하고 3결을 다해, 3독을 엷게 함으로써 인간과 천상에 한 번쯤 왔다 가는 사람이다.

⑥ 어떤 사람이 저 언덕에 완전히 건너간 사람인가. 4제의 이치를 보고 5하분결(탐 · 진 · 신견 · 계금취견 · 의심)을 다하고, 반열반에 머물러 다시는 이 세상에 돌아오지 않는 사람이다.

⑦ 어떤 사람이 저 언덕에 이르러 머문 범지인가. 지계 · 보시 · 다문 · 지혜의 이치를 보고 알았으므로, 탐욕과 번뇌에서 벗어나 생명의 근원이 되는 무명을 쳐부수고, 해탈하여 생을 다하고 범행을 세우고 할일을 다 마쳐, 다시는 생을 받지 않는 사람이다고 하였다."

〈중아함경 제1권, 1. 칠법품 수유경〉

(5) 목적유경(木積喩經)

어느 때 부처님께서 코오살라국을 지나가시다가 큰 나무더미에 불이 붙은 것을 보시고 비구스님들께 물었다.

"너희들은 저 맹렬히 타오르는 불을 보느냐?"

"예. 봅니다."

"너희들은 어떻게 생각하느냐. 저 뜨거운 불꽃을 껴안은 것과, 한창 젊은 나이의 크샤트리아 여자와 바라문 · 거사 · 공사(工師)의 여자들이 목욕하고 화장하고 아름답게 꾸민 것을 끓어 앉는 것과, 어느 것이 즐겁겠느냐?"

"불꽃을 끌어안는 것은 매우 괴롭고, 여인을 껴안은 것은 참으로 즐거운 일인 것 같습니다."

"그렇다. 그러나 사문의 도를 배우는 사람은 차라리 불꽃 속에 앉을지언정 여인에게 안겨서는 안된다. 왜냐하면 불꽃은 한 번만 죽음을 초래하지만 여인은 끝없는 인생을 윤회 속에 몰아넣기 때문이다.

그러므로 그대들은 이쪽 뜻도 살피고 저쪽 뜻도 살피어, 집을 떠나온 보람이 있게 하라. 차라리 한 역사를 단단히 줄로 묶어 뼈와 심줄을 다 끊어내는 고통을 당할지라도 저런 여인들로 하여금 보호를 받고 신체 지절 수족을 안마시켜서는 안된다. 시주는 그들의 복을 위해 얻지만 안마는 지옥의 종자가 되기 때문이다.

그런데 어리석은 사람이 파계하고 정진하지 않고, 악하고 착하지 않는 법을 써서 범행 아닌 것을 범행이라 일컫고, 사문 아닌 것을 사문이라 하며, 타락한 일을 해서는 안된다. 차라리 예리한 칼로 비장을 베어내고 뜨거운 구리쇠판이나 평상에 몸을 눕혀 지지고, 뜨거운 물과 쇳덩이를 입에 넣을지라도, 이들의 음식·의복·와구·탕약을 함부로 받아들여서는 안된다. 만일 잘못 사귀면 사문의 도를 잃게 되기 때문이다."

〈중아함경 제1권, 1. 칠법품 목적유경〉

중아함경 제2권

(6) 선인왕경(善人往經)

부처님께서 기수급고독원에 계실 때

"오늘은 너희들에게 7선인(善人)에 대해 설명한다. 나라는 것은 나도 없고 또한 내 것도 없다. 미래에도 그렇다. 이미 받은 존재를 끊어버리고 세간의 즐거움에 물들지 않게 하라. 서로 만난 모임에도 집착하지 말라. 이와 같이 행하는 자는 무상(無上)·식(息)·적(迹)을 얻고 지혜를 볼 것이다. 그러나 아직 깨달음(證)을 얻지 못한다.

그러면 그는 죽은 뒤 어느 곳에 태어나겠는가. 타다 남은 밀 껍질과 같다. 5하분결을 끊고 중반열반(中般涅槃)을 얻을 것이니 이것은 제1선인이라 한다.

또 비구는 이런 생각을 해야 한다. 나라는 것은 나도 없고 또한 내 것도 없다. 미래에서도 마찬가지다. 이미 끊었으니 생존에도 물들지 않고 모임에도 집착하지 않는다. 이런 사람은 무상·식·적을 얻어 튀는 불똥이 공중으로 날아오르다가 곧 멸하는 것 같이 작은 만(慢)을 다하지 못했기 때문에 5하분결을 끊고 중반열반을 얻는다. 이것이 제2 선인이 이르는 곳이다.

제3선인이 중반열반은 공중으로 날아오르다가 땅에 이르기 전에 소멸이 된 것과 같다.

제4선인은 생반열반(生般涅槃)은 쇠똥이 땅에 떨어져 멸하는 것과 같다.

제5선의 행반열반(行般涅槃)은 튀는 불꽃이 섶에 붙어 다 태워버리는 것과 같다.

제6선은 무명반열반(無明般涅槃)은 연기를 내고 타다가 꺼지는 것과 같다.

제7선인 상유반열반(上流般涅槃)은 촌읍·성곽·수풀·광야를 불태운 뒤 혹은 길이나 물, 평지에 떨어져 소멸되는 것과 같다.

그러면 어떤 것이 무여열반(無餘涅槃)인가. 나 내 것도 없고 모든 것을 끊어 생존의 즐거움이나 모임에도 집착하지 않고 무상·식·적을 얻고, 이미 깨달음을 얻어 시방세계 그 어느 곳으로도 가지 않으며, 곧 현생에서 식·적·멸도를 얻는 것이다."

〈중아함경 제2권, 1. 칠법품 선인왕경〉

(7) 세간복경(世間福經)

부처님께서 코삼비 고오시타나 동산에 계실 때 마하주나(摩訶周那 ; 춘다)존자가 물었다.

"세존이시여, 세간의 복을 마련할 수 있습니까?"

"세간에는 일곱 가지 큰 복이 있으니 큰 과보와 명예와 공덕을 얻는다.

첫째, 신심이니 큰 족성의 남녀들이 스님들에게 방사와 당사를 보시하는 것이고,

둘째, 그 방사와 당각에서 쓸 여러 가지 도구(자리·침구)를 베푸는 것이며,

셋째, 필요한 의복을 보시하는 것이고,

넷째, 아침 죽과 점심을 제공하고 동산지기를 주어 지키게 하는 것이며,

다섯째, 비바람을 막아 춥고 더움을 예방시키는 것이고,

여섯째, 눈 바람을 피하게 하는 것이며,

일곱째, 짓는 것을 걱정없이 하고 편안하게 선정을 닦게 하는 것이다.

이런 사람은 강가강이 흘러 바다로 들어갈 때, 갈수록 깊고 넓어지듯 큰 복과 과보는 크고 명예와 공덕을 얻어 행·주·좌·와, 어·묵·동·정에 대자유를 얻는 것이다.

그런데 만일 여래나 여래의 제자가, 자기가 있는 곳이나 마을에 온다는 소식을 듣고 기뻐 날뛰며, 깨끗한 마음으로 가서 법문을 듣고 3귀 5계를 받고 보시하면, 그 복은 앞의 복보다 뛰어날 것이다. 마치 5하(강가아·야무나아·사라부우·아치라바티이·마히이)가 바다에 이르는 것 같다."

〈중아함경 제2권, 1. 칠법품 세간복경〉

(8) 칠일경(七日經)

어느 때 부처님께서 바이샤알리 암바파알리(柰氏樹) 동산에 계실 때 비구승들에게 설했다.

"일체의 행은 무상하고 오래 머무르지 않는다. 빨리 변해가는 법이기 때문에 의지할 수 없다. 그러므로 집착하지 말고 싫어해야 하며, 여의기를 구해 해탈해야 한다. 왜냐하면 때로는 비가 오지 않아 모든 것이 마르고 꺾이고 부서져 버리기 때문이다. 수미산도 무너지고 큰 바다도 다 마르듯이, 그러므로 4해의 진리를 관하라.

옛날 선안(善眼) 대사가 외도 선인들의 스승이 되어, 범세법(梵世法)을 설명하여 6욕천에 태어나는 방법을 가르쳤다. 5범설을 닦으면 범천에 태어날 수 있으나, 나는 증상자(增上慈)를 닦아 황욱천(晃昱天)에 태어나겠다.

그는 일찍이 욕애를 버리고 여의족(如意足)을 알아 범세법을 설했으나, 그 법을 구족하지 못한 자는, 4왕천이나 33천·야마천·도솔천·화락천·타화자재천에 났다.

그때 나는 자리이타에 충실한 도를 닦아 나와 남이 함께 이익을 얻게 했으

며, 세상을 가엾이 여기고 하늘을 위해 안온과 쾌락을 얻게 했다.

그러나 그때 설법은 구경에 이르지 못했고, 백정과 범행은 구경하지 못하여 생・로・병・사, 우・비・고・뇌를 벗어나지 못했으므로, 이제 다시 세상에 나와 10호를 구족한 사람이 되었다. 그런데 그때의 선안 대사는 곧 오늘의 나다."

〈중아함경 제2권, 1. 칠법품 칠일경〉

(9) 칠거경(七車經)

부처님께서 라아자그라하 죽림정사에 계시면서 여름 안거를 하였다. 그때 만자자(滿慈子 ; 부루나)가 고향에서 안거를 마치고 부처님 계신 곳으로 오자 물었다.

"그대들은 어느 곳에서 안거를 하였는가?"

"시골서 지냈습니다."

"누가 욕심이 적어 칭찬받고 한가히 정진하여, 바른 생각으로 일심 지혜로 번뇌를 다하고 기쁨에 처했는가?"

대중스님들이 말했다.

"만자자입니다."

그때 부처님은 안거를 마치고 3개월을 지낸 뒤 옷을 기워 단속하고 발우를 가지고, 슈라아바스티의 승림 급고독으로 가셨다. 샤아리푸트라가 물었다.

"이 가운데 누가 만자자입니까?"

"부처님 앞에 무릎 꿇고 앉아 있는 분이 만자자입니다. 얼굴은 희고 코는 앵무새 부리와 같습니다."

샤아리푸트라는 만자자를 기억했는데 만자자가 안타숲으로 경행가자 자신은 슈라아바스티성에 들어가 탁발하였다. 먹고 나서 니시이다나를 어깨에 걸치고 그의 경행처로 가서 좌선하고 나서 만자자에게 물었다.

"그대는 사문 고오타마를 따라 범행을 닦는가?"

"그렇습니다."

"계행을 깨끗하게 하기 위해 범행을 닦는가?"

"아닙니다."

"그러면 마음을 깨끗이 하고 소견을 맑게 하고 의심을 없애고, 도와 도 아님을 분별, 가야할 길을 잘 알아 지견과 도의 자취와 번뇌를 끊고, 지혜를 깨끗이 하려고 범행을 닦습니까?"

"아닙니다."

"그러면 무엇 때문에 범행을 닦는가?

"무여열반을 증득하기 위해서입니다. 만일 계행을 깨끗이 하기 위해 세존께서 무여열반을 설하셨다면 그것은 곧 유여의 열반이 되어 일반 범부도 반열반에 들 것입니다. 다만 깨끗한 계행은 깨끗한 마음을 얻고, 깨끗한 마음은 깨끗한 소견을 얻고, 깨끗한 소견은 의심을 없애고, 도와 도 아닌 것을 분별하는 지견을 보고, 그런 지견도 없으면 도의 자취를 잘 알아 번뇌를 끊고 지혜를 얻기 때문입니다.

옛날 코오살라아왕 프라세나짓이 사아케타(娑鷄提)에 볼일이 있어 갔는데, 어떻게 하여야 하루 걸음으로 이 먼 거리를 갈 수 있을까 생각하다가, 일곱 곳에 말과 수레를 미리 놓아, 가는 곳마다 갈아타고 하루 걸음을 갔다 왔다 하였습니다. 마찬가지로 깨끗한 계행, 깨끗한 마음, 깨끗한 소견과 의심을 없애고, 도와 도 아닌 것을 분별하여 무여열반을 얻습니다. 저희 아버지 호는 만(滿)이고 어머니 이름은 자(慈)라 사람들이 나를 만자자라 하였습니다."

"좋습니다. 그대는 진실로 여래의 제자로써 행동과 지혜, 변재를 성취하여 감로의 깃대를 세우고 감로법을 연설하여, 모든 사람과 세상을 이익되게 하고 있습니다. 나도 옷을 정수리에 감고 스님을 머리위에 보셔 큰 이익을 입었습니다. 저의 자(字)는 우파티샤이고 우리 어머니는 샤아리이므로 세상사람들은 나를 샤아리푸트라(舍利子)라 부르고 있습니다."

"지금 저는 세존의 다음가는 훌륭한 제자와 논의하고도 몰랐습니다. 진리의 수레를 굴리는 자를 몰랐습니다. 참으로 좋습니다. 당신은 여래의 제자 가운데 행동과 지변, 총명을 겸했고, 안온하고 두려움이 없어 조어를 성취하였습니다."

하고 서로가 함께 예배하였다.

〈중아함경 2권, 1. 칠법품 칠거경〉

(10) 누진경(漏盡經)

부처님께서 쿠루국(拘樓國) 캄마아삿담마(劒摩瑟曇) 도읍에 계실 때 여러 비구들에게 말씀하였다.

"알고 봄으로써 번뇌를 다할 수 있다. 바른 생각을 하면 유루(有漏)와 무명루(無明漏)가 생기지 않아, 아직 나지 않은 탐욕과 번뇌가 생기지 않고, 이미 생겼다 하여도 곧 없어진다. 하물며 나지 않는 유루와 무명루가 생기겠는가. 범부와 우인(愚人)은 바른 법을 열어 듣지 못하고 선지식을 만나지 못하니, 거룩한 법을 얻지 못하고 단련하지 못하여 참다운 법을 알지 못한다.

누와 번뇌를 끊는 일곱 가지 법이 있다.

① 있는 누는 소견을 좇아 끊고,

② 유루는 보호를 좇아 끊으며,

③ 유루는 떠남을 좇아 끊고,

④ 있는 누는 작용 따라 끊으며,

⑤ 유루는 참음을 좇아 끊고,

⑥ 유루는 없앰(除)을 좇아 끊으며,

⑦ 유루는 생각을 좇아 끊는다.

이렇게 3세를 통하여 나의 견해를 없애고, 유루를 떠나면 누구나 성제자가 될 수 있다."

〈중아함경 제2권, 1. 칠법품 누진경〉

중아함경 제3권

2. 업상응품(業相應品)

(1) 염유경(鹽喩經)

부처님께서 기수급고독원에 계시면서 말씀하였다.

"사람은 그 지은 바 업을 따라 갚음을 받는다. 범행을 지은 사람은 고통이 다하고 착하지 않는 사람은 지옥의 갚음을 받는다. 미래에만 그러는 것이 아니라 현재에도 마찬가지다. 말하자면 어떤 사람이 몸과 계, 마음·지혜를 닦지 아니하면 수명이 짧아진다. 마치 한 냥의 소금을 적은 물에 타 마실 수 없게 만든 것과 같고, 세력가에게 염소를 빼앗긴 것과 같으며, 빚진 사람이 빚 받을 사람에게 묶여 가는 것과 같다.

〈중아함경 제3권, 2. 업상응품 염유경〉

(2) 봐파경(恕破經)

부처님께서 삭케수국 카필라바스투 니그로오다 동산에 계실 때 마하아모옥갈라아나(大目乾連) 처소에 니간타의 제자 석종인 봐파가 찾아왔다. 마하아모옥갈라아나가 물었다.

"그대는 어떤 비구가 몸과 입과 뜻을 보호하면서도 불선의 번뇌를 일으켜 뒤 세상에 가는 것을 보았는가?"

"예. 봅니다."

그때 세존께서 하늘귀로 들으시고 강당에 나와 물으셨다.

"아까 모옥갈라아나는 봐파와 무슨 이야기를 나누었느냐?"

"후세의 업에 대해 말했습니다."

"만일 어떤 비구가 무명이 다해 명(明)이 생겼다면 그는 6선주처(善住處)에 이르러 색·성·향·미·촉·법을 보고도 기뻐하지도 않고 걱정하지도 않으며 구함을 버리고 하염없이 바른 생각과 지혜에 머물 것이다."

"부처님. 당신은 눈 밝은 사람, 넘어진 자를 바로 세우고 가려진 곳을 열어보이고 어두운 곳에 빛을 주시는 분입니다. 저는 무지하여 그동안 니건타들의 말만 듣고 무조건 믿어 왔는데 오늘부터 이 몸이 마칠 때까지 3보님께 귀의하고 우파아사카가 되겠습니다. 허락하여 주옵소서."

〈중아함경 제3권, 2. 업상응품 봐파경〉

(3) 도경(度經)

부처님께서 기수급고독원에 계실 때 여러 비구스님들께 말씀하였다.

"3도처가 있으니 성(性)·명(名), 종(宗)·설(說)을 달리한다.

어떤 사람은 '일체는 숙명'이라 하고, '일체는 존우(尊祐 ; 신)의 지은 바'이고, 어떤 사람은 '인도 연도 없다'고 한다.

숙명을 믿으면 내인내(內因內)의 해야 할 일과, 하지 않아야 할 일에 대해서 도무지 욕망도 방편도 없게 될 것이고, 존우에게 원인이 있다면 이 또한 마찬가지다. 그리고 인도 연도 없다면 사물의 참 모습을 볼 수 없을 것이다.

그러나 내가 깨닫고 본 빛으로 보면 눈·귀·코·혀·몸·뜻이 온갖 곳을 관장하고 있으며, 그 속에는 지·수·화·풍·공·식의 6계가 화합하여 어머니 태에서 나고 자라며 병들어 죽는 것이다. 그러므로 온갖 괴로움의 근본은 애수(愛受)이고 미래의 낙욕(樂欲)이다. 8정도로써 이를 바로 보고 괴로움의 원인을 끊어야 하니 이것이 이른바 성스러운 도가 되는 것이다.

〈중아함경 제3권, 2. 업상응품 도경〉

(4) 나운경(羅云經)

부처님께서 죽림정사에 계실 때 존자 나훌라가 온천장에서 놀고 있었다.

그때 부처님은 왕사성에 들어가 탁발하고 돌아 오다가, 온천림 부근에서 나훌라를 만났다.

나훌라는 멀리서 부처님께서 오시는 것을 보고 가서 맞아 부처님의 옷과 발우를 받고 방석을 깔고, 물을 길어다 발을 씻어드린 뒤 자리에 앉았다.

부처님께서 그 발 씻을 물을 조금 따르고 물었다.

"너 이 물을 보느냐?"

"조금 밖에 남지 않았습니다."

"너의 도도 그렇다. 이렇게 적은 도를 가지고 있는 자가, 거짓말 하고도 뉘우치지 않고 부끄러운 마음이 없어서 되겠느냐."

"죄송합니다 부처님. 잘못했습니다."

부처님께서는 물그릇의 물을 마저 비워 버리고

"너의 도가 다 없어져 버린 것도 마찬가지다."

그리고 그 그릇을 엎어 놓고 물었다.

"이 그릇이 엎어져 있는 것을 보았느냐?"

"예. 보았습니다."

"너의 도가 다 엎어져 버린 것도 마찬가지다. 그러니 이제부터 너는 실없는 웃음과 망령된 말을 하지 말라."

하고 다음과 같이 시를 읊었다.

사람이 거짓말을 하면서 뒷세상을 두려워하지 아니하면
악이라고 하는 것은 짓지 아니한 것이 없을 것이다.
차라리 뜨거운 철환을 마실지언정
계를 범하고 신시(信施)를 받지 말라.

만일 괴로움을 두려워해서 탐애하지 아니하고
숨은 곳 들어난 곳에서 악을 짓지 아니할 것이다.
만일 착하지 아니한 법을 과거 현재에 지으면
마침내 그것을 벗어나지 못하고 고통을 받을 것이다.

그러나 나훌라야, 거울로 그 모습을 보듯이 무슨 일을 장차 하려할 때는 몸과 입과 뜻으로 그가 하고자 하는 일을 살펴야 한다.

'깨끗한가 깨끗하지 않은가. 자기를 위함이 되고 남도 위함이 되는가.' 그래서 깨끗하지 못하고 한쪽에만 치우쳤으면 마땅히 그것을 버려야 한다. 그리고 범행을 닦은 훌륭한 스승에게 나아가 묻고 발호 참회하여야 한다. 이미 알면서 하면 더욱 악한 것이니 바르게 깨친 이의 아들이라 할 수 없고, 하물며 사문이라 부를 수 있겠느냐. 가는 곳마다 풍성하고 즐겁고 편하고 조용하고 두려움이 없는 법은 거짓말을 하지 않는 것이다."

〈중아함경 제3권, 2. 업상응품 나운경〉

(5) 사경(思經)

부처님께서 기수급고독원에 계실 때 여러 비구스님들께 말씀하였다.

"만일 일부러 짓는 업이 있으면 나는 반드시 그 갚음을 받되, 현세에서나 후세에서 받는다고 말한다. 몸과 입과 뜻으로 지은 10선업은 즐거운 과보가 되고, 10악업은 괴로운 과보가 된다.

산목숨을 죽여 그 고기와 피를 마시는 자는 중생 내지 곤충까지도 사랑하지 않고, 주지 않는 것을 취하는 사람은 가난의 과보를 받으며 부모·형제·자매·친척의 보호를 받으면서, 남의 부녀를 사음하는 자는 부정, 불화의 고통을 당하게 된다.

알면서도 모른다고 하거나 모르면서도 안다고 하고, 보지 못한 것을 보았다 하고, 본 것을 못보았다 하는 것이 거짓말인데 이것은 신용을 잃는 과보이고, 여기서 듣고 저기 옮기고 저기서 듣고 여기로 옮겨, 이간과 당파를 구성하는 사람은 파화합의 과보를 받고, 추악하고 거슬리고 선하지 않는 말을 하는 사람은 비방의 과보를 얻고, 때 아닌 때 진실치 않는 말, 뜻에 없는 말, 법답지 못한 말, 헛되게 칭찬하고 꾸짖고 어긋나게 말하는 사람은, 꾸미는 말의 과보를 받게 된다.

그리고 남의 재물을 탐하고 기구를 엿보고, 소득을 버리는 사람은 탐욕의 과보를 받고, 남을 미워하고 성내는 사람은 성냄의 과보를 받고, 삿된 소견으로 인과를 불신하는 사람은 어리석음의 과보를 받는다.

그러므로 거룩한 제자들은 악업을 닫고 선업을 닦아 몸과 입과 뜻으로 계덕(戒德)을 닦고 정진 노력하여 1방으로부터 4방 시방세계에 이르기까지 그 청정한 모습이 들어나 행위가 깊은 자는 차례에 따라, 아나함·수다함·사다함·아라한의 과보를 받도록 하여야 할 것이다.

〈중아함경 제3권, 2. 업상응품 사경〉

(6) 가람경(伽藍經)

부처님께서 카알라아마국(伽藍國) 코오사푸타(羈舍子)촌 싱사파(尸娑愁) 동산에 계실 때, 그 나라 사람들이 부처님께서 그곳에 와 계신다는 말을 듣고, 다투어 와서 예배 공양하고 법문을 들은 뒤 물었다.

"어떤 사문·바라문들은 자기 스스로 아는 바와 본 것을 믿고 자랑하고, 남이 아는 것과 본 것에 대해서는 헐뜯고 있는데, 부처님께서는 어떻게 생각하십니까?"

"바른 견해가 있는 것은 옳고 바른 견해가 없는 것은 옳지 않다. 그러나 여러분이 그와 같은 것을 판단하지 못하는 것은 바른 견해가 없기 때문이다. 그러면 바른 견해란 무엇인가. 좋은 일을 하면 좋은 결과가 나고, 나쁜 일을 하면 나쁜 결과가 난다는 것이다. 악을 짓고도 책임없는 말을 하면 그것은 바른 견해가 아니고, 선한 일을 한 사람들을 헐뜯는 것도 바른 견해가 아니다. 많이 아는 성자의 제자들은 마음에 성냄도 없고 다툼도 없는 것이니 지극히 넓고 매우 크고 한량없이 잘 닦아 일체 세간에 두루 차 있기 때문이다.

〈중아함경 제3권, 2. 업상응품 가람경〉

(7) 가미니경(伽彌尼經)

부처님께서 나알란다아(那難陀)국 파아바아리카아(墻村捺) 동산에 계실 때 아사라천(阿私羅王)의 아들 가아미니(伽業尼)가 모든 모양이 단정하게 생겼었는데, 이른 아침에 부처님께 나아가 물었다.

"바라문들은 하늘을 섬기면서 약간의 잘한 일을 가지고 스스로 잘난 척 하면서,자신들에 의해 하늘나라에 갈 수 있다고 하고 있습니다. 중생들이 목숨이 마친 뒤 좋은 곳에 가라는 법이 없겠습니까?"

"내 네게 묻겠노니, 네 마을에 어떤 남녀가 게을러 일을 하지 않고 있으면서 열 가지 나쁜 업으로 여러 사람을 괴롭게 한다면, 그가 천상에 가서 날 수 있겠느냐?"

"없겠습니다."

"그렇다. 그것은 깊은 호수 속에 무거운 돌을 던져놓고 돌아 나오너라고 기도한다고 해서 그 돌이 나올 수 있는 것이 아닌 것과 같다. 반대로 10선을 행해 자신과 세상을 복되게 한다면, 기름 항아리를 물 속에 던지면 항아리는 깨져 물 속에 가라앉을지라도 기름은 물 위에 뜨는 것과 같이, 선한 사람은 빌지 아니하여도 저절로 천상에 오르게 될 것이니라."

〈중아함경 3권, 2. 업상응품 가미니경〉

중아함경 제4권

(8) 사자경(師子經)

부처님께서 바이샤알리(鞞舍利) 미후강변 높은 정각에 계실 때, 릿차비(濃掣) 사람들이 강당에 모여 3보를 찬탄하고 니간타의 제자 사자(師子)도 같이 자리하자 그의 스승들이 고오타마는 불가작(不可作)을 종본(宗本)으로 설법하니 가서는 안된다고 하였다.

이에 의심이 생긴 사자는 스승들의 말림에도 불구하고 다른 사람들과 함께 가서 물었다.

"부처님. 부처님은 불가작을 종본으로 하고 불가작으로 교육하십니까?"

"그렇다. 가작(可作)·단멸(斷滅)·가오(可惡)·법률(法律)·고행(苦行)·불입태(不入胎) 등을 종본으로 하여 설법하는데, 나쁜 일을 해서는 안되므로 불가작이고, 끊어야 하므로 단멸이고, 착한 일을 해야 하므로 가작(可作)이며, 악한 일을 미워해야 하므로 가오(可惡)이고, 병들고 죽는 것도 미워해야 하므로 가오이다. 탐욕과 불륜을 끊게 하기 위해서 계율을 만들었으므로 법률이고, 고행은 성도(聖道)가 아니므로 고행이고 태에 들면 생사에 윤회하므로 입태하지 않는 법을 가르치므로 불입태이다.

생각해 보라. 어떤 사문 바라문은 옷을 입지 않고 나체로 걸어 다니고, 혹 나뭇잎으로 부끄러운 곳을 가리고 구슬로 옷을 삼고, 병이나 괴(槐)나무로 물을 쓰지 않고, 칼이나 몽둥이로 노략질한 밥을 받지 않고, 칭찬한 밥도 받지 않고 아기밴 집 밥과 개 기르는 집 밥, 파리가 있는 집 밥은 먹지 않고, 두 사람 사이에 있는 중간 밥도 먹지 않고, 물고기·짐승·술·나쁜 물을 마시지 않고, 또 어떤 이는 한 입, 두 입 내지 일곱 입으로 끝내기도 하고, 하루 한 끼, 열흘에 한 끼, 보름 한 달에 한 끼로써 족한 사람도 있으며, 나물·띠뿌리·돌피·메기장·보리껍질·닷돌라 밥·거친 밥을 받아 일이 없는 곳에 가서 먹고, 혹은 나무뿌리·열매, 저절로 떨어진 과일을 먹으며, 털옷·둣사옷·가죽옷, 전부 떨어진 가죽옷을 입고, 흐트러진 머리털을 가지거나 땋은 머리를 가지며, 어떤 사람은 수염을 깎기도 하고 머리털을 뽑기도 하며, 혹은 머물러 서서 앉기를 끊고, 주저 앉은 걸음도 하고, 가시밭길을 걷고 누워 평상을 삼기도 하고, 과일밭으로 평상을 삼기도 하며, 종일 물을 긷고 불을 섬기고, 해와 달 존우대덕(尊佑大德)을 섬기며, 온갖 고행을 하지만 그것이 큰 도와 무슨 상관이 있겠느냐. 혹 그런 것을 통해, 신비한 힘을 얻고 신통력을 부린다 하더라도 생사와는 관계가 없으며, 결국에는 윤회를 벗어날 수 없다.

그러므로 다시 태어나지 않으려면 어떠한 업도 짓지 않는 것이 상책이니 그것이 곧 어머니의 태에 들지 않는 불입태인 것이다."

"부처님 저는 진실로 무지하여 그런 것을 통해서, 신비를 얻고 복덕을 얻기 바랐으니, 얼마나 어리석은 짓을 했는지 알 수 없습니다. 오늘부터 3보에 귀의하여 변하지 않는 우파아사카가 되겠습니다."

〈중아함경 제4권, 2. 업상응품 사자경〉

(9) 니건경(尼乾經)

부처님께서 삭케수국 천읍성(天邑城)에서 비구들께 설하였다.

"모든 니간타들은 사람이 받는 바는, 모두 본래 지은 것으로 인하기 때문에 고행을 통해 그것을 없애면 새 업을 짓지 아니하므로 그 고통이 끝나게 된다고 말한다. 그렇다면 그들에게는 다섯 가지 문제가 있다.

첫째, 전생에 모두 악업만 지었다는 말인가.

둘째, 모든 고통이 모임에 있다면, 전생의 모임은 모두가 고통 덩어리였다는 말인가.

셋째, 그 고통이 생을 위한 것이었다고 하는데, 그렇다면 지금 짓고 받는 것도 마찬가지 아닌가.

넷째, 그 고통이 모두 소견에 의한 것이었다고 하는데, 그렇다면 전생의 모든 소견은 악소멸이었다는 말인가.

다섯째, 이 세상의 모든 고락은 존우의 지음이라 하는데, 그렇다면 인간은 어떤 일을 하더라도 소용이 없다는 말 아닌가.

내가 깨달은 법은 과거에서 선한 것도 있고 악한 것도 있었다. 그러나 지금에 와서 그 악을 깨닫고 선행을 하면, 악업은 소멸되고 선업은 증장되어, 차차 괴로움이 다해 즐거움을 형성하는 것이, 바람둥이 여인이 여러 남자를 상대하는 것을 보고 다시 그 여자를 생각하지 않음으로써, 마음에 평정을 얻은 것과 같다.

그러므로 누구나 탐욕이 있는 자는 조용히 멀리 떠나 산이나 나무 밑이나, 고요한 곳에 니사단을 깔고 가부좌를 맺고 몸과 마음을 바로 세워, 삐뚤어짐이 없이 하여 4선·8정도 순서로 닦으라. 초선·2선·3선·4선, 이렇게 하여 마음이 안정되면 거기서 누진지통(漏盡智通)을 얻어 해탈하게 되는 것이다.

그래서 여래는 다섯 가지 묘를 얻었다.

첫째, 중생들은 본래 지은 업을 따라 고·락·성·쇠의 과보를 받지만, 여래는 본묘(本妙)의 업을 따라 번뇌가 없는 즐거움을 맛본다.

둘째, 중생은 모임을 통해서 고행을 즐기지만, 여래는 번뇌가 없으므로 즐거움과 고요함도 그치고 쉬어 즐거운 감각을 얻는다.

셋째, 중생은 고행을 통해서 생명을 유지해 가지만, 여래는 본묘를 통해 즐거운 감각을 얻는다.

넷째, 중생은 잡된 소견을 따라 번민하지만, 여래는 본묘를 따라 바른 소견을 가진다.

다섯째, 존우의 지음으로 자유가 있지만, 여래가 그대로 존우이므로 대자유를 누린다.

중생은 음욕과 성냄, 수면·들뜸·의혹에 묶여 괴로움이 생기지만, 여래는 이 다섯 가지를 없앰으로써, 모든 걱정과 괴로움에서 벗어나게 된 것이다. 그러므로 그대들도 8정도의 바른 길을 통해 선지견을 얻어야 할 것이다."

〈중아함경 제4권, 2. 업상응품 니건경〉

(10) 파라뢰경(波羅牢經)

부처님께서 코올리예수(拘麗瘦)국 북촌 싱사파 동산에 계실 때 파아탈리야 가야미니(波羅牢伽彌尼)가 멀리 숲 속에 계신 금산(金山)과 같은 부처님을 뵙고

"사문 고오타마께서는 '환(幻)을 환으로 안 환인(幻人)이다'고 하시는데 사실입니까?"

"그대는 코올리예수국 군사를 알고 있는가?"

"알고 있습니다. 그들은 사자를 통하여 살인자·도적을 죽이는 무계(無戒)한 자들입니다."

"그렇다. 죄악을 책벌함으로써 사회의 안정을 얻는 자들이기 때문에, 환을 환으로 처리한 환인들이다. 그런데 그 환인들과 내가 같다는 말인가?"

"아닙니다. 잘못 이해한 것 같습니다. 참회합니다. 세존님께서는 죽일 자를 죽이지 않고도 세상을 평온하게 하시고, 도둑질하는 자, 사음하는 자가 생기기 이전에 그 법을 범하지 않도록 가르치는 성현입니다."

"그래 세상 사람들이 잘려진 머리를 보고, 버려진 몸통을 보고 죄를 짓지 않아야 된다고 해서야 되겠는가. 그러므로 성제자들은 세상사람들에 대하여, 자(慈)·비(悲)·희(喜)·사(捨)의 4무량심을 가지고 중생들을 보살피고 있는 것이다."

파아탈리야 가야미니는 이 법을 듣고 티끌과 때를 멀리 여의고, 모든 법에 대한 깨끗한 눈이 생겨, 법을 보고 얻고 희고 깨끗한 법을 증득하게 되었다.

〈중아함경 제4권, 2. 업상응품 파라리경〉

중아함경 제5권

3. 사리자상응품(舍利子相應品)

(1) 등심경(等心經)

부처님께서 슈라아바스티이 기수급고독원에 계실 때 존자 샤아리푸트라가 내결(內結)과 외결(外結)에 대한 설법을 하고 있었다.

"내결은 아나함으로써 이 세간에 돌아오지 않는 것을 말하고, 외결은 돌아오는 것을 말한다. 만일 어떤 사람이 금계를 닦아 익히어 뚫어짐도 없고 이그러짐도 없으며, 더러움도 흐림도 없고 아주 어려움이 없어서, 성인의 칭찬을 받고 잘 닦아 갖추어져 있으면, 탐욕을 끊고 싫어함으로써 마음을 쉬고 해탈을 얻고, 즐거움 속에서 사랑하고 아끼어 그것을 떠나지 못하므로, 마침내 구경의 지혜를 얻지 못해 몸이 무너지고 목숨이 끝나면, 단식천(摶食天)을 지나 여의생천(餘意生天)에 나게 된다. 이것이 내결이다.

외결은 어떤 사람이 금계를 닦아 익히고 종해탈(從解脫)을 지켜 보호하고, 위의와 예절을 잘 껴잡고 털끗만한 죄를 보아도 항상 두려움을 품으며, 학문과 계를 받아가지면 이것이 외결이다."

그러므로 많은 등심천(等心天)들은 형상과 빛깔을 의젓이 환하게 하고, 날이 밝으려 할 때면 부처님께 나아가 이 일을 고백했기 때문에, 부처님은 대중 앞에 나아가 사리불을 칭찬하였던 것이다.

"샤아리푸트라여, 등심천들은 10~60여 명이 송곳 끝 같은 곳에서 해방되어 살면서도, 서로 방해되지 않고 항상 적정하게 살기 때문이다."

〈중아함경 제5권, 3. 사리자상응품 등심경〉

(2) 성취계경(成就戒經)

"만일 비구로써 3학을 성취하고 상지멸정(想知滅定)에 드나들고, 만일 현세에서 구경의 지혜를 얻지 못한 까닭에 죽은 뒤 단식천을 거쳐 여의생천에 난다."

고 하는 샤아리푸트라의 말을 듣고 우다아이(烏陀夷)가 "그럴 수 없다"고 하였다.

이에 부처님께서 우다이에게 물었다.

"우다이여, 네가 말하는 여의생전은 색(色)이라고 생각하는가?"

"예. 그렇습니다."

"너는 미련한 사람이다. 장님으로써 눈이 없구나."

하고 옆에 있는 아난다에게 꾸짖었다.

"명망 있는 높은 장로 비구가 남의 힐난을 받는 데도 너는 왜 버려두고 단속하지 않느냐. 이는 높은 장로를 저버린 것이다."

그 후 세존은 선실에 들어갔는데 오후에 나오자 우파바아나가 물었다.

"세존이시여, 장로 비구가 5법이 있으면 모든 범행자의 애경과 존중을 받을 수 있습니까?"

"그렇다. 첫째, 장로 비구가 금계를 받아 익히고 해탈을 지켜 보호하며, 또 위의와 예절을 잘 껴잡고, 털끝만한 죄를 보아도 항상 두려움을 품고 학문과 계행을 받아가지면 범행자들의 애경과 존중을 받는다.

둘째, 장로 비구가 널리 배우고 많이 들어 그것을 가서 잊지 않으며, 쌓고 모으고 널리 듣고 처음과 중간과 끝이 좋고, 뜻도 문채도 구족하며, 청정하고 범행을 드날리게 되면 범행자의 존경을 받는다.

셋째, 장로 비구가 4증상심을 얻고 즐겁게 살아가면, 이는 선사(禪思) 장로의 사랑을 받는다.

넷째, 장로 비구가 지혜를 닦아 행해 흥하고 쇠하는 법을 관찰하고, 이러한 지혜와 거룩한 슬기와 밝은 통달을 얻어 바로 고통을 다하면 사랑을 받는다.

다섯째, 장로 비구가 모든 누(漏)가 이미 다하여 다시 맺힘이 없고 마음이 해탈하고, 생이 이미 다하고 범행이 이미 서고 할 일을 마쳐 다시는 후세의 목숨을 받지 아니하면, 이는 범행자로써 사랑을 받을 수 있다.

우파바아나야 샤아리푸트라 비구는 널리 배우고 많이 듣고 지켜 가져 잊지 않으며, 쌓고 모으고 처음부터 끝까지 문채를 구족하고 행도 청정하다. 그러므로 마음에 생각하는 바른 진리를 보고 깊이 통달하였다."

〈중아함경 제5권, 3. 사리자상응품 성취계경〉

(3) 지경(智經)

그때 모올리야팍구나(牟利破那瓔) 비구가 계를 버리고 도를 그만 두었다. 흑치(黑齒) 비구가 이 사실을 샤아리푸트라에게 알리면서 물었다.

"샤아리푸트라여, 당신은 불법에 대하여 의심이 있습니까?"

"나는 이 법에 대하여 아무런 의혹도 망설임도 없다."

흑치 비구가 부처님께 나아가

"샤아리푸트라는 스스로 지혜를 얻고 생이 이미 다했으며, 범행이 서고 할일을 마쳐 다시는 생을 받지 않는다고 말했습니다."

"너는 가서 샤아리푸트라를 오라고 하라."

샤아리푸트라가 오자 부처님께서 물었다.

"너는 이렇게 말한 일이 있느냐?"

"그런 말을 하지 않았고 다만 그러한 뜻을 말했을 뿐입니다."

"만일 어떤 사람이 그대에게 와서 생의 인은 무엇이고, 생의 멸은 무엇인가를 묻는다면 그대는 어떻게 대답하겠는가."

"유(有)를 인연으로 한다고 답하겠습니다."

"그렇다. 생은 유를 인연하고 유는 수(受), 수는 애(愛)를 인연으로 한다. 만일 어떤 사람이 와서 그대는 어떻게 하여 그 3각 관계에 애착이 없는가를 물으면 무엇이라 대답하겠는가."

"3각은 무상하고 괴로운 법이고 멸법이기 때문에 집착이 없으나, 그것은 그렇게 확실히 안 뒤에는 도리어 그를 보고 즐긴다고 하겠습니다."

"그렇다. 감각과 행은 괴로움이다. 그런데 범행이 이미 섰을 때는 어떠한가?"

"안으로 이미 등져 밖을 향하지 않으므로 모든 애욕은 다하고, 놀람도 두려움도 없고 의심도 미혹도 없습니다. 그와 같이 수호한 뒤에는 선하지 않는 누(漏)를 내지 않습니다."

"착하고 착하다. 실로 맺음(結)은 사문이 말한 바가 아니다."

흑치 비구는 그 뒤에도 샤아리푸트라가 한 말을 꼬치꼬치 부처님께 일러 바쳤으나 부처님은

"네가 천만 번 듣더라도 샤아리푸트라는 두 가지 말을 하지 아니할 것이니, 바로 그 법을 배워야 한다."

〈중아함경 제5권, 3. 사리자상응품 지경〉

(4) 사자후경(獅子吼經)

샤아리푸트라가 슈라아바스티에서 여름 안거를 마치고, 옷을 기운 뒤 발우를 가지고 부처님께 나아가, 머리를 조아려 부처님 발에 절하고 물러나 사뢰었다.

"세존이시여, 저는 슈라아바스티국에서 여름 안거를 마쳤습니다. 이제 세상에 나아가 행각코자 하나이다."

"그래 알아서 하라. 아직 제도되지 못한 자를 제도하고, 해탈하지 못한 자를 해탈케 하고, 반열반을 얻지 못한 사람들을 반열반에 들게 하라."

그는 자기 방에 들어가 평상과 자리를 거두고, 옷을 단속하고 발우을 가지고 세상에 나아가 행락하였다. 그때 한 범행자가 상위법(相違法)을 범하고 세존께 여쭈었다.

"오늘 샤아리푸트라는 나를 업신여긴 뒤 세상으로 떠났습니다."

"그를 이리로 오라 하라."

범행자가 샤아리푸트라를 데리러 간 뒤 부처님 뒤에서 총체를 가지고 있던 아난이 각 방의 열쇄를 가지고 여러 방을 돌면서 대중스님들께 아뢰었다.

"조금 있다가 샤아리푸트라가 대인법을 설할 것이니, 그것은 매우 깊고 묘한 것이다. 다같이 강당에 모여 법문을 듣도록 하자."

샤아리푸트라가 오자 세존께서 물었다.

"그대가 상위법을 어기고 세상에 유행코자 하였는가?"

"세존이시여, 저는 이미 신신념(身身念)이 확고부동하여, 마치 두 손을 잘린 찬다알라쿠마아라(栴陀羅子)처럼, 천촌만읍을 노닌다 할지라도 가져갈 것이 없나이다. 맺음도 원한도 성냄도 다툼도 없어, 지극히 넓고 매우 크고 한량없이 잘 닦아, 일체 세간에 두루하여 원만히 노닐게 되었습니다. 마치 땅이 대소변과 침, 가래·눈물을 받아도 미움과 사랑이 있지 않는 것과 같이, 저의 마음에는 더럽고 깨끗하고 부끄럽고 창피스러운 것이 없습니다."

그때 그 비구가 자리에서 일어나 뉘우쳤다.

"세존이시여, 스스로 고백하나이다. 저는 바보 같고 미친사람, 정신이 돈 사람 같습니다. 괜히 청정한 사람을 허망한 말로 비방하였기 때문입니다."

그때 부처님께서 샤아리푸트라에게 말씀하였다.

"너는 빨리 저 어리석은 사람의 허물을 뉘우침을 받아들여 네 앞에서 머리가 일곱 조각나지 않게 하라."

샤아리푸트라는 부처님 말씀대로 하여, 뉘우친 자를 크게 깨닫게 하고 모든 대중을 기쁘게 하였다.

〈중아함경 제5권, 3. 사리자상응품 사자후경〉

(5) 수유경(水喩經)

부처님께서 승림 급고독원에 계실 때, 샤아리푸트라가 여러 비구들에게 번뇌를 없애는, 다섯 가지 법에 대하여 설명하였다.

"첫째, 어떤 사람은 신행은 깨끗하지 않는데 언행은 깨끗하여, 만일 지혜인이라면 그것을 보고도 화내서는 안된다.

둘째, 어떤 사람은 신행은 깨끗하면서도 언행이 깨끗지 않다. 만일 지혜인이라면 그것을 보고도 화내서는 안된다.

셋째, 어떤 사람은 신행도 언행도 깨끗하지 않다. 만일 지혜인이라면 그것을 보고도 화내서는 안된다.

넷째, 어떤 사람은 신・구・의 3업이 다 깨끗하지 않다. 만일 지혜인이라면 그것을 보고도 화내서는 안된다.

다섯째, 어떤 사람은 3업이 다 깨끗하다 하더라도 그것을 보고 화내지 않는다.

마치 이것은 아란냐카 비구가 분소의를 장만하는 것과 같다. 대소변 침・고름 따위로 더럽혀진 헝겊을 주워 모아 깨끗이 빨고 세탁하여, 조각조각 아름다운 분소의를 만들 듯 말이다. 또 마치 소발자국 속에 고인 물을 손이나 나뭇잎으로 뜨지 않고 입으로 가만히 대어 목마름을 쉬게 하던 차에 들 가운데 푸른 연못이 온 세계를 시원하게 하듯 하라. 이것이 다섯 가지 번뇌를 없애는 법이다."

〈중아함경 제5권, 3. 사리자상응품 수유경〉

중아함경 제6권

(6) 구니사경(瞿尼師經)

왕사성 칼란다카 동산의 무사실(無事室) 비구 굴릿사아니(瞿尼師)가, 라아자그리하에 와, 그 경망스럽고 시시대고 웃으면서, 교만스럽게 뽐내고 방정맞게 까불자, 샤아리푸트라가 비구들에게 말했다.

"일없는 비구가 되려면 마땅히 공경토록 수순하여 관찰해야 한다. 시시대고 웃지 않고 축생이야기와 거만함이 없어야 하고, 모든 근을 보호하고 먹기에 만족할 줄 알며, 정진하고 바른 생각 바른 지혜를 가지며, 때를 알고 또한 좋은 앉음을 알며, 율과 아비담을 의논할 줄 알고, 안식과 해탈을 말할 줄 알며 누진통에 대해서 의논할 줄 알아야 한다."

〈중아함경 제6권, 3. 사리자상응품 구니사경〉

(7) 범지타연경(梵志陀然經)

슈라아바스티이에서 여름안거를 난 샤아리푸트라가, 라아자그리하에서 온 한 비구에게 옛 친구 다아난자니(陀然)가 불법을 가까이 하지 않고, 정진도 하지 않으며 금계를 범하고, 거사 바라문들을 속이고, 그들의 힘을 빌려 왕을 속이고 있다는 말을 듣고, 즉시 라아자그리하에 와서 그의 집을 찾아갔다. 다아난자니는 자기 집 우물가에 서서 백성들을 괴롭히고 있다가, 샤아리푸트라가 멀리서 오는 것을 보고 기쁘게 맞아 자리에 앉히고, 금조관(金藻灌)을 권했으나 샤아리푸트라는 먹지 않고 말했다.

"내 들으니 자네가 마음이 변절되어, 겉으로 불법을 믿는 척하면서도 불법을 듣지 않고, 왕을 속인다고 하는데 사실인가?"

"그것은 부모·처자·권속을 살리기 위한 방편입니다."

"부모 처자를 위해 악을 짓고 악도에 들어가 염라대왕의 재판을 받게 된다면, 그 장소에서도 그 같은 변명이 통해지겠는가?"

"그렇지 않습니다."

"그렇다면 어찌하여 그런 짓을 할 수 있는가?"

"그동안 나는 단정이라는 한 대인을 얻어 거기 반해, 일이 그 지경에까지 되고 말았는데, 오늘부터 그를 단념하고 바른 마음으로, 불법을 믿고 부모를 섬기고 형제간에 의리를 지키도록 하겠습니다."

"좋다. 친구여, 나는 그대를 믿노라."

하고 떠났다. 그런데 그 뒤 남산촌 샤아리푸트라는 싱사파숲에 들어가 공부하고 있었는데, 라아자그리하에서 온 한 비구가 다아난자니가 병들어 죽게 되어 있다는 소문을 전했다. 샤아리푸트라는 즉시 칼란다카 동산으로 옮겨 밤을 새고 이튿날 찾아갔다. 평상에 누워 제대로 일어나지도 못하는 친구가, 일어나려고 몸부림치면서 반가이 맞았다.

"병은 좀 어떤가?"

"지극히 고달프고 음식이 먹히지 않습니다. 머리가 칼로 쪼개는 것처럼 아픕니다."

"그대는 지옥과 아귀를 생각해 보았는가?"

"지옥보다는 아귀가 낫고, 아귀보다는 축생이 나으며, 축생보다는 인간이 낫습니다."

"33천은 어떤가?"

"사람보다는 4왕천이 낫고, 4왕천보다는 33천이 나으며, 야마천·도솔천·화락천·타화락천으로 갈수록 좋다고 생각합니다."

"그렇다. 타화락천 보다는 범천이 훨씬 낫다. 우리 부처님께서 말씀하시기를 마음이 청정한 사람은 범천에 태어난다 하였는데, 자네는 그동안 병 중에서 참회의 생활을 통해 그 마음이 검소하고 청정해졌으니, 반드시 범천에 태어나는 것은 어김이 없을 것이다. 그러니 그 마음을 내 자신을 어여삐 여기듯이 자·비·희·사의 마음이 동서 남북 사유 상하에 꽉 차도록 하라."

이렇게 교화하고 돌아왔는데 다아난자니는 그의 가르침을 받고, 환희 용약하여 정진하다가 마침내 범천에 태어났다.

이 말씀을 들은 부처님은

"샤아리푸트라야말로 총명한 슬기, 빠른 슬기, 민첩한 슬기, 번뇌를 떠난 슬기, 예리한 슬기, 넓은 슬기, 깊은 슬기, 밝게 통달한 슬기, 변재의 슬기를 갖춘 사람이다."

고 칭찬하고 그가 오니

"왜 범천 이상을 가르치지 아니했느냐?"

이에 샤아리푸트라는

"그가 범천에 대한 집착을 가지고 범천을 위했던 사람이므로 거기서 그쳤습니다."

〈중아함경 제6권, 3. 사리자상응품 범지타연경〉

(8) 교화병경(敎化病經)

급고독 장자가 병이 나 위독하게 되자, 심부름꾼을 시켜 부처님께 문안하고 다시 샤아리푸트라에게 알려 나에게 좀 와 달라고 부탁하였다.

사자가 부처님께 나아가 문안하자 부처님께서는

"장자 급고독이 안온하고 쾌락하며 인천・아수라・건다르바・나찰의 보호를 받으리라."

고 위안하셨다. 이에 샤아리푸트라에게 나아가

"장자 급고독이 지극한 마음으로 샤아리푸트라를 뵙고자 합니다."

고 하니 샤아리푸트라는 마음 속에 깊이 새기고 있다가 이튿날 아침 장자에게 나아가니, 평상에 누워있던 장자가 멀리 오는 샤아리푸트라를 보고 일어서려 하였다. 샤아리푸트라는 즉시 만류하고 문안한 뒤

"걱정하지 말라. 어리석은 범부라면 걱정될게 있지만, 장자께서는 깊은 믿음 속에 수다원과를 얻었고, 또 계를 잘 지켜 악을 징계하였으며, 많이 듣고 간탐을 없이 하고, 끝없는 보시를 베풀었으며, 바른 소견에 의해 사악을 물리치고, 이미 몸과 마음에 해탈을 얻었으니 걱정할 게 없다. 밝은 지혜로 내 가는 길을

훤히 비쳐 사다함·아나함을 즉시 성취할 수 있을 것이니 걱정하지 말라."

이 말을 들은 급고독 장자는 즉시 자리에서 일어나 옛 이야기를 하였다.

"내가 옛날 작은 일이 있어 라아자그리하에 갔는데, 내가 묵은 집에서 많은 음식을 장만하여 한없이 쌓아 놓았으므로 물었습니다.

'무슨 음식을 그렇게 많이 장만하십니까?'

'부처님과 그의 제자들을 공양코자 합니다.'

그때 당시로는 부처님이란 이름을 처음 들었기 때문에 눈이 번쩍 뜨이고 가슴이 두근거리면서

'진짜 부처님이 이 세상에 태어나 계신단 말이요?'

하고 물으니

'석가족 출신의 부처님께서 1,250명 제자를 거느리고 계십니다.'

하며 밤중에 방문코자 하니

'이미 밤이 늦어 뵙기 어려우니 내일 아침 일찍 뵙도록 하십시오.'

하여 성식문(城息門)을 나섰는데 하늘에서 밀기(蜜器)라는 천인이 노래 불렀다.

백마천신(百馬千臣)에 여자도 있고 백 수레에 보배 가득 채웠어도
부처님께 나아가는 한 걸음 그의 16분의 1
백상(白象)에 금은 안장 채우고 백희여인(百姬女人) 거느렸어도
부처님께 나아가는 한 걸음 그의 16분의 1
전륜성왕이 옥녀보도 이를 미치지는 못하리라.

부처님은 그때 선실에서 일어나 경행하고 계셨는데 마치 그 모습이 뭇별들 가운데 달, 금산과 같았고 모든 근(根)이 고요히 안정되어 장애가 없었습니다. 내가 엎드려 발에 절하며,

'지극히 평온하고 안락하신 세존이시여, 안녕히 주무셨습니까. 멸도에 든 바라문처럼 욕심에 물들지 않고, 온갖 욕망 여의고 지극히 일없이 평온해 보입니다.'

고 하니 부처님께서는 즉시 그 자리에 이시이다나를 깔고 가부좌를 맺고 앉으며 설법하였습니다.

'수행을 사랑하고 어여삐 여기는 좋은 인연을 만났으니, 장차 이로인해 좁쌀 알 같은 중생을 제도하리로다.'

저는 거기서 법문을 듣고 즉시 마음의 눈이 열려 3보께 귀의하였습니다. 그리고

'저희 고향에도 꼭 오셔서 법문을 해주십시오.'

부탁드리니

'대중처소가 있어야 하는데.'

하시므로

'제가 원하시는 바 대로 준비하겠습니다.'

하여 그때 좌조(佐助)로써 샤아리푸트라는 보내신 게 아닙니까. 그래서 존자와 저는 집에도 들어가지 않고 바로 승동자(勝童子)의 산에 가서 자리를 정하고, 억억금을 승동자에게 주니 그 또한 감동하여 그 돈과 숲을 내놓아, 오늘날의 기수급고독원이 지어지게 된 게 아닙니까. 16곳의 큰 집과 60개의 방사, 상상만 하여도 환희 용약할 지경입니다. 그때 샤아리푸트라는 그 큰일을 맡아 감독하시고, 장차 부처님을 초청하여 사위성에 불교를 일으키게 한 장본인인데, 오늘 또 나에게 병상의 설법을 하여 나의 병을 없애주시니 참으로 고맙습니다."

하고 공양을 대접하였다.

〈중아함경 제6권, 3. 사리자상응품 교화병경〉

중아함경 제7권

(9) 대구치라경(大拘絺羅經)

부처님께서 라아자그리하에 계실 때 샤아리푸트라가, 해질 무렵 연좌에서 일

어나 존자 마하아코옷티라(大拘絺羅)를 찾아가 물었다.

"어떤 일을 행하면 비구의 소견을 성취하여 바른 소견을 얻고, 불괴정(不壞淨)을 얻어, 바른 법에 들어갈 수 있는가?"

"선 불선근을 알아 신·구·의 3업에, 탐·진·치 3독을 일으키지 아니하면, 불괴정을 얻을 수 있습니다. 또 음식의 참뜻과 원인, 멸도함을 아는 것이니, ① 단식(摶食 ; 맛나고 거칠고), ② 갱락(更樂), ③ 의사(意思), ④ 식식(識食)입니다. 그리고 누(漏)의 참뜻과 괴로움의 참뜻, 수(受)·애(愛)·낙(樂), 6근·6경·6식··18처·12인연·4제의 일들을 참되게 알면 불괴정을 얻을 수 있습니다."

"참으로 잘 알았도다. 마하아코옷티라여."

〈중아함경 제7권, 3. 사리자상응품 대구치라경〉

(10) 상적유경(象跡喩經)

부처님께서 슈라아바스티이에 계실 때 존자 샤아리푸트라가 여러 비구 스님들께 말했다.

"이 세상 온갖 선법 가운데는 사성제법(四聖諦法)을 능가할 것이 없다. 모든 법이 마치 큰 코끼리 발자국과 같아 모든 발자국이 그 속에 들어가듯 일체의 선법이 그 속에 포섭되기 때문이다.

그러면 그 4성제란 어떤 것인가.

첫째, 고성제(苦聖諦)이니 나고 늙고 병들고 죽는 것이 괴로움이고, 사랑과 이별하고 5음(色·受·想·行·識)이 치성하고, 구해도 얻지 못하고 원수가 한데 모여 사는 고통을 말한다.

둘째, 집성제(集聖諦)이니 고성제의 원인으로 탐(貪)·진(瞋)·치(痴)·만(慢)·의(疑)의 5번(煩)과, 신(身)·변(邊)·사(邪)·견취(見取)·계금취(戒禁取) 등 5견(見)이 그것이다.

셋째, 멸성제(滅聖諦)는 열반이고

넷째, 도성제(道聖諦)는 견(見)·사(思)·어(語)·업(業)·진(進)·명(命)·염(念)·정(定)의 8정도이다.

인과 연은 이들 4성제를 끊임없이 돌고 돌게 하다가, 마침내 정견에 의해 깨달음을 얻고 끝이게 되므로, '연기를 보는 자는 법을 보고, 법을 보는 자는 연기를 본다'고 한 것이다."

〈중아함경 제7권, 3. 사리자상응품 상적유경〉

(11) 분별성제경(分別聖諦經)

부처님께서 기수급고독원에 계실 때 4성제에 대하여

"이것은 정행설법(正行說法)이니 널리 깨닫고 두루 관찰 분별하고, 드러내며 믿음을 열고 시설하며 나타내 보이고 나아가게 하라. 과거의 모든 여래들도 이 4성제를 통하였고, 미래 모든 부처님들도 마찬가지다. 샤아리푸트라는 생모와 같고 모옥갈라아나는 양모와 같아, 모든 수행자들의 요익을 구하고 안온과 쾌락을 안겨준다."

부처님께서 이렇게 말씀하시고 향실로 들어가시니, 샤아리푸트라가 여러 비구들을 위해 4성제 이치를 널리 설명하였다.

〈중아함경 제7권, 3. 사리자상응품 분별성제경〉

중아함경 제8권

4. 미증유법품(未曾有法品)

(1) 미증유법경(未曾有法經)

부처님께서 기수급고독원에 계실 때 아난 존자가 연자에서 일어나 부처님께 여쭈었다.

"부처님께서는 우리들의 생각으로 헤아릴 수 없는 미증유법이 있습니다.

① 옛날 가섭부처님 처소에서 발심하여 범행을 행했고,

② 발심한 뒤에는 도솔천에 태어나 수명과 빛깔, 명예가 뛰어났으며,

③ 어머님의 뱃속에 들기 위해 도솔천서 하직하시고,

④ 어머니의 태에 계시면서 왼손 옆구리를 의지해 계셨다 하시며,

⑤ 태에서 태어날 때는 천지가 진동하고,

⑥ 태어나서는 4방으로 일곱 걸음을 걸으시며,

⑦ 천상천하 유아독존이라 외치셨다고 하며,

⑧ 하늘 음악과 하늘 꽃, 하늘 향이 가득하였고,

⑨ 춘경제에 나가 나무 밑에서 명상할 때 나무 그림자가 움직이지 않으며,

⑩ 바이샤알리이 대림 정사에서는 원숭이가 꿀 공양을 하고,

⑪ 밧지들 가운데 계실 때나 온천림 사알라아나무 밑에 있을 때, 역시 나무 그늘이 옮겨가지 않았으며,

⑫ 아아투마아신실(阿浮神室)에 계실 때는 뇌성벽력이 쳐서, 소 네 마리와 농부 두 사람이 죽었는 데도 전혀 모르고 앉아 계셨고,

⑬ 우루벨라아숲 나이란자나아하수 가에서 성불하셨으며,

⑭ 마왕을 항복받은 일, 저는 이 모든 일을 세존의 미증유법으로 알고 있습니다."

"아난다야. 나는 깨달음이 생기는 법을 알고 깨달음이 머무는 곳을 알며, 멸하는 것도 안다. 그런데 너는 나를 시봉하면서 그 같은 법을 미증유로 알고 있으니, 잘 받들어 가져라."

〈중아함경 제8권, 4. 미증유법품 미증유법경〉

(2) 시자경(侍子經)

부처님께서 라아자그라하에 계실 때 존자 콘온단나(拘隣者)・앗사지(阿攝貝)・밧디야(跋提釋迦王)・마하아나아마(摩訶男拘隷)・밥파(惒破)・야사(耶舍)・푼나

(邠耨)・비말나(維摩羅)・가방파티(伽梵破提)・수타야(須陀耶)・샤아리푸트라(舍梨子)・아니룻다(阿那律陀)・난디(難提)・캅피나(金毘羅)・레바타(隷婆哆)・마하아모옥갈라아나(大目犍連)・대가섭(大迦葉)・마하아코옷티라(大拘絺羅)・마하아춘다(大周那)・마하아캇차아야나(大迦栴延)・푼나가토사(邠耨加瓮鶩) 야사행주장노(耶舍行壽長老) 등 많은 대덕들이 부처님의 엽옥(葉屋) 가까이 있었다.

그때 세존께서 말씀하였다.

"나는 이제 쇠약해졌으니 시자를 한 사람 써야겠다. 너희들은 나를 위해 한 시자를 천거하여, 내가 해야 할 일과 해서는 안될 일을 보살피고, 내가 말하는 바를 받아 그 뜻을 잃지 않게 하라."

그때 코온단냐가 나서자

"너는 나이가 늙어 네 자신부터 살펴야겠다."

하시고 여러 장로들도 다같이 희망하였으나 모두 만류하시자, 마하아모옥갈라아나가 여기상정(如其像定)에 들어 아난다를 천거하자, 아난다가 세 가지 조건을 들었다.

첫째, 부처님의 새옷이나 헌옷을 입지 않고,

둘째, 따로 청한 부처님의 공양을 먹지 않으며,

셋째, 뵈올 때가 아니면 부처님을 뵈옵지 않는 것입니다.

이렇게 하여 시자로 천거되자 부처님은

"아난다는 타심지(他心智)는 아직 없으나 총명하여 나의 하는 일을 잘 알뿐만 아니라 비방을 미리 예방하였으니 좋다. 아난다는 25년 동안 욕심을 부리지 않고 나를 시봉해오면서 8만 법장을 구족하였다. 그러나 그는 뽐내는 일이 없고 이학・무학을 가리지 않고 마음을 평등이 썼다."

사실 아난다는

① 부처님의 법문은 많이 듣고 이해하였다.

② 어떤 손님을 어떻게 접대하고 어떤 시기에 맞추어, 부처님을 뵙게 하여야 한다는 것을 잘 알고 있었다.

③ 그 많은 손님들을 대하면서도 스스로 상을 내지 않고 뽐내지 않았다.

④ 부처님께서 앉고 눕고 자고 걷고 말씀하시고, 침묵하시고 움직이시고 그

냥 고요히 계시는 것을 잘 알고 있었다.

⑤ 부처님께서 입으시는 옷과 음식, 음료·침구 등을 잘 알고 있으며, 출입에 대한 것도 잘 알고 있었다.

⑥ 부처님께서 설법하실 때나 그냥 앉아 계실 때, 총채나 부채를 가지고 어떻게 시봉해야 한다는 것도 잘 알고 있었다.

그래서 부처님은 4부대중 앞에서 아난다를 칭찬했다.

① 마치 찰제리 전륜왕은 보고 듣기만 해도 기뻐하듯, 누구고 아난을 보고 그 말을 듣고 기뻐한다.

② 그는 대중을 위해 설법할 때는 지극한 마음으로 설법하기 때문에, 듣는 사람들이 싫증내지 않는다.

③ 아난다는 옛날 금강자의 지도를 받고 위없는 범행을 닦고, 스스로 알고 깨닫고 증득하여 생이 이미 다하고 범행이 섰으며, 할일을 이미 마쳐 다시는 속세의 명을 받지 않을 것이다.

이리하여 아난다는 부처님의 시봉을 25년 동안이나 하고, 마지막 법을 받을 때는 유통교해(流通教海) 아난 존자로 인식하게 되었다.

〈중아함경 제8권, 4. 미증유법품 사자경〉

(3) 박구라경(薄拘羅經)

박구라 존자가 칼란다카 동산에 있을 때 옛친구 이학(異學)이 와서 물었다.

"그대는 바른 법률에 출가해 공부한지 얼마나 되는가?"

"80년이 되었다. 그러나 그동안 나는 한 번도 욕상(欲想)을 내고, 분소의를 입고 걸식한 것을 후회한 일이 없으며, 사미를 기르지 않고 남을 위해 게송을 읊은 일이 없다. 또 그는 80년 동안 한 번도 병을 앓거나 약을 먹은 일이 없고, 80년 동안 한 번도 벽에 기대거나 나무에 기대지 않고, 3일 밤 동안에 삼달증(三達證)을 얻었으므로 갈 때도 가부좌를 맺고 앉아서 가리라."

고 하였다.

〈중아함경 제8권, 4. 미증유법품 박구라경〉

(4) 아수라경(阿修羅經)

부처님께서 베란자아(鞞蘭若) 황로원(黃蘆園)에 계실 때 파아라아다 아수라왕과 모리차 아수라 아들이 오자 물었다.

"큰 바다 가운데 아수라들은 쇠퇴하는 일이 없으리라."

"그렇습니다. 항상 바다 가운데서 즐겁게 삽니다. 저희들은 여덟 가지 미증유 속에서 생활합니다.

① 큰 바다가 위로 올라올수록 둘레가 점점 넓어져 고르고 편편하며, 위는 언덕이 되고 물은 항상 가득 차서 일찍이 흘러 가문 적이 없는 것이고,

② 조수가 일찍이 때를 어긴 일이 없으며,

③ 물이 깊어 끝이 없는 것이고,

④ 물이 짜서 모두가 향맛인 것이며,

⑤ 많은 보배(금 · 은 · 수정 · 유리 · 마니 · 진주 · 벽옥 · 백가 · 나벽 · 산호 · 호박 · 마노 · 독모 · 적석 · 선주 등)를 갈무리고 있고

⑥ 큰 신들(아수라 · 간답바 · 나찰 · 마갈 · 거북 · 악어 · 바류니 · 티이미 등)이 있으며,

⑦ 맑고 깨끗하여 송장을 받지 않는 것이고,

⑧ 5대하(강가 · 야무나 · 사부우 · 아치라바티이 · 마히이)가 이곳에 들어오기만 하면, 모든 이름을 잊어버리고 하나의 바다가 되기 때문입니다.

세존이시여, 저희들은 이 법 때문에 기뻐하나이다."

"우리 바른 법 안에는 여덟 가지가 있으니

① 점점 행이 길어지면 끊고 가르치는 것이고,

② 죽을 때까지 금계를 어기지 않는 것이며,

③ 불법이 깊어 그 깊이를 알 수 없는 것이고,

④ 욕심이 없어지면 깨침과 쉼의 맛, 도의 맛이 모두 하나가 되며,

⑤ 한량없이 귀하고 빛나는 4념처 · 4정근 · 4여의족 · 5근 · 5력 · 7각지 · 8정도

의 보물이 있고,

⑥ 수다원 · 사다함 · 아나함 · 아라한 등의 큰 신들이 있으며,

⑦ 어떠한 악도 받아들이지 않고,

⑧ 4성이 모두 한 불자가 되면, 과거의 바라문 · 찰제리 · 바이샤 · 수드라라는 계급차별이 모두 없어져 버리는 것이다."

"세존이시여, 우리의 8법과 불교의 8법이 꼭 일치하니 진실로 세상에는 생각으로 헤아릴 수 없는 미증유가 있습니다."

〈중아함경 제8권, 4. 미증유법품 아수라경〉

중아함경 제9권

(5) 지동경(地動經)

부처님께서 금강국 왈지성(曰地城)에 계실 때, 지진이 일어나자 큰 바람이 오고 혜성이 나타나 집과 벽이 무너졌다. 아난다가 두려워 떨며 물으니 부처님께서 말씀하였다.

"이 세상에는 세 가지 인연 때문에 지진이 일어난다.

첫째, 이 땅이 물위에 얹혀져 있고, 물은 바람 위에 얹혀져 있으며, 바람은 허공을 의지하여 존재하기 때문이다. 그러니까 바람이 불면 물이 흔들리고 물이 흔들리면 땅이 진동한다.

둘째, 비구에게는 큰 여의족과 위신력 자재력이 있다. 땅에서 조그마한 생각을 내면 물에서 한량없는 생각을 일으키듯, 마음 땅이 욕망을 따르면 뜻이 흔들려 천지를 진동하게 되는 것이다.

셋째, 여래께서 입멸하려 할 때는, 석달 전에 지진이 일어나는데 장차 내가

열반에 들고자 함이니라.

그래서 나는 4왕천으로부터 욕계 6천과 색계 색구경천까지 올라가서, 이와 같은 이치를 설하여 그들의 마음을 위안하는 것이다."

〈중아함경 제9권, 4. 미증유법품 지동경〉

(6) 첨파경(瞻波經)

부처님께서 첨파국 갠지스강가에 계셔 종해탈(從解脫)을 설하려 하시다가, 타심지를 하여 보니 부정관 비구가 있는 것을 보고, 설법하지 않자 모옥갈라아나가 여기상정(如其像定)에 들어 그 자를 찾아 쫓아내자

"나는 이제 다시는 종해탈을 설하지 아니할 것이니 그대들이 설하라."

하고 바다의 8대 불가사의를 불법의 8대 불가사의에 비유하여 설명하셨다.

〈중아함경 제9권, 4. 미증유법품 첨파경〉

(7·8) 욱가장자경(郁伽長者經)

부처님께서 바이샤알리이성 대림정사에 계실 때 욱가 장자가 기생들을 데리고 숲 속에서 놀다가, 부처님을 뵙고 발심하여 3귀 5계를 받고 자신의 부인까지 해방시켜준 일이 있다.

말하자면 술이 취해 있던 욱가 장자가 숲 속에 좌정하고 계신 부처님을 발견하고, 당장 술이 깨어 가까이 오자 부처님께서는 먼저 단정법을 말씀하시고, 다음에 보시 욕심의 재환(災患)을 설하신 뒤, 4제 12인연법을 설하여 그의 마음이 흰 천에 빨간 물이 드는 것처럼 하였다.

이에 그는 그 자리에서 4성제의 법을 보고 미혹에서 벗어나, 망설임 없이 깨달음을 얻어 부처님의 두려움 없는 법을 증득, 집에 돌아가 큰 부인을 금주전자와 함께 다른 남자에게 인도하고, 비구스님들처럼 수행, 탁발승들을 받드는 것으로 아름다운 생을 마쳤다.

그래서 부처님께 "재가신도로써 5하분결(貪·瞋·身見·戒取·疑)을 끊은 사

람"이라고 칭찬받았다.

그런데 그 뒤 얼마 있다가 부처님께서 돌아가시고, 욱가 장자도 바다에 매어 놓았던 큰 상선이 가라앉아 큰 손해를 보았다. 그런데도 불구하고 20성중의 대중을 위해 공양을 올리려하자 대중들이 모두 말렸다.

그때 욱가 장자가 말했다.

"마을 가운데서 가난한 사람은 마을 가운데서 제일부자 되기를 바라고, 고을 성중에서 가난한 자는 고을 성중에서 제일가는 부자가 되기를 바라나, 나는 모든 족성자 가운데서 머리 깎고 가사를 입고 도 닦는 사람들을 가장 존경하고 희망하니, 나의 하는 일을 말리지 마시고 여기서 공양하시오."

하며 대중스님들이 그의 공양청을 받고 공양하였는데, 그는 길가 어느 곳에서든지 스님들을 만나면 지위고하를 막론하고, 평등심으로 예배하고 공양하고 따라다니며 설법을 들어, 마침내 4선·8정을 증득한 훌륭한 우파사카가 되었다.

〈중아함경 제9권, 4. 미증유법품 욱가장자경 8·9〉

(9·10) 수장자경(手長者經)

부처님께서 아알라비갈라(阿羅鞞伽羅) 악가알라바(恝林)에 계실 때, 5백 장자를 거느린 수 장자가 왔다. 부처님께서 물었다.

"장자여, 그대는 진실로 많은 장자를 거느리고 있구나. 그대는 어떤 법으로써 이들 장자들을 거느리고 있는가?"

"세존께서 말씀해주신 네 가지 일로서(四事) 거느리고 있습니다.

① 은혜로써 주는 것이고(布施),

② 부드러운 말로써 하며(愛語),

③ 이익되게 행동하고(利行),

④ 행동을 같이 합니다(同事)."

"좋다. 3세의 모든 성현들이 사람들을 거느리는데, 이 4섭법을 넘어서지 않는다. 만일 이것이 개인에 차고 가정에 차고, 4유 4방 상하에 꽉 찬다면, 온 세상은 불국정토가 될 것이다."

모든 하늘 사람들도 칭찬하였다.

"수장자는 8미증유법이 있다.

① 욕심이 적고(少欲),

② 믿음이 있으며(信),

③ 스스로 부끄러워하고(慚),

④ 사람들에게 부끄러워하며(愧),

⑤ 정진하고(進),

⑥ 생각하며(念),

⑦ 선정이 있고(定),

⑧ 지혜가 있다(慧)."

이런 말을 하여도 그는 언제나 선정 속에 들어 상을 내지 않았다.

〈중아함경 제9권, 4. 미증유법품 수장자경 9·10〉

중아함경 제10권

5. 습상응품(習相應品)

(1) 하의경(何義經)

부처님께서 기수급고독원에 계실 때 아난존자가 물었다.

"계를 가지는 것은 무슨 뜻입니까?"

"사람으로 하여금 뉘우치지 않게 하고 사람들을 즐겁게 하는데 목적이 있다. 기뻐하면 곧 몸이 쉬게 되고 쉬면 곧 평온하게 된다. 평온하면 참뜻을 알고 참뜻을 알면 욕심을 싫어하게 되어 마침내 해탈케 한다. 해탈하면 생을 이미 다하게 되니 생이 다하면 범행이 서고, 할일을 다 마쳐 다시 뒷세상에 명을 받지 않게 된다.

〈중아함경 제10권, 5. 습상응품 하의경〉

(2) 불사경(不思經)

"그런데 아난다야. 그것은 계를 가짐으로써 비로소 그렇게 되는 것이 아니고, 본래 그것이 그렇게 되어 있기 때문에 그러한 것이다."

〈중아함경 제10권, 5. 습상응품 불사경〉

(3) 염경(念經)

부처님께서 기수급고원에 계시면서 비구스님들께 말씀하였다.

"만일 비구가 잊음이 많고 바른 지혜가 없으면 바른 생각과 바른 지혜를 해치게 되고, 모든 근의 보호와 계의 보호, 뉘우치지 않고 즐거움·기쁜 쉼·안락·정 다운 소견·참다운 앎·싫어함·무욕·해탈을 해치며 열반을 해치게 된다."

〈중아함경 제10권, 5. 습상응품 염경〉

(4·5) 참괴경(慚愧經)

"만일 비구가 부끄러움이 없으면 사랑과 공경을 해치고, 믿음과 사유, 생각·지혜를 해쳐 근과 계를 보호하지 못하고, 해탈과 열반을 해치게 되므로 보살은 부끄러운 마음을 통해 해탈과 열반을 익히도록 해야 한다. 마치 나무가 껍질에 해를 입으면 줄기와 마디, 가지·잎·꽃·열매가 피지 못하는 것과 같다."

〈중아함경 제10권, 5. 습상응품 참괴경 4·5〉

(6 · 7) 계경(戒經)

"만일 비구가 계를 범하면 뉘우치지 않음과 즐거움, 기쁨 · 쉼 · 안락 · 정 · 실다운 소견 · 참다운 앎 · 싫어함 · 무욕 · 해탈 · 열반을 해치게 된다. 마치 나무가 뿌리에 손상이 오면 꽃과 열매가 제대로 열리지 않는 것과 같다."

〈중아함경 제10권, 5. 습상응품 계경 6 · 7〉

(8 · 9) 공경경(恭敬經)

"비구는 마땅히 공경하고 모든 범행자들을 좋게 보고 공경 존중해야 한다. 위의법을 갖추지 못하고 계신(戒身)을 갖추지 못하면 정신과 혜신, 해탈신 · 해탈지견신도 알지 못하게 된다."

〈중아함경 제10권, 5. 습상응품 공경경 8 · 9〉

(10) 본제경(本際經)

"최초에는 유애(有愛)가 없었지만 이제 유애가 생겨, 무명을 낳고 무명이 5개(蓋)를 낳고, 5개가 악행이 되어 모든 근을 보호하지 못하고, 바르지 못한 생각과 지혜를 내 불신, 나쁜 법을 듣고 나쁜 사람이 되게 된다. 그러므로 착한 사람이 되려면 7각지 · 4념처의 행을 알아 모든 근을 잘 보호해야 한다."

〈중아함경 제10권, 5. 습상응품 본제경〉

(11 · 12) 식경(食經)

"최초에는 유애가 없었는데 이제 유애가 생겨, 무명을 낳고 모든 악행을 저지르게 한다. 마치 바다가 큰 호수 · 작은 호수 · 큰 시내 · 작은 시내 · 산 · 바위 · 늪은 비가 연유가 되는 것 같다. 그러므로 명해탈을 얻고자 하는 이는 7각지 · 8정도를 닦아야 한다."

〈중아함경 제10권, 5. 습상응품 식경 11・12〉

(13) 진지경(盡智經)

부처님께서 쿠루수국의 캄마앗사담마(劍摩瑟曇)에 계실 때 여러 비구스님들께 말씀하였다.

"아는 것이 있고 본 것이 있으면 누(漏)가 다하게 된다. 그러면 어떤 것을 알고 본다고 하는가. 고통의 참뜻과 원인, 도의 참뜻과 멸을 보고 알면 누가 다한다. 진지(盡智)에는 여습(餘習)이 있으니 해탈이 그것이고, 해탈에는 욕심, 욕심에는 싫음, 싫음에는 실다운 소견, 실다운 소견에는 앎, 정・낙・쉼・기쁨・즐거움・뉘우침・계・근・생각(念)・지혜・바른 사유・믿음・법인(法忍), 법을 받아 가지는 것, 법의 뜻을 관찰하는 것, 이계(耳界), 좋은 법을 듣는 것, 선우에게 나아가는 것, 받들어 섬기는 것. 그러므로 착한 벗을 섬길 줄 모르는 사람은 마침내 진리를 해치게 된다."

〈중아함경 제10권, 5. 습상응품 진지경〉

(14) 열반경(涅槃經)

부처님께서 기수급고독원에 계실 때 스님들께 말씀하였다.

"열반은 해탈을 연유로 한다. 해탈은 무욕, 싫어하는 것, 실다운 소견, 참다운 앎, 정(定)・안락・그침・기쁨・즐거움・뉘우침・계・근・바른 생각・바른 지혜・바른 생각(思惟), 믿음・고통・늙고 죽는 것, 생・유(有)・수(受)・애(愛)・각(覺)・갱락(更樂)・육처・명색・식・행・무명, 이렇게 무명이 해탈 열반이 되므로 수행자는 마땅히 그 연유를 깊이 살펴야 한다.

〈중아함경 제10권, 5. 습상응품 열반경〉

(15) 미혜경(彌醯經)

부처님께서 마가다국 잔투촌(闍鬪村) 망나림굴(莽捺林窟)에 계실 때 메기야(彌醯)시자가 탁발 나갔다가 금비야(金鞞河) 호나림(好捺林)에 앉아

"이곳이야말로 즐길만한 곳이다. 맑은 샘, 천천히 흐르는 물, 차지도 덥지도 않은 기후, 이런 곳에서 끊기를 배우면 어떨까."

생각되어 부처님께 여쭈었다.

"제가 여기 머물러 공부하면 어떻겠습니까?"

"나에게는 아직 다른 시봉자가 없다."

두 번 세 번 말씀하였으나 듣지 아니하므로

"알아서 하라."

고 하였다. 그런데 그는 그곳에 이르자마자 탐・진・치 3독이 엄습해왔다. 그래서 세존을 생각하다가 해질 무렵 돌아와 물으니, 다음과 같이 5습법을 가르쳐 주었다.

"아직 해탈이 익지 아니한 사람은

① 좋은 벗을 가까이 친하고,

② 종해탈을 지켜 보호하며,

③ 거룩한 말과 뜻을 유연하게 하여 계・정・혜 3학을 익히고,

④ 정진하여 불선을 끊고 선을 익히며,

⑤ 지혜를 닦아 흥망성쇠에 좌우되지 말아야 한다.

이렇게 5습법이 익혀지면 다시

① 악로(惡露)를 닦아 욕심을 끊고,

② 자비를 행하여 성냄을 끊으며,

③ 드나드는 숨결을 닦아 산란을 잡고,

④ 무상을 닦아 아만을 꺾어야 한다.

이렇게 공부하면 누구나 거만을 끊고 식(息)・멸(滅)・진(盡)을 통해 무위열반에 들게 된다."

〈중아함경 제10권, 5. 습상응품 미혜경〉

(16) 즉위비구설경(卽爲比丘說經)

"마음에 해탈이 아직 익지 않은 사람은 5습법을 익힌 뒤, 4법을 닦아야 한다."

〈중아함경 제10권, 5. 습상응품 즉위비구설경〉

중아함경 제11권

6. 왕상응품(王相應品)

(1) 칠보경(七寶經)

부처님께서 기수급고독원에 계실 때 스님들께 말씀하였다.

"전륜성왕이 세상에 나올 때는 7보(輪・象・馬・珠・女・居士・主兵)가 나타나듯 여래께서 세상에 나타나면 7각의 보(念・擇法・進・喜・息・定・捨)가 나타난다."

〈중아함경 제11권, 6. 왕상응품 칠보경〉

(2) 삼십이상경(三十二相經)

여러 비구들이 급고독원에 있으면서 전륜성왕의 7보와 여러 가지 상에 대해서 말하며 "우리 부처님은 32상을 성취하였다"고 하자 부처님께서 천이(天耳)로 들으시고 32대인상에 대하여 말씀하였다.

① 발바닥이 평평하고,
② 발가락 사이에 바퀴살이 있으며,
③ 발가락이 가늘고 길고,
④ 발 둘레가 바르고 곧으며,
⑤ 발뒤꿈치가 평평하고 꽉 차고,
⑥ 두 복사뼈가 꽉 차며,
⑦ 몸 털이 위로 향하고,
⑧ 손가락 발가락에 엷은 막이 있으며,
⑨ 손발이 도라솜처럼 부드럽고 아름답고,
⑩ 코와 티끌이 붙지 않으며,
⑪ 구멍마다 하나씩 빛나는 털이 나 있고,
⑫ 사슴 장딴지와 같은 장딴지를 가지고 있으며,
⑬ 마음장상(馬陰藏相)과 같고,
⑭ 몸 모양이 원만한 것이 니그로다나무와 같으며,
⑮ 꼿꼿이 서서 무릎을 만질 수 있고,
⑯ 몸이 황금색으로 자마금색상을 하며,
⑰ 손바닥 두 발바닥 어깨 및 목이 풍만하고,
⑱ 윗몸이 사자와 같이 크며,
⑲ 뺨이 사자와 같고,
⑳ 등이 평평하며,
㉑ 두 어깨가 두둑하고,
㉒ 이가 40개 이며,
㉓ 이가 고르고 성글지 않고,
㉔ 이가 고르고 희다.
㉕ 목소리가 칼라빙카와 같이 범음이고,
㉖ 혀가 넓고 길며,
㉗ 눈물 받는 곳이 꽉 차 소와 같고,
㉘ 검푸른 눈동자를 가지고 있으며,

㉙ 정수리에 육계가 있고,
㉚ 두 눈썹 사이에 백호상이 있으며,
㉛ 털이 오른쪽으로 돋아났고,
㉜ 소라처럼 따르르 말려 있다.

이런 상호를 가진 사람은 집에 있으면 전륜성왕이 되고, 출가하면 반드시 성불하여 3계도사 4생자부가 된다."

〈중아함경 제11권, 6. 왕상응품 삼십이상경〉

(3) 사주경(四洲經)

부처님께서 기수급고독원에 계실 때 아난 존자가 홀로 앉아 생각했다.

"세상 사람은 너무나 적다. 욕심에 만족하는 자 적고, 욕심을 여의고 떠나는 자 적다."

부처님께서 이 말씀을 듣고

"그래. 만족하여 욕심을 떠난 자 적고, 욕심으로 근심하다가 목숨을 마친 자 적고, 반대로 욕심은 많고 욕심을 여의지 못하고 죽은 자 많다.

옛날에 정생왕(頂生王)이 총명 예지하여 4군 7보를 가지고, 천 명의 왕자를 법답게 가르쳐 천하를 항복받고, 일체의 땅과 바다도 모두 거느리게 하였다. 그래서 그 위신과 권력이 천하를 풍미하여 4천하를 두루 덮었는데, 차차 그 욕망이 더욱 커져 제석의 자리를 빼앗으려 하다가, 그만 타락하여 본래의 상태도 지속되기 어렵게 되었다."

고 하고 다음과 같이 게송을 읊었다.

하늘의 묘한 보배 비처럼 내려도 욕심 많은 자는 만족하지 않는다.
비록 황금을 얻어 설산과 같다 한들
하늘의 묘한 욕락도 즐겨하지 않고,
욕심으로 인한 괴로움이 그를 즐겁게 하지 못한다.

그런데 그때의 전륜성왕은 바로 오늘의 나다. 나는 그때 그러한 욕심과 풍요, 그리고 온갖 쾌락을 맛보았으나, 그것만으로는 만족할 수 없어 출가하여 도를 이루게 된 것이니, 늙고 죽음의 고통이 너무도 두려웠기 때문이다."

〈중아함경 제11권, 6. 왕상응품 시주경〉

(4) 우분유경(牛糞喻經)

그때 한 비구가 고요한 곳에 앉아

"이 세상 5음에 항상 머물러 항상 즐거움을 누릴 수 있을까."

생각하다가 부처님께 물으니 부처님께서 그의 질문을 받고

"한 색도 영원한 것은 없다."

고 하고 손톱으로 쇠똥을 조금 집어 보이며 물었다.

"보이느냐?"

"예. 봅니다."

"나도 옛날 7년 동안 자심(慈心)을 행하고, 일곱 번 세상이 무너진 뒤에는, 황욱천에 태어나 대범천왕이 된 일이 있다. 그 뒤 자재천·정거천, 수없는 찰제리왕이 되어, 8만 4천 큰 코끼리와 8만 4천 수레를 7보로 장엄해 거느리고, 8만 4천 성을 다스렸는데 8만 4천의 여인과 음식 자리 가운데서 호강스럽게 살았다.

나는 거기서 보시·조어(調御)·수호(守護)의 3법으로써 온갖 세계를 다스렸으나, 결국 그것은 하나의 티끌로 돌아가니 세상이 고정되어 있지 않고, 시간속에 끊임없이 변해가고 있기 때문이다. 그런데 거기 나, 내 것이라는 것이 있겠는가. 그러니 색·수·상·행·식을 깨닫고 싫어할 줄 알아야 한다."

〈중아함경 제11권, 6. 왕상응품 우분유경〉

(5) 빔비사라왕영불경(頻鞞娑羅王迎佛經)

부처님께서 마가다국 선주처 니그로오다나무 밑에 앉아계실 때, 빔비사라왕은 칼과 일산·모자·구슬자루·총채, 4종을 다 물리치고, 맨몸으로 부처님 앞

에 나아가

"세존이시여, 나는 마가다국 국왕입니다."

"그렇습니다. 대왕님."

그때 존자 우루벨라카샤파가 그 가운데 앉아 있었다.

"저 가운데 누가 스승인가. 고오타마가 스승인가, 우루벨라가 스승인가."

이렇게 속으로 생각하고 있을 때 부처님께서 우루벨라카샤파에게 물었다.

"카샤파여, 그대는 무엇을 얻었기에 불 섬기는 것을 버리고, 이곳으로 왔는가?"

"음식의 여러 가지 맛 때문에 불을 섬기다가 생의 더러움을 보고 그를 버렸습니다."

"그래. 그대는 음식을 즐겨하지 않지만 생천도 즐겨하지 않는구나?"

"고요하고 사라진 것을 보니, 하염없이 다시는 하늘에 가 날 생각마저 없어졌습니다."

"그렇다면 그동안 익혔던 여기상(如其像)을 나타내 대중들을 즐겁게 해보라."

이에 가섭은 6종 18변의 신통력을 나타내어 사람들을 즐겁게 하였다.

그때 부처님께서는 보시와 계, 생천법을 말씀하시고 욕심은 재앙의 근본이 된다는 것도 말씀하였다.

"대왕이여, 색은 모두 부서지는 것입니다. 수·상·행·식도 마찬가지입니다. 누구나 이 다섯 가지의 참모습을 본다면 거기서 싫어하는 마음을 낼 것이고, 싫어하는 마음 때문에 온갖 집착을 벗어난다면 그는 언제 어느 곳에서도 대자유를 누릴 것입니다."

대왕은 그 자리에서 온갖 티끌을 씻고 불법에 귀의하였다.

〈중아함경 제11권, 6. 왕상응품 빈비사라왕염불경〉

중아함경 12권

(6) 비바릉기경(鞞婆陵耆經)

부처님께서 코살라국에 계시면서 길을 가시다가 빙그레 웃으시자 아난다가 물었다.

"무슨 인연이 있으십니까?"

"옛 카샤파 부처님께서 설법하시던 곳이다. 옛날 이곳은 비바릉기(鞞婆陵耆) 마을로 목축업을 하고 무에(無恚) 진자가 살던 곳이다. 여러 가지 봉호(封戶)와 식읍(食邑)으로 풍족한 생활을 하며, 아들 웃타라마아나바(優多羅摩納)는 도자기공 난디파일라(難提婆羅) 친구와 함께 사랑받고 살아왔다.

난디파일라가 가섭 부처님께 귀의하여 3귀 5계를 받고, 청정한 범행을 실천하고 있었는데, 하루는 웃타라 동자가 흰 마차를 타고 5백 동자와 함께 바벨리촌으로 들어와, 무사처에서 범지서를 가르치다가, 난디파알리가 오는 것을 보고 물었다.

"어디서 오는가?"

"카샤파 부처님께 공양하고 온다."

"나는 그 까까머리 중을 보고 싶어 하지 않는다."

고 하자 난디파일라는 동자의 머리채를 잡아당겨 하는 수 없이 그를 따라 부처님께 나아갔다. 그리하여 불법을 듣고 3귀 5계를 받게 하여 바른 생활을 할 수 있도록 하였으나, 그는 장님 부모를 모시고 있었기 때문에 난디파알라처럼 출가생활을 할 수 없었다. 그러나 부처님 법문을 듣고 깨달음을 얻어, 언젠가는 출가해야겠다고 생각하다가, 마침내 출가하여 카시국으로 갔다. 베나레스의 왕 키키이가 카샤파 부처님께 법문을 듣고 공양청을 했으나 승낙하지 않자,

"이 세상 나보다도 더 간절한 자의 공양청이 있습니까?"

묻자, "있다." 하고 난디파알라 이야기를 하였다.

그는 3귀 5계를 받고 청정한 생활을 하면서 장님 부모를 모시고 있었는데, 어느 때 나는 그의 집에 탁발을 가니 그는 나가고 없고, 장님 부모님들께서 간절히 권했다.

"세존이시여, 조리에는 보리밥이 있고 가마솥에는 콩국이 있으니 어여삐 여기시어 드십시오."

하여 조금 가져 왔는데 뒤에 난디파알리가 듣고 환희했다.

키키이 국왕은 이 말을 듣고 500대의 수레에 음식과 의복, 식량을 싣고 가서 그의 부모님께 공양한 바 있다. 그때의 동자 웃타라는 오늘의 바로 나인데, 그때 온갖 선행을 하였으나 생사까지는 해탈하지 못하여, 다시 이 세상에 태어나게 되었다고 말씀하였다.

〈중아함경 제12권, 6. 왕상응품 비바릉기경〉

(7) 천사경(天使經)

부처님께서 기수급고독원에 계시면서 천안통으로 죽은 사람들이 태어나는 곳을 보고

"마치 장마철에 물 위에 거품이 생기는 것과 같다."

고 하였다. 그리고 염라대왕이 5천사를 시켜 문책하는 것에 대해서 설명하셨다.

첫째 천사는 어려서 부모님께 똥오줌 가려준 은혜,

둘째 천사는 이가 빠지고 머리가 희고, 몸이 굽어 지팡이를 짚고 다니면서 벌벌 떨고 다니는 모습,

셋째 천사는 병나고 죽어가는 것에 대하여 물었다.

넷째 천사는 까마귀 까치가 그것을 쪼아 먹는 것도 보지 못했느냐.

다섯째 천사는 죄 지은 사람들은 왕이 다스리는 것을 보지 못했느냐."

하고 게송으로 읊었다.

네 기둥에 네 문, 벽은 모나서 열두 모이며
쇠 담에 쇠 지붕 쇠 땅에 쇠 불을 피웠다.

모진 고통 두려워 온갖 털 일어나니
다리는 위, 머리는 밑, 여러 악을 지어 죄업 받는 모습이네.

어느 기간이 되어 잠깐 쉬는 시간이 되면 동문이 열려 몰려가면 동문이 닫히고 다시 서문이 열리고 남문 북문도 그러하여 그칠 날이 없고, 철첩림(鐵鍱林)·철검수옥(鐵劍樹獄)에서 온갖 고통을 받게 된다."

〈중아함경 제12권, 6. 왕상응품 천사경〉

중아함경 제13권

7. 왕상응품(王相應品)

(1) 오조유경(烏鳥喩經)

부처님께서 왕사성 카란타카 동산에 계실 때 한 바라문이 숲 속에 들어가 앉아있는데 수달이 오자 물었다.

"너는 어디서 어디로 가느냐?"

"이곳 못물은 맑고 깨끗하여 연뿌리·꽃·고기·거북이 많았었는데 지금은 못이 말라 큰 호수로 가려한다."

다음에 구모조(究暮鳥)가 왔다.

"너는 어디로 가느냐?"

"죽은 소 송장 무더기 있는 곳으로 가려 한다."

또 독수리가 왔다.

"너는 어디로 가느냐?"

"죽은 코끼리 · 말 · 소를 찾아가는 길이다."
다음은 식토조(食吐鳥)가 왔다.
"너는 어디로 가느냐?"
"독수리 따라 가서 그가 토한 음식을 먹고자 한다."
다음은 승냥이가 왔다.
"너는 어디로 가느냐?"
"나도 죽은 코끼리 · 말 · 소 · 사람 · 고기를 찾아다니는데 그래서 골짜기에서 골짜기를 헤매고 다닌다."
다음은 까마귀가 왔다.
"너는 어디로 가느냐?"
"낯짝 두껍고 미련하면서 무슨 소리를 하는거냐?"
하고 도리어 욕설을 하고 떠났다. 그때 성성이가 왔다.
"너는 어디로 가느냐?"
"나는 집에서 집으로 동산에서 동산, 숲에서 숲으로 다니면서 맑은 샘물을 마시고 좋은 과일을 먹는다. 그러므로 나에게는 두려움이 없다."
고 하였다.
"그렇다 비구들아. 비구들이 마을을 의지하여 다니는 것은 수달 인생이고, 구모조 · 독수리 내지 까마귀와 같이 행하지 말며, 성성이는 수행자 인생이다.
〈중아함경 제13권 7. 왕상응품 오조유경〉

(2) 설본경(說本經)

부처님께서 녹야원에 계실 때 여러 비구들이 강당에 모여 의논하였다.
"여러분 거사가 아침마다 백천만 배의 이익을 얻는 것과 스님들이 계법을 성취, 남의 집에 들어가 밥을 비는 것과, 어느 것이 낫다고 생각합니까?"
그때 아니룻다가 말했다.
"거사의 생활이 우리와 무슨 상관입니까. 설사 이익이 백천만 배가 된다고 하더라도 남의 집에 들어가 밥을 비는 것만 못합니다. 옛날 무환(無患) 벽지불이 바아라아나시를 의지하여 살고 있었는데, 나는 넝마를 줍기 위해 바아라아나시로 나아가고 그는 밥을 빌기 위해 시내로 들어갔는데, 조금 있다 오는 것을 보니 빈발우로 왔다. 아니룻다가 그를 위해 탁발하여 스님의 몫으로 그를 주니,

"스님이시여, 금년은 가뭄과 이른서리, 황충으로 5곡이 흉년이 들어 백성들도 살기 어려우니 우리 이 밥을 두 몫으로 나누어 함께 나누어 목숨을 보존합시다."

하여,

"나는 때를 알기 때문에 언제나 얻을 수 있으나, 벽지불께서는 어려우시니 그냥 드시고, 나를 사랑하고 가엾이 여겨 주십시오."

하였다. 그 인연으로 아니룻다는 일곱 번 천왕이 되었다가 인간에 태어나, 석가족 왕가에 태어나 식읍과 봉읍을 받았고, 급기야 출가하여 석가 세존의 바른 깨달음과 단이슬을 맛보게 되었던 것이다.

그때 대중들은 아니룻다의 과거에 대해서 이야기를 듣고 있었는데 부처님께서는 그의 미래에 대해서 설명해 주었다.

"인수정명 8만 세가 되면 염부제는 지극히 풍족하여 매우 즐거운 생활을 하리라. 그때 여자는 500세 되어야 시집가고, 기후·용변·음식·늙음에 대해서는 걱정이 없을 것이다. 그때 소라 임금님이 전륜성왕이 되어 법으로써 세상을 다스리다가, 대보시회를 베풀고 나서는 스스로 출가하여 범행을 닦을 것인데, 그 이름이 미륵이다."

하고 금실로 짠 옷을 주며 수기하고 게송을 읊었다.

저는 결코 생·노·병·사를 끊고 아무런 의혹도 없어
새가 그물을 찢고 나오듯 저 언덕에 이르러
자재로운 선정을 얻고 주인도 집도 없는 경계에서 놀리라.

〈중아함경 제13권, 7. 왕상응품 설본경〉

중아함경 제14권

(3) 대천나림경(大天捺林經)

부처님께서 비데하(鞞陀) 미틸라아(彌薩羅) 대천나림에 계실 때, 길을 가시다가 빙그레 웃으셨다. 아난다가 물으니

"옛날 이곳에서 대천왕이 살았는데, 매달 보름날 종해탈을 하면서 늘 전륜성왕의 꿈을 키워왔던 곳이다. 과연 7보를 구족한 전륜성왕이 되어, 천하를 법으로써 다스렸는데 하루는 이발사에게 말했다.

"만약 내 머리에 흰 머리가 나거든 알려라."

이렇게 하여 대천왕의 권속들은 할아버지가 아버지에게, 아버지가 아들에게 아들이 손자에게 대를 물려주며 출가 수도하여, 나라도 잘 되고 인격도 훌륭하게 되었다.

그런데 그때 그 천왕은 다른 사람이 아니라 부처님 자신이었음을 밝혔다.

〈중아함경 제14권, 7. 왕상응품 대천나림경〉

(4) 대선견왕경(大善見王經)

부처님께서 쿠시나아라아(拘尸) 우파밧타나(惒跋單) 역사(力士)의 시알리이 숲속에 계실 때 아난다에게 명령하였다.

"너는 나를 위하여 두 사알라아 나무 사이에 머리를 북쪽으로 두고 자리를 펴라. 나는 중야에 그곳에 열반하리라."

자리가 깔아지자 부처님은 웃타라상가를 네 겹으로 접어 평상 위에 깔고, 상가아티를 접어 베개 삼고, 오른쪽으로 누워 두 발을 포개고, 최후로 열반에 드시려 하자 아난다가 여쭈었다.

"세존이시여, 참파아・슈라아바스티이・바이샤알리이・라아자그리하・바아라아나시이・카필라바스투 등 크고 좋은 곳도 많은데, 어찌하여 이 보잘것 없는

성중에서 열반에 드시려 하나이까?"

"너는 그런 말을 하지 말라. 이곳은 옛날 쿠시나아라 왕성으로 가로 세로가 7요오자나 되었고, 왕성 밖에 7겹 해자에 큰 망루가 4보로 장엄되어 있었다. 7겹 담장에 4보의 색색이 다라나무가 갖가지 꽃을 피우고 있었고, 7보로 된 큰 연못이 있었다.

그 나무에서는 궁·상·각·치·우의 5음이 항상 연주되고, 온갖 악기 무용이 선보이고 있었다. 그 나라 임금님은 대선견왕으로써 8만 4천의 소 왕국을 거느리고 있었는데, 정전의 길이만도 1요오자나나 되었다. 죽어 범천에 태어났으니 그때의 대선견왕이 오늘의 바로 나다. 나는 이런 인연이 있는 까닭으로, 이곳에 와서 열반에 들게 되었으니 이곳을 작은 성이라고 이르지 말라. 나는 쿠시나아라성과 우파밧타나 역사의 사알라아숲, 히란나강·구구강·천관사를 따라, 나는 이곳에서 일곱 번이나 몸을 버린 일이 있고, 여섯 번은 전륜성왕의 몸으로, 마지막 한 번은 여래·무소착의 몸으로 최후의 몸을 버리게 된 것이다."

〈중아함경 제14권, 7. 왕상응품 대선경왕경〉

중아함경 제15권

(5) 삼십유경(三十喩經)

부처님께서 칼란다가 동산에 계실 때 샤아리푸트라에게 물었다.

"누가 비구들을 공경하고 존중할까?"

"오직 세존과 음개(陰蓋)가 없어진 계덕의 비구스님들입니다."

"그렇다. 마치 왕과 신하들이 온갖 장식 도구로 몸을 치장하고, 세상 사람들의 공경을 받듯이, 비구는 계덕으로써 존경과 사랑을 받는다.

마치 왕성의 협문을 백성들이 지키듯이 비구들은 6근문을 단속하여, 악이 틈보지 못하게 해야 하고, 마음의 욕지에서 목욕하고 계덕으로서 향을 삼고, 3의 1발로 몸을 가리고 생명을 유지하고, 4선의 평상에 앉아 바른 생각으로 이발을 하여야 한다. 그리고 기쁨의 음식을 먹고 법미(法味)로써 음료수를 삼고 공·무상·무원으로 꽃다발을 삼아야 한다.

또 왕신들이 집과 다락을 사용하는 것처럼, 천실(天室)·범실(梵室)·성실(聖室)로써 집을 삼고, 지혜로써 전수자(典守者)를 삼으며, 4념처로써 조세(租稅)를 삼고, 4정단으로 4군을 삼으며, 4여의족으로 수레의 장식을 삼고, 지관(止觀)으로써 수레를 삼으며, 자기 마음으로써 깃대를 삼고, 8정도로 길을 삼으면 열반의 길에 나아가는데 걱정할 것이 없다. 4종성(種聖)으로 교수사를 삼고, 바른 생각으로 의사를 삼고, 정(定)으로써 정어상을 삼으며, 해탈로써 명주보(明珠寶)를 삼으면 모든 악을 제어하고 선을 닦아 성취할 것이다.

〈중아함경 제15권, 7. 왕상응품 삼십유경〉

(6) 전륜왕경(轉輪王經)

부처님께서 마야툴라아(摩兜麗剎利) 나림사(捺林駛) 하수 언덕에 계시면서, 비구들에게 말씀하였다.

"비구들이여, 마땅히 스스로 법등에 불을 켜고 자기에게 귀의해 다른 것에 귀의하지 말라. 그렇게 하면 이익을 얻고 한량없는 복을 거두어들일 것이다.

옛날 견념왕(堅念王)의 윤보가 갑자기 없어지자, 자신의 복이 감해진 것을 느끼고 태자에게 자리를 물려준 뒤 출가 수행하였다.

태자 또한 전륜성왕이 된 뒤 깨끗한 몸으로 종해탈을 실천하니, 차차 나라의 질서가 잡히고, 윤보가 돌아와 사람의 수명도 8만 세가 되었다.

그런데 명이 길어지고 상속법을 넉넉히 하자 사람들이 복을 짓지 않고, 100년에 한 살씩 줄어 정명이 10세에 이를 때도 있었다. 세 살이면 결혼하고, 다섯 살에 아들 딸 낳고, 일곱 살이면 노쇠해져 10세를 다 산 사람도 적었다.

사람들의 마음이 인색하고, 살생하여 도둑질하고 사음하고 거짓말하였기 때문이다. 다시 한 달에 세 번씩 법회를 보고 뉘우침으로써, 수명은 다시 100세 천 세로 불어나게 되었으나 그때마다 정명왕은 자리를 자식들에게 물려주고 출가하여 공덕을 쌓았던 것이다.

〈중아함경 제15권, 7. 왕상응품 전륜왕경〉

중아함경 제16권

(7) 비사경(蜱肆經)

존자 쿠마아라카아샤파(鳩摩羅迦葉)가 코오살라국 세타브야아 싱사파숲에 있을 때, 세타브야아에는 파아야아시왕(蜱肆王)이 있었다. 그는 파세나디왕의 봉호와 식읍을 먹고 살았는데, 지나가는 사람들을 잘 보살펴 크게 소문이 퍼져 있었다. 쿠마아라가아샤파는 마침 거기 와 머물고 있을 때 파아야아시왕이 와서 물었다.

"나는 후세도 없고 다시 태어남도 없다."

"지금 이 해와 달은 금세라고 합니까 후세라고 합니까?"

"이 보다 더 악한 것도 있습니까?"

"있습니다. 나의 친척이 병들어 죽을 때 만일 내세가 있으면 나에게 와서 꼭 일러달라 하였는데, 아직까지 소식이 없습니다."

"왕의 신하가 죄를 지어 묶어 놓았는데, 내가 잠깐 집에 갔다 오겠다고 하면 놓아주겠습니까?"

"안되지요."

"그 또한 마찬가지입니다. 염라국에 들어가 재판을 받고 있거나 악도에 떨어진 사람은 마음대로 나올 수 없습니다. 그리고 인간의 삶은 천상의 화락만도 못한 처지인데 어떻게 한 번 똥칸에 빠진 사람이 다시 이곳을 찾아올 수 있겠습니까. 뿐만 아니라 33천의 1주야는 인간 백 세이고, 무간지옥의 1주야는 수백 년이 되는데, 어떻게 그가 고향을 찾아올 수 있겠습니까."

"또 만일 사람들에게 혼신이 있다면 그 몸이 살았을 때와 죽었을 때 조금은 차이가 있을 것인데, 내가 죽은 사람을 가지고 시루에 쪄 실험을 해도 그 혼이 나가는 것을 보지 못했고, 또 방아를 찧어 채로 쳐 보았으나 그 혼은 잡히지 않았습니다."

"그것은 마치 나무를 비벼 불을 얻는 이치와 같아, 나무를 아무리 쪼개도 그 가운데 불을 찾지 못하는 것입니다. 불은 인연 속에서 나타나기 때문입니다."

"그래도 나는 스님의 말씀을 인정하지 않습니다. 지금까지 내가 가져온 명예와 인격이 있기 때문입니다."

"삼을 지고 온 사람이 금을 보고도 지금까지 지고 온 공덕 때문에, 바꾸어 질 수 없다고 한다면 어쩔 수 없지요."

왕은 여러 가지 비유를 들어 설명하였으나 스님의 명쾌한 답변으로 결국 항복하고 부처님께 귀의 삼보의 제자가 되었다.

〈중아함경 제16권, 7. 왕상응품 비사경〉

중아함경 제17권

1. 장수왕품(長壽王品)

(1) 장수왕본기경(長壽王本起經)

부처님께서 코삼비이국(拘舍彌國) 구사라(瞿師羅) 동산에 계실 때 코삼비이의 비구들이 자주 싸웠다. 이에 부처님은

다툼으로써 다툼을 막으려 하면
끝내 그침을 보지 못하니
오직 참는 법만이 존귀하다.

고 하시고 옛 장수왕의 설화를 들려주셨다.

"옛날 코오살라야국에 장수왕이 이웃 카아시국(加赦國)의 브라흐마닷타(梵摩達哆)왕과 항상 싸우고 살았는데 브리흐마닷타가 두 번 세 번 침입해 오자 그동안 양성한 군대를 가지고 단번에 쳐서 사로잡았다.

"너의 생사는 나의 마음에 달려 있으나 다시 싸우지 않기 위해 놓아준다. 우리 다시 싸우지 말고 살자."

그러나 브라흐마닷다는 자신이 포로가 되어 만인 앞에서 창피당한 것을 복수코자 계속해서 군대를 양성했다. 장수왕이 생각하였다.

"나는 후회도 없는데 싸우기만 하면 백성들만 괴롭히니, 차라리 우리가 자리를 피해주면 결말이 나지 않겠는가."

하고 부부가 함께 의논하여 거리의 천사가 되어

우순풍조민안락(雨順風調民安樂)
천하태평법륜전(天下太平法輪轉)

이란 노래를 부르며 천하를 주유하다가 다행히 태자 하나를 얻으니, 그 이름을 장생 동자라 이름 짓고 이웃나라로 보내 온갖 기예를 익히게 하였다.

그런데 브라흐마닷타가 코오살라국왕의 장수가 죽지 않고 장수 박사로 이름을 바꾸어 천하를 주유한다는 말을 듣고, 그날부터 두 다리를 뻗지 못하고 잠을 자지 못하면서 부하들에게 명령했다.

"누구든지 장수왕을 잡는 사람에 대해서는 한 성을 떼어주리라."

그런데 그때 마침 카아시국에서 장수왕의 소문을 듣고 코오살라아국에 왔던 한 갑부가, 브라흐마닷타왕에게 잡혀 모든 재산을 다 빼앗기고 거지가 되어 돌아다니다가, 장수왕을 만나 평생 동안 시봉할 것을 다짐하니, 내 손을 잡고 브라흐마닷타왕에게 나아가면 한 생의 성금을 받을 것이니, 그것을 가지고 내가 하지 못한 일을 해 달라고 간곡히 부탁하여 브라흐마닷타왕의 군대에 인계되었다.

이렇게 하여 장수왕은 두 손을 뒤로 묶이고 온 시내를 조리돌린 뒤

"내가 브라흐마닷타왕을 잠못들게 한 본인이니 나는 죽어 마땅합니다."

하고 끌려다니다가 마침내 집더미처럼 쌓아올린 나무가래 위에 올려 앉혀졌다.

한편 장생 태자는 이 소식을 듣고 뛰어와 브라흐마닷타왕에게 말했다.

"장수 태자는 내 조상 때부터 철천지원수이니 불에 타 죽기 전에 내가 칼로 죽이겠습니다."

하여 브라흐마닷타왕은 좋다고 하고 그를 연기 자욱한 나무가래 위에 올려 보냈다. 태자는 죽기 5분 전에 아버지를 만나니 아버지 장수왕이 말했다.

"16년 동안의 평화가 너의 한 칼 때문에 무너질 염려가 있으니 내 칼로 나를 죽여다오."

장생 태자는 아버지가 불에 타 죽는 것을 보고 용맹스럽게 내려오니 브라흐마닷타가

"이런 사람은 나의 심복부하로 삼아야 한다."

하고 항상 옆에 데리고 다녔다. 그 뒤 부마가 된 장생 태자는 가구국의 제이인자로 항상 왕을 모시고 다니다가, 하루는 깊은 산으로 사냥을 나가 왕이 자신의 무릎을 베고 깊이 잠든 것을 보고

"기회가 바로 왔다."

하고 옆구리 칼을 빼 막 찌르려 하자

"안돼 안돼."

하시며 돌아가신 장수왕이 허공 가운데 나타나 참을 인자(忍)를 세 번 써 보였다.

그리하여 하는 수 없이 칼을 칼집에 접어 넣는 순간 브라흐마닷타왕이 온몸이 땀으로 흠뻑 젖어 벌떡 일어나며

"장생 태자 장생 태자."

하고 불렀다. 태자가

"그게 무슨 말씀입니까?"

"지금 막 장수왕의 아들 장생 태자가 나의 가슴에 칼을 찌르려 하는 꿈을 꾸었다."

고 하자 태자는 무릎을 꿇고 고백하였다.

"제가 장생 태자입니다."

하고 그동안 사실을 소소역력하게 이르니 감격한 왕은

"내, 나라를 물려주고 자리를 떠나리라."

"그렇게 생각하시면 안됩니다. 평화는 장수왕의 소망이시니 옛 코오살라아국만 돌려주시면, 내 아버지 나라를 잘 보살펴 더욱 사랑하는 이웃이 되겠습니다."

고 하여 양국의 평화가 이루어졌다.

스님들은 이 설화를 듣고 화합하여 다시 다투지 않는 화합종단을 이루었다.

조그마한 말로 가장 높은 무리를 파괴시키면
나와 가족, 단체 나라를 멸망시키는 길이다.
만일 참 이치를 생각하지 않으면 맺힌 원한을 쉬지 않으리라.

그때 세존은 바라루라(婆羅樓羅) 촌에서 공부하는 비구를 찾아보고 호사림(護寺林)을 거쳐 파아치나방사(般那蔓闍) 숲으로 가 아니룻다·난디야·킴빌라 등을 만났다.

바구는 밤낮 자지 않고 부지런히 정진했으며 뜻과 행이 언제나 고요해 도품에 머물러 앉았고 아니룻다·난디야·킴빌라도 좋은 이익과 공덕으로 항상 범행들을 향해 사랑의 3업을 베풀고 있었다.

"착하고 착하다. 너희들은 항상 화합하고 안락하여 다툼이 없구나."

"세존이시여, 저희들은 광명을 얻어 색을 보는데 색을 본 광명이 곧 사라집니다."

"아, 너희들은 상에 통달했으나 통달한 상이 아직 완전하지 못한 경지에 이르러 있구나. 나도 옛날 그런 점이 있어 더욱 선정을 게을리 하지 않았다. 그러니 내 마음 속에서 몸병을 생각해 보고 잠자는 병을 치료하고, 지나친 정근병을 치료하고, 게으른 병과 두려움 병, 의심병, 기뻐하고 슬퍼하고, 뽐내고, 생각하는 법을 벗어나 유각유관정(有覺有觀定), 무각소관정(無覺少觀定), 유각무관정(有覺無觀定), 일향정(一向定), 잡정(雜定)을 작게 크게 넓고 깊게 닦고 배워 마침내 도품을 형성, 생을 다하고 범행을 세워 다시는 후세의 생명을 받지 않게 되었던 것이다.

〈중아함경 제17권, 1. 장수왕품 장수왕본기경〉

중아함경 제18권

2. 장수왕품

(2) 천경(天經)

부처님께서 체티이수(枝提瘦) 수저림(水渚林)에 계실 때, 자신이 고행 중에 고민하였던 여덟 가지 행에 대하여 설명하였다.

① 나는 이제 내 천안의 광명을 내어 그 광명으로 형색을 보고, 내 지견은 크고 깨끗하게 해야 하겠다.

② 천인들과 화합, 그들의 성과 이름을 알고,

③ 그들이 먹고 사는 것을 알며,

④ 그들의 수명을 알고,

⑤ 업을 알며,

⑥ 죽어 어느 곳에 태어나는 경로를 알고,

⑦ 그 천상에 내가 태어날 것인가도 알며,

⑧ 일찍이 하지 않았던가를 알고자 하였다.

그래서 이를 실천하기 위해 먼저 혼자 떠나 방일하지 않고, 정근하여 광명을 얻고 형색을 보고, 그들과 함께 모여 이 같은 일들을 의논하고 토론하게 되었다.

〈중아함경 제18권, 1. 장수왕품 천경〉

(3) 팔념경(八念經)

부처님께서 박게수(婆奇瘦) 타산 포림(鼉山怖林) 녹야원에 계실 때 아나율다가 체티이수 수저림에 있었다.

홀로 정진하면서

① 도는 욕심 없는 것을 따라야 하고,

② 족한 줄 알아야 하며,

③ 멀리 떠남을 따라야 하고,

④ 바른 생각을 따라야 한다.

고 생각하자 부처님께서 그것을 아시고 그곳에 나아가 8념경을 설하였다.

① 도는 실없는 즐거움이 아니고,

② 실없는 행이 아니며,

③ 실없음이 아닌 것을 따르고,

④ 실없음도 아니며,

⑤ 실없음을 즐기는 것도 아니고,

⑥ 실없음을 행하는 데서 얻어지는 것이 아니다.

그래서 여기서 욕심을 떠나고 악하고 착하지 않는 법도 떠나 4선을 성취하면, 마치 왕신들이 옷상자에서 마음에 드는 옷을 마음대로 골라 입듯, 궁전과 집, 방을 마음대로 골라 쓰듯, 남서북방 상유상하에서 걸릴 것이 없으리라.

그러니 너는 다음 8념을 유의하라.

① 도는 욕심이 없는 것을 따르고 욕심이 있는 데서 얻어지는 것이 아니고

② 족함은 아는 것을 따르고 싫어함이 없는 데서 얻어지는 것이 아니다.

③ 멀리 떠나는 것을 따르고 모임을 즐겨하는 것이 아니며,

④ 모임에 머무르지 않고 모임에 어울리는 데서 얻어지는 것이 아니다.

⑤ 도는 정근을 따르고 게으름에서 얻어지는 것이 아니고,

⑥ 도는 바른 생각을 따르고 삿된 생각을 따르는 것이 아니다.

⑦ 도는 고요한 뜻을 따르고 어지러운 뜻에서 얻어지는 것이 아니다.

⑧ 도는 지혜를 따르고 어리석음에서 얻어지는 것이 아니다.

도는 희론도 아니고 희론이 아닌 것을 즐거워하고 희론이 아닌 행을 따르고, 희론도 희론을 즐기는 것도 희론을 행하는 데서 얻어지는 것도 아니다.

아니룻다는 이 말씀을 듣고 다음과 같이 게송을 읊었다.

멀리서 내 생각을 알고 허공을 타고 오시어
내마음 생각과 같이 날 위해 말씀하시고,
실없음을 멀리 떠나 바른 법 가운데 즐겨 머물러
삼매를 얻고 이미 불법을 통달했네.

나는 죽기도 즐기지 않고 살기도 원하지 않으며
때를 따라 마음가는 대로 바른 생각 바른 지혜로
바이샤알리이 대숲에서 목숨다해
남음 없는 열반에 들리라.

〈중아함경 제18권, 2. 장수왕품 팔념경〉

(4) 정부동도경(淨不動道經)

부처님께서 쿠루우수 캄마아싯담마(劒磨瑟曇) 읍에 계시면서 비구스님들께 말씀하였다.

"욕(欲)은 무상하고 거짓된 것이고 거짓말이며, 헛것이고 속임이며 어리석음이다. 3세의 욕이나 색, 그 일체는 곧 악마의 경계이다. 따라서 마음에 착하지 않는 법과 탐내고 성냄이 일어 모두 거기서 생기니 공부에 장애가 된다. 그러므로 큰 마음을 성취하고 세간을 항복받고 마음을 껴잡고자 하는 자는 이 욕망을 제거하여야 한다. 색이 있으면 4대가 있어 무상・고・공이 나타나기 때문이다."

그때 아난다가 물었다.

"만일 어떤 비구가 이렇게 행한다면 나, 내 것이 없어 열반을 얻게 된다고 할 수 있겠습니다."

"이 일은 일정하지 않아 얻는 자도 있고 얻지 못하는 자도 있다."

"어찌하여 그렇습니까?"

"버림을 즐기고 버림에 집착하여 머무르면 그런 사람은 열반을 증득하지 못한다."

"받는(受) 바도 마찬 가지이겠네요?"

"그렇다. 그런 생각이 있으면 유상무상처(有想無想處)에 태어나게 된다."

"그러면 어떻게 해야 열반을 얻을 수 있습니까?"

"집착이 없고 즐김이 없이 깨끗하여 움직이지 않는 경계에 들어가야 한다."

〈중아함경 제18권, 2. 장수왕품 정부동도경〉

(5) 욱가지라경(郁伽支羅經)

부처님께서 욱가지라(郁伽支羅) 항수지(恒水池) 언덕에 계실 때 출가비구를 희망하는 사람이 부처님께 청했다.

"세존이시여, 한마디 일러주시면 멀리 떠나 혼자 살면서 마음에 방일 없이 수행하고 정근 하겠습니까."

"마음이 안에도 밖에도 머무르지 않게 하고 움직이지 않게 잘 닦아, 행하기를 지극히 부지런히 힘써 바른 생각과 지혜를 세우라. 그리하면 마음에 간탐이 없어지고 근심 걱정 슬픔이 없어진다. 다시 3정(有覺有觀定·無覺少觀定·無覺無觀定)으로 그렇게 하여 자·비·희·사가 이 우주에 꽉 차게 하면 아나함·아라한이 되어 생사에서 벗어난다."

〈중아함경 제18권, 2. 장수왕품 욱가지라경〉

(6) 사계제삼족성자경(娑鷄帝三族姓子經)

부처님께서 사아케타(娑鷄帝) 푸른 숲에 계실 때, 아니룻다와 난디야·킴빌라가

한 곳에 모여 열심히 정진하고 있었다. 부처님께서 아니룻다에게 말씀하였다.

"그대들은 나이 어려 머리는 검고 씩씩한 몸매를 가져, 샤가족 친척들이 모두 사랑하고 귀하게 여겼는데, 그들의 눈물을 뿌리치고 출가하여 바른법 가운데서 범행을 닦고 있으니, 장차 누구나 수행자가 욕심에 덮이고 법에 묶이며 버림의 즐거움과 위없는 쉼을 얻지 못하면, 마음이 탐내고 성내고 잠자 즐겁지 못하고 몸은 피곤해 걱정이 많을 것이다. 비구는 굶주림과 목마름, 추위와 더위, 모기·등에·파리·벼룩·바람과 햇빛의 핍박을 이겨내야 하고, 욕설과 매질, 온갖 병과 고통에서 견디어 내야 한다. 그래서 나는 없애는 법, 쓰는 법, 견디는 법, 그치는 법, 내뱉는 법을 가르치고 모든 번뇌로부터 해탈하는 법을 가르치고 있는 것이다. 얻지 못한 것을 얻고 거두지 못한 것을 거두고 증득하지 못한 것을 증득하기 위하여, 산림·숲·나무 밑에서 홀로 정진하라고 하는 것이며, 여기서 죽어 저기 태어나는 법을 가르치는 것이다. 사람들이 그것을 들으면 3결, 5분(五下分結)에서 벗어나 해탈 열반에 나아가기 때문이다."

〈중아함경 제18권, 2. 장수왕품 사계제삼족성자경〉

중아함경 제19권

3. 장수왕품

(7) 범천청불경(梵天請佛經)

부처님께서 기수급고독원에 계실 때

"범천은 항상 있고 항상 좋으며 영원히 존재하고, 이곳은 끝이 없고 출요로써 이곳 보다 더 뛰어난 곳은 없다."

고 하는 사견을 일으키는 자가 있었다. 부처님께서는 곧 여기상정(如其像定)에 들어 그 마음을 알고 범천에 올라가,

"그런 소리 하지 말라."

고 하니 다른 범천이 있다가 도리어 나무랬다.

"범천은 복이고 변화시키는 것이고, 가장 높고 일으키는 것이고, 받드는 것이기 때문이다. 범천은 모든 것들의 아버지로써 이미 있어, 안민한 모든 것을 다 알고 볼만한 모든 것들 다 보기 때문이다."

"너는 악마 파순이다. 진짜 범천이 아니다."

파순은 자신을 꿰뚫어 보는 세존을 향하여 놀라며 사라졌다.

그때 다른 범천이 신통력을 나타내어 자신의 몸을 숨겼으나, 부처님께서 그 처음과 중간 끝을 훤히 알기 때문에 본래 상태로 돌아오자, 부처님께서는 여기상정 여의족에 들어가 광명으로써 온 세계를 비추니, 한 곳도 그림자가 진 곳이 없었다.

이 광경을 본 마군이 다시 나타나 부처님으로 하여금, 제자들에게 가르침을 주지 말 것을 간곡히 부탁하였다. 부처님은 이에 그러한 생각을 갖는 것 자체가 마군들의 사견임을 지적하며 다른 범천들이 부처님의 바른 깨달음을 듣고 모두 귀의하였다.

〈중아함경 제19권, 2. 장수왕품 범천청불경〉

(8) 유승천경(有勝天經)

슈라아바스티이에 선여(仙餘) 장자가 있어 세존과 아니룻다・카아탸아야나(迦栴延) 등에게 공양청을 하였다. 공양을 마치고 나니 선여 장자가 물었다.

"큰 마음 해탈과 한량없는 마음 해탈이 어떻게 다릅니까?"

"때와 장소에 국한되어 자유를 얻는 것을 큰 해탈이라 하고, 때와 장소에 구애없이 주한대로 하는 것을 한량없는 해탈이라 한다. 하늘에는 정광천(淨光天)과 광천(光天)・변정광천(遍淨光天)이 있는데 그들에게는 각기 그들만이 통할 수 있는 업이 있다."

고 하고 3정천에 관해 구체적으로 설명하였다.

〈중아함경 제19권, 2. 장수왕품 유승천경〉

(9) 가치나경(迦絺那經)

부처님께서 슈라아바스티이국 사라라(娑羅羅) 바위 산중에 계실 때 존자 아니룻다가 아난 존자에게 3의를 지어 줄 것을 요청하였다. 이에 8백 비구가 모여 가치나를 장만하였는데 부처님께서도 자원하여 가셨다.

그때 아니룻다가 말했다.

"나는 집에 있을 때 집이 그대로 감옥이고 쇠사슬이라고 생각하여, 법문을 듣고 속히 스스로 머리를 깎고 가사를 입고 출가한 스님이 되었다. 그리하여 살생하지 않고, 거짓말 하지 않고, 꾸밈말, 농사짓고 점방 차리는 것을 벗어나 거룩한 계를 무더기로 성취하였다. 그리하여 일 없는 사람이 되어 가부좌 맺고 선정을 이룩하였으므로 천안통을 얻어 1천 세계를 관찰하는 능력을 얻게 되었다."

부처님께서는 아니룻다의 고백(가치나 법)을 듣고 칭찬하였다.

〈중아함경 제19권, 3. 장수왕품 가치나경〉

중아함경 제20권

4. 장수왕품

(10) 염신경(念身經)

부처님께 앙가아(鴦祇)국 아아파남 니간타가 사는 곳에 계실 때, 비구스님들께서 세존은 참으로 기이하시다. 몸 생각하기를 닦아 익히시어 보호하고, 다스리며 잘 갖추고 행하며 한마음 가운데 계신다. 그래서 거기서 눈을 얻고 제1의 제를 보고 말씀하신다.

몸을 생각한다는 말은 다니면 다니는 줄 알고 서면 선 줄 알며, 자면 자는 줄 알고, 깨어 있으면 깨어 있는 줄 알며, 멀리 떠나 홀로 수행하면 모든 병도 끊어 안정된 마음을 얻고 참 뜻을 알 것이다. 드나들고 관하고, 굽히고 펴고, 엎드리고 우러르기를 차례로 하여 옷과 발우를 챙기고 다니고, 서고 입고 눕고 자고 깨고 말하고 침묵하기를 모두 바로 한다.

그렇게 하면 자연 악하고 불선한 일이 없어져 끊고 멸해 없앤다. 마치 목공이 먹줄을 튕겨 들쭉날쭉한 것을 깎아버리듯, 이와 이를 서로 붙이고 혀를 입천장에 대어 마음으로써 마음을 다스려 없앤다. 마치 두 역사가 한 사람을 잡고 다스리는 것과 같이 들숨 날숨이 길고 짧고, 온 몸에 숨이 돌고 나는 것을 조절해 알면 욕심을 떠나 기쁨이 생기게 될 것이다. 마치 콩가루가 떡에 묻혀지는 것과 같이 온몸이 충만해지는 것이다.

그리하여 정에서 생기는 기쁨과 즐거움이 몸을 담가 불어어 몸 가운데 충만하고, 그 충만한 기쁨까지 여의어, 마치 연못 속에 붉고 흰 연꽃이 가득찬 것과 같이 한다. 또 풍성한 옷으로 온 몸을 감싸듯 광명상을 생각하고 밤낮 없이 밝은 빛과 좋고 나쁜 것과 깨끗하고 더러운 것이 온몸에 꽉 차 있는 것을 관찰한다. 마치 그릇 속에 담겨있는 씨앗들이 눈 속에 사무쳐 또렷또렷이 분별되듯, 백정이 소를 잡아 부분부분 가름을 내듯, 허물어지는 송장을 새와 짐승들이 조각조각 쪼아먹듯, 무덤에 버려진 몸이 해골바가지로 돌아가듯, 빈 병이 무엇이고 받아들여 그 가치를 형성하듯, 마른나무를 문질러 그 속에서 불이 나듯 하면 몸에서 저절로 열여덟 가지 덕이 형성하게 될 것이다.

① 어떠한 어려움도 이겨내는 힘이 생기고,

② 거기 집착하지 아니하며,

③ 두려움을 이겨내고,

④ 탐,

⑤ 진,

⑥ 치,
⑦ 해침을 벗어나
⑧ 제4선을 성취하고,
⑨ 3결을 끊고 수다원이 되어 7유를 받고,
⑩ 음욕과 성냄 어리석음에서 벗어나
⑪ 열반을 증득한다.
⑫ 식해탈을 얻어
⑬ 색에서 벗어나며,
⑭ 무색계에 태어나고,
⑮ 여기상정에 들며,
⑯ 슬기를 관찰하여
⑰ 번뇌를 끊고
⑱ 이를 널리 편다.

날아다니는 신통·천이통·타심통·숙명통·누진통을 얻어 현세에서 스스로 알고 깨닫고 증득해 편다.

〈중아함경 제20권, 4. 장수왕품 염심경〉

(11) 지리미리경(支離彌梨經)

부처님께서 죽림정사에 계실 때 많은 비구스님들이 율법 때문에 약산의 시비가 있었다. 그때 질다라상자(質多羅象子)가 큰 스님들의 법문이 끝나기 전에 공경심이 없는 마음으로 질문하니 대구치라(大拘絺羅) 스님께서 답했다.

"공경심 없이 함부로 질문하지 말라."

"질다라상자는 계덕이 있고 많이 알고 게으른 듯하면서도 잘난 체 하지 않고, 모든 일을 잘 돕고 있다."

"그런 소리 말라. 부처님과 큰 스님들 앞에서도 참괴심을 가지고 잘 하는 척 하다가도 돌아서면, 마치 소가 남의 밭을 함부로 드나드는 것과 같이, 줄로 매 놓아도 소용이 없는 경우가 있다. 호수에 물이 차면 갈대나 모래, 돌·풀이 보이지 않는 것과 같이, 제1·제2·제3·제4선의 무상정에 이르러서도 치이리일리카(支離彌梨 ; 귀뚜라미) 벌레 소리를 듣는 것과 같다.

그러므로 수행자는 설사 무상정에 들었다 하더라도, 얻지 못한 것을 얻고 거두지 못한 것을 거두어야 한다."

그 뒤 얼마 안있다가 질다라상자 비구가 계를 버리고 도를 파했다는 소문을 듣고

"대구치라야말로 남의 마음을 잘 아시는 분이다."

고 칭찬하였다.

〈중아함경 제20권, 4. 장수왕품 지리미리경〉

(12) 장로상존수면경(長老上尊睡眠經)

부처님께서 녹야원에 계실 때 마하아모옥갈라아나는, 마가다국 선지식촌에 있다가 그만 선정 중에 깊은 잠에 빠졌다. 부처님께서는 여기상정에 들어 그의 앞에 나타나 깨웠다.

"모옥갈라나여, 잠을 깨라. 옛날 들은 법을 따르고는 받아 가지어 남을 위하여 설명하고 헤아려라. 그래도 잠이 잘 없어지지 아니하면 두 손으로 귀를 문지르고 찬물로 눈을 씻고, 4방을 둘러 보고 별들을 헤아려보고 경행하라. 그리고 조용히 숲 속에 들어가 연좌하라. 그리고 걸식할 때는 남의 집에 저주하는 마음을 일으키면 안되고 설법할 때는 다투는 말을 쓰면 안된다."

"부처님 감사합니다. 어떻게 하면 비구가 구경에 이르러 최고 깨끗한 범행을 완성할 수 있을까요?"

"고·낙·사 3상을 깨닫고, 무상을 통해 흥·망·성·쇠를 관찰하여 욕심을 없애라."

〈중아함경 제20권, 4. 장수왕품 장로상존수면경〉

증아함경 제21권

5. 장수왕품

(13) 무자경(無刺經)

부처님께서 바이샤알리이성 미후강변에 계실 때 릿차비 사람들이 너무 떠들고 단체로 와서 공양하자 챠알리(遮羅) 우포오차알리(優簸遮羅)·현선(賢善)·현환(賢患)·무환(無患)·야사(耶舍)·상칭(上稱) 등 대덕스님들이 조용한 사알라(沙羅)숲으로 가 선정을 닦았다. 이 소식을 들은 부처님께서 칭찬하였다.

"잘한 일이다. 선에는 소리가 가시가 된다. 계에는 범계가 가시가 되고, 근을 보호하는 자에게는 몸을 치장하는 것이 가시가 되고, 악로를 닦아 익히는 자에게는 깨끗하다는 생각, 자심(慈心)을 닦는 자에게는 성내는 것이 가시가 되며, 술을 끊은 사람에게는 술이, 범행자에게는 색이, 초선자에게는 소리, 2선자에게는 감각, 3선자에게는 기쁨, 4선자에게는 들숨과 날숨, 공처(空處)에 들어간 자에게는 색상, 식처에 들어간 자는 공처상, 무소유처 자에게는 식처상, 무상처 자에게는 무소유처상, 상지멸정 자에게는 상지(想知)가 가시가 된다. 그런데 그 가운데서도 모두 다 통하는 것은 탐·진·치 3독의 가시이다."

〈중아함경 제21권, 5. 장수왕품 무자경〉

(14) 진인경(眞人經)

부처님께서 기수급고독원에 계시면서 참된 사람에 대한 법문을 하였다.

"호귀와 단정, 말 잘하는 장로, 경 잘 외는 것, 좋은 옷과 밥, 일 없는 곳에 이른 것, 4선·4무색을 얻어 그것을 가지고 남을 업신여기는 사람은 진인이 아니고, 그런 것을 다 가지고 있으면서도 상을 내지 아니하면 그것이 진인이다."

〈중아함경 제21권, 5. 장수왕품 진인경〉

(15) 설처경(說處經)

아아난다가 기수급고독원에 있으면서 연좌 후 여러 제자들과 함게 부처님께 나아가니 부처님께서

"5음·6내·6외·6식·6갱락·6각(覺)·6상(想)·6사(思)·6애(愛)·6계(界)·인연·4념처·4정단·4여의족·4선·4성제·4상·4무량·4무색·4성종·4사문과·5숙해탈상(苦·空·無常·無我)·5해탈처·5근·5력·5출요계(出要界)·7재(財 ; 信·戒·慙·愧·聞·施·慧)·7력(力)·7각지·8지성도·정법(頂法 ; 최고의 경지까지 이르러 갔다가도 도리어 타락하는 경우가 있음)을 알아, 스스로 깨닫고 남을 가르치면 설법을 잘 할 수 있다."

고 하였다.

〈중아함경 제21권, 5. 장수왕품 설치경〉

중아함경 제22권

1. 예품(穢品)

(1) 예품경(穢品經)

부처님께서 녹야원에 계실 때 샤아라푸트라가 4종 인간에 대하여 설명하였다.

"첫째, 안에 더러움이 있지만 스스로 알지 못하는 사람이고,

둘째, 안에 더러움이 있는 것을 알고 그 모양을 샅샅이 깨달은 사람이며,

셋째, 안에 더러움이 없지만 스스로 알지 못하고,

넷째, 안에 더러움이 없는 것을 스스로 알고 보는 자이다.

첫 번째 사람은 선악이 무엇인지 깨닫지 못한 하천한 사람들이고, 두 번째는 악을 보고 선을 행하고자 노력하는 사람이며, 세 번째 사람은 선을 본 사람이고, 네 번째 사람은 선을 보고 그대로 선을 실현한 사람이다.

〈중아함경 제22권, 1. 예품 예품경〉

(2) 구법경(求法經)

부처님께서 코오살라국 오사라촌(五娑羅村)에 계실 때 덕망 있는 비구들(사리불·목건련·마하가섭·가전연·아니룻다·레바타·아난 등)과 함께 있는 많은 비구들에게 말씀하였다.

"그대들은 마땅히 법을 구하는 수행에 힘쓰고, 음식을 구하는 수행에 힘쓰지 말라."

하고 샤아리푸트라에게 법문을 시키자 설법하였다.

"세존께서는 어떤 법률 스승이 멀리 떠나 살기를 즐겨하더라도, 상제자가 멀리 떠남에서 살기를 즐겨하지 아니하면, 그 법률은 많은 사람을 요익하게 하지 못하니, 많은 사람을 즐겁게 하지 못하고 세상을 가엾이 여기지 못하며, 또한 하늘을 위해서나 사람을 위해서 옳음과 요익을 구하지 못하고, 안온과 쾌락을 구하지 못한다고 하였는데, 제자가 스승을 떠나 마음대로 시내면 스승을 욕먹이는 일이 되고, 스승은 떠났는데 제자들이 떠나지 아니해도 비방을 면치 못하며, 두 사람이 항상 물과 그릇이 어울리듯 하면 이는 불법과 사제를 한꺼번에 빛나게 하는 것이다고 하신 말씀이다. 이것이 사제지간에 있어야 할 3사(事)이다."

〈중아함경 제22권, 1. 예품 구법경〉

중아함경 제23권

2. 예품

(3) 비구청경(比丘淸經)

부처님께서 죽림정사에 계실 때 여름 안거를 맞이하여, 마하아모옥갈라아나 등에게 말했다.

"만일 어떤 비구가 어떤 비구의 청을 받아 충고하더라도, 화를 내거나 악담 비난하면 안된다. 나만 물드는 것이 아니라 다른 사람까지 물들게 하기 때문이다. 비구는 항상 은혜에 감사하며 욕심 없이 깨끗하게 살아야 하기 때문이다.

나는 혹시 더러운 행에 물들지 않고 있는가, 원한 맺힌 일은 없는가, 속이거나 아첨하거나 질투 간탐하는 일은 없는가, 성내고 모질고 간악한 점은 없는가를 반성하며 후회없이 살아야 하기 때문이다."

〈중아함경 제23권, 2. 예품 비구청경〉

(4) 지법경(知法經)

부처님께서 코오삼비이국 구사라 동산에 계실 때 춘다(周那) 비구에게 말씀하였다.

"나도 알만한 법을 다 알아 탐욕이 없다. 그러면서도 그 속에 나쁜 마음을 가지고 있다. 성내고 다투고 원한 맺고 분노하면 못쓴다. 어떤 사람이 부자도 아니면서 부자라 하고, 나라의 봉(封)이나 목축이 없으면서 있는 척하면, 그는 진짜 부자가 아니듯이 수행자도 마찬가지다. 아는 것을 안다고 하고 모르는 것을 모른다고 하고, 깨달은 것을 깨달았다고 하고 깨닫지 못한 것을 깨닫지 못했다고 해야 옳다."

〈중아함경 제23권, 2. 예품 지법경〉

(5) 주나문견경(周那問見經)

그때 춘다가 부처님께 물었다.

"세존이시여, 세간에는 여러 가지 소견이 있습니다. 신이 있다 중생이 있다 세간이 있다고 말하는데 이러한 소견에서 벗어나려면 어떻게 해야 합니까?"

"소견을 비우고 더는데 관심을 가져야 한다. 모든 것은 자기의 체험 없이는 되는 법이 없다. 그러니 스스로 빠지지 않으면서 건지고 스스로 증득하여 열반을 가르치고, 스스로 다룬 것을 다루면 반드시 그렇게 될 것이다. 악은 덜고 상대를 다스려, 스스로 다른 곳으로 나아가게 하면 누구나 반열반에 들게 되니, 수행자는 절대로 남의 나쁜 것을 보지 말고 자기 앞만 보고 나가되, 혹 묻는 자가 있으면 자신의 깨달음을 배경으로 하여 설명해 주라."

〈중아함경 제23권, 2. 예품 주나문견경〉

(6) 청백연화유경(靑白蓮華喩經)

부처님께서 기수급고독원에 계시면서 비구들에게 말하였다.

"어떤 법은 멸하고 어떤 법은 멸하지 않아야 하는가?"

"신・구・의 3업 가운데 10악법은 멸하고, 10선법은 멸하지 않아야 되나 거기 집착하지도 말아야 한다."

〈중아함경 제23권, 2. 예품 청백연화유경〉

(7) 수정범지경(水淨梵志經)

부처님께서 처음 니그로오다나무 밑에 계실 때 수정 범지로 인하여 다음과 같이 말씀하였다.

"세상에는 스물한 가지 더러움이 있는데, ① 사견심에 욕심, ② 법 아닌 욕심, ③ 악탐심, ④ 사견심, ⑤ 탐심, ⑥ 진심, ⑦ 수면심, ⑧ 산란심, ⑨ 의혹심, ⑩ 분노심, ⑪ 원한심, ⑫ 간탐심, ⑬ 질투심, ⑭ 위망심, ⑮ 아첨심, ⑯ 참심,

⑰ 괴심, ⑱ 거만심, ⑲ 대견심, ⑳ 멸시심, ㉑ 방일심이 그것이다.

이 마음이 없는 자는 천당에 가서 나게 된다. 이 마음을 없앤 마음을 4무량심으로 꽉 채우면 이것을 안팎으로 마음을 목욕시킨다고 한다."

하고 다음과 같이 게송을 읊었다.

"묘호수(妙好首) 범지여,
하수의 물만으로는 검은 업을 깨끗이 할 수 없다.
깨끗한 사람은 때가 더러움 없이
항상 계를 지니고 청백하게 살아가고
살·도·음·망이 없으면
모든 중생이 편안하리라."

"감사합니다. 깨끗한 목욕은 선법으로써 해야하니 무엇 때문에 더럽고 깨끗한 물을 쓰겠습니까. 저는 오늘부터 3보에 귀의하여 목숨이 다할 때까지 씻고 닦겠습니다."

〈중아함경 제23권, 2. 예품 수정범지경〉

(8) 흑비구경(黑比丘經)

부처님께서 동원 녹모강당에 계실 때 싸움 잘 하는 흑비구를 인연하여 설법하였다.

"어떤 사람은 싸움하기를 좋아하고 화해하기를 싫어한다. 이것은 진짜로 사랑하고 기뻐할 것이 못되고, 공경·존중·닦아 익히게 할 수 없고, 거두어 가지게 할 수도 없으며, 사문이 되게 할 수도 없고, 한 뜻을 얻게 할 수도 없으며, 열반을 얻게 할 수도 없고, 나쁜 욕심을 가진 자는 그치게 할 수도 없다. 계를 범하고 넘고 깨고 구멍내고 더럽혀 계 가지는 것은 칭찬하지 않는다. 왜냐하면 어떤 사람은 그것을 인하여 분노·원한·질투·속임질을 함으로써 범행자를 위로하지도 않고 연좌를 즐겨하지 않되, 공양·공경·존중·찬탄하는 법이 없어 싸움만 즐겨하기 때문이다.”

〈중아함경 제23권, 2. 예품 흑비구경〉

(9) 주법경(住法經)

부처님께서 기수급고독원에 계실 때 비구스님들께 말씀하였다.

“나는 물러나는 착한 법은 머무르지도 않고 더하지도 않는다고 말하고, 머무르는 착한 법과 더하는 착한 법 또한 마찬가지다.

금계를 독실히 믿고 널리 듣고 보시하여 지혜와 변재 아함과 또 얻는 것이 없으면, 그 사람은 이 법에서 물러나 머무르지도 않고 더하지도 않는다.

또 금계를 굳게 믿고 널리 듣고 보시하여, 지혜와 변재, 아함과 얻는 바가 없으면, 이 사람이 법에서 물러나지 않는 사람이다.

또 금계를 독실히 믿고 널리 듣고 보시하며, 지혜와 변재, 아함과 얻는 바가 없으면, 그 사람들이 이 법에서 더해서 물러나지도 않고 머무르지도 않는 사람이다.

그러므로 비구는 탐 · 진 · 수면의 얽맴 · 의혹 · 다툼 · 더러움 · 믿음 · 정진 · 기억 · 선정 · 지혜가 많은가 적은가를 살펴, 끊어야 할 것은 끊고 키워나가야 할 것은 키워나가야 할 것이다.”

〈중아함경 제23권, 2. 예품 주법경〉

(10) 무경(無經)

부처님께서 기수급고독원에 계실 때 비구 · 비구니에게 말씀하였다.

“아직 듣지 못한 법을 들을 수 없고 이미 들은 법은 곧 잊어 버리면 이것이 쇠퇴법이다. 그러니 스스로 자신에게 탐 · 진 · 수면 · 산란 · 의혹 · 다툼 · 더러움 · 믿음 · 정진 · 기억 · 선정 · 지혜가 있는가 없는가를 살펴, 없는 것은 있게 하고 있는 것을 더욱 키워나가도록 해야 한다.”

〈중아함경 제23권, 2. 예품 무경〉

중아함경 제24권

1. 인품(因品)

(1) 대인경(大因經)

부처님께서 쿠루우수 도읍지인 캄마싯담마에 계실 때 아난 존자가 물었다.

"연기는 매우 기이하고 지극히 깊고 알기 어렵습니다."

"그렇다. 연기는 참으로 알기 어렵고 보기 어렵고, 깨닫기 어렵고 통달하기 어렵다. 베틀이 뒤틀린 것과 같고, 넝쿨이 엉클어진 것과 같으며, 바쁘고 부산하게 이 세상에서 저 세상으로 갔다 왔다 하면서 생사를 뛰어나지 못하고 있기 때문이다. 늙고 죽음은 생에서 연기하고, 생은 전생의 업에서 연기하는데 그 근원을 따져보면 맹목적인 생각은 무명에서 연기되었다."

하고 12인연을 구체적으로 설명하고 중생이 태어나는 세계를 7식주와 2처로써 설명하였다. 7식주는

① 빛깔이 있는 중생은 약간의 몸에 약간의 생각이 있으니, 그래서 욕천에 태어나게 되고,

② 빛깔이 있는 중생은 약간의 몸에 약간의 생각이 있으니, 그래서 범천에 태어나게 되며,

③ 빛깔이 있는 중생은 한 몸에 약간의 생각이 있으니, 그래서 황욱천(晃昱天)에 태어나게 되고,

④ 빛깔이 있는 중생은 한 몸에 한 생각을 가지고 있으니, 그래서 변정천에 태어나게 되며,

⑤ 빛깔이 없는 중생은 일체의 빛깔이라는 생각을 건너고, 상대심을 멸하고 약간의 생각도 없이 공천(無量空處天)에 태어나게 되고,

⑥ 어떤 분은 무량공처천을 지나 한량없는 식처천(無量識處天)에 태어나게 되며,

⑦ 무량식처천을 건넌 이는 무소유처천(無所有處天)에 태어나게 된다.

또 2처는

① 빛깔이 있는 중생은 생각도 없고 감각도 없으니 무상천(無想天)이다.

② 어떤 중생은 무소유천을 지나 비유상비무상처천에 태어난다.

그러데 만일 어떤 비구가 제7식과 2처에 대해서 그 참뜻을 알고, 마음에 집착하지 않아 해탈을 얻으면, 이것이 비구 아라한으로써 8해탈을 얻게 되는 것이다.

① 안의 색 생각이 밖의 색을 관찰하는 것이고,

② 안의 색상이 없이 밖으로 색을 관찰하는 것이며,

③ 깨끗한 해탈을 몸으로 증득하여 성취하려는 것이고,

④ 일체의 빛깔이라는 생각을 건너 상대가 있다는 생각을 멸하고, 약간의 생각도 없애고 한량 없는 공처를 성취하는 것이며,

⑤ 한량 없는 공처를 지나 한량 없는 식처에 들어가는 것이고,

⑥ 한량 없는 식처를 건너 무소유처로써 무소유처를 성취이며,

⑦ 무소유처를 건너 비유상비무상처를 성취하고

⑧ 비유상비무상처를 건너 멸해탈을 증득하는 것이다.

만일 이상 모든 식주(識住)를 순역(順逆)으로 통달하면 마침내 구해탈(俱解脫)을 얻게 된다.

〈중아함경 제24권, 1. 인품 대인경〉

(2) 염처경(念處經)

부처님께서 쿠루우수 캄마싯담마에 계실 때 여러 비구들에게 말했다.

“한 도(道)가 있어 중생을 깨끗하게 하고 걱정과 두려움을 견디며 고뇌를 없애고 슬픔을 끊고 바른 법을 얻어 하는 도가 있으니 4념처가 그것이다.

과거의 모든 부처님들이 4념처를 통해 5개(蓋)를 끊고 7각·8정도에 이르렀다.

첫째, 몸을 관찰하는 것이니 부정하기 때문이고,

둘째, 받는 것이니 일체가 고통이며,
셋째, 마음이니 마음은 무상하기 때문이고,
넷째, 법이니 법은 무아하기 때문이다.

〈중아함경 제24권, 1. 인품 염처경〉

중아함경 제25권

2. 인품

(3·4) 고음경(苦陰經)

부처님께서 기수급고독원에 계실 때 이학(異學)들이 강당에 모여 비구들에게 물었다.

"우리도 욕심을 끊고 색·각을 알아 끊고, 불교도 욕·색·각을 끊는데 어떠한 차별이 있는가?"

"욕심의 맛(五欲)은 공덕으로 말미암아 즐거움이 생기니, 이것은 지나가는 환(患)이 있고 다음 색·각도 마찬가지다. 그런데 그들은 그것을 잘 알지 못하므로, 환을 도리어 즐거움으로 알았다가 잘못되면 화(瞋)를 내니, 화 때문에 출요(出要)를 얻지 못하는 것이 다른 점이다."

또 부처님께서 삭기수 카필라바스투 니그로오다아 동산에 계실 때 석마하남이 와서 말했다.

"저는 불법을 내 마음 속에 있는 세 가지 더러움을 제거하는 것으로 이해하고 있습니다."

"좋다. 그러나 그대는 집에 있으면서 집을 버리지 못했다. 5욕의 공덕은 실로 사랑할만 하고 기뻐할만 하나 눈으로 보는 빛, 귀로 듣는 소리, 코로 맡는 냄새, 혀로 맛보는 것, 몸으로 부딪쳐 보는 것, 이것으로 말미암아 왕과 왕의 권속들이 안락과 환희를 얻게 하나 이것으로 인하여 장차 큰 화를 이루게 되니, 중생의 욕심은 끝이 없기 때문이다."

"빔비사라왕의 즐거움과 석가모니 부처님의 즐거움과 비교할 수 있습니까?"

"임금님은 욕심을 통해 즐거움을 맛보지만, 나는 욕심 없는 가운데서도 열반을 증득할 수 있는데, 그것은 때와 장소에 구애되지 않는다. 니간타들이 고행을 통해 욕락을 얻는다고 하여 갖가지 고통을 겪고 있는데, 모두 그것은 빔비사라 임금님이나 6욕천·색천의 즐거움에 불과하다."

〈중아함경 제25권, 2. 인품 고음경 3·4〉

(5) 증상심경(增上心經)

부처님께서 기수급고독원에 계실 때 비구들에게 말씀하셨다.

"만일 비구가 증상심을 얻고자 하면 다섯 가지 상을 생각해야 한다.

첫째, 상(相)을 보고 선과 맞는가를 생각하여 맞으면 더욱 증장시키고,

둘째, 지금까지 난 선과 같지 않으면 새로 그 선을 낼 것이며,

셋째, 지금까지 가지고 온 악을 마음 속에 두지 말고,

넷째, 다시는 악을 지어서는 안된다.

다섯째, 그래서 지혜로운 사람이 되어 마음에 자재를 얻어, 생각하고 싶은 것을 생각하고 그렇지 않은 것은 생각하지 않는다."

〈중아함경 제25권, 2. 인품 증상심경〉

(6) 염경(念經)

부처님께서 급고독원에 계시면서 여러 비구들에게 말씀하셨다.

"나는 옛날 고행 중에 있을 때 모든 생각을 둘로 나누어 탐·진·치를 일체

생각 속에 넣지 않고, 불탐·부진·불치만을 길러 갔다. 마치 소 치는 아이가 막대를 들고 남의 밭에 들어가지 못하게 하는 것과 같이, 그리하여 편편하고 바른 길을 열고, 나쁜 길은 막고 구덩이를 메우고 지키는 사람을 물리치고, 높은 스승이 제자를 위하는 것처럼, 큰 사랑과 어여삐 여기는 마음을 일으켜 가엾이 여기고 불쌍히 생각해, 편리와 요익을 구하고 안온과 쾌락을 구하는 일을 다 마치게 한 것이다. 그러니 너희들은 스스로 노력하고 연좌하라."

〈중아함경 제25권, 2. 인품 염경〉

중아함경 제26권

3. 인품

(7) 사자후경(獅子吼經)

부처님께서 캄마싯담마에 계실 때 여러 비구스님들께 말씀하였다.

"스승을 믿고 법을 믿고 계를 구족하고 도를 같이 하였어도, 사랑하고 공경해 정성껏 받들어 섬기는 사람 이 사람이 제1, 제2, 제3, 제4의 사문이다.

〈중아함경 제26권, 3. 인품 사자후경〉

(8) 우담바라경(優曇婆邏經)

부처님께서 죽림정사에 계실 때 이름과 덕이 높은 실의(實意) 거사가 있었다. 하루는 여러 논(鳥論·語論·王論·賊論·鬪爭論·飮食論·衣被論·婦女論·童女論·婬女論·世俗論·非道論·海論·國論 등)에 정통하여 많은 제자들을 거

느리고 있는 무에(無恚)가

"부처님은 일 없는 곳이나 나무밑에 앉아 연좌하고 계신다.

만일 그가 이곳에 오면 그 누구도 일어나 합장하지 않으리라."

고 하였다. 이에 부처님은 천이통으로 들으시고 그곳에 나아가니 이학 무애가 일어나 가사 한 자락을 걷어매고 합장하고 찬탄하였다.

"잘 오셨습니다. 고오타마시여. 그 자리에 앉으십시오."

"그대는 조금 전에 무슨 말을 하였는가?"

"사문 고오타마는 어떤 법으로 제자들을 가르쳐 모든 사람들을 편안하게 하고, 몸과 목숨이 맞도록 범행을 닦고 또 남을 위해 설명하는가를 의논하였습니다."

모든 사람들은 이 소리를 듣고

"이자야 말로 거짓말쟁이구나."

하고 의심하였다. 그를 안 부처님께서

"불법은 거짓말을 하지 않는 것이고 욕심을 내지 않는 것이며, 화내지 않는 것이다. 어떠한 고행을 통해서도 새로운 욕심을 내는 것이 없으며, 오직 선할 뿐이다."

〈중아함경 제26권, 3. 인품 우담바라경〉

(9) 원경(願經)

부처님께서 기수급고독원에 계실 때 한 비구가 고요한 곳에 앉아 연좌하다가 부처님께 나아가자 그로인해 여러 비구가 모여 법문을 들었다.

"구족계를 받고 선을 닦은 사람은 마땅히 원을 세워야 한다. 굶주림과 목마름, 추위와 더위, 모기와 등에, 벼룩과 이, 바람과 햇빛의 시달림에 있어서는 잘 참고 이겨, 우리들에게 베푼 보시자(의복 · 의식 · 침구 · 탕약)들로 하여금 큰 공덕이 있고 광명이 있으며 갚음이 있게 하여야 한다.

이렇게 공부하는 사람은 반드시 3결을 끊고 5하분결을 다하여 여의족을 얻을 것이다."

〈중아함경 제26권, 3. 인품 원경〉

(10) 상경(想經)

부처님께서 기수급고독원에 계실 때 비구스님들께 말씀하였다.

"어떤 바라문 사문은 땅에 대해서 땅이라는 생각을 가지고, 땅은 신이요 신의 소유다"고 생각한 뒤에는 곧 땅을 알지 못한다. 물·불·바람 내지 무번천 무열천에 대해서도 마찬가지다.

또 어떤 사문은 땅은 신이 아니다 신의 소유도 아니다고 생각하는 사람들이 있다. 그러나 나는 그러한 고집을 부리지 않고 왜 그들이 "신이요 바람이다" 하였는지, "신이 아니다" 하였는지를 깨달아 알게 할 뿐이다.

〈중아함경 제26권, 3. 인품 상경〉

중아함경 제27권

1. 임품(林品)

(1·2) 임경(林經)

부처님께서 기수급고독원에 계시며 말씀하였다.

"너희들이 저 숲을 의지하여 머무르며, 바른 생각이 없으면 바른 생각을 얻고, 고요하지 못하면 고요함을 얻고, 해탈하지 못했으면 해탈을 얻고, 누가 다하지 못했으면 누를 얻어 마침내 열반을 얻도록 해야 한다. 그리고 비구는 한 숲을 의지하여 머물러야지 이리저리 돌아다니면 안된다."

〈중아함경 제27권, 1. 임품 임경 1·2〉

(3·4) 자관심경(自觀心經)

"만일 어떤 비구가 남의 마음을 잘 관찰하지 못하면, 스스로 자기 마음을 관찰하기를 배워야 한다. 자기 마음 속에 3독이 있는가 없는가, 있으면 당연히 끊어야 하고, 없으면 남을 위해 사랑을 베풀어야 하기 때문이다."

〈중아함경 제27권, 1. 임품 자관심경 3·4〉

(5) 달범행경(達梵行經)

부처님께서 캄마싯담마에 계실 때 비구스님들께 말씀하였다.

"법은 처음도 좋고 중간도 좋고 끝도 좋으며, 묘체도 없고 뜻도 없고 구족청정하게 범행을 밝게 닦아 나타내야 하니, 그 이름이 달범행이다. 이 세상 모든 누(漏)는 마음이 새나가는 데서 연유되니, 그 원인을 알아 깨닫고 상(想)·욕(欲)·업(業)·고(苦)도 그렇게 관찰하여 깨달으라. 그리하면 욕루·유루·무명루가 모두 다하게 될 것이다.

〈중아함경 제27권, 1. 임품 달범행경〉

(6) 아노파경(阿奴波經)

부처님께서 박게수 우다카(阿奴波)에 계실 때 아난다와 함께 아치라바티이(阿夷羅愁帝) 강가에 가서 목욕하시고 데바닷타에 대해서 말씀하였다.

"데바닷타(提婆達多)는 방일하였기 때문에 지극한 고난에 빠졌다. 장차 지옥에 들어가 1겁을 지내도 거기서 나오기 어려울 것이다. 나는 타심지를 얻어 다른 사람의 마음이 착한 지 악한 지, 그 과보는 장차 어떻게 될 것인지, 또 가르침을 주어 그 사람들로 하여금 생각을 바꿀 수 있을지 없을지를 아는데, 데바닷타는 전혀 그 마음이 바뀌어질 만한 소지가 없기 때문이다."

〈중아함경 제27권, 1. 임품 아노파경〉

중아함경 제28권

2. 임품

(7) 제법본경(諸法本經)

부처님께서 기수급고독원에 계시면서 비구스님께 말씀하였다.

"모든 법의 근본은 욕심이다. 누가 묻더라도 그렇게 대답하라. 그리고 그것은 다시 즐거워하는 촉감(更樂)으로써 화해진다고, 그리고 그것은 감각과 사상이 유(有)·염(念)·정(定)·혜(慧)가 되어 마침내 해탈 열반에 나아가니 염(念)이야말로 모든 법의 가장 으뜸가는 주인이 된다."

〈중아함경 제28권, 2. 임품 제법본경〉

(8) 우다라경(優陀羅經)

"웃다카라아마풋다는 생(生)의 종기(癰)를 깨닫지 못했다. 그는 '유(有)는 병이고 가시다. 만일 생각이 없다면 그는 어리석음이요 깨닫는 바가 있으면 유이다. 비유상비무상처까지 마찬가지다. 그러나 그는 거기서 죽어 비유상비무상처에 태어났으나, 다시 거기서 죽어 이 세간에 와서 삵(狸)으로 태어났다. 그러니 비구는 6감촉을 통해 3각을 깨닫고 평안을 얻으라."

〈중아함경 제28권, 2. 임품 우다라경〉

(9) 밀환유경(蜜丸喩經)

부처님께서 카필라바스투 석가사에 계실 때 석종이 와서 물었다.

"당신은 무엇으로 종(宗)을 삼습니까?"

"싸우지 않고 욕심내지 않고 범행을 닦아, 아첨과 거짓을 버리고 뉘우침이 없이하되,유・비유(非有)와 무상(無想)에도 집착하지 않는 것이다. 이것은 괴로움의 끝이 되기 때문이다."

존자 가전연이 이 말씀을 받아 자세히 풀이하여 주었다.

〈중아함경 제28권, 2. 임품 밀환유경〉

(10) 구담미경(瞿曇彌經)

부처님께서 카필라바스투 니구로오다 동산에서 여름 안거를 시작하려 할 때 고오타미이가 찾아왔다.

"여인도 4사문과를 얻을 수 있으며 출가 사문이 될 수 있습니까?"

"그만두라. 그런 말은 하지 말라."

부처님께서 하안거를 마치고 떠나자 고오타미이는 사이(舍夷 ; 석가족 여인)의 늙은 어머니들과 함께 계속해서 따라가 나마제(那摩提)의 건니정사(犍尼精舍)에 머물렀다. 그날도 세 번 간청하였다가 세 번 다 제지를 받고 슬피 울면서 문밖에 서 있었다.

아난다가 이 사정을 듣고 부처님께 간곡히 부탁드렸다.

"세존이시여, 고오타미이 대애는 세존을 위해 좋은 일을 많이 했습니다. 어머니께서 돌아가신 뒤 작은 어머니가 되어 부처님을 길러주시지 않았습니까?"

"나도 잘 안다. 그 은혜는 세세생생 갚는다 할지라도 다 갚지 못한다. 그러나 여인이 출가하면 마치 벼 밭에 가라지(강아지풀)가 난 것과 같아 정법이 오래가지 못한다. 만일 여인이 꼭 출가해야 한다면 8조법을 잘 지켜야 한다.

① 반드시 구족계를 받고,

② 반 달마다 비구스님들께 가서 가르침을 받고,

③ 비구스님들 근처에 살면서 안거를 하고,

④ 안거 후에는 반드시 2부중 앞에서 보고 듣고 의심스러운 것을 물어야 한다.

⑤ 비구스님의 허락을 맡아 3장을 공부하여야 한다.

⑥ 비구니는 비구의 허물을 말할 수 없다.

⑦ 승가바시사죄를 범했으면 15일 동안 근신해야 한다.
⑧ 100세 비구니라도 10세 사미에게 큰 절을 해야 한다.

만일 이 여덟 가지를 목숨이 다할 때까지 지키겠다고 하면 승낙하겠다."
그리하여 비구니교단이 비로소 만들어졌으나 부처님께서 여인은
"여래·등정각·전륜성왕·제석천·마왕·대범천이 되기는 어렵다."
고 하셨다.

〈중아함경 제28권, 2. 임품 구담미경〉

중아함경 제29권

1. 대품(大品)

(1) 유연경(柔軟經)

부처님께서 기수급고독원에 계시면서 말씀하였다.

"나는 출가 후 도를 닦은 뒤로는, 마음이 항상 조용하고 한가하고 즐거워 유연하였다. 궁전에 있을 때는 봄·여름·겨울 궁전을 중심으로 나를 위한 노리개, 연못에서 목욕하고 향을 바르고 일산을 쓰고 제일 좋은 음식을 먹고, 앞뒤 사병들을 거느리고 정전에 올라가 기병들을 사열하였다.

그러나 나는 농부가 밭에서 쟁기질 하는 것을 보고, 염부나무 그늘에 앉아 각관을 닦았는데 단번에 초선을 성취하였다. 세상 사람들은 스스로 병나게 되어 있으면서 병든 사람들을 업신여기고, 스스로 늙게 되어 있으면서 늙은 사람들을 사랑하지 않고 천하게 여긴다. 그래서 나는 그때 노래 불렀다.

앓고 늙고 죽는 법, 그것은 으레 있는 것인데
범부들은 그것을 보고 미워한다.
만일 그것을 알아 미워하고 깨달으면 생을 떠날텐데
그런 생각 없이 청춘들은 그것만을 미워하고 있다.

〈중아함경 제29권, 1. 대품 유연경〉

(2) 용상경(龍象經)

부처님께서 동원의 녹자모 강당에 계실 때 우다아이와 함께 동하에 가서 목욕하고 바사익왕이 타고 가는 염용상(念龍象)을 보았다.

"우다아이여 저것이 큰 용이다."

고 하니 우다아이가 부처님의 허락을 받고 노래 불렀다.

세존께서는 인간에 나시어 스스로 바른 정도를 얻고
깨끗한 행을 닦아 마음을 쉬어 평온하시네
일체의 법을 뛰어 넘어 하늘과 사람 공경 받으니
집착이 없는 지극히 참된 사람,
일체의 맺음을 풀고 숲 속에서 숲을 버리고
무욕을 즐기시니 돌에서 진금이 나온 것 같네.
널리 듣고 법을 깨달아 마치 허공의 해처럼 놀아나니
용 가운데 용이요, 산 가운데 산이다.

〈중아함경 제29권, 1. 대품 용상경〉

(3) 설처경(說處經)

부처님께서 기수급고독원에 계실 때 3설처〔말(言)의 所衣라는 뜻〕에 대해 말씀하였다.

"과거 세상으로 말미암아 과거 세상을 말하고,

현재 세상으로 말미암아 현재 세상을 말하며,
미래 세상으로 말미암아 미래 세상을 말한다."
또 4처가 있으니
"어떤 사람이 일향론(一向論)으로 말하면 일향론으로 대답하지 않고,
분별론(分別論)으로 말하면 분별론으로 말하지 않으며,
활론(活論)으로 말하면 활론으로 말하지 않고,
지(止論)으로 말하면 지론으로 말하지 않는다.

그러니 수행자는 마땅히 처·비처·소지(所知)·설유(說喩)·도적(道跡)에도 머무르지 않아야 한다. 잘못하면 원결을 맺어 누(漏)를 다하면 갇히기 때문이다."

고 하고 다음과 같이 시를 읊었다.

다투는 논란, 잡된 뜻, 뽐내는 마음
성인을 비방하고 덕을 헐뜯고 서로의 틈만 엿보며
남의 허물을 찾고 남을 항복받고 서로 이기기를 구하는 것
성인은 이런 말을 하지 않는다.

논(論)이 있어도 때와 장소, 법과 이치를 알아
다툼과 뽐냄을 없애 뜻에 싫증내지 않고, 결루(結漏)를 없이 한다.
이치대로 말하며 악을 말하지 않고 다투고 논란하지 않고
다만 아는 것만 말한다. 그래서 언제나 즐거움 얻는다.

〈중아함경 제29권, 1. 대품 설처경〉

(4) 설무상경(說無常經)

"5음은 무상하고 괴롭고 내가 없으니 7각지를 닦아 욕루·유루·무명루를 부수고 해탈 경계에 나아가라.

집착 없는 것은 제1의 즐거움이고, 욕심 끊어 애욕 없애면

길이 아만을 버리고 무명의 그물 찢어 없애야 한다.
흔들리거나 물들지 않아 마음 속에 더러움 끊고
세간에도 물들지 않으면 범행으로써 무루를 얻으리라."

〈중아함경 제29권, 1. 대품 설무상경〉

(5) 청청경(淸淸經)

부처님께서 죽림정사에 계시면서 5백 비구에게 종해탈을 말씀하시고 여러 스님들께 말씀하셨다.

"나는 바라문으로서 멸을 끊어 마치고 위없는 의왕이 되었다. 지금 받은 몸은 최후의 몸이다. 그러므로 너희들은 나의 참 제자이니 마땅히 교화하여 서로 전하라."

그때 샤아리푸트라가

"세존이시여, 그 법은 모든 훈련되지 못한 자를 훈련되게 하고, 쉬지 못한 자를 쉬게 하며, 제도되지 못한 자를 제도하고, 도를 얻지 못한 자를 얻게 하며, 범행을 성취하게 하고, 도를 얻고 판단하게 합니다."

"샤아리푸트라여, 나는 그대의 총명한 슬기, 큰 지혜, 빠른 지혜, 민첩하고 날카롭고 넓고 깊고 뛰어난 슬기를 사랑한다. 이곳 500비구도 모두 누를 다하여 90명은 3경을 얻고 90명은 3해탈을 얻으며, 나머지는 해탈을 얻는 분도 있다."

방기사가 앞에 있다가 노래 불렀다.

15일 청정일에 함께 모여 앉은 500무리들
모두 결박을 끊어 걸림없는 신선일세.
청정광명으로 일체 유를 벗어났으니
생·노·병·사 다하고 누를 멸하고 할일 마쳤네.

들뜸과 뉘우침, 의혹의 맺음, 거만과 유를 이미 다하고
애욕까지 빼서 최상의 원이 되었네.

용맹스럽기 사자와 같아 일체 두려움 무서움 없애고
나고 죽음 이미 건너 모든 번뇌 다 없어졌다.

〈중아함경 제29권, 1. 대품 청청경〉

(6) 첨파경(瞻波經)

부처님께서 첨파 항하강가에 계실 때 종해탈을 하려하시다가 세존과 대중들 가운데 부정한 사람이 하나 있으므로 후야까지 선정에 들어 있었다. 모옥갈라아나가 신통력으로 그것을 알고 쫓아내자

"내가 말하지 아니한 것은 여러 대중들을 더럽히지 않게 하고자 한 까닭이다."

〈중아함경 제29권, 1. 대품 첨파경〉

(7) 사문이십억경(沙門二十億經)

부처님께서 기수급고독원에 계실 때 사문 20억이 도심이 퇴타해 가는 것을 아시고 사람을 시켜 불러왔다. 부처님께서 물으셨다.

"너는 도행 중 '내 공부는 모두가 누(漏)에 불과하여 차라리 집에 가서 복이나 닦으리라' 이런 생각을 하였느냐?"

"예. 그런 생각을 가졌습니다. 공부의 진도가 잘 나가지 않기 때문입니다."

"너는 집에서 무슨 일을 제일 잘 하였느냐?"

"거문고를 잘 탔습니다."

"그렇다면 거문고 줄을 너무 세게 조이거나 느슨하게 하면 소리가 나느냐?"

"나지 않습니다. 알맞아야 소리가 납니다."

"그렇다. 공부도 마찬가지다. 너무 지나치면 이 몸을 괴롭게 하고, 너무 태만하면 이 몸을 게으르게 하여 공부가 잘 안되는 법이다."

사문 20억은 이 말씀을 듣고 즉시 깨달음을 얻어 아라한이 되어 고백하였다.

"부처님, 비구가 집착과 누에서 벗어나 범행이 서고 할 일을 다하고 모든 짐을 벗게 됩니다. 유(有)의 맺힘이 풀리고 좋은 이치를 얻어 해탈함으로써 6처를

즐거워하나니 욕심을 끊고 멀리 떠나 다툼, 애욕을 떠났기 때문입니다."
하고 다음과 같이 게송을 읊었다.

즐거움도 욕심이 없는데 있으니 마음이 멀리 떠나
다툼, 집착을 떠나 움직이지 않아 해탈했기 때문이네.
마음이 해탈하면 모든 근을 쉬게 되고 할 일을 마쳐
관찰하지 않으므로 다시는 구하는 것이 없네.
마치 돌로 된 산이 바람에도 끄떡하지 않는 것과 같이.

부처님은 크게 칭찬하시고 "이와 같이 구경의 지혜를 설명할 줄 알되 증상만이 없어야 한다"고 강조하셨다.

〈중아함경 제29권, 1. 대품 사문이십억경〉

(8) 팔난경(八難經)

"사람이 범행을 행할 때 여덟 가지 어려움과 적당하지 않는 것이 있다.

① 부처님은 지식(止息)과 멸흘(滅訖), 각도(覺道)로 나아가게 하는 분이다고 하면 그는 지옥종자다.
② 부처님은 지식과 멸흘을 통해 각도로 나아가게 한다고 하면 이는 축생
③ 아귀
④ 장수천
⑤ 변국 오랑캐 가운데 나서 마음도 은혜, 보은도 없는 사람이 된다.
⑥ 부처님은 지식과 멸흘, 각도를 통해 가르친다고 하면, 설사 중국에 태어난다 하더라도 귀머거리, 벙어리와 같이 염소 소리를 하여 바른 진리를 가르치지 못한다.
⑦ 또 그런 고집을 함으로써 삿된 소견을 가져, 보시도 재도 주설(呪說)도 선악의 과보도 없다고 한다.
⑧ 부처님이 세상에 나오지 않고 설법하지 않아도 멸흘과 각도에 나아갈 수

있다고 하는 사람은 선악의 이치를 잘 알아 설명하여 뒤바뀌지 않는 생각을 가진다.

사람으로 태어났으면 누구나 미묘한 법 말하여야 하네.
만일 그 과를 얻지 못한 것은 때를 만나지 못한데 원인이 있네.
많이들 범행의 어려움을 말하니
뒤에 가서 때를 만나면 이 또한 어려움이네.

사람의 몸 얻고 미묘한 법 들으려면
자기를 가엾이 여겨 정근해야 한다.
많은 말에서 좋은 법 들어 때를 놓치지 아니하면
지옥에는 들지 않는다.

만일 때를 만나지 못해 설법 듣지 못하면
장사꾼이 재물을 잃는 것과 같이 한량없이 생사에 빠진다.

사람 몸 얻어 바르고 좋은 법 듣고
세존의 가르침 받들어 좇으면 반드시 때를 만나
범행을 닦고 모든 번뇌 떠나 일체의 매듭 끊고 항마성도 한다.

〈중아함경 제29권, 1. 대품 팔난경〉

(9) 빈궁경(貧窮經)

"욕심이 없는 사람이 가난해지면 그 보다 더 큰 고통이 없다. 남의 집 재물을 빌려 제대로 갚지 못하면, 이자가 불어 꾸짖음을 받고 독촉하다가 결박되어 노예가 되니, 이것이 큰 고통이듯 선법에 믿음이 없고, 금계・다문・보시・지혜가 없으면 많은 보물을 가지고 있으면서도 가난한 사람이 되는 것과 같다."

하고 게송을 읊었다.

재물과 이익 법다이 얻어 빚지지 않으면 안온을 얻고
보시를 행하여 기쁨 얻으며 만일 여기 청정과 믿음이 있으면
부끄럼 갖추어 간탐 제하고 5개(蓋) 버리고 선정 이루어
무식(無食)의 즐거움으로 일체의 유(有)에서 벗어난다.

병없는 열반 위없는 등불,
걱정도 티끌도 없는 편안함, 이것이 변동없는 진리라 한다.

〈중아함경 제29권, 1. 대품 빈궁경〉

중아함경 제30권

2. 대품

(10) 행욕경(行欲經)

급고독 장자가 물었다.
"세존님. 욕심에는 대략 몇 가지가 있습니까?"
하고 묻자 다음과 같이 게송으로 대답하셨다.

법답지 않게 재물을 구하고
뜻을 법답거나 법답지 않게 재물을 구해
이바지도 않고 자기도 쓰지 않고 널리 베풀어
욕을 짓지 않는 자는 악취에 떨어진다.

법다이 재물을 구하고 자기 스스로 수고해 얻은 것
남에게 주고 자기도 쓰며 널리 베풀어 복 지으면
이들은 다 복덕이 있어 욕심 중의 최상이 된다.

만일 번뇌 벗어나는 슬기를 얻어 욕심 부리며 집에 살면서
재환을 보고 족한 줄 알아 절약 검소하게 재물을 쓰는 사람
그는 욕심 벗어나는 슬기를 얻어 욕심 가운데서도 최상이 된다.

〈중아함경 제30권, 2. 대품 행욕경〉

(11) 복전경(福田經)

급고독 장자가 물었다.

"복전에는 몇 가지나 있습니까?"

"두 가지 복전은 학인과 무학인이다. 학인에는 신행·법행·신해탈·견도·신증·가가·1종·수다원향 과·사다함향 과·아나함향 과·아라한향 과·중반·열반·생반열반·행반열반·무행반열반·상류색구경 등의 18이 있고, 무학에는 사법·승진법·부동법·퇴법·불퇴법·호법·실주법·혜해탈·구해탈 등의 9법이 있다."

고 하고 다음과 같이 게송을 읊었다.

이 세상 학인과 무학인은 높일 만하고 존경할 만하다.
그들은 능히 그 몸을 바로 하고 그 입과 뜻도 그러하다.
그들도 좋은 밭, 그들에게 보시하면 큰 복을 얻는다.

〈중아함경 제30권, 2. 대품 복전경〉

(12) 우바새경(優婆塞經)

부처님께서 기수급고독원에 계실 때 급고독 장자가 500우바새를 거느리고 사

아리푸트라에게 가서 법문을 듣고 모두 함께 부처님께 가니 부처님께서는 5계로써 가르침을 보여주었다.

"성 제자들이여, 살·도·음·망·주, 이 다섯 가지 계율만 잘 지켜 선을 증장시키면, 그대들은 반드시 천상이나 인간에 태어나 4과를 증득하고 마침내 해탈할 것이다."

하고 다음과 같이 시를 읊었다.

슬기로운 사람 집에 있어 지옥의 두려움과 무서움 보고
성법을 받아 가짐으로써 말미암아 일체 악한 것을 없애 버리네.
마땅히 5계를 지켜 3보를 생각하며 항상 기쁨 얻어야 하네.

〈중아함경 제30권, 2. 대품 우바새경〉

(13) 원가경(怨家經)

"일곱 가지 원가법이 있으니 남녀간의 시기 질투의 대상이 된다.
첫째, 미인이요,
둘째, 사치이고,
셋째, 이익을 지나치게 탐구하는 것이며,
넷째, 둘이만 친하는 것이고,
다섯째, 혼자만 칭찬받는 것이며,
여섯째, 지나친 부자가 되는 것이고,
일곱째, 홀로만 천상나기를 바라는 것이다."

하고 다음과 같이 시를 지었다.

분노하면 얼굴 나빠지고 누워 자도 편안치 않네.
큰 재물 얻어도 이롭지 못하니
친족 또한 착한 벗 널리 떠나 나쁜 이름 멀리 퍼진다.

〈중아함경 제30권, 2. 대품 원가경〉

(14) 교담미경(敎曇彌經)

부처님께서 기수급고독원에 계실 때 존자 교담미가 있어 많은 사람들에게 존경을 받고 있으면서도, 성질이 흉악하여 비구들을 욕설로 꾸짖고 나무랬다. 이로인해 그곳의 모든 비구들이 떠나자 거사들이 작동하여 교담미를 쫓아냈다. 갈데가 없는 교담미가 기수급고독원에 와서,

"세존님, 저는 잘못이 없는데 거사들이 저를 쫓아냈습니다."

"그런 소리 하지 말라. 중이 중노릇을 잘못하면 이렇게 속인에게 쫓겨나게 되어 있다. 옛날 염부주 상인들이 시안응(視岸鷹)을 데리고 갔는데, 바다 가운데 가다가 의처가 없으면 뱃전으로 날아오고, 의지처가 있으면 그만 날아가 버렸다. 너도 마찬가지로 의지처가 없기 때문에 여기로 온 것이니 여러 소리 하지 말라."

하고 꾸짖었다.

〈중아함경 제30권, 2. 대품 교담미경〉

(15) 항마경(降魔經)

부처님께서 녹야원에 계실 때 모옥갈라아나가 부처님을 위해 선옥(禪屋)을 짓고 한데서 거닐고 있었는데 그때 마왕이 작은 벌레처럼 되어 존자의 뱃속으로 들어갔다. 그런데 모옥갈라아나가 뱃속이 이상하자 여기상정에 들어 그를 발견하고 옛날 각력구순대 부처님의 본생을 들어 그를 항복하였다.

〈중아함경 제31권, 2. 대품 항마경, 弊魔試國連經〉

중아함경 제31권

3. 대품

(16) 뇌타화라경(賴吒惒羅經)

부처님께서 구루수 유로타국 싱사파 동산에 계실 때 뇌타화라 동자가 찾아와 물었다.

"집에 있으면 우리와 같으며 출가하여 우리를 벗어난 새와 같이 살면 어떻습니까?"

"부모님의 승낙을 받아야 한다."

두 번 세 번 부모님께 간청하였으나 외아들인 까닭에 부모님의 승낙을 받기 어려웠다. 그런데 이 동자가 수일 동안 음식을 먹지 않고 용맹 정진하는 가운데 간신히 허락을 받아 들 가운데 비혜륵나무 밑에 앉아 좌선하고 있는데 구뢰바왕(拘牢婆王)이 찾아와

"무엇이 부족하여 출가하였느냐. 그 부족한 것을 내가 채워주겠다."

고 하자,

"늙고 죽음이 없는 이치, 다시는 여자나 명예, 권세로 인하여 쇠퇴가 없는 실이 있다면 나는 그것을 취하겠다."

고 하자 임금님 또한 발심하게 하였다. 존자 뇌타화라가 노래하였다.

세상 사람들 재물 두고 어리석어 보시할 줄 모르네.
재물 얻고도 다시 얻기 위하여 아끼고 탐내어 쌓기만 하네.
임금이 천하 얻으면 다스릴 것인데 바다 안을 다 갖고도 바다 밖을 구하네.
임금과 그 신하 욕심 못버리고 죽으면 처자 권속들 머리 풀고 통곡하니
항복받기 어렵다네.

옷을 입히어 땅에 묻고 장작 쌓아 불에 태우면서
머리 풀고 곡하는 모습 항복받기 어렵네.
죽어가는 재물을 가지고 마누라 자식 종들
그것 가지고 싸움하니 그 근심 슬픔 누가 깨달으리.

〈중아함경 제31권, 3. 대품 뇌타화라경〉

중아함경 제32권

4. 대품

(17) 우바리경(優婆離經)

부처님께서 나알란다 바비리나숲에 계실 때 니간타 장고행자가 오니 부처님께서 물었다.

"몇 가지 행으로 선행을 닦고 있는가?"

"저의 스승님 니간타 친자는 벌칙를 마련하여 악업을 짓지 않게 하고 있습니다."

"악업은 누가 짓는가?"

"신·구·의 3업이 짓는데 그 가운데서 신·구업이 중하고 의업이 가볍다고 하셨습니다."

"행자여, 나는 악을 징벌하지 않고 오직 악업을 행하지 않게 할 뿐이다. 그 가운데서도 뜻의 업이 가장 무겁고 몸과 입으로 그 경중을 다룬다. 왜냐하면 뜻이 명령하지 아니하면 몸과 입이 작동할 수 없기 때문이다."

이 말을 들은 우파알리는 자기 스승에게 고백하고 불법에 귀의하여 다음과 같이 시를 지었다.

사내답고 용맹스러워 어리석음 떠나고
더러운 생각 끊어 항복 받아 바로잡고
대적할 이 없이 미묘하게 생각하니
3학을 배워 익혀 다시는 근기가 없는
나는 그 부처님의 제자입니다.

큰 덕 얻어 자재로이 말하고
잘 생각 못하여 관할 때
잘난 체도 않고 구부리지도 않고
흔들리지도 않고 항상 자재하신
나는 그 부처님의 제자라네.

아첨 없이 항상 족함을 알고
아낌 떠나 만족 얻으시고
사문 되어 깨달음을 성취한
최후의 몸을 얻은 깨끗한 도사
나는 그 부처님의 제자라네.

병없고 헤아릴 수 없이 지극히 심오한 성자
항상 평온하고 용맹스럽고 법에 머물러 생각 미묘한
용 가운데 용, 다시는 돌아오지 않는 두려움 없는 성자
나는 그 분의 제자라네.

〈중아함경 제32권, 4. 대품 우바리경〉

중아함경 第33권

5. 대품

(18) 석문경(釋門經)

부처님께서 왕사성 나림촌 비타제산 인드라 돌집에 계실 때 천왕석이 오결락자(五結樂子)에게 가 노래 불렀다.

답답하고 더울 때는 시원한 바람 찾고
목마르면 찬물 마시며 갈증을 쉬듯이
큰 코끼리 더위에 시달리면 맑은 못물에 들어가 목욕하듯
우리 함께 석문에 나아가 목욕하자.

삼매 속에서 이 소리를 들으신 부처님께서 오결락자를 찬탄하였다.

"착하다. 락자여, 거문고소리 서로 어울리어 소리 밖에 거문고 없고, 거문고 밖에 노래 없구나. 전생에 불법을 익혀 수행한 공덕으로 33천에 태어나 가수가 되었구나."

천왕석이 물었다.

"이 세상에는 몇 가지 맺힘이 있습니까?"

"두 가지 맺힘이 있으니 아낌과 질투다. 그것은 곧 사랑과 미워함을 인연하고, 그것은 또 욕심을 생각, 생각은 헤아림(思)에서 연유되니 8지성도를 가지면 모두 없어지게 된다."

"만일 비구로써 종해탈에 나아가려면 몇 가지 법을 행하여야 합니까?"

"6근이 6경을 보고 미워하고 사랑하는 마음이 없어야 한다. 사랑하는 마음을 끊으면 기쁨과 걱정, 버림(捨)이 저절로 나타난 것이다."

〈중아함경 제33권, 5. 대품 석문경〉

(19) 선생경(善生經)

(반복됨)

〈중아함경 제33권, 5. 대품 선생경〉

중아함경 제34권

6. 대품

(20) 상인구재경(商人求財經)

부처님께서 기수급고독원에 계실 때 여러 비구들에게 옛날 염부주 상인들이 바다 속으로 보물을 캐러 갔다가, 비바람을 만나 나찰국에 떨어졌다가 사람들이 삽혀먹는 광경을 보고, 뗏목을 다고 몰레 도망쳐 나온 한 상인이 그들을 구원한 이야기를 해주시고, 불법도 그와 같다고 설명하신 뒤 다음과 같이 시를 지었다.

만일 부처가 말씀한 바를 믿지 아니하면
그 사람은 반듯이 해를 입어 나찰의 먹이가 된 것과 같다.
만일 부처님 말씀 바로 믿는 자는
마치 모마왕(부랑)을 타고 안온한 곳에 건너간 것과 같다.

〈중아함경 제34권, 6. 대품 상인구재경〉

(21) 세간경(世間經)

부처님께서 기수급고독원에 계시면서 여러 스님들께 일렀다.

"여래는 스스로 세간을 깨닫고 세간의 습을 깨달아 끊으시고 또한 남을 위해 설명하였다. 그래서 세간을 모두 멸하고 그 멸하는 방법을 설명하여 깨달음을 얻게 하였다. 그래서 여래는 정진각(正眞覺)이라 하니, 정각으로부터 열반에 들기까지 멸한 것이 모두 헛되지 않다. 그러나 그대들은 사자처럼 외치기를 여래와 같이 하라. 일체 세간, 하늘 악마, 범, 사문, 바라문에 이르기까지 어느 곳에 두루하지 아니한 곳이 없기 때문이다.

일체 세간을 알고 벗어나고
일체 세간과 세간의 진실을 안다.
모든 결박을 풀어 헤치고 업을 끊고 생사에서 벗어나게 하였다.

그러므로 천인 모두가 돌아가 의지하고
여래의 매우 깊고 큰 바다에 들어가 예배하니
공경히 닦고 예배하면 마침내 죽음에서 벗어나기 때문이다.

걱정 없고 티끌 떠나 걸림없이 모든 것에서 벗어나니
그러므로 마땅히 선을 즐기어 때를 놓치지 말고
근심 걱정 벗어날 수 있도록 노력하라."

〈중아함경 제34권, 6. 대품 세간경〉

(22) 복경(福經)

"복을 두려워하지 말라. 그것은 사랑스럽고 즐거운 것으로 마음 속으로 생각하는 것이다.

나는 옛날 7년 동안 사랑을 베풀어 일곱 번 성패가 올 때에도, 황욱천에 있다가 대범천이 되어 공범궁전(空梵宮殿)에 있었고, 천 번의 자재천왕과 36번의 제석, 헤아릴 수 없는 크샤트리아 정생왕으로 태어난 일이 있다.

내가 크샤트리아 정생왕으로 태어났을 때는 8만 4천의 코끼리와 수레를 4종으로 꾸미고, 큰 성 누각 속에서 온갖 자리, 옷을 입고 8만 4천의 여자와 8만 4천 가지 음식을 뿌렸다. 모두 이것은 3업의 결과로 갚음을 받은 것인데, 보시와 조어(調御), 수호가 근본이 되었다.

복의 과보는 묘하고 길하고 요익하니
마땅히 불법을 공경하고 법률을 잘 지켜라.

〈중아함경 제34권, 6. 대품 복경〉

(23) 식지도경(息止道經)

"젊은 비구로써 계를 성취하려면 자주 식지도(息止道)에 나아가 모든 상 부정부패(禽食 骨鎖相)을 관하라. 이것은 음욕을 없애는 방법이다. 4대는 진실로 공하기 때문이다."

〈중아함경 제34권, 6. 대품 식지도경〉

(24) 지변경(至邊經)

"생활함에 지극히 하천하고 가장 끝이 되는 것은 걸식이다. 세상이 모두 꺼리기 때문이다. 그러나 그것을 불도에서 취하는 것은 생·노·병·사와 시름, 울음·걱정·번민의 끝을 보고자 하는데 목적이 있다. 그런데 거기서 탐욕을 부리고 집착한다면 되겠느냐."

〈중아함경 제34권, 6. 대품 지변경〉

(25) 유경(喩經)

"만일 한량없는 착한 법을 얻을 수만 있다면 방일하지 말라. 농사꾼이 때를 놓치면 수학할 수 없듯이 좋은 씨를 기름진 땅에 뿌리면 반드시 과보를 얻는다. 모든 뿌리향 가운데서는 침향을 제일로 하고, 나무향 가운데서는 전단향, 물꽃에서는 푸른 연꽃, 육지꽃 가운데서는 수마나꽃, 짐승 발자국 가운데서는 코끼리 발자국을 제일로 치듯, 착한 법 가운데서는 불방일이 제일이다.

짐승 가운데서는 사자, 진중(陳中)에서는 맹세(要誓), 누각 가운데서는 서까래의 들보, 모든 산 가운데서는 수미산, 물 가운데서는 바다, 몸 가운데서는 아수라왕, 첨시(瞻侍)에서는 마왕, 행욕(行欲) 가운데서는 정생왕, 작은왕 가운데서는 전륜성왕, 별 가운데서는 달, 비단 가운데서는 백련(百練), 빛 가운데서는 지혜의 빛, 대중 가운데는 4부중, 모든 법 가운데서는 열반법을 제일로 치듯, 중생 가운데서는 여래, 우유 가운데서는 수정(酥精)을 제일로 치듯, 공부 가운데서는 불방일이 으뜸이다."

〈중아함경 제34권, 6. 대품 유경〉

중아함경 제35권

1. 범지품(梵志品) ①

(1) 우세경(雨勢經)

≪장아함경≫ 제1권 유행경 중 아사세왕의 전쟁자문경 내용과 같음.(7불쇠법)

〈중아함경 제35권, 1. 범지품 우세경〉

(2) 상가라경(傷歌邏經)

부처님께서 기수급고독원에 계실 때 상가라마납이 와서 물었다.

"범지는 법답게 재물을 형성하여 스스로 재를 지내거나 남에게 재를 지내게 하면 되는데 어찌하여 부처님께서는 그 제자들에게 삭발염의하고 출가 수행케 하십니까?"

"복이 아무리 좋다 해도 결국 타락하면 생사에 윤회하게 되므로 다시는 윤회에 들지 않게 하기 위하여 출가 수행케 하는 것이다."

〈중아함경 제35권, 1. 범지품 상가라경〉

(3) 산수목건련경(算數目犍連經)

부처님께서 동원 녹자모 강당에 계실 때 산수목건련이 와서 물었다.

"모든 것은 순서가 있습니다. 집을 지을 때는 1층부터 시작하고, 코끼리를 다룰 때는 갈고리로, 말을 다룰 때는 채찍으로, 찰제리를 훈련시킬 때는 화살, 범지는 경서, 산수는 숫자를 기본으로 하여 훈련시키듯 불도에도 계단이 있을 것 아닙니까?"

"그렇다. 처음 출가자에게는 몸과 입과 뜻을 청정하게 하고, 다음에는 내관(內觀 ; 감각)을 하게 하고, 그 다음에는 근(根)·경(境)을 다스리는 방법과 탁발하는 방법, 선정을 닦아 5개(蓋) 4선을 차례로 다스려 나아가는 방법을 가르쳐, 8정에 이르렀다가 마침내 멸진정에 들어간다. 그러므로 재를 지내 복을 비는 것과 어떻게 비교하겠는가."

이 말씀을 듣고

"세존이시여, 저는 그동안 헛세월 보내고 고생만 죽도록 했습니다. 이제부터 3보에 귀의하여 목숨이 다할 때까지 부처님 말씀을 믿고 실천하겠습니다."

〈중아함경 제35권, 1. 범지품 산수목건련경〉

중아함경 제36권

2. 범지품

(4) 구묵목건련경(瞿默目犍連經)

부처님께서 돌아가신 뒤 얼마 되지 않아 구묵목건련이 아난 존자를 찾아뵙고 물었다.

"이 세상에 부처님과 똑같이 존경받을 만한 인격을 가진 이가 있습니까?"

"없습니다."

"그러면 누구를 의지하고 삽니까?"

"법을 의지하고 삽니다. 그리고 10법을 구족한 분을 존경하라고 일렀다.

첫째, 금계를 잘 지키고,

둘째, 많이 듣고,

셋째, 착한 벗이 되며,

넷째, 조용히 앉기를 즐기고,

다섯째, 만족할 줄 알며,

여섯째, 항상 생각을 단련하고,

일곱째, 항상 전진하여 악 불선법을 보며,

여덟째, 지혜를 닦고,

아홉째, 누(漏)를 이미 다하며,

열째, 다시는 후신(後身)을 받지 않게 된 분이다."

"스님께서는 지금 어느 곳에 머물고 계십니까?"

"죽림정사에 있습니다."

그때 바난 대장이 죽림정사를 칭찬하였다.

"고요하고 시끄럽지 않고 해충들이 없어 수행하기에 좋은 곳입니다."

"옛날 부처님께서는 금비라락 동산에 계시면서 선정을 즐기신 것으로 아는데요."

"부처님께서는 선정을 칭찬하였으나 탐욕·분노·수면에 빠진 선, 번뇌에서 벗어나지 못하는 선을 칭찬하지 않으시고, 욕심을 떠난 4선 8정을 칭찬하셨습니다."

"부처님께서 가르치신 해탈에는 어떤 것이 있습니까?"

"생사해탈을 제일로 칩니다."

〈중아함경 제36권, 2. 범지품 구목목건련경〉

(5) 상적유경(象跡喩經)

부처님께서 기수급고독원에 계실 때, 비로(卑盧) 이학이 이른 아침에 부처님을 뵙고 오다가 생문(生聞) 범지를 만났다.

"아침 일찍 어디를 갔다옵니까?"

"세존을 뵙고 오는 길입니다."

"그래 사문 고오타마는 편안하시던가요?"

"어떤 사람이 그 마음을 알 수 있다면 그도 부처님에게, 나도 부처님께서 설하신 4구의 뜻을 아는데, 마치 코끼리를 기르는 상사가 코끼리 발자국을 보고 큰 코끼리가 있다는 것을 아는 것과 같이, 겨우 제1구를 보고 나는 그가 큰 사람인 것을 알게 되었습니다."

생문 범지는 그 말을 듣고 그 자리에서 내려 두 무릎을 꿇고 합장하고

"살애를 떠나고 불여취·사음·큰 거짓말을 떠나 청정한 범행을 닦는 스승이시여, 여래의 설법은 선하고 여래의 제자들께서는 잘 바른 길로 나아가 기쁨을 맛보고 있습니다. 저는 이미 보고 알고 이해하였습니다. 저는 오늘부터 3보에 귀의하여 몸을 마칠 때까지 우바새가 되겠으니 거두어 주옵소서."

〈중아함경 제36권, 2. 범지품 상적유경〉

(6) 문덕경(聞德經)

그때 생문 범지가 천천히 부처님께 나아가 물었다.

"무엇 때문에 출가자들이 널리 들어 외우고 익힙니까?"

"스스로 그 마음을 다루어 쉬고 열반을 증득하기 위한 까닭이다. 이것은 재가 출가를 논하지 않는다. 왜냐하면 널리 듣고 익히면 설사 사업에 실패하더라도, 걱정하고 슬퍼하여 시름하고 번민하는 일이 없기 때문이다. 불법을 들은 사람은 울지 않고, 몸을 치면서 괴로워하지 않고, 어리석게 미치광이 짓도 하지 않는다. 설사 성공하여 큰 이익을 얻었더라도 그로 인해서 잘못되는 일이 없게 된다. 모든 것이 무상한 줄을 알고 무아한 줄을 알 때 일체가 고통인 것을 일찍이 깨달았기 때문이다."

〈중아함경 제36권, 2. 범지품 문덕경〉

(7) 하고경(何苦經)

생문 범지가 물었다.

"집에 있는 사람과 출가자와의 차이는 어떤 것입니까?"

"집에 있는 사람은 자유롭지 못해 괴로워하고, 출가한 사람은 자재함으로써 괴로워 한다. 집에 있어도 벌이가 잘 되지 아니하면, 밑에 있는 사람이 걱정하여 자유가 없고, 출가한 사람이 욕심이 있으면 출가했어도 고통이 있다. 반대로 집에 있는 사람은 의·식·주와 사랑을 마음대로 하여 즐거움이 있고, 출가한 사람은 그것이 마음대로 되지 않아 고통이 있으나 사랑이 이별하는 고통이 없고, 몸과 마음 때문에 번민하는 괴로움이 없어 즐거워한다."

"하늘과 사람의 걱정은 무엇이고 요익되는 것은 무엇입니까?"

"다투고 미워하는 것은 걱정이고, 법 아닌 것을 행하면 악이 되고, 사랑하고 법을 지키면 걱정하고 미워할 일이 없게 된다."

"어떻게 악지식을 관찰해야 합니까?"

"선지식은 초하루부터 점점 커지는 달과 같고, 악지식은 보름으로부터 초하루에 이르는 달과 같다. 그러나 불법은 초하루·보름·그믐이 없으니 언제나 밝은 달이 하늘 높이 솟아 있는 것과 같기 때문이다."

하고 다음과 같이 게송으로 읊었다.

마치 달이 푸른하늘에 높이 떠 비치면
모든 별들은 저절로 빛을 가리듯
마음 속에 믿음과 소원 간탐 없으면
그 광명 온 세계를 비치리.

마치 큰 용이 구름과 뇌성 번개를 일으켜
곧 비를 내리면 강물이 가득 차듯
믿음과 소망 간탐 없는 사람에겐
재물과 명예 사랑 넘치네.

〈중아함경 제36권, 2. 범지품 하고경〉

중아함경 제37권

3. 범지품

(8) 하욕경(何欲經)

생문 바라문이 물었다.

"찰제리는 무엇을 하고 무엇을 행하여 서고 의지해 마칩니까?"

"찰제리는 재물을 얻고자 지혜를 행하니 칼로 서고, 인민을 의지하여 자재(自

在)로써 마친다."

"거사는요?"

"거사도 재물을 얻고자 지혜를 쓰나 기술로써 작업을 의지하여 마친다."

"부인들은요?"

"부인은 남자를 얻고자 화장을 하고 아이로써 서고, 대(對)함이 없어 의지하여 자재를 마친다."

"도적은 무엇을 의지 합니까?"

"주지 않는 것을 빼앗고자 하고 숨겨 감추기를 잘 하고, 칼로써 서고 어두움을 의지하여 발각되지 않는 것으로 마침을 삼는다."

"범지는 무엇을 하고자 합니까?"

"재물을 얻고자 지혜를 행하며 경서로써 서고, 재계를 의지하여 범천으로써 마친다."

"사문은요?"

"사문은 진리(眞諦)를 얻고자 지혜를 행하며 계로써 서고, 일 없는 곳을 의지하여 열반으로 마친다."

〈중아함경 제37권, 3. 범지품 하욕경〉

(9) 울수가라경(鬱瘦歌邏經)

부처님께서 왕사성 죽림정사에 계실 때 울수가라 범지가 친히 찾아뵙고 말했다.

"부처님, 범지는 4종의 성을 위하여 4종의 봉사를 하고 있습니다."

"그렇다면 범지는 누가 위하는가?"

"4성이 받듭니다."

"그렇다면 생각 없는 고기를 억지로 맡기고 고기값을 받는 이치가 다르지 않구나. 불법은 평등하여 사람을 가리지 않고 오직 그 행을 보는 것이다."

〈중아함경 제37권, 3. 범지품 울수가라경〉

(10) 아섭화경(阿攝惒經)

부처님께서 기수급고독원에 계실 때 구살라국의 범지 아섭화라연다나마납이 여러 마납들의 대표로써 부처님께 와 물었다.

"범지종은 훌륭하고 다른 종도 훌륭합니다. 특히 저는 이대로 계속하여 깨끗한 피를 받았고, 나쁜 일 없었으며 4베다를 다 외워 깊이 통달하였습니다."

"나 너에게 묻겠으니 아는대로 대답하라. 여니(餘尼)와 검부국(劍浮國)에는 양반과 노비의 두 종성이 있는데 양반이 노예가 되고 노예가 양반이 되었다는 이야기를 들었느냐?"

"예. 들었습니다."

"그러면 양반과 노예가 어떻게 하여 생겼다는 것을 알 것이다. 사람의 인격은 행에 달려 있다. 몸과 입과 뜻이 양반 스러우면 비록 노예라도 양반이고, 비록 양반이라도 그 행이 본받을 점이 없으면 노예나 다름이 없는 것이다. 또, 찰제리 여자가 범지 남자와 어울리면 어떻게 되겠느냐?"

"그거야 범지 가족이 되지요."

"거기서 아기가 난다면?"

"그것도 마찬가지입니다."

"그렇다면 사람은 사람의 자손이지 하늘의 자손이 아닌 것이 분명하지 않느냐?"

"예. 비로소 알았습니다 부처님. 진실로 부처님은 법답게 말씀하시는 분이고 거짓말 하시는 분이 아닙니다."

〈중아함경 제37권, 3. 범지품 아섭화경〉

중아함경 제38권

4. 범지품

(11) 앵무경(鸚鵡經)

부처님께서 죽림정사에 계실 때 도제(都題)의 아들 앵무마납이 하숙집 거사의 안내로 부처님을 찾아뵈었다.

"옛 사람이 이르기를 집만 나오면 고생이라 하였는데 어떻게 부처님께서는 제자들을 출가 수행하게 하십니까?"

"삿된 행을 하는 사람은 집에 있거나 출가하거나 좋은 이익을 얻을 수 없다. 바른행을 행해야 이익이 있다."

"바라문 범지들은 진제법·송습법·열행법·고행법·범행법 등 5법을 행하여 과보를 받습니다."

"물론 야타·바마·바마제바·비사밀다라·가섭·바라바·바화 등과 같은 이들이 그 경서를 다 받아 읽고 외우고 있는 줄 안다. 그러나 깨닫고 증험해 과를 시현하는 것이 없지 않는가."

"그렇습니다. 다만 외우고 가질 뿐입니다."

"그렇다면 장님들이 서로 앞의 사람과 뒷사람을 모르는 것과 무엇이 다른가. 옛날 상가 범지와 생문, 도제 범지가 죽을 때까지 경서를 외우고 폈지만 그것이 옳고 그른 것을 그들도 알지 못했다. 멀쩡한 사람이 장님이 되는 데도 ① 탐욕, ② 성냄, ③ 신견, ④ 계금취견, ⑤ 의심의 5법이 중심이 되고, 5근이 5경을 향해 사랑하고 집착할 때 모든 것을 불태워 사루는 것이다."

〈중아함경 제38권, 4. 범지품 앵무경〉

(12) 수한제경(鬚閑提經)

부처님께서 구루수 바라바 제1 정실에 계실 대 검마슬담(劒魔瑟曇)께서 탁발 공양하신 뒤 어떤 나무밑에 앉아 계셨다. 이때 수한제 이학이 지나가다가 부처님께서 누워 계시던 풀자리를 발견하고

"땅을 파괴했다. 땅을 파괴한 자는 쓸모가 없다."

고 하였다. 이에 부처님께서

"좋아하는 사람은 궂은 것을 보아도 좋아 하지만, 싫어하는 사람은 좋은 것을 보아도 좋지 않게 보인다. 내가 출가하여 도를 닦으므로 모든 병을 여의고 열반을 증득하고자 하는데 목적이 있었던 것이다."

"부처님 진실로 이 몸은 병 덩어리이고 종기고 화살이며 뱀입니다. 무상하고 괴롭고, 공한 것을 가지고 좋고 나쁨에 끌려다닌 인생이 부끄럽습니다. 오늘부터 3보에 귀의하여 다시는 잘못된 생각을 내지 않도록 하겠습니다."

〈중아함경 제38권, 4. 범지품 수한제경〉

중아함경 제39권

5. 범지품

(13) 바라바당경(婆羅婆堂經)

부처님께서 녹사모 강당에 계실 때, 바사타와 바라바 두 범지가 출가하여 지극한 마음으로 도를 닦았는데 여러 범지들이 꾸짖었다.

"귀한 성을 가진 자들이 천인들과 함께 어울려 공부한다."

고 하자, 이에 부처님께서 말씀하였다.

"우리 불법 속에서는 생을 헤아리고 종성을 헤아리고 교만을 부리는 자는 있을 수 없다. 찰제리・범지・거사도 살생하고 주지 않는 것을 가지고 사음하고 거짓말 하는 자가 있으며, 일반 사람들도 진실을 행하는 자가 있다."

하고 염부제의 내력을 구체적으로 설명해 주었다.

〈중아함경 제39권, 5. 범지품 바라바당경〉

(14) 수달다경(須達哆經)

부처님께서 수달다에게 물었다.

"요즈음도 집에서 보시하는가?"

"예. 하기는 하지만 거친 것밖에 하지 못하고 있습니다."

"대가를 바라지 않고 하는 보시는 무엇을 해도 마음이 중요하다."

고 하고 옛날 수람(隨藍) 장자의 이야기를 들려주었다.

〈중아함경 제39권, 5. 범지품 수달다경〉

(15) 범파라연경(梵波羅延經)

부처님께서 기수급고독원에 계실 때 구사라국 범지들이 와서 물었다.

"요즘 범지들은 옛 범지만큼 배운 자가 없습니다."

"옛 사람들은 스스로 다루고 열심히 행하여
5욕을 버리고 청정 범행을 행하고
깨끗한 계행 부드러운 성질 욕됨을 잘 참으며
용서하고 이해하고 해칠 마음 없이 살아갔으나
지금은 재물과 곡식 지키지 않고 외워 익히는 경전 그것을 지켜 간직했네.
오히려 실천하는 일에는 인색한 점 많다네."

〈중아함경 제39권, 5. 범지품 범파라연경〉

중아함경 제40권

6. 범지품

(16) 황로원경(黃蘆園經)

부처님께서 비란야 황로원에 계실 때 120세 된 비란야 범지가 간신히 지팡이를 의지하고 물었다.

"내 들으니 고오타마께서는 아직 나이 젊은데 나이 많은 범지가 오더라도 절도 하지 않고 존경도 하지 않으며, 자리에서 일어나지도 않아 맛이 없다고 하는데 사실입니까?"

"그렇습니다. 누구도 이 세상 여래를 능가할 자는 없습니다. 6근·6경을 뿌리채 뽑아 어떤 두려움도 없습니다. 무명의 덮개를 벗고 다시는 태속에 들지 않게 되어 고·낙·성·쇠가 다 하였습니다."

이에 비란야 범지는 지팡이를 버리고 엎드려 절하며

"세존이야말로 제일이요, 크며 뛰어난 부처입니다. 우리들은 기껏 해보아야 태중에 들어가는 복덕만을 구했으니 참으로 슬픈 일입니다."

〈중아함경 제40권, 6. 범지품 황로원경〉

(17) 두나경(頭那經)

부처님께서 사위성 기수급고독원에 계실 때 두나 범지가 찾아왔다.

"그대는 정통 바라문인가?"

"종족이 청정치 못하고 경서에 뛰어나지 못했으며 행이 자랑할만 하지 못합니다. 어떻게 범지의 행을 닦아야 좋을까요?"

"범(梵)과 같은 범지, 하늘과 같은 범지, 범지 이면서도 범지의 경계를 넘지 않는 범지가 되면 좋고, 전다라와 같은 범지가 되면 좋다."

〈중아함경 제40권, 6. 범지품 두나경〉

(18) 아가라하나경(阿伽羅訶那經)

부처님께서 기수급고독원에 계실 때 아가라하나 범지가 와서 물었다.

"범지의 경전은 무엇을 의지하여 머뭅니까?"

"사람들을 의지하여 머문다."

"사람들은?"

"벼나 보리를 의지하여 머문다."

"벼나 보리는?"

"땅을 의지하여 머문다."

"땅은?"

"물을 의지하여 머문다."

"물은?"

"바람."

"바람은?"

"허공, 허공은 의지하는 것이 없고 다만 해와 달과 함께 존재한다. 그리고 해와 달은 4왕천·33천·염마천·도솔천·화락천·타화자재천·범천·인욕온량(忍辱溫良)을 의지하여 머물고 인욕온량은 열반을 의지해 머물고, 열반은 범지의 의욕을 의지하여 머문다."

"알았습니다 세존님. 바르게 이해하였습니다."

〈중아함경 제40권, 6. 범지품 아가라하나경〉

(19) 아란나경(阿蘭那經)

부처님께서 기수급고독원에 계실 때 비구스님들이 한데 모여

"인생은 짧고 반드시 저 세상으로 가는 것이니 착한 일 하고 범행을 닦자."

이렇게 의논하는 것을 보고 칭찬하신 뒤 법(法)·의(義)·선(善)·묘(妙)의 행에 대하여 설명하였다.

"옛날 아란나는 여러 마납들에게 사람의 수명은 아침 이슬과 같고, 거품과 같고, 물 속의 작대기, 새로 만든 질그릇, 가마솥에 살점, 사형수의 발걸음, 도살장의 송아지, 베짜는 올, 폭포수 어둠 속에 떨어진 지팡이와 같다고 하고, 탐욕을 끊고 다툼이 없이 자·비·희·사로 4방을 꽉 채운 뒤 범세법(梵世法)으로 세상을 가르쳤다."

"그때의 아란나는 바로 나의 본생이었다."

라고 설명하였다.

〈중아함경 제40권, 6. 범지품 아란나경〉

중아함경 제41권

7. 범지품

(20) 범마경(梵摩經)

부처님께서 비데바국에 계실 때 미틸라국 부자 범마 바라문이 7대 바라문 우타라를 모시고 있었다. 그는 부처님께서 32응신을 갖추었다는 말을 듣고 우타라 바라문을 시켜 그를 접견하게 하였다.

그러나 밖으로 나타난 32상은 눈으로 확인할 수 있으나, 안으로 있는 음마장과 광장설은 볼 수 없어 걱정하고 있는데, 부처님께서 그 마음을 아시고 여기 상정에 들어 곧 두 상을 볼 수 있게 하였다.

이에 감동한 우타라는 여름 4개월 동안 부처님의 동정을 살피고 와서,

"범마 바라문이여, 이는 털끗만큼도 거짓이 아니며, 부처님께서는 옷 입을 때나 거동하실 때 몸을 함부로 구부리고 물러서는 일이 없고, 미리 살펴 그 모습이 유난히 빛났습니다. 음성은 깊어 비마루파와 같았고, 마음속 깊이 우러나오는 소리는 사랑스럽고 매우 풍만했으며, 살아 움직이는 말이 분명하고 지혜로웠습니다."

하고 허락을 받아 출가하였다. 부처님은 비마라파의 안내로 마침내 범마 바라문이 있는 미틸라의 대천나림(大天㮈林)에 이르자 수많은 거사·장자·바라문들이 와서 예배드리고, 드디어 범마 바라문도 와서 32상 80종호를 보고 환희용약하며 물었다.

"어떤 것이 바라문이고 3달(達)이며 무엇 때문에 집착하지 않고 어떤 것을 정진각이라 합니까?"

"착하지 않은 법을 가려 없애고 범행 닦는 것을 바라문이라 하고,
지난일 통달 좋은 일과 나쁜 일 보고 무명을 끝나게 하며,
맑고 깨끗한 마음으로 3독을 벗어난 것이 3달이고,
제1의제에 머물러 존경받는 것이 무착이며,
인천을 요익케 하여 다툼 없애는 것이 정진각이라 한다."

"부처님, 내 나이 126세, 아직 이 나라에서 나를 능가할 자는 보지 못했습니다. 7대의 종족이 청정하고 4베다, 5구설(句說)에 능통한 데다 아사세왕의 봉호와 식읍, 목축사업으로 이 세상 재물도 누구보다 많이 가지고 있습니다. 그러나 부처님은 참으로 기특하시고 큰 여의족을 모으셨으며, 위덕이 있고 복과 위신이 뛰어나서 모든 것들 가운데서 왕이 되시니, 내 귀의하여 마지막 의치처가 되게 하겠습니다."

부처님은 이에 허락하시고 4성제·8정도를 설하여 더욱 그 마음이 확고부동하게 하신 뒤 공양을 받고 축원을 해주자 하늘에서 소리가 났다.

불에 비는 것 제일의 재고이고
통하는 음성은 모든 음성 가운데 근본이 되며

임금님은 사람의 왕, 바다는 만물의 으뜸이 되듯
달은 별 중의 왕이요 해는 빛 중의 빛이나
4유 상·하 가운데 가장 높으신 이는 부처님이라네.

부처님께서 며칠 동안 미탈라에 더 계시다가 떠났는데, 거기 남아 있던 비구들이 탁발 나갔다가 미탈라 바라문이 병도 없이, 부처님 노래를 부르며 세상을 떠났다는 말을 들었다.

〈중아함경 제41권, 7. 범지품 범마경〉

중아함경 제42권

1. 근본분별품(根本分別品)

(1) 분별육계경(分別六界經)

부처님께서 왕사성 도사(陶師)의 집에 머물고 있을 때 비구 푹쿠사티(弗迦邏娑利)가 먼저 들어와 있었다. 부처님께서는 먼저 들어와 있는 푹쿠사티에게 허락을 맡고 밤새도록 함께 선정을 즐긴 뒤 물었다.

"그대 스승은 누구인가?"

"사문 고오타마입니다. 그는 석가족 출신으로 정진각을 얻어 나는 그를 의지하여 출가하였습니다."

"뵈온 일이 있는가?"

"없습니다. 뵙더라도 알아보지 못할 것입니다."

"참으로 기특한 일이로다. 불법은 처음도 좋고 중간도 좋고 끝도 좋은 것이니 뜻과 글이 갖추어져 있고, 거기에 범행까지 겸했으니 6근·6경·6식이 어느 곳에서 집을 지을 수 있겠는가. 이와 같은 가르침을 슬기롭게 받았는데 방일하지 않고, 참된 진리를 지켜 보호하고 은혜로써 보시하고 자라게 하면, 마침내 큰 깨달음을 얻으리라."

폭쿠사티는 이 법문을 듣고 그 자리에서 깨달음을 얻어 모든 두려움이 없어졌다. 그리고 그 분이 곧 부처님인줄 알고 참회하였다.

"스승을 스승으로 알지 못하고 그대라 불렀으니 진심으로 참회합니다."

"그대가 그런 줄 알았다면 나 또한 그 참회를 받아주리라."

그는 기뻐 어찌할 바를 몰랐다.

〈중아함경 第42권, 1. 근본분별품 분별육계경〉

(2) 분별육처경(分別六處經)

부처님께서 기수급고독원에 계시면서 비구스님들께 6처를 분별하여 설명하였다.

"공부하는 사람은 마땅히 6처·6경·18의행·36도(刀)를 알아, 끊을 것은 끊고 성취해야 할 것은 성취해야 한다. 6처는 6근이고, 6경처는 6경이고, 18의행은 각각 거기에 대하여 기뻐하고 걱정하며(眞) 무심한 경계(捨)를 가지는 것이다. 그리고 36도는 6의가 집착한데 의지하고 6취가 무욕을 의지하기도 하며, 6우(憂)·6사(捨)도 그와 같이 되는 것이다."

〈중아함경 第42권, 1. 근본분별품 분별육처경〉

(3) 분별관법경(分別觀法經)

"비구들아 너희들은 마음이 밖으로 나가 흩어지고 안에 머무르지 않으며, 집착하지 아니하면서도 두려워하는가를 관찰하라. 이렇게 관찰하면 생·노·병·사가 일어나지 아니할 것이다."

이 말씀을 가전연이 듣고 다시 비구들을 위하여 구체적으로 설명해주었다.

〈중아함경 第42권, 1. 근본분별품 분별관법경〉

중아함경 제43권

2. 근본분별품

(4) 온천림천경(溫泉林天經)

부처님이 죽림정사에 계실 때 존자 삼밋디(三彌提)가 온천장에서 목욕하고 나오자 한 천인이 와서 물었다.

"그대는 바데카랏타게의 게송을 아는가?"

"모릅니다."

"그러면 부처님께 가서 물어보라."

하여 부처님께 나아가니 부처님께서는

"그는 33천 가운데 정전(正殿)이라는 천자이다."

하고

"공부하는 사람은 과거도 생각하지 말고 미래도 관하지 말며, 오직 현재에 대해서만 생각해야 하니, 과거는 이미 지나갔고 미래는 아직 오직 않았기 때문이다. 성인의 행을 공부하는 자는 죽음을 근심하지 않으며 큰 고통 재앙이 여기서 끝나기 때문이다. 이것이 바데카랏타의 게송이다."

이 법문을 들은 가전연이 대중의 요청을 따라 이를 자세히 풀이해 주었다.

〈중아함경 제43권, 2. 근본분별품 온천림천경〉

(5) 석중선실존경(釋中禪室尊經)

부처님께서 기수급고독원에 계실 때 존자 로마삭캉기야(盧夷强者)가 석중(釋中)의 선실에 있으면서, 평상 위에 니사단을 펴고 가부좌를 맺고 앉아 있자, 한 잘생긴 천인이 와서 물었다.

"비구는 바데카랏타(跋地羅帝) 게송과 그 뜻을 받아 가졌는가?"

"받아 가지고 있지 않다."

"어찌하여 받아 갖지 않고 있는가. 옛날 부처님께서 죽림정사에 계실 때 설하신 바가 있는데. 이것을 가지는 사람이 법과 범행의 근본이 되어 지혜로 나아가 깨달음을 얻고 열반을 증득하게 된다."

뒤에 존자가 부처님께 말씀드리니

"그 이름은 찬다나로서 33천의 한 장수이다."

〈중아함경 제43권, 2. 근본분별품 석중선실존경〉

(6) 아난설경(阿難說經)

여러 비구들에게 바데카랏타 게송을 설한 아난 존자에게 부처님께서

"어떻게 그 게송을 설했는가?"

이에 아난은 그 게송을 설하고

"5온에 집착하여 욕심을 내 거기 머무르면 과거를 생각한 것이고, 미래 현재도 그렇다."

고 하니 "착하다" 하시면서 칭찬하셨다.

〈중아함경 제43권, 2. 근본분별품 아난설경〉

(7) 의행경(意行經)

"만일 어떤 비구가 욕악(欲惡)을 떠나 각관(覺觀)을 실천하면 초선에 머물다가 범신천(梵身天)에 날 수 있으며, 초선의 정에서 생기는 기쁨을 누리면 제2선에 이르렀다가 황욱천에 오를 수 있고, 제2선 중에서 사(捨)·염(念)·낙(樂)·공(空)이 생기면 제3선을 성취하였다가 변정천에 태어날 수 있고, 즐거움도 멸하고 괴로움도 멸하여 제4선에 이르면 마침내 과실천(果實天)에 이를 수 있다.

그리고 빛깔에 대한 생각을 지나 상대가 있다는 생각을 멸하고 몇 가지 생각도 하지 않고, 한량없는 공의 세계에 들어가면 공무변처에 이르고, 한량없는 식

(識)에 이르면 식무변처에 이르며, 소유가 없어도 걸림이 없이 살면 무소유처에 이르고, 생각이 있지도 없지도 않는 처지에서 자유를 누리면 비유상비무상처천에 이른다. 마치 이것은 소에서 젖이 나와 타락을 이루고, 그것이 다시 소(酥)·제호(醍醐)를 이루는 것처럼 정미롭게 되는 것이다."

〈중아함경 제43권, 2. 근본분별품 의행경〉

(8) 구루수무쟁경(拘樓瘦無諍經)

부처님께서 바기수 검마슬담에 계실 때 모든 비구들에게 말씀하였다.

"탐욕의 하천한 업을 구해 범부의 행을 짓고, 지극히 괴로운 행과 이치와 맞지 않는 고행, 이 두 가지 치우친 생각을 버려 중도의 길에 나아가고 생명의 맺음이 다하지 아니하면 괴로움이 되고, 번거로움이 있어 흥분하고 걱정하게 되기 때문이다. 칭찬과 꾸짖음에 관계 없이 설법하되 항상 마음 속의 즐거움을 구하라."

하고 다음과 같이 수보리가 게송으로 읊었다.

법을 알기를 실답게 하여
수보리는 게송을 읊었네.
이 행은 진실로 공(空)이라
이것을 버리고 쑥 쉬어라.

〈중아함경 제43권, 2. 근본분별품 구루수무쟁경〉

중아함경 제44권

3. 근본분별품

(9) 앵무경(鸚鵡經)

부처님께서 기수급고독원에 계실 때 토오데야(都提)의 아들 앵무 마납의 집으로 탁발을 나가니 흰 개 한 마리가 평상 위의 금쟁반의 밥을 먹고 있다가 짖었다. 부처님께서 말했다.

"네가 어찌 나를 보고 짖을 수 있느냐. 전생에는 잘도 따르더니."

흰 개는 매우 성이 나서 평상 밑으로 들어가면서 몹시 짖다가 지쳐 쓰러졌다. 밖에 나갔다가 돌아온 마납이 개를 앉고

"누가 너를 이렇게 괴롭게 했느냐?"

고 하니 보았던 사람들이

"부처님께서 꾸짖는 말을 하여 그렇게 되었습니다."

고 하였다. 이에 분개한 앵무 마납은 부처님을 크게 꾸짖고 비방하며 기수급고독원으로 갔다. 그때 마침 부처님께서는 많은 대중을 거느리고 설법하고 있다가 그가 오는 것을 보고 말했다.

"그는 반드시 악도에 떨어질 것이다. 그 내용을 알지 못하고 여래를 비방한 죄다."

그런데 앵무 마납은 그것도 모르고 와서 항의하며 물었다.

"어찌 당신은 남의 개를 그렇게 괴롭게 할 수 있습니까?"

"그게 개냐. 바로 전생의 너의 아버지인데."

앵무 마납은 더욱 크게 화를 내며 항의하였다.

"어떻게 우리 아버지가 우리집 개로 태어날 수 있다는 말입니까. 우리 아버지는 살아서 사당에 큰 재를 지냈고, 보시회도 가졌는데."

"큰 재도 지내고 보시회도 가졌으나 교만심이 있어, 닭·개·돼지·승양이·나귀를 거쳐 지옥에까지 가게 되어 있다. 내 말을 믿을 수 없거든 네 집에 가서 실험해 보라."

"어떻게 실험합니까?"

"아버지께서 평상시 잡수시던 밥그릇을 여러 그릇과 혼돈해 놓고, '아버지께서 진실로 우리 아버지가 틀림없다면 당신의 밥그릇 밥을 찾아 잡수세요' 하고, 또 다른 인연 있는 물건으로 실험해 보라."

과연 집에 와서 부처님 시키는 대로 아버지께서 평상시 사용하던 금쟁반에 밥을 담아주니 그대로 먹었다. 그리고 다시 부처님이 시키는대로 그의 어머니 밥그릇(철그릇)에도 밥을 담아 부엌에 놓아두니 온 집안을 두 세 바퀴 돌다가 그만 부엌으로 들어가 밥을 찾아 먹었다. 너무도 신기한 일이라 감격한 앵무는 부처님께 나아가 잘못을 참회하고 물었다.

"어떻게 하면 아버지를 구제할 수 있겠습니까?"

"아버지가 좋아하는 대로 하라."

"어떻게 아버지가 좋아하는 대로 합니까?"

"너희 아버지는 바라문교 신자로써, 많은 신도들을 이끄는 회장이었기 때문에, 바라문교 경전을 읽으면 좋아하리라."

그래서 집에 와 경전을 읽으니 두 발을 모으고 온 뜰을 껑충 껑충 뛰어다녔다. 그래서 다시 한 번 확인한 뒤 부처님을 찾아 가니 부처님께서 물었다.

"틀림없느냐?"

"틀림없습니다."

"그럼 그만 개의 목숨을 천도하는 것이 좋겠느냐. 조금 더 살다가 가는 것이 좋겠느냐?"

"너무 나이가 어리니 조금 더 살다가는 것이 좋겠습니다."

"그럼 3개월 동안 지극 정성으로 살피라. 그리고 맨 마지막에는 여러 대중들을 초청하여 공양하라."

그리하여 3개월 동안 지극정성으로 아버지를 모신 앵무 마납은 마지막 날 부처님과 여러 스님들을 초청하여 공양하였다. 그리고 마지막 법문을 청했다.

이때 부처님께서는 "수명의 장단과 병의 다과, 모습의 장단, 위덕의 유무, 종족의 귀천, 재물의 유무, 지혜의 유무가 모두 자기의 업을 따라 나타난다고 말씀하시고, 너희 아버지는 전생에 바라문 교인이 되어 이교도를 보고 짖기를 좋아하고, 물고 뜯기를 즐기다가 죽어 개가 된 것이라, 효자 아들을 두어 그 업보를 벗게 되었으니 다시는 악도에 떨어지지 아니할 것이다."

고 하였다. 앵무 마납은 다시는 인과를 부정하지 않고 철저히 인과를 믿으며 3보에 귀의하였다.

〈중아함경 제44권, 3. 근본분별경 앵무경〉

(10) 분별대업경(分別大業經)

부처님께서 죽림정사에 계실 때 이교도 포오탈리풋타가 와서 삼밋디(三彌提)에게 물었다.

"부처님께서 신·구 2업은 허망하고 오직 뜻의 업만 진실하다고 하고, 또 정에 들면 아무 감각이 없다고 하였는데 그대의 생각은 어떤가?"

"너는 그런 소리를 하지 말라. 이는 부처님을 비방하는 소리다."

두 번 세 번 실랑이를 벌이다가 이교도는 갔다. 그때 그 옆에서 공부하고 있던 춘다(大周那)가 이 말을 아난다에게 하니 아난다는 곧 춘다를 데리고 가 부처님께 여쭈었다. 부처님은

"삼밋디가 미련하구나. 포오탈리풋타가 물은 것은 선악과 무기에 관한 것이니, 만일 선한 과보를 받을 만한 일을 했으면 선보를 받을 것이고, 악한 과보를 받을 만한 일을 했으면 악보를 받게 될 것이다. 그리고 그런 것에 전혀 관계없는 정에 들었으면 무기의 과보를 받을 것이다. 이렇게 답했어야 되는 것이다."

〈중아함경 제44권, 3. 근본분별경 분별대업경〉

중아함경 제45권

1. 심품(心品)

(1) 심경(心經)

부처님께서 기수급고독원에 계실 때 어떤 비구가 와서 물었다.

"세존이시여, 누가 이 세상을 끌고 가고 무엇이 탐욕에 물들어 집착하고 무엇이 자재를 일으킵니까?"

"착하다 비구여. 좋은 도가 있어야 좋은 관찰을 하고, 지극히 묘한 변재가 나타나 사유하게 된다. 마음이 세상을 이끌어 가고 탐욕하며 자재한다."

"그러면 많이 아는 비구란 어떤 것입니까?"

"정경·가영·기설·가타·인연·찬록·본기·차설·생처·광해·미증유·설의 등 12분교를 잘 아는 사람이다."

"많이 알고 지혜가 있는 비구는?"

"고통에 대한 법문을 듣고 그 원인과 없애는 법을 확실히 아는 비구이다."

"총명하고 슬기로운 사람은?"

"자기를 해치지 않고 남을 해롭게 하지 않는 이다."

그는 부처님 말씀을 듣고 홀로 떠나 혼자 공부하다가 마침내 중도를 얻고 아라한이 되었다.

〈중아함경 제45권, 1. 심품 심경〉

(2) 부미경(浮彌經)

부처님께서 죽림정사에 계실 때 존자 부미자가 탁발 나가다가 왕동자의 집에 가니 동자가 물었다.

"어떤 사람은 원을 세우고 바른 범행을 행하여 반드시 결과를 얻고, 혹은 원이 없기도 하고, 있기도 하며, 혹은 원이 있지 아니하면서도 바른 범행을 행하여 결과를 얻는다고 말합니까?"

"나는 확실히 알 수 없으나 아마 부처님께서 듣더라도 그렇게 답하실 것이 아닌가 생각됩니다."

"그렇다면 부처님은 누구보다도 가장 으뜸가시는 어른이라 생각됩니다."

고 하고 좋은 음식을 직접 차려주어 잘 먹고, 오는 길에 부처님께 들려 이 사실을 아뢰었더니, 부처님께서는 네 가지 비유를 들어 설명했으면 더 좋았을 텐데 하고 다음과 같이 말씀하였다.

"똑같은 원행이라도 마음이 사특하면 삿된 결과를 가져오고, 마음이 바르면 바른 결과를 가져오게 된다.

소젖을 얻기 위해 쇠뿔을 자른 것이나, 타락을 얻는 다고 그릇에 물을 붓고 끓이는 것이나, 기름 짜는 사람이 모래를 넣고 짜면 되겠느냐. 마찬가지로 사문 바라문도 이치 대로 사실 대로 원을 세우고 행을 해야 한다."

〈중아함경 제45권, 1. 심품 부미경〉

(3・4) 수법경(受法經)

부처님께서 기수급고독원에 계시면서 여러 비구들에게 말씀하였다.

"과보에는 네 가지가 있다.

① 현재는 즐겁지만 미래에는 괴로움을 받는 것이고,

② 현재에는 괴롭지만 미래에는 즐거움을 받는 것이며,

③ 현재에도 괴롭고 미래에도 괴로우며,

④ 현재에도 즐겁고 미래에도 즐거운 것이다."

또 부처님께서 구루촌에 계시면서 다음과 같이 말씀하였다.

"세상 사람들은 이렇게 하고자 하고 희망하고 사랑하여 원하고 뜻한다. 그러나 누구나 다 그렇게 하지 못하기 때문에 장차 받을 때는 네 가지 과보를 받게 되는 것이다."

〈중아함경 제45권, 1. 심품 수법경 3・4〉

중아함경 제46권

2. 심품

(5) 행선경(行禪經)

부처님께서 기수급고독원에 계시면서 여러 비구들에게 말씀하였다.

"선에는 네 가지 종류의 사람이 있는데

① 불길처럼 왕성하다가 결단난 사람

② 힘이 빠져 결단 났다가 불길처럼 솟아오르고,

③ 힘이 빠져 결단 났다가 그대로 힘이 빠져 결단난 사람

④ 불길처럼 왕성하여 불길처럼 용솟음치는 사람이다."

〈중아함경 제46권, 2. 심품 행신경〉

(6) 설경(說經)

부처님께서 구루수의 서울에 계실 때 말씀하였다.

"설경에는 네 가지가 있으니

① 어떤 비구가 행하고 생각하고 목표하는 것에, 욕심을 떠나고 악법을 떠나고 머트러운 생각과 세밀한 생각이 있어, 욕계 악을 다른 데서 생기는 기쁨과 즐거움으로 초선을 얻어 성취하는 것이고,

② 초선의 기쁨에 집착하지 않고 제2선에 나아가는 것이며,
③ 제2선에 만족하지 않고 제3선에 나아가는 것이고,
④ 제3선을 뛰어 제4선에 나아가는 것이다.”

〈중아함경 제46권, 2. 심품 설경〉

중아함경 제47권

3. 심품

(7) 엽사경(獵師經)

부처님께서 죽림정사에 계실 때 비구들에게 말씀하였다.

“사냥꾼들이 사슴을 기를 때는 사슴을 살찌게 하거나, 빛깔을 좋게 하거나 힘을 세게 하거나, 즐겹고 오래 살게 하기를 바라지 않는다.

① 그렇지만 사슴들은 그 먹이 때문에 가까이 따라 다니며 먹이를 얻어먹고,
② 따라 다니다 싫증나면 저희들끼리 가서 놀다가 돌아오며,
③ 더 깊은 곳에 가서 저희들끼리 사나, 사냥꾼들을 완전히 떠나지 못한다.
④ 그러나 아주 깊은 굴 속에 들어가 다시는 사냥꾼의 손안에 들어오지 않는 것들이 있으니, 스님들 가운데도 이렇게 마왕의 손아귀에서 놀다가 완전히 벗어난 사람이다.”

〈중아함경 제47권, 3. 심품 엽사경〉

(8) 오지물주경(五枝物主經)

부처님께서 사위성에 계실 때 오지물주가 부처님을 찾아가다가 비도(比道)를 거쳐 틴두카치라(巾頭阿梨)숲 속에 이르러 사알라나무 동산에 살고 있는 문디카 아픗다라는 이교도를 만났다.

그는 축생론(王論·賊論·투쟁론·음식론·의복론·부인론·동녀론·음녀론·세간론·邪道論·海中論)을 설명하다가, 오지물주가 오는 것을 보고 조용히 맞이했다.

"물주여, 누가 이 세상에서 제일가는 사문인가. 신·구·의 3업에 삿된 직업을 갖지 않는 것 아닌가?"

물주는 대답하지 않고 부처님께 와 물으니 부처님께서는

"그렇다면 갓난아이는 말도 할 줄 모르고 아무 직업도 가지고 있지 않으니 으뜸가는 사문 아닌가. 만일 나에게 물었다면 청정한 계를 가지고 착하지 않은 생각을 갖지 않고, 그 생각은 어디서부터 생겨 어디서 없어진다는 것을 말했을 것이다."

〈중아함경 제47권, 3. 심품 오지물주경〉

(9) 구담미경(瞿曇彌經)

부처님께서 니그로오다 동산에 계실 때, 마하아파자아파티이 고오타미가 금실로 짠 옷을 가지고 와 부처님께 바쳤으나 받지 않고, 비구들에게 보시하라고 하니 아난다가 은혜를 베푸신 분이 드리는 옷이니 받으라고 간곡히 부탁하였다. 그러나 부처님은 받지 않고 다음과 같이 말했다.

"3보에 귀의하고 4성제의 이치를 알고 5계를 지켜 슬기롭기 그지 없으나, 보시에는 개인 보시와 대중 보시가 있으니 이를 가려 할 줄 알아야 한다. 믿음이 있는 남녀가 부처님이 살아계실 때 부처님과 비구 스님들께 보시하면, 이것을 제일의 대중보시라 하고 이를 행한 자는 큰 복전과 공덕을 얻는다.

다음은 부처님께서 열반에 드신 뒤 2부중께 보시하는 것이고, 미래세에 수행자들에게 보시하여 계율과 위엄있는 거동이 있게 하고, 많은 지식과 지혜를 성취하게 하면 이것이 일곱 가지 보시가 된다. 이것은 대중들께 보시한 것이고 개인에게 보시하는 데는 열네 가지가 있으니, 어떤 믿음이 있는 사람이,

① 여래에게 보시하고,
② 연각에게 보시하며,
③ 아라한에게 보시하고,
④ 아라한향에게 보시하며,
⑤ 아나함에게 보시하고,
⑥ 아나함향에게 보시하며,
⑦ 사다함께 보시하고,
⑧ 사다함향에게 보시하며,
⑨ 수다원에게 보시하고,
⑩ 수다원향에게 보시하며,
⑪ 무욕선인에게 보시하고,
⑫ 정진하는 사람에게 보시하며,
⑬ 정진하지 않는 이에게 보시하고,
⑭ 축생에게 보시하는 것이다.

이러한 보시는 큰 결과를 얻고 공덕을 성취하여 넓은 갚음을 받는다. 그래서 나는 나 자신 보다는 대중스님들께 보시하라고 한 것이다."

〈중아함경 제47권, 3. 심품 구담미경〉

(10) 다계경(多界經)

부처님께서 기수급고독원에 계시면서 말씀하였다.

"모든 두려움은 어리석은 데서 생긴다."

아난다가 물었다.

"어떤 사람이 어리석은 사람입니까?"

"경계를 바로 알지 못하고 인연을 알지 못한 사람이다."

〈중아함경 제47권, 3. 심품 다계경〉

중아함경 제48권

1. 쌍품(雙品)

(1·2) 마읍경(馬邑經)

부처님께서 앙가아(鴦騎)국 마읍 마림사(馬林寺)에 계시면서 비구 스님들에게 물었다.

"사람들이 그대들을 보고 사문인가라 물으면 너희들은 사문이라고 말하는가?"

"예. 그렇습니다."

"그렇다면 그대들은 사문법과 바라문법을 배워 대시주자들에게 큰 복전이 되어야 한다. 먼저는 율을 배우고, 다음에는 학을 배우고, 그 다음에는 선을 배워 사문답게 살아야 한다. 특히 음식·의복·평상·탕약에 있어서 법답게 받고, 사무량심이 동서 4방에 꽉 차게 해야 한다."

〈중아함경 제48권, 1. 쌍품 마읍경 1·2〉

(3·4) 우각사라림경(牛角娑羅林經)

부처님께서 발기수 우각사라림 중에 계실 때 사리자·목건련·대가섭·가전연·아나율다·이월다·아난 등 많은 큰 제자들이 있었다.

이때 사리불이 아난에게 물었다.

"우각사라림은 참으로 사랑스럽고 즐길만하다. 밤에는 밝은 달이 뜨고 사알라나무의 묘한 향기가 풍기어 마치 하늘꽃과 같다. 이곳을 더 아름답게 만들려면 어떻게 하면 되겠습니까?"

"널리 배우고 많이 듣고 기억하여 잊지 않고, 처음도 중간도 끝도 뜻과 글이 다 갖추어진 청정 범행을 실천하면 될 것입니다."

"이월다는 어떻게 생각합니까."
"고요히 앉아 마음의 행이 그치고 관을 성취하면 될 것으로 생각합니다."
"아나율다는 어떻게 생각합니까?"
"천안통을 성취하여 9천 세계를 훤히 비추어 보면 알 것입니다."
"가전연은 어떻게 생각합니까?"
"지금 선배들이 말씀한 것을 종합하면 더욱 좋은 세계가 꾸며지겠습니다."
"가섭 존자는?"
"일 없음을 성취하여 지족을 즐겨하면 그렇게 될 것입니다."
"목건련 존자는?"
"여의족을 얻어 위선을 자재하면 될 것입니다."
그때 목건련이 사리자에게 물었다.
"사리자께서는 어떻게 생각하십니까?"
"마음을 자유자재 하되 화합을 잘하면 될 것입니다."
모든 대중이 함께 부처님께 나아가 이 사실을 고하고 부처님께 물으니
"다 좋다. 모두가 법답기 때문이다."

또 부처님께서 나아디카(那摩提) 긴자(犍祁)절에 계실 때 탁발 후 우각사알라 동산에 가니 아나율과 난제, 금비라 등이 함께 있었다.

그런데 그들은 먼저 걸식한 자는 자리를 펴고, 물을 길러 발을 씻도록 준비하고 발 닦는 수건, 물병 대야를 깨끗이 씻어 준비하고, 빌어온 밥을 다 먹을 수 없으면 그릇에 덮어두고, 먹은 뒤에는 손발을 씻고 니사단을 어깨에 메고 방에 들어가 고요히 앉았다.

뒤에 온 사람도 빌어온 밥이 부족하면 남은 밥을 가져다 먹고, 많으면 깨끗한 땅이나 돌에 버려 벌레가 생기지 않도록 하고 위와 똑같이 하고 앉았다.

해질 무렵에는 먼저 일어난 사람이 물병과 대야를 비어, 물이 없는 것을 보면 곧 가지고 가서 한쪽에 두고, 물그릇이 너무 무거우면 말없이 서로 부촉해 들어, 바로 놓은 뒤 5일만에 한 번씩 강론하였다.

이 광경을 본 동산지기가 부처님 오신 것을 막으면서 이 말씀을 하시니 그

광경을 보고 있던 재가 동산지기에게 길을 막지 말 것을 말씀드려 들어오게 하셨다.

〈중아함경 제48권, 1. 쌍품 우각사라림경 3·4〉

(5) 구해경(求解經)

부처님께서 구루수 마을에 계실 때 비구들에게 말씀하였다.

"자기의 뜻으로 남의 마음의 모양을 알지 못하면 그는 세존의 바른 깨달음을 알지 못한다. 그러면 어떻게 해야 여래를 알아볼 수 있을 것인가?"

"세존께서는 법의 근본이고 법의 주인이며, 법에서 나셨기 때문에 세존께서 가르쳐 주십시오."

"첫째 색을 관하는 것이고, 둘째 소리를 관하는 것이다. 보이는 빛이 깨끗하고 더러운 자, 들리는 소리가 잡된가 순수한가를 자세히 살펴, 그것이 본래 나에게 있었던 것인가를 관한다. 그리하여 그 법에서 명예와 이익을 위한 것이 아니고, 재환(災患)을 위해 선(禪)에 드는 것이 아니라면, 그 행과 힘이 지혜를 형성하여 끊을 것은 끊고 구할 것은 구할 것이니, 이것이 부처님의 바른 깨달음을 아는 것이다."

〈중아함경 제48권, 1. 쌍품 구해경〉

중아함경 제49권

2. 쌍품(雙品)

(6) 설지경(說智經)

부처님께서 기수급고독원에 계시면서 비구들이 깨달음을 인지하는 방법을 말씀하였다.

"어떤 비구가 '나는 생을 이미 다하고 범행이 서고, 할일을 마쳐 다시는 후생을 받지 않는다'고 하면 함께 기뻐하며 물으라.

'왕성한 5음에서 벗어났는지?'

그래서 확실히 그것을 깨달아 탐착이 없으면 그 다음에는

'4식(摶食・更樂食・意念食・識食)에 대해서 물으라.'

여기 또한 집착이 없고 번뇌가 없으면 다음은

'4설(見見說・聞聞說・識識說・知知說)에 대해 물으라.'

이 또한 분명히 알아 해탈했으면 다음에는

'6계(地・水・火・風・空・識)과 6근・6경・6식의 18계에 대해 묻고 5계・10계를 받고, 5개(蓋) 10전(纏)에서 벗어났으면 그는 아라한으로 공경해도 좋다."

〈중아함경 제49권; 2. 쌍품 설지경〉

(7) 아지타경(阿夷那經)

부처님께서 동원 녹자모 강당에 계실 때, 저녁 때 강당에서 내려와 그늘 속에서 재가 제자들에게 설법하는 것을 보고, 이교도 사문 판디타(蠻頭)의 제자 아지타가 옆에 와 있었다. 세존께서 보시고 물었다.

"사문 판디타는 참으로 5백 가지 생각을 생각하고 있는가. 그리고 다른 사람

들을 보고 허물이 없는 것을 보았는가?"

"대부분이 허물이 있습니다."

"그렇다. 이 세상에는 법다운 사람과 법답지 못한 사람이 있다. 그들의 행과 교육이 장차 이 세상을 두 갈래로 갈라 놓나니 그대들은 마땅히 법과 법 아닌 것을 알고 거기에 좌우되어서는 안된다."

고 하니 아난 존자가 대중의 뜻을 받들어 그 두 가지에 대하여 상세히 설명하였다.

〈중아함경 제49권, 2. 쌍품 아이나경〉

(8) 성도경(聖道經)

부처님께서 구루수 마을에 계시면서 말씀하였다.

"한 도가 있으니 중생으로 하여금 청정을 얻고 근심과 슬픔, 울음을 떠나고 걱정과 괴로움 번민을 없애 법다움을 얻게 한다. 이것이 무엇인가 7지이다. 바른 소견이고, 바른 뜻·말·업·생활·방편·생각이다. 이것을 익혀 마음이 하나가 되어 나아가면 반드시 성도에 나아가 해탈을 얻는다."

〈중아함경 제49권, 2. 쌍품 성도경〉

(9) 소공경(小空經)

부처님께서 녹자모 강당에 계실 때 아난다가 말했다.

"세존께서 옛날 식도읍에 계실 때 나는 공(空)을 많이 생각한다고 하였는데 지금도 그렇게 생각하고 계십니까?"

"그렇다. 이 세상 모든 것은 공 속에 존재한다. 있는 것도 없고 없는 것도 없지만 그 있고 없는 것이 모두 공 속에 있으니 마치 산하 대지, 해와 달이 허공 가운데 존재하는 것과 같다. 과거 모든 여래도 모두 이 공을 통해 성불한 것이니 너도 공을 관해서 공을 깨달으라."

〈중아함경 제49권, 2. 쌍품 소공경〉

(10) 대공경(大空經)

부처님께서 니그로오다 동산에 계실 때 오후에 카아알라케마캇사(加羅梵摩釋) 정사에 가시니 많은 평상 위에 비구들이 앉아 있었다.

"무엇을 하는가?"

"가사를 만듭니다."

"좋다. 그러나 비구는 여럿이 모여 앉으면 말을 많이 하게 되고, 말을 많이 하게 되면 듣지 못한 것을 많이 듣고 도리어 욕심을 내게 된다. 비구는 욕계의 악을 떠나고, 색계 무색계의 악을 더나 마음을 비워야 하기 때문이다. 만일 바깥의 공을 알고 안 공도 알고 안팎의 공을 알아, 내외가 다 공해지면 마음이 저절로 정에 들어 5욕을 떠나 평안하게 될 것이다. 그때에는 무슨 경을 듣든지 모두 정경이 되어 노래 부르고(歌舞), 기억하고 설명하는 것이 모두가 불법이 될 것이다. 세상 사람들은 앉으면 왕·적·투쟁·음식·의복·부인·동녀·음녀·세간론이 중심이지만, 불자는 시론·계론·정론·혜론·해탈론·해탈지견론·점손론·불회론·소욕론·지족론·무욕론·단멸론·연좌론·연기론 등을 말할 것이니 듣기만 해도 시원하고 날아가는 것과 같을 것이다."

〈중아함경 제49권, 2. 쌍품 대공경〉

중아함경 제50권

1. 대품(大品)

(1) 가루오다이경(加樓烏陀夷經)

부처님께서 앙가국 아파나 케니야(犍若) 정사에 계실 때 존자 우다이(烏陀夷)가 왔다.

"우다이여, 곤란 없이 안온하고 쾌락하며 기력은 좋은가?"

"예. 한결 같습니다."

"어떻게 그렇게 한결 같을 수 있는가?"

"항상 고요한 곳에 머물러 세존께서 우리들을 이익되게 하고, 안온하게 하신다고 생각하고, 세존하시는 대로 따라 열심히 정진하고 있습니다. 저는 옛날 부처님께서 '음식은 한 번만 먹어도 좋으나 너무 약하면 두 끼로써 족한 줄 알아야 한다'고 하시는 말씀을 듣고 그렇게 실천하였더니, 소화불량의 증상이 깨끗하게 없어졌습니다. 때 아닌 때 마을에 들어가는 것도 하지 않고 있습니다."

"착하다 우다이여. 가지고 있고 집착해 없는 사람에게는 끊어라 하고 가지 말라 하지만, 원래 불법에는 그런 논리가 필요 없는 사람에게는 그런 말도 할 필요가 없는 것이다. 매사를 알아서 해도 세상을 복되게 하기 때문이다."

"세존이시여, 아무런 소유가 없어도 항상 자족하니 이것이 무소유이고, 생각 없이 생각따라 일을 행하되 선악에 관계되지 않으니, 비상비비상처가 아니겠습니까."

"우다이여, 진실로 너는 지혜로운 사람이로다."

〈중아함경 제50권, 1. 대품 가루오다이경〉

(2) 모리파군나경(牟梨破群那經)

부처님께서 기수급고독원에 계실 때 몰리야파군나 비구가 비구니들과 잘 어울리고 있었다. 대중들이 말을 듣고 몰리야파군나를 불러 사실을 확인한 뒤에, 베데히카아 부인의 이야기를 들려주시고 피차 말조심할 것을 일렀다. 남이 말할 때 때에 맞추어 참되고 참되지 않는 것을 알아, 부드럽고 상냥하고 뜻이 있고 없는 것을 알아 해야 할 것을, 여러 가지 비유를 들어(호미와 가래로 온 세계의 땅을 뒤엎으려는 사람, 횃불을 가지고 황하수를 덥히려는 사람, 화가가 물감으로 세계를 칠하려고 하는 것, 고양이가 부드러운 가죽 주머니로 헐떡거리는 소리를 없애려 하는 것 등) 설명하였다.

〈중아함경 제50권, 1. 대품 모리파군나경〉

중아함경 제51권

2. 대품

(3) 발타화리경(跋陀和利經)

부처님께서 기수급고독원에서 여름 안거를 지내시면서 말씀하였다.

"나는 한 자리에서 먹고 애씀도 없이 건강하고 쾌락하다. 너희들도 한 자리에서 먹고 안온하기를 바란다."

고 하니 밧다알리(跋陀和利)가 말했다.

"저는 한 자리에서 먹고 안정할 수 없으니 어떻게 하면 좋겠습니까?"

"네가 나의 청을 받은 곳에 가서 함께 먹고 남은 음식을 가져가는 것을 허락하겠다. 그렇게 하면 기분좋게 생활할 수 있겠느냐?"

"그래도 저는 구족계를 배우지 못했기 때문에 감당하기 어려울 것 같습니다."

그 뒤 얼마 있다가 부처님께서 안거를 마치고 길을 떠나기 위해, 가사를 깁는다는 소문을 듣고 찾아와 참회하고 떠나가기를 원하자, 부처님은 말몰이가 처음 채찍을 쓰고 다음에 자갈을 물려 훈련시킨 이야기를 들려주어, 그의 마음을 기쁘게 하고 마음의 때를 벗겨주었다.

〈중아함경 제51권, 2. 대품 발타화리경〉

(4) 아습패경(阿濕貝經)

부처님께서 카아시이국에 계실 때 말씀하였다.

"나는 하루에 한 끼를 먹는다. 그 다음에는 구함도 없고 애씀도 없어 몸은 편안하고 안온 쾌락하다. 너희들도 가능하면 그렇게 해보라."

1일 1식계를 설하시고 키이타아기리(迦羅賴) 싱사파아숲에 계셨다.

그때 한 지방의 지주와 사주, 종주를 지낸 앗사지(阿濕貝)와 푸나바수카(弗那婆修)는, 하루 세 때를 먹고 또한 간식을 하여도 건강하고 단단하였다. 비구들이 물었다.

"그대들은 세 때 먹고 간식하고도 건강한가?"

"그렇다."

이것이 부처님께 알려지자 부처님께서 불러 말씀하였다.

"나는 일체 몸의 즐거움이나 괴로움, 즐겁지도 괴롭지도 않는 것을 닦으라고 말하지 않는다. 단지 먹는 것, 입는 것, 자는 것 때문에 괴로움이 있는 자들에게 그의 편의를 따라 범행을 설명한 일이 있다. 먹고 먹지 않는 것은 그대들의 자유이나, 단지 깨달음을 철저하게 후생들에게 모범이 되기 바란다."

"세존이시여, 사실 우리가 재가일 때는 지주·사주도 되고 종주도 되기 때문에 습관에 의해 그렇게 해 봤는데, 우리들도 부처님의 행을 따라 1일 1식 하면서도 게으르지 않게 수행하고 교화하겠습니다."

"착하다. 믿음이 있는 제자는 반드시 깨달음이 있을 것이다."

중아함경 제52권

3. 대품

(5) 주나경(周那經)

부처님께서 밧지국 사아마(舍彌)촌에 계실 때, 아마촌 파아바아(波和)에서 여러 안거를 지내고 있었다. 그는 친자라는 니간타가 있다가 거기서 죽었다. 그의 아들 친구들은 서로 헐뜯으며 싸웠다. 여름 안거를 지낸 춘다는 옷을 기워 입고 아난 존자가 있는 곳으로 갔다.

"어디서 오는가?"

"파아바아에서 옵니다."

하고 자식 없는 이야기며 자식 친구들이 싸운 이야기를 고백하였다. 그러나 아난은

"내 이야기를 듣고는 그 뜻을 확실히 알 수 없으므로 부처님께 가자."

하고 부처님께 가서 여쭈니 세존께서는 물으셨다.

"싸움은 한 가지도 이익되는 것이 없다. 많은 사람에게 고통을 주고 도리가 아니므로 인천에 고통만 가중시키는 것이다. 화를 잘 내는 사람은 스승을 공경하지 않고 법을 보지 못하고 계를 지키지 못한다.

그러니 싸움이 있을 때는

① 반드시 면전에서 싸움을 그치게 하고,

② 기억을 되살려 싸움을 그치게 하며,

③ 미련하지 않으므로 싸움을 그치게 하고,
④ 스스로 드러내어 싸움을 그치게 하며,
⑤ 증거를 대서 싸움을 그치게 하고,
⑥ 계속 옮겨 싸우는 것을 그치게 하며,
⑦ 진흙 밭을 메워 버리듯 싸움을 그치게 하는 것이다.
이것이 싸움을 그치게 하는 칠불쟁법(七不諍法)이다."

〈중아함경 제52권, 3. 대품 주나경〉

(6) 우바리경(優婆離經)

부처님께서 첨파국 가가라아(恒伽)못 기슭에 계실 때 우파알리가 물었다.

"만약 비구들이 화합하면서 다른 업을 짓고 다른 업을 말한다면 이것은 올바른 율이라 할 수 있습니까?"

"아니다."

"면전의 율은 주어야 할 자에게 기억할 율을 주고, 그 반대가 된다면 어떻습니까?"

"그것도 아니다."

"미련한 자에게 주는 율은 드러내는 율을 주고, 들어낼 율을 스스로 들어내게 준다면 어떠합니까?"

"그도 잘못이다."

"그러면 그대라 하는 율·꾸짖은 율·아래 율·위 율·물리쳐야 할 율·기억할 율·근본 율·몰아내야 할 율·겸손 율도 마찬가지습니다."

"그렇다. 만일 비구들이 서로 화합해서 다른 업을 짓거나 대중에게 죄를 짓는다면 이것을 모두 몰아내리라. 그러니 겸손해야 할 자는 겸손히 가르치고 다스려야 할 자는 마땅히 잘 다스려야 한다."

〈중아함경 제52권, 3. 대품 우바리경〉

(7) 조어지경(調御地經)

부처님께서 죽림정사에 계실 때 사미 아치라바토(阿夷那和提)가 일 없는 곳의 선실에 있었다. 왕자 자야세나(耆婆先那)가 그곳에 갔다가 물었다.

"비구는 이 법률 안에서 방일하지 않고 수행 정진하는가?"

"그대에게 사실대로 말한다 하더라도 그대는 인정하지 아니할 것이다."

고 하니 두세 번 물었다가 그만 떠나버렸다. 아치라바토가 부처님께 나아가 이 사실을 고백하니 코끼리 길들이는 방법으로 교훈을 주셨다.

말하자면 소와 말 코끼리는 조어할 때, 길들일 수 있는 것이 있고 길들일 수 없는 것이 있다.

〈중아함경 제52권, 3. 대품 조어지경〉

중아함경 제53권

4. 대품

(8) 치혜지경(癡慧地經)

부처님께서 기수급고독원에 계시면서 어리석은 법과 지혜로운 법에 대하여 말씀하였다.

"어리석은 사람은 나쁜 것을 생각하고 나쁜 말을 하고 나쁜 일을 한다. 그러므로 하는 일이 있어 모여 앉거나 어느 곳에 있던지, 살생하고 도둑질하고, 사음하고 옛말 하고, 술 마시는 것만을 즐김으로써 이야기 하고 그렇게 실천한다. 또 죄인들을 발 붙들어 책별하는 것이나 남의 싸우는 것, 집안 망한 것만을 들추어 말하고 보고 있다가, 죽어서는 곧 지옥·아귀·축생에 떨어지게 되는 것이다. 반대로 지혜로운 사람은 착한 생각을 하고, 착한 말을 하고, 착한 행동을 하여, 죽은 뒤에도 인간이나 아수라의 천당에 태어나고, 마침내는 해탈 열반의 길에 든다."

고 하고 3도의 고통에 대해 구체적으로 설명하였다.

〈중아함경 제53권, 4. 대품 치혜지경〉

중아함경 제54권

5. 대품

(9) 아리타경(阿梨吒經)

부처님께서 기수급고독원에 계실 때 아리타 비구가

"부처님은 욕심에는 장애가 없다고 말씀하셨다."

하는 나쁜 생각을 가지게 되었다. 대중에 알려지자 부처님께서 그를 불러 물었다.

"진실로 그런 일이 있느냐?"

"예. 그런 말을 하였습니다."

다시 대중들께 물었다.

"너희들은 어떻게 들었느냐?"

"장애가 있다고 말했습니다. 욕심은 뼈다귀·살덩이·손에 든 횃불·불구덩이·독사·꿈·빌려준 물건·나무열매와 같다고 들었습니다."

이에 아리타 비구는 부처님께 직접 꾸지람을 듣고 마음에 근심과 슬픔을 느껴, 머리를 떨어뜨려 잠자코 있으면서 할 말을 잃고 말이 없이 앉아 있었다.

그때 세존께서 말씀하였다.

"너희들이 내 설법을 사실대로 이해했으면 그대로 전하고, 그렇지 못하면 나나 선배 스님들께 물어 제대로 이해할 수 있어야 한다. 마치 어떤 사람이 뱀을 잡고자, 숲 속에 들어가 뱀을 거꾸로 잘못 잡은 바람에 그대로 죽고 말 듯, 불법도 마찬가지로 잘못 이해하면 나만 잘못 되는 것이 아니라, 모든 사람들에게 피해를 줄 것이다. 또 마치 깊은 강을 떼배로 건너가는 것과 같아서 잘못하면 빠져 죽고, 그렇지 않으면 저 언덕에 이르러 영원한 삶을 실천하는 것처럼, 신중하고 조심스럽게 행해야 하는 것이다."

〈중아함경 제54권, 5. 대품 아리타경〉

(10) 다제경(嗏帝經)

부처님께서 기수급고독원에 계실 때 어부의 아들 사아티(嗏帝)가 생의 인연은 식(識)이라고 고집하여 대중의 꾸지람을 받았지만 계속 고집하였다. 부처님께서 대중의 말을 듣고 그를 불러 물었다.

"어떤 것이 식인가?"

"말하고 깨닫고, 스스로 짓고 남을 견제하여 일어나고, 같이 일어나는 것으로, 여기 저기 선하고 악한 업을 지어 그 갚음을 받는 것입니다."

부처님께서 비구들께 물으셨다.

"너희들은 어떻게 들었느냐?"

"식은 연을 인하기 때문에 일어나므로, 연이 없어지면 그 또한 없어진다고 말씀하셨습니다."

"알아들었느냐?"

"예 알아들었습니다. 모든 식은 연에서 발생한다고."

"그렇다. 사실은 나의 교설도 떼배와 같다. 강을 건너는 방편으로 만든 것이기 때문에 건너간 사람에게는 필요없으나, 장차 건널 사람에게는 좋은 방편이 된다."

〈중아함경 제54권, 5. 대품 다제경〉

중아함경 제55권

1. 포리다품(晡利多品)

(1) 지재경(持齋經)

부처님께서 녹자모 강당에 계실 때, 비사아카아(毘舍佉) 어머니가 일찍 목욕하고 며느리들을 데리고, 부처님께 나아가 예를 올리니 부처님께서 물으셨다.

"목욕하였느냐?"

"예. 지금 재를 올리고 있나이다."

"무슨 재인가. 소 기르는 목동의 소를 놓는 재(放牛兒)인가. 니간타재(尼犍陀齋)인가. 아니면 불자가 계를 지키고 8정도를 행하는 팔지재(八支齋)인가. 8지재를 지내는 사람은 늘 3보와 진성 하늘을 생각한다. 이런 재를 행하는 사람은 16국(鴦迦·摩竭陀·迦尸·拘薩羅·拘樓·般闍羅·阿攝貝·阿和檀提·技提·跋耆·跋蹉·跋羅·蘇摩·蘇羅吒·喩尼·劒浮)에 있는 돈과 금·은·7보를 다 계산해도 16분의 1의 공덕도 되지 아니할 것이다. 인간의 50년이 4왕천의 1주야인데, 30주야를 한달로 치고 12달을 한 해로 쳐 500년을 사는데, 모두 8지재를 행한 사람이 태어난다.

또 인간의 200년이 염마천의 1주야이고 그렇게 30일을 한 달로 계산하여 열달을 한 해로 하여 2,000년이 염마천의 수명이며, 또 인간의 400년이 도솔천의 1주야로 4천 년을 사는 것이 도솔천의 수명이고, 인간의 800년을 1주야로 하여 8천 년을 사는 것이 화락천의 수명이고, 인간의 1,600년을 1주야로 계산하여 1만 6천 년을 사는 것이 타화자재천의 수명인데 모두가 8지재를 실천한 사람들이 태어나는 곳이다."

〈중아함경 제55권, 1. 포리다품 지재경〉

(2) 포리다경(晡利多經)

부처님께서 나알라아(那難大)국 파아바아리캄바(波和利榛) 동산에 계실 때, 포탈리야 거사가 흰 옷을 입고 흰 수건으로 머리를 감싸고, 지팡이를 짚고 일산을 들고 세속의 신을 신고, 집에서 집으로 동산에서 동산으로 숲에서 숲으로 돌아다니다가 부처님을 만났다. 부처님께서 자리를 권하며

"거사여, 거기 앉으시오."

하니 포탈리야가 물었다.

"어떻게 세속을 떠난 사람을 거사라 합니까?"

"모양이 거사와 같기 때문에 그렇게 부른 것이다. 우리 불법에서는 그런 식으로 세속을 떠나지 않고 5계를 지키고, 탐착과 해침, 미워하고 질투하는 번뇌가 없으며 거만이 없다. 욕심은 뼈다귀와 같고 횃불과 같으며, 불구덩이, 독사와 같기 때문이다."

포탈리아 거사는 이 말을 듣고 티끌과 때를 멀리 여의고, 법의 눈이 생겨 3보에 귀의하였다.

〈중아함경 제55권, 1. 포리다품 포리다경〉

중아함경 제56권

2. 포리다품

(3) 라마경(羅摩經)

부처님께서 기수급고독원에 계실 때 아난과 함께 아치라바티이강으로 목욕갔

다가, 람마카 바라문 집으로 가니 많은 비구들이 모여 독경하고 설법하고 있었다.

"그대들은 무슨 법을 설하였는가?"

"불법을 연설하였습니다."

"착하다. 비구들이여, 이 세상에는 거룩한 구함과 거룩하지 못한 구함이 있는데, 생사를 벗어난 행이 가장 거룩하다."

라고 하고 출가 후 두 선인을 만난 일로부터 우파카를 만났던 일들을 상기하며 설법하셨다. 특히 5비구에게 설한 두 극단을 피해야 할 중도법문과 5욕의 공덕에 관한 법문도 큰 감명을 주었다.

〈중아함경 제56권, 2. 포리다품 라마경〉

(4) 오하분결경(五下分結經)

부처님께서 기수급고독원에 계시면서 비구스님들께 물었다.

"내가 옛날 설한 5하분결을 가지고 있느냐?"

그때 만동자가 대답하였다.

"예. 탐내고 성내고 그릇된 소견(身見)을 가지고, 그릇된 계에 대한 집착(戒取), 의심입니다."

"그렇다. 이것은 선천적인 번뇌와 후천적인 번뇌를 겸하고 있기 때문에, 도를 의지하지 않고는 심히 끊기 어려운 것이다. 마치 갠지스강의 물이 홍수가 지면 올라오고 가뭄이 심하면 내려가듯, 인생의 홍수도 그와 같아 흥·망·성·쇠를 거듭하고 있으니, 그 물을 보는 사람은 많아도 바닥을 살피는 사람은 드물다. 파초의 속이 빈 것을 보는 자가 드문 것과 같다."

〈중아함경 제56권, 2. 포리다품 오하분결경〉

(5) 심예경(心穢經)

부처님께서 기수급고독원에서 말씀하였다.

"비구·비구니가 마음 속의 5예(穢)·5박(縛)을 풀지 못하면 해탈할 수 없다.

말하자면 부처님께 칭찬받는 제자들을 ① 나무라고 업신여기며, ② 건드리고, ③ 침해하면서, ④ 마음을 열지 못하고 풀지 못해, ⑤ 편안치 못하면 이것이 다섯 가지 마음의 더러움이다.

또 ① 몸에 물드는 것을 떠나지 못하고, ② 탐욕을 떠나지 못하고, ③ 애정과 목마름을 떠나지 못해 더 이상 나아가지 못하고, ④ 편안히 머무르지 못하고, ⑤ 알지도 못하면 이것이 5박이다.

어떤 비구는 욕심에 물들어 하는 말이 성인의 도리와 어긋나고, 자주자주 속인들과 사귀어 희락하며 조금 소득이 있으면, 거기 빠져 다시 위로 올라갈 생각을 하지 않는다.

그러므로 몸에 물듦을 떠나고 욕심을 떠나 중간에 머무는 일이 없이 해야 할 것이다. 만일 5예·5박을 끊고 5법을 닦아 단여의족(斷如意足)을 얻으면, 누구나 거기서 감로문이 열릴 것이다."

〈중아함경 제56권, 2. 포리다품 심예경〉

중아함경 제57권

3. 포리다품

(6·7) 전모경(箭毛經)

부처님께서 죽림정사에서 1,250인과 함께 여름 안거를 지내시고 이교도의 동산 공작림으로 갔다. 거기에는 전모라는 종주교주가 있어 여러 가지 축생론을 펴고 있다가 부처님을 맞아 앉게 하였다.

"그대는 무슨 경을 강하였는가?"

"왕사성은 심히 복 받은 곳이다. 한 사람의 성현만 모여도 큰데 푸라아나캇사파(不蘭迦葉)・마칼리고오사알라(摩息迦利瞿舍利子)・산자벨라티풋타(娑若鞞羅遲子)・니간다나아타풋타(尼犍親子)・파쿠다카차아야나(彼復迦栴)・아지타케사캄발리(阿夷哆鷄舍劍婆利), 거기 고오타마까지 겸해서 여름 안거를 지냈으니 큰 복을 받은 나라라 하겠습니다. 그런데 이 가운데 어떤 분이 가장 높고 어느 분의 제자들이 존경받을 만 합니까 하고 토론하였습니다."

부처님께서 전모에게 물었다.

"우리는 거친 옷과 거친 음식으로 만족하며, 적게 먹는 것을 칭찬하고 거친 평상으로 만족하고, 좌선으로써 마음을 안정하는 것을 칭찬한다. 그리고 애욕의 화살을 싫어하며 선정의 기쁨으로써, 세상의 고통을 털어버리게 하고 있다."

"참으로 기이하고 신통하나이다. 그 많은 권속을 거느리고 계시면서도, 흩어짐이 없이 공경과 사랑으로 화합하여 살고 계시니."

하고 그 위대한 상호로부터 정신적 깨달음을 칭찬하였다.

〈중아함경 제57권, 3. 포리다품 전모경 6・7〉

(8) 비마나수경(鞞摩那修經)

부처님께서 기수급고독원에 계실 때 이교도 베카나사(鞞摩那修)가 찾아와 찬탄하였다.

"고오타마시여, 훌륭한 빛깔입니다."

"카차나(迦栴延)여, 무슨 빛인가?"

"이 세상에서 이 보다 더 좋은 빛은 없습니다. 가장 묘하고 훌륭하고 제일입니다. 마치 자마금빛의 황금을 비단위에 깔아놓은 것 같습니다. 어두운 밤을 비추는 반딧불・등불・장작불・별・달・해에도 비교할 수 없습니다. 그런데 세존님, 어떤 사문이나 바라문은 세상의 처음과 끝도 알지 못하고, 생사도 알지 못하면서, 사람에 대한 지극한 지혜를 얻어 생을 이미 다하고, 범행이 서고 할 일을 다 마쳐 다시는 생을 받지 않는다고 합니다."

"그런 소리 하지 말라. 세상의 처음과 끝을 보지 않고 1행도 생각하지 않는다 하더라도, 갓난아이는 어려서 묶여 있던 생각을 하지 못한다. 기름이 다하면 불이 다하고 장작이 타고 나면 재가 되듯 모든 것은 인연 따라 났다 멸하니, 처음과 끝을 먼 곳에서 볼 필요가 없다."

그는 곧 머리를 조아리고 구족계를 청하여 비구가 되었다.

〈중아함경 제57권, 3. 포리다품 비마나수경〉

중아함경 제58권

4. 포리다품

(9) 법락비구니경(法樂比丘尼經)

부처님께서 기수급고독원에 계실 때 바사아카 우바이가 법락 비구니에게 가서 물었다.

"어떤 것이 자기 몸입니까?"

"부처님께서는 5성음(盛陰)이라 하였다."

"어떤 것이 자기 몸이 있다고 보는 소견입니까?"

"무지한 범부들이 선지식을 만나지 못해 색을 신(神)으로 보고 하는 말이다."

"그러면 어떤 것이 자기 몸이 없다고 보는 것입니까?"

"색 속에서 신을 보지 않고 신 속에도 색이 있다고 보지 않는 것이다."

"그러면 어떻게 그 소견을 멸할 수 있습니까?"

"5음에 물들지 않고 그런 생각을 없애는 것이다."

"음이 곧 성음이고 성음이 곧 음입니까?"

"색・수・상・행・식이 한데 어울리면 성음이 되고, 샘(漏)이 없으면 성음이 아니다."

"8지 성도란 무엇입니까?"

"8정도를 말한다."

"불법 수행에는 몇 가지가 있습니까?"

"계·정·혜 3학이 있다. 바른 말·바른 행동·바른 생활은 거룩한 계이고, 바른 생각·바른 정은 정이며, 바른 소견·바른 뜻·바른 방편은 지혜이다."

"멸(滅)에는 상대가 있습니까?"

"상대가 없다."

"초선에는 몇 가닥이 있습니까?"

"감각과 관찰, 기쁨과 한마음이다."

"어떤 것이 정입니까?"

"마음이 하나가 되면 정이고, 4념처는 정의 모양이고, 4정단은 정의 힘이고, 4여의족은 정의 공덕이다."

"몇 가지 법 때문에 살던 몸이 무너집니까?"

"목숨과 따뜻한 기운, 식(識)이다."

"죽음과 멸진정은 어떤 차이가 있습니까?"

"죽음은 수명이 끊어져 기가 없어지는 것이나, 멸진정은 죽는 것이 아니라 몸도 식지 않고 기관도 무너지지 않고 기운도 끊어지지 않는다."

"멸진정과 무상정은 어떻게 다릅니까?"

"멸진정은 생각과 앎이 없어지는 것이고, 무상정은 이 두 가지가 없어지지 않는 것이다. 그러므로 멸진정에서 일어나는 사람은 나는 멸진정에서 일어났다는 생각이 없고, 무상정에서 일어나는 사람은 그러한 생각이 남아 있다."

"그러면 멸진정에 드는 사람이 나는 지금부터 멸진정에 든다는 생각을 가집니까?"

"그런 생각을 하지 않는다. 그러나 평상시 그렇게 늘 익혔기 때문에 그렇게 되는 것이다. 일어날 때도 마찬가지여서 일어나면 곧 몸과 6처의 활동이 재개된 것이다."

"그렇게 되면 무슨 재미가 있겠습니까?"

"그렇기 때문에 떠남도 즐기고 떠남으로 나에게서 떠남을 다스리는 것이다."

"감각에는 몇 가지가 있습니까?"

"고·낙·사 세 가지가 있다. 즐거운 감각에서 생기는 것은 즐겁고, 괴로운 감각에서 생기는 것은 괴로우나 두 가지에 다 관심이 없으면 즐거운 것도 괴로운 것도 아니니다. 그러나 고·락·성·쇠는 결국 무상의 발상이며 무명 번뇌에서 나타난 감각인 것이다."

"그러니까 즐거운 감각은 모두 번뇌에서 나는 것입니까?"

"아니다. 선악도 있지 않는가. 대부분 즐거운 감각은 괴로움을 상대로 하는 것이기 때문이다. 괴로움을 끊으면 즐거움도 없어진다."

"무명은?"

"무명은 명을 상대로 하고, 명은 열반을 상대로 한다. 그러나 열반은 상대가 없으므로 물음도 여기서 끝나게 된다."

"참으로 희유하나이다. 진실로 우리의 문답은 곧 부처님의 가르침이요 법의 실상입니다."

〈중아함경 제58권, 4. 포리다품 법락비구니경〉

(10) 대구치라경(大拘絺羅經)

부처님께서 죽림정사에 계실 때 샤아리푸트라에게 마하코오타라가 오니 물었다.

"어떤 것이 착하지 않는 것이며 착하지 않는 뿌리입니까?"

"탐·진·치 3독은 착하지 않는 뿌리이고, 신·구·의 3업은 착하지 않는 행입니다. 착한 것과 착한 뿌리도 마찬가지 입니다."

"어떤 것이 지혜인가?"

"고·락·성·쇠를 아는 것이 지혜입니다."

"어떤 것이 식인가?"

"6근이 6경을 보고 아는 것입니다."

"지혜와 식의 차이는?"

"식은 분별하는 것이고, 지혜는 있는 그대로 비쳐 보는 것이니 곧 판단할 수 있는 능력입니다. 그러나 이 둘은 근본적으로 다른 것이 아니고 곧 하나입니다. 그러니까 식에는 욕심이 있으나 지혜에는 욕심이 없습니다."

"어떤 것이 바른 소견인가?"

"고를 고인 줄 알고 낙을 낙인 줄 아는 것입니다."

"몇 가지 인연으로 바른 소견이 나는가?'

"남에게 듣는 것이요, 자기 마음으로 생각하는 것입니다."

"몇 가지 소견을 거두어야 바른 소견이 나는가?"

"① 진리의 거둠이고, ② 계의 거둠이며, ③ 들음의 거둠이고, ④ 그침의 거둠이고, ⑤ 관찰의 거둠이다. 이 다섯 가지를 거쳐야 바른 소견이 납니다."

"그러면 어떻게 미래의 생명이 탄생하는가?"

"무명에 덮이고 애욕에 얽히면 생명이 탄생합니다. 그러니 이 둘만 없으면 생이 없으므로 죽음도 없게 됩니다."

"감각에는 몇 가지가 있습니까?"

"고・낙・사 세 가지가 있는데 갱락(更樂)을 인연한다."

"감각과 감정 생각은 하나인가 다른가?"

"감각은 생각하는 것이고, 감정은 생각을 생각한다는 것이며, 생각 또한 생각이니 이 셋은 같으면서도 다른 것입니다."

"멸에는 상대가 없는지?"

"없습니다."

"5근은 각기 경계가 있어 각기 따로 작용을 하고 있는데, 무엇을 의지하고 있는가?"

"뜻을 의지하고 있습니다."

"뜻은 무엇을 의지하고 있는가?'

"목숨을 의지하여 머무르고 목숨은 기운을 의지하고 있습니다. 이것은 마치 불꽃과 심지와 같습니다."

"죽음이란 무엇인가?"

"수명과 기운, 식(識)이 다한 것입니다."

그 이후의 문답은 앞의 ≪법락비구니경≫과 같으므로 여기 따로 기록하지 않는다.

〈중아함경 제58권, 4. 포리다품 대구치라경〉

중아함경 제59권

1. 예품(例品)

(1) 일체지경(一切智經)

부처님께서 우준나아(鬱頭隨若)국 카나카탈라(普棘刺) 동산에 계실 때, 코오살라국왕 파세나디가 문안해오자, 부처님은 큰 집으로 가서 창문을 열고 지게문을 닫고 그윽한 곳에 자리하고 있었다.

임금님께서 부처님을 뵈러 간다고 하니 임금님과 함께 밥을 먹고 있던 사쿨라아(어질음)와 소마아(달) 두 자매가 문안을 부탁하였다.

임금님은 부처님을 찾아뵙자마자 두 자매의 문안을 부처님께 전하고 물었다.

"부처님께서는 일체지를 얻어 3세의 모든 것을 다 아신다고 하는데 사실입니까?"

그때 임금님 뒤에 총채를 들고 있던 비두우다바(鞞留羅) 대장에게 물었다.

"누가 그런 이야기를 했던가?"

"상년소길상자(想年少吉祥子)가 그런 말을 한 것 같습니다."

"그럼 그를 불러오너라."

그 사람이 간 뒤에 바사닉왕이 부처님께 다시 여쭈었다.

"혹 어떤 사람이 잘못 듣고 전했다 하더라도 혹 그런 말씀을 기억한 일은 없으십니까?"

"있다."

"고오타마 말씀은 스승답습니다. 다시 묻겠습니다. 찰제리 · 바라문 · 거사 · 공사에 무슨 차별이 있습니까?"

"있습니다. 찰제리 바라문 종족은 이 인간세상에서 가장 으뜸가는 덕을 가지고 있고, 거사 공사는 그 다음 덕을 갖춘 사람들이오."

"그러면 금생만 그러합니까 내세에도 그러합니까?"

"금생에 하는 것을 따라 내생에는 달라질 수 있습니다. 수행자가 공부를 잘하여 사문 · 바라문 · 하늘 · 악마 그 누구도 그것을 능히 빼앗지 못하게 되면, 그는 제일단지(斷支)에 든 것입니다.

먹는 것에 중도를 얻어 건강하고 뜨겁지도 차갑지도 않고, 공정한 입장에서 모든 도를 행하면 이것이 둘째단지라 합니다.

많이 아는 제자가 아첨도 없고 속임도 없고 소박 순직하여, 세존과 모든 범행자들에게 참모습을 나타내면 이것이 제3단지입니다.

언제나 꾸준히 나아가고 악하고 착하지 않는 법을 끊고 선견을 닦고, 항상 뜻을 일으켜 오로지 굳건하게 모든 착함이 근본으로 하여, 방편쓰기를 버리지 않으면 이것이 제4단지입니다.

지혜로써 거룩한 슬기가 밝게 트이고 분별하고 환히 알아, 바로 괴로움을 다하면 이것이 다섯째 단지라 합니다.

이 다섯 가지를 만족하면 여래는 만족하여 불만이 없는 것이고, 긴 밤 동안에 도리나 이익과 쾌락을 얻을 것이니, 이것을 찰제리 · 바라문 · 거사 · 공사의 네 종족이 후세에서도 낫고 못함이 있고 차별이 있는 것이라 합니다."

"참으로 부처님은 스승답습니다. 그런데 찰제리 · 바라문 · 거사 · 공사는 행에 있어서는 차별이 있습니까?"

"그렇습니다. 만일 믿음이 있는 사람이 끊는 것을, 믿음이 없는 사람이 끊으려 한다면 그것을 끝내 그렇게 될 수 없고, 병이 적은 사람이 병이 많은 사람과 끊는 것이 다르며, 아첨과 노력도 지혜로운 사람이 끊는 것이 서로 같지 않습니다. 마치 코끼리 · 말 · 소 · 사람 다루는 사람이 같지 않는 것과 같습니다."

"그러면 끊는 것에 있어서도 차이가 있겠습니다."

"끊는 것은 차별이 없습니다. 나무를 비벼 불을 피우는 것은 동 · 서 · 남 · 북의 사람들이 차별이 없기 때문입니다.”
“어찌하여 하늘이 존재합니까?”
“항상 즐거운 까닭에 하늘이 존재하나 하늘에도 차별이 있으니 능력이 닿지 않으면 그는 상대할 수 없습니다.”
그때 상년소길상자가 와서 그때 그 말을 비두우다바 대장이 한 것입니다고 하니 파세나디왕은 곧바로 수레를 타고 떠나면서
“고오다마의 일체지에 관한 일을 부처님과 나만이 알 수 있는 일입니다.”
하고 헤어졌다.

〈중아함경 제59권, 1. 예품 일체지경〉

(2) 법장엄경(法莊嚴經)

부처님께서는 메달루파(彌樓離) 석가족 성중에 계실 때, 코살라국왕은 장작(長作)과 함께 나가라하(名名城)에 나갔다가 연좌하는 사람을 보고 부처님이 생각나서 장작에게 말했다.
“나는 옛날 저곳에 와서 부처님을 뵈온 일이 있는데 지금 어느 곳인가 알아보아라.”
“석가 성중에 계신다 하는데 여기서 3크로사(拘婁舍)나 된다고 합니다.”
“그러면 내 부처님을 찾아 뵈오리라.”
하고 바로 수레를 준비하여 그곳에 가니 문밖에서 많은 스님들이 경행하고 있었다.
“부처님이 어디 계십니까?”
“저 속에 계시니 지게문을 열고 들어가 보십시오.”
파세나디왕은 곧 수레에서 내려 다섯 가지 장신구를 때어버리고 그곳으로 나아가 발에 머리를 대고 예배드린 뒤 말했다.
“코오살라국왕 파세나디입니다.”
“그렇습니다. 당신은 코오살라국왕 파세나디입니다.”
하고 왕이 자리에 좌정하자 부처님께서 물었다.

"내게 무슨 도리가 있다고 임금님께서 이렇게 친히 왕림하셨습니까?"

"예. 세존님 나는 부처님에게 법의 고요함이 있는 것을 보았습니다. 부처님께서는 모든 대중을 거느리실 때 스스로 몸을 낮추시고 잘못을 시정하시고, 깨달음을 얻게 하여 대중의 화합을 도모하십니다. 그런데 저희들은 그것이 잘 되지 않습니다. 나의 부하 가운데 이시이다타와 푸라아나 두 대신에게 모든 것을 맡겨 부양하도록 하고 있으나, 아무 것도 가지지 않는 부처님의 승단과 같지 않았습니다. 그래서 저는 불교의 승단을 존경하며 사랑하게 되었습니다. 그들은 늘 전쟁 중에서도 부처님을 생각하고, 자리에 누울 때도 부처님을 생각했기 때문입니다. 부처님도 찰제리고 나도 찰제리며, 부처님도 80이고 나도 80입니다. 이제 나는 모든 것을 접고 고향으로 돌아가려 합니다."

"잘 생각했습니다."

하고 모든 비구를 모이라고 하여

"지금 파세나디왕은 《법장엄경》을 듣고 이치대로 행하여 열반에 나아가기 때문에 너희들은 그대로 때를 알아 잘 실천하도록 하라."

〈중아함경 제59권, 1. 예품 법장엄경〉

(3) 비하제경(鞞訶提經)

부처님께서 기수급고독원에 계실 때 파세나디왕이 이카푼다리카(一奔陀利) 코끼리를 타고 대신 시리밧다(尸利阿荼)와 함께 사위국을 나오다가 아난을 만났다.

"어디서 오시나이까?"

"동원 녹자모 강당에서 옵니다."

"그렇다면 나와 함께 이치라봐티이(阿夷羅婆提)강으로 갑시다."

강에 도착한 임금님은 아난 존자께 큰 절을 하고 앉아 물었다.

"부처님께서는 사문이나 바라문에 대해서 미워하는 일이 있습니까?"

"그런 일이 없습니다. 어떤 사람도 미워하는 일이 없습니다."

"왜 그럴까요?"

"부처님은 이미 탐욕을 떠났기 때문입니다."

"스님께서도 마찬가지입니다. 이제 바아히티카옷을 오늘 파세다니왕이 법을 위하여 아난 존자님께 보시했습니다."

"저는 받지 않겠습니다."

"여래의 이름으로 받아주신다면 고맙겠습니다. 스님은 그대로 여래의 화신이기 때문입니다. 아난 존자는 그 옷을 받아 부처님께 바치며 그동안의 모든 일을 말씀드리니,

"그래 내 말한 것이 나를 비방한 것이 아니다."

하고 칭찬하셨다.

〈중아함경 제59권, 1. 예품 비하제경〉

(4) 제일득경(第一得經)

부처님께서 기수급고독원에 계시면서 스님들께 말했다.

"만약 파세나디왕의 명령이 미치는 경계 안이라면 파세나디왕이 제일이지만, 그것이 점점 넓어져 욕계·색계 내지 과거·현재·미래에까지 미친다 하더라도 그것은 결코 무너지고 말 것이다.

세계가 무너질 때는 누구나 황욱천에 나고, 훌륭한 빛깔을 가지며 마음대로 몸을 받아나서 일체를 구족, 저절로 근이 무너지지 아니할 것이다. 항상 기쁨 속에 맑고 깨끗한 몸의 광명을 지니고 허공을 타고 날아다니면서 오래오래 살 것이다.

그러나 황욱천도 언젠가는 다른 것으로 변하게 되므로, 그것을 싫어하는 성문제자는 그 가운데서 으뜸가는 것이 되고 싶어 하지 않을 것인데, 하물며 하천한 것이겠느냐. 비구라는 생각, 한량이 없다는 생각, 크고 작다는 생각이 있어 무소유처에 대한 생각도 변해간다. 그래서 안팎의 빛깔을 버려 이렇게 여덟 번째까지 이르러, 그것도 버리고 다시 상하 방위가 둘이 아니고, 한량없는 땅과 물, 불·바람·청·황·적·백의 경계, 의식의 경계까지가, 마침내 생각 속에 생각을 하지 아니하면 비유비무상처를 성취하게 된다.

그래도 여기에는 생과 멸, 맛, 떠남과 슬기로써 여섯 가지 갱락처(更樂處)를

보는 까닭에, 그것마저 끊고 멸진정에 들어간다.

그때에는 즐거움은 더디 끊고 빨리 끊는 차이가 있고, 괴로움을 빨리 끊고 더디 끊는 차이가 있다. 그러나 사람들은 그것을 확실히 알지 못하고, 어떤 중생은 끊어지고 없어진다고 말하면서 고다마는 주장하는 일이 없다고 말하나, 진실로 여래가 없다면 일체를 끊고 쉬고 그치고 멸하여, 열반에 있었다고 말하지 못할 것이다."

〈중아함경 제59권, 1. 예품 제일득경〉

중아함경 제60권

2. 예품

(5) 애생경(愛生經)

부처님께서 기수급고독원에 계실 때 어떤 사랑하는 아들을 잃어버린 아버지가 미쳐 돌아다니다가 부처님께 오니 부처님께서 물었다.

"내 그대를 보니 제정신이 아니로구나."

"무슨 경황으로 본정신이 있겠습니까?"

"그렇다. 사랑이 생기면 슬픔과 울음, 근심 · 걱정 · 괴로움이 따라서 생긴다."

"왜 슬픔과 괴로움이 생깁니까. 기쁨과 즐거움이 생겨야지."

그런데 이 소문이 시장의 도박꾼들을 통해 나라의 임금님 귀에까지 들어갔다. 파세나디왕이 듣고 말리카아 부인에게 말했다.

"당신은 어떻게 생각하오. 부처님 말씀이 맞소. 정신 나간 사람의 말이 맞소."

"부처님 말씀이 맞습니다."

"스승의 주장은 제자에게 그대로 계승되는 것이니 사람을 보내 확인해 보자."

하고 나알리장가(那利鴦伽) 바라문을 보냈다.

부처님께서는 "자네의 아름다운 며느리가 죽었다면 어떻게 생각하겠는가. 어떤 부인이 친정에 왔는데 그 친족들이 다른 곳으로 부인을 시집보낸다는 말을 들은 남편은 같이 죽어 저승으로 가자 하면서 찔러 죽이고 자기도 죽은 일이 있다"고 하셨다.

이 말씀은 전해들은 임금님께서는 "애정 속에 번민이 생긴다" 하였소. 하면서도 고개를 갸우뚱 하자 말리카아 부인이 물었다.

"당신은 사랑하는 아들을 비두우다바 대장이 죽었다면 어떻게 생각하시겠습니까?"

"슬퍼할 것입니다."

"당신이 좋아하는 시리밧다 대신 · 일분타리 코끼리 · 바지이리이 처녀 · 바아사바아 일산 · 카아시국 · 코오살라도 마찬가지일 것입니다. 그러니 그 말씀이 맞지 않습니까?"

"참으로 그렇소. 진실로 고오타마는 나의 스승이오."

〈중아함경 제60권, 2. 예품 애생경〉

(6) 팔성경(八城經)

부처님께서 열반하신 뒤 얼마 되지 않아 명망있는 비구들이 파아탈리풋타(波羅利子)성 계원사에 머물러 있을 때 8성의 제십 거사는 값진 보물을 가지고 와서 장사하여 큰 돈을 벌고 계원사에 이르러 법문을 들은 뒤 아난 존자를 찾았다.

"베샤알리(鞞舍離) 미후강변에 있다."

고 하자 베샤알리 성으로 가 아난 존자를 뵙고 물었다.

"부처님께서 제1의제를 성취하였다고 하는데, 거기 머물면 남음이 없는 해탈을 얻을 수 있습니까?"

"탐욕을 떠나 제4선을 성취하고, 5하분결을 끊어 다시는 이 세상에 오지 않아야 그렇게 될 수 있습니다. 그래서 그 마음이 자 · 비 · 희 · 사의 4무량심으로 온 세계를 꽉 채워야 합니다."

"참으로 기이한 분이십니다. 우리 바라문 법에서는 불선법과 율을 말하더라도 저는 그 스승들께 공양하는데, 하물며 생사를 초월한 법을 받았으니 내 계원사 스님들과 베샤알리 스님 모두에게 공양을 올리겠습니다. 그리고 아난 존자에게는 5백 가지 물건으로 집을 사 드리겠습니다."

하고 공양하고 집을 보시하자 아난은 그것을 초제승사(招提僧寺)로 사용하였다.

〈중아함경 제60권, 2. 예품 팔성경〉

(7·9) 아나율타경(阿那律陀經)

부처님께서 기수급고독원에 계실 때 여러 비구들이 아나율타에게 가서 물었다.

"어떻게 하면 어진 채로 죽고 목숨을 마칠 수 있겠습니까?"

"탐욕을 떠나고 악하지 않는 것을 떠나, 제4선을 통해 6신통을 성취하면 된다."

"비구가 번열하지 않고 죽으려면 어떻게 합니까?"

"내외 몸을 관찰하여 소견이 소박 순진하면 된다. 말하자면 계를 사랑하고 번민이 없어지면 그렇게 되느니라."

〈중아함경 제60권, 2. 예품 아나율타경 7·8〉

(9) 견경(見經)

부처님께서 열반하신 뒤 얼마 되지 않아 아난 존자가 왕사성 죽림정사에 있었는데 옛 아난 존자의 벗이 찾아와 물었다.

"부처님께서는 세상이 영원한가 영원하지 않는가, 한정이 있고 없는가, 목숨과 몸이 같은가 다른가. 여래는 죽은 뒤에 있는가 없는가. 이런 문제를 전혀 언급하지 않았는데 알고도 말하지 아니한 것입니까?"

"알고도 말을 하지 아니했습니다. 왜냐하면 그것은 현재 우리의 생과는 관계가 없기 때문이다."

그는 아난다에게 귀의하여 우바새가 되었다.

〈중아함경 제60권, 2. 예품 견경〉

(10) 전유경(箭喩經)

부처님께서 기수급고독원에 계실 때 만동자(鬘童子)가 혼자 연좌하다가 "이 세상은 언제 누구에 의해 만들어졌으며, 언제 끝나고 없어질 것인가"를 생각하였다. "만일 오늘도 부처님께서 이에 대해 답변해주시지 않는다면, 나는 그만 중노릇을 그만하고 환속하리라." 이렇게 생각하고 부처님께 찾아갔다. 그런데 부처님께서 뜻밖에 답변을 하셨다.

"언제 내가 너에게 그런 것을 가르쳐 준다고 약속하여 출가했느냐. 만동자야, 어떤 사람이 독화살을 맞았다고 하자. 그 화살을 당장 뺄 생각은 하지 않고 '이 화살은 누가 쏘았으며 무엇으로 만들었을까. 돌로 만들었을까, 동으로 만들었을까 대나무로 만들었을까. 이 화살을 만든 사람은 어떻게 생겼고 무슨 직업을 가지고 있으며, 어떤 성격을 가지고 있을까'를 생각하고 있다면 그 화살의 독은 온몸에 퍼져 그만 죽고 말 것이다. 일단 빼놓고 치료한 뒤에 생각해도 될 일이다.

너도 우선 공부하는 일에 열심히 하여 생사를 벗어나게 되면 그 안에 있는 길은 저절로 알아지게 될 것인데, 왜 그런 못난 생각을 하고 있느냐."

그리하여 만동자는 큰 깨달음을 얻고 다시 발심하여 열심히 정진하였다.

〈중아함경 제60권, 2. 예품 전유경〉

(11) 예경(例經)

부처님께서 기수급고독원에 계시면서 말씀하였다.

"비구들이여, 만일 무명을 알고 끊고자 하거든 4념처를 닦으라. 그리고 4정단을 통해 4여의족을 얻고 4선을 닦아 5근·5력·7각지·8정도를 닦아야 한다. 그리하여 지·수·화·풍의 모든 세계에 자·비·희·사가 가득차게 하여야 한다."

〈중아함경 제60권, 2. 예품 예경〉

잡아함경(雜阿含經)

잡아함경(雜阿含經) 제1권

무상경(無常經)·정사유경(正思惟經)

부처님께서 기수급고독원에 계실 때 비구들에게 말씀하셨다.

"색은 무상하다. 이렇게 바르게 관찰하면, 싫어 떠나 탐심이 없어지므로 마음의 해탈을 얻는다. 수·상·행·식도 이렇게 관찰하고, 무상·고·공·무아에 대해서도 이렇게 관찰하라. 이와 같이 하여 해탈을 얻은 사람은 생을 다하고 범행을 세워 할 일을 다 마쳐 다시는 생을 받지 않는다."

〈무상경, 1〉

"색에 대해서 ≪무상경≫과 같이 관찰한 사람은, 누구나 마음에 해탈을 얻어 아라한과를 증득하고 기뻐하게 된다."

〈정사유경, 2〉

무지경(無知經) ①~④

"색에 대해서 알지 못하고 밝지도 못하며, 끊지 못하고 탐욕을 떠나지 못해 괴로움을 끊을 수 없다. 수·상·행·식도 마찬가지다."

비구들이 이 법문을 듣고 기뻐하고 기뻐하지 않게 할 것과, 알고 알지 못한 것을 듣고 기뻐하고 받들어 행했다.

〈무지경 ①~④의 3~6〉

어색희락경(於色喜樂經) · 과거무상경(過去無常經)

"색을 사랑하고 기뻐하는 것, 곧 괴로움을 사랑하고 기뻐하는 것, 괴로움을 사랑하고 기뻐하면 괴로움에서 해탈할 수 없다. 수 · 상 · 행 · 식도 마찬가지다."

〈어색희락경, 7〉

"과거 색과 미래의 색도 무상한데 현재의 색이겠는가. 그러니 과거도 돌아보지 말고 미래의 색도 바라지 말고, 현재 색도 싫어하고, 탐욕을 떠나 소멸해 바르게 나아가라. 수 · 상 · 행 · 식도 마찬가지다."

〈과거무상경, 8〉

염리경(厭離經) · 해탈경(解脫經)

"무상한 것은 괴로운 것이고 나 · 내 것도 아니다. 수 · 상 · 행 · 식도 마찬가지다. 이것이 정관이다."

〈염리경, 9〉

"무상한 색은 괴로운 것이고 나 · 내 것이 아니다고 관찰하라. 수 · 상 · 행 · 식도 마찬가지다."

〈해탈경, 10〉

인연경 ①②

"색을 생성시키는 인과 연도 무상한데, 하물며 그 인연 속에서 만들어진 색이야 말할 것 있겠느냐."

〈인연경 ①②의 11 · 12〉

미경 ①②

색에 맛들이지 말고 물들지 말며 집착하지 말라. 수・상・행・식도 마찬가지다.

〈미경 ①②의 13・14〉

사경(使經)・증제수경(增諸數經)

한 비구가 청했다.

"부처님, 오늘 저에게 간략히 법의 요점을 일러주시면, 저는 출가정신에 의해 철저히 수행하여, 기필코 생사를 해탈한 사람이 되고자 합니다."

"훌륭하다 비구여, 내 마땅히 그대를 위해 설하겠다. 법을 듣고 고요한 곳에 나아가 방일하지 말라. 번뇌를 따라 부러지면 그는 번뇌 때문에 죽을 것이고, 죽음을 따르면 취함에 결박될 것이니, 번뇌를 따르지 아니하면 죽어도 취하지도 아니할 것이다."

"예. 수・상・행・식에 부러지면 번뇌에 휩싸이고, 번뇌에 휩싸이면 죽음과 취함에 나아가 해탈하지 못한다고 알았습니다."

〈사경, 15〉

"번뇌를 따라 부러져 죽는다면 그 수는 더욱 증가시키나 그렇지 않으면 수가 불어나지 않는다."

〈증제수경, 16〉

비아경(非我經)・비피경(非彼經)

"비구여, 그대에게 주어지지 않는 법은 마땅히 빨리 끊으라. 끊으면 이치가 넉넉하게 되어 오랜 세월 동안 안락하게 된다."

〈비아경, 17〉

"만일 너에게 주어진 것도 아니고, 다른 사람에게 주어진 것도 아니라면, 마땅히 빨리 끊으라."

〈비피경, 18〉

결계경(結繫經)·심경(深經)

"결박에 묶인 것을 빨리 끊어버리라. 그렇게 하면 안락하게 된다."

〈결계경, 19〉

심경에서도 위에서 말씀하신 것과 같다.

〈심경, 20〉

동요경(動搖經)·겁파소문경(劫波所問經)

어떤 비구가 물었다.
"법의 요점을 말씀해주시면 방일하지 않고 사유하겠습니다."
"동요할 때 악마에 결박되고, 동요하지 않는다면 파순에게서 해탈하게 된다."

〈동요경, 21〉

겁파 비구가 물었다.
"어떻게 하여야 해탈할 수 있겠습니까?"
"시간 속에 빠져 있는 5온과, 거칠고 미세하고 예쁘고 미운 것에서 벗어나야 한다."

〈겁파소문경, 22〉

라후라소문경(羅睺羅所問經) ①②

부처님께서 죽림정사에 계실 때 라훌라가 물었다.

"부처님, 어떻게 해야 이 몸과 바깥 경계에 대해서 나, 내 것이란 소견과 잘난 체 하고 거만한 마음이 없어질 수 있겠습니까?"

"5온은 나도 아니고 내 것도 아니라고 관하라. 5온은 시간적인 것도 공간적인 것도 아니기 때문이다."

〈라후라 소문경 ①②의 23・24〉

다문경(多聞經)

부처님께서 기수급고독원에 계실 때 한 비구가 물었다.

"어떤 것이 다문(多聞)입니까?"

"5온에 대하여 싫어하는 마음을 일으키고, 탐욕을 떠나서 완전히 없애, 고요히 해야 할 법이라고 듣는다면 이것이 다문이다."

〈다문경 25〉

선설법경(善說法經)・향법경(向法經)・열반경(涅槃經)・설법사경(說法師經)

"어떤 것이 법사(法師)입니까?"

"5온에 대해 싫어하는 마음을 일으키고, 탐욕을 떠나 완전히 없애고, 고요해지게 하면 이것이 법사이다."

〈선설법경, 26〉

"어떤 것을 법도 따르고 법을 향하는 것이라 합니까?"

"5온에 따라서 싫어하는 마음을 일으키고, 탐욕을 떠나 완전히 없애는 곳으로 향하는 것이다."

〈향법경, 27〉

"어떤 것이 법을 보고 열반에 드는 것입니까?"

"5온에서 완전히 벗어나는 것이다."

〈열반경, 28〉

비구 삼밀리제가 설법사에 대해 묻자 이렇게 대답하였다.
"5온에 대해 싫은 마음을 내고 탐욕을 떠나 완전히 없애야 한다."

〈설법사경. 29〉

수루나경(輸屢那經) ①~③

부처님께서 왕사성 죽림정사에 계실 때, 존자 사리불은 기사굴산에 있었다. 장자의 아들 수루나가 여러 날을 걸어 사리불에게 와서 물었다.
"사문 바라문들이 5온에 대하여, 무상하고 바뀌며 안온하지 않다고 하면서도, '나는 너보다 낫다, 같다, 못하다'는 생각을 하는데, 왜 진실을 보지 못합니까."
"그것은 사실을 사실대로 알지 못하고 시비에 걸려있기 때문이다."
하고 사리불은 수루나를 데리고 죽림정사에 이르러, 부처님으로 하여금 이 사실을 확인케 하였다.

〈수루나경 ①~③의 30~32〉

잡아함경 제2권

비아경(非我經) · 오비구경(五比丘經)

"색은 내가 아니므로 병고가 있다. 수 · 상 · 행 · 식도 마찬가지다. 색은 무상하고 괴롭다. 3세의 것이든지, 안팎 · 추세(麤細) · 미오(美惡)도 다 내가 아니고 내 것도 아니다. 이를 잘 관하여 취착하지 않는 자는 열반을 깨달아 아라한이 된다."

〈비아경, 33〉

부처님께서 바라나시 녹야원에 계실 때 5비구에게 말씀하셨다.

"5온엔 내가 없고, 무상하고 괴로운 것이다. 과거 · 현재 · 미래에 있어서 내가 없는 도리를 아는 사람은, 거기에 집착하지 않기 때문에, 열반을 증득하여 후세에 생을 받지 않는다.

〈오비구경, 34〉

삼정사경(三正士經) · 십육비구경(十六比丘經)

부처님께서 죽림정사에 계실 때 3정사(아누율다 · 난제 · 금비라)에게 말씀하셨다.

"마음과 뜻과 생각으로 탐색을 끊고 진리에 머물라. 5온은 변하고 머물지 않으니 마땅히 싫어 떠나야 한다. 그렇게 하면 반드시 해탈을 얻는다."

〈삼정사경, 35〉

부처님께서 마투라국 발제하 암라수원에 계실 때 비구들에게 말씀하셨다.

"자주(自洲)에 머물고 자기에 귀의하고 법주(法洲)에 머물고 법에 귀의하고 다른 것에 머물러 귀의하지 말라.

무엇 때문에 근심 · 슬픔 · 번민 · 괴로움이 생기는가. 5온에 얽매여 모든 근심과 걱정이 생긴다. 그러니 마땅히 그를 끊어 집착하지 말라."

〈십육비구경, 36〉

아경(我經) · 비하경(卑下經)

부처님께서 기수급고독원에 계실 때 비구들에게 말씀하셨다.

"나는 세상과 다투지 않는다. 나는 법답게 말하고 지혜롭게 말하기 때문이다.

색은 무상하고 괴롭고 변하고 바뀐다. 이를 아는 자는 다툼이 없다. 그러므로 이렇게 깨달아, 사람들을 위해 분별하고 연설하여 나타내 보이지만, 세간의 눈먼 장님들은 그것을 알지도 보지도 못한다. 그러나 그것은 나의 허물이 아니다."

〈아경, 37〉

"세상 사람들은 천한 직업에 종사하며, 여러 가지 재물을 구해 살아가면서 큰 부자가 된다. 이것은 세상 사람들이 다 하는 것과 같이 나도 알고 있다. 마치 어떤 그릇이 그 위치에 따라 건자(揵茨)·발우(鉢盂)·비비라(匕匕羅)·차류(遮留)·비실다(毘悉多)·바사나(婆闍那)·살뢰(薩牢)라 하는 것과 같이, 나는 세간법을 스스로 알아 사람에 맞추어 설법한다. 그러나 저 장님들이 알지도 보지도 못한다."

〈비하경, 38〉

종자경(種子經)·봉체경(封滯經)

다섯 종류의 종자가 있다. 뿌리(根種子)·줄기(莖種子)·마디(節種子), 저절로 떨어져 나간 종자(自落種子)·열매종자(實種子), 이 다섯 종류는 서로 끊어지지도 않고 부셔지지도 않으며, 썩지도 바람맞지도 않고 새로 익은 열매라 하더라도, 땅과 물만 있으면 그 종자는 성장한다.

그러나 아무리 단단한 종자라도 땅과 물이 없으면 성장할 수 없다. 땅은 식(識)이 머무르는 4식주(識住)이고, 물은 탐욕과 기쁨이다. 색에 네 가지(수·상·행·식) 식이 머물러 반연하고, 기쁨과 탐욕으로 윤택하여 성장하고 뻗어나간다. 그것은 그 가운데서 오기도, 가기도, 머무르기도, 사라지기도 하고, 혹은 성장 뻗어나가기도 한다.

그러니 색의 경계에서 탐욕을 떠난 뒤에는, 색에 대한 집착과 마음에서 생긴 얽힘과 반연이 끊어지면, 그 식은 마지막 머무를 곳이 없게 되어 열반에 들리라."

〈종자경, 39〉

"집착하면 해탈하지 못한다. 왜냐하면 수·상·행·식이 반연하여 식(識)을 머무르게 하기 때문이다."

〈봉체경, 40〉

오전경(五轉經)·칠처경(七處經)

"나는 5수음에 대해서 다섯 가지를 사실대로 안다. 색과 색의 발생(集)과 색의 맛(味), 색의 재앙(患), 색의 떠남(離)에 대해서, 모든 색은 4대이거나 그것으로 만들어진 것이므로, 거기서 생겨난 기쁨과 사랑의 발생과 그 맛을 알며, 거기서 생기는 재앙을 알기 때문에, 거기에서 벗어나기 위해서 색의 탐욕을 항복받고, 탐욕을 끊으며 탐욕을 초월하여 벗어나게 되니, 수·상·행·식도 마찬가지다."

〈오전경, 41〉

"일곱 가지 훌륭함과 이치를 관찰하는 세 가지 방식이 있다. 색에 대해 사실대로 알고, 색의 발생·소멸, 소멸에 이르는 길, 맛들임, 색의 재앙, 색에서 벗어나는 것이 그것이니, 수·상·행·식도 마찬가지다.

그러면 어떻게 색에 대해서 알고 색에서 벗어나는 것일까.

모든 색은 4대로 만들어지는 것을 알고, 거기에서 애정과 기쁨이 발생하기 때문에 결국 그것은 소멸할 것이므로 8정도로써 그것은 소멸한 길을 삼고, 색을 인연하여 맛들였던 기쁨과 즐거움을 여의고, 무상하고 괴롭고, 변하고 바뀌는 재앙에서 벗어나고자 탐욕을 항복받고 끊고 초월하는 것이다. 수·상·행·식도 마찬가지다.

만일 이렇게 그 법을 알면 번뇌가 다하여 해탈하리라."

〈칠처경, 42〉

취착경(取着經)·계착경(繫著經)

"취하기 때문에 착이 생기고 취하지 아니하면 착이 생기지 않는다. 어리석은 범부들은 5온에 대해서 집착하므로 거기서 즐거움과 공포, 장애가 생기니 만일 마음에 어지러움이 없어지면 취착하지 않으므로, 해탈을 얻을 수 있다."

〈취착경, 43〉

"만일 마음을 내면 얽매이게 되고 마음을 내지 아니하면 얽매이지 않는다. 5온에 대해서도 사실대로 안다면, 그의 사랑에 기뻐하고 찬탄하고 취착하여, 나, 내 것이라는 생각을 일으키지 아니하므로 그의 변화에 대한 공포·장애·돌아보는 생각, 거기에 대한 얽힘이 없게 될 것이다."

〈계착경, 44〉

각경(覺經)·삼세음세식경(三世陰世識經)

"어리석은 범부들은 무명으로 말미암아, 5수음을 나, 내 것이라는 생각을 갖기 때문에, 눈·귀·코·혀·몸·뜻에서 처(處)·계(界)·입(入)을 형성한다."

〈각경, 45〉

"숙명통은 3세 5수음의 색·수·상·행·식을 알게 된다. 색은 걸리고 부딪치고, 수는 즐겁고 괴로우며, 상은 많고 작은 생각, 행은 무상과 고통, 식은 이롭고 해로운 것을 각각 알아낸다. 그래서 거기서 온갖 분별과 시비를 일으키니, 이것을 깨달아 다시는 그러한 감각에 섞지 말아야 한다."

〈삼세음세식경, 46〉

신경(信經) ①②

신심이 있는 남자는 이렇게 생각한다.

"나는 마땅히 법대로 따르리라. 5온에 대해서 싫어 떠나고 탐욕을 떠나, 해탈과 해탈지견을 얻고 다시는 생을 받지 않으리라. 그래서 다시는 태어남·늙고·병들고·죽고·근심·걱정하는 번민을 하지 않게 된다."

〈신경 ①②의 47·48〉

아난경(阿難經) ①②

"아난아, 만일 어떤 신심있는 장자나 장자 아들이 와서, 어떤 법이 멸함을 아느냐고 묻는다면 어떻게 대답하겠느냐?"

"5수음이 멸함을 안다고 답하겠습니다."

"무슨 까닭으로 범행을 닦느냐고 묻는다면?"

"5음을 싫어하여 마음을 닦고 탐욕을 떠나 완전히 없애고 해탈하고자 한다고 답하겠습니다."

"훌륭하고 착하다. 아난이여,"

〈아난경 ①②의 49·50〉

괴법경(壞法經)과 울저가경(鬱低迦經)

"5온법은 무너지고 소멸하는 법이다. 그래서 거기서 무너지지 않는 열반이 생긴 것이다."

〈괴법경, 51〉

≪울저가경≫의 내용은 ≪증일아함경≫의 4법의 내용과 같다.

〈울저가경, 52〉

바라문경(婆羅門經)·세간경(世間經)

부처님께서 구살라국 살라마을 북쪽 신서림에 계실 때, 한 위대한 바라문이 '석자 구담이 10호와 큰 지혜를 구족, 청정한 범행으로 처음도 중간도 끝도 훌륭한 법문을 하신다'는 말을 듣고, '훌륭하다. 나는 그 분을 찾아뵙고 섬기겠다' 하고, 많은 시중들과 함께 수레를 타고 금병과 금지팡이·금일산을 들고 세존께 나아가 문안하고 물었다.

"당신은 무엇을 주장하고 설명합니까?"

"인과 연이 있어 생성과 소멸이 있다고 말합니다."

"인연의 근본은 무엇입니까?"

"5온입니다."

"참으로 거룩하십니다. 색의 생성과 소멸, 맛과 재앙, 거기서 벗어나는 것까지 알고 계신 어르신이시다."

〈바라문경, 53〉

부처님께서 녹야원에 계실 때, 비가다로가 마을 바라문이 부처님께 문안하고 물었다.

"세존이시여, 저에게는 젊은 제자가 있어 천문·족성을 알아 대중의 길흉을 잘 점칩니다. 어떻게 생각하십니까?"

"점은 그만 두고 내 묻겠으니, 5온은 본래 종자가 있습니까 없습니까?"

"없습니다."

"그런데 거기 있다 없다 말한다면 꼭 맞겠습니까?"

"세존이시여, 당신이야 말로 물에 빠진 사람을 건져주고 헤매일 때 길을 보여주는 등불과 같습니다."

〈세간경, 54〉

음경(陰經)·누무루법경(漏無漏法經)

부처님께서 녹야원에 계실 때 말씀하셨다.

"존재하는 모든 것은 번뇌가 있기 때문에 '음'이라 한다."

〈음경, 55〉

부처님께서 녹야원에 계실 때 여러 비구들에게 말씀하셨다.

"5음의 번뇌를 취하면, 사랑하고 미워하는 마음을 일으킨다."

〈누무루법경, 56〉

질루진경(疾漏盡經)·음근경(陰根經)

부처님께서 걸식 나갔다가 누구 동행자도 없이 홀로 서쪽 나라에 유행하게 되었다. 이때 안타(安陀) 숲에서 공부하던 한 비구가 보고 아난에게 알리니 아난이 말했다.

"그럴 때는 누구도 따르지 말아야 하나니, 부처님께서 적멸에 들었거나, 몇 가지 문제를 해결하기 위해 가셨기 때문입니다."

부처님께서는 반사국(半闍國) 파타(波陀) 마을로 가서 동산지기가 있는 숲 속의 한 발타살라 나무 밑에 가 머무셨습니다.

걱정이 된 아난은 여러 비구들과 함께 가서 예배들이자, 세존께서는 설법으로 그들을 기쁘게 하였다. 그때 한 비구가 속으로

"어떻게 알고 보아야 빨리 번뇌를 다하게 될까?"

하고 생각하자 부처님께서는 그것을 아시고 말씀하였다.

"5음을 잘 관찰, 4념처·4정근·4여의족·5근·5력·7각분·8정도를 닦아야 한다. 행이 원인이 되어 무명이 애욕을 일으키는 것은 모두가 연기법이다. 색을 나라고 보면 즉시 내 것이라는 관념이 생겨, 그 관념에 갇히게 되기 때문이다."

〈질루진경, 57〉

부처님께서 녹자모강당에 계실 때 해질 무렵 비구들께 말했다.

"5수음은 탐욕이 근본이 되어 탐욕을 발생시킨다."

"그러면 5수음은 집착입니까?"

"집착이 아니라 탐욕이다."

"어찌하여 '음'이라 합니까?"

"3세·내외·추세·미오·근원이 모두 그 속에 숨어 있기 때문이다."

"무슨 인연으로 그러합니까?"

"4대 인에 4대 연으로 그렇게 된다."

"그런데 거기서 아만이 어떻게 생깁니까?"
"무식한 범부가 나와 남이 다르다고 생각하기 때문이다."

〈음근경, 58〉

잡아함경 제3권

생멸경(生滅經)·불락경(不樂經)

부처님께서 기수급고독원에 계실 때,
"5수음은 생멸법이다. 그것은 발생하고 소멸되는 법이니 그렇게 관하라."

〈생멸경, 59〉

"그러므로 5음을 즐거워하지도 말고 칭찬하지도 말고, 취하고 집착하지도 말라. 그렇게 하면 곧 해탈 열반을 얻으리라."

〈불락경, 60〉

분별경(分別經) ①~③

"색은 4대색으로 무상하고 괴롭고 변해 바뀌어 지는 것이고, 수는 6근·6경을 통해 번뇌를 일으키는 것이고, 상은 근경상을 상상하는 것이고, 행은 외도(邊圖)이고, 식은 인식하는 것이니, 끝까지 끊고 버리고 떠나 완전히 없애고 사라지게 하면, 누구나 그 속에서 적정을 얻고 해탈 열반하게 된다. 5수음 때문에 범부는 지혜도 없고 밝음도 없다."

〈분별경 ①~③의 61~63〉

우다나경(優陀那經) · 수경(受經 ; 觀察經)

부처님께서 녹자모강당에 계시다가 선정에서 깨어나 대중 앞에 나와서 우타나(無問自說) 게송으로 말씀하셨다.

"법에는 나도 없고 내 것도 없네.
내가 이미 없는데 내 것이 있으랴.
만일 비구가 여기에서 벗어나면
하분결(欲界)를 끊으리라."

한 비구가 물었다.
"부처님 그게 무슨 뜻입니까?"
"5온은 무상하고 무아하며 괴롭다는 말이다."

〈우다나경, 64〉

"항상 방편을 써서 선정을 닦고 익혀 안으로 그 마음을 고요히 하라. 색은 발생이고 소멸이며, 수·상·행·식도 그렇다고."

그런데 이것을 갖가지로 분별하면 종종분별(種種分別), 알면 지경(知經), 널리 알면 광지경(廣知經), 갖가지로 알면 종종지경(種種知經), 가까이 하면 친근경(親近經), 친히 얽고 얽히면 친근수습경(親近修習經), 입경(入經)·촉경(觸經)·증경(證經)이라 한다. 이를 관찰 10경이라 하는데 여기 생경(生經)과 낙경(樂經)까지 합하면 12경이 된다.

〈수경, 65〉

육입처경(六入處經) · 기도경(其道經 ; 當說經)

"항상 방편을 써서 선정을 닦고 익혀 안으로 그 마음을 고요히 하고 사실 그대로 관찰하라. 어떻게 관찰하는가. 색은 생멸하는 것이고 수·상·행·식도 마찬가지다."

〈육입처경, 68〉

"몸은 어리석고 무식한 범부들이 색의 생멸과 맛, 재앙에서 벗어남을 알지 못하여 색을 즐기고 취하다가, 마침내 늙고 병들고 죽는 고통을 당한다."

그러므로 ≪당설경≫에서는 "마땅히 이를 소멸하면 다시는 생을 받지 않는다"고 하였다.

〈기도경, 69〉

실각경(實覺經)·유신경(有身經)

"몸에는 다섯 가지 구분이 있으니 5수음이 그것이다. 발생은 미래에 존재를 받게 하여, 애욕에 기쁨과 탐욕을 함께 함으로써 즐거워 집착하는 것이고, 소멸은 장차 애욕의 기쁨과 탐욕을 끊음으로써 완전히 소멸시키는 구분이다."

〈실각경, 70〉

"몸이 미래의 존재를 받게 하는 애욕에 기쁨과 탐욕이 함께 하는 것은 발생이라 하고, 그것을 없애는 것이 소멸이니 그것이 8성도의 길이다.

그러니 그대들은 그 끝을 완전히 보고 더러움을 떠나 범행을 이루었으므로 상사(上士)라 한다.

또 그 얽힘에서 벗어나면서 관문을 부수고 해자를 건너고, 경계를 초월 벗어났으면 거룩한 법당을 세운 것이라 하고, 5하분결을 끊으면 아만을 다한 사람, 순일한 범행을 실천하면 무상사라 한다.

〈유신경, 71〉

지법경(知法經)·중담경(重擔經)

"알아야 할 법은 5수음이고, 지혜는 탐욕을 항복받고 끊고 뛰어넘는 것이고,

지혜로운 사람은 아라한이다."

〈지법경, 72〉

"무거운 짐은 5수음이고, 짐을 짊어진 자는 장차 애욕의 기쁨과 탐욕 속에 5수음을 받는 자며, 버린 자는 그로부터 벗어난 자이니, 짊어진 자는 사대부들이고 벗어버린 자는 아라한이다."

〈중담경, 73〉

왕예경(往詣經)·관경(觀經)

"어리석은 자는 5수음을 따라 나고, 지혜로운 자는 5수음을 깨달아 멸한다."

〈왕예경, 74〉

"5수음에서 벗어나는 자를 여래·응공·등정각이라 한다."

한 비구가 아뢰었다.

"여래의 법은 근본이고 법의 눈이며, 법의 의지처입니다."

"여래는 이 법을 일찍이 듣지 못했으나 스스로 깨달아, 미래 사람들을 위해 설하니 4념처·4정근·4여의족·5근·5력·7각지·8정도가 그것이다."

〈관경, 75〉

욕탐경(欲貪經)·생경(生經) ①~③

"5수음은 내가 아니고 내 것도 아니다. 훌륭한 제자들은 이렇게 보고 취하지 않으니, 이미 생을 다하고 범행이 서 할일을 마쳐, 다시는 생을 받지 않기 때문이다."

〈욕탐경, 76〉

"비구들아, 다음 생을 받지 않으려면 다라나무의 밑동을 자른 것과 같이, 5수음에 대한 애착을 끊으라.

이를 끊는 자는 이로움이 있으니, 이미 늙고 죽음에서 벗어났기 때문이다.

그러하므로 과거의 색을 돌아보지 말고, 현재의 색을 싫어하며 탐하지 말지니라."

〈생경 ①~③의 77~79〉

법인경(法印經)·부란나경(富蘭那經)

"공삼매(空三昧)를 얻으면 모양 없고(無相), 소유가 없고(無所有), 거만이 없게 된다. 그러므로 바르게 사유하는 사람은 색·성·향·미·촉·법에 대해서 관하라. 나, 내 것에 대한 집착이 없으므로 무상한 인연을 깨닫고, 무위에 나아가게 된다."

〈법인경, 80〉

"부처님께서 비야리성 미후강변 중각강당에 계실 때, 이차족 마하남이 며칠을 걸어 부처님을 찾아왔다.

"부처님, 오늘 저는 오다가 부란나가섭을 만났는데, 인(因)도 없고 연(緣)도 없는데서 중생들의 때가 생겼기 때문에 저절로 깨끗해진다 하였습니다."

"그것은 잘못된 소견이다. 이 세상 모든 것은 인도 있고 연도 있으니, 색은 즐겁지도 괴롭지도 않는 것이지만, 사람들이 거기 애착함으로써 괴로움도 생기고 즐거움도 생긴다. 만일 애착만 없다면 그 순간부터 인도 연도 없어지니, 무착은 인이 되고 열반은 과가 된다."

〈부란나경, 81〉

죽원경(竹園經)·비사리경(毘舍離經)

"5음은 무상하고 괴롭고 변하고 바뀌는 법, 여기에는 나, 내 것이 없다. 만일 이렇게 아는 사람은 다시는 다음에 몸을 받지 않는다."

〈죽원경, 82〉

부처님께서 비야리성 미후강변에 계실 때 비구들에게 말씀하셨다.

"5온은 나가 아니고 나와 다른 것도 아니며, 나와 나 아닌 것이 함께 있는 것도 아니다."

〈비사리경, 83〉

청정경(淸淨經)·정관찰경(正觀察經)·무상경(無常經)

부처님께서 기수급고독원에 계실 때 말씀하셨다.

"5온은 무상하고 괴로운 것이다. 괴로운 것은 나가 아니고 내 것도 아니기 때문에 거기 집착해서도 안된다."

〈청정경, 84〉

"5온은 무상하고 괴로운 것이다. 관찰하는 것이 정관찰이다."

〈정관찰경, 85〉

"세상은 무상하기 때문에 병고가 있다."

〈무상경, 86〉

잡아함경 제4권

울다라경(鬱多羅經)·우파가경(優波迦經) ①②

바라문 청년 울다라가 물었다.

"저는 항상 청결하고 부모님을 공경하며 안락케 하고 있습니다. 복이 많겠습니까?"

"그래. 살아서는 명성이 자자하고 죽어서는 그 복으로 천상에 난다."

〈울다라경, 88〉

바라문 청년 우파가가 물었다.

"저는 사성대해(邪盛大會)를 칭찬합니다. 부처님은 어떠하십니까?"

"칭찬할 것도 있고 칭찬하지 못할 것도 있다. 많은 짐승들을 죽여 희생시키는 것은 칭찬할 수 없고, 은혜를 베풀어 공양하는 것은 칭찬할만 하다."

〈우파가경 ①②의 89・90〉

울사가경(鬱闍迦經)・교만경(憍慢經)

바라문 청년 울사가가 물었다.

"속가에 살면서 어떻게 해야 편안함과 즐거움을 얻을 수 있습니까?"

"① 사・농・공・상의 방편으로 문무 양면을 익히면서 수행에 힘쓰고,

② 자신의 힘에 의해 법답게 얻은 돈과 곡식으로 가족과 중생을 보호하고, 국가와 도적에게 비법으로 빼앗기는 물건이 없고, 풍・수・화・재난을 받지 않고,

③ 착한 벗과 사귀어 근심과 걱정이 없이 살고,

④ 수입・지출에 맞추어 빈틈없이 살림하는 것이다.

이 네 가지 법을 성취하면 누구나 현세에서 편안하고 즐거우리라."

"후세에서도 편안한 법이 있습니까?"

"첫째 불법에 대한 믿음을 갖추고, 둘째 5계를 잘 지키며, 셋째 힘따라 보시하고, 넷째 지혜를 갖추어 4성제를 깨달으면 행복하게 된다."

〈울사가경, 91〉

구살라국 사위성에 종성이 깨끗한 바라문이 있었는데, 부처님께서 기수급고독원에 오셨다는 말을 듣고 찾아뵙고 싶은 생각이 나서, 많은 권속들을 데리고 흰 마차를 타고 황금 일산과 병을 가지고 갔다.

부처님께서 보고 돌아보지 않자 그만 돌아가야겠다는 생각을 가지고 돌아서려 할 때 부처님께서 외쳤다.

"교만한 자여, 찾아와 보고도 교만만 더하는가. 이왕에 왔으면 마땅히 도리를 더하라."

자기 마음을 안 부처님을 뵙고 내려와 절하려 하자, 부처님께서 다시 말씀하였다.

"그만 두라. 절하지 않아도 마음이 깨끗하면 됐다."

바라문은 이 말씀을 듣고도 부처님 앞에 절하고 물었다.

"누구에게 교만하지 말고 공경 위로해야 하며, 공양하여야 합니까?"

"부모와 어른, 형님·화상과 여러 스승에게 교만해서는 안되며, 마땅히 그들을 잘 받들어 공경·공양해야 한다. 탐욕과 성냄, 어리석음을 다한 아라한도 바른 지혜 얻어 해탈하였고, 모든 교만 항복받고 어질고 착한 이들에게 귀의처가 될만하다."

〈교만경, 92〉

장신경(長身經)·승가라경(僧迦羅經)

7백 마리의 황소와 물소·양·염소 새끼들을 묶어 놓고, 사성대회를 하려던 장신 바라문이 부처님께 자랑삼아 문안 갔다가, "몸과 입과 뜻의 칼로 대회를 하는 것은, 복 보다는 오히려 죄를 짓고 장차 괴로움의 과보를 받는다는 말씀"을 듣고, "근본과 가정, 응공의 복밭, 불에 열심히 공양하고, 죄없는 세상을 즐기기 위해, 그의 제자 울다라에게 짐승들을 놓아주게 하고, 자신은 불도에 귀의하여 불자가 되었다.

장신 바라문이 말했다.

"저는 이제 법을 보고 얻고 알고 법에 들어가 모든 의혹을 건너, 남의 구원을 받지 않고도 바른 법 안에서 두려움이 없게 되었습니다. 오늘부터 3보에 귀의하여 우바새가 되겠습니다. 저의 공양을 받아 이를 증명해 주십시오."

부처님은 말 없이 승낙하시고 대중들과 함께 그곳에 나아가 공양을 받으셨다.

〈장신경, 93〉

젊은 바라문 승가라가 와서 물었다.

"구담이시여, 선·불선 자를 어떻게 알 수 있습니까?"

"달과 같다. 선한 자는 초승달이 보름달 같고, 불선자는 보름달이 그믐으로 가는 것 같다."

〈승가라경, 94〉

생문경(生聞經)·바라문경(婆羅門經)

생문 바라문이 물었다.

"부처님께서는 나와 나의 제자들에게만 공양하라 하신다는데 사실입니까?"

"그것은 사실도 아니고 법다운 말도 아니다. 그런 말을 하는 자는 두 가지 장애를 얻으니,

첫째는 보시자를 장애한 것이고, 둘째는 받는 이에게 장애를 준 것이다. 나는 청·황·적·백·흑의 암소 새끼들이 잘 길들여져 튼튼하면, 그 빛깔을 묻지 안 듯이, 찰리·바라문·비사·수다라·전다라를 논하지 않고, 계를 지키고 번뇌를 끊고, 범행을 닦는 아라한에게 보시하면, 누구나 큰 과보를 받는다고 한다. 단지 "지식과 지혜가 없고 바른 법을 들은 적이 없는, 그런 하천한 사람에게 보시하면 과보가 적다고 말하니, 그는 착한 법을 가까이 하지 않고, 여래와 성문의 맑고 깨끗한 마음을 쓰지 않아, 악한 길로 빠져 들어가기 때문이다."

〈생문경, 95〉

부처님께서 탁발을 나가셨다가, 지팡이 짚고 허덕이며 걸식하는 노 바라문을 보고 물었다.

"당신은 어찌하여 늙은 몸으로 밥을 비십니까?"

"재산을 모두 아들 며느리에게 물려주었습니다."

"그럼 내 게송 하나를 읊어줄 터이니 그것을 외울 수 있겠습니까."

"예. 외울 수 있습니다."

"아들을 낳고 기뻐 재산을 모았네.
며느리를 얻은 뒤에 모든 재산을 물려주고 집을 나왔네.
외지고 궁벽한 시골 아이는 아버지를 등지고 피해
구부러진 지팡이 의지하여 살아간다네.

사람의 얼굴에 나찰의 마음, 아들은 진실로 사랑할 것 못되니
나를 위해 사나운 소 막아주고 험한 곳 편안케 해주며
사나운 개 물리쳐 주고 어두운 곳 붙들어주며
깊은 구덩이, 빈 우물, 가시밭, 풀 나무를
피하게 하는 지팡이의 힘은 크다네."

이 노래를 듣고 부끄럽게 여긴 아들이 좇아와, 아버지를 모시고 가 집 주인으로 섬기니, 그는 아들에게 부처님께 공양하여 그의 은혜를 갚게 하였다.

〈바라문경, 96〉

걸식경(乞食經) · 경전경(耕田經)

부처님께서 사위성에 계실 때, 지팡이를 짚고 나온 늙은 바라문이 부처님께서 탁발하시는 것을 보고
"구담도 나와 똑같은 비구구나."
생각하였다. 그때 부처님께서 게송으로 말씀하셨다.

"비구는 밥만 얻는 것이 아니니
공덕과 허물을 모두 떠나 바른 행을 닦고
마음에 두려움이 없어야 한다."

〈걸식경, 97〉

부처님께서 일나라(一那羅)마을 바라두바자 바라문 집으로 갔더니, 바라문이

말했다.

“구담이여, 우리는 5백 벌의 쟁기로 밭을 갈고 씨앗을 뿌리며, 그것으로 먹고 살아가고 있소. 당신도 밭을 갈고 씨앗을 뿌려 그것으로 드시오.”

“나도 밭을 가는 농사꾼, 믿음은 씨앗이고 단비는 고행, 지혜는 쟁기, 부끄러움은 끌채, 바른 생각은 몰이꾼, 3업은 단속하고 알맞게 먹고, 앎에 내 수레는 진실의 수레, 즐거이 머무르되 게으르지 않고 부지런히 정진하여 거칠음 없으며 안온히 빨리 돌아가 근심이 없는 곳에 이르네.”

“참으로 당신이야말로 이 세상의 농사꾼이 아니십니다. 내 이제 당신에게 공양코자 하니 받아주십시오.”

“나는 대가의 음식은 받지 않으니 그만두라.”

“그러면 이 음식은 어디에 둘까요.”

“맑은 물이나 작은 돌 위에 버리라.”

맑은 물 속에 음식을 버리니, 갑자기 물 속에서 연기가 나며 끓어올랐다. 놀란 바라문은 크게 개달음을 얻고 발심 출가하여 큰 사문이 되었다.

〈경전경, 98〉

정천경(淨天經)·불타경(佛陀經)

부처님께서 왕사성에 계실 때, 존자 정천이 비제하국에서 유행하다가 미치라성 암라원에 이르러 있었다. 밥 때가 되어 걸식을 나갔다가, 그의 노모가 중당에 음식을 받들고 불에 제사지내고 있었다. 하늘의 비사문천왕이 이를 보고 게송으로 말했다.

“바라문 여인이여, 범천은 여기서 아득히 멀다네.
불 제사는 범천에 나는 길 아니니 문밖에 섰는 정천께 공양하라.
정천은 번뇌를 여의어 하늘 중의 하늘, 말끔히 아무 것도 가진 것 없이
몸을 잘 닦아 탐욕없는 인천의 복밭, 여기에 공양하면
미리 피난처 만들어 미래의 안락을 꽤한다.”

비로소 노모는 아들에게 공양하고 법문을 듣고 깨달음을 얻었다.

〈정천경, 99〉

한 바라문이 지나가다가 기수급고독원에 들려 물었다.

"부처란 무엇입니까?"

"세간을 초월하고 건넌 사람의 이름, 3세의 인과를 보고 닦아야 할 것을 닦고 끊어야 할 것을 끊고, 온갖 괴로움 벗어났으니 그를 부처라 이름한다."

〈불타경, 100〉

인간경(人間經)·영군특경(領群特經)

부처님께서 유종가제마을과 타구라마을 사이 어떤 나무 밑에 앉아 계실 때 두마종족의 바라문이 지나가다가 부처님의 발자국을 보고 와서 물었다.

"당신은 하늘입니까?"

"하늘도 용도 귀신도 아니오. 모든 번뇌에서 벗어난 분다리꽃, 물 속에 있으면서도 물에 젖지 않고, 수없는 고통을 벗어나 죽음의 한계를 벗어난 사람이오."

〈인간경, 101〉

부처님께서 죽림정사에 계실 때, 배화교도 바라두바자 바라문 집에 걸식을 가니

"멈추시오, 영군특이여."

하고 가로 막았다. 부처님께서 물었다.

"당신은 영군특을 아십니까?"

"모릅니다. 그러면 당신의 그의 법을 아십니까?"

"아다마다요. 네 게송을 들어보시오."

하고 다음과 같이 게송을 읊었다.

"성내며 마음에 원한 있고 모든 허물 숨기고 덮으며

계를 범하고 나쁜 소견 일으켜 거짓 꾸미고 진실하지 않는 자,
이것이 영군특이네.

난폭한 성질 욕심 많고 인색하며 탐욕으로 속이고 아첨하고
스스로 남에게 부끄러운 줄 모르는 자 이것이 영군특이네.

다생에 많은 생명 죽이고 해치며 애처로운 마음 없는 자,
마을 성읍 사람을 죽이고 때리고 결박하여 이유없이 핍박하는 자
어디 가거나 대중의 앞잡이 우두머리 아랫사람 괴롭히며
두려움으로 협박 이익을 빼앗아 챙기는 자 이것이 영군특이네.

빈 마을 주인이 있건 없건 남의 물건 빼앗아 제것 만들고,
스스로 아내 박대하며 창녀 집에 드나들고 남의 아내 욕보이는 자,
안팎의 여러 친척들 뜻을 같이 하는 좋은 벗들 그들을 침략하는 자,
거짓말로 남 속이고 증거없이 재물 빼앗아 요구해도 돌려주지 않는 자,
자타의 책임을 물으며 남의 말만 쫓아 위증하고,
악업을 짓고도 죄를 숨기고 감춰두는 자,
잘못된 이치를 가르쳐주고도 잘못된 견해로 사람을 속이는 자,
진실로 공해 가질 것 없는 데도 지혜인을 업신여기고 헐뜯고 어리석은 사람 이롭다 여기는 자,
스스로 잘났다 칭찬하고 다른 사람 헐뜯는 야비한 자,
자기 죄를 남에게 덮어씌우고 거짓말로 결박 자를 비방하는 자,
은혜를 입고도 배은 망덕하는 자,
사문 바라문들이 법답게 찾아와 구걸할 때 화내고 꾸짖어 주지 않는 자,
나이든 부모 힘이 없어 의지를 구하여도 받들지 않는 자,
어른과 형제 일가친척 가운데 아직 아라한이 안된 자를 아라한이라 자랑하는 자,
당초 바라문중으로 태어나 바라문법을 익혔으나 도중에 그만 온갖 나쁜 업을 익혀 타락한 자,

이러한 사람들을 영군특이라 부른다.

비록 전다라 집안에 태어나 천인이라 부르더라도
그 이름 천하에 퍼지면 전다라라 할 수 없고
바라문 찰제리 공양도 받고 정천에 오르면
비록 종성에 장애가 있더라도 죽어서 좋은 곳에 태어난다."

이때 바라문 바라두바자는 크게 믿음이 생겨 발우에 가득 음식을 담아 부처님께 올렸으나 부처님은 받지 않으셨다. 바라두바자는 곧 출가하여 아라한이 된 뒤 게송을 읊었다.

"도 아닌 것으로 청정을 구해 불께 공양하고 제사를 지내며
청정한 걸 알지 못했으니 마치 장님과 같았네.
이제 이미 안락을 얻어 출가하여 계를 받고 3명을 밝혀 불도 이루니
진정한 바라문이 되어 티끌 때를 씻고 모든 하늘과 언덕을 건너가네."

〈영군특경, 102〉

잡아함경 제5권

차마경(差摩經)·염마경(焰摩經)

부처님께서 구사미국 구사라원에 계실 때, 차마 비구가 발다리원에서 심한 병을 앓고 있었다. 시자 다사가 대중의 뜻으로 물었다.
"병환은 좀 차도가 있습니까. 고통이나 더하지 않습니까?"

"내 병은 차도가 없고 갈수록 더해 나을 기미가 없습니다."
다사가 와서 보고하자 다시 가서
"세존께서 5수음을 관하라 하셨으니, 나와 내 것이 어디 있는가 관하라 하라."
하여 그대로 가서 말하니
"나와 내 것이 없는데 어느 곳에 병이 있는가."
를 관하니 깨달음을 얻고 평온을 되찾았다.

〈차마경, 103〉

"번뇌가 다한 아라한은 죽은 뒤에는 다시 아무 것도 없다."
는 삿된 견해를 가진 염마 비구가 있었다. 이를 세 번이나 확인한 다음 사리불에게 알리니 사리불이 가서 물었다.
"색은 무상한가?"
"무상하고 괴로운 것입니다. 수·상·행·식도 마찬가지입니다."
"그렇다면 색이 여래인가?"
"아닙니다. 수·상·행·식도 아닙니다."
"그렇다면 수·상·행·식을 떠나 여래를 볼 수 있는가?"
"그것도 아닙니다."
"그렇다면 자네의 말이 틀리지 않는가?"
"조금 전에 무명이 덮여 있었기 때문에 그렇게 답변한 것입니다. 단지 번뇌만 없으면 아라한은 무상 무아한 가운데서도 지극히 고요하고 맑고 시원합니다."
"훌륭하다 염마가여, 번뇌없는 사람은 어느 곳에 가도 대자유를 얻는다."

〈염마경, 104〉

선니경(仙尼經)·아누라도경(阿누羅度經)

부처님께서 죽림정사에 계실 때 선니 비구니가 와서 물었다.
"예전에 사문 바라문 차라가(유행승) 등이 희유강당에 모여 있을 때,부란나가섭·말가리구사리자·선사나비라지자·아기다시사흠바라·가라구다가전연·니건타야제자 등 그의 수많은 제자들이 앞뒤로 쌓여 있었으나, 사람이 죽으면 어느 곳에 태어난다고 예언한 사람이 없는데, 오직 부처님만이 예언한다고 하시니, 부처님께서는 어디서 그런 법을 얻으셨습니까?"

"의심하지 말라. 세상에는 세 가지 종류의 스승이 있는데, 첫째는 4대 색신을 나라고 보는 자이기 때문에 죽은 뒤의 일을 알지 못한다. 이것이 단견(斷見)이다. 둘째는 죽은 뒤에도 내가 있다고 하나 그는 확실히 보지 못하므로 알지 못한다. 이것이 상견(常見)이다. 셋째는 현세에서도 나라고 보지 않고 목숨을 마친 뒤에도 나라고 하지 않는다. 이것이 여래·응공·등정각의 열반사상이다. 애욕이 끊어지고 탐욕만 떠나면 모든 번뇌가 없어, 그대로 열반이 되기 때문이다."

"세존이시여, 더욱 의심만 더해지는 것 같습니다."

"그럴 것이다. 이것은 깊은 지혜를 얻은 사람이 아니면 알 수 없는 일이기 때문이다. 그러니 내 너에게 물으리라. 5온은 무상한가?"

"무상합니다."

"그러면 여래는 5온을 떠나 있을 수 있겠는가."

"아닙니다."

"그렇다면 5온 안에 여래가 있는가?"

"아닙니다."

"여래 안에 5온이 있는가?"

"그것도 아닙니다."

"나의 제자들 가운데서도 이 같은 진리를 얻지 못하여, 거만을 부리고 무간등(無間等)을 얻지 못한 자들이 있다. 교만이 있는 자는 죽은 뒤에도 5음과 합하여 다시 태어남이 있지만, 아라한은 아만이 없기 때문에 다시 태어나지 않는다."

티끌과 때를 멀리 떠나 법안을 얻은 선니는, 그대로 출가하여 구족계를 받고 이 세상 어느 무엇도 의지하지 않고, 독립 자존한 사람이 되었다.

〈선니경, 105〉

부처님께서 죽림정사에 계실 때, 기사굴산에 아누라도 비구가 있었다. 여러 외도들이 그에게 찾아와 물었다.

"여래는 죽은 뒤에도 존재합니까 존재하지 않습니까?"
"무기(無記)입니다."
"그러면 존재하기도 하고 존재하지 않기도 합니까?"
"그것도 무기입니다."
"그렇다면 세존을 알지 못했다는 말입니까?"
"알지 못하는 것도 아니고 보지 못한 것도 아닙니다."
외도들이 떠나자 부처님께 나아가 이 사실을 물으니 부처님께서는
"5온의 발생과 소멸, 소멸에 이르는 길을 사실대로 아는 사람은 걱정할 것이 없다."

〈아누라도경, 106〉

장자경(長者經)·서경(西經)

부처님께서 바지국 설수바라산의 녹야원 깊은 숲사이에 계실 때, 병들어 감각기관이 허물어진 120세 된 나구라가 있어, 항상 부처님과 그의 제자들을 뵙고 싶어 하였다. 이에 부처님은 비구스님들의 청을 따라 그를 위해 설법하셨다.
"훌륭하구나 장자여, 그대는 괴롭고 병든 몸에서 괴롭지도 않고, 병들지도 않는 마음을 닦아야 한다."
이 말씀을 듣고 그는 생기가 나 온 몸에서 방광하였다. 사리불이 묻자,
"나는 오늘 세존의 법문을 듣고 법광을 얻어 감로의 빛이 발합니다."
"장자여, 왜 그대는 그때 어떤 것이 병들지도 않고, 괴롭지도 않는 것이냐 묻지 않았습니까?"
"그래서 사리불님을 찾아온 것입니다."
"그렇습니다. 어리석은 범부들의 색의 발생과 소멸 재앙과 색에 맛들여, 그 색에 벗어나지 못하고 있습니다. 알지 못하기 때문에 색을 사랑하고, 즐겨하여 색이 곧 나다 내 것이다 하는 생각을 가지고 있기 때문에, 그것을 떠날 때는 슬프고 괴롭고 번민하는 것입니다. 그러나 마음은 병들고 괴롭지도 않는 것이니, 마음을 깨달은 사람은 어떠한 경우에도 근심과 걱정이 없습니다."

〈장자경, 107〉

부처님께서 석씨 천현(天現)마을에 계실 때, 여러 많은 비구들이 서방으로 공부하러 가면서 하직 인사를 하였다.

"그대들은 사리불에게 가서 안락법문을 물으라."

그때 사리불은 견고수 밑에 앉아 있었다. 비구들이 하직인사를 하자 사리불이 말했다.

"염부제 사람들은 총명하고 날카로워 갖가지 질문을 던질 것이니, 그때 그대들은 '우리 스승은 5음에 대한 욕망과 탐욕을 항복 받으라 하신다고 대답하십시오. 또 그렇게 생활하면 언제 어느 곳에 있던지, 두려움이 없어 평온할 것입니다."

〈서경, 108〉

모단경(毛端經)·살차경(薩遮經)

부처님께서 기수급고독원에 계실 때 비구들에게 말씀하셨다.

"깨달은 사람들이 끊은 괴로움은 못물과 같고, 끊지 못한 사람들의 번뇌는 풀끝 털끝에 묻은 물과 같다."

이 말을 듣고 이해가 잘 되지 아니한 비구들이 사리불을 찾아 다시 물으니,

"색·수·상·행·식에서 나를 보지 못한 사람은 못물과 같고, 그를 깨달아 본 사람은 털끗물과 같다."

고 하여 그들을 즐겁게 하였다.

〈모단경, 109〉

부처님께서 비살리 미후강변에 계실 때, 총명한 니건자 한 사람이 탁발 나가 점잖은 부처님 제자 아습파서(阿濕波誓)를 보고 물었다.

"당신의 스승은 무엇을 가르칩니까?"

"5온이 다 공한 이치를 가르치십니다."

이 말을 들은 니건자는

"내 직접 구담 사문을 만나 논전하리라."

하고 5백 명의 리차족을 데리고 갔다가 물었다.

"부처님께서는 5온은 고통이고 괴로움이며, 내가 없다고 가르치신다 들었는데 사실입니까?"

"그렇다."

"저는 땅이 모든 것의 의지처가 되듯이, 선악은 나를 의지처로 한다 생각합니다."

"그렇다면 수·상·행·식이 곧 나라는 말 아닌가."

"그렇습니다."

"한 나라의 임금님이 죄인을 다스릴 때 죽이기도 하고 살리기도 하고, 손발을 묶어 쫓아내기도 하는데 이것이 누구의 마음인가?"

대답을 하지 못하고 한참 있다가

"사람의 생각입니다."

"그러면 그 생각은 영원한 것인가 무상한 것인가. 주체가 있는가 없는가."

"무상·무아한 것입니다."

"그렇다면 더 이상 설할 것이 없다. 더 이상 무지를 가지고 사람들을 농락하지 말라."

"참으로 장하십니다. 큰 스승이시여, 이 비사리·차파리지제·칠암라수지제·다자지제·구루타지제·바라수지지제·사중담지제·역사보관지제가 있는 이 풍족한 고장에 계시면서, 하늘·악마·범·사문·바라문들의 무지를 깨닫게 하옵소서. 저도 오늘부터 공양을 올리며 받들어 모시겠습니다."

그때 부처님을 찬양하는 노래가 나왔다.

"모든 모임 가운데 화사(火事)가 제일이고
위타 경전 가운데서는 바비제가 제일이듯
사람 가운데서는 임금, 물 중에서는 바다,
별 가운데는 달, 밝음 가운데는 해가 제일이듯

시방세계 하늘 사람 가운데 등정각이 제일이네."

〈살차경, 110〉

잡아함경 제6권

유류경(有流經)·단지경(斷知經) 등

부처님께서 마구라산에 계실 때, 라다 비구가 해질 무렵 부처님을 찾아뵙고 물었다.

"유류(有流)란 무엇이며 어떻게 수련해야 합니까?"

"색을 사랑하여 취하므로 존재가 있게 되어 태어나 늙고 병들고 죽는 것을 유류라 하고, 그것을 없애는 데는 색의 발생과 소멸, 맛들임, 색의 재앙과 빛이 나는 것을 사실대로 알아야 한다. 알면 집착하지 아니하므로 사랑이 곧 소멸하여, 모든 고통이 사라지게 될 것이다. 이것이 유루의 소멸이다."

〈유류경, 111〉

라다 비구가 다시 물었다.

"색이 끊어진 줄 알고 수·상·행·식이 끊어진 줄 알려면 어떻게 합니까?"

"색에 대한 근심·걱정·슬픔·괴로움·번민이 다 떠나 지극히 고요해진다."

〈단지경, 112〉

부처님께서 미구라산에 계실 때, 라다 비구가 시봉하고 있었는데, 어떤 외도들이 라다에게 찾아와 물었다.

"당신은 무엇 때문에 사문 고타마 밑에서 범행을 닦는가?"

"괴로움을 끊기 위해서 출가 수행하고 있다."

〈斷色苦經, 113・知苦經, 114・斷憂苦經, 115〉

"색에는 나와 내 것이 없소. 그래서 나는 모든 결박에서 떠나 탐욕을 버리고 지극히 고요한 경계에 이르렀소."

〈我盡經, 116〉

"색의 번뇌와 장애, 답답함・근심・슬픔이 있는데 그것이 없어진다면 탐욕을 떠나 지극히 고요해 집니다. 수・상・행・식도 마찬가지입니다."

〈斷有漏經, 117〉

"색에는 3독이 있는데 이를 끊으면 고요해집니다."

〈貪恚癡經, 118〉

"색에는 욕망과 사랑, 기쁨이 있는데 이를 떠나면 지극히 고요해집니다."

〈盡欲愛喜經, 119〉

부처님께서 라다에게 말씀하셨다.

"모든 존재는 색이던지 수・상・행・식이든지 악마의 짓이다. 내외・추세・미오・원근을 자세히 관찰해 보라. 이것을 깨달아 알면 다시는 생을 받지 않으리라."

〈魔經, 120〉

부처님께서 라다 비구에게 ≪마경≫과 같이 설하시고 낱낱이 물었다.

"색은 무상한가. 5온은 무상한가. 괴로운 것인가. 즐거운 것인가."

확인하고 그를 칭찬하셨다.

〈死滅經, 121〉

다시 부처님께서 라다 비구에게 말했다.

"중생은 색에 집착하고 얽매여 산다. 마땅히 흩어버리고 무너뜨리고 없애버려야 할 것이다."

〈衆生經, 122〉

라다 비구가 부처님께 간단한 법을 청하자

"라다야, 장하다. 마땅히 존재는 그 몸과 몸의 발생 소멸에 이르는 길의 자취를 알아야 한다. 이 몸은 5수음으로 이루어졌기 때문이다."

〈有身經, 123〉

≪마경, 124≫ · ≪마법경, 125≫ · ≪사법경, 126≫도 비슷하다.

단법경(斷法經) ①~③

부처님께서 라다에게 "5음은 끊어야 하는 법이다"고 하시고, 아관찰단법경(斷法經) · 관찰멸법 · 관찰기사법(棄捨法) · 관찰무상법 · 관찰고법 · 관찰공법 · 관찰비아법 · 관찰무상고공비아법 · 관찰병법 · 관찰옹법(觀察癰法) · 관찰자법(觀察刺法) · 관찰살법(觀察殺法) · 관찰살근본법(觀察殺根本法) · 관찰병근본법 · 관찰옹근본법 · 관찰자근본법 · 관찰살근본법 등 여러 가지 경을 설하시고, 색과 탐을 끊고 해탈을 얻고 욕망을 없애면 평화를 얻는다고 말씀하였다.

〈단법경 ①~③의 127~129〉

구대사경(求大師經) · 습색경(習色經) · 불습근경(不習近經)

부처님께서 기수급고독원에 계시면서 모든 비구들에게 말씀하였다.

"5수음을 끊고자 하는 사람은 마땅히 큰 스승을 구하라. ≪당단경(當斷經)≫에서 설한 것과 같이, 알고(當知), 마땅히 토하고(當吐), 마땅히 쉬고(當息), 마땅히 버려(當捨), ≪구사대경≫에서 말한 것과 같이 훌륭한 스승(騰師者), 큰 스승을 따라(順次師者), 가르치고 훈계하는 사람(教誡者), 훌륭히 가르치고 훈계하는 사람(勝教誡者), 차례를 가르치고 훈계하는 사람(順次教誡者), 통달한 사람(通者), 널리 통달한 사람(廣通者), 원만히 통달한 사람(圓通者), 인도한 사람(導者), 널리 인도한 사람(廣導者), 끝까지 인도한 사람(究竟導者), 설법하는 사람(說者), 자세히 설법하는 사람(廣說者), 차례로 설법하는 사람(順次說者), 바른 사람(正者), 짝이 되는 사람(伴者), 참된 벗(眞知識者), 친한 사람(親者), 불쌍히 여기는 사람(愍者), 슬퍼해주는 사람(悲者), 이치를 숭상하는 사람(崇義者), 위로해 줄 사람(安慰者), 즐거움을 숭상하는 사람(崇樂者), 접촉하기를 숭상하는 사람(崇觸者), 위로하기를 숭상하는 사람(崇安慰者), 하고자 하는 자(欲者), 정진하는 자(精進者), 방편이 있는 사람(方便者), 부지런한 사람(勤者), 용맹스런 사람(勇猛者), 단단한 사람(固者), 굳센 사람(强者), 능력이 있는 사람(堪能者), 오로지 하는 사람(專者), 마음이 물러서지 않는 사람(心不退者), 굳게 지키는 사람(堅執持者), 항상 익히는 사람(常習者), 방일하지 않는 사람(不放逸者), 화합하는 사람(和合者), 생각하는 사람(思量者), 기억하는 사람(憶念者), 깨달은 사람(覺者), 아는 사람(智者), 밝은 사람(明者), 지혜로운 사람(慧者), 받는 사람(受者), 사유하는 사람(思惟者), 깨끗한 사람(梵行者), 염처자(念處者), 바르게 노력하는 사람(正勤者), 여의족자(如意足者), 뿌리로 생각하는 사람(根者), 힘가진 사람(力者), 각분자(覺分者), 도분자(道分者), 지자(止者), 관하는 자(觀者), 몸을 생각하는 사람(念身者), 바르게 기억하는 사람(正憶念者)에 대해서도 마찬가지다."

〈구대사경, 130〉

"만일 사문 바라문이 색에 익숙해진다면 그런 사람은 악마의 마음이 되고, 악마의 손에 들어가, 악마가 하고자 하는 대로 하고, 악마의 결박에 얽매여 벗어나지 못할 것이다. 이와 같이 색을 가까이 익히는 자(習近者), 집착자(習着者), 맛들이는 자(味者), 확고히 집착하는 자(決定着者), 지자(止者), 사자(使者), 가는 사람(往者), 선택하는 사람(選擇者), 버리지 않는 자(不捨者), 뱉지 않는 자(不吐者)도 마찬가지다."

〈습색경, 131〉

"만일 사문 바라문이 색을 가까이 않는다면 그런 사람은 악마 마음대로 되지 않고 내지 얽매이지 않는 자도 마찬가지다."

〈불습근경, 132〉

생사유전경(生死流轉經)·호의단경(狐疑斷經) ①②

"무엇이 있기 때문에 무엇이 일어나고 무엇에 매여 집착, 어디서 나를 보는가. 그리하여 중생들로 하여금 무명에 덮여 머리를 싸매고, 먼 길을 휘달리며 생사를 윤회, 흘러 다니면서 돌아갈 고향을 알지 못하게 하는가. 색으로 인해 무명에 덮여 생사에 흐르게 된다."

〈생사유전경, 132〉

"많이 아는 거룩한 제자들은 여섯 가지 견해의 의지처에 대하여, 그것은 나가 아니고 내 것도 아니라고 관하는 자만이, 괴로움에 대한 의심을 끊고 괴로움에서 벗어날 것이다."

〈호의단경 ①②의 134·135〉

생사유전경(生死流轉經) ①~③

"색이 있기 때문에 색이 일어나고, 색에 매여 집착, 색에서 나를 본다. 그래서 중생들로 하여금 무명에 갇혀 머리를 싸매고, 먼 길을 휘달리면서 생사에 유전하게 된다. 수·상·행·식도 마찬가지다.

〈생사유전경 ①~③의 136~138〉

잡아함경 제7권

우뇌생기경(憂惱生起經) ①~③

“색이 있기 때문에 색이 일어나고, 색에 매어 집착, 색에서 나를 본다. 그래서 일어나지 않은 근심·슬픔·번민·고통을 일으키고, 이미 일어난 근심과 슬픔·번민·고통을 더하게 된다. 그러니 마땅히 그를 끊어 모든 고통을 없애야 한다.”

〈우뇌생기경 ①~③의 139~141〉

아아소경(我我所經) ①~③

“색 때문에 나, 내 것이 생기고, 나의 소견·아만·번뇌의 얽힘이 일어난다.”

〈아아소경 ①~③의 142~144〉

유루장애경(有漏障碍經)·삼수경(三受經)

“모든 번뇌·장애·타오름·근심·슬픔·번민·괴로움은 색을 근본으로 한다.”

〈유루장애경, 145〉

“고수(苦受)·낙수(樂受)·불고불락수(不苦不樂受)도 마찬가지다.”

〈삼수경, 146〉

삼고경(三苦經)·세팔법경(世八法經)

“고고(苦苦)·괴고(壞苦)·행고(行苦)도 마찬가지다.”

〈삼고경, 147〉

“사람의 감정에 순응하는 이(利)·예(譽)·칭(稱)·낙(樂)과, 거스리는 쇠(衰)·훼(毁)·기(譏)·고(苦)도 마찬가지다.”

〈세팔법경, 148〉

아승경(我勝經)·타승경(他勝經)·무승경(無勝經) 등

“색으로 인해 나는 너보다 났다. 나는 너와 같다. 나는 너보다 못하다는 생각을 일으킨다.”

“색으로 인해 나보다 나은 이가 없다. 나와 같은 이가 없다. 나보다 못한 이가 있다는 생각을 일으킨다.”

〈아승경, 149·타승경, 150〉

“색으로 인해 나보다 나은 이는 없다. 나와 같은 이도 없다. 나보다 못한 이가 없다는 생각을 일으킨다.”

〈무승경, 151〉

“색으로 인해 나도 있고 세상도 있고 다른 세상도 있어 항상 변하고 바뀌지 않는 것 때문에 편안히 머무른다.”

〈有我經, 152〉

“색으로 인해 이와 같이 나와 남 일체가 둘도 아니고, 다르지도 않고, 소멸하지도 않는다고 말한다.”

〈不二經, 153〉

“색으로 인해 보지도 않고, 모임도 없고, 설할 것도 없고, 좋은 세계와 나쁜 업도 없고, 이 세상과 저 세상, 부모도 없고, 중생도 없다고 보고, 세상을 바르게 가고, 나아가 다른 세상법을 알고 증득한 아라한도 없다고 말한다."

〈無果經, 154〉

"색으로 인해 중생들이 힘도 없고 정진도 없고 힘과 정진도 없으며, 장부의 방편도 정근도 없으니, 스스로 짓고 남이 짓고 자타가 짓는 것도 없으며, 모든 인간 · 신 · 방편 · 힘 · 세력도 없고, 정진 능력도 없으며, 다만 정해진 운명을 따라, 6도를 윤회한다고 말한다."

〈無力經, 155〉

"색 때문에 모든 중생들은 이생에서는 살아있지만, 죽은 뒤에는 끊어지고 무너져 아무 것도 없다는 생각을 한다. 화합 4대가 이루어졌을 때는 장부가 되지만 무너지면 각기 4대로 흩어지기 때문이다."

〈死後斷壞經, 156〉

"중생들의 번뇌는 인도 없고 연도 없다. 청정해지고 알고 보는 데서 인연이 있다고 말한다."

〈無因無緣經 ①~④의 157~160〉

칠신경(七身經) · 작교경(作敎經)

"지 · 수 · 화 · 풍 · 고 · 낙 · 명 7신을 만드는 자도, 만드는 자에 의한 것도 아니고, 변화하는 것도 변화하는 것에 의해 변화는 것도 아니며, 죽일 수도 움직임도 없이 단단하고 충실한 것이다."

〈칠신경, 161〉

"색에 집착하여 중생들은 스스로 짓고 남들도 짓고, 스스로 자르고 남도 자르게 하며, 스스로 지지고 남에게 지지게도 하며, 스스로 죽이고 남들도 죽이게 하고, 중생들을 해치고 남의 재물을 훔치고 삿된 음행을 저지르고, 알면서도 거짓말하고 술 마시고 담을 뚫고 자물쇠를 끊어 도둑질 한다."

〈작교경, 162〉

생사정량경(生死定量經)·풍경(風經)

"색으로 인해 이 세상 140만 종의 생물과 6만 605가지의 업, 62가지 길과 겁(劫), 120가지 지옥, 130가지 근, 36가지 탐, 4만 9천 종의 용, 금시조, 사명외도, 외도 출가자, 7종의 상(想), 무상(無想), 아수라, 비사차, 천, 인, 7백 개의 바다, 7가지와 7백 가지의 꿈, 7가지와 7백 가지의 절벽 7가지와 7백 가지의 깨달음, 6가지 태어남, 10가지 증진, 8가지 대사지(大士地)로 인해, 어리석건 지혜롭건 8만 4천 겁을 오가며 고생하다가, 마침내는 생사에서 벗어나게 된다.

거기에서 나는 항상 계를 지키고 모든 고행을 참고 견디었으며, 범행을 닦아 익지 않는 것을 익게 하고, 익은 것을 버렸다고 말한 사문도 바라문도 없었으며, 나아가고 물러갈 것을 알 수도 없고, 괴로움과 즐거움에 항상 머무르고, 태어남과 죽음의 일정한 수량이 정해져 있으니, 마치 실타래도 공중에서 던지면 점점 내려와 땅에서 멈추는 것과 같다."

〈생사정량경, 163〉

"바람은 불지 않고 불을 타지 않으며, 물을 흐르지 않고 화살은 날지 않고 임산부는 출산하지 않고, 젖을 짜지도 않고 해와 달이 뜨지 않고, 혹은 밝아지고 어두워지는 것조차 알 수 없는 것과 같다."

〈풍경, 164〉

대범경(大梵經)·색시아경(色是我經) ①②

"대범은 자유자재하고 지견을 알 수 없으며, 중생의 아버지라고 말한다."

〈대범경, 165〉

"색이 곧 나다. 다른 것은 빈 이름일 뿐이다. 색이 없는 것이 나다. 다른 것은 빈 이름일 뿐이다. 색이기도 하고 색이 아니기도 한 것이 곧 나다. 다른 것은 빈 이름일 뿐이다. 색도 아니고 색 없는 것도 아닌 것이 곧 나다. 다른 것은 빈 이름일 뿐이다. 나는 천정이 있고 천정이 없다. 다른 것은 나는 천정이 있기도 하고 없기도 하다. 빈 이름일 뿐이다. 나는 한 생각 여러 가지 생각, 많은 생각, 한량없는 생각, 나는 한결같이 즐겁다. 괴롭다. 괴롭기도 하고 즐겁기도 하다. 괴롭지도 즐겁지도 않다고 한다."

〈색시아경 ①②, 166·167〉

세간상경(世間常經)·세간아상경(世間我常經)

"나는 세간에 항상하고 무상하다. 항상하기도 하고 무상하기도 하다. 항상하기도 하고 무상하지 않기도 하다. 세간은 한정이 있다 없다. 한정이 없기도 하고 있기도 한다. 명이 곧 몸이다. 명과 몸은 다르다. 여래는 죽은 뒤에도 존재한다. 존재하지 않는다. 존재하기도 하고 존재하지 않기도 한다. 존재하는 것도 아니고 존재하지 않는 것도 아니다고 말한다."

〈세간상경, 168〉

"세상의 나는 항상하다. 무상하다. 항상하기도 하고 무상하기도 한다. 항상하지도 않고 무상하지도 않다. 나의 괴로움은 항상하다. 무상하다. 항상하기도 하고 무상하기도 한다. 항상하지도 않고 무상하지 않다. 세간은 내가 스스로 지은 것이다. 남이 지은 것도 아니다. 내가 짓고 남이 짓기도 하고, 내가 짓지 않고 남이 지은 것도 아니다. 스스로도 아니고 남도 아니고 인도 없고 연도 없다고 말하지도 않는다."

〈세간아상경, 169〉

오락열반경(娛樂涅槃經)·아정단경(我正斷經) 등

"5욕을 즐거워하지 않는다면 그는 곧 법과 열반을 볼 것이다. 만일 악하고 착하지 않는 법을 따라 각·관이 있고, 떠나는 데서 생기는 기쁨과 즐거움이 초선·2선·3선·4선을 형성하면, 마침내 제1의 반열반에 이를 것이다."

〈오락열반경, 170〉

"만일 이 거친 4대의 색이 끊어지고 무너져 아무 것도 없게 된다면 이것은 바로 내가 끊어진 것이라 한다. 욕계가 끊어지면 색계도 끊어져 공처·식처·무소유처·비상비비상처에 들어간다."

〈아정단경, 171〉

"이렇게 법을 끊은 뒤에 이치가 넉넉하고 이익이 있게 되면, 오랫동안 안락하다."

〈當斷經, 172〉

"마땅히 큰 스승을 만나 과거·현재의 무상을 깨달으면, 다시는 미래에 생을 받지 않는다."

〈過去當斷經, 173·求大師經, 174〉

구두연비경(救頭燃譬經)·신관주경(身觀住經) ①②

"마치 먼저 난 불을 끄는 것과 같이 증상욕을 일으켜 서둘러 불을 꺼야 할 것이다."

〈구두연비경, 175〉

"무상한 것을 끊기 위해서는 안의 몸을 몸 그대로 머물러 관찰해야 한다(內身觀住). 그래서 4념처를 닦고 그 뜻을 알아야 하고, 그쳐 버리고 없애버려야 한다. 수・상・행・식도 그렇게 닦으면 마침내 무상에서 벗어나리라."

〈신관주경 ①②의 176・177〉

단악불선법경(斷惡不善法經)・고집진도경(古集盡道經) 등

"머리와 몸이 타는 것은 잠깐이지만 무상의 불은 끝이 없으니, 그러므로 마땅히 끊어야 한다. 무상을 끊기 위해서는 이미 생긴 악을 끊고 의욕을 일으켜 방편으로 여의족(如意族)을 성취 5근・5력・7각지・8정도를 닦아야 한다.

〈단악불선법경, 178・欲定經, 179・信根經, 180・信力經, 181・念覺分經, 182・正見經, 183〉

"무상의 불을 끄기 위해서는 괴로움과, 괴로움의 발생(習)・소멸(盡)・소멸에 이르는 길(道)을 닦아야 한다."

〈고집진도경, 184〉

"그렇게 하여 남김없이 불을 꺼야 하니, 그 불을 끄기 위해서는 탐욕을 버리고 위없는 법구(法句)를 공부해 지(止)를 닦아야 한다."

〈無貪法句經, 185・止經, 186〉

탐욕경(貪欲經)

"탐욕의 한 법 때문에 무상을 알지 못하고, 앎과 알지 못함, 친불친(親不親)・명불명(明不明)・식불식(識不識)・찰불찰(察不察)・양불량(量不量)・부불부(覆不覆)・종부종(種不種)・엄불엄(掩不掩)・영예불영예(映翳不映翳)를 알지 못한다. 어찌 그뿐이겠는가. 성냄・어리석음・화냄・원한・비방・집착・질투・간탐・환・아첨・무참・무괴・만・거만・증만・아만・증상만・사만・비만(卑慢)・교만・방일・뽐냄・곡위(曲爲)・이유(利誘)・이악(利惡)・많은 욕심(欲多)・욕상(欲常)・욕불경・악구・악지식・불인(不忍)・기탐(嗜貪)・악탐・신견・변신・사견・견취견・계금취견・혼침・도회・수면・게으름・비틀거림・덤빔・게으름・어지러운 생각

· 바르지 아니한 생각 · 혼탁 · 정직하지 못함 · 부드럽지 아니함 · 다르지 아니함 · 해치려는 생각 · 친척 · 나라에 대한 생각 · 가볍고 무거운 것 · 쉽고 어려운 것 · 나와 남 · 근심 · 걱정 · 번민 · 괴로움 등에 대해서도 마찬가지다."

〈탐욕경, 187〉

잡아함경 제8권

이희탐경(離喜貪經) · 이욕탐경(離欲貪經) · 지경(知經) ①②

"눈 · 귀 · 코 · 혀 · 몸 · 뜻은 무상한 것이니, 그의 기쁨과 탐욕으로부터 벗어나라."

〈이희탐경, 188〉

"탐욕이 끊어지면 생을 다하고 범행이 서 바르게 해탈하게 될 것이다.

〈이욕탐경, 189〉

"만일 눈에서 분별하지 못하고 알지 못하고 끊지 못하면, 탐욕에서 떠나지 못할 것이다."

"귀 · 코 · 혀 · 몸 · 뜻도 마찬가지다."

〈지경 ①②의 190 · 191〉

불리욕경(不離欲經) ①②

"만일 눈에서 탐욕을 떠나지 못하면 마음이 해탈하지 못할 것이다. 귀 · 코 ·

혀・몸・뜻도 마찬가지다."

〈불리욕경 ①②의 192・193〉

생희경(生喜經)・무상경(無常經) ①②

"만일 눈에서 기쁨을 내면 괴로움에서 기쁨을 낸 것이 된다."

〈생희경, 194〉

"색・성・향・미・촉・법도 무상하고, 눈・귀・코・혀・몸・뜻도 마찬가지다. 고・공・무아・허망한 업・파괴법・태어난 법・늙는 법・병드는 법・죽는 법에서도 마찬가지다."

〈무상경 ①②의 195・196〉

시현경(示現經)과 라후라경(羅睺羅經) ①~③

어느 때 부처님께서 가사시리사의 지제에서 1천 비구와 같이 있을 때 머리를 꼬는 재주를 가진 바라문이 신통을 나타내고, 남의 마음을 알아차리고, 가르침을 보였다.

그때 부처님께서 선정삼매(正受)에 들자, 6종 18변을 다 부리면서도 부처님 마음을 알아내지 못했다. 남의 마음을 알아차리는 것은 심・의・식을 분별한 것에 불과하기 때문이다.

〈시현경, 197〉

부처님께서 기사굴산에 계실 때 라훌라가 물었다.

"세존이시여, 저의 이 식을 갖춘 몸과 또 바깥 경계를 어떻게 보아야 하고, 나, 내 것에 대한 소견, 아만과 같은 번뇌를 어떻게 생기지 않게 해야 하겠습니까?"

"네 눈은 3대에 속한 것도 아니고, 안팎・추세・미오・원근간에 것도 아니고 내 것도 아닌 줄 알고, 귀・코・혀・몸・뜻도 그러한 줄 알라. 만일 여기서 벗어나면 일체의 고통에서 벗어나게 된다. 그때는 5수음에 대하여 다른 사람을 가르치도록 하라."

〈라후라경 ①~③의 198~200〉

누진경(漏盡經) 등

부처님께서 기수급고독원에 계실 때 어떤 비구에게 말씀하셨다.

"어떻게 보아야 빨리 번뇌를 끊을 수 있겠습니까?"

"무상을 바르게 관찰하라. 6근·6경·6식, 이 모든 것이 무상한 줄 알면, 일체의 얽힘과 번뇌, 상번뇌·결박·흐름·멍에·덮개·때·애욕·뜻·삿된 소견에서 벗어나 바른 소견을 얻으리라."

〈누진경, 201·我見斷經, 202〉

능단일법경(能斷一法經) 등

부처님께서 베살리성 기바구마라약사암라원에 계실 때 어떤 비구에게 설하셨다.

"한 법을 끊으면 곧 바로 지혜를 얻어 아라한이 된다. 그 법은 곧 6경이고 6경에 의해 나타난 명·무명(明·無明)이다.

이렇게 사실대로 보면 즐겁고 괴로운 생각이 차차 없어질 것이고, 차차 없어지면 범행이 증장되어 깨달음을 얻으리라."

〈능단일법경, 203〉

≪여실지견경(如實知見經), 204·우다나경(優陀那經), 205·여실지경(如實知經), 206·삼마제경(三摩提經), 207·무상경(無常經), 208·육촉입처경(六觸入處經), 209·지옥경(地獄經), 210·세간오욕경(世間五欲經), 211≫에서도 이와 비슷한 법문을 하였다.

불방일경(不放逸經) 등

부처님께서 기수급고독원에 계실 때 말씀하셨다.

"나는 모든 비구들에게 불방일법을 말하지 않는다. 왜냐하면 모든 비구들이 방일하지 않기 때문이다. 다만 눈과 빛, 거기서 생기는 식이 무상한 줄 알면 탐욕과 성냄, 어리석음이 생기지 않게 되어 있으니 수・상・행・식에 있어서도 마찬가지다."

〈불방일경, 212・法經, 213・二法經, 214〉

부루나경(富留那經)

부루나가 물었다.

"세존께서는 현재의 법을 불꽃처럼 소멸하고 때를 기다리지 않고 바른 곳을 향하여 인연법을 깨달으실 것을 설명하고 계십니다."

"그렇다 비구여, 불법은 보고 듣고 깨닫는 데서 해탈하게 된다."

〈부루나경, 215〉

대해경(大海經) ①②

"바다는 물방울이 많은 것이고, 개울은 적은 것이다. 사람들이 적고 많은 것에 탐하여 즐거워하고 괴로워하는 것에 빠진다. 만일 즐겁고 괴로운 것에 묶이지 않는다면 늙고 병들고 죽는 것에서도 얽히지 않는다.

눈이 사람의 바다이고 빛깔은 물결, 만일 빛깔의 물결만 견뎌낼 수 있다면, 그는 눈의 바다를 건너 소용돌이치는 물결과, 물에 사는 모든 나쁜 짐승 나찰들에게 잡혀 먹히지 아니할 것이다."

〈대해경 ①②의 216・217〉

고집멸경(苦集滅經)·단경(斷經) ①~③

"근·경·식이 접촉하는 가운데서 느낌(受)과 사랑(愛), 취(取)가 생겨 겁의 종자가 있게 되고, 종자가 있으면 태어나고 늙고 병들고 죽는 번민이 생기게 된다. 그러므로 만일 근·경·식이 무상한 것인 줄 알면, 거기 집착하지 아니하므로 곧 열반을 증득하리라."

〈고집멸경, 218〉

≪열반도적경(涅槃道跡經), 219·사취열반도적경(似趣涅槃道跡經), 220·취경(取經), 221·지식경(知識經), 222≫도 마찬가지다.

"나는 한 법을 알지 않고, 분별하지 않고도 괴로움에서 완전히 벗어날 수 있다. 근·경·식 그 하나의 법만 가지고도 일체의 탐욕을 끊고, 고·낙·사에서 벗어날 수 있기 때문이다.

〈단경 ①~③의 223~225〉

계경(計經) ①②·증장법경(增長法經)·유루무루경(有漏無漏經)

"어떻게 헤아림을 끊을 것인가. 이른바 나는 빛과 소리를 듣고 헤아리지 않고 냄새·맛에 대해서도 마찬가지다. 헤아림은 종기며 가시이기 때문이다. 여래는 이미 이 종기와 가시에서 벗어났다."

〈계경, ①②의 226·227〉

"늘어나고 줄어드는 법이 모두 근(根)·경(境) 속에서 나타나는 것이니, 일어나고 변하고 모이고 소멸하는 법도 마찬가지다."

〈증장법경, 228〉

"고·낙·사에 빠지면 유루(有漏)가 되고, 거기서 벗어나면 무루(無漏)가 된다."

〈유루무루경, 229〉

잡아함경 제9권

삼미리제경(三彌離提經) ①② · 공경(空經) · 세간경(世間經) · 세간변경(世間邊經)

부처님께서 기수급고독원에 계실 때 삼미리제 비구가 와서 물었다.

"세간이란 무슨 뜻입니까?"

"근 · 경 · 식이 접촉하는 가운데서 나타난 틀을 말한다. 그러니 만일 눈이 없으면 빛이 없고, 빛이 없으면 거기서 얻어진 식이 없어 세간도 없어지게 될 것이니, 좋고 나쁜 것이 없게 된다."

〈삼미리제경, ①②의 230 · 231〉

"그러면 공(空)은?"

"눈도 공하고 귀도 공하고 코 · 혀 · 몸 · 뜻도 공하기 때문에 세간도 공한 것이다. 6처도 마찬가지다."

〈공경, 232 · 세간경, 203〉

부처님께서

"나는 세간 끝까지 걸어서 도달한 사람이 있다고 말하지 않고, 끝까지 도달하지 않고도, 괴로움을 완전히 벗어난 사람이 있다고도 말하지 않는다."

하시고 선정에 드시니 대중들이 아난에게 그 뜻을 묻자

"눈이 세간이고 세간의 이름이며 깨달음이고, 언사 · 언어이다. 모두 이것은 세간의 작용이니 6입처에 대해, 발생 · 소멸 · 맛들임 · 재앙 · 벗어남을 아는 사람이라야 세상 끝까지 갈 수 있다.”

하고 다음과 같이 게송으로 말씀하셨다.

“걸어가는 사람은 세계 끝까지 이를 수 없고
세계 끝에까지 이르지 못하면 괴로움을 면할 수 없다.
부처님은 세간을 아는 분, 능히 세계 끝에 이르러 범행을 이루었다.”
세계의 끝은 분명 있고, 바른 지혜를 가진 자만이 이를 건너갈 수 있다.

〈세간변경, 234〉

근주경(近住經)·청정걸식주경(淸淨乞食住經)

“스승 제자가 있으면 괴로움에서 혼자 살고, 없으면 즐거움에서 혼자 산다. 스승과 제자는 근·경이 합치는 가운데 분별이 있는 것이고, 스승과 제자가 없는 것은 선악·시비·분별이 모두 끊어진 곳이다.”

〈근주경, 235〉

사리불이 걸식 후 공삼매에 들어 있다가 부처님을 찾아뵈오니 물으셨다.

“그대는 어디서 오는가?”

“사위성에서 걸식하고 공삼매에 들었다 옵니다.”

“장하다. 상좌선(上座禪)에 든 사람은 은애와 사랑에 집착하지 않는다. 왜냐하면 어떤 방편으로 머리에 불을 끄듯, 선을 통해 근·경·식을 통제함을 알기 때문이다.”

〈청정걸식주경, 236〉

장자소문경(長者所問經)·사품법경(四品法經) 등

부처님께서 비사리성 미후지 2층 강당에 계실 때 욱구라 장자가 와서 물었다.

“어떤 사람이 현세에서 반열반에 듭니까?”

"근·경·식에 사랑과 집착을 일으키지 않는 분이다."

〈장자소문경, 237〉

≪불자위제바구소설경(佛自爲諸比丘所說經)≫도 마찬가지다.

≪인연경≫에서는

"근·경의 인연으로 식이 생겨 거기 얽매이게 된다."

하고 ≪결경(結經)≫에서는

"법에 결박되는 사람은 욕망에서 벗어나기 어렵다."

하였다. 또 ≪취경(取經)≫에서도

"법을 취하면 탐욕이 생긴다."

하고 ≪소연법경(燒燃法經)≫에서는

"어리석은 범부가 불에 달군 구리쇠를 눈에 대듯이 무지한 중생은 색을 보고 구리쇠불을 달군다. 그러니 송곳으로 귀를 찌를지언정 소리와 냄새·맛·감촉·법을 취하지 말라."

〈인연경, 238·결경, 239·취경, 240·소연법경, 241〉

"만일 알고 분별하고 끊지 못하면 괴로움은 피할 수 없기 때문에 악마의 갈고리에 걸린다."

〈知經, 242·味經, 243·魔鉤經, 244〉

부처님께서 구류수 조복박우 마을에 계실 때

"처음도 좋고 중간도 좋고 끝도 좋게 설법하라. 좋은 뜻과 좋은 말, 순일하고 원만하며 깨끗하게 생활하라. 눈으로 보고 사랑하고 생각할만하며 즐겨 집착한 것이 있으면 좋아하다가 그렇지 않으면 미워하니, 비구는 이 올가미에서 벗어나야 한다."

〈사품법경, 245〉

칠년경(七年經)·습근경(習近經)·순나경(純那經)

부처님께서 왕사성에 계실 때 가사를 입고 걸식 나가려 하자, 천마 파순이 이를 장애코자 수레꾼으로 변하여 옆으로 가 물었다.

"구담이여, 나의 소를 보았는가?"

부처님께서 곧 알고 말했다.

"악마여, 어디에 소가 있느냐?"

"눈의 접촉과 입처(入處)는 나의 소이고, 눈·귀·코·혀·몸·뜻은 나의 수레이다."

"그것은 나, 내 것이고 진짜 내가 아니다. 있다고 말해도 잘못이고 없다고 말해도 잘못이다."

"고깃덩어리 같은 돌, 굶주린 까마귀가 배부터 채우려 하다가, 도리어 주둥이만 버리고 하늘로 올라가네."

〈칠년경, 246〉

부처님께서 왕사성 기사굴산에 계실 때, 여러 비구들에게 말씀하셨다.

"비구들이 눈으로 빛깔을 익히고 가까이 하면 곧 악마의 자재를 따르게 되고, 가까이 하지 않는다면 악마의 자재를 따르지 않는다. 귀·코·혀·몸·뜻도 그와 같다."

〈습근경, 247〉

부처님께서 파타리불다라국 계림에 계실 때 아난이 순나 스님께 물었다.

"근·경·식이 있습니까?"

"있습니다."

"눈이 빛을 인하여 안식이 생긴 것입니까?"

"그렇습니다."

"그렇다면 그것은 영원합니까?"

"무상합니다."

"식은 어떻게 됩니까?"
"머무름이 없습니다. 마치 그것은 파초와 같아 심이 없습니다."
"그래서 취하고 집착하지 말라고 하신 것이군요."

〈순나경, 248〉

구치라경(拘絺羅經) ①~③

부처님께서 기수급고독원에 계실 때 아난이 사리불에게 가서 물었다.
"6촉입처가 다 탐욕을 떠나 소멸하고 쉬고 마친 뒤에도, 다시 남는 것이 있습니까?"
"있다고 말해도 안되고 없다고 말해도 안되고, 있기도 하고 없기도 하다고 말해도 안되고, 있는 것도 아니고 없는 것도 아니라고 말해도 안됩니다. 그것은 모두 빈말이기 때문입니다."
부처님께서 죽림정사에 계실 때 마하 구치라가 사리불에게 물었다.
"눈이 빛깔을 얽매입니까, 빛깔이 눈을 얽매입니까?"
"눈이 빛깔을 얽매인 것도 아니고, 빛깔이 눈을 얽매인 것도 아닙니다. 마치 검정 소와 흰 소가 쟁기질 할 때 검은 소가 흰 소를 묶었는가, 흰 소가 검정 소를 묶었는가 하는 말과 같습니다. 왜냐하면 눈은 빛깔을 보고 좋다 나쁘다는 탐욕을 일으키지 않기 때문입니다."
"어떤 것이 무상입니까?"
"앎이 많다는 것입니다."
"그러면 무지(無知)는?"
"무상을 모르는 것입니다."
"그렇다면 알면 밝아지겠군요."
"그렇습니다."

〈구치라경 ①~③의 249~251〉

우파선나경(優波先那經) · 비뉴가전연경(毘紐迦梅延經)

부처님께서 죽림정사에 계실 때 우파선나는 한림 속 사두암 밑 가릉가행처에 있었다. 홀로 굴 속에서 좌선하는데, 한 자쯤 되는 독사가 돌 틈에서 나와 떨어지니 소리 질렀다.

"뱀에게 물렸으니 나를 빨리 굴 밖으로 내놓아 주시오."

가까이 있던 사리불이 듣고 쫓아가니 그 몸은 이미 뱀독으로 꽉 차 있었다.

"어떻게 되겠는가?"

"이 몸은 나, 내 것이 아니므로 겨 덩어리처럼 부서질 것입니다."

과연 순간 우파선나는 죽었다. 죽은 도반을 처리하고 부처님께 나아가 아뢰니 부처님께서 게송으로 말씀하셨다.

"언제나 저 자애로운 뇌타라를 생각하고
이라반나와 시바불다라와 흠바라상마를 사랑하니
가쿠타 흑구담 난도발난타를 사랑하라.
발이 없는 것이나 두 발 네 발 발이 많은 것이나
모두 자비심을 일으켜라.

물이나 육지를 의지해 사는 용
생각이 있거나 없거나 모든 중생을 사랑하라.
일체를 안락케 하고 번뇌를 떠나
모든 어진이로 하여금 악한 짓 못하게 한다면
언제나 사두암 밑에 살더라도 흉독이 목숨을 해치지 못하리라.

이것은 참된 진리의 말씀 위없는 큰 스승 크신 말씀이니
진실한 말씀 외워 익히면 일체의 저 악독이 헤치지 못하리.
3독도 없앤 영원한 3보, 흉한 독 남김없이 모두 부셔버리고
착한 사람 거두어 보호하네.

우담바리 담바리 단륙 파라단륙 나데 숙나데 기바데 무나이 삼마이
단테니라기시 바라구베우리 우오리 사바하"

〈우파선나경, 252〉

존자 우다이가, 구살라국 구반다 마을 비뉴가전연 바라문 여사제의 암라원에 있을 때, 여사제의 많은 제자들이 나무하러 갔다가, 단정 고요한 존자를 발견하였다. 인사드리고 법문을 듣고 기뻐 여사제에게 나아가 아뢰니, 공양청을 하여 이튿날 사제의 집으로 와서 공양하였다. 그런데 여사제는 거만한 마음으로 가죽신을 신고 머리에 띠를 두르고 설법을 청하였다.

가전연은 때가 아님을 알고 그냥 갔다. 이튿날도 마찬가지였으나, 제3일에 이르러 여사제가 그의 제자들 말을 듣고 법답게 청하였다.

"어떤 이는 이 세상의 모든 괴로움을 자기가 지은 것이라 하고, 남이 지은 것이라고도 하고, 자타가 함께 지은 것이라 하고, 둘 다 아니라고도 하는데 스님의 생각은 어떻습니까?"

"누구에게서 생기는 것이 아니라 인연에서 생깁니다."

하고 5온의 정체를 모두 물어 깨달음을 얻게 하여 마침내 3보께 귀의시켰다.

"저는 오늘부터 목숨이 다할 때까지 3보께 귀의하겠습니다."

〈비뉴가전연경, 253〉

이십억이경(二十億耳經)·노혜차경(魯醯遮經)

부처님께서 죽림정사에 계실 때, 20억이가 아무리 공부해도 깨달음을 얻지 못하기 때문에, 차라리 집에 가서 복이나 짓고 살까 생각하였다. 그 마음을 아신 부처님께서 사람을 보내 20억이를 오라 하고 말했다.

"너는 이런 생각을 하였느냐?"

"네. 저도 세존의 성문승 가운데 한 사람이면서 깨달음을 얻지 못했으니, 차라리 집에 가서 5욕락 속에서 복이나 지을까 생각하였습니다."

"너는 집에 있을 때 무엇을 잘했느냐?"

"거문고를 잘 탔습니다."

"거문고 줄은 어떻게 해야 소리가 잘 나느냐?"

"너무 조이지도 말고 느슨하게도 하지 말아야 합니다."

"공부도 마찬가지다."

20억이는 순간 깨달음을 얻어 아라한이 되어, 탐욕과 성냄 · 원리해탈 · 애진해탈 · 제취해탈 · 심불망념해탈을 얻어 게송으로 말했다.

"탐욕과 성냄, 5해탈을 얻어 입처(入處)에서 생기는 것을 내 다 보았네.
저 마음 해탈하면 뜻을 쉬고 그쳐 해야 할 일 모두 마치니
큰 바람이 흔들림 없는 바위처럼 근 · 경 · 식에 끄달리지 않는다네."

〈이십억이경, 254〉

존자 마하 가전연이 아반제국 습마타강 가에 머물고 있을 때, 미후실 아련야 굴에 살던 노혜차 바라문이 그를 공경히 섬겼다.

가전연이 이른 아침에 걸식하고 돌아와 입선하였는데, 노혜차 바라문이 그의 제자들과 함께 산에 왔다가 그를 보고 말했다.

"잘 생기지도 않았는데 우리 스승은 그를 받들어 공경한다."

시끄럽게 떠들자 가전연이 게송으로 말했다.

"옛 바라문들은 뛰어나게 계를 닦아 숙명을 알고 지혜로써 선미를 즐겼다.
언제나 자비에 머물러 감관의 문을 닫고 입의 허물을 항복하였다.
본래 진실을 버리고 족성을 의지하여 감관을 따르는 사람들이
무덤에서 굶주려 살면서 하루 세 번 목욕하고 세 가지 경전 외운다 하더라도
감관을 보호하지 아니하면 꿈 속에서 보물 얻은 것과 같다.
머리 따고 가죽옷 입고 잘못 계를 갖고 재를 몸에 바르고
추한 옷으로 몸을 가리고 지팡이 짚고 물병 지녀, 바라문의 모양을 빌어 이양 구해서는 안된다.
이 몸 거두어 보호하고 맑고 깨끗한 티끌 때 여의니

모든 중생 괴롭히지 않는 것, 이것이 진정 바라문이라 한다."

그래도 떠들고 도리어 화를 내자, 젊은이들은 나무단을 지고 와서 노혜차 바라문께 일렀다.

"저자가 우리 바라문교를 비방하였습니다."

"아닙니다. 나는 사리대로 바라문교를 설명하였을 뿐입니다."

하고 사실대로 말하자, 노혜차 바라문은 크게 칭찬하고 불법에 귀의하였다.

〈노혜차경, 255〉

잡아함경 제10권

무명경(無明經) ①~③

부처님께서 죽림정사에 계실 때, 사리불과 구치라 존자는 기사굴산에 있었다. 마하 구치라가 해질 무렵 사리불에게 나아가 물었다.

"어떤 것이 무명입니까?"

"알지 못하는 것이요. 말하자면 무상·무아 알지 못하고 영원하다고 생각하는 것입니다. 5온은 나, 내 것으로 오인하는 것이오, 5온의 발생과 소멸을 알면 누구나 맑아집니다."

〈무명경 ①~③의 256~258〉

무간등경(無間等經)·멸경(滅經)

"무간등법(無間等法)을 구한다면 어떻게 해야 합니까?"

"5수음은 병이 되고 종기, 가시가 된다는 것을 깨달아야 합니다.
"수다원과를 증득하려면?"
"5온이 공한 것을 깨달아야 합니다."
"사다함?"
"5온이 내가 아니라는 것을 알아야 합니다."
"아나함이 되려면?"
"공도 내가 아니라는 것을 깨달아야 합니다."
"아라한이 되려면?"
"생도 사도 생각하지 않습니다."
"그 위에는 어떻게 됩니까?"
"언제나 즐거운 삶을 할 수 있습니다."

〈무간등경, 259〉

부처님께서 기수급고독원에 계실 때 사리불이 아난 존자를 찾아가 물었다.
"소멸(滅)이란 무슨 뜻인가?"
"5수음은 본래 행이 지은 것이고 생각이 소원한 것이므로, 무상한 것이어서 소멸할 것입니다."
"참으로 잘 알았네."
하고 칭찬하였다.

〈멸경, 260〉

부루나경(富留那經) · 천타경(闡陀經)

아난 존자가 구섬미국 구사라원에 있을 때 아난이 말했다.
"부루나미다라니자는 내가 어려 출가하였을 때, 언제나 심오한 법을 설했다. 모든 생겨난 법은 나다 내가 아니다, 내 것이다 아니다 하는 생각을 가져서는 안된다고, 그래서 나는 티끌을 멀리하고 때를 여의어 법안을 얻게 되었습니다."

〈부루나경, 261〉

부처님께서 반열반에 드신 뒤 얼마 되지 않아, 많은 비구들이 녹야원에 모여 있었다. 그때 천타 비구가 법문 듣기를 희망하자,

"색은 무상하고 수·상·행·식도 무상하다."

"그렇다면 모든 행은 비고 고요하여 얻을 수 없고, 애욕이 다해 탐욕을 여읜 열반이겠습니다."

그러나 아직 이 경지에 이른 사람이 없자 대중의 추천을 받아 구섬미국에 있는 아난 존자를 구사라원으로 찾아가니 아난 존자가 말했다.

"5온은 무상하고 무상한 법에는 내가 없다고 보아야 한다. 나는 옛날 부처님께서 마하 가전연에게 '세상 사람들은 대상세계를 취해 보면 집착한다. 그러나 그것은 의지할 만한 것이 없다는 것을 알면, 스스로 독립된 사람이 된다. 독립된 사람이 되면 캄캄한 마음이 없어져 생·노·병·사와 모든 고통과 슬픔이 다 없어진다'고 하였다."

"알았습니다 존자여. 나는 이제 심오한 불법 가운데서 거룩한 지혜의 눈을 얻었습니다."

〈천타경, 262〉

응설경(應說經)·소토단경(小土摶經)

어느 때 부처님께서 구류나국 얼룩소 치는 마을에 계시면서, 비구들에게 말했다.

"나는 알고 봄으로써 모든 번뇌를 다했다. 5온은 발생하고 소멸하는 것이라고. 그러니 너희들은 4념처·4정근·4여의족·5근·5력·7각지·8정도를 닦아 마치 병아리가 어미닭 속에서 알맞게 품어져 태어나듯, 깨달음을 얻어야 할 것이다."

〈응설경, 263〉

부처님께서 기수급고독원에 계실 때 어떤 비구가 사유하다가,

"이 세상에 변치 않는 것이 있을까?"

이렇게 의심이 나 부처님께 찾아갔다. 그때 부처님께서는 그 비구를 위해 조그마한 흙덩이를 들고 물었다.

"이게 보이느냐?"

"보입니다."

"나는 이 세상 넓은 것 가운데서 변치 않아 이만한 것도 보지 못했다. 7년 동안 자심(慈心)을 닦고 7대 겁 중에 광음천과 대범천이 되었으며, 36번 천제석, 백천 번의 전륜성왕으로 4천하를 거느리면서 7보와 1천 명의 아들을 거느려 8만 4천 관정법을 얻었지만 그 가운데서 영원한 법을 보지 못했다. 그러니 이 세상에도 무상·무아하지 않는 것이 없다는 것을 깨달으라."

〈소토단경, 264〉

포말경(泡沫經)·무지경(無知經) ①②

부처님께서 아비타(아유타) 갠지스강 가에 계실 때 비구들에게 물었다.

"저 큰 물 가운데 거품을 보느냐. 단단한 것도 없고 알맹이도 없다. 모든 존재는 4대색 가운데 5음으로 형성되었기 때문에, 금방 생겼다 없어지는 것이 저 거품과 같다."

하시고 게송으로 말씀하셨다.

"색은 물방울, 수는 물거품, 상은 아지랑이
행은 파초, 식과 빛은 허깨비, 구담은 언제나 이렇게 말한다.

자세히 생각해 보고 기억해 관찰해 보라. 거기 나, 내 것이 있겠는가.
고통덩어리 이 몸에 대하여 큰 지혜를 분별해 보면 이 몸은 결국 부서질 것

목숨과 온기 의식 떠난 몸뚱이를 무덤가에 버려지니
마치 나무토막에 불과할 것인데 어리석은 자들은
이 살기와 독가시 속에 온갖 고통을 겪고 있구나."

〈포말경, 265〉

부처님께서 기수급고독원에 계실 때 비구 스님들께 말씀하였다.

"시작 없는 생사에 무명이 덮이고 애욕의 결박에 묶여, 오랜 세월 동안 윤회하면서 괴로움의 본제를 알지 못하는구나. 마치 모진 가뭄과 장마 속에 곡식들이 타서 죽고 물러진 것과 같이, 큰 바다가 마르고 수미산이 다 무너지고 대지가 다 흩어지더라도, 무명에 뒤덮인 세상은 마치 개가 기둥에 묶여 있는 것과 같이 윤회에서 벗어나지 못할 것이다. 마치 차란나라는 새가 5색이 분명한 것과 같이, 3독과 5욕의 색이 한데 어울려 갖가지 번민을 자아내고 있다."

〈무지경 ①②의 266 · 267〉

하류경(河流經) · 기림경(祇林經)

부처님께서 기수급고독원에 계실 때 스님들께 말씀하였다.

"마치 산골짜기 물이 강으로 흐를 때 깊고 빨리 흘러가듯이, 생사의 물은 성급하게 흘러간다. 양쪽 언덕의 풀과 나무를 붙들어 잡아보나, 통째로 뽑히어 빠져 들어간다. 색의 발생과 소멸, 맛 · 재앙 · 벗어남을 생각하는 제자들은 바로 저 강에서 벗어나 저 언덕의 열반에 이르러 갈 수 있다."

〈하류경, 268〉

"너희들에게 알맞은 법이 아니면 모두 버리고 떠나라. 그 법(5온)을 버리면 오랜 세월 안락을 얻으리라."

〈기림경, 269〉

수경(樹經) · 저사경(低舍經)

"마치 농부가 땅을 깊이 갈고 풀뿌리를 뽑고, 풀을 밴 것과 같이 오랜 세월 생각을 닦고 익히며 자꾸 정진해 나아가면, 일체의 욕애 · 색애 · 무색애 · 뽐냄

· 무명을 끊게 될 것이다.

〈수경, 270〉

저사 비구가 식당에서 여러 비구들께 말하였다.

"나는 법을 분별하지 못하고 범행을 닦기 좋아하지 않고, 잠자기를 좋아하고 법에 의혹이 많습니다."

부처님께서 듣고,

"그 자야말로 어리석은 자이다. 감각의 문을 지키지 못하고, 음식의 양을 조절하지 못하기 때문에, 잠도 조절되지 않는 것이다."

저사 비구는 이 이야기를 듣고 즉시 5온의 문을 단속하고, 음식 양을 조절하여 잠에서 깨어나게 되었다.

〈저사경, 271〉

책제상경(責諸想經)

부처님께서 기수급고독원에 계실 때, 대중 가운데 조그마한 다툼이 있자 꾸짖으셨다.

"출가한 사람은 마음을 낮추고 겸손해야 한다. 삭발염의하고 탁발하는 것은 수행의 한 방편이나, 생·노·병·사의 고통과 슬픔, 번민에서 헤어나고자 하여 출가한 것이니 정신 차려 공부하라."

〈책제상경, 272〉

잡아함경 제11권

수성유경(手聲喩經) · 기사경(棄捨經)

부처님께서 기수급고독원에 계실 때 어떤 비구가 사색하고 있다가

"어떤 것을 나라고 하는가. 나는 무엇을 해야 하나. 나는 어디에 있는가?"

를 의심하다가 부처님께 나아가니 부처님께서 두 가지에 대하여 설법하셨다.

"어떤 것이 두 가지인가. 눈과 빛, 귀와 소리, 코와 냄새, 혀와 맛, 몸과 감촉, 뜻과 법이다. 모두 이것은 공한 것이기 때문에 나도 없고 내 것도 없다. 모든 법은 무상하고 괴로운 것이니라."

이 말을 들은 비구들은 깊이 사유하여 다시는 생을 받지 않게 되었다.

〈수성유경, 273〉

"너희들은 소유가 아닌 것을 다 버려야 한다. 그 법을 버리면 영원히 안락하기 되기 때문이다. 6근은 나, 내 것이 아니다."

〈기사경, 274〉

난타경(難陀經) · 난타설법경(難陀說法經)

부처님께서 기수급고독원에 계실 때 여러 비구들에게 말씀하였다.

"난타는 이 세상에서 가장 힘센 사람, 가장 단정한 사람, 애욕이 가장 강한 사람이라 하지만, 지금 난타는 감각기관의 문을 굳게 닫고, 음식의 양을 조절할 줄 알고, 초저녁이나 새벽에 경행과 선을 닦아 열심히 정근하고, 바른 지혜를 성취했다. 목숨이 다할 때까지 능히 순수하고 한결같이 원만 청정하며, 범행이 깨끗한 것이다."

〈난타경, 275〉

부처님께서 기수급고독원에 계실 때 순타·민타·마라바·파라차라·타라비가·차마·난마·고난사구담미·우발라색·마하파사파제 등 비구니 스님들이 사위국 왕의 동산에 머물고 있었다. 그때 마하파사파제가 500비구니들을 데리고 부처님께 나아가자, 부처님께서는 설법하여 그들을 기쁘게 해주셨다. 그리고 말씀하셨다.

"나는 이제 늙었으니 너희들 비구가 차례대로 비구니 스님들을 가르치라."

그리하여 순서를 정해 가르치는데, 난타가 자신의 차례가 왔는 데도 가르치지 않았다. 그래서 부처님께서

"내가 비구니들에게 설법하는 것과 같이 너도 설법하라."

그래서 난타는 이튿날 비구니들에게 설법하였다.

"누이들이여, 눈이란 내입처(眼內入處)에 대해서 이것은 나다, 나와 다르다. 나와 나, 아닌 것이 함께 있다고 생각하십니까?"

"아닙니다."

"귀·코·혀·몸·뜻에 대해서도?"

"아닙니다."

"소리·냄새·맛·감촉·법에 대해서도?"

"아닙니다."

"거기서 얻어진 지식과 상식, 수·상·행·식에 대해서도?"

"아닙니다."

"그렇습니다. 마치 이 몸은 잘 훈련된 도살자가 뼈와 살가죽을 하나도 상하지 않게 도살한 다음 다시 그 가죽을 위에 덮어 놓은 것과 같습니다."

이 말을 들은 비구니 스님들은 환희했다. 부처님께서 말씀하셨다.

"난타의 설법은 참으로 훌륭했다. 그러나 아직 완전한 해탈을 얻은 것은 아니다."

그 뒤 얼마 있다가 또 차례가 돌아와 설법하였는데, 그때는 그 내용을 본인이 분명히 이해하고 하였기 때문에

"난타는 이제 기름과 심지가 완전히 다 타 버린 등불처럼, 완전한 아라한이 되었다. 모든 결박과 얽힘, 번뇌로부터 벗어났기 때문이다."

〈난타설법경, 276〉

율의불율의경(律儀不律儀經)·퇴불퇴경(退不退經)

"6근이 6경을 보고 탐욕을 일으켜 율의 보호를 받으면 율의이고, 받지 못하면 불률의이다."

〈율의불율의경, 277〉

"6근이 6경을 분별하여 탐욕을 일으키면 퇴법이라 하고, 일으키지 아니하면 불퇴법이라 한다. 이것은 마치 왕이 적을 무찌르고 원수를 이기면 승왕(勝王)이라 하고, 결박까지 끊어 없애면 승바라문이라 하는 것 같다."

〈퇴불퇴경, 278〉

조복경(調伏經)·빈두성경(頻頭城經)

"6근을 항복받지 못하고 굳게 닫아 보호하지 못하면, 미래에 괴로운 과보를 받을 것이다."

〈조복경, 279〉

부처님께서 구살라국 빈두성 북 신서림에 계실 때 사문 바라문들에게,

"이 세상에서 가장 존경받을 만한 사문 바라문은, 6근을 항복받아 어떠한 경계에 대해서도, 탐욕하고 성내지 않는 사람이다."

라고 하니, 한 바라문이 말했다.

"참으로 기이한 말씀입니다. 그 누구도 헐뜯지 않고 칭찬하는 것도 없이, 매우 그 진리를 바르게 가르쳐 주셨기 때문입니다."

〈빈두성경, 280〉

영발목건련경(榮髮目犍連經) · 제근수경(諸根修經)

부처님께서 왕사성 가란다죽원에 계실 때 이교도 영발목건련이 찾아왔다.

"어디서 왔는가?"

"미증강당에서 법전을 듣고 옵니다. 부처님께서는 제자들에게 어떤 복리를 주십니까?"

"밝음과 해탈, 과보의 복리를 준다. 7각분(4념처 · 3묘행 · 6촉입처의 율의)을 닦고 익히면 누구나 그렇게 될 수 있다."

그리하여 그는 법문을 듣고 바로 출가하여 비구가 되었다.

〈영발목건련경, 281〉

어느 때 부처님께서 가미가라모진린타 숲에 계실 때 파라사나의 제자 울다라가 오니 물었다.

"그대의 스승께서도 모든 감각기관을 단속하라 하던가?"

"예 합니다."

"어떻게 하는가?"

"6근이 6경을 보지 않는 것으로 합니다."

"그렇다면 귀머거리 장님이 되어야 된다는 말이 아닌가. 나는 6근이 6경을 보아 6식을 일으키되, 바른 생각과 바른 지혜를 가지고 보아, 탐욕하거나 싫어하고 여의려는 생각을 갖지 않게 할 뿐이다."

"참으로 어질고 착한 율이고 법입니다."

〈제근수경, 282〉

잡아함경 제12권

종수경(種樹經)·대수경(大樹經)

부처님께서 기수급고독원에 계실 때 여러 비구들에게 말씀하였다.

"만약 결박법에 맛들이면 집착하고 돌아보며 기억하고, 마침내 애욕에 물든다. 사람은 취(取)하면 존재(有)가 생기고 존재가 생기면, 생·노·병·사, 우·비·고·뇌가 생긴다. 마치 한 나무에서 잎이 피고 가지가 뻗어 꽃이 피고 열매가 열리는 것과 같다.

결박에 묶이는 법은 무상하여 오래 가지 못한다. 뿌리를 끊고 가지를 꺾어 조각조각 자르고 바람에 말리고 불태워 날려 버리는 것만 못하다. 한 번 날려 버리면 다시는 가지와 뿌리 열매 꽃의 장애가 없기 때문이다."

〈종수경, 283〉

"6입으로 인하여 촉감이 생기고 촉감에 의해 느낌과 사랑이 생긴다. 사랑으로 인하여 생·로·병·사, 우·비·고·뇌가 생기니, 뿌리 채 뽑아 다시는 그러한 구속을 받지 않도록 하라."

〈대수경, 284〉

불박경(佛縛經)·취경(取經)

"나는 과거 수행 때 선정 속에서 '이 세상은 고난에 빠져 있다. 무엇 때문에 그 같은 고난이 생기는가. 취로 인하여 존재(有)를 만들어낸 데 원인이 있다. 내 이것을 끊어 마땅히 얽힘에서 벗어나리라' 하여 마침내 등정각을 얻게 되었다."

〈불박경, 285〉

"마치 열 다발 스무 다발 백 다발 천 다발 나무들을 쌓아놓고 불을 놓아 다 태워버리는 것과 같이 탐욕과 성냄, 어리석음을 남김없이 태워버려야 한다."

〈취경, 286〉

성읍경(城邑經)·노경(蘆經)

"나는 옛날 성불하기 전 이런 생각을 하였다.

'무엇 때문에 늙음과 죽음이 있는가.'

'태어났기 때문이다.'

이와 같이 차례로 존재·취함·애욕·느낌·접촉·6입·명색에 대해서도 탐색했고, 무명·행·식에 대해서도 철저히 관하여 마침내 등정각을 이루었다."

〈성읍경, 287〉

부처님께서 죽림정사에 계실 때 사리불과 마하구치라가 기사굴 산중에 있었다. 사리불이 마하구치라에게 물었다.

"늙고 죽음은 누구 지은 것입니까?"

"자기가 지은 것도 아니고 남이 지은 것도 아니고, 둘이 함께 지은 것도 아니고, 둘이 함께 짓지 아니한 것도 아니고, 오직 인연 때문입니다. 무명이 행을, 행이 식을, 식이 명색·6입·촉·수·애·취·유·생·노·병·사가 모두 인연 속에서 나타난 것입니다."

"훌륭하십니다. 그래서 부처님께서 '마하구치라는 마치 빈 땅에 갈대를 세울 때 세 가지를 서로 의지하여야 세워지듯 모든 인연도 그러함을 깨달아 성문 가운데서 감로법을 두루 보고 증득한 사람이다'라고 칭찬하셨군요."

〈노경, 288, 288〉

무문경(無門經) ①②·촉경(觸經)

부처님께서 죽림정사에 계실 때 여러 비구들에게 말했다.

"어리석고 무식한 범부들은 4대로 된 몸에 대해서, 싫어하고 근심하며 탐욕을 여의고 등져버리지만, 식에 대해서는 그렇지 않다. 그것은 4대 색신은 증감과 취사가 있지만, 심·의·식에 빠진 범부들은 그것에 싫어하는 마음과 탐욕심을 일으키지 못하므로 해탈하지 못한다. 왜냐하면 오랫동안 그들은 그것을 나, 내 것으로 착각하고 있기 때문이다. 연기(緣起)에 대해서도 마찬가지다. 그러나 다시 듣고 깨달아 거기서 벗어나려 하지 않으니 얼마나 답답한가."

〈무문경 ①②의 289·290〉

"중생들의 갖가지 고통은 억파제(億婆提 ; 有)가 인이 된다. 억파제에 의하여 사랑을 일으키고 취하여, 생·노·병·사가 나타나기 때문이다. 그런데 사문 바라문들은, 그것에 대하여 싫은 생각을 일으키지 않고 떠날 생각도 하지 않는다. 마치 독극물을 목마른 사람이 내용도 모르고 마시는 것과 같다. 그러니 너희들은 법과 율을 철저히 공부하여 안으로 접촉법에서 벗어나야 할 것이다."

〈촉경, 291〉

사량경(思量經)·심심경(甚深經)

"비구들아 무엇이 인이 되어 태어나 접촉하게 되는가 바르게 관찰하라. 취함이 인이 되고 발생이 되며, 취함이 태어남이 되고 접촉하여 결국에는 소멸되게 된다고 관찰하며, 그 취를 소멸하면 온갖 고통에서 벗어날 수 있다. 명(明)·무명(無明)에 대해서도 마찬가지다. 마치 역사가 뜨거운 오지그릇을 꺼내놓으면 그 열기가 당장 흩어져 없어지듯이-"

〈사량경, 292〉

"'이것이 있기 때문에 이 일이 있고, 이 일이 있기 때문에 이 일이 일어난다. 무명을 인하여 행이, 행을 인해 식이 있고, 식을 인해 명색·6입·촉·수·애·취·유·생·노사가 있다'

이렇게 안팎으로 깊이 있게 자세히 관찰하라. 그리하면 일체의 의심이 없어져 후회없는 인생을 살리라."

〈심심경, 293〉

우치힐혜경(愚癡黠慧經)·비여소유경(非汝所有經)

"어리석고 무식한 범부들은 무명에 덮이고, 애욕의 인연에 얽매여, 식신(識身)을 집착한 거기서 여러 가지를 접촉함으로써, 장차 온갖 고통을 겪게 된다."

〈우치힐혜경, 294〉

"이 몸은 너의 소유도 아니고 다른 사람의 소유도 아니고, 6촉입처의 장난에 불과하다."

〈비여소유경, 295〉

인연경(因緣經)·대공법경(大空法經)

"'이것이 있기 때문에 저것이 있다.'

이것이 12인연 법이니 이것을 역문으로 관찰하여, 법의 주(住)와 공(空)을 알고, 법이 원래 그러한 것(法爾)이라는 것을 깨달으라."

〈인연경, 296〉

부처님께서 구루수 꼬우 마을에 계실 때 비구들에게 말씀하셨다.

"처음도 좋고 중간도 좋고 끝도 좋은 것은 대공법경이다. 그러면 어떤 것이 대공법경인가.

'이것이 있으면 저것이 있고 저것이 있으면 이것이 있다.'

이렇게 열두 가지 인연에 대해서 깊이 관찰하는 것이다."

〈대공법경, 297〉

법설의설경(法說義說經)·연기법경(緣起法經)

"연기법에 대한 여러 가지 인연과 결과를 설명한 것이 ≪연기법경≫이고, 그 뜻을 구체적으로 설명하는 것이 ≪법설의설경≫이다.

무명은 과거의 업보를 알지 못한 것이고, 행은 신·구·의 3업, 식은 명(수·상·행·식), 색(지·수·화·풍), 6입처는 눈·귀·코·혀·몸·뜻의 수입, 촉은 6근의 접촉, 수는 고·락·사, 애는 욕애·색애·무색애, 취는 욕취·견취·계취·아취이고, 그 3애를 취하는 것, 유는 업의 종자, 생은 종자의 싹, 노·병·사는 그의 생성과 소멸을 각각 말한 것이다.

〈법설의설경, 298〉

"이 연기법은 내가 만든 것이 아니고, 다른 사람이 만든 것도 아니며, 내가 이 세상에 태어나거나 태어나지 않거나, 관계없이 항상 존재하는 것이다."

〈연기법경, 299〉

타경(他經)·가전연경(迦栴延經)

부처님께서 조우마을에 계실 때 어떤 바라문이 물었다.

"어떻습니까. 구담이시여, 제 자신이 짓고 제 자신이 깨닫는 것입니까?"

"그것은 무기(無記)다. 설사 다른 사람이 짓고 받는다 하더라도 무기다."

"왜 그렇습니까?"

"그것은 모두 상견(常見)이고, 단견(斷見)이기 때문이다."

〈타경, 300〉

부처님께서 나리마을 대빈사 숲 속에 계실 때 산타가전연 존자가 와서 물었다.

"어떤 것이 정견입니까?"

"유(有)와 무(無)의 견해이다."

〈가전연경, 301〉

아지라경(阿支羅經) · 점모류경(玷牟留經)

부처님께서 기살굴산에 계실 때 걸식하러 가다가 아지라 가섭을 만났다.

"질문이 있는데 들어주시겠습니까?"

"지금은 때가 아니다."

걸식하고 나서 물음을 받았다.

"어떻습니까. 이 세상의 괴로움은 자기가 지은 것입니까?"

"그렇게 말하면 무기다. 다른 사람이 지었다 하는 것도 마찬가지다."

"그렇다면 원인 없이 만들어진 것입니까?"

"그것도 아니다. 이것이 있으므로 저것이 있고, 저것이 있으므로 이것이 있다. 이것이 중도다."

그는 그날 부처님의 법문을 듣고 깨달음을 얻은 뒤, 얼마 되지 않아 송아지를 보호하려는 어미소에 대받쳐 죽었는데, 감관이 청정한 얼굴빛이 밝고 깨끗하였다.

부처님께서는 아지라 가섭은 "다시 태어나지 않는 반열반에 들었다"고 말씀하였다.

〈아지라경, 302〉

외도 출가자 점모류가 아지라처럼 묻자 부처님께서는 다음과 같이 대답해 주셨다.

"괴로움과 즐거움도 자기가 지은 것도 아니고 남이 지은 것도 아니고 인이 있는 것도 없는 것도 아니고, 인연에 의해서 지어진 것이다."

〈점모류경, 303〉

잡아함경 제13권

육륙경(六六經) · 육입처경(六入處經)

부처님께서 조우마을에 계실 때 6·6법에 대하여 말씀하였다.

"여섯 가지 법이 있으니 6내입처와 6외입처·6식신·6촉신·6수신·6애신이 그것이다. 6내입처는 6근이고, 6외입처는 6경이고, 6식신은 6식이며, 6촉신은 6근으로 6경을 접촉하는 것이고, 6수신은 거기서 고·낙·사를 느끼는 것이고, 6애신은 거기 애착을 갖는 것이다."

〈육륙경, 304〉

"처음도 좋고 중간도 좋고 끝도 좋게 관찰하여, 그것을 알고 그것에서 벗어나면 누구나 무명에서 벗어난다."

〈육입처경, 305〉

인경(人經) · 견법경(見法經)

부처님께서 기수급고독원에 계실 때 한 비구가 선정 중에서 깊이 생각하다가 물었다.

"어떻게 알고 보아야 법을 볼 수 있습니까?"

"두 가지 법이 있는데, 눈과 빛이다. 이 둘이 접촉하는데서 느낌(受)·생각(想)·의도(思)가 생기나기 때문이다.. 무색음과 눈과 빛 이것을 사람이라 하고, 그것에 대한 법을 중생·나라(사람)·마누사(인간)·마나바(소년)·사부(士夫; 사대부)·복가라(보특가라)·기바(수명)·선두(禪頭; 유정)라 한다."

〈인경, 306〉

눈과 빛이 접촉하는 가운데서
인과 연이 생기니
나도 아니고, 복가라 · 마누사 · 마나바도 아니다.

모두가 음(陰)과 업 · 애욕 · 무명이 씨가 되어 생긴 것이니
탐욕과 애욕 남김없이 쉬면 무명이 소멸하여
고통없는 세계에 이르리라.

〈견법경, 307〉

불염착경(不染着經) · 녹뉴경(鹿紐經) ①②

"하늘과 사람들은 색깔에 물들어 집착하고 사랑하고 즐거워 하다가, 그것이 변하여 바뀌게 되면 큰 괴로움을 느낀다. 소리 · 냄새 · 맛 · 감촉 · 법에 대해서도 마찬가지다. 그러므로 거기 물들어서는 안된다."

〈불염착경, 308〉

부처님께서 첨파국 게가 못가에 계실 때 녹뉴 존자가 물었다.

"수행자에게도 제1 제2주가 있습니까?"

"6근이 6경에 집착하여 얽매이면 제2주이고, 거기서 벗어나면 제1주이니라. 만일 비구가 홀로 있으면서도, 제2주에 머물면 훌륭한 수행자라 할 수 없다. 정밀하게 골똘하게 생각하여 제1주가 되어야 할 것이다."

〈녹뉴경 ①②의 309 · 310〉

부루나경(富樓那經) · 마라가구경(摩羅迦舅經)

부처님께서 기수급고독원에 계실 때 부루나가 물었다.

"고요한 곳에 앉아 골똘히 사유하고자 하오니 한 말씀 일러 주십시오."

"6경에 집착하지 않고 그의 기쁨과 사랑에서 벗어난다면, 대자유를 얻는다.

그런데 그대는 어느 곳으로 가려하는가?"

"수로나국으로 유행코자 합니다."

"수로나 사람들은 거칠고 모질어 가볍고 성급하여, 비난하기를 좋아한다는 말을 들었는데?"

"손이나 돌로 때리지 않는 것을 다행으로 알겠습니다."

"만일 때린다면?"

"돌로 치지 않는 것만으로 다행으로 알겠습니다."

"칼이나 몽둥이로 쳐서 죽인다면?"

"어차피 한 번은 죽을 것인데, 진리를 위해 일찍 죽는 것을 영광으로 생각하겠습니다."

"장하다 부루나여, 그와 같은 마음을 가졌다면 그대는 마땅히, 서방 수로나에 가서 법을 펼 수 있으리라."

부루나는 그곳에 이르러 5백 우바새를 위해 설법하고, 5백 승가람을 짓고 3개월 뒤 3명을 얻고 열반에 들었다.

〈부루나경, 311〉

또 존자 마라가구가 와서 똑같이 물었다. 부처님은

"나의 제자들은 모두 젊고 씩씩하여 수행에 게으름이 없으나, 그대는 나이가 많아 감각기관이 쇠해졌는데 어떻게 유행하려하는가?"

"5욕에 담착하지 않고 색·수·상·행·식에 물듦이 없이 하고자 합니다."

"그래 네가 그것이 아니고 그것도 이것이 아니며, 이것 또한 중간이 아니하면 고생은 거기서 끝나게 된다."

"감사합니다 세존님, 눈빛이 바른 생각 있으면 사랑하고 사모해 얽매이고, 집착하여 3독심을 일으키게 되니, 모든 것을 바로 보아 정념 가운데서 열반을 실천하도록 하겠습니다."

〈마라가구경, 312〉

경법경(經法經) · 단욕경(斷欲經)

세존께서 제자들에게 물었다.

"깨달음은 법을 근본으로 하고 법의 눈이며 법의 의지처이다. 그러므로 누구나 법에 귀의하면 보고 아는 바가 진실할 것이다."

"그렇습니다 세존님. 6근이 6경을 바라보되, 바르게 보면 바른 지식이 나타나 그 어느 것에도 얽매임이 없게 될 것입니다."

〈경법경, 313〉

"탐욕을 끊으면 마치 다라나무의 뿌리가 빠지듯, 근 · 경의 번뇌가 송두리째 빠져 다시는 생을 받지 않으리라."

〈단욕경, 314〉

안생경(眼生經) · 안무상경(眼無常經)

"만일 눈이 생겨 머무르고 다시 굴러 다니면, 곧 괴로움이 생겨 죽음을 면치 못할 것이니, 근 · 경을 소멸하여 평화를 얻으라."

〈안생경, 315〉

"눈은 무상한 것이기 때문이다."

〈안무상경, 316〉

안고경(眼苦經) · 안비아경(眼非我經)

"눈은 괴로운 것이고 내가 아니다."

〈안고경, 317 · 안비아경, 318〉

일체경(一切經)・일체유경(一切有經)

생문 바라문이 와서 물었다.
"일체란 어떤 것입니까?"
"12입처를 말한다."

〈일체경, 319〉

"일체 존재란 어떤 것입니까?"
"근・경 속에서 식이 생겨 새로운 씨앗(有)이 만들어진 것을 말한다."

〈일체유경, 320〉

일체법경(一切法經)・안내입처경(眼內入處經)

"일체법은 어떤 것입니까?"
"6촉을 인하여 생긴 고・낙・사의 3법을 말한다."

〈일체법경, 321〉

어떤 비구가 물었다.
"왜 눈이 내입처입니까?"
"4대 속에서 만들어져 상대가 있기 때문이다. 사실 빛・소리・냄새・맛・감촉・법은 실체를 볼 수 없고, 들을 수 없고, 맡을 수도 없는 것이다."

〈안내입처경, 322〉

육내입처경(六內入處經)・육외입처경(六外入處經)

"6내입처경은 6근이고, 6외입처경은 6경이다."

〈육내입처경, 323・육외입처경, 324〉

육식신경(六識身經) · 육촉신경(六觸身經)

"6근 · 6경에 의해 만들어진 지식과 상식을 6식신이라 하고, 그 접촉에서 나타난 촉감을 6촉신이라 한다."

〈육식신경, 325 · 육촉신경, 326〉

육수신경(六受身經) · 육상신경(六想身經)

"6근이 6경을 보고 느낌을 받은 것은 6수신이고, 거기서 생기는 온갖 생각은 6상신이다."

〈육수신경, 327 · 육상신경, 328〉

육사신경(六思身經) · 육애신경(六愛身經)

"근 · 경에서 생기는 사상을 6사신이라 하고, 거기서 생기는 애욕을 6애신이라 한다."

〈육사신경, 329 · 육애신경, 330〉

육고념경(六顧念經) · 육부경(六覆經)

"6경을 돌아보고 생각하는 것을 6고념이라 하고, 여섯 가지에 빠져 새나가는 것이 덮여져 있는 것을 6부라 한다."

〈육고념경, 331 · 육부경, 332〉

무상경(無常經) · 유인유연유박법경(有因有緣有縛法經)

부처님께서 기수급고독원에 계실 때

"과거 · 미래 · 현재의 눈은 무상하므로 과거의 눈을 돌아보지 않고, 미래의 눈을 반가워하지 않으며, 현재의 눈도 싫어하는 마음을 내고, 탐욕을 소멸하는 곳으로 향한다. 귀 · 코 · 혀 · 몸 · 뜻도 마찬가지다."

〈무상경, 333〉

"눈이 인과 연이 되어 얽매이므로 고통이 있다. 수 · 상 · 행 · 식도 마찬가지다."

〈유인유연유박법경, 334〉

제일의공경(第一義空經) · 육희행경(六喜行經)

"제1의공이란 근이 생길 때 온 곳도 없고 가는 곳도 없고, 근도 아니다 라고 생각하고 업보를 짓지만, 짓는 자도 없게 될 것이다. 이것이 없으면 저것도 없어지기 때문이다."

〈제일의공경, 335〉

"6근이 6경을 보고 기뻐하면 이것이 육희행이다."

〈육희행경, 336〉

육우행경(六憂行經) · 육사행경(六捨行經)

"여섯 가지 근심스러운 행이 있는데 6근이 6경을 보고 근심하는 것이다."

〈육우행경, 337〉

"근 · 경이 절대 평등경에 이르러 모든 일을 바르게 행하면 이를 육신행이라 한다."

〈육사행경, 338〉

육상행경(六常行經) ①~④

"여섯 가지 실천해야 할 일이 있으니, 6근·6경을 보고 괴로워하지도 않고, 즐거워하지도 않고, 바른 지혜로 집착없이 행하는 것이다. 마음이 평등하면 바른지혜가 나타나기 때문이다."

〈육상행경 ①~④의 339~342〉

잡아함 제14권

부미경(浮彌經)·구치라경(拘絺羅經)

부처님께서 가란다죽원에 계실 때, 기사굴 산중에 머물고 있던 부미(浮彌) 비구가 와서 물었다.

"제가 수행처에 홀로 공부하고 있었는데 외도들이 와서 '괴로움과 즐거움을 자기 자신이 지은 것인가 다른 사람이 지은 것인가, 자기와 남이 같이 지은 것인가를 묻기에, 부처님께서는 그것을 무기(無記)라 하시고, 인연에 의해 나타난 것이다'라고 하였더니, 모두 불쾌하게 생각하고 떠났습니다. 그래서 존자 사리불과 아난에게 물으니 모두가 대답을 잘했다고 하였습니다. 진실로 저의 답이 옳습니까 세존님,"

"훌륭하다 부미여, 모든 것은 접촉에서 생겨나기 때문이다."

〈부미경, 343〉

마하구치라가 사리불에게 물었다.

"성문 제자들은 법과 율에 있어서 어떤 법을 성취하기에, 소견이 구족하고 성취하여, 부처님에 대한 무너지지 않는 깨끗한 믿음을 성취하고, 바른 법에 들어와 바른 법을 얻고 바른 법을 깨닫게 됩니까?"

"불선법을 알고 불선근을 알아 착한 법을 사실 그대로 실천하면 됩니다. 불선법이란, 신·구·의 3업으로 탐·진·치 3독을 저지르지 않는 것입니다. 또 음식에는 추단식(麤摶食)·세촉식(細觸食)·의사식(意思食)·식식(識食)이 있는데, 이들이 모여지고 소멸되는 이치를 관하여 8정도를 실천하면 됩니다."

"또 다른 법은 없습니까?"

"병의 발생에 대해서 자세히 관찰하고 욕병(欲病)·유병(有病)·무명병(無明病)을 없애되 고·집·멸·도 4제법을 구체적으로 깨달아야 합니다."

〈구치라경, 344〉

집생경(集生經)·삼법경(三法經)

부처님께서 죽림정사에 계시면서 사리불에게 물었다.

"어떤 것이 배움이고 어떤 것을 법수라 하는가?"

세 번 물었으나 세 번 다 대답하지 못하고 있다. 부처님께서

"진실인가?"

하고 다시 묻자,

"예. 진실한 것입니다.

비구는 이 진실이라고 하는 것(인연)에 대하여 싫은 마음을 내어 떠나야 합니다."

"그렇다. 그 가운데서 탐욕을 여의고 완전히 소멸하는 방향으로 가면 마음이라 하고, 완전히 멸해 없애는 것을 법수라 한다."

부처님께서 이렇게 가르침을 주시고 방으로 들어가 좌선하시자, 사리불이 사실대로 비구스님들께 말하였다.

"나는 처음 부처님께서 세 번 질문할 때까지 그 답을 모르고 있었는데 부처님께서 다시 문제를 제기하여 끝없는 답변을 하게 되었는데, 이제는 며칠을 간다 해도 걸릴 것이 없다."

고 하자 부처님께서 듣고 크게 칭찬하였다.

〈집생경, 345〉

“세간에 사랑해서는 안되고, 생각해도 안되고, 뜻에 맞지 않는 세 가지가 있으니 늙음과 병듦과 죽음이다. 그러나 이것이 없었다면 여래·응공·등정각은 나타나지 아니했을 것이다. 노·병·사 때문에 탐·진·치가 있고, 신견(身見)·계취(戒取)·의심을 일으켜 바르지 못한 사유를 하니, 사도에 떨어지고 해태심을 갖게 되었다.

마음이 사도에 들면 생각을 잃고(失念), 바르게 알지 못하고(不正知), 어지러운 마음(亂心)을 가져 들떠(掉), 계율을 지키지 않고(不律儀), 계를 배우지 않는다(不受戒).

이런 사람은 믿음이 없기(不信) 때문에 가르치기 어렵고(難敎), 게으름(懈怠)에 빠져 성현들도 뵙고 싶어 하지 않고, 법문도 들으려 하지 않고, 사람의 장난만 찾고 돌아 다닌다.

성현을 뵙지 아니하므로 공경심이 없고, 말이 사나워지며(戾語), 악지식을 사귀게 된다. 그래서 안팎으로 부끄러움이 없으므로 무참·무괴·방일하게 되므로 여러분은 마땅히 노·병·사를 보고 참괴심을 일으켜 정진하라.”

〈삼법경, 346〉

수심경(須深經)·십력경(十力經)

부처님께서 죽림정사에 계실 때 왕과 대신·바라문·장자·거사들이 지극히 받들므로 불 제자들은 여유있게 살았으나 외도들은 살 수 없으므로 수심이란 아이로 하여금 몰래 출가하여 구담의 도력을 배워오도록 하였다.

그런데 부처님은 그의 속을 앎으로 수심을 데리고 온 비구들에게, 출가시키라 하였다.

수심과 함께 사는 비구들이

“우리는 나고 죽음을 이미 다하고 범행도 섰으며, 할일을 다 마쳐 후세의 몸을 받지 아니할 것이다.”

라고 하자 수심이 물었다.

"탐욕과 불선을 여의고 각관(覺觀)을 닦아 초선의 즐거움을 맛보았습니까?"

"아니다."

"각관을 떠나 안으로 깨끗한 마음이 생겨, 각관도 없이 선정에서 생기는 기쁨을 맛보아 제2선을 완전히 갖추었습니까?"

"아직은 번뇌가 있어 해탈하지 못했다."

"기쁨을 떠난 선정심으로 기억을 바르게 하여, 정지(正智)에 머물러 몸과 마음을 즐기는 제3선에 이르렀습니까?"

"아니다."

"그렇다면 괴로움을 여의고 즐거움을 쉬고, 근심과 기쁨이 모두 끊어져 불고불락의 마음으로 제4 선정에 들었습니까?"

"아니다."

"색·무색을 일으키는 고요한 해탈을 증득했습니까?"

"아니다."

"왜 이렇게 당신들은 처음 말과 끝말이 다릅니까?"

라고 반박하니 비구스님들이 모두 떠나버렸다. 수심은 홀로 있다가 부처님을 찾아가 말하니,

"그들은 먼저 법에 머물고 뒤에 열반을 알게 될 것이다. 만일 누구나 고요한 곳에서 골똘히 생각하여 방일하지 않고 지내며, 나라는 소견을 여의고 모든 번뇌를 일으키지 않으면 곧 해탈을 얻게 될 것이다."

"저는 먼저 법에 머물고 뒤에 열반에 머문다는 말씀이나, 아견을 여의면 누구나 해탈할 수 있다는 말을 이해할 수 없습니다."

"수심이여, 태어났기 때문에 늙고 죽는 것이 있는 것 아닌가."

"예. 그렇습니다. 무명이 있기 때문에 행이 있습니다."

"그렇다면 태어남이 없다면 노·병·사도 없어질 것이 아닌가. 이것이 먼저 법에 머물고 뒤에 열반에 든다는 말이다."

수심은 즉시 법안이 열려 그동안 거짓으로 출가했던 사실을 고백하였다.

"내 너의 참회를 받아 주리니 미래 세상에 더욱 율의의 공덕을 지으라. 만일

참회할 줄 모르는 자는, 순라꾼에게 잡힌 도적이 주리를 틀고, 300번이나 창에 찔리는 고통보다도 더 큰 고통을 겪게 될 것이다. 이것이 외도가 숨어 법을 도적질한 죄가 된다."

〈수심경, 347〉

"여래는 10력・4무소외의 법으로 법륜을 굴리며, 사자의 목소리로 12인연・4제・8정도의 법을 설하여 노・병・사를 물리쳤다. 너희들은 열반 적멸에 이르러 가는 길에 나아가 자리이타에 충만한 불법을 성취하라."

〈십력경, 348〉

성처경(聖處經)・성제자경(聖弟子經)

"비구들아, 출가하여 자리를 얻으면 이 넓은 세상 거룩한 곳에 태어나, 원만한 근에 머물러 미련하지 않고 좋은 말로 그 깊은 뜻을 이해하게 될 것이다."

〈성처경, 349〉

"이것이 있으면 저것이 있고, 이것이 일어나면 저것이 일어난다. 무명으로 인하여 행이 있기 때문에 명(明)이 나타나면 노・병・사는 저절로 없어진다."

〈성제자경, 350〉

무사라경(茂師羅經)・사문바라문경(沙門婆羅門經) ①~③

존자 나라와 무사라・수승・아난이 사위국 상이(象耳) 못가에 있을 때 나라가 물었다.

"다른 믿음과 의욕, 물듦과 행, 지각 생각, 견해에 대한 깊은 이해가 없는데도, 태어남 때문에 죽음이 있다고 말한다면, 이것을 정지견이라 할 수 있습니까?"

무사라가 말했다.

"있다."

"그렇다면 다른 믿음 속에서도 존재가 소멸하면 적멸 열반을 얻을 수 있겠습니다."

"있다."

"그렇다면 그것을 아라한이라 할 수 있습니까?"

답변을 하지 못하자 존자 수승이 말했다.

"열반을 얻는다고 번뇌가 다한 아라한이 되는 것은 아니다. 마치 목마른 사람이 물을 보고도 두레박이 없어 떠먹지 못하는 것과 같다."

아난 존자가 긍정하여 모두 떠났다.

〈무사라경, 351〉

부처님께서 기수급고독원에 계실 때 선근 바라문들에게 말씀하였다.

"만일 사문 바라문들이 법에 대해 사실대로 알지 못하고, 법의 발생·소멸, 소멸에 이르는 길을 모른다면, 그는 바른 사문 바라문이라 할 수 없다. 12인연과 6입·6처·6식이 그것이다. 그러니 사문 바라문은 반드시 그것을 소멸하여 길을 뛰어넘고 건너가야 할 것이다."

〈사문바라문경, ①~③의 352~354〉

노사경(老死經)·종지경(種智經)

"늙음과 죽음을 깨날아 알고 행의 발생과 소멸, 행의 소멸에 이르는 길올 깨달아 알아야 한다."

〈노사경, 355〉

"세상에는 44종의 지혜가 있으니, 노사지(老死智)·노사의 발생지, 소멸지, 소멸에 이르는 길의 지혜, 생·유(有)·취(取)·애(愛)·수(受)·촉(觸)·6입·명색·식이 그것이다."

〈종지경, 356〉

무명증경(無明增經) ①②·사량경(思量經) ①~③

"77종의 지혜가 있으니, 생을 인연하여 늙음과 죽음이 있는 것을 아는 지혜, 생멸을 떠나 늙음과 죽음이 있는 것이 아니라고 아는 지혜, 3세를 인연하여 노사가 있었다는 것을 아는 지혜, 법에 머무는 지혜는 무상한 것이고, 마음을 인연하여 생기고 다하고 변하고 바뀌는 법, 탐욕을 여의어야 하는 법, 소멸하는 법은 끊어야 한다고 아는 지혜이다.

이렇게 생·유·취·욕·수·촉·6입처·명색·행·식에 대해서도 마땅히 알면 이것이 77종이 된다.

증가하는 법에는 반드시 감소하는 법이 있다."

〈무명증경 ①②의 357·358〉

"사량하거나 망상이 생기면 번뇌를 반연하여 식이 머무르게 되므로 온갖 괴로움이 나타나게 된다.

그러니 생각이 없어지면 망상도 없어지고 번뇌도 쉬게 될 것이다."

〈사량경 ①~③의 359~361〉

다문제자경(多聞弟子經)·설법비구경(說法比丘經)·설법경(說法經) ①②

"만일 비구가 노·병·사를 싫어하여 탐욕을 여의고 소멸하면 나는 이를 다문비구라 부른다."

〈다문제자경, 362〉

"만일 비구가 노·병·사를 싫어하여 탐욕을 버리고 소멸시키는 법을 설한다면 나는 이를 설법비구라 하겠다."

〈설법비구경, 363〉

"만일 비구가 노·병·사를 싫어하여 탐욕을 여의는 법을 설하여, 누(漏)를 다하면 나는 이것을 ≪설법경≫이라 말하겠다."

〈설법경 ①②의 354・365〉

잡아함경 제15권

비바시경(毘婆尸經)・수습경(修習經)

비바시 부처님께서 아직 성불하지 못하셨을 때, 홀로 고요한 곳에서 선정에 들었다가 이런 생각을 하였다.

"일체 세간은 나고 죽음에 들어가 스스로 나고 성숙하며 소멸한다. 그런 가운데서도 중생들은 늙음과 죽음 위에서, 세간을 벗어나는 길을 사실대로 알지 못하고 있으니, 무슨 인연으로 늙음과 죽음이 있는지를 관찰해 보라."

이렇게 생각하고 빈틈없는 한결같음을 얻어, 생 때문에 노・병・사가 있는 것을 알게 되었다. 마치 그것은 기름과 심지를 인연하여 등불이 켜지듯, 애욕은 취를 인하여 있고, 행은 무명으로 인하여 있는 것을 차차 알게 되었는데, 시기불・비습파부불・가라가손제불・가나가모니불・가섭불에 대해서도 이와 같았다고 설명하였다.

〈비바시경, 366〉

"그러니 부지런히 방편을 써서 선정에 들라. 선정에 들어 마음이 고요하면 이와 같은 사실이 밝게 들어나기 때문이다."

〈수습경, 367〉

삼마제경(三摩提經) · 십이인연경(十二因緣經) ①②

부처님께서 기수급고독원에 계실 때도 비구들에게 말씀하셨다.

"비바시 부처님께서 아직 성불하지 못했을 때, 선정에 들어 12연기에 대해서 역순으로 관하였느니라. 시기 · 비습파부 · 가라가손제 · 가나가모니 · 가섭부처님들도 마찬가지였다."

〈삼마제경, 368 · 12인연경 ①②의 369 · 370〉

식경(食經) · 파구나경(頗求那經)

"중생들에게 도움이 되고 이익이 되어, 그들로 하여금 세상에 머물며, 거두어 받아들이고 자랄 수 있게 하는, 네 가지 음식을 추단식 · 세촉식 · 의사식 · 식식이다.

이것은 애욕이 인(因)이 되어 발생 접촉한다. 애욕은 느낌, 느낌은 접촉에서 생기니 이렇게 해서 노 · 병 · 사와 온갖 슬픔과 고통이 생긴다."

〈식경, 371〉

파구나 비구가 부처님께 부채질을 하고 섰다가 물었다.

"누가 식(識)이 됩니까?"

"접촉이 식이 된다."

"누가 느끼는 것이 됩니까?"

"인연이 느낌이 된다. 사랑은 접촉에서 오고."

"예. 그래서 식을 없애려면 밝은 마음을 가지라 하시는군요."

〈파구나경, 372〉

자육경(子肉經) · 유탐경(有貪經) ①~⑤

"덩어리 음식은 외아들을 기르는 부부가 황야에서 그 외아들을 잡아먹는 것과 같으니, 그렇게 관찰하라. 5욕의 공덕에 대한 탐욕이 끊임없이 결사되어 있다고, 세촉식은 가죽 벗겨진 소가 온갖 벌레에게 먹혀지는 것과 같고, 의사식은 연기 없는 불과 같고, 식식은 순라꾼에게 잡힌 도적이 조리를 돌리고 300창에 찔리는 것과 같다. 어찌 탐하여 끊음을 모르겠느냐!"

〈자육경, 373〉

"만일 이 네 가지 음식에 대하여 기쁨이 있고 탐욕이 있으면, 식이 머물러 증가하고 자라게 된다. 그래서 명색에 나아가 행이 증가하여 마침내 노·병·사를 발생하게 되니, 미래에 존재가 생기지 않도록 하라. 탐욕과 기쁨이 없으면 마치 동쪽의 해가 서쪽 하늘을 먼저 비추듯, 차차 올라와 뜰과 창, 궁전을 빠짐없이 비추는 것과 같이 될 것이다. 마치 화가가 온갖 채색을 사랑하듯, 4식을 사랑하면 마침내 죽음에 빠진다."

〈유탐경 ①~⑤, 374~378〉

전법륜경(轉法輪經)·사제경(四諦經) ①②

부처님께서 녹야원에 계실 때 다섯 비구에게 말했다.

"괴로움에 대한 성스러운 진리를 바르게 사유하면, 눈·지혜·밝음·깨달음이 생겨 고통을 없애는데 커다란 도움이 될 것이다. 고·집·멸·도 4제 법문을 이렇게 알고 12번 굴려 벗어나게 되면, 누구나 아뇩다라삼먁삼보리를 증득할 것이다."

5비구는 여기서 깨달음을 얻었고, 이 소식은 허공천·4왕천·33천·염마천·도솔타천·화락천·타화자재천을 거쳐 범천에까지 들어갔다.

〈전법륜경, 379〉

"괴로움에 대한 진리, 괴로움의 발생에 대한 진리, 괴로움의 소멸에 대한 진리, 괴로움의 소멸에 이르러간 진리, 이것이 부처님의 네 가지 성스러운 진리이다."

〈사제경 ①②의 380·381〉

당지경(當知經)·이지경(已知經)

"네 가지 진리를 마땅히 알고 끊고 증득하고 닦아야 할 것이다."

〈당지경, 382〉

"만일 이 네 가지 진리를 알고 이해하면, 괴로움의 발생과 소멸을 증득하여, 성스러운 진리를 이미 알고 벗어나게 되기 때문이다."

〈이지경, 383〉

누진경(漏盡經)·변제경(邊際經)

"네 가지 진리를 알면 모든 존재의 결박을 없애고, 바른 지혜로 해탈할 것이다."

〈누진경, 384〉

"네 가지 진리를 알아 순일한 범행이 완전하게 나타나면, 그를 무상사라 부르겠다."

〈변제경, 385〉

현성경(賢聖經) ①②·오지육분경(五支六分經)

"4제를 알고 닦으면 빗장과 자물쇠가 없는 성참(城塹)을 평평하게 골라, 험난을 건너고 결박에서 벗어나는 것과 같다."

〈현성경 ①②의 386·387〉

"성참이란 무엇인가. 욕계의 번뇌 탐·진·치·만·의의 5하분결을 말한다. 만일 이것을 여의면 모든 지각과 생각을 깨달아 해탈할 것이다."

〈오지육분경, 388〉

양의경(良醫經) · 사문바라문경(沙門婆羅門經) ①②

"4제법을 성취하면 어진 큰 의왕이 된다. 병을 알고 병의 원인을 알며, 병을 치료하는 방법을 알고, 치료한 뒤에 다시 덧나지 않게 하는 법을 잘 알기 때문이다.

〈양의경, 389〉

"만일 사문 바라문이 이 네 가지 진리를 확실하게 안다면, 그는 진실로 사문 바라문이다."

〈사문바라문경 ①②의 390 · 391〉

여실지경(如實知經) · 선남자경(善男子經)

"만일 사문 바라문이 이 네 가지 진리를 알면 해탈할 것이고, 그렇지 못하면 해탈하지 못할 것이다."

〈여실지경, 392〉

"4제를 안 사람을 선남자라 한다."
"4제를 통해 삼결(見結 · 戒取結 · 疑結)을 다하면 수다원이 된다."

≪수다원경≫

"3결에 3독까지 다하면 사다함이 된다."

≪사다함경≫

"5하분결을 다하고 반열반이 생긴 아나함은, 다시 이 세상에 돌아오지 않는다. 네 가지 성스러운 진리를 알기 때문이다."

≪아나함경≫

"일체의 번뇌가 다하면 번뇌가 없어져 해탈함으로써, 생을 다하고 범행을 세워 할일을 다 마치므로, 다시는 후세의 몸을 받지 않는다."

≪아라한경≫

"네 가지 진리를 안 사람은 벽지불과 무상정등각을 얻은 사람이다."

≪벽지불경 · 무상등정각경≫

〈선남자경, 393〉

일월경(日月經) ①② · 성제자경(聖弟子經)

"해와 달이 뜰 때 밝은 기운이 나타나듯, 네 가지 진리를 알면 지혜의 빛이 나타난다. 달이 뜨면 모든 별들도 차차 나타나듯, 네 가지 진리를 알면 세 · 출세간의 지혜가 모두 나타난다."

〈일월경 ①②의 394 · 395〉

"성제자는 마치 태양이 온 세상을 비추듯 지혜의 눈으로 3결을 끊고 5안을 얻어 4과를 증득한다."

〈성제자경, 396〉

가제라경(佉提羅經) · 인다라주경(因陀羅柱經)

"4제의 진리를 안 사람은 순담마 잎과 마루가 잎을 모아 물을 담아가는 것과 같고, 알지 못한 사람은 가제라나무 잎으로 물을 뜨려고 하는 사람과 같다."

〈가제라경, 397〉

"4제를 안 사람은 인다라 쇠기둥을 땅에 세워 흔들림이 없는 것과 같고, 4제의 진리를 모르는 사람은 솜덩이가 바람에 날려 4방으로 흩어지는 것과 같다."

〈인다라주경, 398〉

논처경(論處經) · 소의경(燒衣經)

"4제를 안 사람은 16주(肘)의 돌기둥을 8주쯤 땅에 박아, 어떤 비바람에도 흔들림이 없기 때문에 어떤 논처에 가도 걱정할 것이 없다."

〈논처경, 399〉

"4제를 알고자 하는 자는 머리와 옷에 불 끄듯 해야 할 것이다."

〈소의경, 400〉

백창경(百槍經) · 평등정각경(平等正覺經)

"사대부가 진리를 알고자 하면 매일 백 개씩의 창에 찔리듯이, 아픔을 참고 공부해야 한다."

〈백창경, 401〉

"4제를 안 사람을 바르게 깨달은 여래 · 응정각이라 한다."

〈평등정각경, 402〉

여실지경(如實知經) · 신서림경(申恕林經)

"네 가지 진리를 보지 못한 사람은 오랜 세월 동안 나고 죽음을 겪은 것이지만, 네 가지 진리를 보고 존재의 큰 바다를 끊으면, 나고 죽음에서 영원히 벗어나 다시는 생을 받지 않는다."

〈여실지경, 403〉

부처님께서 왕사성 파리리불 사이의 죽림마을 복덕사(福德舍)에 계실 때 대중과 함께 신서림으로 가서 나뭇잎 하나를 손에 들고 물었다.

"저 숲의 나뭇잎이 이 잎 하나와 어느 것이 많은가?"

"숲의 나뭇잎이 많습니다."

"그렇다. 깨달음을 이룬 사람의 밝은 지혜를 나타내는 것도 그와 같다. 그러니 성스러운 진리를 향해 빈틈없이 정진하라."

〈신서림경, 404〉

공경(孔經)・맹구경(盲龜經)

부처님께서 비사리성 미후 강변 2층 강당에 계실 때, 아난 존자가 걸식 나갔다가 이차족 아이들이 활로 정사 문 앞에서 문구멍을 맞추는 것을 보았는데, 화살마다 문구멍으로 들어갔다. 너무도 신기하여 부처님께서 여쭈니 부처님께서 물었다.

"하나의 털을 백 개로 나누고 그 털을 쏘아 맞추는 사람이 있다면."

"참으로 어려운 일입니다."

"그렇다. 4제의 진리를 아는 사람도 마치 그와 같다."

〈공경, 405〉

"비유하면 큰 대지가 바다로 변할 때, 한량없는 겁을 살아온 눈먼 거북이, 100년 만에 한 번씩 머리를 물 밖으로 내밀어, 꼭 맞게 구멍 뚫린 나무를 만나 머리를 의지해 숨을 쉰다면, 백천만 겁에도 만나기 어려운 일이다. 4제의 진리를 모르는 사람도 마찬가지다."

〈맹구경, 406〉

잡아함경 제16권

사유경(思惟經) ①②·각경(覺經) ①②

부처님께서 죽림정사에 계실 때, 많은 비구들이 식당에 모여 앉아 세간을 사유하고 있자, 부처님께서 그들에게 가서 말씀하셨다.

"너희들은 세간을 사유하지 말라. 법에 도움이 되지 않는다. 사유하려면 고통과 성제(聖諦)로 사유하여라. 옛날 어떤 사부가 구치라못 가에 앉아 세간을 사유하다가, 사군(象·馬·車·步兵)이 연뿌리 속으로 들어가는 것을 보고 스스로 미쳤다고 생각하였으나, 실제 그것은 아수라군대와 하늘이 싸우고 패배한 군사가 그 속으로 들어갔던 것이다.

세간은 영원하고 무상하다든지, 영원하지도 않고 무상한 것도 아니라든지, 끝이 있다 없다든지, 명과 몸이 같고 다르다든지, 여래는 죽은 뒤에 존재하고 존재하지 않는다든지. 모두 이것은 분별이고 시비다. 그러니 4제·12인연을 생각하여 쓸데없는 생각을 없애라."

〈사유경 ①②의 407·408〉

"또 비구들이 식당에 둘러앉아 3독에 대해서 사유하사

"그런 생각을 하지 말라.

탐심을 내면 지각이 나타나 수도에 도움이 되지 않기 때문이다. 깨달음을 촉진할 수 있는 4제를 생각하라."

〈각경 ①②의 409·410〉

논설경(論說經)·쟁경(爭經)

비구들이 식당에 모여 앉아 왕과 도적, 전쟁·재물·의복·음식 남에 세간에

대한 이야기를 하자,

"너희들은 그러한 논의를 하지 말라. 공부에 도움이 되지 않기 때문이다."

〈논설경, 411〉

"법과 율을 가지고 다투자, 논쟁을 쉬고 4제를 생각하라."

〈쟁경, 412〉

왕력경(王力經) · 숙명경(宿命經)

비구들이 식당에 모여 바사닉왕과 빔비사라 임금에 대해 말하자
"너희들은 임금님들의 능력과 부에 대해 말하지 말라."

〈왕력경, 413〉

또 식당에 모여 전생의 업과 말솜씨에 대해서 이야기 하자
"그런 논쟁을 하지 말라."

〈숙명경, 414〉

단월경(檀越經) · 수지경(受持經)

비구들이 식당에 모여 아무개 신도는 거친 음식을 주고, 아무개 신도는 맛있는 음식을 준다. 부처님께서 소리를 들으시고
"그런 생각을 하지 말라."

〈단월경, 415〉

부처님께서 죽림정사에 모여 있는 비구들에게 물었다.
"너희들은 4제의 진리를 가지고 있느냐?"
"예 그렇습니다. 부처님 가르침대로 지니고 있습니다."

〈수지경, 416〉

여여경(如如經)·수지경(受持經)

"4성제를 어떻게 지니고 있느냐?"
"4성제에 대한 것을 여여하게 지니고 있습니다."

〈여여경, 417〉

"괴로움이 발생과 소멸, 그 길에 나아가는 것, 그리고 완전한 깨달음을 얻는 것을 지니고 있습니다."

〈수지경, 418〉

의경(疑經) ①②·심험경(深嶮經)

"만일 부처에 대해 의심하면 4제를 의심한 것이 되고, 4제를 얻으면 부처를 확신한 것이 된다."

〈의경 ①②의 419·420〉

부처님께서 비구 스님들을 거느리고 험한 바위 있는 곳으로 가서,
"이것보다 더 무서운 험한 바위가 있는데, 나고 늙고 병들고 죽는 바위이다."

〈심험경, 421〉

대열경(大熱經)·대암경(大闇經) ①~③

"지옥은 뜨겁고 무서운 곳이지만 생·노·병·사 보다는 났다."

〈대열경, 422〉

"3천대천세계 맨 밑에 있는 흑암지옥은 빛이 없어 캄캄해져 무섭지만, 생·노·병·사보다는 났다."

〈대암경 ①~③의 423~426〉

성제문사경(聖諦聞思經) · 선사경(禪思經)

"4제의 진리는 가장 성스러운 진리이다. 마땅히 듣고 깨달으라."

〈성제문사경, 427〉

"선정의 방편으로 마음을 고요히 가라앉히면, 괴롭고 즐거움의 세계가 밝게 나타난다."

〈선사경, 428〉

삼마제경(三摩提經) · 장경(杖經) ①②

"마땅히 삼마제를 닦아 마음을 오로지 하고 기억을 바르게 하라."

〈삼마제경, 429〉

"마치 사람이 지팡이를 허공에 던지면 그대로 떨어지는 것과 같이, 4제의 이치를 모르는 사람들은 떨어지면 지옥이다."

〈장경 ①②의 430 · 431〉

오절륜경(五節輪經) · 증상설법경(增上說法經)

"비유하면, 다섯 마디로 연결된 바퀴가 센 사람에 의해 빨리 돌아가듯, 4제를 모르는 사문 바라문에게 닥쳐오는 생 · 사도 그와 같다."

〈오절륜경, 432〉

"4제에 대하여 아직 빈틈없고 한결같지 못하면 마땅히 힘써 방편을 쓰고, 왕성한 의욕으로 빈틈없이 정진해 가야 한다."

〈증상설법경, 433〉

힐혜경(黠慧經)·수달경(須達經)

"4제를 아는 것은 총명한 지혜이다."

〈힐혜경, 434〉

부처님께서 기수급고독원에 계실 때 수달 장자가 와서 물었다.

"어떻게 하여야 빈틈없이 4제를 공부할 수 있습니까?"

"빈 그릇에 물을 담듯 철저히 할지언정, 두 나무 잎으로 물을 뜨려하는 것과 같이 하지 말라."

〈수달경, 435〉

전당경(殿堂經) ①②·중생계경(衆生界經)

부처님께서 아난에게 말씀하셨다.

"네 개의 계단을 오르려면 첫 계단부터 밟아야지, 그냥 뛰어오르려 하는 것은 옳지 못한 것과 같이, 4성제도 차례로 그 원인과 결과를 알고 빈틈없이 나아가야 한다."

〈전당경 ①②의 436·437〉

"대지의 초목으로 창을 만들어 큰 바다 속에 사는 생물을 꿰려 한다면 되지 않는 것과 같이, 4제의 진리에 대해서도 빈틈없이 방편을 써야 한다."

〈중생계경, 438〉

설산경(雪山經)·호지경(湖池經)

부처님께서 한 줌의 흙을 손에 쥐고 설산의 흙과 돌에 비유하면서

"어느 것이 많느냐?"

"설산의 흙이 많습니다."

"깨달음을 얻은 자도 그와 같다."

〈설산경, 439〉

부처님께서 죽림정사에 계실 때 비구들에게 말씀하였다.

"큰 호수에서 터럭 하나로 찍어낸 물과 같이, 완전한 깨달음을 얻은 자는 그렇게 많지 않다. 살라다타가 · 항하 · 야부나 · 살라유 · 이라발제 · 마혜와 4해에서 찍어낸 비유의 물도 마찬가지다."

〈호지경, 440〉

토경(土經) · 조갑경(爪甲經)

부처님께서 기수급고독원에 계실 때 조그마한 배만 한 크기의 흙덩이를 손에 들고 설산과 비교할 때

"어떤 것이 크느냐?"

"비교가 안e됩니다."

"깨달은 사람과 깨닫지 못한 사람도 마찬가지다."

"니민타라산 · 비나다가산 · 마이산 · 선견산 · 가제라가산 · 이사타라산 · 유건타라산 · 수미산왕의 비유도 마찬가지다."

〈토경, 441〉

부처님께서 손톱 위에 흙을 찍어 올려놓고 대지의 흙과 비교하며 물었다.

"어느 것이 많느냐?"

"비교가 안됩니다."

"4제의 이치를 안 사람도 마찬가지다."

이 외에도 ≪비류경(比類經)≫에는 '세계와 중생', '대지와 흙', '나라의 중심에 태어난 사람과 변방인', '혜안의 성취자와 우치자', '법과 율을 아는 자와 모르는 자, 평등하게 알고 두루 알고 바르게 알고 바르게 깨달은 자, 바르게 이해하고 빈틈없이 아는 자도 마찬가지다'라고 하였다.

〈조갑경, 442〉

사성제이생경(四聖諦已生經)·안약환경(眼藥丸經)

“나는 과거 법을 듣지 못했을 때 바른 소견으로 4성제법을 생각했고, 현재의 4대는 지금 생기고 장차 생길 것이다고 생각하여, 기(起)·습(習)·근수(近修)·다수(多修)·작증(作證)을 통해 깨달음을 얻었다.”

〈사성제이생경, 443〉

“넓이 1유순이나 되는 안약도 한정된 장소에 두면 없어지지만, 끝없는 세계에서는 한량이 없으므로 그 양이 한량이 없어야 한다.”

〈안약환경, 444〉

비심경(鄙心經)·게경(偈經)

“중생은 늘 좋지 않는 경계와 함께 하고 화합하므로 마음이 비천해 지니, 갖가지 경계로 마땅히 익혀야 한다.”

〈비심경, 445〉

“늘 만나므로 태어나니 서로 떠나면 생이 끊어진다.
마치 작은 나무 조각을 들고 바다에 들어가는 것과 같이.
게으른 자는 나무와 함께 잠기리니
마땅히 게으름 여의고 비열한 정진에서 떠나라.

현성에 게으르지 않고 멀리 떠나더라도 편안히 살며
간절히 선(禪)을 닦은 사람은 생사에서 벗어난다.
아교와 칠이 나무를 만나고 불이 바람을 만나며
흰 알과 우유가 같은 색이 듯 중생들은 세계와 어울려

비유한 것끼리 서로 어울려 더하고 자라남도 마찬가지다.

〈게경, 446〉

행경(行經)·게경(偈經)

부처님께서 죽림정사에 계실 때 스님들께 말씀하셨다.

"중생들은 늘 경계와 화합하는데 비천한 자와 합하면 비루해지고, 수승한 자와 합하면 수승해진다."

그때 범행대덕 교진여와 두타제일 대가섭, 지혜제일 사리불, 신통제일 목건련, 천안제일 아나율다, 용맹제일 20억, 공양구제일 타표, 지계제일 우바리, 설법제일 부루나, 논의제일 가전연, 다문제일 아난다. 밀행제일 라훌라, 악행제일 제바달다가 옆에서 경행하다가, 이 말씀을 듣고 더욱 그 마음을 굳게 가졌다."

〈행경, 447〉

"늘 만나면 태어나고 서로 떠나면 태어남 끊어진다.
마치 작은 나무 조각 들고 큰 바다에 뛰어든 사람처럼.

게으르면 빠지나니 마땅히 게으름 여의고
비열한 정진 떠나야 한다.

성현은 게으르지 않고 멀리 떠나 편안히 살며
간절히 부지런히 정진하여 생사의 흐름에서 벗어나리."

〈게경, 448〉

계화합경(界和合經) ①②·계경(界經)

"파계할 때는 파계한 경계와 합하고, 수계(受戒)할 때는 수계한 경계와 합하여 비밀과 우승이 여기서 갈라진다. 믿음과 불신, 정진과 해태, 실념과 득념, 간탐과 보시, 악해와 선해, 어려움과 쉬움, 만족과 불만족, 많은 것과 적은 것도 마찬가지다."

〈계화합경 ①②의 449 · 450〉

"그러면 그 경계란 어떤 것인가. 6근 · 6경 · 6식의 18계이다."

〈계경, 451〉

촉경(觸經) ①② · 상경(想經) ①②

"갖가지 경계로 인하여 접촉이 생기고 접촉으로 인해 느낌(受) · 애욕(愛)이 생긴다. 18계도 마찬가지다."

〈촉경 ①②의 452 · 453〉

"갖가지 접촉 속에서 수(受)가 생기고 상(想)이 생기니 18계도 마찬가지다."

〈상경 ①②의 454 · 455〉

잡아함경 제17권

정수경(正受經) · 설경(說經)

"이 세계에는 광명의 세계도 있고 청정한 세계 한량없는 공의 입처계도 있으며, 식의 입처계도 있고, 무소유 입처계, 비상비비상의 입처계도 있다. 광명의 세계는 어둠을 인연하고, 청정은 더러움, 허공은 색, 식은 인연, 무(無)는 유(有), 유상 무상은 적멸세계를 인연하는 데서 생긴다."

〈정수경, 456〉

부처님께서 녹자모강당에 계실 때

"세계와 인연하여 말(說)이 생기고, 인연 때문에 소견이 생기며, 생각이 생긴다. 이 또한 그 상반되는 세계와 인연하여 분별이 생기니, 보는 것을 바로 보고 말도 바로 하라."

〈설경, 457〉

인경(因經)·자작경(自作經)

부처님께서 기수급고독원에 계실 때 여러 스님들께 말씀하였다.

"인(因) 때문에 탐욕이 생긴 것이니 인만 없으면 성냄도 없다. 어떤 것이 탐욕인가. 욕상(欲想)·욕욕(欲欲)·욕각(欲覺)·욕열(欲熱)·욕구(欲求), 이로 인해 중생들은 번민·번열을 일으키다가 죽은 뒤에는 악도에 떨어진다. 해상(害想)·치상(痴想)도 마찬가지다. 허허벌판에 불이 일어나면 끄는 사람이 없으면 모두가 불바다 된다. 그러므로 탐욕이 없는 자는 세상의 불을 보지 않고, 목숨이 끝난 뒤에도 좋은 세계에 가서 태어난다."

〈인경, 458〉

한 바라문이 부처님을 뵙고 한쪽에 앉아 아뢰었다.

"중생은 스스로 짓는 것도 아니고 남이 짓는 것도 아닙니다."

"그대는 스스로 찾아왔는데?"

"그러면 누가 짓는 것입니까?"

"내가 물을 터이니 그대는 대답해 보라. 중생에겐 방편이 필요한가?"

"그렇습니다. 모든 것은 스스로 짓고 남이 짓기 때문입니다."

"그러면 중생에게 안주계(安住界)·견고계(堅固戒)·출계(出界)·조작계(造作界)가 있는가?"

"그런 줄 압니다."

"그렇다면 그것은 자신이 짓는 것이지 남이 짓는 것이 아니다."

〈자작경, 459〉

구사라경(瞿師羅經)·삼계경(三界經) ①~③

부처님께서 구섬미국 구사라원에 계실 때, 구사라 장자가 아난 존자에게 물었다.

"어떤 것이 갖가지 세계입니까?"

"안계와 색계, 식계이다. 거기서 접촉을 통해 고락이 생긴다. 이·비·설·신도 마찬가지다."

〈구사라경, 460〉

"갖가지 세계는 어떤 세계입니까?"

"욕계와 색계, 무색계이다. 자기가 어떤 세계에 있는 줄을 모르는 자는, 다른 세계에서 또 윤회하게 된다. 만일 그것을 알아 멀리 여의면 다시는 태어나지 않는다."

〈삼계경 ①~③의 461~463〉

동법경(同法經)·착사경(着使經)

아난 존자가 상좌 스님들께 물었다.

"만일 비구가 공터나 나무 밑 한적한 방에 사유한다면, 마땅히 어떤 법으로 골똘히 정밀하게 사유하여야 합니까?"

"지(止)·관(觀) 두 법입니다."

"어떤 것이 해탈의 세계입니까?"

"단(斷)·멸(滅)·무욕(無欲)의 세계가 그것입니다."

〈동법경, 464〉

부처님께서 죽림정사에 계실 때 라훌라가 물었다.

"어떻게 하여야 식신(識身)과 나, 내 것에 대한 관념, 아만이 없어집니까?"

"6계(4대 · 공 · 식)가 내가 아닌 줄을 알면 아만이 없어질 것이다."

〈착사경, 465〉

촉인경(觸因經) · 검자경(劍刺經)

라훌라가 세존께 물었다.

"나, 내 것에 얽히지 않으면 어떻게 해야 합니까?"

"고 · 낙 · 사에 발생과 변이 · 접촉을 잘 관찰하여, 거기서 일어나는 번뇌를 소멸해야 하리라."

〈촉인경, 466〉

"괴롭다는 느낌의 칼에 찔리지 않아야 적멸을 얻을 수 있다."

〈검자경, 467〉

삼수경(三受經) · 심험경(深嶮經)

"고 · 낙 · 사에 대해서 범행을 닦아 3독심을 없애라. 만일 비구가 즐겁고 · 괴롭고 · 즐겁지도 않고 · 괴롭지도 않는 것에 대한 번뇌가 남아 있으면, 반드시 생사에 윤회하게 된다."

〈삼수경, 468〉

부처님께서 죽림정사에 계실 때 여러 비구들에게 말씀하였다.

"큰 바다는 깊고 험한 곳이라 하지만, 마음의 깊은 바다에서 투쟁하고 번민하고 죽이고 죽는 것이, 더 깊고 험한 바다이다."

〈심험경, 469〉

전경(箭經)·허공경(虛空經)

"어리석고 무식한 범부들은 5욕에 대하여 괴롭다는 느낌, 즐겁다는 느낌, 괴롭지도 즐겹지도 않다는 느낌 때문에, 온갖 고통을 증가시키다가 마침내 우수에 젖어 울부짖고 미친다. 마치 어떤 사람이 두 개의 독화살을 맞고 고통 하듯이, 때로는 많이 들은 사람들도 범부들보다 더 깊이 느끼는 경우가 있으므로, 나는 방일하지 말고 휩쓸리지 말고, 반열반에 머무를 때까지 열심히 공부하라 당부하는 것이다."

〈전경, 470〉

"비유하면 허공에서 거센 바람이 갑자기 일어나 사방에서 불어올 때, 먼지 섞인 비바람이 사람을 괴롭히듯이, 몸 안에서 일어나는 느낌 또한 마찬가지다."

〈허공경, 471〉

객사경(客舍經)·선경(禪經)

"마치 여관에 찰리·바라문·장자·거사·전다라·야인·지계자·파계자·출가자·재가자가 함께 머무르듯, 사람의 한 몸 가운데 3수가 들어 사람을 괴롭히고 있으니, 부지런히 방편을 써서 바른 지혜로 휩쓸리지 말라."

〈객사경, 472〉

한 비구가 선정 중에 부처님 말씀이 의심이 나서 물었다.

"부처님, 3수가 다 괴로움이라는 뜻이 무엇입니까?"

"모든 행이 변해 무상하기 때문이다. 그러니 그대는 선 가운데서 이를 깊이 통찰하라. 그렇게 하면 초선에서 언어가 소멸하고, 2선에서 각관이 소멸하고, 3선에서 기쁨이 소멸하고, 4선에서 출입식이 고요해 질 것이다. 그리고 공삼매에 들면 색상이 고요해지고, 식처에 들면 공입처가 고요해지고, 무소유에 들면 식처가 고요해지고, 비상비비상처에 들면 상수멸(想受滅)이 고요해질 것이다. 여기 어느 곳에 3독이 붙을 곳이 있겠느냐?"

〈선경, 473〉

지식경(止息經)·선지경(先智經)·선사경(禪思經)·아난소문경(阿難所問經)

"옛날 비바시 부처님께서도 성불하기 전, 선을 닦을 때 느낌에 대해서 공부하고, 시기불·비습파부불·가라가손불·가야가모니불·가섭불도 모두 그러했다."

〈지식경, 474〉

어떤 비구가 선정 속에서 무엇이 느낌이고 느낌의 발생이며, 소멸인가를 의심하다가 부처님께 물으니, 부처님께서 3수에 대해서 설명해주시고

"여기서 벗어나는 것이 해탈이다."

〈선지경, 475〉

어떤 비구가 선정에 들어 무엇이 느낌이고 느낌의 발생과 소멸이며, 느낌의 맛이고 재앙이며, 느낌에서 벗어남인가를 관찰하였다.

부처님께서는

"즐겁다, 괴롭다, 괴롭지도 즐겁지도 않다는 느낌이다. 접촉의 발생이 느낌의 발생이고, 접촉의 소멸이 느낌의 소멸이다."

〈선사경, 476〉

다른 비구가 아난에 대해서도 그렇게 물어 그렇게 답변하였다.

〈아난소문경, 477〉

비구경(比丘經)·해탈경(解脫經)

"느낌은 무상하여 변하고 바뀌는 법이니 거기 집착하지 말라."

〈비구경, 478〉

"거기서 벗어나면 하늘 · 세간 · 마 · 범으로부터 해탈하게 된다."

〈해탈경 · 479〉

사문바라문경(沙門婆羅門經) · 일사능가라경(壹奢能伽羅經)

"3수를 알지 못하는 사람은 사문 · 바라문이라 할 수 없다."

〈사문바라문경, 480〉

부처님께서 일사능가라국 아사능가라 숲에 계실 때 보름 동안 좌선하신 뒤

"비구들아 여기서는 걸식과 포살을 제외하고는 일체 유행하지 말라. 느낌에는 접촉이 인연이기 때문이다. 욕망과 지각 · 접촉 · 인연이 소멸하여 고요해지고 삿된 지혜에 빠져 망하는 일은 없으리라."

〈일사능가라경, 481〉

희락경(喜樂經) · 무식락경(無食樂經)

부처님께서 기수급고독원에 계실 때, 석달 동안 급고독 장자의 청을 받아 공양을 받은 뒤,

"그대는 하늘에 나는 좋은 복을 지었다. 그러나 그 과보를 기뻐하지 말라. 다섯 가지 법(隨喜 · 樂喜 · 歡喜 · 猗息 · 一心)에 머물러 떠나기 어렵다."

〈희락경, 482〉

"음식이 필요한 기억이 있고 필요없는 기억이 있으며, 있음과 없음에 대한 기억이 있을 때도 있다. 음식이 필요한 즐거움과 즐겁지 아니한 즐거움, 그리고 이 두 가지를 겸한 것이 있고, 또 평정 · 해탈도 마찬가지다.

필요한 기억은 5욕을 배경으로 나타나는 것이고, 필요없는 것은 무식념을 배경으로 나타나는 것이니, 비구가 선악의 각 · 관을 떠나 초선에 머무는 것이다. 그리고 무식무식념은 각관을 쉬고 안으로 깨끗한 마음이 되어, 각관이 없이 선

정과 기쁨의 즐거움이 생기는, 제2선의 원만함에 머무는 것이다.

음식이 필요한 평정(有食捨)은 5욕을 인연하여 생기는 것이고, 즐거운 음식이 필요 없는 평정(無食捨)는 각관이 없는 선정의 즐거움을 맛보는 것이며, 다음 무식무식평정(無食無食捨)은 기쁨과 탐욕을 떠나, 평정한 마음으로 바른 기억과 지혜가 제3선에 머무는 것이다.

음식이 필요한 해탈이란 색과 함께 행해지는 것이고, 음식이 필요 없는 해탈은 무색과 함께 행해지는 것이며, 음식도 음식 없음도 없는 해탈은, 저 비구가 3독에 물들지 않고 해탈한 것이다."

〈무식락경, 483〉

발다라경(跋陀羅經)·우다이경(優陀夷經)

아난이 발다라 비구에게 물었다.

"무엇이 봄(見) 가운데 제일이며, 듣고 생각하는 가운데서 제일인 것은 무엇입니까?"

"창조주·범천을 보면 즐겁고, 삼매를 통해 떠남에서 기쁨과 즐거움이 온다는 소리를 듣는 것이 즐거움이고, 식입처의 사람들이 무소유입처에 드는 것이 제일이며, 또 존재 중에서 제일인 것은 비상비비상처입니다."

"모든 사람들이 대부분 그렇게 말하는데 스님은 무엇이 다른 점이 있습니까?"

"모든 사람들은 그것을 없애려 하지만 나는 관찰을 통해 그런 줄 알고 거기 끄달리지 않습니다."

〈발다라경, 484〉

왕사성 병사왕이 우다이가 있는 곳에 와서 물었다.

"세존께서는 느낌에 대하여 어떻게 말씀하십니까?"

"고·낙·사 세 가지를 말씀하셨는데 앞의 둘은 분별이고, 뒤의 것은 적멸입니다."

그러나 임금님께서 긍정하지 않자, 함께 가란다 정사에 와서 부처님께 물으니,

"나는 하나로부터 108가지 느낌을 말하니, 첫째, 모든 존재의 느낌은 괴로움이고, 둘째, 몸과 마음의 느낌이며, 셋째, 고·낙·사이다. 넷째, 3계에 얽매이는 느낌이고, 다섯째, 고·낙·우·희·평정이 그것이다. 여섯째, 6근의 촉이고 18가지는 6근·6경·6식의 우·희·사(憂·喜·思) 행이며, 36가지 느낌에, 6은 탐착, 6은 이착(離着), 6은 탐착을 의지한 것, 6은 탐착의 근심을 여읜 것, 6은 탐착의 평정을 의지한 것, 6은 탐착의 평정을 여읜 것, 이것을 36가지 느낌을 말한다.

어떤 것이 108가지인가. 36종에 3세를 곱한 것이다."

"한량없는 느낌도 있습니까?"

"이런 저런 느낌이 한량없는 느낌이다. 이것을 잘 모르면 논쟁과 시비에 빠지게 된다. 그러나 5욕의 공덕에 빠졌던 사람이 각관을 통하여, 그를 여의면 기쁨과 즐거움 속에서 느꼈던 생각을 초선으로 다스릴 수 있으며, 초선으로 즐거워하던 사람이, 선정을 통해 안으로 깨끗하게 되면 이것이 제2선의 즐거움이고, 내지 이렇게 비상비비상처에까지 올라가 이욕락·원이락·적멸락·보리락을 얻게 된다."

〈우다이경, 485〉

일법경(一法經) ①~④

"만일 한 가지 법에 대하여 진실로 싫어하고 여읠 마음을 내고 좋아하지 않으며, 등지고 버리면 모든 번뇌를 다하게 된다. 말하자면 ① 식(食)이고, ② 명·색(名·色)이며, ③ 3상이고, ④ 4식이며, ⑤ 5수음이고, ⑥ 6내외 입처이며, ⑦ 7식주, ⑧ 세간 8법, ⑨ 9거처, ⑩ 10악업이다.

수행자는 이상의 10법에 대해, 진정으로 싫어하는 마음을 내어서 좋아하지 말아야 한다. 그래서 거기서 탐욕을 떠나 해탈하여야 한다."

〈일법경 ①~④의 486~489〉

잡아함경 제18권

염부거경(閻浮車經) · 니수경(泥水經)

부처님께서 마가다국 나라마을에 계실 때 사리불의 옛 친구 외도 염부거가 찾아와 물었다.

"사리불이여, 현성의 법과 율 가운데 가장 어려운 것이 무엇입니까?"

"출가다."

"출가인에게 어려운 것은?"

"사랑하고 좋아하는 것이다."

"사랑하고 좋아하기가 어렵다."

"좋아하면서도 선행을 닦기가 어렵다."

"많이 닦아 익히면 선법을 불어나게 하는 법이 있습니까?"

"8정도가 그것이다."

"어떤 이가 설법을 잘 하는 이고, 세간의 바른 수행자며, 선서(善逝)라 하는가?"

"3독을 항복 받는 것이 설법을 잘 하는 이고, 이를 남김없이 수행하는 것이 바른 수행이고, 끝까지 끊어 없애는 것이 선서이다."

"어떤 것을 열반이라 하는가?"

"3독이 다하여 모든 번뇌가 영원히 없어진 것이다."

"무슨 까닭에 구담의 처소에 출가하여 범행을 닦습니까?"

"3독을 끊기 위해서다."

"유루는 진실로 다할 수 있습니까?"

"있다. 오랫동안 닦아 익히면 욕루 · 유루 · 무명루가 다하게 된다."

"아라한이란 무엇입니까?"
"누가 다한 것이다."

"그것을 다할 수 있는 길이 있습니까?"
"8정도의 길이다."

"무명이란 무엇입니까?"
"3세의 고 · 낙을 알지 못하는 것이다."

"유(有)는 무엇이고 유루(有漏)는 무엇입니까?"
"업이 새 나가는 것은 유루이고, 거기서 새로운 씨앗이 생긴 것은 유다."

"그러면 유신(有身)은?"
"5수음이다."

"고(苦)는?"
"생 · 노 · 병 · 사와 8고, 3고를 합쳐서 말했다."

"흐름이란 무엇입니까?"
"욕 · 유 · 견 · 무명루(欲 · 有 · 見 · 無明漏)이다."

"잡음(扼)이란?"
"흐름(流)이다."

"취(取)란?"
"욕 · 아 · 견 · 계취(欲 · 我 · 見 · 戒取)이다."

"얽매임이란?"
"4취에 얽매이는 것이다."

"결(結)이란?"
"애·에·만·무명·견·타취·의·질·간결(愛·恚·慢·無明·見·他取·疑·嫉·慳)이다."

"사(使)란?"
"탐·진·애·만·무명·견·의(貪·瞋·愛·慢·無明·見·疑)가 그것이다."

"욕(欲)이란?"
"애욕이다."

"개(蓋)란?"
"탐·진·수·도·의(貪·瞋·睡·掉·疑)이다."

"소식(蘇息 ; 평온함)이란?"
"3결이다."

"어떤 것이 소식을 아는 것입니까?"
"3결이 다한 것이다."

"그 방법은?"
"8정도다."

"상소식(上(蘇息)은?"
"3독이 다한 것이다."

"어떤 것이 바른 선정입니까?"
"정정을 얻는 것이다."

"청량(淸凉)이란?"
"5하분결(有身見・戒取見・疑・欲・瞋)을 다한 것이다. 그 가운데서도 3독을 다하면 상청량이라 한다."

"애(愛)란?"
"욕・색・무색애를 말한다."

"업적(業跡)이란?"
"10악업이다."

"예(穢)란?"
"3독이다. 출가 사문은 이 같은 내용을 다 알고 끊고 벗어나야 한다."

〈염부거경, 490・출가사문경, 491〉

부처님께서 죽림정사에 계실 때 존자 사리불이 비구들에게 말씀하셨다.
"무량삼매를 얻은 비구가 개체의 몸의 멸함(有身戒)과, 열반심을 즐거워하지 않으면 마치 아교 묻은 손으로 나무를 잡는 것과 같아 끝내 3독을 깨뜨릴 수 없다. 마치 진흙밭이 오랜 가뭄 속에 땅이 갈라진 것과 같고, 뽀송뽀송한 손으로 나무를 붙들어 잡은 것과 같아, 다음 생에서도 다시 태어날 것이 없을 것이다.

〈니수경, 492〉

승선역류경(乘船逆流經)・고수경(枯樹經)

사리불이 말했다.
"아라한에서 사는 비구는 빈 땅이나 숲, 나무 밑에서 공부해야 한다. 마음 속에 애욕이 생기면 즉시 깨달으라. 그렇지 못하면 배를 타고 강물을 거슬러 올라가는 것과 같아, 파손하고 게을러져서 도로 떠내려가고 말 것이다. 애욕은 깨끗하다는 생각에서 생기니 마땅히 5욕을 여의어 새의 깃털이 불 속에서 오그라지는 것과 같이 하라. 그렇게 하면 반드시 법이 고요해지고 그쳐 쉬는 것이 즐거워지되, 순박하고 깨끗한 마음을 지속하게 될 것이다."

〈승선역류경, 493〉

사리불이 탁발을 가다가 마른 나무가 있는 것을 보고 거기 앉아 말했다.

"깊이 선정을 닦은 사람은 마른 나무로 흙을 만드는 신통력을 보일 수 있을 것이다. 나무 속에 원래 4대가 모두 들어있기 때문이다. 그런데 무엇을 만들지 못하겠는가. 그러니 그대들은 선정을 통해 불가사의를 깨달아야 할 것이다."

〈고수경, 494〉

계경(戒經)·쟁경(諍經)

사리불이 비구스님들께 말했다.

"범계자는 의지할 대상이 감소하고 후퇴하여 마음이 즐겁지 못하게 된다. 마치 나무가 뿌리가 망가지면 가지와 잎·꽃·열매가 이루어질 수 없는 것과 같다."

〈계경, 495〉

사리불이 말했다.

"비구들은 다투면서 범계자의 죄를 들추는 경향이 있는데, 죄를 들추어 보았자 깨끗한 마음이 나지 않는다. 내가 죄를 지었기 때문에 그가 보았고, 그가 죄를 지었기 때문에 내가 보았으나, 그것은 싸움의 빌미를 삼지 말고 조용히 참회시켜 시비에서 벗어나게 하라."

〈쟁경, 496〉

거죄경(擧罪經) · 나라건타경(那羅揵陀經)

사리불이 부처님께 물었다.

"남의 죄를 들추어 낼 때는 어떻게 해야 합니까?"

"다섯 가지 법으로써 마음을 편안하게 해주라. ① 거짓과 진실, ② 때와 때 아닌 때, ③ 이치로써 도움을 주고, ④ 부드러운 말, ⑤ 성내지 말고 자비로운 마음을 가지게 하라."

〈거죄경, 497〉

부처님께서 나라건타 옷장사가 가지고 있던 암라원에 계실 때 사리불이 인사드리자 부처님께서 물었다.

"너희들은 3세 부처님들의 깨달음과 법 · 지혜 · 밝은 마음 · 해탈 · 머무르는 곳을 아느냐?"

"모릅니다."

"그렇다면 5개(蓋)의 번민심을 끊고 4념처 · 7각분을 닦으라. 반드시 아뇩다라삼먁삼보리를 얻는다."

〈나라건타경, 498〉

석주경(石柱經) · 정구경(淨口經)

제바달다의 제자 월자(月子)가 기사굴산에 있던 사리불을 찾아오니 물었다.

"제바달다 비구도 설법하는가?"

"설법합니다."

"어떻게 하는가?"

"나는 욕심을 여의어 5욕락에서 이미 해탈했다고 합니다."

"비구가 마음 법을 닦으면 모든 유(有)에서 벗어나는 것이, 큰 돌산이 바람에 흔들리지 않는 것과 같고, 인다의 구리쇠 기둥이 흔들리지 않는 것과 같아, 나의 생을 이미 다 하고 범행이 섰으며, 할 일을 다 마쳐 다시는 몸을 받지 않는다는 것을 알아야 한다."

〈석주경, 499〉

사리불이 왕사성에서 탁발하여 나무 밑에서 밥을 먹는 것을 보고 정구 외도가 물었다.

"존자께서는 하구식(얼굴을 아래로 향하는 일)을 하십니까. 앙구식(천문지리를 관찰하고), 방구식(권력에 아부), 사유구식(점을 쳐주고 얻어 먹는 음식)을 하십니까?"

"그것은 일반 외도・사문・바라문이 먹는 음식이지, 석종의 아들들이 취하는 것이 아니다. 불자 비구는 모두가 청정으로서 살아가기 때문이다."

〈정구경, 500〉

성묵연경(聖默然經)・무상경(無相經)・적멸경(寂滅經)

부처님께서 죽림정사에 계실 때, 대목건련이 기사굴산에서 거룩한 침묵에 들었다가 비구들에게 말했다.

"내가 옛날 기사굴산에서 거룩한 침묵에 들어 각・관(覺・觀)을 쉬고, 깨끗한 마음이 되어 무각무관삼매에서, 기쁨과 즐거움을 맛보고 있을 때 갑자기 부처님께서 나타나 '방일한 행동을 하지 말라'고 하여 즉시 해탈삼매에 들었다."

〈성묵연경, 501〉

"또 나는 일체의 상을 생각하지 않고 무상심정수(無相心正受)에 들면, 이것이 거룩한 머무름이라 하였더니, '방일한 행을 하지 말라'고 하여 즉시 선정과 해탈, 삼매로써 정수에 들어 해탈을 얻게 되었다."

〈무상경, 502〉

부처님께서 기수급고독원에 계실 때 죽림정사에 사리불과 목건련, 아난이 함께 있었는데 사리불이 후야(後夜)에 목건련에게 말했다.

“기이합니다. 목건련이여. 당신은 오늘밤 적멸정수에 머물러 계십니다.”

“나는 당신의 숨소리를 듣지 못합니다.”

“나는 거치른 마음에 머물러 부처님과 대화를 나누었다.”

“왕성과 사위성은 거리가 먼데요?”

“신통이란 가지도 않고 오지도 않는 것이다.”

“그때 부처님께 무슨 말씀을 들으셨습니까?”

“걷거나 앉거나 장애되지 않는 법으로써 마음을 깨끗이 하고, 초야・중야・후야에도 그렇게 하여 맑은 모습으로 정진하여야 한다 하였다.”

“참으로 거룩하십니다. 저희들은 그렇게 하여 언제 어느 곳에 있던지 시공을 초월한 가운데 선정을 닦도록 하였습니다.”

〈적멸경, 503〉

잡아함경 제19권

간구경(慳垢經)・애진경(愛盡經)

부처님께서 죽림정사에 계실 때 상묘당관(上妙堂觀) 있던 석제환인이, 기사굴산중에 있던 목건련을 찾아와 게송으로 말했다.

“능히 아낌의 번뇌를 항복받고 대덕께 따라 보시하고
이것이 보시 중의 최상보시 내생에는 훌륭한 과보 얻으리.”

그때 목건련이 제석에게 물었다.

“그대는 어찌해 아낌의 번뇌를 항복받으면 훌륭한 과보를 얻는다고 하는가?”

"바라문 · 찰제리 · 장자 · 천왕 · 33천이 모두 머리를 조아려 경례하기 때문입니다. 뿐만 아니라 해와 달, 산과 물, 염마천 · 도솔천 · 화락천 · 타화자재천 · 범천을 합쳐서 소천세계라 하는데, 그 속에는 수없는 당관(궁전)과 누관 · 방 · 후(后) · 시녀가 있는데 이 모두가 아끼는 마음을 항복 받았기 때문에, 이러한 묘한 과보를 받고 있습니다."

"훌륭하십니다 교시가여."

〈간구경, 504〉

제석천왕이 계격산(界隔山) 석굴에서 해탈의 법을 듣고 기뻐, 분타리지(分陀利池)에 이르러 500채녀와 함께 목욕하고 있었는데, 채녀들이 노래하자 신통력으로, 기사굴산에서 홀로 선정에 들어 있는 목건련을 보고 "노래하지 말라"고 하고 즉시 하늘에서 내려와 목건련을 찾아 뵈오니 목건련이 물었다.

"그대는 계격산에서 세존의 설법을 듣고 기뻐하였는데, 어떤 말씀에 그렇게 기쁨이 솟았는가?"

"방탕한 향락에 집착함으로써 옛일을 후회하였습니다."

하고 새로 지은 천당을 구경시켜 주었다.

천녀들은 모두 노래 부르고 춤추다가 목건련 존자를 보고 부끄러워 숨었다. 제석천이 말하였다.

"보십시오. 이 당관의 땅은 평평하고 벽과 기둥 · 들보 · 누각 · 창 · 장막 · 주렴들도 모두 아름답습니다."

"마음을 평등하게 써 가며 좋은 법의 복덕을 닦은 인연입니다."

하고 목건련이 당관을 한 번 크게 밟으니 당관이 모두 흔들렸다.

천인들이 놀라자,

"이것은 훌륭한 스승 밑에서 공부한 한 존자의 신통력이니 놀라지 말라."

고 하자 즉시 그 애착한 마음이 없어졌다.

〈애진경, 505〉

제석경(帝釋經) · 제천경(諸天經)

부처님께서 33천 파리야다라(晝度 · 圓生) 구비타라 향나무 근처, 푸르고 부드러운 돌 위에 계시면서, 여름 안거 동안 어머니와 33천을 위해 설법하였다.

그때 기수급고독원에 있던 대중들은 목건련을 찾아가 물었다.

"부처님께서 어디에 계신 줄 아십니까?"

"33천에 계십니다."

"오랫동안 뵙지 못하니 뵙고 싶습니다. 부처님께 아뢰어 내려오시도록 부탁드려 주십시오."

"그렇게 하겠노라."

약속하고 대중이 떠난 뒤 정수(正受)에 들어 하늘로 올라갔다. 많은 천중 가운데서 설법하시고 있던 부처님을 뵙고 목건련은 환희 용약하였다.

"오늘 이 대중들은 한 곳의 천인들만이 아닌 것 같습니다."

"그렇다. 전생에 불법을 닦았던 사람들이 그 공덕으로 여러 천당에 있어 그 무리를 데리고 와 법문을 듣고 있다."

그때 한 천인이 말했다.

"이곳에 있는 분들은 대부분 부처님 법문을 듣고, 수다원과를 얻은 분들입니다."

목건련이 부처님께 청했다.

"지상의 스님들께서 부처님을 뵙기를 몹시 목말라 하십니다. 가엾게 여겨 내려오십시오."

"잘 알았다. 오늘부터 이레 뒤에 승가다성(僧伽舍城) 바깥 문 밖에 우담바라나무 아래로 내려가겠다."

"감사합니다."

과연 부처님은 약속한 날자 약속한 장소로, 수많은 천인들과 함께 내려오셨다. 그래서 그곳을 지금도 천하처(天下處)라 부르고 있다.

〈제석경, 506〉

부처님께서 죽림정사에 계실 때 40명의 천자들이 대목련에게 와서 말했다.

"저희들은 3보에 대한 청정한 믿음을 성취하였기 때문에, 이곳에 태어났습니다."
"나도 그렇게 알고 있습니다. 여러분은 그 믿음을 통해 이미 수다원과를 얻었고, 그 외 많은 천자들도 수다원과를 얻은 줄 압니다."

〈제천경, 507〉

도우아경(屠牛兒經) · 도우자경(屠牛者經) · 도양자경(屠羊者經) 등

부처님께서 죽림정사에 계실 때 존자 륵차나가 기사굴 산중에 있던 목건련 존자와 함께 탁발하러 나가다가 빙그레 미소를 지었다.
"목건련 존자님 왜 웃으십니까?'
"누각 같은 몸집을 가진 중생이 허공 가운데서 울부짖으며, 날아가는 것을 보았습니다."
뒤에 부처님께서 그 말씀을 듣고
"진실한 눈 · 지혜 · 이치 · 법을 얻은 자라야 그런 것을 볼 수 있다. 나도 보았으나 남이 믿지 않을까 두려워 말하지 않았다. 믿지 않으면 도리어 병을 주게 되기 때문이다. 그 사람은 왕사성에서 큰 소를 도축한 사람이었다."

〈도우아경, 508〉

"오늘은 힘줄과 뼈만 서로 이어진 채, 염증이 날 정도로 온몸이 더럽고 냄새나는 것을 보았는데, 까마귀 · 소리개 · 수리 · 독수리 · 늑대 · 굶주린 개들이 따라가며 잡아 채 먹고, 혹 어떤 것은 그 옆구리 깊숙한 곳의 내장을 파먹은 것도 있었다."
부처님께서 그 말씀을 듣고
"그것은 소 도축업자의 제자였다."

〈도우자경, 509〉

"온몸에 피부가 없어 형상이 순전히 살덩이 같은, 큰 몸집을 가진 어떤 중생이 허공으로 날아가니, 까마귀 · 소리개 · 수리 · 독수리 · 늑대 · 굶주린 개가 따라가며 잡아 채 먹고 창자를 꺼내 먹었다."
부처님께서 들으시고
"그것은 양을 도살한 자의 과보다."
≪도양제자경≫에는 이와 비슷한 내용이 나온다.

〈도양자경, 510・屠羊弟子經, 511〉

타태경(墮胎經)・조상사경(調象士經)

"온 몸에 피부가 없이 형상이 살덩이 같은, 큰 몸을 가진 중생을 보았습니다."
"그것은 낙태자다."

〈타태경, 512〉

"온 몸에 바늘 같은 털이 나 있고, 털끝마다 모두 불이 붙어 고통을 주는 것을 보았습니다."
"그것은 코끼리 조련사다."

〈조상사경, 513〉

호전경(好戰經)・엽사경(獵師經) 등

"온 몸에 칼날처럼 날카로운 털이 나 있고, 몸에 털이 붙으면 그 몸을 자르므로, 고통이 골수에까지 사무치는 것을 보았습니다."
"그것은 왕사성에서 싸움을 좋아해 칼로 사람을 해친 사람이다."

〈호전경, 514〉

≪엽사경, 515≫과 ≪살저경(殺猪經), 516≫・≪단인두경(斷人頭經), 517≫・≪단동인경(斷銅人經), 518≫・≪포어사경(捕魚師經), 519≫에도 이와 비슷한 경우가 나타난다.

복점녀경(卜占女經) · 복점사경(卜占師經) · 호타음경(好他婬經)

"정수리에 쇠 맷돌이 있고 왕성한 불이 붙어, 정수리가 갈라지면서 고통을 겪는 것을 보았습니다."

"그것은 왕사성에 살았던 여자 점쟁이다. 알지도 못하면서 알은 척 한 것이 병이다."

〈복점녀경, 520〉

회오리바람처럼 날아간 사람은 왕사성 점사이고, 길에서 몸을 구부린 채 행동을 감추고 무엇인가 두려워하며, 몸에 걸친 옷에 불이 나 몸을 태운 것은 음인들의 과보이고, 온 몸이 곪아터져 더럽고 냄새나는 큰 몸을 가진 것은, 매음녀의 모습이고, 온 몸에 불이 붙어 타는 것은 바라내성 자재왕의 부인으로 화 잘 내는 사람의 과보였다.

〈복점사경, 521 · 호타음경, 522 · 賣色經, 523 · 瞋恚油灑經, 524〉

증질바라문경(憎嫉婆羅門經) · 불분유경(不分油經)

부처님께서 녹야원에 계실 때, 몸에 똥칠을 하고 똥을 먹으며 허공을 날아가는 중생을 보았는데, 그것은 옛날 바라내성 자재왕의 스승 바라문이라 하였다. 그는 누구나 미워하고 시기하여, 옛 가섭 부처님 당시에는 성문승들에게 고통을 섞은 공양을 하였기 때문이다.

〈증질바라문경, 525〉

"머리에 큰 구리쇠 솥을 이고 끓는 구리쇠물을 가지고 다닌 사람은, 시주 받은 기름을 혼자 써버린 비구의 과보이다."

〈불분유경, 526〉

도취칠과경(盜取七果經) · 도식석밀경(盜食石蜜經)

뜨거운 쇠판자를 몸에 들고 다닌 자는, 대중 과일 일곱 개를 도둑질 하여 먹은 가섭 부처님 당시 사미이다.

〈도취칠과경, 527〉

불꽃이 튀기는 예리한 도끼로 넓고 긴 혀를 찍는 것은, 도끼로 대중 석밀을 깨뜨려 먹은 스님이다.

〈도식석밀경, 528〉

도취이병경(盜取二餠經) · 비구경(比丘經) · 가승우차경(駕乘牛車經)

겨드랑이 밑에 두 개의 쇠바퀴를 달고 다니면서, 치열한 불꽃에 몸을 태운 자는, 가섭 부처님 당시 대중 떡 두 개를 훔쳐 먹은 과보이다.

〈도취이병경, 529〉

불길이 왕성한 쇠판으로 몸을 싣고 쇠탄환을 먹은 자는, 대중의 옷과 밥을 번번이 도둑질한 비구이고, 비구니 · 식차마나 · 사미 · 사미니 · 우바새 · 우바이다.

〈비구경, 530〉

또 왕성한 쇠수레를 목에 매고, 힘줄을 뽑아 네 다리를 이어 매고, 힘줄로 목을 조이고 뜨거운 쇠로 만들어진 땅을 밟고 가는 자는, 우마차를 부리며 짐승들을 무섭게 부린 사람이다.

〈가승우차경, 531〉

마마제경(摩摩帝經)·악구형명경(惡口形名經)·호기쟁송경(好起諍訟經)·독일경(獨一經) ①②

부처님께서 기수급고독원에 계실 때, 목건련이 보고 말하자 부처님께서 답하셨다.

"불길이 왕성한 쇠못은 그 넓고 긴 혀에 꽂은, 커다란 몸집을 지닌 중생이 허공으로 날아간 것을 보았습니다."

"가섭 부처님 당시 마마제비구가 장로들을 학대한 과보이다."

〈마마제경, 532〉

"비구 형상을 하고 쇠판으로 옷을 만들어 입은 비구가, 타오르는 불꽃 속에서 쇠발우에 밥을 담아 먹는 것을 보았습니다."

"마마제 비구가 나쁜 말로 여러 비구의 이름을 부르며 학대한 과보이다."

〈악구행명경, 533〉

가섭 부처님의 법에 출가한

"그 비구는 항상 싸움 일으키기를 좋아하여 지옥에서 많은 고통을 받았고, 지옥의 죄가 남아서 그 같은 과보를 받은 것이다."

〈호기쟁송경, 534〉

부처님께서 기수급고독원에 계실 때 아나율 존자가 송림정사에 있었고, 목건련은 발지 부락 실수마라산 공포조림에 있어 선정하면서 이런 생각을 가졌다.

"중생을 깨끗하게 하고 근심·슬픔·번민·괴로움을 떠나, 진여법을 얻게 하는 일승법이 있으니 이것이 4념처이다. 몸은 부정하고(身不淨), 받는 것은 고통이고(受是苦), 마음은 무상하고(心無常), 법에는 내가 없다(法無我)."

목건련 존자가 그 마음을 알고 크게 칭찬하였다.

"아나율이야말로 바른 기억과 바른 생각을 가지고, 모든 것을 바로 알고 있다."

〈독일경, ①②의 535·536〉

잡아함경 제20권

수성욕지경(手成浴池經) · 목련소문경(目連所問經) · 아난소문경(阿難所問經)

부처님께서 기수급고독원에 계실 때 목건련과 아나율이 수성욕지에 있을 때 목건련이 칭찬하였다.

"신기합니다 아나율스님, 4념처로써 세간의 탐욕과 근심을 항복 받았으니."

〈수성욕지경, 537〉

목건련이 아나율께 물었다.

"어떤 공덕을 닦아 신통력을 얻었습니까?"

"4념처를 닦아 익혔습니다."

"참으로 장합니다."

〈목련소문경, 538〉

아난이 물었을 때도 같이 대답했다.

〈아난소문경, 539〉

소환경(所患經) ①② · 유학누진경(有學漏盡經)

부처님께서 기수급고독원에 계실 때 아나율은 사위국 송림정사에 있으면서 병을 앓고 있었다. 여러 비구들이 문병 가서 물었다.

"병은 좀 차도가 있습니까?"

"예사롭지 않아 참고 견디기 어렵습니다. 그러나 아프면 아플수록 기억과 생각을 바로하고 있습니다."

"참으로 스님은 큰 병을 앓으면서도 그 모습이 평온해 보이는데, 그 원인이 무엇입니까?"

"항상 4념처에 머무르고 있기 때문입니다."

〈소환경 ①②의 540·541〉

"만일 배움의 위치에 있는 비구가 위로 안온한 열반에 머물기를 구한다면 어떻게 해야 합니까?"

"4념처에 머무르면 법과 율에서 번뇌가 다하고, 심해탈 혜해탈을 얻어 다시 후유(後有)가 없게 될 것입니다."

〈유학누진경, 542〉

아라한비구경(阿羅漢比丘經)·하고출가경(何故出家經)

"모든 번뇌가 이미 다하고 해탈할 일을 마치고 무거운 짐을 놓아버리고, 존재의 번뇌를 떠나 바른 지혜를 해탈하려면 어떻게 해야 합니까?"

"4념처를 닦으세요."

〈아라한비구경, 543〉

한 외도가 아나율에게 물었다.

"무엇 때문에 출가 하였습니까?"

"닦고 익히기 위해 출가했습니다."

"무엇을 닦고 익힙니까?"

"근·력(根·力)을 닦고 7각분·4념처를 닦습니다."

〈하고출가경, 544〉

향열반경(向涅槃經)·집조관장경(執澡觀杖經)

아나율이 말했다.

"마치 큰 나무가 자랄 때 밑을 향해 잡는대로 따르고, 이끄는대로 따르지만,

뿌리를 끊어버리면 넘어지는 것과 같이, 4념처를 닦으면 순리대로 나아가 열반을 증득할 수 있습니다."

〈향열반경, 545〉

부처님께서 기수급고독원에 계실 때, 가전연 존자가 발란나 부락 오니지(烏泥池)에 있었다. 그 때 집조관장(執藻觀杖) 범지가 와서 물었다.

"무슨 까닭으로 왕은 왕과 다투고, 바라문 거사는 바라문 거사와 다툽니까?"

"탐욕과 집착 때문입니다."

"이 세상에 이 두 가지를 떠난 분이 있습니까?"

"예, 있습니다. 현재 바라기 사람들이 사는 구살라국 기수급고독원에 계신 부처님입니다."

〈집조관장경, 546〉

집장경(執杖經)·마투라경(摩偸羅經)

마하가전연이 바라내시의 오니지(烏泥池) 가에 있을 때, 여러 비구들과 옷을 지으면서 식당에 있었다.

그때 한 나이 많은 외도가 지팡이를 짚고 와서 말했다.

"불법 가운데서는 법 장로를 제일로 칩니다."

"다섯 가지 욕망이 있는데 5근이 5경을 바라보고 탐하는 것입니다. 그것보나도 나이 많은 사람이, 나이 자랑으로 공부할 생각은 하지 않고, 나이 자랑만 하고 거만을 피우면 존경하지 않습니다."

〈집장경, 547〉

마하 가전연이 고독원 조림(稠林)에 있을 때, 서방 마투라 국왕이 찾아와 물었다.

"바라문은 자신들이 가장 제일가는 중생이다고 자랑하는데, 존자의 생각은 어떻습니까?"

"업이 진실해야 양반입니다. 아무리 훌륭한 가문에 태어났다 할지라도 마음씀과 행동, 말이 천인만 못하면 그는 천인 가운데서도 천인이고, 설사 천인으로 태어났다 하더라도 그 마음씀과 행동, 말이 귀하면 그가 진실한 양반입니다."

"참으로 거룩하십니다. 우리나라에 와서도 법을 펴 주십시오."

그래서 그는 서방 마투라에 처음 나간 포교사가 되었다.

〈마투라경, 548〉

가리경(迦梨經)·이경(離經)

부처님께서 기수급고독원에 계실 때 가전연은 아반제국 구라라타 정사에 있었다. 그때 가리가 우바이 집에 탁발을 나가니, 부처님께서 승기다(僧耆多) 처녀에게

"진실한 이치 마음에 두고 지극히 고요하여 어지럽지 않나니
사랑스럽고 단정한 모습 모든 용맹으로써 항복받네.
혼자 한 마음 고요히 생각하면서 선정의 묘한 즐거움 맛보는데
이것은 곧 모든 세간의 온갖 사람들을 멀리 떠난 것이라 나와 친할 수 없네."

라고 설한 법문이 있는데 이것이 무슨 뜻입니까?"

"누이여, 누구나 지·수·화·풍 4대로서 삼매에 들면, 그 삼매로 인해 마음이 깨끗하게 되고, 그 근본의 재앙을 없애고 바른 길을 걸어 완전히 소멸하므로, 마음이 고요하고 평안하게 됩니다. 그러므로 그 경계를 세존께서 게송을 읊은 것입니다."

〈가리경, 549〉

마하 가전연이 여러 비구들에게 설하였다.

"10호를 구족한 우리 부처님께서는 참되고 한결같은 도를 깨달으셔, 우리에게 가르친 바 있으니, 우리도 부처님께 법을 깨달으려면 여섯 가지 법을 믿고 따라야 한다.

① 부처님은 10호를 구족한 분이다.
② 부처님께의 법을 생각하며 3독의 감정을 여의고,
③ 거기 물드는 마음에서 벗어나고,
④ 바른 기억과 바른 앎에 편안히 머물러 올바른 길에 나아가며,
⑤ 이렇게 5욕락을 벗어나
⑥ 열반으로 향한다.

그러므로 거룩한 수행자는 현세의 법(離欲法), 율(五戒·十戒 등)을 생각하여 모든 괴로움과 번뇌를 여의고 4향4과에 나아가야 할 것이다."

〈이경, 550〉

하리경(何梨經) ①~⑤·무상심삼매경(無相心三昧經) 등

석씨 하리 마을에 있던 가전연에게 마을 장로가 찾아와서

"부처님께서 '일체의 흐름을 끊고 막고자 하면, 마을 사람들과 가까이 하지 말라. 5욕에서 완전히 떠나 다시 채우지 않는다면, 세상 사람들과 다투지 아니할 것이다'고 하였는데 이것이 무슨 뜻입니까?"

"6근의 흐름(六流)이 식(識)을 일으켜 세계(界)를 의지해 탐욕을 흘러내면, 마침내 고통에 빠지기 때문에 그런 말씀을 하신 것으로 압니다."

또 한 촌주가 물었다.

"부처님께서 계격산(界隔山) 제석굴에 계실 때, 교시가에게 '만일 사문 바라문이 3독에서 해탈하면, 완전히 청정을 얻는다'고 하였는데 그게 무슨 뜻입니까?"

"눈·귀·코·혀·몸·뜻이 욕락에서 벗어난다면, 범행을 이룬다는 말입니다."

그때 촌주 다시(陀施)가 병이 들어 앓고 있을 때 가전연이 직접 문안을 갔다.

"어떻습니까. 견딜만 하십니까. 병은 좀 차도가 있습니까?'

"견디기 어렵습니다. 갈수록 더해 가는 것 같습니다."

"그렇다면 부처님께서 말씀하신 어떤 경우에도 무너지지 않는 깨달음과 법, 승가에 귀의하십시오. 세상에 무너지지 않는 여섯 가지 법이 있으니,

① 불공덕이니 10호를 구족했기 때문이며,

② 법공덕이니 현세의 번열과 고민을 없애주는 까닭이고,
③ 승공덕이니 4향 4과를 성취한 까닭이며,
④ 계·정·혜·해탈·해탈지견이니 세간의 복전이 되는 까닭이고,
⑤ 계의 공덕이니 마음을 깨끗하게 하는 까닭이며,
⑥ 보시의 공덕이니 인천의 공덕이 되는 까닭입니다."

"감사합니다. 저는 일찍이 부처님께의 법문을 듣고, 네 가지 무너지지 않는 깨끗한 믿음(3보·10戒)과, 여섯 가지 생각(4념처·10施·天)하고 있었는데, 오늘 비로소 아라한이 된 것을 알게 되었습니다. 저의 청을 받아 공양해 주십시오."

〈하리경 ①~⑤의 551~555〉

부처님께서 사기성 안선림에 계실 때 여러 비구니들이 물었다.

"만일 무상심삼매에서도 들뜨지 않고 뻐기지 않으며, 해탈에 머문다면 그것을 무슨 공덕이라고 말씀하시겠습니까?"

"지혜의 결과다."

그 뒤 얼마 있다가 아난 존자에게 가서 물었을 때도 존자가 똑같이 대답하자 "참으로 신기합니다. 스승과 제자가 터럭만큼도 다르지 않습니다."

〈무상심삼매경, 556·闍知羅經, 557·阿難經, 558〉

잡아함경 제21권

가마경(加摩經)·탁량경(度量經)

부처님께서 파라리불투로국에 계실 때, 가마(加摩) 존자가 아난 존자 있는 곳으로 찾아가 물었다.

"6근에는 6경이 있어 생각하고 지각하게 되어 있는데, 어떤 비구는 생각도 지각도 전혀 없는 것 같습니다."

"각관을 통해 4선·8정에 들면 무상심삼매에 들어 들뜨지도 않고, 빠지지 않기 때문입니다."

〈가마경, 559〉

부처님께서 구섬미국 구시라원에 계실 때 아난 존자가 비구·비구니들에게 말했다.

"출가자가 좌선하여 ① 잘 머물러(善住心), ② 집중(處住心), ③ 마음을 항복받고(止觀), ④ 정신 통일하여 번뇌 끊을 것에 대해서 확실하게 말한다면, 나는 그를 훌륭하다고 말할 것이다."

〈탁량경, 560〉

바라문경(婆羅門經)·구사라경(瞿師羅經)·니건경(尼揵經)

부처님께서 구사라원에 계실 때 아난 존자에게 어떤 바라문이 와서 물었다.

"무엇 때문에 구담 사문 밑에서 범행을 닦는가?"

"탐욕을 끊기 위해서다."

"끊는다고 탐욕이 끊어집니까?"

"그렇습니다. 당신이 여기 올 때 가야 되겠다는 생각을 했을 것인데, 여기 와서도 그런 생각을 합니까?"

"이미 왔기 때문에 그런 생각이 없어졌습니다."

"마찬가지입니다. 욕정(欲定)으로 단행성취여의족(斷行成就如意足)을 얻고, 정진정(精進定)·심정(心定)·사유정(思惟定)을 얻어 끊기를 성취하면, 끝내고 끝내지 않는 생각까지도 없어집니다."

〈바라문경, 561〉

구사라 장자가 아난에게 물었다.

"어떤 이를 설법인이라 하고, 세상을 잘 행해 나아가는 이라 하여, 세상에서 잘 도달한 이라 합니까?"

아난 존자가 도리어 물었다.

"어떤 이를 설법을 잘 하는 이라 생각합니까?"

"3독심을 끊어 없애주는 이 입니다."

"그렇다면 세상을 향해 나가는 사람이나, 도달한 사람도 바로 그런 사람입니다."

〈구사라경, 562〉

니건의 제자 무외리차와 아기비의 제자 총명동자가 아난 존자에게 와서 물었다.

"우리 스승 니건자는 타는 불을 끄고, 고행함으로써 숙명을 얻는다고 합니다."

"우리 부처님께서는 알고 보는 것으로써 불타는 법을 여의고 청정을 얻는다고 하였습니다. 그렇게 하려면 첫째 계를 지켜 위의를 갖추어야 하고, 둘째 욕심과 악을 떠나 참다운 법을 얻고, 셋째 삼매정수를 얻어 4제의 이치를 깨닫는 것입니다. 이렇게 하면 저절로 전생의 업을 아는 숙명통을 얻게 되기 때문입니다."

〈니건경, 563〉

비구니경(比丘尼經)·바두경(婆頭經)

부처님께서 기수급고독원에 계실 때, 어떤 비구니가 아난 존자에게 집착하여 사람을 보냈다.

"제가 몸에 병이 들어 앓고 있으니, 존자께서 가엾이 여겨 보살펴 주십시오."

어여삐 여겨 찾아가니 발가벗은 몸으로 평상에 누워있었다. 아난이 그를 등지고 서 있으니 그때에야 비로소, 부끄러움을 느끼고 옷을 입고 단정히 앉아 예를 올리자 아난이 말했다.

"누이여, 이 몸은 더러운 음식으로 자라났고, 교만·탐애·음욕으로 자라났으니 그를 끊어야 합니다.

① 음식을 끊는다는 것은, 음식에 대한 분수를 헤아리고 생각하여 먹되, 좋아하고 집착하는 생각을 없이 하여 교만심을 없애고, 만져 보고 예쁘게 꾸

미고 싫다는 생각이 없이, 몸을 보호하고 살아가기 위해서 먹는다. 굶주리고 목마른 병을 치료하기 위해 먹는다. 범행을 거두어 닦고 과거의 감정을 없애고, 새 감정이 생기지 않게 하여, 숭상하고 익혀 증대시켜 나가야 합니다. 혹은 노래하고 안락하고 접촉하는데 있어서도, 마치 상인이 수레에 기름을 치는 것처럼, 물들고 집착하는 마음이 없이 하듯, 오직 짐을 나르고 운반하기 위해 칠하는 것과 같이 하십시오. 마치 옴쟁이가 옴병을 치료하기 위해 약을 바르듯,

② 교만을 끊는다는 것은, 아무 종자와 아무 제자는 번뇌가 다하여 번뇌가 없어, 심해탈·혜해탈을 증득, 나의 생은 이미 다하고 범행은 서고 할 일을 다 마쳐, 후세에 몸을 받지 않는다고 하는데, 나는 어찌하여 그렇게 되지 못하고 있는가를 후회하여, 스스로 교만한 마음을 끊는 것입니다.

③ 탐애를 끊는 것도 마찬가지입니다."

이렇게 설법하자 그는 차차 번뇌 망상을 버리고, 티끌과 때를 멀리 하여 해탈하고 고백하였다.

"존자님, 저는 진심으로 잘못을 저지르고, 착하지 못한 생각을 가졌습니다."

"이제 스스로 죄를 보고 뉘우쳤다면, 거기에 집착한 것도 없습니다. 누이여, 능히 잘못을 알아 참회하는 사람은, 미래 세상에 구족계를 통해 더욱 착한 법이 자라 끝내, 물러나지 아니할 것입니다."

〈비구니경, 564〉

부처님께서 교지(종족 이름) 쪽으로 유행하시다가 바두촌 국경 북 신서림에 이르자 그곳 아이들이 아난 존자를 뵙고자 왔다. 아난 존자가 말했다.

"여러분. 우리 부처님께서는 계청정·심청정·견청정·해탈청정 네 가지 견해를 얻었으니, 귀의하면 마땅히 큰 공덕을 얻게 됩니다."

"어떤 것이 계청정입니까?"

"바라제목차에 머물러 위의를 구족히 하고, 조그마한 죄에 대해서도 두려움을 내고 불만을 품지 아니하게 하여, 초선으로부터 제4선에 이르기까지 게으르지 말아야 합니다."

"어떤 것이 견청정입니까?"

"설법을 듣고 사실대로 그를 바르게 관찰, 지금까지 일어나지 못한 소견을 일으키고, 이미 일어난 바른 소견은 키워나가는 것입니다."

"어떤 것을 해탈청정이라 합니까?"

"관하는 마음, 욕망·성냄에서 벗어나는 것입니다."

아이들은 기뻐 예배하고 떠나갔다.

〈바두경, 565〉

나가달다경(那迦達多經) ①②·가마경(伽摩經)

부처님께서 암라부락 암라림에 계실 때, 여러 상좌들이 질다라 장자에게 찾아가 물었다.

"'푸른 틀이 흰 천을 덮고 한 바퀴 굴러가는 수레여,
결박을 여의고 관찰하며 오는 자, 흐름을 끊어 다시는 얽매이지 않네.'

하는 게송이 있는데 이것이 무슨 뜻입니까."

"푸른 것은 계요 흰 덮개는 해탈이며, 한 바퀴란 인연과 신념(身念)이고, 구른다는 것은 굴러간다는 것이며, 수레란 지관(止觀)이고, 여의는 것은 3독을 떠나는 것입니다. 아라한이 번뇌를 끊으면 마치 밑동을 도려내어, 다시는 오고 감이 없게 되는 것이니, 이것이 이 게송의 참뜻입니다."

"다시 무량심삼매·무상심삼매·무소유심삼매·공심삼매에 대해서 알고 싶습니다."

"뜻은 하나인데 맛이 조금 다른 데서 이름이 여러 가지로 생긴 것입니다. 무량삼매는 삼매 속에 자애로운 마음이 일어나 원망도 미움도 성냄도 없는 것이고, 무상삼매는 일체 상을 생각하지 않는 것이고, 무소유삼매는 소유심이 없는 것이고, 공삼매는 모든 것은 다 감싸면서도 속이 텅텅 비어있는 것입니다. 여기에 어찌 나 내 것이 있겠습니까."

"이것은 당신 생각입니까 아니면 누구의 말씀입니까?"
"세존의 가르침입니다. 그러나 이것은 제가 직접 체험한 것입니다."

〈니가달다경 ①②의 566·567〉

질다라 장자가 가마 비구에게 물었다.
"행이란 무엇입니까?"
"신·구·의 3업을 말합니다. 출입식(出入息)은 몸의 행이고, 각관(覺觀)은 입의 행이며, 상사(想思)는 뜻의 행입니다. 그래서 몸을 버리게 되면, 이 몸은 송장이 되어 땅에 눕고, 그것을 무덤에 버리면 마음까지도 없어져, 마치 나무등걸, 돌무더기와 같게 됩니다."
"멸진정수(滅盡正受)에 든 자도 마찬가지입니까?"
"목숨이 더운 기운을 버리면 모든 근이 다 허물어져, 몸과 목숨이 갈라지게 됩니다. 이것이 죽음입니다. 그러나 멸진정은 3업의 행만 멸하기 때문에 수명을 버리지 않고 기운도 여의지 않습니다. 그러나 이것은 내가 멸진정수에 든다고 하여 드는 것이 아니고, 자연히 모든 법이 소멸되면 그 가운데서 얻어지는 것입니다."

〈가마경, 568〉

이서달다경(梨犀達多經)·마하가경(摩訶迦經)

질다라 장자는 환희심으로 여러 상좌들을 공양하고 다시 물었다.
"이른바 경계(界)란 무엇입니까?"
"6근·6경·6식의 세계를 말합니다."
"세상사람들은 내가 있다(有我) 중생견(衆生見)·수자견(壽者見)·길흉견(吉凶見)을 가지고 있는데요?"
이서달다 존자가 대답했다.
"그것이 곧 신견(身見)이고 변견(邊見)이며, 사견(邪見)이고 견취견(見取見)이고 계금취견(戒禁取見)입니다."

〈이서달다경 ①②의 569·570〉

질다라 장자가 목장에서 대중스님들께 공양을 올렸다. 우유와 꿀을 배불리 먹은 스님들이 길을 걸어가는데, 너무 날씨가 더워 피곤하였다.

그때 아랫자리에 있는 비구 마하가가

"제가 구름과 비, 실바람을 일으켜 볼까요?"

"그렇게 하면 좋겠다."

그가 삼매에 들어 한참 있으니 시원한 바람이 불더니, 구름이 일어나 이슬비를 내렸다. 대중스님들이 정사 가까이에 오자,

"이제 그만 두어도 괜찮겠습니까?"

"괜찮다."

이에 마하가가 자기 방으로 들어가자 그만 비가 그쳤다. 질다라 장자가 생각하였다.

"저런 하좌스님도 신통을 부리는데 중·상좌야 더 말할 것 있겠는가."

그때 마하가가 그 마음을 알고

"더 무서운 것이 생겨도 두려워하지 않겠습니까. 밖에 나가 마른 나무로 섶을 쌓아 더미를 만들고, 담요 한 장을 그 위에 덮으십시오."

장자가 시키는대로 하자 스님께서 화광삼매에 들었다. 순간 자물쇠 구멍에서 불이 일어나 태울만한 것은 모두 다 태워버렸다. 장자가 놀라자

"보셨지요?"

"보았습니다."

"놀라지 마십시오. 방일하지 않고 정진하면, 무상보리가 모두 나의 것이 됩니다."

"다른 데로 가시지 말고 이곳에 계시면 제가 목숨이 다할 때까지 공양을 올리겠습니다."

"볼일이 있다."

하고 떠나신 뒤 다시 나타나지 않았다.

〈마하가경, 571〉

계경(繫經) · 아기비가경(阿耆毘迦經)

부처님께서 암라림에서 여러 상좌들과 함께 있을 때, 질다라 장자가 그 주위를 지나가다가, 장로들이 문답하는 것을 듣고 들어가 물었다.

"눈이 색을 얽매이는가, 색이 눈을 얽매이는가?"

"눈도 색도 아니고 욕심이 얽매이니, 귀 · 코 · 혀 · 몸 · 뜻도 그렇고, 소리 · 냄새 · 맛 · 감촉 · 법도 마찬가지다."

〈계경, 572〉

부처님께서 암라림에 계실 때, 질다라 옛 친구 아기비가 외도를 만나 물었다.

"그대는 언제 출가 하였는가?"

"20년이 넘었다."

"그렇다면 인간을 뛰어넘는 법(道人法)과 궁극적 지견을 얻었습니까?"

"벌거벗은 몸으로 출가 삭발로 걸식하는 것밖에 다른 것도 알지 못했다."

"그것은 법과 율에 맞지 않다. 번뇌를 끊어야 출요(出要)를 얻고 바른 깨달음을 얻어야 해탈할 수 있다."

"당신은 불교를 믿은 지 얼마나 되었는가?'

"나도 20년이 되었다."

"거기서 무엇을 얻었는가?"

"다시는 어머니 배 속에 들어가지 않게 되었고, 언제 어느 곳에서나 근 · 경 · 식에 끄달리지 아니함으로써 마음에 평화를 얻은 지 오래 되었다."

〈아기비가경, 573〉

니건경(尼犍經) · 병상경(病相經)

500제자를 거느린 니건자가 질다라 장자를 교화하기 위하여 암라림으로 와 질다라 장자에게 물었다.

"당신은 구담 사문이 무각무관(無覺無觀)삼매를 얻은 것에 대하여 알고 있습니까?"

"믿기 때문에 여기 온 것은 아닙니다."

"각관을 쉴 수 있다면 노끈으로 바람을 잡아매고, 한줌의 흙으로 갠지스강을 막는 것과 같습니다."

"내 그대에게 묻겠으니, 믿음이 앞인가 지혜가 앞인가?"

"믿음이 앞이다."

"나는 각관을 쉬어 무관무각삼매의 희락으로 제2선에 들었습니다. 그런데 부처님께서 무슨 믿음이 필요하겠습니까. 당신은 한 가지 물음과 해설 주장으로부터 몇 가지 질문·해설 주장을 가지고 있습니까?"

하니 그는 곧 숨이 막혀 머리를 내렸고 가버렸다.

〈니건경, 574〉

그때 질다라 장자가 병이 나서 친족들에게 에워싸여 있었다. 그때 천사들이 내려와 말했다.

"그대가 원만 발한다면 즉시 전륜왕이 될 수 있다."

"전륜왕도 무상하고 괴롭고 공하고 무아한 것입니다."

"그러면 그대는 장차 어떻게 하려 하는가?"

"다시는 어머니 배 속에 들어가려 하지 않는다."

하고 일어나

"의복 음식 쌓고 온갖 어려움에서 벗어나고자
훌륭한 복전에 보시하여 5력을 얻었다네.
이런 뜻 성취하기 위해 속인으로써 집에 살면서
이런 이익 모두 얻고 온갖 어려움에서 벗어났다네.

세상에서 들어 익힌 것 여러 가지 어려움 멀리 여의고
삶의 즐거움 어려운줄 알아 등정각을 따라
지계자들에게 공양하고 범행 닦았으니

번뇌 다한 아라한·성문·성자들

이러한 뛰어난 지견 가진 이들에게
언제나 보시 행해 마침내 큰 과보를 얻었는데
세상사람들은 목숨 마치고 천상에 태어나 향락코자 하나
나는 불번열천(不煩熱天)에 이르러 거기서 해탈코자 하네."

하고 숨을 거두면서 즉시 불번열천에 태어나 있다가, 잠깐 내려가 큰스님들께 예배드린 뒤 다시 천당으로 올라가 열반에 들었다.

〈병상경, 575〉

잡아함경 제22권

난타림경(難陀林經)·구쇄경(鉤鎖經)

부처님께서 기수급고독원에 계실 때 천자가 나타나 게송으로 부처님께 아뢰었다.

"난타림에서 살아야 진짜 쾌락하리
나처럼 도리천궁에서 천제가 되어."

부처님께서 게송으로 말씀하셨다.

"일체의 행은 무상한 것, 그것은 나고 멸하기 때문이다.

누구나 태어나면 죽어야 하는 법, 적멸의 경지에 이르러야 즐거움이다."

〈난타림경, 576〉

"일체 갈고리와 쇠사슬 끊으신 부처님께서 집이 없건만
사문은 그 교화에 집착하니 나는 그것을 훌륭하다 하지 않네."

"일체 중생들은 모두 얽매어 있으니
지혜 있는 사람이라면 어느 누구도 가엾다 하지 않으랴."

〈구쇄경, 577〉

참괴경(慚愧經)·불습근경(不習根經)

"언제나 부끄러움 아는 마음 닦을 줄 아는 그런 사람 있어
온갖 악 멀리 벗어나니 좋은 말에 채찍하는 것 같네."

"언제나 부끄러운 마음 닦을 줄 아는 그런 사람 진실로 흔치 않으니
온갖 악을 능히 멀리 벗어남이 좋은 말에 채찍이도다."

〈참괴경, 578〉

"바른 법을 익혀 가까이 하지 않고 온갖 사견만 집착하며 좋아하니
잠들어 스스로 깨어나지 못하면 오랜 겁 지나도 마음 깨치지 못한다."

"바른 법으로써 닦아 익히고 악업을 멀리 떠나면
그는 번뇌 다한 아라한 험악한 세상도 평탄하다."

〈불습근경, 579〉

선조경(善調經) · 나한경(羅漢經) ①②

"법으로써 잘 길들여 항복받고 모든 사견 따르지 않으면
비록 잠에 집착해 빠지지 않더라도 어느 땐가는 꼭 깨닫게 된다."

〈선조경, 580〉

"혹 아라한 비구로써 스스로 할 일 이미 마치고
모든 번뇌 다하여 그 마지막 몸을 가진 자도
나, 내 것을 말할 수 없다."

"만일 나한 비구 되어 스스로 할 일 이미 마치고
모든 번뇌 다 끊어 최후의 몸 가졌더라도
나, 내 것에 집착하면 그는 나한 아니다."

〈나한경 ①②의 581 · 582〉

월천자경(月天子經) · 족본경(族本經)

부처님께서 기수급고독원에 계실 때 라후 아수라왕이 해를 가리자 모든 월천자들이 두려워 부처님께 나아가 게송으로 부처님을 찬탄하였다.

"가장 훌륭하게 깨달아 장애를 벗어나신 분께 예배하오니
세상을 불쌍히 여겨 아수라의 장애에서 벗어나게 하옵소서."

"모든 어둠 부숴버리기 위해 광명으로 허공 비추리니
그것은 비로자나의 깨끗한 광명
라후 아수라 재빠른 토끼처럼 달아났으니
온몸에 땀을 흘리며 어찌할 바 모른다."

〈월천자경, 583〉

"종족에 뿌리가 있고 전생의 종족이 있습니까.
서로 함께 이어져 간다면 결박을 벗어난다는 것은 무엇입니까?"

"나에겐 종족 뿌리도 없고 전생의 종족도 없으니
서로 함께 이어져 나가 결박에서 벗어났다."

"무엇이 종족의 뿌리고 전생의 종족입니까.
어떤 것이 이어져 단단히 결박됩니까?"

"어머니가 세상의 종족 뿌리 되고, 아내는 전생의 종족이 되고
자식 끼리 이어져가 애욕을 단단한 결박이라 한다."

〈족본경, 584〉

독일주경(獨一住經) · 이검경(利劍經)

부처님께서 석씨 우라제나탑이 있는 곳에 계실 때 수염과 머리를 새로 깎고 결가부좌하고 머리에 옷을 뒤집어쓰고 계셨는데 한 천사가 물었다.

"두려우십니까?"

"무엇 잃을 것이 있던가."

"기쁘십니까?"

"무엇 얻을 것이 있던가."

"기쁘지도 않고 근심스럽지도 않습니까?"

"그렇다."

"그러면 어찌하여 홀로 계십니까?"

"모든 번뇌에서 벗어나 기쁨도 없고 즐거움도 없으므로 홀로 있노라."

〈독일주경, 585〉

"마치 예리한 칼날같이, 머리에 불붙은 것과 같이

탐욕의 불 끊어 없애고 바른 생각으로 멀리 떠나기 원합니다."

"그와 같이 후생의 몸을 끊어버리고 바른 생각에 머물면
멀리 떠나지 않아도 멀리 떠난다."

〈이검경, 586〉

천녀경(天女經) · 사륜경(四輪經) · 나타국경(羅吒國經)

"에워싼 저 천녀들 마치 비사지(흡혈귀) 같으니
어리석고 미혹의 숲을 무슨 방법으로 빠져 나갈까."

"정직하고 평등한 길은 두려움 없으니
고요히 잠잠한 수레를 타고 법상으로 단단한 덮개를 쌓으라.
부끄러움으로 긴 고삐를 삼고 바른 생각으로 굴레를 삼으며
지혜의 좋은 길잡이를 삼고, 바른 소견으로 안내자 삼으라.
이런 수레 타는 이는 남녀 노소를 막론하고
생사의 숲을 벗어나 안락한 곳에 이른다."

〈천녀경, 587〉

"사륜(四輪) 구공(九孔)에 탐욕이 가득 차 있으니
저 수렁에 빠진 큰 코끼리 어떻게 그곳을 벗어나리."

"애정과 기쁨의 긴 고삐와 탐욕의 모든 악을 끊고
애욕의 근본 뽑아버리면 바로 그곳으로 나아간다."

〈사륜경, 588〉

"뢰타반제국 상인들 많은 재물 가졌지만
더 큰 부자 되기 위해 다투어 이익을 욕심내어 마치 타오르는 불길 같네."

"세속 버리고 출가하여 집과 물건 아내 자식 재물까지 버리면
3독의 욕심 떠나 바른 해탈로 아라한 되어 모든 허욕 방편 쉬게 된다."

〈나타국경, 589〉

상인경(商人經) · 해주경(海州經)

부처님께서 기수급고독원에 계실 때 여러 비구들에게 말씀하셨다.

"옛날 구살라국의 상인들이, 5백 대의 수레에 짐을 가득 싣고 가다가 5백 도적을 만났다. 한 천인이 어여삐 여겨 '법을 아는 자가 있으면 내가 구해주리라' 하고 물었다.

'누가 깨어 있는 자고 누가 잠자는 자인가?'

그때 불교를 믿던 한 장자가 말했다.

'탐욕과 성냄 어리석음을 여의고, 번뇌 다한 아라한이 해탈한 사람이고, 그가 깨어 있는 사람이다. 고통이 생기는 원인과 결과, 열반의 원인과 결과를 인연법을 따라 역순으로 관찰 줄 알기 때문이다.'

'훌륭하다 사문이여, 진짜 고타마의 제자로다.'

칭찬하고 그 도둑들을 벗어나게 하였다."

〈상인경, 590〉

한 섬에 살고 있던 우바새가 다른 우바새의 집에 찾아가 말했다.

"애욕은 거짓이라 진실하지 못하다. 사람을 속이는 것이 꼭두각시와 같다."

그런데 그는 그의 집에 이르러서 5욕을 즐기므로 한 천신이 보고 말했다.

"너도 똑같은 사람이로구나. 마치 수렁에 빠진 소와 같다."

〈해주경, 591〉

급고독경(給孤獨經) · 급고독생천경(給孤獨生天經)

부처님께서 왕사성 한림에 머물고 계실 때 급고독 장자가 어느 장자 집에 가

머물고 있었는데, 밤중에 그 장자가 처자와 종과 머슴들에게 말했다.

"너희들 그만 일어나 나무를 쪼개고 불을 지펴 밥을 짓고, 떡을 만들고 요리를 해라."

급고독 장자가 듣고 물었다.

"무슨 잔치가 있습니까?"

"불승을 모셔 공양코자 합니다."

"불승이라니요. 알아주는 불승이라도 있다는 말이요."

"그렇습니다. 샤카족 출신의 왕자가 위없는 도를 깨달았으니, 그가 부처이고 4성 계급의 남자들이 그를 따라 출가하여, 머리 깎고 가사를 걸치고 탁발로 생활해 가니 그가 비구스님들입니다."

"지금 당장이라도 뵐 수 있습니까?"

"지금은 밤이라 안되고 날이 밝으면 뵐 수 있습니다."

급고독 장자는 밤새도록 부처님을 생각하고 있다가, 이튿날 아침 부처님을 찾아가려 하는데, 어디선가 노래 소리가 들렸다.

"좋은 말에 황금을 가득 싣고 큰 길에 나아가듯,
열반의 큰 용이 순금으로 장식하고 세상으로 내려오듯,
금보사국의 아름다운 여인들을 갖가지 영락을 꾸며 데리고 가듯,
그때 부처님께 나아가면 그것은 16분의 1도 안된다."

급고독 장자가 물었다.

"그대는 누구인데 그렇게 노래 부르는가?"

"나는 옛날 당신의 친구, 마두식건이란 큰 마나바, 사리불과 목건련에게 공양하고 믿고 존경하다가 죽어서 천당에 태어나 성문을 맡고 있다."

급고독 장자는 기쁜 마음으로 세존께 나아가 문안하고 물었다.

"세존이시여, 기거가 편안하십니까?"

"열반은 언제나 안락한 것, 애욕에 물들지 않고

해탈해 영원히 남음이 다해 세상은 무상하다.
보시는 복된 일, 계를 지키면 하늘에 태어난다."

"3보에 귀의하여 목숨이 다할 때까지 불도를 갖겠습니다."
"그대 이름이 무엇인가?"
"수달다입니다. 늘 고독하고 빈곤한 사람들을 보살피기 때문에 급고독이라고 부릅니다."
"그대 집은 어디에 있는가?"
"구살라국 사위성에 있습니다. 부처님께서 와 주신다면 의복·음식·와구·탕약으로써 그 제자들까지 함께 모시겠습니다."
"그 나라에 정사(精舍)가 있는가?"
"없습니다."
"정사가 있으면 가겠다."
"세존께서 오신다면 원하시는 곳에 승방을 짓겠습니다."
"비산 비야에 숲이 있고 물이 있고 도시와 그리 멀지 않으면 좋으리라."
그리하여 급고독 장자는 기수급고독원을 지어 바쳐, 부처님께는 그곳에서 27년간 무수한 경전을 설했다.

〈급고독경, 592〉

급고독 장자가 어느 때 죽어 도솔천에 태어났다.
"오래지 않아 기타림에 내려와 노래하였다.

"기원림에 선승(仙僧)들 살고
여러 왕도 이곳에 머무니 내마음 기쁘네.
깊은 믿음과 깨끗한 계 지혜로 훌륭한 삶 사는 것
이것이 중생세계를 깨끗하게 하니 그것은 족성이나 재물 때문 아니라네."

이것은 급고독 장자가 사리불을 칭찬한 게송이었다."

〈급고독생천경, 593〉

광야장자생천경(曠野長者生天經)·무번천경(無煩天經)

부처님께서 광야정사에 계실 때, 그 광야에 살던 어떤 장자가 병으로 죽어 무열천에 태어났다.

"내 여기서 오래 머물지 말고 바로 세존을 가서 뵈오리라."

그러니 그 몸이 너무 부드러워 땅에 서지 못했다. 세존께서 말했다.

"거친 몸으로 변하여 서 보라."

바로 변화하여 서자 물었다.

"수(手) 천자여, 그대는 지금도 전생에 들었던 경전을 기억하고 있는가?"

"예. 기억하고 있습니다. 저는 옛날 이 세상에 있을 때, 부처님을 뵙는 일에 싫증을 내지 아니하였고, 그 법과 스님들께 공양하는 일에 싫증을 내지 않아 무열천에 태어났습니다."

〈광야장자생천경, 594〉

부처님께서 기수급고독원에 계실 때 무번천 천자가 부처님께 앞에 나타나 물었다.

"무번천에 태어난 일곱 명의 해탈 비구
탐욕 성냄 다 끊고 세상을 초월, 은애에서 벗어났네.
죽음의 마음에서 벗어난 이, 그 누구입니까?"

"우파가·파라건다·불가라사리·발제·건타첩
바휴난제와 바비수누가 모든 흐름 건넌 자들이고
사마의 고삐 끊고 모든 하늘의 굴레까지도 벗어났다.

그런데 지금 나에게 묻는 자 누구인가?"

"무번천에 태어난 비발등가 마을에서 그릇 만들던 난제바라입니다. 가섭불 시대부터 불제자가 되어, 우바새 법으로 부모님 공경하고 탐욕에서 떠나, 일곱 성자들을 받든 인연으로 무번천에 태어나 있습니다."

"그렇다. 나도 그때의 일을 기억하고 있다."

〈무번천경, 595〉

공포경(恐怖經)·묘색경(妙色經)

한 천자가 게송으로 말했다.

"이 세상 두렵고 무서운 일 많고 중생들 언제나 어지럽고 번민하네.
이미 생겨난 것이나 생겨나지 않는 것
괴로우니 거기서 벗어날 길 없습니까?"

"고행으로 감관을 억눌러 일체를 버리면 해탈하리라."

〈공포경, 596〉

"어떻게 해야 아름다운 몸을 받으며, 방편을 닦아 세간을 벗어날 수 있습니까?"

"계를 지켜 밝은 지혜를 정수(正受)하고, 정직한 마음이 생겨 불길 같은 근심 모두 없어지고, 평등한 지혜 얻으면 번뇌에서 해탈하여, 인연 따라 빛깔 좋은 몸을 받으며, 세간 벗어나는 방법으로 마음 거두어 덕을 갖추면, 천인의 공양을 받게 된다."

〈묘색경, 597〉

수면경(睡眠經)·전결경(纏結經)

"정진하지 않는 사람에게 수면에 떨어지고, 하품·따분·포식·가슴 답답함·게으름 등 여러 가지 번뇌에 덮여 거룩한 길 나타나지 않는다."

〈수면경, 598〉

“어떻게 하여야 안팎의 매듭을 풀겠습니까?”
“밖으로 계를 지키면서 안으로 지혜를 밝히면, 누구나 맺힌 매듭 풀 수 있다.”

〈전결경, 599〉

난가인경(難可忍經) · 살라경(薩羅經)

“건너기 어렵고 견디기 어려운 것은 지혜가 없기 때문입니다.
마음 깨달아 자재하고 싶지만 그렇지 못한 것은
마음을 잘 거두지 못한 까닭이네.”

“그때 거북이 묘한 방편 써서 껍질 속으로 여섯 부위 감추듯
비구도 느낌과 생각 거두어 마음 의지함이 없으면 두려울 것 없으니
비방한 자 아무도 없다.”

〈난가인경, 600〉

“살라의 작은 물이 어떻게 돌이키며, 생사의 길에서 어떻게 윤회를 돌이킬 수 있습니까?”
“6처와 명색 남김없이 사라지면 살라의 작은 물 거슬러 흐르고 괴롭고 즐거운 것 남김없이 멸한다.”

〈살라경, 601〉

이니야경(伊尼耶經) · 제류경(諸流經)

“사슴 다리 같은 다리를 가진 선인이시여, 어떻게 하여야 고통에서 벗어날 수 있습니까?”
“5욕과 6법에 탐욕하지 않으면 모든 고통에서 벗어난다.”

〈이니야경, 602〉

"어떻게 해야 흐름을 건너고 바다를 건너며, 괴로움을 없애고 맑고 깨끗하게 할 수 있습니까?"

"믿음으로 흐름을 건너고, 불방일로 바다 건너고, 정진으로 괴로움을 건너고, 지혜로 맑고 깨끗하게 된다."

〈제류경, 603〉

잡아함경 제23권

아육왕경(阿育王經)

"몸빛은 황금산 같고, 단엄하고 미묘한 모습이여,
거위 같은 걸음걸이에 보름달 같은 얼굴
대중들과 함께 걸어가시네."

부처님께서 왕사성을 걸으시니 마치 큰 바다와 땅, 성곽 산들이 출렁거리는 것 같았다.

낮은 땅은 평평해지고 높은 땅은 낮아지고
부처님 위엄있는 신통력으로
가시밭 기와 조각, 조약돌도 보이지 않네.
귀머거리 · 장님 · 벙어리 들은 곧 보고 듣고 또 말하였으며
성곽들은 악기처럼 두드리지 않아도 저절로 소리를 내었네."

그때 세존의 몸빛이 성읍을 두루 비추어 백성들의 마음이 시원해지자 그때 모래밭 아래서 장난치고 있던 두 소년이 있었으니 하나는 상성(上姓)사야이고, 하나는 차성(次姓)비사야였다.

부처님께서 32대 인상을 가지고 오시는 것을 보고 사야가 생각했다.

"내 비록 보릿가루 일망정 저분에게 공양하리라."

하고 모래를 손으로 들어 발우에 담아주었다.

"그게 무엇이냐?"

"모래알입니다. 사랑스러운 부처님께 공양합니다. 이 인연으로 장차 천하를 얻어 통치하십시오."

"장하다. 너는 장차 전륜성황이 되어 온 천하를 통일하리라."

그런데 부처님께서 그 예언하던 장소를 걸어가시며, 빙긋이 웃으시자 아난이 물었다.

"어찌하여 웃으십니까?"

"내가 옛날 예언한 일이 생각나서 웃었다. 내가 밟은 모래로 내가 경행하는 곳에 뿌려라."

그 뒤 월호왕이 빈비사라왕자를 낳은 일과, 아육왕이 세상에 태어나 선악행을 통해 깨달음을 얻고, 불사를 짓는 일에 대하여 구체적으로 기록하고 있다.

〈아육왕경, 604〉

잡아함경 제24권

염처경(念處經) ①② · 정경(淨經) · 감로경(甘露經)

부처님께서 기수급고독원에 계실 때 4념처에 대하여 설명하였다.

"몸은 몸 그대로 관찰하는 신신관념처(身身觀念處)·수념처(受念處)·심념처(心念處)·법념처(法念處)가 그것이다.

부지런히 힘써 기억하고 정진하라."

〈염처경 ①②의 605·606〉

"모든 중생들을 깨끗하게 하여, 근심과 슬픔에서 벗어나게 하는 것이 있으니, 4념처가 그것이다."

〈정경, 607〉

"만일 비구가 4념처를 떠나면, 참다운 성현법을 떠나 감로법을 이루지 못하므로, 생·로·병·사의 고통에서 벗어나지 못할 것이다. 그러니 4념처를 떠나지 말라."

〈감로경, 608〉

집경(集經)·정념경(正念經)·선취경(善聚經)

"자양분이 모이면 몸이 형성되고, 자양분이 모이지 아니하면 몸도 흩어지듯, 접촉에서 수(受)가 생기고, 억념(憶念)에서 법(法)이 모이는 것도 마찬가지다."

〈집경, 609〉

"안팎의 몸을 바른 지혜로 기억하여, 세간의 근심과 슬픔을 항복받으라."

〈정념경, 610〉

"착한 법은 4념처이고 불선법은 5개(蓋)이니 탐·진·수면·도회·의개도 없애라."

〈선취경, 611〉

궁경(弓經) · 불선취경(不善聚經)

"마치 네 종류의 활을 역사가 쏘는 것과 같이, 4념처 활로써 생사의 적을 무찌르라. 사람의 수명은 100세에 한하지만 여래의 법문은 끝이 없기 때문이다."

〈궁경, 612〉

"탐 · 진 · 치는 불선취(不善聚)이고, 4념처는 선취이다."

〈불선취경, 613〉

대장부경(大丈夫經) · 비구니경(比丘尼經) · 주사경(廚士經)

"4념처를 관하는 사람은 대장부이고, 4념처를 관할 줄 모르는 사람은 장부가 아니다."

〈대장부경, 614〉

부처님께서 급고독원에 계실 때, 아난 존자가 비구니 절에 가니 비구니들이 말했다.

"저희 비구니들은 4념처를 통해 앞뒤의 생각과, 마음의 안정과 산란을 알았습니다."

"훌륭하십니다 누이들이여. 마땅히 4념처를 통해서 공부하면, 몸과 마음이 평온해질 것입니다."

〈비구니경, 615〉

"마땅히 자기 마음의 모습을 잡아 밖으로 흩어지지 않게 하라. 만일 비구가 어리석고 분별력이 없으면 현명하지 못하게 된다. 마치 요리사가 어리석어 분별력이 없으면 숙련된 솜씨로 여러 가지 맛을 낼 수 없는 것과 같다."

〈주사경, 616〉

조경(鳥經) · 사과경(四果經)

작은 새 라파가 공중을 날다가 매에게 쫓기며 말했다.

"내 부모의 경계를 버리고 영역을 벗어나 이런 변을 당하게 되었구나."

거만한 매가 말했다.

"부모의 경계가 어디냐?"

"흙더미다."

"그렇다면 내 놓아줄터니 그곳으로 가보라."

라파는 간신히 죽을 고비를 면하고 흙더미 속에 숨었다. 매는 쏜살같이 날아오다가 그만 가슴이 찢어져 죽고 말았다.

여기서 부모의 경계는 4념처이다.

〈조경, 617〉

"4념처를 닦아 익히면 4과(수다원 · 사다함 · 아나함 · 아라한)를 얻는다."

〈사과경, 618〉

사타가경(私陀伽經) · 원후경(猿猴經)

부처님께서 구살라국 사가타마을 북쪽 신서림에 계시면서 비구들에게 말했다.

"옛날 어떤 광대가 당(幢)을 세워 놓고 말했다.

'당 위에 올라가는 사람은 아랫사람을 보호할 줄 알아야 한다. 아랫사람을 보호하면 윗사람도 보호되기 때문이다. 자타를 보호하려면 4념처를 닦으라.'"

〈사타가경 · 619〉

부처님께서 죽림정사에 계실 때 말씀했다.

"큰 설산 속에 차가운 얼음이 있는 곳은, 원숭이도 없는데 어떻게 사람이 살겠느냐. 어떤 산에는 원숭이는 있어도 사람이 살 수 없는 곳이 있고, 어떤 곳에는 사람은 살아도 원숭이가 없는 곳이 있다. 이것은 자기의 경계 아닌 것을 따라 삶의 터전이 다르니, 비구는 마땅히 4념처로서 집을 삼아야 한다."

〈원후경, 620〉

연소비구경(年少比丘經)·암라녀경(菴羅女經)

아난이 부처님께 물었다.

"나이 어린(僧臘) 비구들은 어떻게 다스려야 합니까?"

"4념처로 가르쳐라."

〈연소비구경, 621〉

부처님께서 발지국에 계시다가 비사리국 암라원으로 가니, 암라녀가 수레를 타고 왔다. 부처님께서 비구 스님들께 당부하였다.

"이미 생긴 악은 끊고 생기지 않는 것은 생기지 않게 하고, 이미 지은 선은 더욱 증장시키고 생기지 않는 선은 생기게 하라. 그리고 바른 지혜(正慧)와 바른 기억(正念)을 가지되 4념처로 하라."

그때 암라녀가 공양청을 하자 쾌히 승낙하고, 이튿날 그의 집에 나아가 대중과 함께 공양하고 설법하였다.

"사람들은 보시하는 사람을 좋아하고 따르며, 그 이름은 날로 높아져 멀리까지 들리고 두려움이 없다. 그런데 거기 지혜로써 보시하면 인색함을 영원히 끊어, 도리천에 태어나 쾌락을 누리고 목숨이 다할 때까지 덕을 닦아, 온갖 향락과 음악이 있는 화락원에서 5욕락을 즐기리라."

〈암라녀경, 622〉

세간경(世間經)·울저가경(鬱低迦經)

부처님께서 녹야원에 계실 때 비구들에게 말했다.

"세간에서는 미인에 대해서 말하지만, 세상의 미인은 사람들을 모이게 하고, 노래와 춤·음악으로 웃음을 짓게 한다. 그러므로 생사를 두려워하는 사람은,

마치 기름이 가득찬 발우를 들고 사람들 사이를 지나가듯, 조심스럽게 한눈팔지 말고 자신의 마음을 따라 보호하여야 할 것이다. 마치 그것은 날카로운 칼과 같기 때문이다."

〈세간경, 623〉

존자 울저가가 말했다.

"거룩하신 세존님. 후세에 다시 몸을 받지 않으려면 어떻게 해야 합니까?"

"내 설법에 대해서 네가 내 마음을 기쁘게 해야 한다. 너는 먼저 본래의 업을 깨끗이 하고 나서 범행을 닦으면, 이것이 곧 계를 지키고 4념처를 닦는 것이다."

울저가는 부처님께 말씀을 듣고, 기쁜 마음으로 고요한 곳에 이르러 해탈하였다."

〈울저가경, 624〉

바혜가경(婆醯加經) · 비구경(比丘經) · 아나율다경(阿那律陀經)

바혜가 비구와 또 다른 비구 아나율다도 ≪울저가경≫의 내용과 같이 업을 청정하게 하고, 법을 법대로 생각에 머무는 사람은 악마를 항복받고 열반을 증득하여 출가의 뜻을 성취하였다.

〈바혜가경, 625 · 비구경, 626 · 아나율다경, 627〉

계경(戒經) · 불퇴전경(不退轉經) · 청정경(淸淨經) 등

부처님께서 파련불읍 계림정사에 계실 때, 함께 있던 우타이가 아난 존자에게 물었다.

"부처님께서 계를 끊지 않고 파괴하지 않고, 가리지 않고 여의지 않으며, 계에 집착하지도 않는 자는 지혜인이라 칭찬하셨습니다."

"그것은 4념처를 닦게 하기 위해서입니다."

〈계경, 628〉

발타라 존자가 아난에게 물었다.

"닦고 익히고 많이 닦아 익히면, 뒤로 물러나지 않게 되는 법이 있습니까?"

"4념처입니다. 닦아 익히면 깨끗지 않는 중생이 깨끗해지고, 광택이 더욱 빛나게 된다."

〈불퇴전경, 629 · 청정경, 630〉

발란타 존자가 아난에게 물어

"닦아 익히면 저 언덕에 이르러 갈 수 있는 법은 4념처이고, 아라한이 될 수 있다."

고 하였다.

〈도피안경, 631 · 아라한경, 632〉

부처님께서는 '4념처를 익히면 일체법을 알 수 있다'고 하였고, '현성에서 벗어날 수 있다'고 하였으며, '빛이 난다'고 하고, '처음도 중간도 끝도 좋게 실천할 수 있다'고 하였으며, '4념처를 닦는 이가 바라제목차를 실천한 이다'라고 하였다.

〈일체법경, 633 · 현성경, 634 · 광택경, 635 · 비구경, 636 · 바라제목차경, 637〉

순타경(純陀經) · 포살경(布薩經)

부처님께서 죽림정사에 계실 때, 마갈제 나라 마을에서 순타 사미에게 시봉을 받던 사리불이 열반하였다. 순타는 사리불을 화장한 뒤, 많은 사리를 발우에 담아 왕사성으로 와서, 가사와 발우를 챙긴 뒤 발을 씻고, 아난 존자에게 말했다.

"존자이시여, 스님의 사리와 발우를 가지고 왔습니다."

아난은 곧 그 발우와 사리를 가지고 부처님께 나아가 아뢰었다.

"세존이시여, 저는 앞이 캄캄하고 말문이 막혀 정신이 아득합니다."

"사리불이 5분법신을 버리고 37조도품을 가지지 않고, 열반하였다는 말이냐?"

"그렇지 않습니다. 사리불 스님은 항상 계를 지니고 많이 들었으며, 욕심이 적고 만족할 줄 알고, 세간을 멀리 떠나 방편으로 꾸준히 힘썼습니다. 생각은 언제나 평온하고 한 마음으로 선정에 머물러 첩질지(捷疾智)와 심리지(深利智)·초출지(楚出智)·분별지(分別智)·대지(大智)·광지(廣智)·심심지(甚深智)·무등지(無等智)를 성숙하시어, 가르침을 보이시고 모두를 기쁘게 하였습니다. 그런데 저는 법을 받는 자들을 위해서 근심하고 괴로워합니다."

"근심하고 괴로워할 것 없다. 모두 행은 무너지고 부서지고 말기 때문이다. 단지 자기를 섬으로 삼고 자기를 의지처로 삼고, 법을 섬으로 알고 의지하되, 다른 것을 섬으로 의지처를 삼아서는 안된다."

"어떤 것이 자기를 섬으로 삼고 의지처를 삼는 것이고, 어떤 것이 법을 섬으로 삼고 의지처로 삼은 것입니까?"

"4념처를 관찰하는 것이다."

〈순타경, 638〉

부처님께서 마투라국 발타라강가 산개암라 숲에 계실 때, 사리불이 열반한 뒤 얼마 되지 않아 달 밝은 날 저녁 포살하는 장소에서 말씀했다.

"내가 대중을 보니 텅빈 것 같구나. 사리불 목건련이 열반했기 때문이다. 그들은 설법도 잘했고, 훈계도 잘하고 변설이 좋아 만족스럽게 가르쳤다. 세상에는 두 가지 재물(금전과 법)이 있는데 우리는 이미 금전을 떠났고, 법재를 가지고 살았는데, 사리불과 목건련이 열반하였다고 괴로워하지 말라. 무성한 나무 가운데 큰 가지가 먼저 부러지는 것과 같고, 보배산에서 큰 바위가 먼저 굴러 떨어지는 것과 같아 생긴 법, 일어난 법, 지어진 법, 만들어진 법은 결국 무너져 없어지는 법이니, 자기를 섬으로 삼고 의지하고 법을 섬으로 삼고 의지하라."

〈포살경, 639〉

잡아함경 제25권

법멸진상경(法滅盡相經) · 아육왕시반아마륵과인연경(阿育王施半阿摩勒果因緣經)

부처님께서 아난 존자에게 예언하였다.

"마투라국 어떤 상인이 굴다(掘多)라는 아들을 낳으면, 그 밑에서 우파굴다(優波掘多)가 태어나, 내가 죽은 뒤 100년 있다가 큰 불사를 일으킬 것이다. 저기 저 푸른 숲(우유만다산)에는, 나타발치가(那吒跋置迦)란 큰 절이 세워질 것이다."

그리고 세존께서 스스로 생각했다.

"내 법을 인 · 천 어느 한쪽에만 전하면 오래 가지 못할 것이다. 두 곳에 함께 전하겠다."

그때 제석천과 4천왕이 부처님께서 생각하시고 계신 뜻을 아시고 나타나자,

"내가 머지않아 무여열반에 들어 반열반하겠다. 내가 열반한 뒤에 그대들은 바른 법을 보호해 가지라. 동방천왕은 동방을, 남방 · 서방 · 북방천왕은 각각 자기 처소를 지켜 수호하면, 만약 천 년이 지날지라도 착한 법이 무너지지 아니할 것이다. 설사 염부제에 재앙이 생겨, 5곡이 품귀하여 많은 사람들이 굶어죽게 될 것이다. 그때 석가왕 · 야반나왕 · 발라바왕 · 도사라왕은, 나 정수리 뼈와 치아 · 발우를 동방으로 가지고 와 보관할 것이나, 서방의 발라바왕과 북방의 야반나왕, 남방의 석가왕, 동방의 도사라왕도, 탑과 절을 부수고 스님들을 죽이게 될 것이다. 그러면 스님들은 모두 중국으로 몰려 갈 것이다. 그때 구섬미국 마인다라서다왕이 손에 피를 바른 아들 난당(難當)을 낳을 것이니 누구도 그를 감당하기 어렵게 될 것이다. 구섬미왕은 관상가(相師)의 예언을 듣고 자리를 난당에게 물려주면, 그는 즉시 500대신의 아들들을 모아 4천하를 통일할 것이다."

또 4천왕에게 말했다.

"파련불읍국에 베다 경론을 통달한 아기니달다란 바라문이, 중음신을 그 아

내에게 배게 하여, 일체 경론에 통달하여 5백 바라문의 아들을 가르치고, 의학 경론에 정통한 뒤에 출가하여 3장에 다 통해 많은 사람들을 교화할 것이다.

또 파련불읍국의 상인 수다나도 착한 아들을 낳아, 세속 학문에 정통한 뒤 출가하여 아라한이 된 뒤 건타마라산에 살면서 아버지를 잃고 통곡하는, 난당왕을 위해 설법 교화함으로써, 먼저 12년 동안 4방의 왕에 의해 산화된 불교를, 거듭 살리게 될 것이다. 그렇게 하면 또 비구들은 남의 보시만 받으면서, 경서를 독송하지 않으며 홀로 선정도 닦지 않고 실없는 말로 밤을 세우며, 이양을 탐착, 출가의 뜻을 망각할 것이다. 그래서 그들은 사문의 공덕을 여의고, 법을 도적질하며 정법의 깃대를 거꾸러뜨리고, 진리의 북을 찢고 정법의 수레바퀴를 부수며, 법의 바다로 밀려 정법의 산과 성을 무너뜨려, 정법의 성과 나무를 송두리째 뽑고, 선정과 지혜를 헐며, 계율의 영락을 끊고 바른 도를 더럽혀, 8부신장의 원증의 대상이 된다.

좋지 않는 행과 나쁜 행으로 사견의 상을 무너뜨리며
계법과 법행을 버려 불법을 뽑아 없애니 믿지도 않고 항복받지도 못한다.
법을 빙자해 세상을 속여서 명리를 탐하고 악법을 행하여
불법이 망하려면 이런 일이 생긴다.

그런데 비구들에게 계를 말하는 날이 오면 싸움이 일어날 것이니 거기서 정법은 더욱 멸하게 될 것이다.

구섬미국의 500우바새가 천인들의 말을 듣고 비구들의 싸움을 노렸으니 싸움은 더욱 깊어졌다.

아아, 몹시도 괴로운 해(歲) 가엾은 중생들의 삶에서 석법(釋法)을 멸하는구나.

나쁜 수레바퀴가 정법의 수레바퀴를 부수어 안온법을 다하고 위험법은 일어나 지혜인은 이미 떠났네.

그러나 법등은 아직 꺼지지 않았으니 한량없는 온갖 복전 알맹이 취해 단단하게 나타난다."

그때 건타마라산 수라타 아라한이 이 광경을 보고 구섬미국에서 포살하는 것을 본 수라타와 한 명의 삼장은 그 제자로 이 모임은 여래 제자들의 최후의 모임이 되었고, 바라제목차를 청하여 설했으나 들은 사람도 없고 행한 사람도 없었다.

실사(失沙)의 제자 상좌 안가타가 성현들을 꾸짖자, 그만 칼을 들어 죽이니 대제목가 귀신이 이것을 보고

"오직 한 바른 비구까지 죽으니 이제는 다 되었구나."

하고 금강저를 들어 쳐 죽었다.

500우바새가 통탄하였다.

"여래께서는 세상을 불쌍히 여기고 모든 중생들을 건져주었는데, 어찌하여 출가 비구가 사람들을 죽이고 거짓을 행한다는 말인가?"

그때 세존께서 석제환인과 4선현이 천인들께 말씀하였다.

"내 겁이 멸한 때의 모습이 이와 같으니, 너희들은 슬퍼하지 말고 바른 법을 보호하라."

〈법멸진상경, 642〉

그때 아육왕이 불법을 공경하여 여러 비구들에게 물었다.

"여래의 법 안에서 큰 보시를 행한 자가 누구입니까?"

"급고독입니다."

"얼마나 보시하였습니까?"

"3천 금을 하였습니다."

그 말을 들은 아육왕도 8만 4천 탑을 일으키고, 그 탑 속에 또 백천 금을 넣고 5년 동안 모임을 가졌다. 그 모임에 3백천 명의 비구가 모이자 3백억 금을 들여 공양하였으니 제1분은 아라한이고 제2분은 학인이며, 제3분은 진실한 범부들이었다. 자신의 창고 이 외에 부인·채녀·태자·대신들의 돈까지 빌려 보시하셨으니, 모두 계산하면 96억 금이나 되었다.

이윽고 왕이 중병을 얻게 되어 목숨이 끝나려 할 때는 전생부터 가까운 친구인 라다굴다가 물었다.

"얼굴은 언제나 곱고 빛나 백천 채녀를 거느렸을 때는
저 연꽃처럼 꿀벌들이 놀았네.
이제 성왕의 모습 뵈오니 곱고 빛남 흔적도 없네."

"나는 재물과 왕위, 이 몸과 천국 그리고 갖가지 보배 끊더라도 걱정될 것 없다. 다만 근심스러운 것은 공양할 재물이 없어 얼굴빛이 자꾸만 변해가는 것이다."

"무엇이고 만들어지면 계작사로 보내 금·은·동 그릇이 다 없어지고 오직 그의 손에는 아마라륵 과일 하나가 있었는데 그것까지 보냈다."

사람들은 이 광경을 보며 미워하는 사람도 있었으나 무상을 느끼고 삼보께 귀의하는 사람도 있었다.

이렇게 하여 대왕의 뒤는 아들 삼파제와 비리하파저·비리하서나·비사수마·비사밀다라가 계승하다가 마지막 비사밀다라가 불법을 훼방하니 인도불교가 멸망하게 되었다.

〈아육왕시반아마륵과인연경, 641〉

잡아함경 제26권

지경(知經)·정경(淨經)

부처님께서 기수급고독원에 계실 때 비구들에게 말씀하였다.

"세 가지 근이 있으니 미지당지근(未知當知根 ; 見道住 16심 중 4제를 알고 싶어 하는 意·樂·善·捨·信·勤·念·定·慧의 九根), 지근(知根 ; 16심 중 수도위 預流果 阿羅漢向), 구지근(具知根 ; 無學位)이 그것이다.

"학위에 있는 자는 깨달아 알아 곧은 길 따라 그대로 나아가고
열심히 정진 부지런히 방편으로 힘써 그 마음 스스로 살펴 단속하라.
스스로 그 남(生) 다한 줄 알 듯 무애의 도를 알면
아는 것으로 해탈 얻어 마지막 구지근이 될 것이다.

거기서 동요하지 않고 마음이 해탈하면 생겨난 모든 몸 끝내고
모든 근 완전히 다 갖추어 그 근 고요함을 좋아하면서
최후의 몸 가지고 모든 악마 원수 항복 받으리."

〈지경, 642〉

"다섯 가지 근이 있으니 신(信)·진(進)·염(念)·정(定)·혜(慧)가 그것이다."

〈정경, 643〉

수다원경(須陀洹經)·아라한경(阿羅漢經)

"5근을 사실대로 관찰하면 신견(身見)·계취견(戒取見)·의견(疑見)의 3견을 없애고 수다원이 되어 다시는 악취에 떨어지지 않고 바른 깨달음 얻어 천상 인간에 7번 태어난 뒤에 완전히 괴로움 떠나리라."

〈수다원경, 644〉

"5근을 참답게 관찰하면 마음에 무거운 짐을 벗고 존재의 번뇌 여의리라."

〈아라한경, 645〉

당지경(當知經)·분별경(分別經)

"신근은 4불괴정(不壞淨)을 아는 것이고, 정진근은 4정단, 염근은 4념처, 정근은 4선(禪)이고, 혜근은 4성제이다."

〈당지근, 646〉

"깨끗한 믿음이 형성하여, 사문 · 바라문, 천 · 악마 · 범 누구도 그 마음 무너뜨릴 수 없으면 그것이 신근이고, 이미 생긴 악과 착하지 않는 법을 끊고, 이미 생긴 선과 나지 않는 선을 내면 정진근이고, 몸은 부정, 받은 것은 고통이고, 마음은 무상하고 법에는 내가 없다는 것을 깨달으면 염근이며, 거기서 4선을 얻으면 4선근이고, 고 · 집 · 멸 · 도 4제의 이치를 알면 혜근이다.

〈분별경, 647〉

약설경(略說經) · 누진경(漏盡經)

"누구나 비구가 이 5근을 닦아 세 가지 번뇌를 끊으면, 수다원이 되어 다시는 나쁜 세계에 태어나지 않고, 인천에 일곱 번 태어난 뒤에 3보리를 얻게 된다."

〈약설경, 648〉

"만일 비구가 이 5근을 닦아 번뇌를 끊으면, 모든 욕심으로부터 해탈할 것이다."

〈누진경, 649〉

사문바라문경(沙門婆羅門經) ①② · 향경(向經) · 광설경(廣說經)

"5근을 닦으면 마음에 뒤바뀐 생각을 여의고, 마침내 무상보리를 이룰 수 있다. 그러니 비구들은 믿음의 근본을 모으고 소멸시켜, 맛보고 믿음의 환(患)을 멀리 여의어 하늘 · 마 · 범 · 바라문 · 사문들에게 현혹되지 말아야 한다."

〈사문바라문경 ①②의 650 · 651〉

"만일 비구가 5근을 능력 따라 알고 완전하게 갖추면 아라한이 될 것이다."

〈향경, 652〉

"만일 비구가 이 다섯 가지를 갖추면 아라한이 되어 구분해탈(俱分解脫)을 하고, 그보다 약하면 신증(身證 ; 不還果)을 얻고, 그보다 약하면 견도(見道 ; 頭流

果)를 얻고, 그보다 약하면 신해탈을 얻고, 그보다 약하면 일종(一種), 그보다 약하면 사다함(斯陀含), 그보다 약하면 가가(家家), 그보다 약하면 7유(有), 그보다 약하면 법행(法行), 그보다 약하면 신행(信行)을 얻나니 이것이 근・과(根・果) 바라밀을 안다고 하는 것이다."

〈광설경, 653〉

혜근경(慧根經)①~⑥・고단경(苦斷經)

"마치 5근은 지붕의 용마루와 같다."

"신근은 4불괴정이고 정진은 4정안이며, 염근은 4념처이고 정근은 4선, 혜근은 4제이다."

"혜근을 성취하면 신근을 닦아 떠날 것(離)이고, 무욕을 의지하여 평정(捨)에 나아가 모든 근을 성취하게 될 것이다."

"5근을 성취하면 무명을 벗어나 마침내 보리를 이루고 반열반을 성취할 것이다."

〈혜근경 ①~⑥의 654~659〉

"5근을 성취하면 이 세상의 온갖 고통을 끊고(苦斷), 완전히 고통에서 벗어나며(究竟苦邊), 그렇게 고통을 다하고(苦盡), 고통을 쉬어(苦息), 고통 없애고(苦沒), 고통의 하류를 건널 것(度苦流)이며, 모든 결박에서 벗어나 3세 물질의 훼손에 피해를 입지 않을 것이다."

〈고단경, 660〉

이력경(二力經)①~③・삼력경(三力經)①~③・사력경(四力經)

"두 가지 힘이 있다. 생각하는 힘(數力)과 닦는 힘(修力)이다. 몸으로 나쁜 짓을 하면 후세에 나쁜 과보 생기나니, 만일 몸으로 나쁜 짓을 행하면 내 자신도 뉘우치고 남도 뉘우치게 하고, 스승과 대덕 범행자들도 뉘우치게 하나니, 이것이 목숨이 마친 뒤에 지옥에 태어나지 않는 것이다. 이렇게 3독에서 벗어나 4념처를 닦고, 4정단·4여의족·5근·5력·7각분·8정도·4도(道)·법구(法句)·지관(止觀)을 닦으라."

〈이력경 ①~③의 661~663〉

"세 가지 힘이 있으니 신·진·혜력(信·進·慧力)이다. 누구나 이 법을 여의면 힘을 얻게 되어 사문·바라문·마·범·하늘에 현혹되지 않는다."

〈삼력경 ①~③의 664~666〉

"또 네 가지 힘이 있으니 신·진·염·혜력이니 이것이 있으면 깨닫는 힘(覺力)·정진력·무죄의 힘(無罪力)·포섭력(攝力)이 생긴다."

〈사력경, 667〉

사섭사경(四攝事經)·섭경(攝經)

가장 뛰어난 보시는 법시(法施)이고, 부드러운 말은 애어(愛語)이며, 이익을 주는 것은 행이고(利行), 뛰어난 일은 동사(同事)이다. 이 네 가지를 통해서 4과를 이룬다."

〈사섭사경, 668〉

"모든 법 가운데서 많은 사람들이 취하는 것은 4섭법이다. 4섭법은 수레의 네 바퀴와 같다."

〈섭경, 669〉

사력경(四力經)①~③ · 오력경(五力經) 등

"비구가 이 네 가지 일을 성취하면 다섯 가지 공포에서 벗어난다. 불활공포(不活恐怖) · 악명공포(惡名恐怖) · 중중공포(衆中恐怖) · 죽음의 공포(死恐怖) · 악취공포(惡趣恐怖)가 그것이다.

네 가지 힘은 길러가는 사람은, 신 · 구 · 의 3업으로 부정행을 하지 말라. 깨달음의 힘과 지혜(慧 · 大慧 · 深慧 · 難勝慧)가 중심이고, 정진은 선법이니 불선법(不善法 · 不善法數 · 黑 · 黑數 · 有罪 · 有罪數 · 不應親近 · 不應親近數)이다.

이러한 것들을 닦아 익히고 증장시키고, 정진 · 노력하면 정진력이 늘어나 모든 공포에서 벗어나게 된다."

〈사력경 ①~③의 670~672〉

"다섯 가지 힘이 있으니 신 · 진 · 염 · 정 · 혜가 그것이다."

〈오력경, 673〉

"마땅히 배워 알고 힘을 길러 성취하라. 널리 배워 익히면 힘이 생길 것이다."

〈五力當成經, 674 · 當知五力經, 675 · 當學五力經, 676 · 五學力經, 677 · 當成學力經, 678 · 廣說學力經, 679 · 當成學力經, 680〉

백법경(白法經) ①② · 불선법경(不善法經)

"착한 법에서 변하거나 물러나거나 오래 머물지 않는 사람은 5력의 백법을 성취하여 모든 불선법을 여의고 선법을 성취한다."

〈백법경 ①②의 681 · 682〉

"비구가 착하지 않는 법이 생기지 않도록 하려면 오직 착한 법을 믿으라."

〈불선법경, 683〉

십력경(十力經) · 유모경(乳母經)

"만일 비구가 색을 싫어하는 마음이 생겨, 욕심을 여의어 아주 없애고 일으킴이 없이 해탈하면, 이것이 아라하삼먁삼불타(應供 · 等正覺)이니, 수 · 상 · 행 · 식도 마찬가지다. 여기서 법안(法眼)이 생기나니 37조도품도 마찬가지다. 여래는 이것에 의해 처 · 비처(處 · 非處)도 알고 업의 과보도 알며, 선정 · 해탈 · 삼매가 악에 물들었는지 안들었는지도 알고, 중생들의 갖가지 생각과 경계를 알고, 과거 세상의 일을 알고, 여기서 죽어 저기 태어나는 것도 알고, 악취에 태어나는 것도 보고, 모든 번뇌에서 해탈했는지 안했는지도 안다."

〈십력경, 684〉

"유모가 어린 아이들을 보살펴 젖을 먹이고 목욕시키고 하듯이, 여래도 중생을 보살펴 힘이 생기면 독립시킨다."

〈유모경, 685〉

사자후경(獅子吼經) ①② · 칠력경(七力經)

"여래에게는 여섯 가지 힘이 있으니
① 이치에 맞고 맞지 않는 것을 아는 힘이고,
② 3세의 고락과 성쇠를 얻으며,
③ 선정 · 해탈 · 삼매 · 정수를 알고,
④ 과거 전생의 일을 알며,
⑤ 여기서 죽어 저기 태어나는 것을 알고,
⑥ 번뇌가 다한 것과 다하지 못한 것을 안다."

〈사자후경 ①②의 686 · 687〉

"일곱 가지 힘이 있으니 믿는 힘과, 정진력 · 참 · 괴력 · 염력 · 선정력 · 지혜력이 그것이다."

〈칠력경, 688〉

"그러니 마땅히 이 일곱 가지 힘을 배워 힘을 기르라."

〈當成七力經, 689 · 七力經, 690 · 廣說七力經, 691〉

팔력경(八力經) · 여래력경(如來力經) 등

"여덟 가지 힘이 있으니 ① 자재왕자력(自在王子力) ② 단사대진력(斷事大臣力) ③ 결한여인력(結恨女人力) ④ 제읍녕아력(啼泣嬰兒力) ⑤ 훼자우인력(毁呰愚人力) ⑥ 심제힐혜(審諦黠慧) ⑦ 인욕출가력(忍辱出家力) ⑧ 계수다문력(計數多聞力)이 그것이다."

〈팔력경, 692〉

① 자재왕자력은 왕이 자재로 위력을 나타내는 것이고
② 단사대신력은 대신들이 일을 처리하는 힘을 가진 것이며,
③ 결한여인력은 여자는 원한을 잘 맺는 특성을 가진 것이고,
④ 제읍영아력은 아이의 특정상 우는 힘을 나타낸 것이며,
⑤ 훼자우인력은 어리석은 사람은 일을 당하면 맞닥뜨려 비방하는 것이고,
⑥ 심제힐혜란 지혜인은 언제나 자세하고 미묘하게 살피는 것이며,
⑦ 인욕출가력은 출가한 사람이 인욕을 잘하는 것이고,
⑧ 계수다문력은 많이들은 사람이 언제나 생각하고 헤아리는 것이다."

〈광설팔력경, 693〉

사리불이 물었다.
"번뇌가 다한 비구는 몇 가지 힘이 있습니까?"
"여덟 가지가 있으니
① 마음이 멀리 떠나,
② 성현의 경지에 흘러들고,

③ 떠나는 것을 떠내려 보내,
④ 벗어남에 들고,
⑤ 5욕락을 불구덩이처럼 보고,
⑥ 집착에서 벗어나,
⑦ 열반의 길에 나아가,
⑧ 37조도품을 닦는다."

〈사리불문경, 694 · 이비구문경, 695 · 제비구문경, 696〉

"여기 수력(修力)을 더하면 구력이 되고, 그것을 다시 구체적으로 설하면 광설구력이 된다."

〈구력경, 697 · 광설구력경, 698〉

"≪8력경≫에 기관공교력(機關工巧力)과 도검적도력(刀劍賊盜力)을 보태면 ≪10력경≫이 되고, 그것을 널리 설하면 ≪광설10력경≫이 된다. 여래께서는 항상 이와 같은 힘을 가지고 스스로의 삶을 개척하고 중생들을 깨우치셨다."

〈십력경, 699 · 광설십력경, 700 · 여래력경 ①~③의 701~703〉

부정사유경(不正思惟經) · 불퇴경(不退經)

"만일 바르게 생각하지 아니하면 아직 일어나지 않았던 탐욕이 일어나고, 성냄과 어리석음, 수면 · 도회(掉悔) · 의심이 일어나, 염각지(念覺支) · 택법각지(擇法覺支) · 정진각지(精進覺支) · 의각지(猗覺支) · 희각지(喜覺支) · 정각지(定覺支) · 사각지(捨覺支)가 일어나지 아니할 것이다."

〈부정사유경, 704〉

"그러면 거기서 물러나지 아니하려면 어떻게 해야 하는가. 염 · 택 · 진 · 의 · 희 · 정 · 사각지를 닦으라."

〈불퇴경, 705〉

개경(蓋經) · 장개경(障蓋經) · 칠각지경(七覺支經)

"다섯 가지 법이 있어 사람의 마음은 어둡고 캄캄하게 하니, 탐내고 · 성내고 · 잠자고 · 도회 · 의심이 그것이다."

〈개경, 706〉

"마치 이것은 보자기를 머리 위에 씌운 것과 같아서, 밝은 눈을 장애하고 어둡게 한다."

〈장개경, 707〉

수경(樹經) · 칠각지경(七覺支經)

"처음 번뇌가 일어날 때는 작은 씨앗과 같아서 작지만, 장차 커지면 건차야수 · 가패다라수 · 아습파타수 · 우담발리수 · 니구유다수처럼 커지게 되니, 일곱 가지 각지를 닦아 익혀 다스려라."

〈수경, 708〉

"일곱 가지는 염각지 · 택법각지 · 정진각지 · 의각지 · 희각지 · 정각지 · 사각지가 그것이다."

〈칠각지경, 709〉

청법경(聽法經) · 무외경(無畏經) ①②

"법을 듣고 깨끗한 믿음을 갖는 이는, 마음에 해탈을 얻어 지혜가 생기므로, 무명을 벗어나 5개에서 벗어날 수 있다."

〈청법경, 710〉

"마치 왕자가 처음 태어나면서부터 두려움이 없는 것과 같이, 7각지를 깨달은 사람은 어느 곳에 가도 두려움이 없다."

〈무외경 ①②의 711·712〉

잡아함경 제27권

전취경(轉趣經)·화경(火經)

부처님께서 기사굴산에 계실 때 탁발 가던 비구들이 시간이 일러 외도들 있는 곳에 들렸더니

"마음을 덮고 지혜를 약화시키며 장애가 되므로 열반으로 나아가지 못하게 하는 것은 5개(蓋)이니 마땅히 너도 끊고 4념처에 머물러 7각지를 닦아야 하는 것은 우리가 같은데 무엇이 불교가 다른 힘이 있는가."

하자, 비구들은 기분이 나빠 떠난 후 탁발하고 와서 부처님께 아뢰니

"5개에는 내외 10개가 있고, 7각지에는 내외 14개가 있는데 그들에게 묻지 못했는가."

하고 이를 구체적으로 설명하였다.

〈전취경, 713〉

"외도들은 잘못하면 성을 내기 때문에 어떤 때 각분을 닦고, 어떤 때는 닦지 아니해도 되는지 차근차근 물으라. 아직까지 외도로써 내외 법을 통달해 답변하는 것을 보지 못했기 때문이다. 마음이 약해 망설이는 사람에겐 의각지·정각지·사각지를 닦지 말고, 택법각지·정진각지·희각지를 닦아야 하기 때문이다. 만일 이렇게 들뜬 마음과 가라앉은 마음을 가지고 염각지를 거두면 일체에 모두 도움이 되기 때문이다."

〈화경, 714〉

식경(食經)·일법경(一法經) ①②·사리불경(舍利弗經)

"탐욕은 접촉이 자양분(食)이고, 진에는 장애이며, 수면은 쇠약, 불락·하품·과식·게으름이 자양분이 되고, 도회는 친족·대중·천인·즐거운 경험이 자양분이 되며, 의개(疑蓋)는 3세의 망설임, 염은 4념처, 택법은 선택법, 정진은 4정단, 희는 경계법, 의는 신심의 휴식, 정은 4선, 사는 단(斷), 무욕·멸계가 자양분이다.

그러므로 탐욕에는 부정관이 약이고, 진에는 자비, 수면에는 비침(明照), 도회에는 고요히 머묾(寂照), 의개는 연기, 염에는 4념처, 택법에는 선악, 정진에는 4정단, 희에는 기쁨, 의에는 휴식이 약이다.

그러니 수행자는 마땅히 살펴 불어나게 하는 것은 줄이고, 줄어진 것은 더욱 불어나게 하여 마음 속을 깊이 다잡아야 한다."

〈식경, 715〉

"비구들아 안팎의 모든 법을 살펴 5개(蓋)가 생긴 것은 더 이상 생기지 않게 하고, 5개를 벗기는 것에 대해서는 안팎으로 잘 살펴야 한다."

〈일법경 ①②의 323·324〉

"부처님께서 기수급고독원에 계실 때도 사리불이 비구들에게 그렇게 설하셨다. 7각지에는 생각의 깨달음·법가림·정진·기쁨·쉼·선정·버림의 깨달음이 있다. 여기에는 청정·순일하여 일어날 때, 없어질 때, 사라질 때를 안다."

〈사리불경, 718〉

우파마경(優波摩經)·아나율경(阿那律經)

부처님께서 파련불 읍 계림정사에 계실 때 아제목다 존자가 우파마 존자에게 물었다.

"비구가 어떤 방편을 알아야 7각지를 잘 닦을 수 있습니까?"

"몸과 마음이 잠과 들뜸 회한을 항복받아야 합니다."

〈우파마경, 719〉

부처님께서 기수급고독원에 계실 때 여러 비구들이 송림정사에 있는 아나율 존자에게 물었다.

"존자께서는 방편을 알아 7각지를 닦을 때 즐거움에 머물 수 있습니까?"

"염각지를 닦아 잘 사색하면 모두 알 수 있습니다."

〈아나율경, 720〉

전륜왕경(轉輪王經) ①② · 연소경(年少經)

"전륜성왕이 세상에 나타날 때는 7보가 나타나듯 여래가 세상에 나타나면 7각지가 나타난다."

〈전륜왕경, 721 · 722의 ①②〉

"연소한 비구들은 법을 들을 때 장로들을 잘 받들어 공양해야 한다. 그렇게 하면 깊고 묘한 법을 들어 몸과 마음이 편안하게 되기 때문이다."

〈연소경, 723〉

봉사과보경(奉事果報經) · 불선취경(不善趣經)

"5계를 지키고 덕을 닦으며 제 자신에 대하여 참괴심을 가지면 진실한 법을 성취하게 된다."

〈봉사과보경, 724〉

"착하지 않는 법은 5개이고, 착한 법은 7각지이다."

〈불선취경, 725〉

선지식경(善知識經)·구이나갈경(拘夷那竭經)

부처님께서 왕사성 협곡정사에 계실 때 아난이 선정 중에 "범행은 선악·선지식을 반반씩 따르는 것인가?" 하고 의심하여 부처님께 나아가 물으니 "범행은 순수하고 원만하며, 깨끗하고 맑은 것이라 선지식을 따라도 악지식은 따르지 않는 것이다"고 하셨다.

〈선지식경, 726〉

부처님께서 역사 마을에 유행하시다가 구이나갈성 희련나 중간에 울다라승을 네 겹으로 깔고 누우셔서 아난에게 분부하였다.

"너는 7각지를 설명해 보라."

"7각지는 부처님께서 깨달으신 뒤 염·택법·정진·희·의·정·사각분을 멀리 여의고 욕심 없음에 의존하여 소멸하고 버리는 것입니다."

하고 특히 정진에 대해서 구체적으로 설명하니

"그래 정진만으로도 등정각을 얻을 수 있다."

고 하시고 부처님께서 삼매에 들자 어떤 비구가 찬탄하였다.

아름답고 묘한 법 즐겨 들으시려고
병환 참고 남에게 말해 보라 하셨네.
분부 받고 비구가 낱낱이 7각지를 설명하니
장하여라 아난 존자, 밝은 지혜 묘한 말씨
더러움은 없어지고 깨끗한 법 생겨나네.

〈구이나갈경, 727〉

설경(說經)·멸경(滅經)·분경(分經)·지절경(支節經)·기경(紀經)·칠도품경(七道品經)

여기에서도 위와 같이 7각지에 대해서 부처님께서 비구들에게 설하였다.

〈설경, 728·멸경, 729·분경, 730, 지절경, 731, 기경, 732, 칠도품경, 733〉

과보경(果報經) ①~③·칠종과경(七種果經)

"만일 비구가 이와 같이 7각지를 닦아 익히면 두 가지 과보를 받으니 하나는 현세에서는 무여열반을 얻고 다른 하나는 아나함과를 얻고", 그와 다른 내용에는 네 가지 과와 복된 이익을 얻는데 "수다원·사다함·아나함·아라한과를 얻는다."

〈과보경 ①~③의 738~740〉

"만일 현세에서 열반의 즐거움을 얻지 못하더라도 목숨이 마칠 때 얻고, 또 5하분결을 다해 중반열반을 얻고, 생반열반·무행반열반·유행반열반·상류반열반을 얻게 된다."

〈칠종과경, 736〉

부정관경(不淨觀經)·수사념경(隨死念經)

"부정관을 닦으면 염각지를 얻어 멀리 여윔에 의존하고, 욕심 없음과 소멸에 의존하여 열반으로 향하게 된다. 택법·정진·희·의·정·사각지에서도 마찬가지다."

〈부정관경, 741〉

"만약 비구가 죽음에 대한 생각을 닦아 익히고 많이 닦아 익히면 복된 이익을 얻는다."

〈수사념경, 742〉

자경(慈經) ①② · 공경(空經)

부처님께서 석씨 황침읍(黃枕邑)에 계실 때 외도정사에 갔던 비구들이 돌아와

"외도들이 5개를 끊지 않으면 마음으로 고뇌하고 지력이 약해져서 장애되므로 열반으로 나아가지 못한다고 했다."

고 하자

"어떻게 그것을 닦고 증득하는가. 증득한 결과는 무엇인가. 물어보지 그냥 왔느냐."

하시면서

"7각지 뿐만 아니라 4무량심에 대해서도 그렇게 묻고 자잘못을 알아야 한다."

고 하셨다.

〈자경 ①②의 743 · 744〉

"비구가 공입처(空入處 ; 念覺支)를 닦아 익히면 멀리 여윔, 욕심 없음, 고요함에 의하여 열반으로 나아가게 된다. 말하자면 공입처와 같이 식입처 · 무소유처 · 비상비비상처의 3경계에 대해서도 마찬가지다."

〈공경, 745〉

안나반나념경(安那般那念經) · 무상경(無常經)

"만일 비구가 안나반나념(出入息念 ; 數息觀)에 수반하는 염각지를 닦으면 멀리 여윔, 욕심 없음과 고요함에 의하여 열반으로 나아가게 된다."

〈안나반나염경, 746〉

"만일 비구가 무상하다는 생각으로 염각지를 닦으면 욕심을 없애고 열반으로 나아가게 된다. 무상상과 같이 무상고상 · 관식상 · 일체세간 불각석상 · 진상(盡

想)・단상(斷想)・무욕상(無欲想)・멸상(滅想)・환상(患想)・부정상(不淨想)・청어상(靑瘀想)・농체상(膿涕想)・봉장상(胮脹想)・혈상(血想)・골상(骨想)・분리상(分離想)・공상(空想)에서도 마찬가지다."

〈무상경, 747〉

잡아함경 제28권

일출경(日出經)・무명경(無明經) ①②

부처님께서 사위국 기수급고독원에 계실 때 비구들에게 말씀하셨다.

"해가 뜰 때 전조가 이른 새벽의 첫 모습과 같이 비구 공부의 전조는 정견이다. 정견에 의해 정지・정어・정업・정명・정방편・정념・정정・정수(正受)에 들기 때문이다."

〈일출경, 748〉

"무명이 앞서 나타나는 현상이 되면 온갖 악하고 착하지 않는 법이 생긴다. 착하지 않는 법 가운데서도 무참・무괴하면 사견에 들어 삿된 뜻・죽은 말(死語)・사업・사명・사방편・사념・사정이 나타나니 밝은 마음(明)을 의지하여 명정(明定)에 들어야 할 것이다. 상・하의 법도 마찬가지다."

〈무명경 ①②의 749・750〉

기경(起經)・가마경(迦摩經)

"재가자 출가자가 삿된 일을 일으키면 나는 칭찬하지 않는다. 그들은 바른 법을 좋아하지 않기 때문이다."

〈기경, 751〉

부처님께서 고독원에 계실 때 가마 비구가 와서 물었다.

"어떤 것이 탐욕입니까?"

"다섯 가지 욕심의 공덕을 말한다. 눈은 색을, 귀는 소리를, 코는 냄새를, 혀는 맛을, 몸은 촉감을 통해 사랑하는 마음을 내고 기분 좋아지게 하고 즐거워하다가, 마침내 거기 집착하여 애욕을 끊지 못하기 때문이다."

"그러면 어떻게 하여야 그를 끊을 수 있겠습니까?"

"8정도를 닦아라."

〈가마경, 752〉

아리슬타경(阿梨瑟吒經)·사리불경(舍利佛經)

아리슬타 비구가 물었다.

"어떤 것이 감로입니까?"

"열반이다. 8정도를 닦으면 열반이 나타난다."

〈아리슬타경, 753〉

사리불이 물었다.

"세존이시여, 어떤 것이 성현의 등삼매입니까?"

"7각지·8정도이다."

〈사리불경, 754〉

<비구경, 755~757>도 마찬가지다.

외경(畏經) · 수경(受經)

"비구들아 어버이나 자식이 없어 두려워하는 자도 있고 어머니나 자식이 있어 두려워하는 자도 있으니, 어머니와 자식이 없는 두려움은 첫째, 전쟁에 이산가족이 되거나 둘째, 큰 불이 났을 때 셋째, 산중에서 홍수 재해를 만났을 때이고,

어머니와 자식이 없는데서 일어나는 두려움은 첫째, 늙고 둘째, 병들고 셋째, 죽음에 다달았을 때이다.

이것은 누구도 대신할 수 없고 스스로 겪는 자만이 겪어야 하는 고통이다. 8정도가 아니면 처방이 없다."

〈외경, 758〉

"세 가지 느낌이 있으니 첫째, 무상한 것이고 둘째, 유위심이며 셋째, 반연하는 데서 생기는 고 · 락 · 사(不苦不樂)이다."

〈수경, 759〉

삼법경(三法經) · 학경(學經)

"여기 세 가지 기뻐할만한 것도 사랑스러운 것도 기억할만한 것도 아닌 것이 있으니 늙고 병들고 죽는 것이다."

〈삼법경, 760〉

"마땅히 배워야 할 것은 8정도이고, 더 이상 배울 것 없는 사람은 무학이다."

〈학경, 761〉

누진경(漏盡經) · 팔성도분경(八聖道分經)

"번뇌가 다한 성자는 무학으로써 8정도를 이룬 사람이다."

〈누진경, 762〉

"세상에는 여덟 가지 성스러운 도가 있으니 8성도이다."

〈8성도분경, 763〉

수경(修經) ①② · 청정경(淸淨經)

"8성도는 과거에도 닦은 성스러운 길이지만 미래에도 마찬가지다."

〈수경 ①②의 764 · 765〉

"만일 비구가 바른 견해를 가지고 청정한 생활을 할려면 8정도를 닦아야 한다."

〈청정경, 766〉

취경(趣經) · 반경(半經)

"불선취(不善聚)는 오개(五蓋)이고 선취는 8정도다."

〈취경, 767〉

아난 존자가 선정 속에서
"범행의 절반은 선지식과 도반, 착한 일을 따르는 것이다."
라고 생각하고 부처님께 나아가 물었다.
"어떤 이를 선지식이라 합니까?"
"바른 견해를 가진 이다. 도반 · 착한 일도 마찬가지다."

〈반경, 768〉

바라문경(婆羅門經) · 사경(邪經)

아난이 흰 수레에 흰 옷을 입고 지나가는 바라문 권속들을 보고 부처님께 그

소감을 말하자, 게송으로 말씀하셨다.

"믿음과 계율로 법 수레를 삼고 참괴로써 고삐를 삼아
바른 생각 잘 지켜 가면 이것이 훌륭한 제어자다.

평정과 삼매로 멍에를 삼고 지혜와 정진으로 바퀴를 삼으며
집착 없어 참음의 갑옷을 입고 안온하게 법답게 행하는 이
이것이 무지의 원수를 항복받는 법수레다.

〈바라문경, 769〉

"바른 견해가 없는 것은 모두가 삿된 것이다. 하물며 하늘에 제사지내고 조상을 받드는 일이겠는가."

〈사경, 770〉

피안경(彼岸經) ①~④ · 정부정사유경(正不正思惟經)

어떤 바라문이 물었다.

"어떤 것이 피안입니까?"

"8정도로 생사의 바다를 건너간 곳이 피안이고, 8사를 어정거리고 있는 것은 이 언덕이다."

〈피안경 ①~④의 771~774〉

"비구들아 그대들은 안팎으로 착한 법을 닦아서 불어나게 하고, 사법을 닦아 악한 법이 불어나게 하지 말라."

〈정부정사유경 ①~③의 775~777, 정부정사유경, 781〉

선악지식경(善惡知識經) · 비법시법경(非法是法經)

"선을 키우고 악을 그치게 하는 데는 선지식과 도반, 선법이 제일이니 악지식과 악한 도반, 악한 일을 따르지 말라."

〈선악지식경, 778~780〉

"선지식은 바른 길로 나아가는 길잡이다."

〈선지식경, 779〉

"그릇된 법을 가까이 하지 말고 올바른 법을 가까이 하라."

〈비법시법경, 782〉

단탐경(斷貪經) · 사정경(邪正經)

부처님께서 구담미국 구사라 동산에 계실 때 어떤 바라문이 존자 아난에게 물었다.

"당신은 무엇 때문에 사문 구담에게 출가 하였습니까?"

"3독을 끊기 위해서입니다."

"그것을 끊는 길이 있습니까?"

"8성도가 있습니다."

"참으로 현명한 방도입니다. 그대로 닦으면 반드시 열반을 얻고, 싫어 떠나 열반으로 나아갈 것이니, 사문의 도리를 알아 해탈하고 괴로움을 끊고 벗어나, 마침내 괴로움을 다할 것입니다."

〈단탐경, 783〉

부처님께서 기수급고독원에 계실 때 비구 스님들께 말하였다.

"바른 견해에는 보시와 설법, 재 · 선행이 있고, 악한 행위에 그만한 과보가 있는데, 이 세상이 있고 다른 세상이 있는 것을 알아야 한다.

바른 뜻에는 불에지(不恚志)·불해지(不害志)가 있어 출요의 뜻(出要志)가 있으며,

바른 말에는 망어·기어·악구·양설을 여읜 것이다.

어떤 것이 바른 생각인가. 의복·음식·탕약·침구을 법답게 구해 쓰는 것이다.

바른 방편(정진)은 꾸준히 힘써 번뇌를 여의고 항상 물러나지 않는 것이고,

바른 생각은 바른 생각을 따라 잊지 않는 것이며,

바른 선정은 굳은 신념으로 어지럽지 않는 것이고,

바른 선정은 바른 삼매 속에서 한마음을 성취하는 것이다."

〈사정경, 784〉

이것을 구체적으로 설한 것이 ≪광설팔성도경, 785≫이고 법을 이기고 저버리게 되는 것이 ≪향사경(向邪經), 786≫이다.

사견정견경(邪見正見經) ①② · 생문경(生聞經)

"사도에 빠지면 정법을 좋아하지 않고 정법을 즐기면 삿된 길에 빠지지 않는다. 10악업은 삿된 길이고, 10선업은 바른 길이다. 마치 땅 속의 종자가 본래 쓰면 지·수·화·풍의 4대 맛을 다 보아도 쓴 것 같고 달면 단 것 같다. 그러므로 더러운 법 가까이 하지 말고 방일하지 말며, 삿된 법 익히지 않으면 이 세상을 자라게 한다."

〈사견정견경 ①②의, 787·788〉

생문 바라문이 부처님께 물었다.

"정견이 무엇입니까?"

"첫째, 세상을 바른 길로 인도하는 것이고 둘째, 성인과 출세간의 정견에 번뇌가 없고 집착이 없고 바른 괴로움을 없애, 괴로움에 끝을 보이는 것이다."

〈생문경, 789〉

≪사정경(邪正經) ≫ ①~③의 790~792도 마찬가지다.

순류역류경(順流逆流經) · 사문사문과경(沙門沙門果經)

"바른 견해와 바른 선정은 순류이고, 그것을 거스리면 역류이다."

〈순류역류경, 793〉

"8정도를 바로 행하여 바른 결과를 얻으면 사문사문과경이고, 3독에 영원히 다하여 일체 번뇌가 다하여 사문의 과를 얻는다."

〈사문사문과경, 794〉

≪沙門法沙門義經, 795 · 798 · 沙門法沙門果經, 796 · 797 · 沙門果經, 799 · 婆羅門經, 800≫에서도 마찬가지다.

잡아함경 제29권

오법경(五法經) · 안나반나념경(安那般那念經) ①②

"다섯째 수식관이 있으니
① 청정한 계에 머물러 위의를 갖추고 가는 곳마다 원만하게 하는 것이고,
② 욕심과 일을 적게 하여 업무가 적은 것이며,
③ 음식 분량을 알아 많건 적건 욕심을 부리지 않는 것이고,
④ 잠에 빠지지 않고 열심히 정진하는 것이고,
⑤ 텅빈 숲속에 시끄러움을 떠나 선정을 얻는 것이다.
이렇게 하면 누구나 안나반나념으로부터 각관을 순일하게 한다."

〈오법경, 801・안나반나념경 ①②의 802・803〉

단각상경(斷覺想經)・아리슬타경(阿梨瑟吒經)

"안나반나념을 닦는 사람은 거친 생각(覺想)을 끊을 수 있다. 흔들리지 않으면 누구나 큰 과(果)・복리・감로・2과・4과・7과를 얻는다."

〈단각상경, 804〉

아리슬타 비구가 아뢰었다.

"저는 안나반나념은 3세의 일을 돌아보지도 않고 기억하지도 않고 안팎에 주착(住著)이 없이 하였습니다."

"잘했다. 그것이 진실로 안나반나념이다."

〈아리슬타경, 805〉

계빈나경(罽賓那經)・일사능가라경(一奢能伽羅經)

부처님께서 기수급고독원에서 걸식을 마치시고 안타림에서 낮 선정에 드셨을 때, 존자 계빈나도 선정에 들었다. 부처님께서 숨이 멸함을 관찰하면 이것을 삼매라고 하고, 비구가 단정이 앉아 사유하면 몸과 마음이 움직이지 않아 묘한 선정에 머물 수 있다고 하셨다.

〈계빈나경, 806〉

부처님께서 일사능가라 숲에 계실 때

"나는 두 달 동안 선정에 들려고 하니 밥을 가져오는 비구나 포살을 제외하고는 누구도 오지 말라."

고 하셨다. 그리고 두 달 동안 부처님께는 안나반나염을 닦았다. 거친 생각도 쉬고 미세한 생각도 들어오지 않게, 이것이 성인 머무는 장소이고 하늘・범, 학・무학 여래가 머무는 장소이다."

〈일사능가라경, 807〉

가마경(伽磨經)·금강경(金剛經)

부처님께서 카필라국 니구율원에 계실 때 석씨 마하남은 존자 가마를 찾아가 물었다.

"어떻습니까. 배울 것이 있는 이의 마음은 곧 여래의 머뭄입니까?'

"그렇습니다. 배울 것이 있는 이들의 마음은 5개(蓋)를 이미 끊고 머물기 때문입니다."

〈가마경, 808〉

부처님께서 금강 발구마강 곁 살라리 숲 속에 계실 때 비구들에게 부정관을 가르쳤다.

"부정관을 잘 닦으면 큰 결과가 있다."

그런데 그로인해 칼로 찔러 죽고 독약 먹고 목매 자살하는 자도 생기고, 바위에서 떨어져 죽고 남을 시켜 죽이게 하여 죽는 자도 있었다.

녹림 범지가 그의 아들에게 죽음을 요청하자 아버지를 죽인 녹림 범지의 아들은 옷과 발우를 얻고 그 칼로 발구마 강변에 가서 씻었다. 그때 악마의 하늘이 찬탄했다.

"잘했다 녹림 범지의 아들이여, 소원 있는 사에세 소원을 성취시켜 주고 고통있는 자에게 고통을 없애 주었으니."

"그렇다면 나는 진실로 복덕인인가."

하고 여러 선방을 다니면서

"누구고 죽임을 원하는 자가 있으면 내가 죽여주리라."

이렇게 하여 죽인 사람이 60명에 이르렀다고 아난이 부처님께 아뢰니, 부처님께서는

"어찌하여 이런 일을 하였느냐?"

"고통을 벗겨주기 위해서 했습니다."

"이놈아. 죽은 뒤에 그가 고통이 있는 세계에 가 태어날지 열반행에 가서 태어날지 누가 알겠느냐. 만일 배안에 병신이 된다면 어떻게 수행할 수 있으며, 3도고에 빠지면 누가 구제 하겠느냐!"

〈금강경, 809〉

아난경(阿難經) · 금비라경(金毘羅經)

부처님께서 금당촌 발구마강 살라라 숲 속에 계실 때 아난 존자가 선정 후 찾아와 물었다.

"네 가지 법을 만족하면 일곱 가지 법이 만족되고, 두 가지 법을 만족하게 됩니까?"

"안나반나념 한 가지에 능하면 4념처에 만족하고, 7각분에 만족하여 명(明智) 해탈(解脫)을 얻게 될 것이다."

〈아난경, 810〉

이렇게 금비라 마을 금비라 숲 속에서 금비라에게 말씀하셨다.

"법을 법으로 관하는 생각에 머물면 안으로 잘 생각하여 비구가 방편으로 네 가지 생각하는 곳을 닦는 것이다."

〈금비라경, 813〉

불피경(不疲經) · 포살경(布薩經)

부처님께서 기수급고독원에 계실 때,

"너희들은 안나반나념을 닦으면 몸은 피곤하지 않고, 눈은 싫어하거나 좋아하지 않으며, 관법을 따라 즐겁게 머물고 깨달아 즐거움에 집착하지 않는다. 만일 비구가 탐욕과 악하고 불선의 법을 여의고, 거친 생각(覺)과 미세한 생각(觀)은 있지만 악을 여읨으로 기쁨과 즐거움이 생겨, 초선에 머물고, 두 번, 세 번, 네 번째 선정을 바라며, 자 · 비 · 희 · 사를 바라며, 공입처 · 식입처 · 무소유입처

· 비상비비상입처를 바라며, 수다원과 · 사다함과 · 아나함과를 얻고, 타심지 · 숙명지 · 생사지 · 누진지를 구하려면 안나반나념을 닦아야 하며, 이로 인해 큰 결과와 복리를 얻는다.”

〈불피경, 814〉

부처님께서 기수급고독원에 계실 때, 상좌 성문들이 나무 밑에 앉아 안거를 하였는데, 승단의 적은 비구들이 부처님 법문을 듣고, 또 승단의 많은 비구들에게 와서 인사들이고 배움을 청하자, 한 사람 내지 60여 명까지 거두어들인 사람이 있어 부처님께서 크게 칭찬하였다.

“훌륭하다 나의 비구들이여, 온갖 바른 일을 하는 것을 기뻐한다. 다른 비구들에 대해서도 마찬가지다.”

〈포살경, 815〉

학경(學經) ①~⑥ · 열반경(涅槃經) ①②

어느 때 부처님께서 여름 안거를 기수급고독원에 계시면서 많은 신참 비구들을 제도하고 포살일에 칭찬하였다.

“훌륭하다. 참으로 기쁘도다. 비구들이 한 일에 대해서 부지런히 정진하라.”

사위국 만가지월(滿迦低月)에서 공부한 비구들을 칭찬하기도 하였다.

“여기 보니 4선을 증득한 이도 있고, 공처 · 식처 · 무소유처 · 비상비비상처를 얻은 이도 있고, 4과 삼보리를 얻은 사람들도 있는데, 모두가 후배들을 위해 종사하라. 한 사람도 좋고 60사람도 좋다.

여기 3학이 있으니 계 · 정 · 혜다.

단단히 성문을 지켜 외적이 침입하지 못하게 하고

밤낮없이 앞뒤 · 상하에서도 그렇게 해

한량없는 삼매 얻으면 무명 속에서 지혜 얻을 것이니

바로 기억하여 해탈을 얻어 무너지고 끝나는 것 기름 물같이 하리라.”

〈학경 ①~⑥의 816~821 · ①~③의 824~826〉

"비구가 계를 잘 지키면 선정과 지혜도 그러하여 언제나 평온한 마음으로 해탈한다."

〈열반경 ①②의 822·823〉

경마경(耕磨經)·노경(驢經)·발기자경(跋耆子經)

"농부가 절기를 따라 밭을 갈고 물을 대고 씨를 뿌리듯 비구도 계·정·혜 3학을 통해 결과를 얻는다."

〈경마경, 827〉

"나귀가 소 떼를 따라가면 소 소리를 내야 하듯 비구가 비구를 따라가면 결국은 비구가 되는 것과 같으나 결국 그것은 나귀와 말이 다른 것과 같다."

〈노경, 828〉

그때 발기자 성자가 부처님께 여쭈었다.

"부처님께서 250계를 설하시어 보름마다 포살을 하나 다 지킬 수가 없습니다."

"그렇다면 3학은 지킬 수 있겠느냐?"

"예."

"그렇다면 그것으로 만족하라."

〈발기자경, 829〉

잡아함경 제30권

붕가사경(崩伽闍經)

부처님께서 붕가사의 붕가사사 숲에 계실 때, 계상응법(戒相應法)을 설하시고 계를 설하자 가섭씨가 말했다.

"그 계는 너무나 제한적입니다."

그런데 부처님께서 그곳을 떠나 기수급고독원으로 가시자 붕가씨는 매우 뉘우치게 되었다.

"내가 괜히 그런 말씀을 하였구나."

하고 부처님께 계신 곳에 나아가 참회하니

"좋다. 잘못이 있는 자는 뉘우치면 곧 깨달음을 얻게 되니, 내 그대를 위해서 율의계(律儀戒)를 주겠다."

율의 계란 뉘우침을 가진 비구에 대해서 더욱 배우고 정진하여 깨달음을 얻게 용서하는 것이다.

〈붕가사경, 830〉

계경(戒經)·삼학경(三學經)

"만일 나는 상좌 비구로써 처음부터 계율공부를 좋아하지 않고 계를 중히 여기지 않으며, 찬탄하지 않는다면 그들은 오랜 세월 이롭지 못한 고통을 당할 것이다.

〈계경, 831〉

"계는 위엄없는 태도나 행동을 완연히 하고, 작은 죄도 두려워하고 지계 생활을 성실히 하는 것이고, 정은 선악을 가려 각관을 분명히 하며, 이생희락으로

부터 4선 8정도를 이루고, 혜는 4제에 대해서 분명히 아는 것이다. 하물며 4무량·4무색·4선재·4념처·4선단·4여의족·5근·5력·7각분·8정도·4도·4법구 지관수습에 대해서도 이와 같이 말씀하셨다."

〈삼학경, 832〉

이차경(離車經)·불빈경(不貧經)

부처님께서 베살리성 미후강변에 계실 때 코끼리를 잘 다루는 이차족의 이타에게 말씀하였다.

"거룩한 제자로써 4불괴정을 성취한 이가 있다면 그 수명을 얻게 되고, 아름다운 얼굴과 힘, 즐거움·머뭄에 자재로움을 구하면 곧 얻게 될 것이다. 그 네 가지는 3보와 계율이다.

3보 4계를 잘 지키는 사람은 ① 천수, ② 천신, ③ 천생, ④ 천락, ⑤ 천자유, ⑥ 천색, ⑦ 천성, ⑧ 천향, ⑨ 천미(天味), ⑩ 천촉(天觸)을 얻을 수 있고 설사 인간에 태어난다 하더라도 이 열 가지 과보를 받는다.

그때 아난이 난다에게 목욕 시간을 알리자

"나는 인간에서의 목욕이 필요치 않다. 이미 나는 묘법으로 목욕하였기 때문이다."

〈이차경, 833〉

"비구가 불괴정을 성취하면 인간 세상에서 가난하게 살지 않고, 죽을 때 구걸하지 않고 좋게 쉴 수 있다."

〈불빈경, 834〉

전륜왕경(轉輪王經)·사불괴정경(四不壞淨經)

"전륜성왕은 7보를 갖추고 4천하를 거느리듯, 부처님께 제자로 7각지로써 보배로 삼아야 하듯, 왜냐하면 7보는 3악도에 타락할 수 있지만, 7각지는 타락이 없기 때문이다.”

〈전륜왕경, 835〉

“부처님에 대한 깨끗한 믿음, 무너지지 않는 법, 승가의 화합, 거룩한 계, 이 네 가지를 성취하면 4대에 증감이 없게 되어 3악도에 떨어지는 일이 없다.”

〈사불괴정경, 836〉

과환경(過患經)·식경(食經)

“사람을 믿으면 다섯 가지 희론이 생기니 첫째, 계를 범하고 둘째, 율을 어기고 셋째, 대중에 버림을 받고 넷째, 스승으로써 천대의 대상이 되고 다섯째, 절에 살 자격을 상실한다. 이렇게 되면 3보를 불신하고 계를 믿지 않아 도리어 사람을 공경하지 않게 된다.”

〈피환경, 837〉

“단식(摶食)·촉식(觸食)·의사식(意思食)·식식(識食) 네 가지 음식이 있으니 복덕을 윤택케 하고 편안하고 즐거움을 불어나게 한다.”

〈식경, 838〉

계경(戒經) ①②·윤택경(潤澤經)

“무너지지 않는 깨끗한 믿음을 성취하면 법을 듣고 승가대중을 생각하고, 거룩한 계를 성취하니 언제나 평화로운 삶을 하게 된다.”

〈계경 ①②의 839·840〉

“온갖 길상의 바다는 자타가 깨끗하나니
진실로 모든 하천의 어른이다.
넘실거리며 흐르는 강물

일체의 모든 강물, 온갖 생물이 의지하는 곳,
모든 바다로 돌아가니 나는 또한 보시하는 공덕 닦아 복되게 흘러가리."

〈윤택경, 841〉

바라문경(婆羅門經)·사리불경(舍利佛經) ①②

"외도들은 보름날 함께 깨 가루와 암라마라 가루로 온몸을 씻고 새로 지은 무명옷을 입고 머리에 긴 실을 드리우고 쇠똥을 땅에 바르고 누워 말하기를 '내 이른 아침 일찍 일어나 옷을 벗어 한 곳에 두고 알몸으로 동방으로 행했으니 장차 범천에 태어날 것이다' 하니, 이것은 진실로 삿된 견해고 어리석은 행동이다."

〈바라문경, 842〉

사리불이 부처님께 대답했다.
"네 가지 믿음이 있으니 3보와 계입니다."
"그렇다. 이 네 가지 믿음을 통해 8성도를 성숙하면 마음에 평화를 얻는다."

〈사리불경 ①②의 843·844〉

공포경(恐怖經) ①②·천도경(天道經) ①~④

"만일 비구로써 다섯 가지 두려움이 없고 세 가지 일을 결정하여 의혹이 생기지 아니하면 아뇩다라삼먁삼보리를 얻을 것이다. 다섯 가지는 5계이고 세 가지는 3보에 대한 믿음이며, 거룩한 도는 8정도이다. 만일 이 도에 들면 12인연을 깨달아 다시는 고통의 세계에 빠지지 않는다."

〈공포경 ①②의 845·846〉

"부처님께서 사위국 기수급고독원에 계실 때 하늘의 길에는 4가지 거룩한 믿음이 있다."

고 하시고 10호를 구족한 여래와, 욕심을 여윈 법, 화합의 법을 이루는 승(僧)과 계율을 설하고 '천당에 태어나는 10선법을 구체적으로 설하였다."

〈천도경 ①~④의 847~850〉

법경경(法鏡經) ①~③ · 나리가경(那梨迦經)

"법경은 4신이니 3보와 계율이다. 난도 비구와 난타 비구도 걸식 중에 생을 마쳤고, 선생 우바색과 우바이도 그렇게 걸식을 하였으니 너희들도 후회없이 하라."

〈법경경 ①~③의 851~853〉

부처님께서 나리가마을 번기가 정사에 계실 때 탁발하러 갔다가 계가사 · 니가타 · 가릉가라 · 가다리사바 · 사로 · 우바사로 · 이색타 · 아리색타 · 발타라 · 수발타라 · 야사야수타 · 야사울다라 등 선남 선녀들이 목숨을 버린 것을 보고 부처님께 물었다.

"이들이 다 어느 곳에 태어나 계십니까?"

"5하분법을 끊고 아나함이 되어 천상에서 반열반 하셨다. 그러나 인연따라 태어나는 사람도 있으니 더 이상 물을 것은 없다."

〈나리가경, 854〉

난제경(難提經) ①~④ · 이사달다경(梨師達多經)

난제 우바새가 부처님께 물었다.

"거룩한 제자가 5근을 성취하지 못한다면 방일하다고 하겠습니까?"

"그것은 범부다. 그러나 깨끗한 믿음을 가진 자는 결코 타락하지 않는다."

〈난제경 ①~④의 855~858〉

"이사달다와 부난다 형제가 많은 비구들이 식당에 모여 세존을 위해 가사를 기울 때 (위의 ≪난제경≫에서 말씀하신 것과 같다) 부처님께 말씀을 듣고 기뻐했다."

〈이사달다경, 859〉

전업경(田業經)

이사달다 형제가 부처님께서 가사를 깁고 떠나게 될 때

"언제 다시 뵈올 수 있겠습니까?"

하고 걱정하자

"너희들은 걱정하지 말라. 설사 여래가 이 세상에 없어진다 하더라도 확고한 믿음을 가지고 3보께 최상법을 실천하면 여래가 이 세상에 있는 것과 하등의 다름이 없을 것이다."

"부처님께 구살라국 · 가시국 · 마라국 · 마가다국 · 앙가국 · 수마국 · 분다리국 · 가릉가국을 다 거쳐 다시 우리에게 오시면 우리들도 바사익왕의 대신으로써 바사닉왕을 위해 온갖 기교를 다부리듯 부처님께와 부처님께 제자를 받들어 모시겠습니다."

〈전업경, 860〉

잡아함경 제31권

도솔천경(兜率天經) · 화락천경(化樂天經)

"인간 400년이 도솔천의 하루 낮 하룻밤이다. 이와 같이 30일을 한달, 12개월을 1년으로 계산하면 도솔천의 수명은 4천 년이 된다. 그런데 거기서 죽은 사람들도 지옥·아귀·축생에 태어나는 자가 있다.”

〈도솔천경, 861〉

“인간의 8백 년이 화락천의 하루 낮 하룻밤이다. 이렇게 한 달, 30일, 1년 12개월을 계산하면 화락천의 수명은 8천 년이 된다. 그 가운데서도 죽어 3악도에 떨어지는 자들이 있다.”

〈화락천경, 862〉

타화하재천경(他化自在天經)·초선경(初禪經)

“타화자재천궁은 인간의 1천 6백 년이 하루 낮 하룻밤이므로 1만 6천 년이 정명이다.”

〈타화자재천경, 863〉

“행·형·상(行·形·相)에서 탐악을 여의고, 거친 생각과 미세한 생각(覺觀)을 여의면, 욕계의 악을 여의고 기쁨도 얻어 초선을 갖추니, 수·상·행·식에서도 그렇게 하면 고·공·무상·무아를 증득하여 감로의 문으로써 세상을 이롭게 할 것이다.”

〈초선경, 864〉

해탈경(解脫經)·중반열반경(中般涅槃經)

“이와 같이 알고 보고나서는 욕루심(欲漏心)·유유루(有有漏)에서 해탈, 무명유루(無明有漏)에서 해탈하여 ‘나는 생을 다하고 범행을 세워 할일을 이미 마쳐 후세의 몸을 받지 않는다’고 한 것이다.”

〈해탈경, 865〉

“만일 해탈을 얻지 못했다 하더라도 법을 원하고 법을 좋아하기 때문에 중반열반을 취하게 된다. 만일 이렇게 생반열반 · 유행반열반 · 무행반열반 · 상류반열반을 족하면 대범천 · 범보천 혹은 범신천에 나게 된다."

〈중반열반경, 866〉

제이선경(第二禪經) · 해탈경(解脫經)

"만일 비구가 이 같은 행위와 형태, 모양으로 거친 생각 미세한 생각이 없이 선정을 얻어 기쁨이 생기면(定生喜樂), 두 번째 선정을 갖추어 머물 것이다. 그리고 5온법에 종기 가시와 같은 줄 알아 싫어하고 떠나면 감로법계에서 넉넉한 이익을 얻을 것이다."

〈제2선경, 867〉

"이렇게 알고 보면 욕류 · 유루 · 무명루에서 해탈해 생반 · 유행반 · 무행반 · 상류반의 열반을 얻어 자성광음천 · 무량광음천 · 소광천에 태어날 것이다."

〈해탈경, 868〉

제삼선경(第三禪經) · 제사선경(第四禪經)

"만일 비구가 이 같은 행위 · 행태 · 모양으로 기쁨에 대한 탐착까지 버리고, 바른 이익과 지혜를 몸으로 즐거움을 느끼며 성인의 말씀에 머물면 제3선에 들어가 상류반열반을 하던지, 아니면 변정천 · 무량정천 · 소정천에 태어나게 된다."

〈제삼선천경, 869〉

"만일 비구가 이렇게 하여 불고불락(不苦不樂)의 평등한 경계에 들어가면 제4선정을 완전히 갖추어 인성과실천(광과천) · 복생천 · 소복천(무운천)에 태어나게 될 것이다."

〈제사선천경, 810〉

풍운천경(風雲天經) · 산개복등경(傘蓋覆燈經)

"나는 신통력으로 풍운천에서 유희하였다. 풍운천에서와 같이 염전천(焰電天) · 뇌진천(雷震天) · 우천(雨天) · 청천(晴天) · 한천(寒天) · 열천(熱天)에서도 마찬가지다."

〈풍운천경, 871〉

세존께서 깜깜한 밤에 번개가 치며 보슬비가 내리자 아난에게 말했다.

"너는 우산으로 등불을 가리고 오너라."

아난이 오니 빙그레 웃으셨다.

"어찌하여 웃으십니까?"

"범천은 우산으로 등불을 가리고 구린 비구 뒤를 따라갔고 석제환인은 마하가섭, 질율제라색다라는 사리불, 비루륵가는 목건련, 비루복차는 마하구치라, 비사문은 마하겁빈라 뒤를 따라 가고 있는 것을 보았기 때문이다."

〈산개복등경, 872〉

사종조복경(四種調伏經) · 삼종자경(三種子經)

"마음을 잘 조복한 비구 · 비구니, 우바새 · 우바이 4부대중이 있다. 말씀이 없고 두려움 없으며, 들은 것 없고 온갖 법 훤히 안다. 법을 행해 법으로 향하면 착한 대중이다. 비구는 계를 지키고, 비구니는 다문하고, 우바새는 깨끗한 믿음, 마치 햇빛이 스스로 빛나는 것과 같다. 조복에 대하여 설하심과 같이 변재 · 유화 · 무외 · 다문 · 통달 · 설법 · 법향(法向) · 법행(法行)에 대해서도 마찬가지다."

〈4종조복경, 873〉

"세 가지 종류의 자식이 있는데, 첫째, 부모가 하는대로 따르는 아들 둘째, 부모 보다 뛰어난 아들 셋째, 부모 보다 못한 아들이다. 또 부모보다 뛰어난 아들은 첫째, 부모 하는대로 계를 지키는 자고 둘째, 스스로 계를 지키는 자고 셋째, 계를 받고 경계를 받는 자이다. 믿음 · 계 · 보시 · 들음 · 지혜에 대해서도 마찬가지다."

〈삼종자경, 874〉

사정단경(四正斷經) ①~⑤ · 불방일경(不放逸經)

"4정단이 있으니 첫째, 단단(斷斷)이고 둘째, 율의단(律儀斷)이며 셋째, 수호단(隨護斷)이고 넷째, 수단(修斷)이다.

첫째, 단단은 악을 끊는 것이고 둘째, 율의 단은 방편을 써서 꾸준히 노력하는 것이며 셋째, 수호단을 일어나지 않는 착한 법을 일어나게 하는 것이고 넷째, 수단은 일어난 착한 법을 더욱 불어나게 하는 것이다.

4정단 · 4여의족 · 5근 · 5력 · 7각지 · 8정도에 대해서도 마찬가지다."

〈4정단경 ①~⑤의 875~879〉

"비유하면 어떤 사람이 건물을 세울 때 모두 땅을 의지하듯이 비구가 선정을 닦을 때는 불방일로써 기초를 다진다."

〈불방일경, 880〉

단삼경(斷三經) · 불방일근본경(不放逸根本經)

"선정을 닦는 비구는 3독을 끊어야 한다."

〈단삼경, 881〉

비유하면 풀이나 나무가 다 땅을 의지해 자라듯 선을 닦는 자는 불방일을 으뜸으로 한다.

검은 향 중에서는 침수향, 붉은 향 중에서는 전단향, 꽃 중에서는 우발라와 마라사화가 제일이듯, 수행자에게는 불방일이 제일이다.

축생의 발자국 가운데서는 코끼리 발자국이 최상이듯, 축생 가운데서는 사자가 제일이듯, 집에서는 대들보, 과일 중에서는 염부과, 구비다라 나무 가운데서는 살바야지라 구비다라, 산 중에서는 수미산왕, 금 가운데서는 염부단금, 옷 중에는 가시, 빛 중에서는 흰 빛, 새 중에서는 금시조, 왕 중에서는 전륜성왕, 천왕 중에서는 4천왕, 33천 중에서는 제석천, 염마천 중에서는 수염마천, 도솔천 중에서는 도솔천왕, 화락천 중에서는 선화락천왕, 타화자재천왕 가운데서는 선타화자재천자, 범천 중에서는 대범천왕, 물 가운데서는 바다, 삼살라 중에서 아뇩대살라, 강 중에서는 4하(항하・신두・박차・사타), 큰 몸 가운데서는 라후라 아수라왕, 욕락왕 중에는 정생왕, 욕계 신력 중에서는 천마 파순, 9류 중생 가운데서는 여래, 유 무위법 가운데서는 이욕, 고행 중에서는 범행이 제일이듯 법 중에서 불방일법이 제일이다."

〈불방일근본경, 882〉

사종선경(四種禪經)・무학삼명경(無學三明經) ①②・삼명경(三明經)

"네 가지 선정이 있는데
① 삼매는 능숙한데 정수(正受)는 능숙하지 못하고,
② 선정은 능숙하면서도 삼매는 능속하지 못하며,
③ 두 가지다 능숙하고,
④ 두 가지다 능숙치 못한 것이다.
선정과 삼매에 머무는 것도 능숙하거나 능숙하지 못한 것이 있고, 때와 장소, 맞이하는 것, 기억, 오고 가는 것, 방편, 그치고 일으키고, 평등하게 하는데 있어서도 마찬가지다."

〈사중선경, 883〉

"무학에게는 세 가지 밝음이 있으니 숙명지증통・생사지증통・무루지증통이 그것이다. 숙명지증통은 전생의 일을 잘 아는 것이고, 생사지증통은 나고 죽는 일을 잘 아는 것이며, 무루지증통은 번뇌가 다한 것을 훤히 아는 것이다."

〈무학삼명경 ①②의 884・885〉

"어떤 바라문이 물류의 이름과 만물의 차별, 문자의 분류를 가지고 3명이라 하자 무학의 3명으로 바로 가르쳐 주었다."

〈삼명경, 886〉

신경(信經) · 증익경(增益經)

어떤 바라문이 부처님께 와서
"제 이름은 믿음입니다."
라고 하자
"계 · 보시 · 들음 · 평등 · 지혜가 진짜 믿음이다."

〈신경, 887〉

어떤 바라문이
"제 이름은 증익입니다."
라고 하자
"믿음을 통해 계를 지키고 법문을 듣고 평등심으로 지혜를 늘려가는 것이 증익이다."

〈증익경, 888〉

등기경(等起經) · 무위법경(無爲法經)

한 바라문이
"제 이름은 등기입니다."
라고 하니
"등기는 믿음을 일으키고 계 · 들음 · 평등 · 지혜를 일으키는 것이다."

〈등기경, 889〉

"무위법이란 3독을 영원히 다하고 번뇌가 영원히 없어진 것이다. 무위도적(無

爲道跡)은 8성도분이다."

이렇게 난견(難見)·부동(不動)·불굴(不屈)·불사(不死)·무루(無漏)·부음(覆蔭)·주저(洲渚)·제도(濟度)·의지·옹호·불유전(不流轉)·이치염(離熾焰)·이소연(離燒然)·유통(流通)·청량·미묘·안온·무병·무소유·열반에 대해서도 이와 같이 설하셨다."

〈무위법경, 890〉

모단경(毛端經)·육내처경(六內處經)

부처님께서 비구들에게 말했다.

"넓이와 길이가 50유순이나 되는 큰 호수에서 한 털끝으로 찍어낸 물이 있다면 그 호수에 비해 얼마나 되겠는가."

"비교가 안됩니다."

"수행자가 고통을 끊어 낸 것은 호수와 같고, 이제 남은 것은 털끝의 물방울과 같다. 풀잎 끝의 물방울도 그와 같고, 네 갠지스강의 물과 큰 바다의 물방울도 마찬가지다."

〈모단경, 891〉

"눈·귀·코·혀·몸·뜻의 6내처법 법을 인지하면 범부의 지위를 초탈, 수다원과에 나아가 거기서 바른 지혜를 관찰하면, 신견·계취·의심의 세 가지 번뇌를 끊으면 수다원과를 얻어 마침내 삼보리에 나아가게 된다. 이렇게 하여 모든 탐욕을 완전히 여의면 마침내 해탈을 얻게 되나니 이것이 아라한이다.

이상의 6입처에서와 같이 6경·6식·6촉·6수·6상·6사(思)·6애(愛)·6계(界)·5음에 대해서도 마찬가지다."

〈육내처경, 892〉

오종종자경(五種種子經)·여실지경(如實知經)

"다섯 가지 생의 종자가 있으니 뿌리·줄기·마디·가지·씨앗이 그것이다. 이들 모든 종자가 끊어지지도 않고 부서지지도 않고, 썩고 상하지도 않고, 단단하여 구멍이 뚫리지 않았다 할지라도, 땅과 물을 얻지 못하면 자라지 못하게 되니 업과 번뇌, 존재(有)·탐애·견해·거만·무명도 행이 없으면 끝이 나게 되어 있다. 행에 대한 의식·명색·6입처·감촉·느낌·탐애·취·존재·생·노·사도 마찬가지다."

〈오종종자경, 893〉

"내가 이 세간과 세간이 생겨난 원인에 대해 알지 못했더라면 나는 끝내 모든 하늘·악마·범·사문·바라문 모든 세간에서 벗어나지 못했을 것이다. 그리고 무상보리를 이루었다고도 말하지 못했을 것이다. 나는 이 세간과 세간이 생겨난 원인에 대해서 확실히 알았기 때문에 분명히 말하게 된 것이다. 세간의 멸과 집(集), 출(出)과 맛(味), 환(患)도 마찬가지다."

〈여실지경, 894〉

삼애경(三愛經)·삼유루경(三有漏經)

"세 가지 탐애가 있으니 욕·색·무색이다. 이를 끊으려면 큰 스승을 구해야 한다. 차사(次師)·교사(教師)·광도사(廣導師)·도사(度師)·광도사(廣度師)·광설사(廣說師)·수설사(隨說師)·아사리(阿闍梨)·동반(同伴)·진지식(眞智識)·선우(善友)·애민(哀愍)·자비·욕의(欲義)·욕락·욕촉·욕통(欲通)·욕자(欲者)·정진자·반편자·출자(出者)·견고자·용맹자·감능자·섭자(攝者)·상자(常者)·학자·불방일자·수자(修者)·사유자·억념자·각상자·사량자·범행자·신력자·지자·식자·혜자(慧者)·분별자·염처·정근·근력·각도·지관·염신(念身)·정사유를 구하는 것도 마찬가지다."

〈삼애경, 895〉

"세 가지 번뇌가 있으니 욕유루(欲有漏) · 유유루(有有漏) · 무명유루(無明有漏)가 그것이다."

〈삼유루경, 896〉

나후라경(羅睺羅經) · 안이단경(眼已斷經)

부처님께서 죽림정사에 계실 때 라훌라가 와서 물었다.

"어떻게 알고 보아야 제가 이 식신(識身)에 대해 생각하지 않고, 번뇌를 없앨 수 있겠습니까?"

"6입처를 바른 지혜로 관찰하면 번뇌가 없어지고 바른 지혜가 생긴다."

〈라후라경, 897〉

"만일 비구가 눈에 대한 탐욕이 끊어졌다면 5음에 대해서도 마찬가지다."

〈안이단경, 898〉

안생경(眼生經) · 미착경(味著經)

"눈이 생기고 머물기를 성취하여 나타나면 괴로움이 생기고 병이 깃들어 늙고 죽음이 나타난다. 5음도 마찬가지다."

〈안생경, 899〉

"눈에 맛들여 집착하면 큰 번뇌가 생긴다. 6입처 · 5음도 마찬가지다."

〈미착경, 900〉

선법건립경(善法建立經) · 여래제일경(如來第一經)

"이 세상의 모든 것은 6입처를 의지해 있다."

〈선법건립경, 901〉

"9류(胎・卵・濕・化・有色・無色・有想・無想・非有非無想) 중생 가운데 여래가 제일이다."

〈여래제일경, 902〉

이탐법제일경(離貪法第一經)・성문제일경(聲聞第一經)

"이 세상 모든 것이 땅을 의지하여 존재하는 것처럼 유위, 무위의 모든 법도 탐욕을 여의는 법을 제일로 친다."

〈이탐제일경, 903〉

"이 세상 모든 것이 땅을 의지해 있듯, 일체 중생 가운데서는 여래를 의지해 있는 성문이 제일이다."

〈성문제일경, 904〉

잡아함경 제32권

외도경(外道經)・법손괴경(法損壞經)

부처님께서 죽림정사에 계실 때, 가섭 존자와 사리불은 기사굴 산중에 있었다.

어떤 외도가 사리불께 물었다.

"여래께서는 후세에 나고 죽음이 있습니까?"

"확실하게 말씀하시지 않았습니다. 없다고도 말씀하시지 않고, 있기도 하고 없기도 하다고도 말씀하시지 않고, 있는 것도 아니고 없는 것도 아니라고 말씀하시지 않았습니다."

"바보처럼 확실치 못합니다."

하고 떠났다. 사리불이 가섭에게 물었다.

"왜 부처님께는 이에 대해 답변을 확실하게 하시지 않았을까요?"

"있다고 해도 색이 되고, 없다고 해도 색이 되면 그 외 어떤 말로 대답하더라도 그것은 적멸열반이 아니고, 수·상·행·식·동(動)·여(慮)·허광(虛誑)·유위가 되기 때문이다."

〈외도경, 905〉

부처님께서 기수급고독원에 계실 때 녹자모 강당에 있고 마하가섭이 선정에서 일어나 부처님께 나아갔다.

"세존이시여, 무슨 인연으로 옛날에는 계를 적게 제정하였는 데도 성문들이 대부분 마음을 즐겁게 가지고 살았는데 지금 성문들은 많은 계를 주어도 잘 익혀 배우는 이가 적습니까?"

"세상이 탁(命濁·煩惱濁·劫濁·衆生濁·見濁)해졌기 때문이다. 명을 사라지게 하는 다섯 가지 법이 있으니 첫째, 스승을 공경 존중하지 않고 둘째, 낮추어 공양하지도 않으며 셋째, 거기에 의지해 살지 않고 넷째, 법과 학문을 따르지 않고 다섯째, 깨끗한 범행을 실천하지 않기 때문이다."

〈법손괴경, 906〉

차라주라경(遮羅周羅經)·전투활경(戰鬪活經)

부처님께서 죽림정사에 계실 때 나라 마을 촌장 차라주라가 부처님께 물었다.

"옛사람이 이르기를 광대들은 죽어 환희천에 태어난다고 하였는데 사실입니까?"

"내 그대에게 묻겠노라. 구경꾼들이 저 광대의 놀음 때문에 3독 번뇌에 구박되지 않았을까?"

"그렇습니다."

"그렇다면 그는 악취에 떨어질 가능성이 있다."

촌장이 슬피울면서 말했다.

"저는 어리석게도 광대놀이에 정신을 잃고 살았습니다."

〈차라주라경, 907〉

전사마을 촌장이 부처님께 찾아와 물었다.

"전사는 갑옷을 입고 손에 칼을 쥐고 원수를 무찔렀으므로 전항복천에 태어난다고 하는데 사실입니까?"

"남을 상해하고 적을 무찌른 자가 좋은 곳에 갈 것 같은가?"

"그렇지 않습니다."

"그렇다면 그는 사람을 죽인 대가로 설사 상을 받았다 할지라도 그 인과는 악취에 떨어져 반드시 그 과보를 받는다."

〈전투활경, 908〉

조마경(調馬經)·흉악경(凶惡經)

말 훈련사가 오니 부처님께서

"말을 길들이는데 몇 가지 방법이 있는가?"

"세 가지가 있는데, 첫째, 부드럽게 다루고 둘째, 강하게 다루고 셋째, 부드러우면서도 강하게 다룹니다."

"그래도 길이 들지 않을 때는 어떻게 하는가?"

"당장 죽여 버립니다."

"나도 장부들을 길을 들일 때 그와 같은 방법을 쓴다."

"그렇다면 살생을 한다는 말입니까?"

"죽이는 것만이 죽이는 것이 아니다. 더불어 말을 하지 않고 가르치지 않고 훈계하지 않으면 그것이 죽이는 것이다."

〈조마경, 909〉

흉악 촌장이 와서 물었다.

"어떤 법을 닦지 않았기 때문에 남에게 성을 내고 나쁜 말을 하게 됩니까?"

"바른 뜻을 갖지 않았기 때문에 바른 말을 하지 못하게 되고, 바른 행동을 못하게 되는 것이다."

"그래서 나쁜 이름을 가지게 되었군요."

〈흉악경, 901〉

마니주계경(摩尼珠髻經) · 왕정경(王頂經)

마니주계 촌장이 와서 물었다.

"비구들이 금 · 은 따위를 받아 쌓아두면 그것을 깨끗하다고 할 수 있습니까?"

"그것은 거짓말로 법다운 말도 아니고 법을 따르는 말도 아니다. 꾸짖음을 받아 마땅하다."

〈마니주계경, 911〉

부처님께서 첨파국 게가지(揭伽池) 곁에 계실 때 왕정(王頂) 촌장이 와서 물었다.

"요즘 중생들은 두 극단을 의지하고 있습니다."

"미래의 과보를 위해 제 정신을 괴롭히는 일이나, 현재의 향락을 위해 인과를 믿지 않는 것은 진리가 아니다. 하루에 한 때 밥을 빌어먹어도 청정한 계율과 선정이 있는 자가 진실한 불자이다."

〈왕정경, 912〉

갈담경(竭曇經) · 도사씨경(刀師氏經) ①~③

부처님께서 역사(力士)의 나라에 유행하시다가 울비라 촌에 이르러 4제 법문을 한다는 말을 갈담 촌장이 듣고 찾아가 물었다.

"세존이시여, 인생고의 원인과 결과에 대하여 설명해주십시오."

"내가 3세 인과에 대하여 말한다면 그대가 믿을 수 있을까."

라고 하시면서

"애욕이 근본이다. 만약 세상에 애정이 없다면 근심과 괴로움, 번뇌 우환도 없다."

〈갈담경, 913〉

부처님께서 1,250명의 비구와 천 명의 우바새와 5백 명의 먹다 남은 밥을 비는 사람들을 데리고 나라촌 호의암라원에 이르렀다. 그때 니건의 제자인 도사씨 촌장이 이곳을 찾아가니 촌장이 물었다.

"그대는 구담 사문의 질리론(蒺藜論 ; 詭辯)을 그치게 할 수 있습니까."

"그대가 가서 물어보라. 어찌하여 이 큰 흉년에 마을에서 마을로 유행하며 손해를 끼치고 다니는가?"

그래서 부처님께 나아가 그대로 물으니 부처님께서 말했다.

"91겁 동안 내려오면서 한 사람이 한 비구를 보시함으로써, 그로인해 탕진하고 망하는 자 보지 못하였다. 지금도 돈 많고 재물이 있는 집에서는 보시하기를 좋아하고, 옆에 오래 머물기를 기뻐하고 있지 않는가. 복덕이 불어나고 줄어드는 것은 여덟 가지 인연 때문이니, ① 왕으로부터 위협을 받고 겁탈 당해, ② 불에 태워지거나, ③ 물에 떠내려가거나, ④ 도둑에 겁탈당하거나, ⑤ 창고가 저절로 없어지거나, ⑥ 빚을 주고 돌려받지 못하거나, ⑦ 원수에게 빼앗겨서, ⑧ 못된 자식이 마구 낭비하거나 하는 것이다. 나쁜 말을 하는 것은 마치 쇠창을 물에 던지는 것 같아서 죽은 뒤에 지옥에 떨어질 것이다."

"그러면 어찌하여 설법에 차별하십니까. 어떤 사람에게는 설법하고 어떤 사람에게는 설법하지 않습니까?"

"진실로 저는 잘못을 뉘우칩니다. 우매하고 어리석어 오랫동안 구담을 속이고 거짓말을 했습니다."

"비옥한 땅과 중간 땅, 척박한 땅이 있는데 먼저 비옥한 땅에 씨앗을 뿌리는 것이다. 설법은 처음도 중간도 끝도 좋아 순일하고 원만하고 청정하다. 그래서 그들은 내 집, 내 섬, 내 덮개, 내 그늘, 내 취향 따라 의지하여 이익을 얻게 된다. 내 묻노니, 내 손톱 위에 있는 흙이 많은가 이 대지위에 있는 흙이 많은가?"

"그거야 대지의 흙이 훨씬 많습니다."

"그렇다. 마음 속에 사랑을 익히는 자는 손톱 위의 흙과 같고, 세상의 시비에 끄달리는 자는 땅위의 흙과 같다."

"부처님, 저는 이제 비로소 미혹에서 벗어났습니다. 불제자 됨을 허락해 주십시오. 죽을 때까지 불제자가 되어 복과 지혜를 닦겠습니다."

〈도사씨경 ①~③의 914~916〉

삼종조마경(三種調馬經)·순량마경(純良馬經)

"세상에는 세 가지 말이 있다.

① 민첩함과 빠르기, 빛깔을 완전히 갖추었으나 빛깔과 형체가 완전하지 못하고,

② 세 가지가 완전하고,

③ 세 가지가 완전하지 못한 것.

마찬가지로 사람도 고·집을 알고 멸도를 모르는 사람이 있고, 이 셋을 다 아는 자와 하나도 모르는 자가 있다. 빛깔을 갖춘 자도 3장에 정통한 자이고 민첩함과 빛깔을 완전히 갖추었으면서도 형체가 완전하지 못한 자는 4제를 말로만 아는 자이며, 그렇지 못한 자는 세 번째 해당된 사람이다.

〈삼종조마경, 917〉

부처님께서 죽림정사에 계실 때 대 3종 양마에 대하여 말씀하었나.

"빠르고 빛과 형체를 갖춘 말이 3종의 양마이듯, 4제 이치를 완전히 통달한 사람이 어진 사람이다."

〈순량마경, 918〉

잡아함경 제33권

양마경(良馬經) · 삼경(三經) · 사경(四經)

부처님께서 죽림정사에 계실 때 비구 스님들께 말씀하였다.

"세상에 세 가지 좋은 말이 있듯 사람에게도 세 가지가 있으니

① 어떤 사람이 아비담과 율을 물을 때 결정적으로 해설해주지 못하면 빛깔을 완전히 갖추지 못한 것이라 한다.

② 이름과 덕망은 널리 갖추어졌으나 네 가지 보시를 완전하게 받지 못하면 형체를 갖추지 못한 것이라 한다.

③ 4제의 도리를 알아 다시는 생을 받지 않게 되지 못한다면 민첩함과 빠르기를 완전히 갖추었으나 형체를 완전히 갖추지 못한 것이라 한다."

〈양마경, 919〉

"세상에는 임금님이 타고 다닐만한 세 가지 말이 있는데, 첫째, 빛 둘째, 힘 셋째, 민첩함이 그것이다. 사람도 그러하여 바라제목차를 갖추어 위의가 있으면 빛을 갖춘 것이고, 악을 그치고 선을 행하면 힘이 있는 것이며, 방편으로 꾸준히 노력하여 민첩함을 갖춘 사람이다."

〈삼경, 920〉

"세상에는 첫째, 어질고 착한 말과 둘째, 민첩하고 빠른 말 셋째, 참음 넷째, 부드러운 말이 있는데, 선남자도 이 네 가지를 갖추어 존경받는 사람이 된다."

〈사경, 921〉

편영경(鞭影經) · 지시경(只尸經)

“세상에 네 가지 말이 있는데, 첫째, 안장의 채찍 그림자만 보고도 잘 달리는 말이고 둘째, 채찍 그림자를 보고 놀라 스스로 살필 줄 아는 말이고 셋째, 털끗의 스침을 보고 깨달아 달리는 말이고 넷째, 송곳으로 찔러도 말을 잘 듣지 않는 말이다.

사람에게는 네 가지가 있으니 남이 죽인다는 말을 듣고 정신 차리는 사람이고, 자기에게 그 그림자가 다가옴을 보고 노력하는 자이며, 자신이 늙고 병든 뒤에야 깨달은 사람이 그것이고, 사람이 죽어가도 전혀 감관이 없는 사람이 그것이다.”

〈편영경, 922〉

말 조련사 지시가 부처님께 나아가 말했다.

“저는 세 가지 방편으로 말을 길들입니다. 첫째, 부드러움이다. 둘째, 거침이고 셋째, 부드러우면서도 거친 것입니다.”

“나도 그와 같은 방법에 의해 장부를 다룬다. 첫째, 3업으로 짓는 착한 행이고 둘째, 악업으로 중생을 다스리는 것이며 셋째, 이 두 가지를 조절해서 다루는 것이다.”

〈지시경, 923〉

유과경(有過經) · 팔종덕경(八種德經)

말에는 여덟 가지 태도가 있다. 사나운 말에 수레를 채우려 하면

① 뒷발로 차고 앞발로 긁고 머리를 흔들며 사람을 문다.

② 머리를 숙이고 멍에를 떨쳐버린다.

③ 멍에를 맬 때에는 길가로 내려가려 하거나 수레를 뒹굴려 뒤집는다.

④ 머리를 치켜들고 뒷걸음질 한다.

⑤ 채찍을 조금만 맞아도 고삐를 끊거나 굴레를 부수고 이리저리 달린다.

⑥ 두 앞다리를 치켜들고 사람처럼 일어선다.
⑦ 채찍으로 쳐도 꼼짝하지 않고 있다.
⑧ 네 다리를 한데 모으고 땅에 엎드려 일어나지 않는다.

마찬가지로 세간의 악한 장부도
① 범행자들이 자기를 의심하고 죄를 드러내면 화를 내고 상대방을 꾸짖는다.
② 남이 자기의 죄를 드러내면 도리어 남의 죄를 드러낸다.
③ 남이 자기의 죄를 드러내면 바르게 대답하지 않고 횡설수설 거만하거나 앙심을 품는다.
④ 남이 그 허물을 기억하는 데도 자기는 모른다고 잡아뗀다.
⑤ 허물을 드러내는 자를 업신여기며 옷과 발우를 가지고 떠나버린다.
⑥ 허물을 드러내는 자와 옳고 그름을 따진다.
⑦ 대중들을 괴롭힌다.
⑧ 시기하고 환속해 버린다.

〈유과경, 924〉

“여기 여덟 가지 덕이 있으니
① 좋은 말을 생산하는 고장에 난 것이다.
② 성질이 어질어 사람을 두렵게 하지 않는다.
③ 음식을 가리지 않는다.
④ 깨끗하지 못한 것을 싫어하지 않는다.
⑤ 나쁜 버릇을 빨리 나타내어 쉽게 고치게 한다.
⑥ 다른 사람을 편안하게 한다.
⑦ 바른길로 항상 달린다.
⑧ 늙었어도 일하는 것을 싫어하지 않는다.

이와 같이 장부도
① 계율을 지켜 위의를 갖추고,

② 성질이 어질고 착해 범행자를 괴롭히지 않으며,
③ 중생들의 고통 과보를 싫어하지 않고,
④ 남의 고통을 벗겨주려 하며,
⑤ 허물이 있으면 참회하고 큰 스님 법문으로 인해 끊고,
⑥ 남이야 배우든지 말든지 열심히 따라 배우며,
⑦ 8정도의 길을 바르게 가고,
⑧ 싫증을 내거나 게으르지 않는다.

〈팔종덕경, 925〉

선타가전연경(詵陀迦栴延經)·우바새경(優婆塞經)

부처님께서 나리마을 심곡정사에 계실 때 선타가전연에게 말했다.

"마땅히 진실하게 선정을 닦고 거친 선정을 닦지 말라. 거친 말은 마구간에 있으면서도 곡식이나 풀만 생각하는 것처럼, 탐욕과 번뇌를 생각하게 된다. 그러므로 선정을 닦은 사람은, 땅·물·바람·불·허공·의식·무소유처·비상비비상처를 의지해 선정을 닦지 아니한다. 또 해나 달을 의지하지 않고, 보고 듣고 깨달은 것은 의지하지 않고, 얻고 잃은 것에 관계없이 이 각관을 닦으면, 천주(天主) 이습바라(伊濕波羅) 파사바제(하느님)도 숭배하게 된다."

부처님께 뒤에서 부채질을 하고 있던 발가리(跋迦利)는 이 법문을 듣고 진리의 눈이 열렸다.

〈선타가전연경, 926〉

부처님께서 가비라위국 니구율원에 계실 때 마하남이 물었다.

"어떤 것을 우바새라고 합니까?"

"속가에 살면서도 계를 지키는 청정한 마음으로 3보에 귀의하여 바른 믿음으로 마범(魔梵)을 항복받는 것이다. 그렇게 하면 자·비·희·사가 이루어져 해탈시·근시(勤施)·상시(常施)가 이루어짐으로써 지혜를 성취하여 4제를 통달한 사람이 될 것이다."

〈우바새경, 927〉

심묘공덕경(深妙功德經) · 일체사경(一切事經)

마하남이 물었다.

"어떤 것이 수다원입니까?"

"3결(身見 · 戒取 · 疑結)을 끊는 것이다."

"사다함은?"

"3결을 끊은 뒤 3독이 없어진 것이다."

"어떤 것을 아나함이라 합니까?"

"5하분결(3結 · 貪 · 瞋)을 끊은 것이다."

500명의 우바새들이 모두 신기하게 생각하고 청정한 공덕을 얻었다.

〈심묘공덕경, 928〉

"어떤 것이 우바새가 일을 원만히 성취한 것이라 할 수 있습니까?"

"믿음이 있고 계가 있는 가운데서도 보시를 빠뜨리지 않고 탑사를 보살펴 제 자신과 불승들을 편안하게 하는 자이다.

① 바른 믿음을 갖추고,

② 계를 깨끗하게 가지며,

③ 자타가 보시를 행하게 하고,

④ 자타가 함께 절에 나가 사문을 뵙고,

⑤ 자타가 법문을 듣게 하며,

⑥ 자타가 법을 받아 지니고,

⑦ 자타가 이치를 관찰하며,

⑧ 자타가 법을 따르고,

⑨ 자타가 깊은 뜻을 깨달으며,

⑩ 자타가 법을 닦아 실천한다.

이렇게 하면 마치 떠오르는 태양처럼 광명이 밝게 빛나 모든 대중 가운데 위엄과 덕망이 환하게 빛날 것이다."

〈일체사경, 929〉

자공경(自恐經)·수습주경(修習住經)

"부처님, 가비라국은 안온하고 풍요로워 많은 대중들이 모여 삽니다. 출입할 때마다 미친 코끼리·미친 사람·미친 수레도 항상 따르지만 그들과 함께 불법이 생각납니다. 또 내가 죽은 뒤에 어느 곳에 태어날까 하는 생각을 하면 두렵습니다."

"두렵게 생각하지 말라. 목숨을 마친 뒤에 나쁜 곳에 태어나지 않는다."

"나무는 쓰러질 때 향하는 곳과 쏠리는 곳으로 넘어가는 것 아닙니까?"

"그러므로 살아서 나쁜 짓 하지 말고 착한 일 하라는 것이다."

〈자공경, 930〉

"비구가 학지(學地)에서 안온열반을 얻으려면 어떻게 해야 합니까?"

"여섯 가지를 생각해야 하나니, 첫째, 부처를 생각하고 둘째, 법을 생각하며 셋째, 스님들을 생각하고 넷째, 율을 생각하며 다섯째, 아라한의 4과를 생각하고 여섯째, 5분향을 실천하면 3계 28천이 모두 와서 받들게 된다."

〈수습주경, 931〉

십일경(十一經)·해탈경(解脫經)

부처님께서 가비라위국 니구율원에 계실 때 부처님을 위해 가사를 짓고 있을 때 마하남이 찾아가 부처님께 여쭈었다.

"저는 온몸을 거둘 수 없고 4방이 아득하여, 들은 법도 다 잊어버릴 것 같습니다. 세존께서 석달 후 지어진 가사를 입고, 유행하신다는 말씀을 들었기 때문입니다."

"너는 설사 세존을 보거나 보지 않거나 다섯 가지 법을 보고 항상 생각하고 노력하라. 바른 믿음으로 바르지 못한 믿음을 닦지 말고, 계를 완전히 갖추고 들음을 갖추고, 보시와 지혜를 갖추라. 그리고 3보와 계율·보시·천의 여섯 가지를 늘 생각하라. 마치 닭이 알을 품은 것과 같이 계속해 가면 마침내 감로열반을 얻으리라."

〈십일경, 932〉

≪12경, 933≫에서는 앞의 5법이 신(信)·계율·보시·들음(聞)·공·지혜 여섯 가지로 나온다.

마하남이 물었다.

"선정과 해탈은 어느 것이 먼저입니까?"

그때 부처님께서 몸이 회복되신 지 얼마 되지 않았기 때문에 아난 존자가 대신 일러주었다.

"배울 것이 있는 계는 삼매이고 배울 것이 없는 계는 해탈이다. 불자가 먼저 계에 머물러 나쁜 짓 하지 않고 착한 일 하여 탐욕을 여의면, 4선정에 들어 4제를 알게 된다. 이와 같이 5하분결을 끊고 반열반에 나아가면 유루(有漏)가 다하여 해탈하게 된다."

〈해탈경, 934〉

사타경(沙陀經)·백수경(百手經)

석씨 사타가 마하남에게 말했다.

"수다원은 몇 가지 법으로 성취합니까?"

"네 가지 법으로 성취하니 삼보에 대한 믿음과 계의 실천이다."

그러나 사타가 3보에 대한 믿음 뿐이라고 하여 부처님께 나아갔더니

"믿던지 안믿던지 옳은 말만 해라."

〈사타경, 935〉

석씨들이 식당에 모여 의논하다가 마하남에게 물었다.

"어떤 것이 최후의 수기인가?"

"수다원이 되어 삼보리를 얻고 일곱 번 세상을 오가며 맨지막에는 완전히 고통을 벗어나 아라한이 된다고 하였다."

"백수 석씨는 술을 마시는 데도 수기를 받았는데."

그래서 부처님께 나아가 물으니

"그는 평상시 술을 마셨으나 마지막 임종할 때는 술을 끊고 목숨을 마쳤다."

〈백수경, 936〉

혈경(血經)·누경(淚經)·모유경(母乳經)

부처님께서 비사리국 미후못 곁 2층 강당에 계실 때 40명의 비구들이 파리야 마을에 있었다. 그들은 다 아란야행을 닦으면서 누더기 옷을 입고 있었으나 탐욕을 버리지 못한 학인들이었다. 부처님께 찾아가니,

"중생들은 끝없는 생사 속에서 무명 애욕에 얽히어 오랜 세월을 윤회하고 있기 때문에 본래의 세계를 알지 못한다. 저 갠지스강의 물을 헤아릴 수 있겠느냐?"

"헤아릴 수 없습니다."

"바닷물은?"

"헤아릴 수 없습니다. 저희들이 윤회 속에서 흘린 피가 저 보다 더 많은 것으로 생각됩니다."

"5온은 영원한 것인가?"

"무상한 것으로 고통 투성이입니다."

"그렇다면 자세히 관찰하여 그 고통으로부터 영원히 떠나도록 하라."

〈혈경, 937〉

부처님께서 기수급고독원에 계시면서 강물과 바닷물과 자신들이 윤회 속에서 흘린 눈물이 많은 가를 묻고 위(≪혈경≫)와 같이 답변하였다.

〈누경, 938〉

다시 또 부처님은 강물과 바닷물을 윤회 속에서 받아먹은 어머니의 젖과 비교하여 깨달음을 주셨다.

〈모유경, 939〉

잡아함경 34권

초목경(草木經)·토환립경(土丸粒經) 외 4경(經)

부처님께서 윤회의 숫자를 산천초목의 풀과 나무에 비교하여 물은 것은 ≪초목경, 940≫이고, 이 땅덩이를 저 바라과(波羅果) 열매와 같이 만든다면 그 숫자가 얼마나 되겠는가 물은 것이 ≪토환립경, 941≫이다.

또, 어쩌다가 한 번씩 다가오는 즐거움을 제하고는 모두가 고통 덩어리였다고 깨닫게 한 것이 ≪안락경(安樂經), 942≫이고, 고뇌 중생의 고통을 보고 무량세를 그렇게 고통 속에 살아왔다고 생각게 한 것이 ≪고뇌경(苦惱經), 943≫이다.

인연법 가운데 유(有)의 존재를 두렵게 생각하라 한 것이 ≪공포경(恐怖經), 944≫이고, 무명속에 부모·형제·처자·친척·권속·스승에 대한 애념 버리지 못한 것을 설한 것이 ≪애념경(愛念經), 945≫이다.

항하경(恒河經)·누골경(累骨經)

한 바라문이 기수급고독원에 찾아와 부처님께 물었다.

"미래에 태어날 부처님께는 얼마나 됩니까?"

"갠지스강가의 모래 숫자와 같다."
"과거에는 얼마나 있었습니까?"
"마찬가지다."
"저도 따라 출가 사문이 되고 싶습니다."
"좋다."
그래서 그는 그 자리에서 아라한이 되었다.

〈항하경, 946〉

부처님께서 왕사성 비부리산에 계실 때 비구들에게 말했다.
"한 사람이 한 겁 동안 나고 죽음에 윤회하여 해골이 싸여 썩지 않았다면 저 산보다 높을 것이다. 그러니 바른 지혜로 진리를 보아 괴로움을 떠나 열반을 얻으라. 8정도의 길은 결박을 푸는 좋은 방편이 된다."

〈누골경, 947〉

성경(城經)·산경(山經)

한 비구가 물었다.
"한 겁의 길이는 얼마나 됩니까?"
"설명해도 이해하기 어렵다."
"비유로써 설명해 주십시오."
"4방 1유순이 성중에 겨자씨를 가득 채워놓고 백 년에 하나씩 가져가 다 끝나도 일 겁을 차지 않는다."

〈산경, 948〉

또 4방 1유순 되는 돌산을 가지국의 겁패(劫貝 ; 무명)로써 백 년만에 한 번씩 스쳐가 그 돌산이 다 닳아 없어진다 하더라도 1겁은 아직 끝나지 않을 것이다.

〈선경, 949〉

과거경(過去經)·무유일처경(無有一處經)

또 백 살 노인이 아침 점심 저녁으로 각 3백 겁씩을 지나 백 살이 된다 해도 아직 1겁을 차지 못한다.

〈과거경, 950〉

"우리들이 윤회하면서 거치지 아니한 세상은 한 곳도 없다."

〈무유일처경, 951〉

무불일처경(無不一處經)·대우체포경(大雨渧泡經)·대우홍주경(大雨洪澍經)

"이 세상 어떤 것이고 나의 부모·형제·처자·권속·중신 아니었던 사람이 하나도 없다."

〈무불일처경, 952〉

"비유하면 큰 비가 쏟아질 때 물방울이 금방 생겼다가 사라지는 것과 같다."

〈대우체포경, 953〉

"비유하면 장맛비가 동·서·남·북 그 어느 곳에서도 끊어지지 않는 곳이 없는 것과 같이 끝없는 윤회 속에 고통을 겪고 있다."

〈대우홍주경, 954〉

오절륜경(五節輪經)·비부라경(毘富羅經)

"비유하면 다섯 마디 바퀴를 끝없는 세월을 돌리는 것과 같이 중생의 5도 윤회는 이보다 더 끝이 없다."

〈오절륜경, 955〉

"옛날에는 이 산을 장죽산, 그 밑의 마을을 저미라라 불렀는데, 4만 살씩 살았다. 그들은 4일에 그 산을 올랐는데 그때 부처님께 이름은 가라손제였다. 많은 중생들을 제도하였으나 지금은 다 죽고 없다.

그 다음에는 붕가산, 그 다음에는 수파라산, 지금은 비부라산, 또 앞으로는 다른 산의 이름을 가지고 그 주위에는 다른 사람들이 살다가 죽을 것이다. 모든 것은 무상하여 생멸한다. 오직 적멸만이 즐거운 것이다."

〈비부라경, 956〉

신명경(身命經)·목련경(目連經)

부처님께서 죽림정사에 계실 때 바차 종족이 와서 물었다.

"목숨(命)이 곧 몸(身)입니까?"

"꼭 그렇다고 할 수는 없다."

"그러면 이 둘이 서로 다릅니까?"

"그렇다고 할 수 없다."

"그러면 무엇이 다음 세계에 가 태어난다고 합니까?"

"업(有)이다. 마치 나무가 있으면 불이 타는 것과 같다. 업은 애욕이 근본이다."

〈신명경, 957〉

바차가 목련 존자에게 찾아가 물었다.

"부처님께서는 있다거나 없다고 분명히 말씀하시지 않고 결정법을 쓰지 않으시는 이유가 무엇입니까?"

"결정하면 거기 집착하기 때문입니다."

〈목련경, 958〉

기재경(奇哉經)·기특경(奇特經)

바차가

"부처님께서나 목련이 대답이 똑같으니 스승과 제자의 생각이 그렇게 기특할 수 없습니다."

고 하니, 선타가전연이

"출가자가 법과 율에서 열심히 범행을 닦으면 알 수 있다."

〈기재경, 959〉

출가한 바차 종족이 물었다.

"여래는 후생이 있습니까 없습니까. 있기도 하고 없기도 합니까?"

"나는 그대에게 말하지 않으리라."

"기이하십니다. 스승과 제자의 뜻이 같고 문구와 맛, 이치가 꼭 같습니다."

〈기특경, 960〉

유아경(有我經)·견경(見經)

바차 종족이 물었다.

"어떤 것이 나입니까?"

부처님께서는 대답하지 않자 그냥 돌아갔다. 옆에서 부채질 하던 아난이 물었다.

"대답해주시지 않으면 무지하다고 소문나지 않겠습니까?"

"있다고 하면 그의 삿된 견해가 더욱 불어나고, 없다고 하면 예전부터 가지고 있던 의혹이 더욱 짙어질 것이다."

〈유아경, 961〉

"세간은 영원합니까 허망합니까?"

"나는 다 보았기 때문에 말하지 않는다. 불씨가 있으면 타고 불씨가 다 했으면 꺼지게 되어 있다."

〈견경, 962〉

무지경(無知經)・출가경(出家經)

"저희들은 참으로 무지하여 항상과 허망, 끝의 유무, 목숨과 몸, 후생의 유무를 가지고 한 세상을 보냈습니다."

"5온에 대한 지식이 없기 때문이다."

〈무지경, 963〉

"선법과 악법이 있습니까?"

"악한 법을 항복 받으면 착한 법이 된다. 이것이 둘이냐 하나냐, 다만 법과 율에 있어서 번뇌만 끊으라."

〈출가경, 964〉

울저가경(鬱低迦經)・부린니경(富隣尼經)

외도 울저가가 물었다.

"세상은 끝이 있습니까 없습니까?"

"나는 지혜롭게 보고 알아 세상일을 다 마쳤지만 그것은 세상의 괴로움을 없애는 법이 아니므로 답하지 않는다."

〈울저가경, 965〉

존자 부린니에게 많은 외도들이 찾아가 물었다.

"구담 사문은 모든 존재를 끊고 부수어 버렸다고 하는데 사실입니까?"

"그렇게 가르치고 있습니다. 만일 나를 인정하면 거기 거만이 생겨 삿된 마음을 가지게 되기 때문입니다."

〈부린니경, 966〉

구가나경(俱迦那經) · 급고독경(給孤獨經) · 장조경(長爪經)

아난이 새벽에 탑보강 가에 옷을 벗고 목욕하다가 사람 기척이 나니 기침을 하였다. 구가나 외도가 물었다.

"누구입니까?"

"석씨 종족의 아들입니다."

"여래께서는 후생이 있다고 말씀하십니까?"

"그런 대답은 하시지 않습니다. 결정되면 집착하기 때문입니다. 이미 보아야 할 것은 보고 일어나는 곳을 보아 끊었기 때문에, 다른 말씀은 하시지 않습니다."

"당신의 이름은 무엇입니까?"

"아난입니다."

"기이합니다. 스승과 제자가 어찌 서로 의논한 것과 같습니까?"

〈구가나경, 967〉

부처님께서 가란다 죽원에 계실 때, 급고독 장자가 날마다 부처님을 찾아뵙고 공양하였다. 그런데 하루는 너무 시간이 일러 외도들이 사는 곳을 잠깐 들렸더니 외도들이 물었다.

"사문 구담의 견해는 어떻습니까?"

"저는 감히 부처님께의 견해를 알지 못합니다."

"그러면 스님들의 본 견해는 아는가?"

"그도 모릅니다."

"그러면 당신의 견해는 어떻습니까. 일체는 영원한가 허망한가?"

"나의 견해로는 모든 것은 하염이 있고, 생각 속에 나타난 것이라 무상합니다."

외도들은 그 말을 듣고 몇 번 반박하였으나, 결국 장자는 외도들을 항복받고 부처님께 나아가 말씀드리니 크게 칭찬하였다.

〈급고독경, 968〉

화종(火種) 외도 장소가 죽림 정사에 찾아와 부처님께 질문하였다.

"나는 일체 견해를 인정하지 않습니다."
"그 인정하지 않는다는 것은 인정하고 있지 않는가?"
"그것도 인정하지 않습니다."
"그렇다면 모든 견해가 끊어지고 버려졌으며 여읜 것 아닌가. 세상의 모든 무상을 인정하는 것과 인정하지 않는 것 둘 다 인정하는 것과 둘 다 부정하는 것이다."
뒤에서 부채를 부치고 있던 사리불이 이 말씀을 듣고 곧 깨달음을 얻어 해탈하였다. 장조는 법안을 얻어 출가하였다.

〈장조경, 969〉

잡아함경 제35권

사라보경(舍羅步經)·상좌경(上座經)

외도 사라보가 왕사성 수마갈타 못 가에 살고 있으면서 대중에게 말했다.
"나는 사문 석가의 법을 다 안다. 예전부터 그의 법분을 다 알고 있었지만 지금은 버렸다."
탁발 갔던 비구들이 듣고 와서 부처님께 말씀하였더니, 부처님께서 오후에 직접 그곳을 방문하여 물었다.
"그대가 말한 것이 사실인가?"
사라보는 대답을 못했다. 제자들이 응수할 것을 요청하였으나 말 한마디 못하고 고개만 숙이고 있었다. 그의 제자들이 말했다.
"마치 두 뿔이 잘린 송아지가 외양간에 들어가 땅에 꿇어앉아 외치는 것처럼 혼자 있을 때는 큰소리 친 사람이 말 한마디 못합니까?"

하고 모두 일어나 떠나버렸다.

〈사라보경, 970〉

또 외도 상좌가 못 가에 있으면서 게송을 읊었다.

비구는 법으로 생활하면서 중생들을 두렵게 하지 않는다.
뜻은 고요히 다 버리고 계율은 잘 지키며 지식(止息法)을 닦는다.

부처님께서 듣고 게송으로 말씀하셨다.

"만일 그대가 읊은 게송을 그대로 실천할 수 있으면
내 마땅히 그대 사는 곳에서 대장부 되는 공부를 하리라.
그러나 그 게송은 말과 행동에 일치하지 않는다.
고요히 머물러 스스로 항복받고 중생들을 두렵게 하지 말라.

마음을 고요히 모든 것을 멀리 여의고 계율 깨끗이 지키는 사람은
제 마음을 길들이고 고요히 머물면서 나쁜 업을 짓지 않는다.
마음 단속 염처를 닦아 방일하지 않게 하면
그것이 수순이니 마음 길들이고 고요히 머물라."

그는 곧 참회하고 정법에 귀의하여 불제자가 되었다.

〈상좌경, 971〉

삼제경(三諦經) · 전타경(栴陀經)

부처님께서 가란다 죽원에 계실 때 수마갈타 못 가에 바라문 출가자들이 모여 여러 가지 논리를 전개하고 있었다.
부처님께서 그곳에 가자 자리를 권해 앉자 말씀하셨다.

"바라문의 진실에 세 가지가 있다.
① 일체 중생을 해치지 않고 논리로써 거만을 피우지 않는다.
② 온갖 존재의 발생 법(集)은 결국 사견을 짓는 것이다.
③ 나라고 하는 것은 처소와 인이 없다.
이 세 가지를 아는 사람은 진리를 아는 사람이다."

〈삼제경, 972〉

부처님께서 구담미국 구사라 동산에 계실 때 전타 외도가 아난 존자에게 물었다.
"무엇 때문에 고다마에게 출가해 있는가?"
"3독을 끊기 위해서입니다."
"그래 다 끊었는가?"
"완전하지는 못하지만 끊으려고 노력하고 있습니다. 3독에 물들면 자타를 해치고 현세나 후세에 죄를 받기도 하고 해치기도 합니다."
"무엇으로 그것을 끊어가고 있는가?"
"8정도입니다."

〈전타경, 973〉

보루저가경(輔縷低迦經) ①② · 시바경(尸婆經) ①②

부처님께서 기수급고독원에 계실 때 존자 사리불이 부처님을 뵙고 오다가 외도 보루저가를 만나니 물었다.
"어디서 오는가?"
"세존께서 계신 곳에서 옵니다. 아직도 젖을 떼지 못해 법문을 듣고 오는 길입니다."
"나는 이미 젖떼기가 되었소."
"들어보니 당신의 법은 악법이요 나쁜 깨달음의 법입니다. 번뇌에서 벗어나지 못했고 깨달은 것도 아니며 무너지는 법입니다. 너무 성급하게 젖을 떼어 스승까지 허물어지게 하시는군요."

그 뒤 보루저가가 부처님을 찾아 물었다.

"어떤 것이 비구의 알맞은 방편법입니까?"

"청정하지 못한 것을 청정하게 하고, 길들이지 못한 것을 길들이게 하고, 적정하지 못한 것을 적정하게 하고, 해탈하고 단절하지 못한 것을 해탈시키고 단절시켜, 얻지 못한 것을 얻게 하는 것이다."

"어떤 것이 청정하게 하는 것입니까?"

"계율이다."

"어떤 것이 길들이지 못한 것을 길들이게 하는 것입니까?"

"6근을 길들이는 것이다."

"어떤 것이 정수에 드는 것입니까?"

"선정이다."

"어떤 것이 해탈하는 것입니까?"

"3독에서 벗어나는 것이다."

"어떤 것이 단절하는 것입니까?"

"명색(名色)이다."

"어떤 것이 닦는 것입니까?"

"지관(止觀)이다."

"어떤 것이 얻는 것입니까?"

"반열반이다."

보루저가는 번뇌를 없애고 큰 깨달음을 얻었다.

〈보루저가경 ①②의 974 · 975〉

부처님께서 죽림정사에 계실 때 시바 외도가 물었다.

"무엇이 공부이고 어떻게 해야 합니까?"

"공부해야 할 것을 공부하기 때문에 공부라 하고 증상계와 증상의, 증상혜를 얻는 것이다.

"아라한도 공부해야 합니까?"

"알았으면 남김없이 닦아야 한다."

"어떤 사람들을 알고 깨닫고 하는 것이 있으면 그것을 전생의 인(因)이기 때문에 고행을 닦아 없애야 한다는데?"

"병이 여러 가지기 때문에 약도 여러 가지가 될 수 있지만, 모든 사람이 알고 느끼는 것은 전생의 인(因)이다. 탐·진·치·만·의의 다섯 가지 인으로 인해 성낸 자·들뜸·의심·결박·고통의 과다. 그러므로 항상 정견에 의해 정정을 이루어야 하는 것이다."

〈시바경 ①②의 976·977〉

상주경(商主經)·수발다라경(須跋陀羅經)

부처님께서 나라마을 호의암라원에 계실 때 120세 된 상인 외도가 여러 사문 바라문들의 공양을 받고 있었다. 그의 친척 한 사람이 죽어 천상에 태어났는데 그를 바른 길로 인도하고자 내려와 노래 불렀다.

어떤 친구가 나쁜 친구로서 겉모습만 꾸미는가.
어떤 친구가 착한 친구로서 두 몸을 한 몸처럼 생각하고
무엇 때문에 끊으려 애쓰며 불같은 번뇌를 여의지 않는가.

상인 외도는 이 시를 가지고 부란나가섭에게 가서 물으니 '알 수 없다'고 하여 말가리구사리자·가라구타가전연·니건야제자 등 여러 곳을 다녔어도 시원스럽게 답변하는 자가 없자 마지막으로 부처님께 나아갔다. 부처님께서 게송으로 말씀하셨다.

"마음으로 싫어 떠나야 하면서도 일은 같이 하기를 좋아하지 않으니
이 자가 나쁜 친구 겉만 꾸미는 사람이다.
입으로는 은혜롭고 부드러운 말 하면서도 마음은 깨끗하지 않고
하는 일마나 서로 같지 않으니 이 친구는 나쁜 친구 겉만 꾸미는 친구.

제 몸과 같이 생각해 방일하고 방해하지 않고 의심없고
단잠 찾아 고쳐주는 사람, 부모 자식처럼 뗄 수 없으니 이가 착한 사람
기쁘고 즐거운 곳에 태어나 맑고 시원한 것 좋아하고
복되고 이익있는 과업을 닦아 번뇌 아주 사라지면 아주 시원해
참 법 기쁜 맛 한결같고 탐욕의 불길 떠나 고요하면 번뇌를 떠난 자라 한다."

상인 외도는 이 게송을 듣고 즉시 출가하여 부처님께의 제자가 되었다.

〈상주경, 978〉

부처님께서 구살라국 역사촌 견고쌍수림 사이에 계실 때 120세 된 수발다라가 찾아왔다. 어떤 것이 진정한 도인가 물었다. 이에 부처님께서 게송으로 말씀하셨다.

"내 나이 29세에 출가하여 도를 성취한 뒤
오늘까지 50여 년이 지났다.
삼매와 지혜와 행 갖추고 언제나 청정한 계율 닦았으니
누구나 이 도를 벗어나면 어디에도 바른 사문 없노라."

"무엇이 근본입니까?"
"8정도가 근본이다."
수발다라는 즉시 법안을 얻고 그 자리에서 열반에 들었다.

〈수발다라경, 979〉

염삼보경(念三寶經)·당경(幢經)

부처님께서 발기국 미후강변에 계실 때 베살리국 상인들이 달찰시라국으로 가려고 준비하고 있다가 부처님께서 그곳 2층 강당에 계신다는 말을 듣고 찾아 뵙고 물었다.

"저희들이 떠나기 전에 내일 아침 공양을 받아 주십시오."

부처님께는 대중들과 공양을 마친 뒤 설법하였다.

"그대들은 넓은 들판 가다가 마음에 두려움이 생기면 여래·응공·등정각을 생각하라. 그리하면 곧 두려움이 없어지리라.

옛날 제석천과 아수륜이 싸울 때 최복당(催伏幢)이란 깃발을 기억케 하라. 그래도 안되면 이사나(伊舍那) 깃발, 바루나(婆留那) 깃발을 생각하라고 하였는데 그래서 지금까지 한 번도 패한 일이 없었다."

하고 다음과 같이 게송으로 말씀하셨다.

"때를 따라 비구스님들께 공양하면
오롯한 기억으로 바른 지혜 보시하라.
깨끗한 물건 좋은 복밭 두루 갖춰
공덕 이익 인연하면 오랜세월 안락하리라.
마음 깊이 구하는 것 있으면 온갖 이익 다 모여
사람이나 짐승들도 다 편안하고 밤낮없이 편안하다.

기름진 밭에 좋은 종자 뿌려 때를 따라 물 대어주면
수확 결실 헤아릴 수 없듯
깨끗한 계율 좋은 복밭에 좋은 음식 보시하고
바른 행 따라 키워주면 묘한 과업 이루리라."

〈염삼보경, 980〉

부처님께서 기수급고독원에 계실 때

"만일 비구가 한적한 곳, 나무 밑, 빈집에 있을 때 두려움이 생기면 3보를 생각하라."

〈당경, 981〉

아난사리불경(阿難舍利弗經) · 아난경(阿難經) · 애경(愛經) ①②

부처님께서 사지국 안사나 숲 속에 계실 때 사리불에게 말씀하였다.

"만일 어떤 중생이 의식이 있는 몸과 바깥 경계에 대하여 나와 내 것이라는 견해를 가지면 교만하고 집착하는 번뇌가 생겨 심해탈 · 혜해탈을 얻을 수 없다."

〈아난사리불경, 982〉

부처님께서 기수급고독원에 계실 때, 존자 아난이 그런 생각(심해탈 · 혜해탈을 얻는 것 같은)이 일어나 부처님께 물으니 칭찬하시고, 파라연부린니가에게 답한 게송을 읊어주셨다.

"사랑과 욕망 생각 끊고 근심과 괴로움 함께 여의며
수면에서 똑똑히 깨어나 들뜬 마음 덮개 없애버리네.
탐욕 · 성냄 버려 깨끗이 하고 눈앞 현상 잘 관찰하면
나는 그 지혜로 해탈 얻어 무명 없앤 이라고 한다."

〈아난경, 983〉

"탐애는 그물이 되고 아교가 되며, 샘물이 되고 연뿌리가 되며, 중생의 장애가 되고 덮개가 된다. 문지기가 되고 씌우개가 되며, 뜬고 막고(閉塞) 캄캄하게 되며, 개의 창자(狗腸)가 되며, 어수선한 풀과 솜이 되어 잠시도 쉴 수 없으리라.

탐애 속에서 미움이 생기고 미움으로부터 또 탐애가 생긴다.

어떤 것은 자기를 내세운다고 하는가. 색이 곧 나고, 색은 나와 다르다. 나 속애 색이 있고 색 속에 내가 있다고 주장하며 수 · 상 · 행 · 식에 대해서도 그렇게 생각하면 그것이 나를 내세우는 것이 된다.

어떤 것이 번뇌를 일으키는 것인가. 아와 아욕등 열여덟 가지 번뇌이다.

어떤 것이 불타는 것인가. 욕심이다.

어떤 것이 남이 싫어하는 것인가. 아만 · 아욕 · 아사(我使)이다."

〈애경 ①②의 984 · 985〉

이사난단경(二事難斷經)·이법경(二法經)

"끊기는 했으나 지속하기 어려운 것이 있으니 속인으로서는 의복·음식·침구이고, 비구로서는 탐애이다."

〈이사난단경, 986〉

"나는 두 가지 법에 의거하여 대부분 시간을 보냈다. 첫째, 착한 법에 대하여 일찍이 주함을 알지 못한 것이고 둘째, 끊어야 할 법에 대하여 아직 멀리 여의지 못했던 것이다. 그러니 너희들은 하열한 법에 대해 즐겁다는 생각을 내지 말고 항상 법을 향해 나아가야 한다."

〈이법경, 987〉

제석경(帝釋經) ①②·녹주우바이경(鹿住優婆夷經) ①②·복전경(福田經)

부처님께서 죽림정사에 계실 때 제석천왕이 새벽에 와서 아뢰었다.

"세존이시여, 제가 일찍이 격계산 석굴에서 들었는데, 어떤 비구가 애욕이 다해 변제·구경변제·이구변제(離垢邊際)로 범행을 완전하게 성취하면, 범행을 완전히 성취한 것입니까?"

"느낌에서 완전히 벗어나야 한다."

대목건련도 새벽에 그 광경을 본 바 있었으므로 부처님께 나아가 이를 확인하였다.

〈제석경 ①②의 988·989〉

부처님께서 기수급고독원에 계실 때, 아난이 녹주 우바이 집에 걸식하러 가니 물었다.

"어떤 것이 법을 아는 것입니까? 아버지 부란다는 범행을 닦을 때 탐욕을 여의었고, 숙부 이사달다도 만족할 줄 알았습니다. 그러데 부처님께 이 두 분이 죽은 뒤 사다함이 되어 도솔천에 태어났다가, 완전히 괴로움을 벗어난다고 하였는데 사실일까요?"

"중생의 근기에는 차별이 있습니다."

하고 기수급고독원에 돌아와 부처님께 물으니

"계율을 범한 사람이나 범하지 않은 사람이나 탐욕을 여의면, 해탈할 수 있다."

고 하셨다.

부처님께서 석씨의 미성 유리읍에 계실 때 사위국 기수급고독원에 있는 비구들에게 이 말을 물어 그렇게 답한 일이 있다.

〈녹주우바이경 ①②의 990 · 991〉

급고독 장자가 물었다.

"복전에는 몇 가지나 있습니까?"

"배우는 이(有學)와 다 배운 이(無學)다."

하고 다음과 같이 게송으로 말씀하셨다.

"배우는 이와 다 배운 이가 있으니 공양 모임을 열어 언제나 청하라.
그 마음 정직하고 진실하니 몸도 업도 또한 그러하다.
진실로 좋은 복밭이라 보시하면 큰 과보 받는다."

〈복전경, 992〉

잡아함경 제36권

찬상좌경(讚上座經) · 바기사멸진경(婆耆娑滅盡經)

부처님께서 기수급고독원에 계실 때, 존자 바기사가 교진여 · 마하가섭 · 사리불 · 목건련 · 아나율다 · 20억이 · 타라포마라자 · 바나가바사 · 아사사라가비가리 · 부루나 · 분타단니가를 위해 각기 찬탄하는 시를 한 구씩 지었다.

"으뜸가는 스님들 온갖 탐욕 끊고 세간의 싸인 번뇌 완전히 벗어났네.
원수 악마 항복받고 시끄럽고 속된 무리 여의었으며
5욕을 벗어 고요한 맘 익혀 맑고 빈 마음 욕심 없으시기에.

차라연의 훌륭한 종족, 선정에 들어 방일하지 않고
맑고 깨끗하게 번뇌 여의고 슬기로운 변제 깊은 뜻 드러내기에

그가 얻은 신통과 지혜, 신통력을 초월하고
6신통 있는 대중들 자유자재 두려움 없기에.

3천대천 저 세계 안에 5취로 태어난 중생으로부터
범천 세계 이르기까지 우열 있으나 깨끗한 천안으로 모두 보기에.

부지런한 노력 방편 모든 탐에 쌓임 끊고
나고 죽는 그물 찢어 마음 언제나 바른 법 좋아하네.
구하고 바라는 모든 생각 여의고 저 언덕 뛰어 건너가
맑고 깨끗한 번뇌 없애기에.

어떤 두려움도 아주 여의어 의지할 곳 없고 재물 떠나
마음으로 지극하고 의혹 끊고 악마 원수 항복받고
몸을 생각 청정한 것 관하기에.

어느 세상의 어떤 번뇌도 조그만 가시 숲도 남음이 없고
어떤 결박도 모두 풀어 3유의 인연 끊었네.
정밀하게 다루어서 모든 번뇌 없애고 최상의 지혜 광명 비쳐

어두운 숲에 대해 그 숲을 떠나갔기에.

의지해 살던 집 버리고 허깨비, 거짓, 어리석음, 성냄 없애고
모든 애욕 기뻐함을 길들여 항복받고 온갖 삿된 견해 멀리 벗어나
맑고 깨끗해 한 점 티도 없기에.

그 마음 자유로이 움직이되 단단하고 튼튼하게 흔들림 없고
지혜와 큰 덕력 항복받기 어려운 악마 항복 받고 무명 번뇌 끊어 없앴기에.

모든 어둠 여읜 큰 어른 적멸 있으신 모니(牟尼) 높으신 분
바른 법으로 때와 허물 여의고
큰 광명 밝게 나타내 일체 세계 두루비추기에.

지신과 허공 또 하늘, 33천신들이
큰 광명을 가리어 어둡게 하였으니 그 이름이 부처라네.

나고 죽는 세계 다 벗어나 중생 무리 뛰어넘고
부드럽고 연한 마음 길들여 정각께서 높은 진리 깨달으셨네.

모든 결박 끊으셨으며 그에 대한 외도도 다 굴복시키고
일체의 악마 다 항복받고 위없는 바른 진리 증득하였기에
그러므로 머리 숙여 예배합니다."

〈찬상좌경, 993〉

그때 바기사 존자가 녹자모 강당에 병이 들어 위독하므로 간병인 부린니가 공양을 살펴주고 있었다. 바기사가 말했다.

"세존께 문안드리고 한 번 뵙기를 원한다고 하라."

이 말씀을 들은 부처님께서는 친히 그 앞에 나타나니 일어나려 몸부림쳤다.

"바기사여, 함부로 움직이지 말라. 병은 좀 어떤가?"

"고통은 갈수록 더합니다."

"그대 마음 물들지도 않고 집착하지도 않고, 더럽지도 않고 해탈하여 모든 착각에서 벗어났는가?"

"벗어났습니다."

"어떻게 벗어나게 되었는가?"

"과거의 형상에 대해 돌아보지 않고, 거기서 생기는 인식 작용을 돌아보아 기억하지 않고, 미래 현재에도 그러하듯 수·상·행·식에도 마찬가지입니다."

하고 게송으로 말했다.

"내 지금 부처님께 앞에 앉아 머리 조아리고 공경 예배하네.
일체 온갖 법에 대하여 어느 것에서도 해탈했네.
모든 법 모양 잘 이해하고 바른 법 깊이 믿고 좋아하네.
세존께서는 등정각이시고 큰 스승입니다.

악마를 항복 보고 큰 스승 되셨으니
모든 번뇌 다 소멸하고 일체 중생 몸소 건지시네.
이 세상 어떤 법도 다 깨달아 아시니
진실로 이 세상 법을 알기로는 부처님께 보다 나은 이 없네.

저 모든 하늘나라 인간 중에는 부처님 같은 이 없으므로
나 오늘 크게 정진하면 그 분께 머리 조아립니다.
무상사, 온갖 애욕의 가시 뽑으신 이,
나는 죽음에 다달아 마지막으로 세존 뵈었기에
해종자(日種) 어른님께 머리 조아리고 오늘 밤 반열반에 들려하네.

바른 지혜 바른 기억 잡아매고 장차 썩어져 없어질 이 몸
남의 세력 빌려 일으킨 이 몸 오늘 밤 영원히 사라지고

다시는 삼매에 물들지 않아 남음 없는 열반에 들어
고·낙·사 접촉 인연 영원히 끊어 없애리.

고·낙·사 전후 인연 분명히 알았으니 안팎에서 생기는 느낌을
그 느낌 집착 없애고 바른 지혜 바른 마음 잡아매어
처음 중간 마지막에도 장애없고 일체 쌓임 다 끊어 남김없이 알았다네.
진실을 분명 보는 사람, 91겁을 설명하기를 3겁 중 불공겁으로 계시나
3겁 지나면 의지할 곳 없고 공포겁에 두려워 할 뿐이네.

큰 신선 이 세상에 출현 모든 천인 편안하게 해주시고
눈은 뜨여 어둠에서 벗어나게 해주시니 일체 중생의 고통 깨달음이라.
그 원인과 발생 결과도 벗어나 고요한 경지에 이르는
여덟 가지 바른 길 깨닫게 하여 안온 열반으로 나아가게 하네.

이 세상 만나기 어려운 분 나 현재 세상에서 다 얻었네.
이 세상 태어나 사람 몸 얻고서 바른 법 연설함을 들었다네.
제각기 스스로 소원 따라 때 여의고 청정 구하고
오로지 자기 이익만 전념 닦으면서 헛되게 지내 결과 없게 하지 말라.

헛세월 보내면 근심 걱정 장차 지옥의 괴로움 받으리.
말씀하신 바 바른 법 좋아하지 않고 받으려 하지 않으면
오랫동안 나고 죽는 가운데 윤회 그칠 기약 없어
괴로움 번민함이 마치 재물 잃은 상인 같으리.

내개 이제 온갖 경사일에 다시는 나고 죽는 일 없고
윤회 이미 다 끊어 두 번 다시 태어남 받지 않으리
애욕 강물 흐르는 물길, 이제 다 알아 버렸으니
모든 쌓임 근본 뽑아 사슬 고리 이어지지 않으리.

큰 스승님께 공양 마쳤고 해야 할 일 끝냈으니
무거운 짐 다 벗고 존재의 흐름도 끊어졌네.
다시는 태어남 좋아하지 않고 죽음 또한 싫어할 것도 없으니
바른 지혜 생각 거두어 잡아 다만 죽을 때 오기만 기다리네.

넓은 벌판 코끼리 생각하면 60마리 용맹한 짐승
하루아침 쇠사슬에서 풀려나 숲 속을 마음대로 즐기네.
나 또한 그와 같아 큰 스승 입에서 태어난 아들
모든 속된 무리 싫어 버리고 바른 기억으로 때 오기 기다리네.

내 이제 그대들에게 알리노니 여기 와 모인 이들
내가 읊은 마지막 게송 들으라. 그 진리 유익함이 많을 것이다.
한 번 생겨난 것 다 사라지고 어느 것 하나 영원한 것 없으니
어느 새 생겨나는 듯 했더니 죽으니 어찌 영원하다 믿을 것인가.

그러므로 그 뜻 굳세게 해 꾸준히 노력하여 방편 구하니
모든 것 두려운 뜻 잘 살펴 모니 길 따라 행하라.
쌓인 고통 빨리 버리고 윤회의 길 더하지 말라.
부처님 입에서 생겨난 일을 이렇게 찬탄한 뒤 그 외 대중 그만 하직하고
열반에 들고자 사랑스럽게 불쌍히 여기는 마음으로 위없는 게송 읊었다네."

〈바기사멸진경, 994〉

아련야경(阿練若經)・교만경(憍慢經)

한 천자가 게송으로 부처님께 물으셨다.

"아란야 비구는 텅 비고 한가한 곳에 머물면서
고요한 가운데 범행을 닦고 하루 한 끼만 먹고 있는데

무슨 까닭으로 얼굴빛이 그렇게 선명합니까?"

"지난 일 근심하지 않고 다가올 일 반겨하지 않으며
현재 일은 그대로 바른 지혜로 생각 매어두고
먹는 것에도 생각 거두었기에 얼굴빛이 언제나 곱고 밝다네."

〈아련야경, 995〉

"교만심 일으켜 스스로 길들이지 못하고
한 번도 고요함 닦지 않고 바른 삼매 못 얻어
숲 속에서 방일하면 죽음의 언덕 넘지 못하리."

"교만한 마음 벌써 여의고 마음 항상 정수에 들어
밝은 지혜 잘 분별 일체 결박에서 벗어났다네."

〈교만경, 996〉

공덕증장경(功德增長經)·시하득대력경(施何得大力經)

"어떻게 하면 밤낮 공덕 항상 자라게 할 수 있으며, 하늘에 태어날 수 있습니까?"
"동산에 과수 심으면 나무 그늘 생겨 시원한 것이고, 다리 배로 물 건너 주면 복되고 덕되며, 집 지어주고 우물 파 목마름 풀어주고 객사 지어, 나그네 쉬어가게 하라."

〈공덕증장경, 997〉

"무엇을 보시해야 큰 힘을 얻고 아름다운 용모를 얻으며, 안락을 얻고 밝은 눈 얻겠습니까?"
"음식을 보시하면 큰 힘주고 의복 보시하면 아름다운 용모, 수레 보시하면 안락 얻고 등불 보시하면 밝은 눈 얻으리. 집 지어 나그네 대접하고 법으로써 중생을 깨우치면 이것이 감로의 보시라네."

〈시하득대력경, 998〉

환희경(歡喜經) · 원유경(遠遊經)

설비리 천자가 기수급고독원에 와서 게송으로 부처님께 아뢰었다.

"모든 하늘 사람들 음식 보면 좋아하니
과연 어느 세상에서도 행복과 즐거움 따르리까?"

"깨끗한 믿음으로 보시하면 이 세상 저 세상 어느 곳에서든지
그림처럼 복된 과보 얻으리."

"부처님, 저는 전생에 왕이 되어 네 성문에서 보시회를 베푼 일 있었는데,
큰 부인이 복덕을 닦을 능력이 없어 동문 밖 보시를 돌려주고, 남문을 왕자들께, 서문은 대신들께, 북문은 장군들께 돌려주고, 백성들은 4거리 길에서 보시를 베풀어서 모든 공덕 함께 닦게 하였습니다. 모두 그것은 변방의 세금이라 절반은 국고에 넣고 절반은 보시하도록 하였더니 그 복이 저 다섯 개의 강물(항하 · 야포나 · 살라유 · 이라발제 · 마혜)이 흐르는 것 같아 끝이 없게 되었습니다."

〈환희경, 999〉

"어떤 사람이 먼 길 떠날 때 좋은 벗이 되고 집안의 벗이 됩니까?"
"상인에게는 길잡이가 좋은 벗이 되고, 집안의 벗은 정숙한 아내가 된다.
일가친척 서로 가까이 지내는 것이 재물을 지니는 좋은 벗이 되고
스스로 닦은 공덕 후세에까지 좋은 벗이 된다."

〈원유경, 1000〉

침박경(侵迫經)·단제경(斷除經)

“어두운 운명이 목숨 앗아가 사람 목숨 짧아지니 늙음 닥쳐와 침노하지만 아무도 구해 보호할 자 없다.”

“남아 있는 이 몸 허물을 보면 사람 몹시 두렵게 하니, 마땅히 이 세상 탐애를 끊고 무여열반을 즐기라.”

〈침박경, 1001〉

“몇 가지 법 끊어야 하고, 버려야 비구는 빠른 흐름 건너게 됩니까?”

“다섯 가지(五蓋)를 끊고, 다섯 가지(五境)을 버리고, 5근(住·念·足·慧·無漏)을 닦아 5합(貪·恚·慢·嫉·結)을 뛰어넘으면 흐르는 물을 건널 수 있다.”

〈단제경, 1002〉

각면경(覺眠經)·상희경(相喜經)

“어떤 사람은 깨어 있어도 잔다고 하고, 자도 깨어 있다고 하며, 또 어떤 사람은 더러운 때를 지녔다고 하고 청정함을 얻었다고 합니까?”

“다섯 종류의 사람(5蓋)은 깨어 있어도 잔다고 하고, 다섯 종류의 사람(住·進·念·定·慧)은 자도 깨어 있다고 하고, 다섯 종류의 사람(貪·恚·慢·嫉·結)은 더러운 때를 지닌 사람이고, 다섯 종류의 사람(5근)은 청정을 얻은 사람이다.”

〈각면경, 1003〉

“어미와 자식은 서로 기뻐하고, 소 임자는 소를 좋아하며, 중생은 받은 몸을 좋아하고 몸이 없어지는 것을 좋아하지 않네.”

“어미는 자식 걱정하고, 소 임자는 소를 걱정하며, 몸 있으면 중생들 걱정하고 몸 없으면 중생들 걱정도 없으리.”

〈상희경, 1004〉

인물경(人物經) · 애무과자경(愛無果子經)

“어떤 것을 사람의 소유라 하고, 제일 좋은 도반이라 하며, 무엇이 목숨을 보전하고 중생의 의지는 무엇입니까?”

“논과 집이 중생의 소유이고, 어진 아내가 도반이며, 음식이 목숨을 보전하고 직업이 중생의 의지가 된다.”

〈인물경, 1005〉

“자식 보다 더 큰 사람이 없고, 소 보다 더 귀한 재산이 없으며, 광명보다 더 밝은 것 없고, 바다 보다 더 큰 호수(薩羅)는 없다.”

“자신보다 더 큰 사랑 없고, 곡식보다 더 큰 재물없고, 지혜보다 더 큰 광명 없고, 견해 보다 더 큰 호수 없다.”

〈애무과자경, 1006〉

찰리경(剎利經) · 종자경(種子經)

“찰리는 사람 중 제일이고 동물 중 황소가 훌륭하네. 순결은 처녀가 으뜸이고, 아들 중엔 맏아들이 제일이다.”

“사람 중엔 부처가 제일이고 산 말이 동물 중에 제일이며, 어진 아내가 제일이고 번뇌 끊은 아들이 제일이다.”

〈찰리경, 1007〉

“땅에서는 5곡이 제일이고 허공에서 땅에 떨어진 것 중에는 종자가 제일이다.
황소는 사람을 키우는 것 중 제일이니 의지하는 것 중에서 크기 때문이다.
사랑하는 아들이 하는 말, 이 말 중에서 제일 훌륭한 것이다.

밑에서 솟는 것 중에는 3명(明)이 제일이고

허공에서 흘러내리는 것 중에서도 3명이 제일이다.
성제자들은 스승을 제일로 삼고 여래의 말씀이 제일이다.

6처에서 세간은 생겨났고 6경이 화합해
6입이 애욕을 취해 6법의 세상은 해친다."

〈종자경, 1008〉

심경(心經)·박경(縛經)

"바늘이 세간을 유지해가고 마음이 세간을 구속한다.
마음이 한 법이 되어 세상을 능히 이끌어 간다."

〈심경, 1009〉

"애욕이 세상을 결박하니 애욕을 항복받아 해탈한다.
애욕을 끊으면 열반을 얻게 된다."

〈박경, 1010〉

암경(掩經)·무명경(無明經)

"노쇠함이 세상을 가리고 죽음이 세간을 막고
애욕이 중생을 결박하고 법이 세간을 건립한다."

〈암경, 1011〉

"무명이 세간을 가리고 애욕이 중생을 결박하고
가리워 덮음이 중생을 기억하고 아만이 중생의 깃대가 된다."

여래·등정각은 바른 지혜로 심해탈 하였으니
다시는 무명에 덮이지 않고 애욕에 결박되지 않으며

가리움 덮개에서 벗어났고 아만의 깃대를 꺾었기 때문이다."

〈무명경, 1012〉

신경(信經)·제이경(第二經)

"깨끗하게 믿고 즐거워하는 마음이 제일가는 재물이고
바른 법 닦고 행해야 안락한 과를 얻는다.
참된 진리 묘한 말씀 맛 가운데 최상이고
성인의 지혜로운 혜명(惠命)이 수명 중 제일이다."

〈신경, 1013〉

"믿음이 비구의 제2 동반자이고 지혜가 교사이다.
열반을 기뻐하고 좋아하면 거기서 비구의 결박이 끊어진다."

〈제2경, 1014〉

지계지로경(持戒至老經)·중생경(衆生經) ①~③

"계율 잘 지키면 늙을 때까지 좋고 깨끗한 믿음을 건립한다.
지혜는 사람의 보배 공덕은 도적도 빼앗아 가지 못한다."

〈지계지로경, 1015〉

"애욕이 중생을 생겨나게 하고 마음이 앞으로 치달려 들뜨게 한다.
중생이 나고 죽음 일으켰으며 괴로운 법(업) 해탈하지 못하게 한다."
그러므로 업장을 가장 두려워하라.

〈중생경 ①~③의 1016~1018〉

비도경(非道經)·무상경(無上經)

"탐욕은 도가 아니고 수명은 밤낮으로 옮겨 간다.
여자가 범행을 더럽게 하고 세상을 괴롭힌다.
불꽃처럼 왕성한 도 닦으면 온갖 잘못 씻어버린다."

〈비도경, 1019〉

"이름(名 ; 정신)이 세간을 두루 비추고 이름이 세간에서 더없이 높다.
오직 이름이란 이 한 법 세간을 능히 제어한다."

〈무상경, 1020〉

하법위게인경(下法爲偈因經)·왕거경(王車經)

"애욕은 게송의 근원이 되고 문자가 게송을 장엄한다.
이름이 게송의 의지가 되고 사람이 게송의 몸이다."

〈하법위게인경, 1021〉

"깃대를 보고 수레인줄 알고 연기를 보고 불인 줄 안다.
왕을 보면 나라를 알 수 있고 남편을 보면 아내를 알 수 있다."

〈왕거경, 1022〉

잡아함경 제37권

파구나경(巴求那經)・아습파서경(阿濕波誓經)

부처님께서 기수급고독원에 계실 때, 파구나 존자가 동쪽 녹모 강당에서 병이 걸려 위독한 지경에 있었다. 아난이 이 소식을 알리자 부처님께서 친히 그곳에 나가 위로하셨다.

부처님께서 떠나신 뒤 파구나 존자는 임종하였는데, 모든 감관이 기쁨에 차 청정했으며 살빛도 희고 고왔다. 부처님께서는 이 소식을 들으시고

"그는 5하분결을 아직 끊지 못했으나, 임종시를 당해 설법을 듣고 기뻐하였으므로, 장차 5하분결을 끊고 아나함이 될 것이다."

고 예언하셨다.

〈파구나경, 1023〉

또 아습파서가 병이 짙다는 말씀을 듣고 찾아가셨다.

"병환이 좀 어떤가?"

"참기 어렵습니다."

"후회하는가."

"후회합니다. 공부 못한 것을."

"파계한 일이 있는가."

"아닙니다."

"5온이 나인가?"

"아닙니다."

"삼매가 잘 안되는 것을 후회하지 말라. 법을 들은 것만으로도 큰 공덕이 있느니라."

아습파서는 기쁜 마음으로 환희에 찼다.

〈아습파서경, 1024〉

질병경(疾病經) ①~③ · 급고독경(給孤獨經) ①~③

부처님께서 기수급고독원에 계실 때, 객승 비구가 병이나 변두리 마을 초제사에 가 있었다.

"부처님께, 아직 공부 중인 객승 한 사람이 유행병에 걸려 죽게 되었고, 또 많은 사람들이 그 병으로 죽었습니다."

"그래 내가 가 보지."

하고 가셔서 물었다.

"좀 어떤가?"

"견딜 수 없습니다."

"출가 수행한 것을 후회하지 않고 계를 파한 일이 없으면, 승랍이 많고 적고를 논하지 않고 좋은 결실을 맺을 수 있다. 눈 때문에 안식이 생긴다고 생각하는가?"

"예. 안식 때문에 안촉 · 고락수 · 불고 · 불락수가 있습니다."

"그러면 눈이 없으면 안식도 없고 내지 고락도 없겠구나."

"예. 그렇게 생각합니다. 눈 · 귀 · 코 · 혀 · 몸 · 뜻도 마찬가지입니다."

"그대는 머지않아 반열반을 얻어 해탈자재하리라. 더군다나 아견과 인견이 없다면 더 말할 것 없다."

수행자는 기쁜마음으로 숨을 거두었다.

다른 병자에게도 문안을 가니

"저는 탐욕을 여의기 위해 세존 밑에서 범행을 닦고, 성냄과 어리석음을 없애려고 노력한 바 있습니다. 그런데 지금 병이 드니 공부가 제대로 되지 않습니다."

"후회하지 말라. 그대는 장차 혜해탈을 얻으리라."

하고 게송으로 말씀하셨다.

"즐거운 느낌을 느낄 때도 즐거운 느낌이라 인식하지 않고
탐욕·번뇌·부림(使) 받아 거기서 벗어날 방법 알지 못한다.
괴로운 느낌을 느낄 때도 괴로운 느낌이라 인식하지 말라.
성냄·번뇌·부림을 받아 거기서 벗어날 방법 알지 못한다.

괴롭지도 즐겁지도 않은 느낌에 대해서도 등정각께서 말씀하셨다.
그것도 사실 그대로 알지 못하면 마침내 저 언덕에 이르지 못하니
만일 비구로써 열심히 노력하여 바른 지혜 흔들리지 아니하면
저 일체 느낌에 대해 지혜로써 참되게 다 알게 된다.

모든 느낌 참되게 알면 현재 세상에서 모든 번뇌 다 없어져
지혜의 힘입어 목숨 마치고 열반에 들어 중생 속에 끼지 않으리.
이렇게 색에서 해탈하고 수·상·행·식에서 벗어난 사람은
언제 어느 곳에 있어서도 대자유인 된다."

〈질병경 ①②의 1025·1026, 질병경 ①②의 1028·1029〉

급고독 장자가 병에 걸려 괴로워할 때 부처님께서 가시니 일어나려 하셨다.
"장자여, 일어나지 말라. 고통은 더하지 않는가?"
"괴롭습니다. 정말로 견디기 힘듭니다."
"3보, 정계에 대한 깨끗한 믿음을 성취하고 그렇게 되기 위해 힘쓰리."
"무너지지 않는 깨끗한 믿음과 계를 성취하겠습니다."
"장하다. 그대는 아나함과를 얻을 것이다."
"원컨대 오늘 여기서 공양하시기 바랍니다."
부처님께는 그곳에서 공양하면서 설법으로 그 마음을 기쁘게 해주었다.
존자 아난과 사리불도 위문하여 두려움없는 삶에 대한 법문을 해주었다.

〈급고독경 ①~③의 1030~1032〉

≪달마제리경(達磨提離經), 1033≫도 부처님께서 급고독 장자에게 설법을 하

신 것과 같다.

장수경(長壽經)・마나제나경(摩那提那經)

부처님께서 죽림정사에 계실 때, 수제 장자의 손자 장수 동자가 병이 들어 위독하였다. 소문을 들은 부처님께서 직접 찾아가 위문하고

"깨끗한 믿음과 계를 가지라."

라고 격려하니 "이미 성취했다"고 하자

"그러면 여섯 가지 명분상(命分想)을 닦으라" 하고 다음과 같이 설명하였다.

첫째, 제행은 무상하고 둘째, 무상한 것은 괴롭고 셋째, 괴로운 것은 내가 있고 넷째, 음식은 다하고 다섯째, 일체 세상에 좋아할만한 것이 없고 여섯째, 결국에는 죽는다. 이 여섯 가지를 닦고 기억하면 행복과 안락이 있으리라.

"감사합니다. 항상 이 생각이 눈앞에 있게 하겠습니다."

"그대는 반드시 사다함과를 얻으리라."

〈장수경, 1034〉

≪바수경(婆藪經), 1035≫에서는 부처님께서 녹야원에 계실 때 병을 앓고 있는 바수에게 가서 위와 같은 법문을 하여 그를 즐겁게 해주었다.

또 ≪사라경(沙羅經), 1036≫에서는 부처님께서 가비라위국 니구 율원에 계실 때 석씨 사라가 병에 걸려 위독할 때도 위와 같은 법문으로 그를 위로하였다고 하고, ≪야수경(耶輪經), 1037≫에서는 나리촌 굴곡 정사에 계실 때 야수 장자를 찾아가서도 같은 법문을 하였다고 기록되어 있다.

부처님께서 첨파국 갈가 못 가에 계실 때 마나제나 장자가 병을 앓다가 낫자 아나율 존자를 집으로 초대하여 점심 공양을 하였다.

아나율이 정한 시간에 나가 위문하였다.

"편히 지내셨습니까?"

"괜찮습니다."

"어떻게 하여 병이 낫게 되었습니까?"

"4념처에 머물러 바른 기억과 지혜를 가지고 탐욕과 근심을 항복받았습니다."

"당신은 아나함과를 체험하셨군요."

장자는 맛있는 음식을 손수 공양하며 미묘한 법문을 물었다."

〈마나제나경, 1038〉

순타경(淳陀經)·사행경(捨行經)

부처님께서 왕사성 금사(金師) 정사에 계실 때 순타 장자가 찾아왔다.

"그대는 무슨 행을 닦는가?"

"물을 받들고 비습파 하늘을 섬기며 지팡이를 들고, 물동이를 들고 다니면서 항상 손을 깨끗이 씻습니다. 그리고 정사(正士)들의 말씀대로 깨 가루나·암마나 가루로 머리를 감고, 재법(齋法)대로 새롭고 깨끗한 깃털로 짠 흰 천을 감고, 쇠똥을 땅에 바르고 그 위에 누웠다가 새벽 일찍 일어나 '이 땅은 청정하다 나는 이와 같이 깨끗한 손으로 쇠똥 덩어리와 신선한 풀을 잡는다. 나도 이와 같이 되겠다고'고 합니다."

"장자여, 검은 법에는 검은 과보가 있다. 아무리 깨끗하다 해도 똥은 똥이고 풀은 풀 아닌가. 5계를 파한 사람이 그렇게 한다고 해서 그 죄가 깨끗해지겠는가. 진실로 이것은 깨끗한 과보를 부르는 것이 아니니, 10선을 닦아 천당에 태어나는 과보를 받으라. 바른 견해로 뒤바뀐 생각을 고치면 반드시 아라한이 되어 생사를 벗어나게 되리라."

〈순타경, 1039〉

바라문이 보름날 머리를 감고 순타와 같은 행을 하면서 "이것은 사법(捨法)을 공부하는 것이다"고 하자 "악법을 버리고 선행을 닦는 것이 사법이다" 하여 그를 깨우쳐 주었다.

〈사행경, 1040〉

생문범지경(生聞梵志經) · 비라경(鞞羅經)

부처님께서 죽림 정사에 계실 때 생문 범지가 와서 물었다.

"저에게 지극히 사랑하는 친족이 있었는데 갑자기 목숨을 잃었습니다. 내가 그들을 위해 음식을 바치고자 하는데 받아주시겠습니까?"

"받아주는 것은 어렵지 않으나 그대들이 그들의 업보를 위해 10선행을 닦는다면, 그가 가지고 있던 물건들을 가난한 사람들에게 보시하여 그의 공덕을 닦아주라. 그렇게 하면 그가 어느 곳에 태어나 있든지 그 공덕을 받을 것이다."

〈생문범지경, 1041〉

부처님께서 구살라국에 유행하시다가 비라촌 북쪽 신서림(身恕林)에 있을 때 한 바라문이 와서 물었다.

"어떤 사람이 지옥에 떨어집니까?"

"법답지 못한 행동을 한 사람이다."

"어떤 것이 법답지 못한 행동입니까?"

"10악을 저지르는 것이다. 선악의 모든 행은 스스로 그 마음은 즐겁지 못하기 때문에 천당에 태어나지 못한다. 10선을 하면 천당에 태어나니 그것도 그 정도에 따라 4천왕천 · 33천 · 타화자재천 · 광음천 · 변정천 · 나가니타천의 차별이 있다. 만일 바른 마음으로 수행한다면 누구나 무색천처에 이르러 3결을 끊고 4과를 얻는다."

〈비라경, 1042〉

비라마경(鞞羅磨經) · 비뉴다라경(鞞紐多羅經)

흰 마차를 타고 금자루 일산과 금 물병을 가진 바라문들이 그의 권속들과 함께 지옥문제를 물었는데 그때도 부처님께는 ≪비라경≫과 같이 대답하셨다.

〈비라마경, 1043〉

"내가 싫어하는 것을 남에게 시키지 말라. 내가 죽기를 싫어한다면 남도 싫어할 것이다. 어찌 그런데 살생을 즐기며 도둑질을 하겠는가. 3귀, 5계를 받고 청정한 행을 하는 사람은 반드시 생천하고 마침내 무상보리를 이루리라."

〈비뉴다라경, 1044〉

수류경(隨類經) · 사행경(蛇行經)

"이 세상 모든 것은 끼리끼리 모여진다. 선은 선, 악은 악, 그러니 바른 견해를 가진 자를 따라 선행을 실천하라."

〈수류경, 1045〉

"사행법은 악법으로 뱀 · 쥐 · 고양이 · 살쾡이와 같이 배결음질을 하는 중생이 된다."

〈사행경, 1045〉

원주경(圓珠經) ①② · 삼인경(三因經)

"마치 둥근 구슬이 굴러 머무는 곳이 각기 달라지는 것처럼 이 세상 모든 인과는 짓는대로 업보를 받게 된다. 살생하는 자도 단명하고 빼앗는 자도 가난하고, 바람피우는 사람은 가정이 온전하지 못하고, 거짓말 하는 자는 신용없는 사람이 되듯이 익힌대로 그 과보를 따라 굴러간다."

〈원주경 ①②의 1047 · 1048〉

"살생에는 세 종류가 있으니, 탐욕과 성냄과 어리석음에서 생기는 것이다. 따라서 살생을 버리는 데는 셋이 있으니, 탐하지 않고, 성내지 않고, 어리석지 않는데서 생기는 것이다."

〈삼인경, 1049〉

출불출경(出不出經)・피안차안경(彼岸此岸經)

부처님께서 기수급고독원에 계실 때 비구스님들의 물음에 답했다.
"출법과 불출법은 어떻게 다릅니까?"
"죽이는 것과 살리는 것이고, 바른 견해와 삿된 견해다."

〈출불출경, 1050〉

부처님께서 죽림정사에 계실 때 생문 바라문이 와서 물었다.
"이 언덕과 저 언덕은 어떤 것입니까?"
"살생하는 언덕은 이 언덕이고 살생하지 않는 언덕은 저 언덕이다."

〈피안차안경, 1051〉

진실법경(眞實法經)・악법경(惡法經)

"악한 법은 10악이고 진실한 법은 10선법이다."

〈진실법경, 1052〉

"악한 법과 악한 법보다 더 악한 법은 살생이고 삿된 법이고, 진실한 법과 진실한 법보다 더 진실한 법은 살생하지 않는 것이고, 바른 견해를 가진 것이다. 어떤 사람은 자신도 살생하고 남도 살생케 하는 자가 있고, 자신도 살생하지 않고 남도 살생하지 않게 하는 자가 있다."

〈악법경, 1053〉

선남자경(善男子經)・십법경(十法經) ①②・이십법경(二十法經)・삼십법경(三十法經)・사십법경(四十法經)

"선남자는 바른 마음으로 10선을 행하는 자고, 악한 남자는 삿된 마음으로 10악을 행하는 자다."

〈선남자경, 1054〉

“선남자 보다 더 착한 남자가 있고, 선남자 아닌 사람보다 더 착하지 않는 남자가 있다. 자신도 선행을 하면서 남도 선행케 하는 자는 앞의 경우이고, 자신도 악행을 하면서 남까지 악행하게 하는 자는 뒤에 해당하는 자다.

〈십법경 ①②의 1055・1056〉

“만일 스무 가지 법을 성취하면 쇠창으로 물을 뚫는 것과 같이, 몸이 무너지면서 즉시 악도에 떨어지고, 스무 가지 법을 성취하면 쇠창으로 허공을 뚫는 것과 같이, 천당에 태어난다. 앞에는 자신도 10악을 저지르면서 남도 10악을 저지르게 하는 자고, 뒤에는 자신도 10선을 행하면서 남도 행하게 하는 것이다.”

〈이십법경, 1057〉

여기 또 ≪삼십법경(三十法經)≫이 있는데 이것은 ‘자신도 하고 남도 하게 하고, 하늘 사람들을 찬탄하는 것’이며, ≪사십법경(四十法經)≫은 ≪30법경≫에 대하여 기뻐하는 것이다.

〈삼십법경, 1058・사십법경, 1059〉

≪법비법경(法非法經)≫에서는 살생과 삿된 소견이 비법이고, 그러하지 않는 것이 정법이라 하셨고, ≪비율정율경(非律正律經)≫에서도 위와 같이 말씀하셨다.

〈법비법경, 1060・비률정률경, 1061〉

잡아함경 제38권

선생경(善生經) · 추루경(醜陋經)

부처님께서 처음 출가한 선생을 칭찬하셨다.

"첫째, 수염과 머리를 깎고 가사를 입고 바로 믿음을 가지고 집을 떠나 도를 배우는 것이고, 둘째, 모든 번뇌에서 떠나 심해탈 · 혜해탈을 얻은 것이다."

하시고 게송으로 말씀하셨다.

"적정 속에 온갖 번뇌 끊었으니 저 비구의 장엄한 모습 좋기도 하다.
탐욕 여의고 결박 끊고 열반 얻어 다시 태어나지 않으니
저 맨 마지막 몸으로 원수 · 악마 무찔러 항복 받았네."

〈선생경, 1062〉

얼굴이 더럽게 생긴 비구를 싫어하는 비구들이 있었다. 부처님께서 기수급고독원에 계시면서 물었다.

"저 비구를 업신여기고 민망스럽게 생각하느냐?"

"예. 더럽고 추합니다."

"그러나 그는 이미 번뇌가 다하고 할 일을 다 마쳤으니 다시는 생을 받지 않으리라."

하시고 게송으로 말씀하셨다.

"나는 새와 달리는 짐승, 사자를 두려워 않는 것 없네.
사자는 짐승의 왕이라 견주어 같은 이 없네.
지혜있는 사람은 몸은 작아도 큰 사람이네.
다만 겉모양만 보고 업신여기지 말라.

커다란 몸에 살만 찌고 지혜 없으면 어디다 쓰리.
탐욕 버리고 결박 끊은 사람이 최상의 장부라네."

〈추루경, 1063〉

제바경(提婆經) · 수비구경(手比丘經)

제바달다가 아사세왕의 보호를 받아 많은 이양을 받고 있었다. 이 이야기를 들은 비구들이 부처님께 아뢰니 죽림정사에 계시던 부처님께서 다음과 같이 말씀하셨다.

"이양을 찬양하지 말라. 악인이 공양을 받으면 이 세상과 저 세상에서 망하게 될 것이다. 마치 파초나 갈대나무가 열매를 맺으면 죽는 것과 같고, 노새가 새끼를 배면 죽는 것과 같다."

〈제바경, 1064〉

수비구는 석씨의 아들로 사위국에서 목숨을 마쳤다. 비구들이 이 소식을 듣고 부처님께 물었다.

"수비구의 미래는 어떻게 되는 것입니까?"

"탐욕 · 진애 · 우치를 끊지 못했으니 악도에 떨어지리라."

〈수비구경, 1065〉

난다경(難陀經) ①② · 저사경(低沙經)

부처님께의 이복동생 난다는 출가 속에도, 고운 색으로 물들인 옷을 다림질해 광택을 내고, 좋은 발우를 가지고 장난치고 농담하고 조롱하여 비웃기를 잘했다. 비구들이 이 사실을 부처님께 아뢰니 부처님께서 그를 호출하고 꾸짖었다.

"난다야, 너는 나의 이모의 아들로써 귀한 가문 출신인데, 출가한 사람이 그렇게 해서 되겠느냐. 오늘부터 너는 아란야에서 살고 걸식하며 분소의를 입고 다섯 가지 욕락을 돌아보지 말아야 한다."

난다는 기쁜마음으로 받들어 행했다.

〈난다경 ①②의 1066・1067〉

세존의 고모님의 아들 저사도 “부처님께는 나와 형제뻘이니 누구도 공경하고 두려워할 것 없다”고 생각하고 무애행을 하였다.

이에 부처님께서 그 말씀을 듣고 불러 꾸짖었다.

“너는 내 사촌으로 어찌하여 나를 핑계 삼아 두려움 없는 행을 하면서 대중들의 충고를 받아들이지 않는가?”

“진실로 잘못되었습니다. 성내고 교만한 마음을 버리고 오늘부터 범행을 닦겠습니다.”

〈저사경, 1068〉

비사가경(毘舍佉經)・연소경(年少經)

부처님께서 기수급고독원에 계실 때, 비사가반사리자가 공양당에 모여 있는 비구들에게 설명하여 만족스럽게 하셨는데, 그 음성이 맑고 트이고 문구와 뜻이 분명하고 올바른 지혜에 의해 설명하니 대중들은 즐겨 듣고 기뻐하였다. 이에 부처님께서 천이로 들으시고 와서 칭찬하였다.

“설법하지 않으면 어리석고 지혜로움 뒤섞여 분별하기 어렵다. 맑고 시원한 설법을 잘 하면 어리석음과 지혜를 구분하니 이것이야말로 신선의 깃대이다.”

〈비사가경, 1069〉

연소한 비구가 있어 대중 가운데 있으면서 가사 짓는 일을 돕지 않았다. 그 이유를 물으니

“최선을 다하였을 뿐 하기 싫어서 안한 것은 아닙니다.”

부처님께서 말씀하였다.

“이 비구는 4선의 정수에 들어 세상락에 머물러, 억지로 애쓰지 않고도 범행이 섰으니 억지로 일을 시키지 말라.”

〈연소경, 1070〉

승가람경(僧伽藍經)·상좌경(上座經)

승가람 존자가 구살라국에 있다가 사위국 기수급고독원으로 왔다. 이 소식을 들은 고이(故二 ; 옛 아내)가 영락으로 몸을 꾸미고 아기를 안고 기원정사에 와 말했다.

"이 아이는 아직 어린데 누가 이 아이를 기르겠습니까. 내 이곳에 두고 가니 알아서 기르십시오."

하고 떠났으나 승가람 존자가 돌아보지도 않자

"진짜 이 분이야말로 공부가 성숙되어 신선이 되었는가 보다."

하고 다시 돌아와 아이를 데리고 갔다.

이에 부처님께서 천이로 듣고 게송으로 말씀하셨다.

"와도 기뻐하지 않고 가도 슬퍼하지 않고
세상 어울림에서 집착하지 않으니 이 비구야 말로 진실한 바라문이다."

〈승가람경, 1072〉

상좌 비구가 홀로 다니며 홀로 걸식하고 홀로 수행하니 대중스님들이 부처님께 말씀하여 호출되었다.

"그대는 홀로 있으면서 홀로 찬탄하고 걸식하고 홀로 선정을 닦는가?'

"예. 그렇게 하고 있습니다."

"과거는 말라빠지고 미래는 아주 멸하고, 현재를 탐해서 기뻐하는 것이 없으면 곧 바라문으로써 망설일 것도 없고, 걱정하거나 후회할 것도 없이 모든 존재의 애욕과 번뇌를 여의고 끊나니, 이것이 진짜 홀로 사는 것이다."

"참으로 거룩하신 말씀입니다."

〈상좌경, 1071〉

아난경(阿難經) · 영발경(榮髮經)

아난이 선정 속에서 "뿌리의 향기, 줄기의 향기, 꽃의 향기, 이 세 가지 향기는 바람을 거슬러서는 냄새를 피우지 못한다"고 하고 부처님께 여쭈니, "바람을 거슬리거나 따르거나 항상 피우는 향기는 계의 향기이고, 정(定)의 향기며, 지혜의 향기이다"고 하였다.

〈아난경, 1073〉

부처님께서 마가다국을 유행하시면 1천 제자와 함께 선건립이라는 지제(탑)가 있는 장림에 있었는데 빔비사라왕이 여러 나라 작은 왕들과 1만 2천대의 수레와 8천 마리의 말, 수많은 보병들과 함께 와서 5작(관 · 일산 · 부채 · 칼 · 가죽신)을 벗고 평신의 모습으로 절한 뒤 큰 소리로 외쳤다.

"저는 마가다국의 빔비사라왕입니다."

"이 자리에 앉으시오."

가까이 가서 보니 울비라 가섭과 세존을 구분할 수 없었다. 그래 속으로

"누가 스승인가?"

하고 의심하자 부처님께 가 그 마음을 알고 울비라 가섭에게 물었다.

"그대는 우리 법 가운데서 무슨 유익한 점이 있는 것을 보았기에 불을 섬기는 것을 버렸는가?"

"돈 재물 여자 등 5욕락을 가지고는, 미래의 몸을 받는 것이 깨끗하지 못한 것을 보고 버렸습니다."

"그러면 어찌하여 하늘신 섬기는 것을 버렸는가?"

"참된 도는 몸을 여의고 자취마저 사라져, 소유와 집착이 없어 다른 곳에 떨어질 염려가 없기 때문입니다."

"그렇다면 그대가 가진 힘을 가지고 오늘의 이 모임을 위로해 보라."

"그렇게 하겠습니다 세존님, 세존님은 진실로 저희들의 스승입니다."

하고 6신통을 나타내 보였다. 임금님과 작은 왕 신하 백성들은 모두 기뻐하면서 예배하고 떠났다.

〈영발경, 1074〉

타표경(陀驃經)①②·적경(賊經)

타표마라자가 오랫동안 왕사성에서 대중스님들의 음식 공양을 맡아 보는 일을 하였는데 절대로 전례를 어기지 않고 청장(淸醬)을 배급하였다.

그런데 그때 자지(慈地) 비구가 세 번씩이나 순서를 벗어나 거친 음식을 받고 괴로워하다가

"내 마땅히 저자에게 앙갚음을 하리라."

그때 마침 왕원에 살고 있던 잘 아는 밀다라 비구니가 왔다. 그러나 자지 비구는 본체만체 하였다. 그래서 밀다리 비구니가 말했다.

"왜 알은 체를 하지 않습니까?"

자지 비구가 말하였다.

"타표마라자가 나에게 자주 거친 음식을 주어 괴롭혀 왔는데 그대가 부처님께 나아가 '타표가 법답지 않게 나에게 바라이죄를 범했습니다'고 하라. 그리하면 나도 거들어 그를 복수할 수 있을 것이다."

"청정 범행을 닦은 자를 어떻게 그렇게 할 수 있습니까?"

"그렇다면 나는 이제부터 그대와 말도 하지 않으리라."

하는 수 없이 밀다라는 승낙하고 부처님께 나아가니 자지가 먼저 와 있었다. 밀다라가 부처님께 고했다.

"부처님께. 불경스럽게도 타표마라자는 저에게 바라이죄를 범했습니다."

그때 옆에 있던 자지도

"누구의 말과 같습니다."

고 하자 부처님께는 두 번 세 번 확인한 뒤 대중 속에 있던 타포마라자를 불러 물으니

"그는 얼토당토않은 말입니다. 절대로 저는 그런 일을 한 일이 없습니다. 기억나지 않습니다."

부처님께서는 라훌라와 아난에게

"밀다라는 직접 말했기 때문에 멸빈하고 타표마라자는 다시 기억시켜 보고 자지에게는 충고해 보라."

고 하였다. 부처님께 말씀대로 하고 나서 자세히 물으니 자지가 고백하여 타표마라자의 허물이 벗겨졌으나 그로인해 밀다라만 멸빈되게 되었다.

타표마라자가 하루는 가난다 죽원에 계신 부처님을 뵙고 세 번 거듭, 반열반에 드는 것을 고백하였다.

이에 부처님께서 침묵하자 그는 삼매 속에서 18변을 나타내 보이고 마치 불이 다 타 재만 남듯이 사라져 버리고 말았다."

〈타표경 ①②의 1075·1076〉

부처님께서 앙구다라국 타바사리가 숲 속을 지나가시다가 소와 염소를 치는 목동들과 여러 나무꾼 풀꾼들을 만났다.

"세존이시여, 이 길로 가면 도적이 있으니 가지 마십시오."

"나는 도적도 두려워하지 않는다."

얼마쯤 가니 과연 도적이 칼과 방패를 들고 쫓아오며 소리 질렀다.

"게 섰거라. 사문이여."

"나는 언제나 멈추어 있는데 네가 서지 못하고 있구나."

"아무리 쫓아가도 항상 그 거리를 유지하고 있는데."

"나는 진작 중생을 향해 칼과 몽둥이를 놓았는데 그대는 아직도 그것을 그치지 못하고 있구나."

"오랫만에 스승을 보니 칼과 창을 던지게 되었네."

하고 엎드려 귀의한 뒤 게송으로 말씀하였다.

"본래 불해(不害)라는 이름을 받았는데 중간에 중생 헤치다가 비로소 영원히 살생을 여의었네.

피를 씻어도 피의 색깔 세찬 물살에 떠내려가던 사람이 이제 3보에 귀의하니 멈추게 되었네.

소에는 채찍, 코끼리에는 갈고리, 하늘 사람들 길들일 때는 칼과 막대기를 쓰지 않네.

칼을 숫돌에 갈고 화살을 불에 굽고 제목을 다듬는 데는 도끼를 쓰듯, 자신을 다루는 것은 지혜가 제일이네.

방일한 사람이 마음 거둬 잡으면 구름 속의 달처럼 밝게 비추듯 은혜와 애정 흐름에서 영원히 벗어날 수 있었네.

만일 악한 사람이 악업을 짓다가도 올바르고 착한 것으로 그 악 없애버리면 설사 그 과보로 묵은 빚 갚더라도 다시는 원망 마음 없어 깨끗한 법단으로 인욕행을 닦아 해탈 할 수 있다네."

〈적경, 1077〉

산도타경(散倒吒經)·유경(喩經)

부처님께서 죽림정사에 계실 때, 어떤 비구가 먼동이 틀 무렵 탑보 강가에 나와 목욕하고 몸을 말리고 있는데, 한 천인이 광명을 놓으며 말했다.

"피부색 검고 검은머리 아름다움 가지고 있을 때, 꽃모자 영락으로 몸을 장식하고 욕락을 누려야 할 것이다."

"나는 출가 사문, 세상의 즐거움을 버린 지 이미 오래 되었다. 부처님께서 늘 말씀하시길 욕망의 맛은 적고 괴로움이 많으며, 이익은 적고 어려움이 많다"고 하셨다.

"그런 부처님을 어떻게 뵈올 수 있습니까?"

"죽림정사에 가면 된다."

"힘센 신장들이 주위를 둘러싸고 있어 저 같은 애송이는 감히 가까이 갈 수 없습니다."

"그렇다면 내가 그대를 위해 함께 가겠다."

고 하고 동행하여 부처님을 뵙고 저간을 일을 말씀드리니 부처님께서 크게 칭찬하고 게송으로 말씀하셨다.

"중생은 생각 따라 사랑에 머무니

사랑을 제대로 얻지 못하므로 죽음으로 방편을 삼는다.
만일 사랑을 제대로 알면 거기 사랑하는 마음 내지 않으리.
저것도 이것도 아무 것도 말할 이 없다.

평등 우세하였을 때 보면 거기서 비로소 다툼이 생기니
세 가지 일에 흔들리지 않으면 중간에도 머물지 않는다.
애욕 과오를 근절 교만 끊어 얽힘 없으면
고요히 성냄 그치고 이 세상 저 세상에서는 함을 보지 못하리."

〈산도타경, 1078〉

그때 한 비구가 목욕하고 몸을 말리고 있는데 한 천자가 와서 물었다.
"비구여 이것은 무덤이다. 밤에는 연기가 나고 낮에는 불이 타니."
그때 한 바라문이 보고
"이 무덤을 무너뜨리고 칼로 땅을 파는 자는 지혜인이다."
그때 큰 거북이가 나타나자 바라문이 말했다.
"거북이를 없애고 털침구·살점·도살장·독벌레·두 길·사립문을 없앤 다음 큰 칼을 가지고 땅을 파면 큰 용이 나타나리. 나는 없앨 수 없으리다."
그 비구가 이 글귀를 외우고 부처님께 나아가 물으니
"무덤은 중생의 몸, 밤 연기는 각관(覺觀), 낮 불은 업, 바라문은 부처, 파헤치는 것은 방편, 칼은 지혜, 거북은 5개(蓋), 털침구는 성냄, 살점은 인색, 도살장은 5욕, 독벌레는 무명, 두 길은 의심과 미혹, 사립문은 교만, 큰 용은 아라한이다."
고 하였다.

〈유경, 1079〉

참괴경(慚愧經)

부처님께서 녹야원에 계실 때, 한 비구가 마음을 잡지 못해 밤새도록 고민하다가, 부처님께서 아침에 탁발하러 가시는 것을 보고 마음을 거두어 잡았는데,

공양 후 부처님께서 그런 말씀을 하시니, 대중 가운데 앉아 있던 비구가
"제가 오늘 부처님께의 단정한 모습을 보고, 부끄러운 마음을 내어 거두어들인 사람입니다."
하고 고백하였다.

〈참괴경, 1080〉

잡아함경 제39권

고종경(苦種經)·복창경(復瘡經)

부처님께서 녹야원에 계실 때 나무 밑에선 걸식 비구가 나쁜 생각을 일으키고 있자 말씀하셨다.
"비구야 괴로운 종자를 심어 냄새 피우고 더러운 액체가 흘러나오게 하지 말라. 구더기 파리떼 쫓아도 오지 못하게 할 수 없는 것이다."
비구는 자신의 속마음까지 훤히 들여다보신 부처님께 나가 참회하고 물었다.
"어떤 것이 괴로운 종자입니까?"
"분해하고 성내고 번민하고 원망하는 것이다."
"나쁜 냄새는?"
"5욕이다."
"액체는?"
"6촉처다."
"구더기와 파리는?"
"탐욕과 온갖 악이고 불선이다."

〈고종경, 1081〉

부처님께서 기수급고독원에 계실 때 탁발 후 안다림(安多林)에 들어가 좌선하였다. 어떤 비구도 그곳에서 삼매에 들었다가 나쁜 생각을 일으켰다. 그때 천신이 그의 속마음을 보고 꾸짖었다.

"저 비구는 나쁘다."

고 생각하고 쫓아가 말했다.

"종창도 앓고 있는가?"

"그렇소. 좀 낳게 해주시오."

"종창이 무쇠가마솥 같은데 어떻게 회복될 수 있겠는가?"

"바른 기억과 지혜만 있으면 된다."

세존께서 이 말씀을 듣고 크게 칭찬하였다.

〈복창경, 1082〉

식우근경(植藕根經)·장수경(長壽經)

부처님께서 베살리국 미후 강변 2층 강당에 계실 때 초입 비구가 법률을 잘 몰라 걸식법을 어겼다. 비구들이 말했다.

"차례를 뛰어넘지도 말고 거듭 받지 말라."

"저뿐만이 아닙니다."

이 말씀을 부처님께서 듣고 말씀하셨다.

"넓은 문에 큰 코끼리가 살면서 연뿌리를 뽑아 씻어 먹으니 살이 찌고 기분이 좋았다. 그런데 다른 코끼리도 연을 뽑았으나 그것을 씻을 줄 몰라 진흙과 같이 먹음으로써 살도 찌지 않고 소화도 잘 되지 않았다."

〈식우근경, 1083〉

부처님께서 왕사성 한림에 계실 때 비구들에게 말씀하셨다.

"수명은 매우 촉박하여 점점 저승길로 나아가게 된다. 그러므로 착한 법 부지런히 닦고 모든 범행 닦아 죽지 않는 이치를 알아야 한다."

그때 악마 파순이 게송으로 말했다.

"중생들은 핍박 속에서도 인간으로서 오래 살 수 있고
혼미하고 취해 마음을 방일하면 죽는 곳으로 가지 않는다."

부처님께서 게송으로 말씀하셨다.

"중생들을 핍박하고 못살게 굴면 세상에 태어나도 단명하리
머리털에 불 끄듯 열심히 정진하라.
잠깐이라도 게으르면 죽음의 악마 닥쳐온다."

〈장수경, 1084〉

수명경(壽命經)·마박경(魔縛經)

"모든 존재는 무상하고 편안한 것이 아니라 마땅히 하염이 있는 것을 싫어하여 그치게 해야 할 것이다."

그때 파순이 이를 교란하기 위해 게송으로 말했다.

"수명은 밤낮없이 흘러 끊어지지 않는다.
마치 수레바퀴 도는 것처럼."

그때 세존께서 게송으로 말씀하셨다.

"수명은 밤낮없이 흘러 목숨도 따라서 줄어든다.
사람 목숨 줄어드는 것이 작은 개울물과 같다."

〈수명경, 1085〉

파순이 게송으로 말했다.

"저 허공에 움직이고 있는 내마음 올가미를 가지고 내려와

저 사문을 단단히 묶어 벗어나지 못하게 하겠다."

부처님께서 게송으로 말씀하셨다.

"세상의 5욕과 6식을 나는 영원히 여의었기 때문에
온갖 괴로움이 이미 사라졌으니 너는 내 앞에서 빨리 사라져라."

〈마박경, 1086〉

부처님께서 늦게까지 경행하다가 옆구리를 땅에 대고 누워 밝은 모양에 생각을 모으고 있자 마왕 파순이
"내 저기 가서 그를 파괴하리라."
하고 게송으로 말했다.

"왜 죽은 사람처럼 자고 있는가.
이미 벗어났으면 빈집에서 자고 있는가?"

부처님께서 게송으로 말씀하셨다.

"애욕의 그물 때문에 물들어 집착하거니 애욕 끊으면 누가 끌고 가나
번뇌 남김없이 없애버렸기 때문에 오직 부처님이 편히 잘 수 있다."

〈수면경, 1087〉

경행경(經行經)·대룡경(大龍經)

어두운 밤 가랑비가 내리는 가운데서도 계속해서 경행하자, 악마 파순이 와서 노래 불렀다.

"설사 이 기사굴산을 다 부순다 하더라도

여래의 평등한 대원에 대해서는
털끝만큼도 움직이지 못하리라."

"가령 산과 바다 온갖 사람들을 다 부수어 가루로 만든다 하더라도
여래는 털끗만큼도 동요함이 없으리."

〈경행경, 1088〉

여래께서 경행 후 단정히 앉아 생각을 모으고 있을 때 파순이 이를 교란하기 위하여 큰 용으로 변하여 천둥을 치며 번갯불 같았다.

그때 세존께서 게송으로 말씀하셨다.

"마치 빈집과 같이 모니의 마음은 비고 고요해
용과 모기, 등에·파리·벼룩 따위가 몰려와
한없이 뜯어먹어도 털끗하나 까딱하지 않는다."

〈대룡경, 1090〉

구지가경(瞿低迦經)·마녀경(魔女經)

부처님께서 비바라산 칠엽수림 석실에 계실 때, 구지가 존자는 왕사성 선인산 검은 석실에 있었다. 조용히 사색하다가 일시적인 의해탈(意解脫)이 마음에 가득찼다가 물러나기를 여섯 번이나 하니, 저절로 죽고 싶은 생각이 났다.

그때 악마 파순이 유리 비파를 가지고 와서 게송으로 말했다.

"큰 지혜 방편 자재한 신통을 가진 사람
불꽃처럼 빛나는 제자를 두었으나 지금 곧 죽으려 하네.
큰 선생님은 이를 제지하여 자살하지 못하게 하여야 한다."

그때 세존께서 게송으로 답하셨다.

"방일한 파순이여, 일부러 여기 왔구나.
견고한 신심 갖춘 대장부 언제나 선정에 들고
밤낮없이 정진하기에 목숨 따윈 생각지도 않는다.
세계의 고통 보고 완전히 애욕 끊어 악마 항복받고 열반에 들려하네."

하고 제자들을 거느리고 가니 그는 벌써 죽어 땅바닥에 쓰러져 있었다.

"보라. 구지가의 식신(識神)이 어느 곳에 있는가를. 지금 파순은 그 식신을 찾아 헤매고 있다."

파순이 말했다.

"아무리 찾아도 찾을 수 없으니 구지가는 도대체 어느 곳으로 갔다는 말인가?"

부처님께서 말씀하셨다.

"믿음이 견고한 장부는 그 어느 곳에서도 식신을 찾지 못한다. 은혜와 애욕의 근본을 뽑고 반열반에 들었기 때문이다."

〈구지가경, 1091〉

부처님께서 울비라촌 니련선하 보리수 밑에서 성도하신 지 얼마 되지 않아 악마 파순이 찾아와 말했다.

"혼자 쓸쓸한 곳에 들어와 무엇을 생각하고 있는가.
나라와 재물을 버리고 무엇을 또 구하는가.
만일 이익을 구한다면 사람 많은 곳에 왜 가까이 가지 않는가."

"큰 재물 이익 없었기에 마음 만족하고 편안하다.
미움도 항복받고 색욕도 또한 집착하지 않는다.
혼자 조용한 사색 속에서 묘한 기쁨 맛보고 있는데

사람을 구해 무엇하겠는가."

"무위 얻었으면 혼자 즐길일이지
무엇 때문에 남을 교화하려 하는가?"

"악마 손이 미치지 않는 곳에 찾아와
저 언덕에 건너는 방법을 물으면
열반의 길 가르쳐 주어 악마의 뜻 벗어나게 하겠다."

"엉긴 기름처럼 생긴 돌이 있어 새가 날아와 먹으려 하다가
끝내 맛보지 못하고 부리만 상하고 허공으로 날아가네."

애욕·애념·애착 세 딸이 악마인 아버지가 시무룩하여 돌아온 것을 보고 물었다.

"아버지 장부여, 무엇이 그리 걱정 되십니까.
애욕의 밧줄로 코끼리 길들이듯
저희들이 아버지 앞에 끌고 와 마음대로 하겠습니다."

"은애는 이미 여의었으니 애욕으로 능히 부를 수 있겠는가.
악마의 경계 벗어났으니 그래서 나는 걱정한다."

세 딸이 광명을 놓고 세존 앞에 와서 말했다.

"발아래 귀의하오니 부디 모시고 심부름하게 하옵소서."
세 번을 거듭 이야기 하여도 쳐다보지 않자, 갖가지 모습을 드러내어 마음을 현혹하였으나
"내 이미 애욕을 떠났으니 조용히 돌아가라."

"욕락 떠나 은애를 저버렸다면, 무엇 때문에 그렇게 앉아 세상을 구하려 하는가?"

"유정중생 구하고자 옛 원력 생각하고 있으니, 불쌍한 마녀들아 어서 빨리 돌아가라. 손톱으로 산이 무너지고, 이로 철환을 깨물고, 연뿌리 같은 실로 큰 산을 빙빙 돌리고, 바람의 발 붙들어 매고, 허공의 달 떨어뜨리고, 손으로 바닷물로 다 퍼내고, 호흡으로 설산을 움직이는 재주 있어도, 질긴 결합에서 해탈한 사람은 절대로 동요하지 않으리라."

깊은 바다 속에서 발붙일 땅을 발견하지 못한 마녀들은, 그만 사라져 다시는 나타나지 않았다.

〈마녀경, 1092〉

정부정경(淨不淨經)·고행경(苦行經)

악마 파순이 또 부처님의 마음을 교란시키기 위해 깨끗하고 깨끗하지 않는 모습을 보이자 부처님께서 말씀하셨다.

"오랜 세월 동안 나고 죽음 속에서 깨끗하고 깨끗하지 않는 모양 짓는구나.
너는 왜 부질없이 그런짓 하면서 괴로움의 언덕에서 벗어나지 않는가.
만일 3업으로 남을 어려움에 빠뜨리지 않는 사람은 악마로도 어찌할 수 없다."
악마 파순은 부처님 마음을 알고 그만 건드려 보지도 못하고 도망가 버렸다.

〈정부정경, 1093〉

부처님께서 보리수 밑에 앉아 고행을 버리고 바른 깨달음을 얻으려 할 때 악마 파순이 와서 말했다.

"고행을 닦고 맑고 깨끗함 얻으려 했더니
이제 도리어 그것을 버리고 또 무엇을 구하는가."

"온갖 고행 닦아도 아무런 의미없는 활시위 같아
계율과 선정, 지혜로 나는 이미 청정함을 얻었네."

〈고행경, 1094〉

걸식경(乞食經)·승삭경(繩索經)

부처님께서 사라 바라문 마을에 계시면서 걸식하니 악마 파순이 알고 밥을 받지 못하게 신통을 부렸다. 몇 집을 가도 밥을 얻지 못하자 악마가 말했다.

"사문이여, 여러 집을 갔어도 조금도 얻지 못했구나."

"너는 새로 된 여래에 대해 죄를 짓지만 그 고뇌는 끝이 없으리."

파순이 말하기를

"다시 마을로 돌아가 보라. 마땅히 밥을 얻을 수 있으리라."

"설령 아무 것도 가진 것 없으나 편히 즐겁게 살아가니 저 광음천처럼 기쁨을 음식으로 삼는다."

〈걸식경, 1095〉

부처님께서 녹야원에서 말씀하였다.

"나는 이미 인간과 천상의 속박에서 벗어났으니 너희들도 마찬가지다. 너희들은 인간 세상에 나아가 사람들을 제도하여 많은 이익을 주고 인간과 천상을 안락케 하라. 한 사람도 짝지어 나가지 말고 혼자서 나니도록 하라. 나도 울비라촌으로 교화 나가리라."

하고 길을 나서자 마왕 파순이 젊은 사람으로 변화하여 말했다.

"벗어나지 못하고서 벗어났다 하거나 해탈했다고 하면 큰 결박에서 묶이게 되니 그대는 내가 끝까지 놓아주지 않으리라."

"나는 일체 속박에서 벗어났으니 내 네가 파순인 줄 알았으니 여기서 사라져라."

〈승삭경, 1096〉

설법경(說法經) · 작왕경(作王經)

석씨 마을 석루(石樓)라는 사람이 전염병으로 죽게 되었다. 부처님께서 그곳으로 가자 쓰러져 죽으면서도 3귀의를 하고 법을 듣다가 죽었다. 마군이가 젊은 남자로 변해 말했다.

"무엇 때문에 애타게 설법하여 사람을 교화하다가 반대하거나 반대하지 않거나 수고로움을 면치 못해 오히려 설법에 결박하게 된다."

"야차야 알라. 중생은 떼 지어 나는 것이니 만일 지혜있는 사람이 가엾이 여기지 아니하면 영원히 해탈을 얻지 못하리라."

〈설법경, 1097〉

부처님께서 석씨 마을에서 선정에 들어 '임금님이 되어 가지고도 살생하지 않을 수 있을까' 하고 생각하자 마왕 파순이 와서 말했다.

"할 수 있습니다. 세존 같은 분이 왕이 되면 그렇게 할 수 있을 것입니다."

"악마야 그런 소리 하지 말라. 선서는 다시 세속적인 왕이 될 수는 없다."

"4여의족을 얻은 세존은 설산도 순금으로 만들 수 있지 않습니까?"

"황금 설산도 결국은 하나의 돌에 불과 하다."

〈작왕경, 1098〉

중다경(衆多經) · 선각경(先覺經)

석씨 마을에서 여러 스님들이 공양당에 모여 가사 짓기를 하고 있었다. 그때 마군이가 이들 마음을 흔들어 놓으리라 하고, 바라문으로 변해 상투를 틀고, 가죽옷을 입고, 구부러진 지팡이를 들고 그들 앞에 나타나 말했다.

"그대들은 나이 젊어 살결도 곱고 털은 검으며, 혈기왕성한데 무엇 때문에 친척과 5욕을 버리고 슬픈 이별을 하였는가?"

"세상의 즐거움과 이익된 일은 적고 괴로움과 손해되는 일은 많다. 젊은시절 공부하지 않으면 생사를 벗어날 수 없으므로, 머리를 싸매고 공부하는 것이다.

순금 덩어리를 산처럼 쌓았다 할지라도 갔다 쓰는 사람은 항상 적다."

〈중다경, 1099〉

부처님께서 석씨 마을에 계실 때, 선각 존자는 숲 속에 들어가 깊은 선정에 들어 이런 생각을 했다.

"나는 좋은 이익을 얻었구나. 바른 법 가운데 출가하니 큰 스승·여래·응공을 만나 도를 배우니 참으로 행복한 일이다."

그때 마왕 파순이 그를 교란코자 한 장정으로 나타나 가까이 오니 선각은 두려움이 생겨 부처님께 나아갔다. 부처님께서 말씀을 듣고

"그것은 장정이 아니고 마군의 화신이다. 너는 조금도 두려워말고 다시 그곳에 들어가 삼매를 닦아 그 마음을 흔들어라. 그렇게 하면 완전히 고통에서 벗어날 것이다."

악마 파순은 이 말을 듣고 겁이 나서 도망쳐 버렸다.

〈선각경, 1100〉

사자경(師子經)·발경(鉢經)·입처경(入處經)

부처님께서 녹야원에 계실 때 성문들에게 말했다.

"나는 4제의 진리를 확실히 알았기 때문에 사자처럼 알았다고 사자후를 한 것이다."

이 소리를 들은 마군은 겁에 질려 도망쳤다.

〈사자경, 1101〉

부처님께서 왕사성에 계실 때 500개의 발우를 넓은 벌판에 내어놓고 5백 비구에게 말했다.

"5수음은 생겨나고 사라지는 법이다."

그때 파순이 소가 되어 그 발우를 부수기 위해 벌판으로 들어갔다. 부처님께서

"5수음은 나도 아니고 내 것도 아니다. 이렇게 알면 집착할 것이 없으니 악

마의 경계에 머물지 아니하므로 모든 속박에서 벗어날 수 있다."

〈발경, 1102〉

또 부처님께서 왕사성 넓은 벌판에서 600비구와 함께 계시면서 6촉입처에 대해 설명하였다.

"6촉이 발생하고 사라지는 것이다."

파순이 듣고 대지를 흔들만한 큰 힘을 가진 장사로 변화하여 나타나자

"이는 파순이다. 두려워하지 말라. 6근·6경에 사랑하고 미워하는 것만 없어지면 모든 결박에서 벗어난다."

〈입처경, 1103〉

잡아함경 제40권

제석경(帝釋經)·마하리경(摩河離經)

부처님께서 죽림정사에 계실 때

"부모나 집안 어른을 늘 공양하고 부드럽고 공손한 말, 욕설과 이간질하지 않는 것, 간탐하고 아끼는 마음 없는 자, 언제나 진실하게 말하려고 하는 이, 해탈시와 근시(勤施)를 행하여 항상 보시하기를 좋아하였고, 모임에서는 평등하게 보시 공양하는 이, 이 일곱 가지를 실천하면 33천(제석천)에 태어난다."

〈제석경, 1104〉

부처님께서 미후 강변 2층 강당에 계실 때 이차족 마하리가 물었다.

"세존께서는 천제석을 보셨습니까?"

"보았다."

"귀신과 어떻게 다릅니까?"

"천제석을 닮은 귀신은 있어도 천제석은 아니다."

〈마하리경, 1105〉

이하인경(以何因經) · 야차경(夜叉經)

한 비구가 물었다.

"석제환인은 무슨 인연으로 석제환인이라 합니까?"

"석제환인은 가난한 사람이나 사문 바라문을 위해 음식 · 재물 · 곡식 · 포목 · 꽃 · 향 · 장엄 거리 · 침구 · 등불 등을 돈시(頓施) 하였다."

"석제환인은 부란다라(富蘭陀羅) 마가바(摩伽婆) 사바바(裟婆婆)라 합니까?"

"등불 보시를 많이 하여 부란다라라 하고, 본 이름이 마가바이고, 바선사(婆詵私)_옷으로 시주를 많이 하여 사바바라 한다. 또 교시가라고도 하니 그것은 교시족 출신이기 때문이며, 사지발저(舍脂鉢低)라고도 부르는데, 아수라의 딸 이름이 사지(舍脂)인데 제척천의 첫째 왕후가 되었으므로 사지발저라고 부른다. 또 한 자리에 앉아 천 가지 일을 헤아리므로 천안(天眼), 33천의 왕의 주인이 되므로 인제리(因提利)라고 부른다."

〈이하인경, 1106〉

"옛날 야차 귀신이 있었는데 생김새가 추하고 더러웠다. 악한 모습의 얼굴로 제석의 빈자리에 앉았으니 33천들이 화를 냈으나 화를 내면 낼수록 더욱 단정한 모습으로 변했다. 이상해서 제석천왕께 고하니

"그는 성냄으로 상대를 다스리는 까닭이다."

고 하고 천제석이 복장을 단정히 하고 공경하니 다시 추잡한 모습으로 변했다. 부처님께서 찬탄하였다.

"천제석은 33천의 위에 있으면서도 뽐내지 않고 성내지 않는 것이 특징이다."

〈야차경, 1107〉

득안경(得眼經) · 선승경(善勝經)

부처님께서 기수급고독원에 계실 때 두 비구가 싸움이나 큰 소리가 났다.

부처님께서 안다림에서 선정에 들어 있다가 와서 물었다.

"어찌하여 큰 소리가 났는가?"

"한 사람의 비구가 꾸짖어도 한 비구는 조용히 있어 싸움은 끝났으나, 성낸 비구가 참회했는 데도, 가만히 있던 비구가 참회를 받아주지 않아 큰소리가 났습니다."

"사과하면 받아주어야지 고집부리면 어리석은 사람이다. 옛날 석제환인은 33천에서 싸움이 났을 때 이렇게 훈계하였다.

다른 사람 헤칠 마음 없으면 성냄도 또한 얽매이지 못하니

원한 품고 오래 두지 말고 성내는 마음에도 머물지 말라.

비록 화가 나도 추한 말 하지 말고 남의 흠을 찾아내 허점 단점 들추지 말라.

성내지 않고 정의로써 반성하면 언제나 성현들과 함께 하며, 돌산처럼 강하고 굳게 된다."

〈득안경, 1108〉

부처님께서 기수급고독원에 계실 때 비구들에게 말씀하셨다.

"옛날 하늘과 아수라가 서로 싸울 때 비마질다 아수라왕에게 천제석이 말했다.

'싸워 서로 죽일 것이 아니라 이치로 따지자.'

'서로가 싸운다고 그를 증명해 줄 자가 있겠는가.'

'피차간 중에는 지혜 인도 있을 것 아닌가?'

'좋다. 그렇게 하자.'

비마질다 아수라왕이 말했다.

'만일 내가 참고 있으면 어리석은 사람들은 무섭고 두려워 참는다고 말한다.'

'사람들이야 무어라 하던 이치하고는 상관없지 않는가. 다만 자기 논리만 관찰하여 편안함을 얻으면 된다.'

'만일 어리석음을 제압하지 아니하면, 어리석음을 얻은 사람도 상하게 할 것이다. 고삐 풀린 망아지처럼 그러니 몽둥이로 치고 항복받아, 억지로 제압하여야 할 것이다.'

'어리석은 사람은 성을 잘 내지만 지혜있는 사람은 침묵으로 항복받는다. 성내지도 않고 해치지도 않으면, 성현들과 함께 되어 산과 돌처럼 굳게 머물 것이다. 울화가 치밀어도 잘 참아라. 달리는 마차를 제어하는 것처럼, 내가 말하는 훌륭한 마부란 고삐 잡는 이를 말한다.'

두 부류 가운데 지혜 인이 있어 비마질다의 논리는 계속 싸움하는 것이고, 제석의 논리는 화해를 증장시키는 것이니, 싸움은 결국 제석의 승리로 끝났다.

부처님께는 이 이야기를 마치시고

'너희들도 그렇게 해야 한다.'"

〈선승경, 1109〉

박계경(縛繫經)

비마질다 아수라왕과 제석천이 싸워 이기자 비마질다 아수라왕을 제석의 단법전(斷法殿) 앞에 묶어 놓았다. 그런데 제석이 드나들 때마다 욕을 하니 제석의 마부가 말했다.

"제석이여, 저자가 두렵습니다. 힘이 모자랍니까. 눈앞에서 욕하는데 왜 그냥 둡니까?"

"두렵고 힘이 모자라 그대로 놓아두는 것이 아니다. 이것이 지혜 인이 우치인을 상대하는 것이다."

〈박계경, 1110〉

경불경(敬佛境)·공법경(恭法敬)·경승경(敬僧經)

옛날 제석천이 동산을 유람코자 마부에게 명령을 내리니 마부는 천 마리 말이 끄는 수레를 마련해 놓고 아뢰니 제석천은 상승전(上勝殿)에 이르러 부처님께 예배하였다. 마부가 물었다.

"사지(舍脂)의 남편인 천제석께서 모든 지왕과 33천의 공경을 받으시면서, 어찌 동쪽을 향해 합장 예배하십니까?"

"천하의 모든 왕의 왕이 되므로 내 또한 그들의 공경을 받으나, 승리를 따르고 올바르게 깨달아 온 하늘의 스승이 되는 분이 있으니, 그 분에게 예배하여야 한다."

〈경불경, 1111〉

다시 천제석이 유람하기 직전 상승전에 이르러 법보에 예배하였다. 마부가 묻기를

"어느 곳에 예배하셨습니까?"

"깨끗한 계율을 지니고 오랜 세월 삼매에 들어, 믿음으로 출가하여 범행을 성취한 그 분들이 설하신 3독을 항복받고 초월하게 한, 법보와 스님들께 예배하였다."

〈공법경, 1112〉

부처님이 기수급고독원에 계실 때 비구들에게 말씀하셨다.

"천재석은 33천에서 자재왕이 되었어도 부처님을 숭상 공경하셨고, 부처님을 공경하는 이를 찬탄하였다. 너희들도 바른 믿음으로 출가하여 도를 닦으니 그와 같이 부처님을 공경하고, 또한 찬탄하기를 배워야 한다."

〈경승경, 1113〉

숙비리경(宿毘梨經)・선인경(仙人經)

"옛날 아수라왕이 4군(象・馬・車・步)을 거느리고 전쟁을 일으켰다. 이 소식을 들은 33천이 숙비리 천자에게

"그대들도 4병을 거느리고 가서 싸우라."

고 하였으나 적군이 가까이 왔는 데도 싸울 생각을 하지 않고 게송으로

"만일 일으키지 않는 곳이 있다면 함이 없어 안온하고 즐거우리니
할 일과 근심이 없는 그런 곳을 나에게 주어 안온을 얻게 하라."

제석이 게송으로 답했다.

"만일 그런 곳이 있으면 나를 데리고 가라."

숙비이라 천자가 다시 게송으로

"방일하지 않는 곳, 느리고 게을러서 일으킬 것 없고 일 없이 즐거움 얻고
안락을 얻는 곳, 그런 곳에 나를 보내 주었으면 좋겠네."

제석천이 다시 게송으로

"그런 곳이 있으면 나를 데리고 가라."

〈숙비리경, 1114〉

부처님께서 기수급고독원에 계실 때
"과거 텅 비고 고요한 신선마을에 살고 있던 신선들에게 비마질다 아수라왕이 다섯 가지(천관 · 일산 · 칼 · 총채 · 가죽신)을 버리고 그곳에 들어왔다가 갔는데 제석천은 그들에게 와서 문안하였다.
신선들이 제석천을 칭찬하자 비마질다 아수라왕은 화를 내어 소리를 지르자 신선들이 놀라 주문을 외우면서 허공으로 날아갔다.
그날 밤 비마질다 아수라왕은 잠 속에서 세 번이나 나쁜 소리를 듣고 두려워했다. 걱정이 된 아수라왕이 제본궁으로 들어가자 세상은 평온하여 안정을 얻었다."

〈선인경, 1115〉

멸진경(滅盡經) · 월팔일경(月八日經)

천제석이 이른 아침 기수급고독원에 내려와 게송으로 물었다.

"어떤 것이 죽으면 편안하게 잠자고
어떤 것이 죽으면 근심과 두려움 없어지며
어떤 것이 죽어야 구담께서 찬탄한 바 됩니까?"

"3독심 끊으면 안온히 잠잘 수 있고
괴로운 종자 없어지며 근심 걱정 없어져
성현들은 찬양한다."

〈멸진경, 1116〉

"매달 8일이면 4천왕이 대신들을 보내 세간의 복덕을(사문 바라문께 공양하는가) 점검하고, 14일에는 태자를 보내 부모님께 효성하는가를 점검하고, 15일에는 4천왕들이 직접 내려와 계율을 받고 포살하는가를 살핀다.

4천왕은 정천의 집법강당에 나아가 천제석께 아뢰면 거기서 선악을 판별하여 상벌을 내린다. 특히 1월, 5월, 9월의 3장 · 6재일에는 더욱 큰 관심을 가지고 제판한다."

〈월팔일경, 1117〉

병경(病經) · 바치경(婆稚經) · 서약경(誓約經)

비마질다 아수라왕이 병이 들어 제석천에게 나아갔다.
"나의 병을 고쳐 다오."
"나에게 환법(幻法)을 일러주면 병을 치료해 주겠다."
"내 부하가 말하기를 '아수라의 환법을 배우면 지옥에 떨어진다고' 하였다."
"그렇다면 그냥 가라. 너의 병은 저절로 나으리라."

〈병경, 1118〉

하루는 천제석과 비로사나자바치 아수라왕이 함께 부처님께 나아갔다. 먼저 아수라왕이

"사람이 방편을 써서 노력하면 틀림없이 이익을 얻어 만족하리니, 무슨 방편을 써야 합니까?"

라고 묻고, 다음에 천제석도 물었다.

"인욕보다 더 좋은 것이 없다."

부처님께서는 "두 사람의 말이 다 좋다"면서 칭찬하시고 게송으로 말씀하셨다.

"이 세상 중생들 모두가 자기 이익 구하고, 제각기 하고 싶은 것 구한다.
이 세상 모든 화합과 제일가는 진리 구하지만 그것은 영원한 법이 아니다.
만일 사람이 열심히 방편 쓰고 노력하면 틀림없이 이익 얻어 만족한다.
이익을 얻은 뒤엔 인욕 보다 더 좋은 것을 얻는다."

〈바치경, 1119〉

천제석이 계를 받고 맹서하였다.

"부처님, 저는 이 세상에 목숨을 마칠 때까지 나를 괴롭히는 신장이 있더라도 결코 그에게 되돌려 갚지 않겠습니다."

그때 비마질다 아수라왕이 이 소리를 듣고 칼을 빼어늘었다. 제석이 말했다.

"멈추어라. 결박할 것이니 움직이지 말라."

아수라왕이 움직이지 못하고 제석에게 말하기를

"너는 방금 부처님께 맹서하지 않았는가. 어서 나를 놓아달라."

"난동 부리지 않겠다고 맹서하면 놓아주겠다."

"탐욕하고 성내고, 거짓말하고 비방하고, 또 다시 장난친다면 나쁜 곳의 세계로 간다."

"풀어줄 터이니 너 편리한 대로 하라."

부처님께는 이 말씀을 듣고 제석천왕을 크게 칭찬하였다.

〈서약경, 1120〉

잡아함경 제41권

석씨경(釋氏經)・질병경(疾病經)

부처님께서 기비라위국 니구율원에 계실 때 석씨들에게 물었다.

"너희들은 법재일과 신족월(1・5・9) 재계를 받들어 복덕을 닦고 있느냐."

"어떤 재는 받들기도 하고 받들지 못할 때도 있습니다."

"그대들은 좋은 이익을 얻지 못하고 있구나. 교만, 번뇌한 사람들이고 근심・고통이 많은 사람이다. 어떤 사람이 매일 1전씩 저축하는데 중간 중간 빠지면 10전 16전에 이르러 그 몫을 찾아먹을 수 있겠느냐?"

"아닙니다."

"1년부터 9년까지 계산하되 1년 2년 빠져 버린다면 어떻게 되겠느냐."

"그것은 그렇게 될 수 없겠습니다."

"순서적으로 차야 4과를 형성하여 생사를 해탈하는데, 고・집 2제에 대해서는 넉넉하면서도, 멸・도 2제에 대해서 부족하다면 그는 열반을 증득하지 못한다."

"저희들은 오늘부터 법답게 재일을 실천하여 보시공덕을 닦겠습니다."

"장하다 구담들이여, 진실로 이 일은 중요한 일이다."

〈석씨경, 1121〉

부처님께서 니구율원에 계실 때 석씨 난제가

"우리는 때없이 부처님께 와 스님들을 공양하기도 하고, 하지 못하기도 하는데 한결같이 하지 못하고, 우바새 우바이가 병이 들어 있을 때 가서 위문하는 법도 잘 모르니, 부처님께 가서 가르침을 받자."
고 하여 왔다. 부처님께서는 그 말을 듣고

"지혜로운 우바새라면 마땅히 병든 사람들을 찾아가 원기를 회복할 수 있도록 위문해야 하니, 첫째, 부처님에 대한 깨끗한 믿음이고 둘째, 법이며 셋째, 승이다. 그리고 그 다음에는 부모에 대한 그리움을 버리도록 하고, 다음에는 처자와 재산이고, 셋째는 인생에 대한 다섯 가지 욕락이다. 그리고 마지막에는 천상에 대한 욕락과 무너지지 않는 열반의 과이다."

〈질병경, 1122〉

보리경(菩提經)·왕생경(往生經)

석씨 보리가 부처님께 찾아와
"같은 친족이었기 때문에 좋은 이익을 얻었습니다."
고 말하자 부처님께서는
"친척이었기 때문에 이익을 얻었다고 하지 말고, 3보와 지계에 대한 믿음을 성취할 때 보람이 있다."

〈보리경, 1123〉

"3보에 대해 깨끗한 믿음을 가지는 사람은 누구나 천상에 태어난다."
고 말씀하시고 계율에 대한 정진을 강조 하셨다.

〈왕생경, 1124〉

수다원경(須陀洹經) ①②·사법경(四法經)

부처님께서 사위국 기수급고독원에 계실 때 수다원에는 네 가지 도가 있다고 설하였다.

① 선남자를 친근히 하는 것.

② 바른 법을 친근히 하는 법.
③ 정법을 듣는 것.
④ 바른 생각을 하는 것이다.
이것이 수다원의 자격이다."

〈수다원경 ①②의 1125·1126〉

"누구나(비구·비구니, 우바새·우바이) 3보에 대한 믿음과 지계를 성취하면 수다원과를 성취한다."

〈사법경, 1127〉

사과경(四果經)①②·경행처경(經行處經)

"사문에 네 가지가 있으니 3결을 끊는 것이 수다원이고, 3독이 엷어진 것이 사다함이며, 5하분결을 끊는 것이 아나함이고, 진애를 영원히 없앤 것이 아라한이다."

〈사과경 ①②의 1128·1129〉

"경행 중에 4과를 생각하다가 낱낱이 2과에 대해 인증을 하면, 죽을 때도 그렇게 되어 해탈을 얻을 수 있다. 행·주·좌·와도 마찬가지다."

〈경행처경, 1130〉

사식경(四食經)·윤택경(潤澤經) ①~③

"촉식(觸食)·단식(摶食)·의사식(意思食)·식식(識食)은 4대로 이루어진 중생들을 편안히 살게 하고 유익하게 한다. 3보 지계에 대한 것도 마찬가지다."

〈사식경, 1131〉

"4식은 복덕을 윤택하게 하고 선법을 빛내는 안락한 음식이다."

〈윤택경 ①~③의 1132~1134〉

사십천자경(四十天子經) · 월유경(月喩經)

부처님께서 기수급고독원에 계실 때 40명의 천자가 와서 문안하자 설법하셨다.

"그대들은 3보, 지계에 대한 것을 이미 성취하였다."

고 하자

"저희들은 그 공덕으로 이 세상에 태어나게 되었습니다."

고 고백했는데, 4백 명의 천자와 8백 천자, 10천 내지 80천자도 마찬가지였다.

〈사십천자경, 1135〉

부처님께서 죽림정사에 계실 때 비구들에게 말씀하셨다.

"마땅히 달처럼 하고, 참괴심으로 겸손하며 심신을 잘 단속하고 남의 집에 들어가라. 혹 검은 물가 높은 산봉에 오를 때도 신심을 가다듬고 단속하며, 멀리 나아가되 어렵게 여기는 것처럼 하라. 가섭비구처럼 말이다."

〈월유경, 1136〉

시여경(施與經) · 각승경(角勝經)

"어떤 비구는 남의 집에 들어가려 할 때 이렇게 생각한다. 틀림없이 보시하겠지. 그러니 그에게 보시를 하지 못하게 할 수 없다. 한꺼번에 다 주고 차차로 조금씩 주지 않는 것이고, 많이 주고 조금 주지 않으며, 좋은 것 주고 나쁜 것 주지 않는 것이고, 또 빨리 주고 늦게 주지 않는 것이다. 이렇게 생각했다가 그렇지 아니하면 기가 죽어 장애가 생긴다. 그러나 가섭 존자는 그런 생각도 하지 않고 걸식한다."

〈시여경, 1137〉

부처님께서 기수급고독원에 계실 때 가섭 존자에게 말씀하셨다.

"그대는 나와 같이 설법하라."

"요즘 비구들은 가르치기 어렵습니다. 어떤 비구는 법을 듣기를 참지 못합니다."

"너는 누구를 보고 그런 말을 하는가."

"아난의 제자 반주와 목건련 제자 아부비를 보고 하였습니다."

부처님께서는 두 비구를 불러 확인하고

"너희들은 내가 말한 수다라·기야·수기·가타·우타나·니타나·아파타나·이제목다가·자타가·비불락·아무타달마·우파제사를 가지고 오너라. 함께 타진해 보게. 이것은 모두 제자들을 항복받고 스스로 열반을 구해야 하기 때문이다."

〈각승경, 1138〉

무신경(無信經)·불위근본경(佛爲根本經)

부처님께서 기수급고독원에 계실 때, 가섭 존자에게 설법하라 하셨다. 그러나 가섭은 "요즘 비구들은 교육하기 어렵습니다"고 하자 부처님께서 물었다.

"무슨 인연으로 그런 말을 하느냐?"

"끈기 있게 듣지도 않고 기뻐하지도 않기 때문입니다. 그러나 혹 착한 법을 가지고 열심히 믿고 행하고자 하는 사람들도 있으니 한 번 노력을 해보겠습니다."

〈무신경, 1139〉

"가섭이여, 요즈음 젊은 비구들은 찾아오는 이의 지견과 덕을 따라 공경하고 따르지만, 너는 그런 것에 관계없이 아란야 비구는 아란야 법을 찬탄하고 누더기를 입고, 소욕지족(少欲知足)한 삶을 하는 자가 있으면 있는 그대로 칭찬하라."

〈불위근본경, 1140〉

극노경(極老經)·납의중경(衲衣重經)

부처님께서 녹자모 강당에 계실 때 가섭에게 말씀하셨다.

"너는 이제 기관이 노쇠해졌으니 누더기 옷을 벗고 가벼운 옷을 입으라."

"저는 오랫동안 아란야행을 익혔고 누더기와 걸식에 대하여 찬탄하였습니다."

"몇 가지 진리를 보았기에 아란야행을 익히고 누더기로 걸식하는가?"

"두 가지 진리를 보았습니다. 첫째, 현재에서 편안하고 둘째, 미래 중생들의 큰 등불이 되기 때문입니다."

"훌륭하다 가섭이여, 만일 두타법을 비방하는 사람이 있으면 그는 나를 비방한 사람이고, 찬탄하는 사람이 있으면 곧 나를 찬탄한 것이 될 것이다."

〈극노경, 1141〉

부처님께서 기수급고독원에 계실 때, 가섭 존자는 오랫동안 수염과 머리를 기르고 의복이 누추하게 입고 오니, 설법을 듣고 있던 대중들이 그를 업신여겼다.

그런데 부처님께서 뜻밖에 그를 찬탄하였다.

"잘 왔도다 가섭이여. 여기 자리 반을 비워 두었으니 이 자리에 앉으라."

"세존이시여. 부처님은 계의 스승이시고 저는 제자입니다."

"그대는 이미 4선·8정을 얻고 6신통을 자재하여 자·비·희·사를 실천하는 사람이다."

〈납의중경, 1142〉

시시경(是時經)·중감경(衆減經)

부처님께서 죽림정사에 계실 때, 마하가섭은 기사굴산에 있었다. 아난 존자와 함께 탁발 가시다가, 시간이 너무 일러 비구니 처소에 이르러 설법하셨다. 그때 투라난타 비구니가 좋아하지 않았다.

"성자 마하 가섭이여, 어떻게 성자 아난 앞에서 설법하십니까. 마치 바늘을 파는 아이가 바늘 기술자 집으로 바늘을 팔러온 격입니다."

마하 가섭이 아난에게 말했다.

"그대는 들었는가. 내가 어찌 바늘장사란 말인가. 비구는 마땅히 달처럼 살아야 하고, 출가한 지 얼마 되지 않는 비구처럼 조심스럽게 살라고 하였는데."

"저 어리석은 늙을 할멈이 지혜가 없어 저지른 일입니다."

〈시시경, 1143〉

아난 존자와 가섭이 기사굴산에 머물고 있을 때, 큰 흉년이 들어 음식을 얻기가 쉽지 않았다.

아난은 젊은 비구들과 함께 살면서 양은 알지 못하고, 초저녁 새벽에도 좌선하기를 힘쓰지 않았으며, 잠만 자고 이익만 추구하였다. 30여 명의 젊은 스님들이 계율을 버리고 남천국으로가 돌아다녔다. 아난은 남산국토에서 유람하는 젊은 무리를 데리고 왕사성으로 돌아왔다. 마하 가섭이 물었다.

"어디서 오는가. 대중이 수가 적구나."

"남산국토에 유람하다 왔는데 30명이 퇴속했습니다."

"부처님께서 세상에 계실 때 3명 이상 모여 먹는 것을 억제 하셨는데."

"두 가지 때문입니다. 첫째는 가난한 집을 배려하고, 둘째는 악인들의 패거리를 부수기 위해서였습니다."

가섭이 아난에게 말했다.

"대중을 줄게 하고 나머지는 동자들로 대중을 줄게한 것은 그대도 동자나 다름없다고 하는 것이다."

"머리칼이 두 가지 색이 되었는데 동자라니요."

"흉년에 대중을 이끌고 유행하다가 30명이나 퇴속했으니 되겠는가."

그때 저사 비구가 나섰다.

"당신은 외도 사문이었는데 어떻게 아난 존자를 꾸짖을 수 있습니까?"

"나는 부처님께의 부끄러움 없는 제자로써 4념처・7각분・8해탈을 얻었다. 나는 부처님께서 손수 주신 그 누더기로 지금까지 생활하고 있다."

"그렇습니다. 가섭 존자시여, 전륜성왕이 타고 다니는 보배 코끼리가 7,8주(肘)가 되지만 다라나무 잎사귀 하나로 능히 가리듯 가섭 존자의 6신통은 그 무엇도 가릴 수 있습니다."

〈증감경, 1144〉

잡아함경 제42권

복전경(福田經)·명명경(明冥經)

부처님께서 기수급고독원에 계실 때 바사익왕이 와서 물었다.

"과보를 얻으려면 어떤 사람에게 보시해야 합니까."

"마음이 하고 싶은 곳에 하십시오. 그러나 큰 과보를 받으려면 큰 지혜를 가진 자에게 하십시오. 병정들 가운데서도 능력이 있는 자에게 상을 주지 않습니까."

하고 게송으로 말씀하셨다.

"창을 휘둘러 용맹스럽게 싸워 일을 감당해낸 용감한 사나이
공에 따라 두둑하게 상을 주듯이 명성 혈통을 가리지 마십시오.
욕됨을 참고 어진이를 돕고 진리를 보아 복전을 건립한 이
성현의 율의를 갖추고 신묘한 지혜를 성취한 이에게 보시 하십시오.

행인들이 많은 길거리에 우물을 파 목을 축이게 하고
강이나 개울에 다리 놓고 먼 길가에 여관을 지으면
마치 먹구름이 뇌성 번개를 치고 땅에 골고루 비를 내려
온갖 초목을 무성하게 자라게 하듯이 깨끗한 믿음과

사문의 지혜로 인색함을 가리고 풍족한 재물과 음식으로
언제나 좋은 복전에 보시하면 재물은 불어나고 이름은 널리 퍼져
공덕도 불어나고 기쁨 넘쳐 마침내 열반의 과를 얻을 것입니다."

〈복전경, 1145〉

"바라문이 죽으면 어느 집에 태어납니까?"

"어두운 곳에서 어두운 곳으로 가는 사람이 있고, 어두운 곳에서 밝은 곳으로 가는 자가 있으며, 밝은 곳에서 어두운 곳으로 가는 자도 있고, 밝은 곳에서 밝은 곳으로 가는 자가 있는데, 이는 오직 자기가 지은 업보를 따를 뿐입니다. 그러니까 바라문이 죽어 바라문이 될 수도 있고, 찰제리가 될 수도 있으며, 바이사・수다라가 될 수도 있습니다."

〈명명경, 1146〉

석산경(石山經)・형상경(形相經)

바사익왕이 머리에 먼지를 뒤집어쓰고 왔다.

"어디서 오십니까?"

"국토를 살피다 오는 길입니다. 많은 일들을 경영하는 가운데서도 말로써 말과 싸우고, 재물로써 재물과 싸우고, 코끼리・전차・보병으로 싸우는데 이기고 지는 것이 문제가 아닙니다. 그러나 그 가운데서도 오직 정의로 행과 법과 복을 행하며 법의 가르침에 마음을 기울일 뿐입니다."

"옳은 말입니다. 큰 바위도 산이 4방에서 들이 닥쳐 온 대지를 갈아엎을 때도 군사나 주술로써는 그것을 막아낼 수 없습니다. 악겁에는 노・병・사가 항상 중생을 같이 괴롭게 하니 그래서 지혜로운 이는 3보에 귀의하고 맑고 깨끗한 믿음을 실천하는 것입니다."

〈석산경, 1147〉

니건자(離繫外道) 7인과 사기라(結髮外道) 7인 및 일사라(一衣外道) 7인이 기수급고독원 문밖에 서서 서성거리는 것을 보고 바사익왕이 합장하고 문안을 올린 다음 세 번이나 외쳤다.

"저는 구살라국 바사익왕입니다."

"무엇 때문에 그렇게 외치십니까?"

"아라한들에게 인사하는 것입니다."

"그 분들이 아라한이 틀림없습니까?"

"그건 잘 모릅니다."

"아라한이 아라한인 것을 알려면 아라한이 되어야 합니다. 오랜 세월 계행을 잘 지키고 선정을 닦아 지혜를 얻어야 합니다. 세상에서는 놋쇠·돌·구리쇠를 순금으로 도금한 것들도 없지 않으니까요."

〈형상경, 1148〉

칠왕경(七王經)·천식경(喘息經)

바사익왕이 일곱 나라 왕과 대신을 거느리고 앉아 논의하였다.

"다섯 가지 탐욕 중에 어느 것이 제일인가?"

어떤 사람은 "물질, 어떤 사람은 소리·냄새·맛·감촉이라"고 대답하자

"우리는 서로 결정지을 수 없으니 부처님께 물어보자고 하여 기수급고독원으로 갔다. 부처님께서 말씀하셨다.

"각자의 뜻에 따라 성향이 다르기 때문에 어느 것이 제일이라고 할 수 없습니다."

전단 우바새가 찬탄하면서 게송으로 말했다.

"앙카족의 왕 바사익왕이 진주 영락으로 된 갑옷을 입고
마가다국 대중 가운데 나타났는데 여래께서 그 가운데 계셔
명성이 두루 퍼지니 마치 설산왕과 같습니다.
마치 깨끗한 물에서 핀 연꽃이 청정하고 티없이 깨끗하게
맑은 향기 품어내는 것이 마치 앙가국에 나타난 해와 달 같습니다."

〈칠왕경, 1149〉

바사익 왕은 몸이 너무 비대하여 숨이 찼다. 부처님께서 말씀하셨다.

"대왕의 몸이 너무 비대하시군요."

"걱정입니다."

"음식의 양을 조절하면 됩니다."

그때 대왕께서 옆에 있던 울다라에게 말했다.

"너는 오늘부터 내가 밥 먹는 장소에 앉아서, 음식의 양을 조절하여 잡수십시오 라고 하라. 그러면 금전 10만을 주고 일생 동안 밥을 주리라."

〈천식경, 1150〉

아수라경(阿修羅經) · 빈기가경(賓耆迦經)

아수라라는 청년이 부처님께 찾아와 추악한 말로 성내 꾸짖었다. 부처님께서 게송으로 말씀하셨다.

"성내지 않음이 성내는 것을 이기고 착한 것은 착하지 않음을 항복 받네.
은혜 베푸는 것이 간탐을 항복받고 진실한 말은 거짓말 무너뜨린다.
꾸짖지 않고 사납지도 않으며 언제나 청정심에 머물면
악한 사람 성낸 사람과 같이 살아도 돌산처럼 움직이지 않는다.

〈아수라경, 1151〉

바라문 빈기가가 추악한 말로 부처님을 헐뜯었다. 부처님께서 말씀하셨다.

"언제 너의 종친들을 모을 수 있겠느냐?"

"그렇게 할 수 있습니다."

"만일 그들을 위해 음식을 장만했으나 먹지 않으면 어떻게 하겠느냐."

"그 음식은 다시 제게로 돌아올 것입니다."

"마찬가지다. 네가 아무리 꾸짖어도 내가 받지 아니하면 바로 너에게 가리라."

〈빈기가경, 1152〉

건매경(健罵經) ①② · 위의경(違義經)

부처님께서 녹자모 강당에 계실 때 남을 꾸짖기를 좋아하는 바라두바차 바라문이 세존의 면전에서 추악한 말로 욕하고 꾸짖으면서 흙을 쥐어 흩으면서 따라 다녔다. 세존께서 경행이 끝나자 그는 말했다.

"항복하신 것입니까?"

"이긴 사람은 원수만 더 늘어나고 항복한 이는 누워도 편안치 않다. 승리와 항복 이 두 가지를 버린 자가 편안하게 잘 수 있다."

"참회합니다. 너무도 어리석고 분별치 못해 착하지 못한 행동을 했습니다."

"사람이 만약 성내거나 원한 없으면 마주 욕하고 꾸짖더라도, 청정해 앙심을 품지 않으므로 그 허물은 도리어 자신에게 돌아가니 마치 역풍에 먼지를 뒤집어쓰는 것과 같다."

〈건매경 ①②의 1153·1154〉

부처님께서 어느 때 구살라국 인간 세상을 유행하다가 기수급고독원으로 오셨는데 소문을 들은 위의(違義) 바라문이 역론(逆論)을 펴고자 찾아왔다.

"구담의 설법을 듣고 싶습니다."

"깊은 이치를 깨닫지 못한 사람이 질투하는 마음으로 법을 방해하면, 과보가 적지 않으니 장애의 더러움을 없애라."

바라문은 부처님께서 자기 마음을 훤히 꿰뚫고 있는 것을 보고 참회하였다.

〈위의경, 1155〉

불해경(不害經)·화여경(火與經)

부처님께서 기수급고독원에 계실 때 불해 바라문이 와서 말했다.

"제 이름은 불해입니다."

"만일 마음을 죽이지 않고 입과 뜻 모두 그러하면
그것은 곧 해침을 여읜 것, 중생을 두렵게 하지 않는 것이다."

〈불해경, 1156〉

부처님께서 죽림정사에 계실 때 화여 바라문 집에 탁발을 가니 맛있는 음식을 해주다가 3일 째는 '왜 저 까까머리 중이 자꾸 와서 맛있는 음식을 탐하는가'라고 하였다. 이때 부처님께서 게송으로 말씀하셨다.

"하늘은 날마다 비를 내려야 농부가 밤낮으로 밭을 갈아서
자주 그 밭에 씨를 뿌려 곡식을 거두듯 사람도 아기를 배고
소는 새끼를 배어 구하는 사람에게 은혜를 베풀어 보시하라.
죽은 시체 버릴 때마다 울면서 슬퍼하듯 자주 태어났다 죽으면
슬픔과 괴로움 끝이 없으니, 성현의 도를 배워 불 태우지도 말고
벌레에 먹히지도 않는다."

화여 바라문이 뉘우쳐 음식을 공양코자 하였으나 받지 않고, 벌레 없는 물에 버리라고 하여 버렸는데 물에서 부글부글 끓어 연기가 솟아났다. 화여 바라문이 놀라 말했다.

"참으로 무섭습니다. 구담의 큰 덕과 힘이여."

하고 발아래 엎드려 절하고 출가하였다.

〈화여경, 1157〉

바사타경(婆肆吒經)·마구경(魔瞿經)

부처님께서 기수급고독원에 계실 때, 바삿타라는 여자 바라문이 3보에 귀의하여, 4제·12인연의 도리를 깨닫고 평등한 지혜에 이르렀다.

무슨 일이 있을 때마다 "나무불" 하고 "다타아가도 아라하 삼먁삼못다께 귀의합니다"고 하자, 남편 바사타 바라문이 화를 내면서 "귀신이 붙었다. 어찌하여 바라문에 귀의하지 않고 까까머리 구담에게 귀의한다 하는가" 하며, "내 그대의 스승과 토론하여 망신을 주리라" 하고 기수급고독원으로 찾아갔다.

"어떤 것을 죽이면 편안히 잘 수 있고, 어떤 것을 죽이면 마음 걱정 없어지며, 어떤 것을 죽여야 구담에게 칭찬 받습니까?"

"성냄을 죽이면 편안히 잘 수 있고, 마음 걱정 없어지면 성현들께 칭찬받을 사람이 된다."

그는 마치 흰 천이 빨갛게 물들어가듯, 그 마음을 깨끗하게 하여 청정한 우바새가 되어 집에 돌아오자 아내가 물었다.

"어떠하십니까?"

"진실로 선인의 우두머리이고 위대한 스승입니다. 나를 위해 법의를 지어라."

그리하여 하얀 법의를 입고 수행하다가 장차는 출가하여 대해탈을 얻었다.

〈바사타경, 1158〉

마구 바라문이 항상 보시를 즐겨 한 사람이 오면 한 사람, 두 사람이 오면 두 사람 몫을 따로 따로 보시하는데 부처님께서 말씀하셨다.

"이만한 보시로 복이 있겠습니까?"

"은혜로운 보시는 큰 공덕을 얻는다."

"어떻게 해야 해탈할 수 있고 좋은 세상에 태어날 수 있습니까?"

"큰 법회를 열어 좋아하는 것을 보시하라. 기뻐하고 청정한 믿음 속에 탐욕을 여의면 범(梵)의 세계에 태어나 수명이 길어질 것이다."

〈마구경, 1159〉

청정경(清淨經)·아라한법경(阿羅漢法經)

금 일산을 가지고 금 굴레를 쓴 길잡이 바라문이 부처님께 처소에 이르러 문안드리고 물었다.

"바라문의 행은 청정하고 찰리(刹利)의 고행은 어긋난 것, 세 가지 경전 외운 바라문은 청정한 가운데서도 청정하다."

"청정한 길과 위없는 청정을 알지 못하고 다른 데서 청정을 구하는 사람은 끝내 청정하지 못하니 진실로 청정을 닦으려면 바른 소견으로 바른 말 바른 행동을 하라."

〈청정경, 1160〉

어떤 바라문이 와서 물었다.

"어떤 것이 계고 위의며 공덕업이며 아라한입니까?"

"전생일을 기억하는 지혜로 천옥(天獄)에 태어나는 것을 보고 모니는 삼명(三明)을 결정한다. 아는 마음 잘 해탈하여 탐욕에서 벗어나면 이것이 3명 바라문이니라."

〈아라한법경, 1161〉

노부부경(老夫婦經)·노사경(老死經)

부처님께서 기수급고독원에 계실 때 두 노부부가 쓰레기 태운 곳에서 불을 쪼이고 있었다. 부처님께서 아난 존자에게 물었다.

"너는 보았느냐?"

"보았습니다. 다정스럽게 갈고리처럼 허리가 굽은 노부부. 마치 늙은 따오기와 같았습니다."

"일찍이 재산을 모았더라면 저 지경이 되지 않았을 것인데. 젊었을 때 재물을 모으지 못하고, 나이 들어 도를 닦는 마음도 없으니 어찌 저 신세를 면할 수 있겠느냐."

〈노부부경, 1162〉

≪노부부경≫과 같은 내용에 다음과 같은 게송으로 말씀하셨다.

늙음과 죽음 무너뜨리는 몸과 느낌 사라진 곳에도
오직 은혜를 보시한 복이 있어 자기를 따르는 양식이 된다.
감관을 잘 거두어 단속하고 선정을 닦는 공덕을 의지하여
돈과 재물 음식, 힘을 따라 보시하면 헛되이 산 것이 아니다.

〈노사경, 1163〉

잡아함경 제43권

바라연경(波羅延經)·빈두로경(賓頭盧經)

부처님께서 녹야원에 계실 때, 바라연저사 미덕륵 바라문의 물음에 대답하신 대로 하면,

"만일 두 끝을 아는 사람이라면 중간에도 영원히 집착하지 않되 5욕을 탐하지 않고, 번뇌의 쇠사슬에서 벗어나면 모든 얽힘에서 해탈한다."

이러한 글귀를 가지고 의논하자 부처님께서 그들의 문답을 칭찬하시고

"접촉이 한 끝이 되고 그 발생이 또 다른 끝이 되며, 느낌은 중간이 되고 욕망은 얽힘이 된다. 이 법은 지혜를 얻고 깨달으면 다시는 괴로움의 끝에서 벗어난다."

〈바라연경, 1164〉

존자 빈두로가 구담미주 구사라원에 있을 때 바차국왕 우다연나가 물었다.

"무슨 인과 연으로 출가한 지 얼마 되지 않는 비구들이 저렇게 안락하게 지내며 평화스러운 모습을 가지고 있습니까?

"나이 많은 사람은 어머니·누이, 어린 사람은 동생과 같이 보기 때문에 법과 율에 평온이 있습니다."

"지금 세상 사람들에게는 탐욕이 끝없이 솟아나고 있기 때문에 불안합니다."

"이 몸은 발끝에서 머리끝까지 4대의 구성물로 이루어져 있으며, 번개처럼 흘러가는 세월 속에 끊임없이 변해가고 있습니다."

"그렇습니다. 감각기관을 단속하지 않고는 결코 평화를 얻을 수 없습니다."

〈빈두로경, 1165〉

수족유경(手足喩經)·구경(龜經)

부처님께서 구사라원에서 비구들께 말씀하셨다.

"손이 있으므로 잡고 놓을 수 있고, 발이 있으므로 걷고, 관절이 있으므로 굽히고 접히며, 배가 있으므로 먹고, 눈이 있으므로 보고, 귀가 있으므로 듣는데, 모두 이것은 접촉과 인연한 가운데서 고·락·사를 경험하게 된다."

〈수족경, 1166〉

"옛날 어떤 연못 속에 거북이가 살았는데, 여우가 그것을 보고 가까이 하였으나, 다섯 감각기관을 등 속에 넣으면 쳐다만 보고 다 먹을 생각을 못했다."

하고 다음과 같이 게송으로 말씀하셨다.

"거북이 여우 두려워 여섯 부위를 껍질 속에 감추듯
비구도 마음 거두어 생각 감추면
그를 의지하지도 두려워하지도 말라."

〈구경, 1167〉

황맥경(黃麥驚)과 금경(琴經)

"여섯 사람이 보리타작을 하는데 한 사람이 더 와 두들겨 주면 보릿대는 완전히 녹아버리고 말듯이 눈·귀·코·혀·몸·뜻 여섯 감관 기관이 이 몸을 두들기다가 거기 나, 내 것까지 합세하면 이 몸은 완전 녹초가 되고 만다."

〈황맥경, 1168〉

"옛날 어떤 왕이 좋은 거문고 소리에 즐겨하여 대신들에게 명령하여 그 소리를 가져오라 하였다. 그러나 소리를 가지고 올 수 없는 신하들은 거문고를 바쳤는데 아무리 두들겨도 그 속에서 소리가 나지 않으므로 완전히 부셔 박살을 내었다. 마찬가지로 이 몸은 여러 가지 인연이 모여 조화를 이루면 아름다운 몸매에 아름다운 생각, 아름다운 말이 나오게 되어 있으나, 낱낱이 뜯어놓고 보면 하나의 원소, 하나도 보잘 것 없는 작품에 불과하다"

〈금경, 1169〉

나창경(癩瘡經)・육종중생경(六種衆生經)

"마침 나병환자가 띠나 억새밭에 들어가면, 바늘과 같은 수많은 잎사귀에 찔려 고통이 곱이나 되듯, 어리석은 범부는 6입처에 찔리면, 말로 형용할 수 없는 고통을 당하게 될 것이다. 율의는 탐욕을 제하는 약이고, 불율의는 고통을 만들어내는 약이니, 비구들아, 그대들은 그대들의 눈・귀・코・혀・몸・뜻을 단속하여라."

〈나창경, 1170〉

"어떤 사람이 빈집에서 놀다가 개와 새, 독사・여우・악어・원숭이를 얻어 길렀는데 개는 마을에 들어가려 하고, 새는 허공으로 날아가려 하며, 뱀은 구멍으로 들어가려 하고, 여우는 무덤 사이를 헤치고, 악어는 바다로 가려하며, 원숭이는 산으로 가려하니 종일토록 그 놈들과 씨름하였다. 마찬 가지로 6근은 6경을 향해 서로 좋아하는 것만 구하기 때문에 마음이 쉴 틈이 없다. 그러니 그대들은 늘 신념처(身念處)를 닦아 거기서 헤어나도록 노력하여야 한다."

〈육종중생경, 1171〉

독사경(毒蛇經)・고법경(苦法經)

"비유하면 흉악하고 독한 모진 독사 네 마리가 같은 상자 안에 담겨져 있었다. 이떤 중병인이 죽기를 싫어하여 한 장사에게 명령하였다.

"이 상자를 가지고 가 독사들을 어루만져주고 목욕도 시켜주고 은혜도 베풀고 친히 먹이를 주라."

장부는 두려워 도망가다가, 여섯 명의 부하를 둔 다섯 명의 도적이 있는 마을이 있어, 밤새도록 도망쳐 뗏목을 만들어, 저 언덕에 건너감으로써 평온을 이루게 되었다. 네 마리 독사는 4대 색신이고, 다섯 도적은 5온이며, 여섯 명의 부하는 6근이고, 강은 생사의 강이고 뗏목은 방편, 저 언덕은 열반의 언덕이다.

〈독사경, 1172〉

"많이 들어 아는 거룩한 제자들은 5욕 보기를 마치 불구덩이처럼 보라. 그러하면 모든 가시밭(재앙)에서 벗어난다. 출가한 사문이 세상 속을 생각하면 동방으로 흐르는 물을 가래로 막아 서방으로 흐르게 하려 하는 것과 같아 이치에 맞지 않는다."

〈고법경, 1173〉

유수경(流樹經)과 긴수유경(緊獸喩經)

부처님께서 아비사 항하수 가에 계실 때 비구들이 청법하였다. 부처님께서는 한참 동안 흐르는 물을 관찰하시다가 큰 나무 하나가 떠내려가는 것을 보았다.

"너희들은 저 나무를 보고 있느냐?"

"예. 보고 있습니다."

"이쪽 언덕에도 닿지 않고 저쪽 언덕에도 닿지 않고 물 속으로 가라앉지도 않고, 섬에 걸리지도 않고, 저대로만 내려가면 큰 바다에 이를 것이다."

"세존이시여, 이쪽 언덕은 무엇이고 저쪽 언덕은 무엇입니까?"

"이쪽 언덕은 6내입처이고 저쪽 언덕은 6외입처이다. 사람이 가지고 간다는 것은, 재가자들이 출가자들을 가까이 해 청정을 얻은 것이고, 사람 아닌 것이 가져간다는 것은, 범행을 통해 생천의 과보를 받는 것을 비유한 것이며, 좋은 것만 있는 곳은 천당이고, 소용돌이는 파계이며, 싸우는 것은 법을 부패시키는 것이다."

그때 옆에서 소를 치고 있던 난도가 출가를 희망하였다.

"저 같은 사람도 당장 출가할 수 있습니까?"

"소를 집에 갖다 주고 주인에게 말해야 할 것 아니냐?"

"소는 새끼가 집에 있으므로 저절로 집으로 들어갈 것입니다."
"그대도 주인에게 하직하고 오너라."
사리불이 옆에서 듣고 있다가
"돌아오지 않으면 어떻게 하시겠습니까?"
"마음 속으로부터 신심을 일으킨 자는 함부로 그 마음이 변할 수 없다."
과연 그는 주인의 허락을 받고 돌아와 훌륭한 납자가 되었다.

〈유수경, 1174〉

어떤 비구가 기수급고독원에서 좌선하다가
"어떻게 수행해야 청정한 소견을 얻을 수 있을까?"
부처님께서 그것을 아시고 비구들에게 와서 물었다.
"어떻게 알고 어떻게 보아야 청정해지겠느냐?"
"6촉입처에서 쌓임·소멸·맛들임·근심·벗어남을 바르게 알아야 합니다. 5수음의 질병은 종기와 같고 가시와 같기 때문입니다."
"긴수(肉色花)를 보았는가?"
"불탄 기둥같이 검습니다."
"붉은 살덩어리와 같습니다."
"아래로 축축 늘어진 시리사열매와 같습니다."
"니구루다 나무와 같습니다."
"마치 변방의 성과 같습니다."
"그렇다. 성은 사람이 거치른 색신이고 속에 들어있는 것이 4대 색신이니 성을 잘 쌓음이란 정견, 얽힌 길이 평평한 것은 6내입처, 4문은 4식주, 네 문지기란 것은 4념처, 성주란 식수음(識受陰), 사자는 바른 관찰, 참된 말은 4제, 되돌아간 길은 8성도이다. 나는 스승으로써 제자에 대해 할일을 이미 다 마쳤다. 너희들을 가엾이 여겼기 때문이다. 다시는 속세의 몸을 받지 않도록 굳은 성벽을 쌓고 노력하라."

〈긴수유경, 1175〉

누법경(漏法經) · 회하경(灰河經)

부처님께서 가비라국 니구율원에 계실 때, 석씨들이 강당을 짓고 토론하다가 부처님을 청해 법문을 듣고자 하였다.

그때 공양청을 받고 밤이 늦지 않도록 기쁜 마음으로 설법하신 뒤 모두 집으로 돌아가게 하였다. 그리고 비구들을 위해 목건련에게 부촉하였다.

"내가 몸이 좀 아프니 그대가 설법하라."

하고 승가리를 네 겹으로 깔고 누우셨다. 목건련이 설법하였다.

"부처님께서 말씀하신 법은 처음도 좋고 중간도 좋고 끝도 좋다. 어떤 것이 번뇌인가. 신념처를 생각하지 않는 것이다. 신념처는 생각하지 아니하면 마치 마른 풀을 태우듯이 악마 파순이 와서 불을 지피리라. 6근이 6경을 보고 각기 불을 일으키듯 마음이 번뇌에 불타면 생각이 새어나가 해탈할 날이 없다. 그러니 단단한 누각처럼 어떤 적도 침범할 수 없게 계율을 굳게 가지라."

법문이 끝나자 부처님께서 일어나 목건련을 크게 칭찬하였다.

〈누법경, 1176〉

잿강(灰河) 남쪽 언덕은 뜨겁고 날카로운 가시가 많고, 어두운 곳에서 죄인들이 물결을 따라 떠돌고 있다.

"비구들아 재(灰)란 탐 · 진 · 치이고, 강은 욕심의 세계 형상의 세계 무형 세계의 욕망이고, 남쪽 언덕의 뜨거움은 6가지의 감관과 경계이며, 날카로운 가시는 5가지 욕심의 향락이다. 어두운 곳이란 무명이며, 죄인들은 범부이고, 물결이란 생사의 강이다."

"나는 스승으로써 비구들을 위해 할 일을 마쳤다. 너희들도 할 일을 하여야 한다."

〈회하경, 1177〉

잡아함경 제44권

바사타경(婆四吒經)·실우경(失牛經)

부처님께서 미치라국 암라원에 계실 때 바라문녀 바사타가 아들 여섯 명을 계속해서 잃고 미치광이가 되어 알몸으로 머리를 풀고 길거리를 헤매다가 부처님께 찾아왔다.

부처님께는 대중들과 함께 설법을 하고 계시다가 바사타가 부처님을 뵙고 부끄러워하는 것을 알고 아난에게 울다라승을 주어 입고 법문을 듣게 하였다. 바사타는 정중히 법문을 듣고 자기 집으로 돌아왔는데 일곱 번째 아이가 죽으니 남편이 말했다.

"전에 여러 아들이 죽었을 때는 근심 걱정하더니 왜 이번에는 슬퍼하지 않는가?"

"비록 자손이 수천 명 있다 해도 인연 화합으로 생긴 것, 세월이 지나면 언젠가는 다 죽게 되어 있기 때문이다."

"일찍이 듣지 못하던 법문이네. 그 어디서 들었는가."

"암라수원 등정각께 들었습니다. 마땅히 등정각을 살펴보소서. 황금빛 몸에 길들이지 않는 이들을 길들이고, 물에 빠진 자를 건신나네."

남편은 즉시 가서 4제 법문을 듣고 출가하여 조용한 곳에서 4제·3명을 보고 생사를 벗어났다.

〈바사타경, 1178〉

부처님께서 베살리성 대림정사에 계실 때 비리야바라두바차 바라문이 장에서 소를 샀다가 값을 치르기 전에 소를 잃어버렸다. 6일 동안 찾고 돌아다니다가 대림정사에 나아갔다가 부처님을 뵙고 물었다.

"어찌하여 아무 구함이 없이 쓸쓸한 가운데서도 고요히 여기 앉아 계십니까?"

"얻거나 잃는 것 때문에 괴로워하지 않기 때문이다."
"당신은 소도 잃지 않고 깨밭도 가꾸지 않으므로 풀 걱정 할 것 없고,
논이 없어 물댈 염려도 없고, 과부되어 외동아들 기르는 일 없으니 안락하다.
방탕하여 진 빚 이자 갚을 일 없고, 옷과 침구 쌓아놓고 뒤져 보는 일도 없고,
빨건 눈동자 노랑머리 아내에게 들볶일 일 없고,
빈 창고에서 뒤서리하는 일도 없으니 안락하게 지내십니다."
"그렇다. 바라문이여. 탐욕 끊고 은애 여의면 언제나 안락하게 살리라."

정진 바라두바차 바라문은 들은 법문마다 꿰뚫어 보고 아라한이 되어 찬탄하였다.

"저는 이제 대선의 위없는 법을 기뻐하고 또 즐거워하게 되었으니 부처님을 뵌 것 헛되지 않습니다."

〈실우경, 1179〉

지자경(智者經)·천작경(天作經)

부처님께서 사라숲 바라문 마을에 계실 때 아침에 탁발 나가다가 갑자기 비구름이 일어 바라문 장자의 큰 회당으로 들어갔다. 거기 모여 있던 바라문들이 물었다.

"그대는 무슨 법을 알고 있는가?"

"자기의 벗을 이기려 하지도 않고, 왕은 꺾기 어려운 이를 꺾지 않고, 아내는 남편을 이기려 하지 않고, 자식 치고 부모 공경하지 않는 이 없다. 아는 것도 없고 지혜도 없어서 법 아닌 말을 하더라도 3독 끊으면 그 삶이 곧 지혜로운 사람이다."

"참으로 훌륭하신 당부이십니다. 이 당에 들어와 앉아 설법해주십시오."

"어리석고 지혜로운 이 모여 있는데 말하지 않으면 그 지혜 누가 알리. 지극히 고요한 길 잘 설명하면 지혜로운 사람은 말 따라 분별하니 좋은 말은 신선의 깃대이고 좋은 법은 곧 아라한의 깃대라 한다."

〈지자경, 1180〉

부처님께서 구살라국에 유행하시다가 부리(浮梨) 마을 천작 바라문의 암라원에 머물고 있었는데 등창을 알아 시자(우파마)를 시켜 천작 바라문의 집으로 가라고 하셨다. 천작 바라문은 중당에서 이발을 하다가 스님이 오는 것을 보고 물었다.

"무엇을 구하러 왔는가?"

"아라한 선서께서 등창을 앓으셔 혹시 안락한 물이 있으면 고쳐 드릴까 해서 왔습니다."

천작 바라문은 즉시 발우에 우유를 가득 담아주고 사람을 시켜 석밀을 들리고 자신은 따뜻한 물을 가지고 와서 아픈 곳을 씻고 약을 발라드리고 소(酥)와 밀(蜜)을 마시게 하여 병이 낫게 되었다. 그리고 물었다.

"어떤 사람을 바라문이라 하고 무엇을 보시해야 큰 과보를 받고, 어떤 것을 시기에 맞은 보시라 하며, 깨끗한 복전이라 합니까?"

"만일 전생 일을 아는 지혜를 얻어 결정코 하늘에 날 것을 보고 번뇌 끊어지면 3명을 얻을 것이고, 마음 해탈 얻어 탐욕 없어지면 그것이 바라문, 그에게 보시하면 큰 과보를 얻고 그에게 하는 보시, 때에 맞는 보시이고 희망 따라 보시하면 큰 복전된다."

〈천작경, 1181〉

전업경(田業經) · 채신경(採薪經)

사라 숲에 살고 있던 농업 바라문이 부처님께서 숲 속에 앉아 계신 것을 보고 물었다.

"우리는 농사짓기 때문에 숲을 좋아하지만, 당신은 무엇 때문에 숲을 좋아합니까?"

"아무 하는 일 없으나 숲의 뿌리를 뽑은 지 오래되네. 숲에서 이미 숲을 벗어났으니 즐거움 버리고 번뇌를 끊었다."

〈전업경, 1182〉

부처님께서 쿠살라국 인간 세상에 유행하시다가, 어느 날 밤 사라 숲에서 주무셨다. 그때 500명의 제자를 거느리고 있는 바라문이 늘 부처님을 사모해 오신 터라, 나무 갔던 제자들이 아뢰자 즉시 찾아뵙고 게송으로 말하였다.

"두렵고 무서운 깊은 덤불 속에 굳은 마음 흔들림 없이 정법을 닦는구나.
노래도 춤도 음악도 없는 곳, 혼자서 숲 즐거워하는 것 처음 보는 일이네.
세상의 자유로운 증상주(增上主) 되기 원하다가 아니면
천상의 자유로운 즐거움 위해 숲 속에서 괴로운 수행으로 스스로 마르는가?"

"여러 가지 구하려면 경계에 집착한다. 모든 것은 어리석음의 근본,
난 이미 구하는 것 버린 지 오랜지라, 아첨과 거짓없이 접촉 이미 버렸네.
이제 모든 법을 청정한 마음으로 관할 뿐
최상의 귀한 깨달음 얻어 언제나 선정 속에 즐거워하지 않는다."

"전쟁과 인간을 구하는 여래 마치 우뚝 솟은 금산과 같습니다.
깊은 숲에 있으면서도 숲 떠난 지 오래되어 깊이 박힌 날카로운 가시을 뽑아 남은 자욱 다시 없네.
우렁찬 목소리 스승의 우두머리이시고, 발생과 소멸, 8정도를 밝혀주셨네.
나와 남 모든 고통에서 벗어나 모든 중생 안락케 하니 은애와 애정, 온갖 욕심 끊으신 이
마치 저 물에 피어난 연꽃과 같아 허공에 멈춰있는 해가 구름 한 점 없는 것 같네.

〈채신경, 1183〉

손타리경(孫陀利經) ①② · 계발경(髻髮經) ①②

손타리강 가에 살고 있던 바라문이 밤 중에 사당에서 제사를 지내고 많은 밥을 바치려고 바라문을 찾고 있던 중 부처님께서 삭발하고 있는 것을 보고 의심

스럽게 물었다.

"그대의 성씨는 무엇입니까?"

"종족은 묻지 말고 하는 일만 물어라. 나무를 베어 비비면 불은 거기서 일어난다. 천하고 낮은 종족에서도 숭고한 선생(모니) 태어나니, 지혜롭고 부끄러워할 줄 알아 열심히 정진하면 항복받는다. 큰 밝은 최후의 경지를 이루어 맑고 깨끗한 범행을 닦았으니 지금이야말로 가장 적절할 때 가지고 온 음식을 보시하라."

"내 오늘 좋은 날 복을 구해 제사를 지냈더니 마침 보살 보게 되니 보시하게 되었으니 진실로 행복하여라."

하고 남은 음식을 바치니 맛있게 잡수셨다. 음식이 남자 바라문이 물었다.

"이건 어떻게 할까요?"

"벌레 없는 물에 버려라."

그리하여 물에 버리니 물 속에서 연기가 솟아났다. 놀란 바라문이 다시 불을 피우고 제사하려 하자 다음과 같이 게송으로 말씀하셨다.

"마음과 뜻은 섶나무가 되고 성냄이 검은 연기
거짓말을 더러움 맛을 삼고 입안의 혀는 나무 종자
가슴 불태우는 곳에 욕심의 불 왕성하니
마땅히 스스로 항복 받아 사람의 몸 소멸시키라.

바른 믿은 큰 강 삼고 깨끗한 계율 배 삼아
맑고 깨끗한 물을 지혜로운 사람이 칭찬하면
사람 가운데 하늘 그 깨끗한 덕으로 목욕하여라.
그렇게 물을 건너면 몸 젖지 않고도 피안에 이른다.

바른 법은 몸 씻고 복과 덕, 선한 말로
진리로써 마음 길들이고 거두고 단속하니 범행지켜라.
자비로써 괴로운 행을 삼으면 진실한 마음이 청정하니

바른 법으로 목욕하는 일 되어 지혜로운 사람이 칭찬한다."

그때 바라문들이 손타리강에 목욕하면, 다생의 죄업이 소멸 된다 하고, 수없이 몰려왔다.

부처님께서 게송으로 말씀하셨다.

"손타리 · 바휴다 · 가야실라강은 악하고 불선한 것을 청정하게 할 수 없다.
어리석은 사람들이 그 주위에 살면서 많은 죄악 짓고 있기 때문이다.
선행과 믿음 보시도 때를 잃지 말고 자신의 업 깨끗이 하면
우물로 목욕 안해도 항상 청정한 사람 되어 계율 지키고 필요한 것 된다."

〈손타리경 ①②의 1184 · 1185〉

부처님께서 가비라위국 니구율원에 계실 때 상투를 튼 바라문이 와 게송으로 말했다.

"몸 밖의 털 묶어 상투로 틀었다 하지만
마음 속에 상투를 틀면 중생들 결박하네.
어떻게 트는 상투라야 영원히 그 상투 풀리겠습니까?"

"깨끗한 계를 받아 지키고 바른 깨달음 닦으며
전일한 마음으로 정진하면 이것이 상투를 트는 일
6근의 입처와 명 · 색까지 마저 없애면
모든 의식주 다 사라지면 거기에서 상투가 끊어지리라."

〈계발경 ①②의 1186 · 1187〉

존중경(尊重經) · 범천경(梵天經)

부처님께서 니련선하에 계실 때, 성도 후 얼마 되지 않아 깊은 명상에 잠겨

이런 생각을 했다.

"공경하지 않는 사람은 큰 고통 받을 것이다. 차례도 모르고 남의 뜻을 두려워할 줄도 모르고 제멋대로 하기 때문에 큰 의리에서 타락하게 된다. 누가 되었든지 나보다 나은 사람 있으면 나는 그를 공경하고 섬기며 살겠다."

그러나 어느 누구도 부처님처럼 깨달은 사람이 없었다. 그때 범천왕이 나타나 게송으로 말했다.

"3세 모든 부처님께 들은 중생들의 근심을 없애 주었습니다.
그 분들은 모두 법을 공경하고 의지해 사셨으니
부처님께도 바로 그렇게 하십시오."

〈존중경, 1188〉

부처님께서 보리수 밑에 계실 때 이런 생각을 하셨다.

"1승의 도가 있으니 능히 중생을 청정케 하고 근심과 걱정을 건져주며, 모든 고뇌에서 해탈시켜 진여를 깨닫게 하니 그것이 곧 4념처이다. 만일 사람이 4념처를 좋아하지 않으면 성스러운 법과 도, 감로법을 좋아하지 못해 일체의 고통에서 벗어나지 못할 것이다."

그때 범천왕이 나타나 게송으로 말했다.

"1승 업이 있어서 모든 존재에서 벗어나게 하니
바른 법 펴시어 중생들을 편안하게 하옵소서.
강물이 흘러 바다로 들어가는 것처럼
3세 모든 부처님들도 그렇게 하여 거센 물결 잠재웠습니다.
모든 중생 가엾이 여기시고 위없는 법륜 굴리시어
천상과 인간을 감싸 보호 하옵소서."

〈범천경, 1189〉

범주경(梵主經)·공한처경(空閑處經)

범천왕이 보리수 밑으로 찾아와 말했다.
"찰리종성으로 두 발 가진 자 가운데 가장 높으신 이여,
지혜의 행 완전히 갖추신 이 천상 인간 가운데서 가장 훌륭하십니다."

〈범주경, 1190〉

부처님께서 구살라국 공한처에서 비구들과 하룻밤을 지내시고 난 뒤, 부처님께서 아란야법에 대해서 설명하시니 범천이 찬탄하였다.

"외진 곳 자리에 앉기를 익히고 온갖 번뇌 다 끊어버려라.
만일 비고 한가한 곳 좋아하지 않는 자도
대중 속에 들어가 스스로 단속하라.
그 마음 스스로 잘 길들이고 집집마다 다니면서 걸식하되
모든 감관 거두어 단속해 공한처 즐기면 두려움 없이 안락하게 지낸다.

혹 흉악한 일과 사나운 독사가 해치고 검은 구름 깜깜해 뇌성벽력이 치더라도
모든 번뇌 여의면 천 번 죽음과 악마도 두렵지 않으니
만일 거기 깨달음의 길까지 닦아 4과를 얻는다면 무슨 두려움 또 있겠는가.

〈공한처경, 1191〉

집회경(集會經)·구가리경(瞿迦梨經)

부처님께서 가비라위국 숲 속에서 500비구와 함께 열반법을 말씀하시니, 범천들이 모여와 게송으로 말하였다.

"지금 큰 숲 속 대중들이 구름처럼 모였고
시방의 하늘들은 멀리 모여와 항복받기 어려운 스님들께 예배합니다.

좋은 방편으로 은혜와 애정, 날카로운 가시 녹이고
튼튼해 흔들림 없는 인다라망 당기와 같습니다.
깊은 해자 물을 건너 욕심 없으니 잘 건너신 길잡이 큰 스승 큰 용과 같네.
부처님께 의지하여 좋을 일 하면 마침내 인신 벗고 생천하게 된다.

〈집회경, 1192〉

부처님께서 죽림정사에 계실 때, 사바세계 범천왕은 날마다 내려와서 문안드렸다. 그런데 하루는 시간이 너무 일러 제바달다의 제자 구가리에게 가서, 발심할 것을 당부한 뒤 부처님께 나아갔다. 전 후 사실을 말씀드리고 구가리에게 읊었던 게송을 들려주었다.

"헤아릴 수 없는 것을 헤아리고 마음 내는 것은 무지한 범부가 된다."

부처님께서 말씀하였다.
"그것은 부질없는 생각, 헤아릴 수 없는 것을 헤아리는 것이 범부이다."

〈구가리경, 1193〉

범천경(梵天經)

대범천과 별범천, 선비별범천이 세존 계신 곳으로 문안가는 것을 보고 바구범천이 말했다.
"여기 네 곡조(鵠鳥 ; 범천의 이름)가 있고, 금빛 찬란한 궁전도 있으며
572명이나 되는 좌선 수행자도 있는데 거기까지 갈 것 있는가."
"아무리 좋은 몸 가지고 궁전 좋아도
지혜없는 사람 곁에 가기 전에는 번뇌 끊지 못한다."

〈범천경, 1194〉

바구범경(婆句梵經) · 사견경(邪見經) · 입멸경(入滅經)

부처님께서 죽림정사에 계실 때 바구범천이 삿된 소견을 일으켰다.

"이곳은 영원한 곳 절대로 변치않는 곳 순수하고 한결같이 생사를 벗어난 곳
72개 범천이 온갖 복업으로 지었으므로 자유로이 머물러 생사 넘었네.
나는 여러 이치 밝혀 구경의 경기에 이르렀으니 여러 하늘 대중 중에 오직 나만 존재한다."

부처님께서 계송으로 말씀하셨다.

"그대 사는 곳 영원한 곳이 아니다.
전생에도 니라부다 지옥에서 백천 년을 지내더니
어느 때는 양식 없이 얻어 먹었다가
어느 때는 도적의 노략질을 구원하여 오늘 복을 지었다.
물에 빠져 죽게 된 사람들을 용 속에서 구해내고
전생일이 하룻저녁 꿈만 같구나."

비구범천은 부처님께의 이 같은 말씀을 듣고 전생일을 회상 기억하였다.

〈바구범경, 1195〉

아약구린 존자가 삼매에 들어 보니 부처님께서 범천에 올라가 계신 것을 보았다. 존자 마하가섭과 사리불, 목건련도 천안으로 보니 부처님께서 범천 보다 높은 장소에 가 앉아계셨다. 부처님께서 사견범천왕께 말했다.

"지금 나보다 더 높은 이가 없다고 생각하느냐."

"감히 그런 생각을 갖지 않겠습니다."

〈사견경, 1196〉

부처님께서 쿠시나가라국 견고 쌍수 아래서 입멸에 임해 계실 때, 아난 존자

에게 부탁하여 머리를 북쪽으로 하고, 오른쪽 옆구리를 땅에 대고, 발을 포개고 생각을 밝게 가져 입멸하자 한밤중에 꽃이 피어 공양하였다. 그때 한 비구가 이 광경을 보고 게송으로 말하였다.

"장하다 나무여. 부처님께 예배하는구나."
제석천왕과 범천왕·아나율·아난 등도 연달아 게송을 읊었다.

"계행은 무상하여 생멸하는 법
생멸이 멸해야 적멸락을 얻으리."

〈제석〉

"한 번 생겨난 것은 결코 없어지니
세상의 눈, 여래의 힘도 결국은 무여열반."

〈범천〉

"드나들던 숨 멈추니 이것이 곧 열반이라.
모두 큰 두려움 일으켜 사람의 몸 털을 서게 하네."

〈아나율다〉

"스승님 보배 몸 범천위로 떠나가셨다.
천 벌의 고운 배로 염했으나 겉만 타고 속에서는 사리나왔네."

〈아난〉

〈입멸경, 1197〉

잡아함경 제45권

아랍비경(阿臈毘經) · 소마경(蘇摩經)

부처님께서 기수급고독원에 계실 때 아랍비 비구니는 왕사에 있었다. 아침 일찍이 탁발하여 공양하고 안타림으로 들어가 니사단을 깔고 좌선하고 있었는데 악마 파순이 젊은이로 변화하여 나타났다.

"아이(阿姨)여, 어디로 가려 하는가?"

"현자여, 인가에서 멀리 떨어진 곳으로 가려 한다."

"인간 세상을 벗어날 수 없는데 인가를 떠나 뭘 구하려 하는가. 차라리 나와 함께 5욕락을 즐겨 뒷날 후회없는 인생을 살자."

"이 세상 벗어나는 방법이 있는데 나는 그 방법을 알고 있다. 예리한 칼로 살덩이를 베어낸 것처럼 욕락을 자르면 곧 괴로움에서 벗어나게 된다."

악마는 놀라 사라져 버렸다.

〈아랍비경, 1198〉

악마 파순이 소마 비구니에게 수작을 걸었다.

"신선들이 머무는 곳, 그곳은 진실로 얻기 어려운 곳으로서 두 손가락으로 헤아리는 지혜만으로 그곳에 이를 수 없다."

"선정에 들어 있거니 여자라고 무슨 상관이냐. 지혜만 생기면 무상법을 얻으니 남녀의 관념을 가지지 말라. 일체 고통과 어두움 이 몸으로 증득하여 번뇌 다 하고 편안히 살리라."

〈소마경, 1199〉

구담미경(瞿曇彌經) · 우발라색경(優鉢羅色經)

길리사구담미 비구니에게도 악마가 찾아왔다.

"눈물 흘리면서 시름하는 모습, 너는 왜 아들을 잃었느냐. 혼자 나무 밑에 앉아 어떤 남자를 구하는가?"

"한량없는 아들 다 잃어버렸으니 이는 곧 남자 밖으로 벗어난 것이다. 번민 근심하지 않고 부처님께 가르침을 행해 탐애와 고뇌 모두 다 저버렸다. 이 몸으로 모든 사라짐을 증득하였으니 번뇌 다해 편안하다."

〈구담미경, 1200〉

우발라색 비구니에게도 악마가 왔다.

"아름다운 꽃 견고한 나무 밑에 앉아 도반없이 홀로 앉아 악한 남자 만날까 두렵지 않는가."

"설사 백천 사람 있더라도 모두가 간악 교활한 사람, 악마 같은 무리가 수없이 몰려온다 하더라도 털끗하나 움직이지 않겠다."

"내가 만일 너의 배 속이나 눈썹사이에 머문다면?"

"내 큰 힘으로 신통 닦아 큰 결박에서 벗어났으니 무엇을 두려워할 것이 있겠는가. 애욕 기쁨 다 버리고 이미 편한 몸을 증득하였다."

〈우발라색경, 1201〉

시라경(尸羅經) · 비라경(毘羅經)

파순이 선정 중의 시라 비구니에게 물었다.

"중생은 어떻게 생겼고 누가 만들어 어디서 왔다가 어디로 가는가?"

"중생은 5온 덩어리, 마치 여러 가지 재목을 한데 모아 수레를 만드는 것과 같다. 생기면 괴롭고 멈추면 괴로움을 멈춘다. 괴로움에는 다른 법 없으니 생각 따라 났다가 생각 따라 멸한다."

〈시라경, 1202〉

비라 비구니에게 파순이 물었다.

"형상은 어떻게 만들어졌으며 누구의 조작인가. 어디서 와서 어디로 가는가?"

"저절로 만들어진 것은 아니고 다른 이가 만든 것도 아니고, 인연 따라 났다가 인연 따라 멸한다. 세상 모든 종자가 땅을 인해 났다가 땅으로 돌아가듯 4대·5온·18계·6입도 마찬가지다."

〈비라경, 1203〉

비사경(毘闍經)·차라경(遮羅經)

파순이 비사야 비구니에게 말했다.

"너나 나나 한참 젊은 나이 여기서 당장 다섯 가지 즐거움 지어 서로 즐겁게 놀자. 좌선을 해서 무엇하는가?"

비사야 비구니는 게송으로 말했다.

"노래와 춤은 잡다함 기교, 그 즐거움을 네게 주겠다.
나는 필요가 없다. 고요한 삼매에 들면 천상의 낙도 소용이 없게 된다.
기쁨과 즐거움 어둠까지 여의었으니 번뇌 다해 편안하게 산다."

〈비사경, 1204〉

악마가 차라 비구니에게 말했다.

"세상에 태어난 즐거움 느끼고 5욕락 즐기니 누가 너를 싫어해 떠나게 하겠느냐?"

차라 비구니가 말하였다.

"한 번 나면 죽음이 있고 괴로움 있으니 생이 연유된 까닭이다.
마땅히 괴로움 끊고 생을 뛰어넘어 거룩한 진리 관찰하라.
8정도를 닦고 익혀 괴로움과 괴로움 원인 다 없애면 안온한 열반을 얻는다.
평등한 스승법, 나는 그 법을 좋아하고 알기 때문에

태어남 좋아하지 않고 열반을 즐긴다."

〈차라경, 1205〉

우파차라경(優波遮羅經)·시리사차라경(尸利沙遮羅經)

파순이 우파차라 비구니에게 말했다.
"33천·염마천·도솔타천·화락천·타화자재천에 서원만 세우면 가서 태어난다."
"6욕천도 유위행을 떠나지 못하니 그러므로 악마의 소관이다."

〈우파차라경, 1206〉

악마가 시리사차라 비구니에게 물었다.
"아이여, 그대는 어떤 도를 좋아해 머리 깎고 가사를 입었는가?"
"아무 것도 좋아하는 것이 없다. 소견에 얽매이면 소견의 노예가 된다."

〈시리사차라경, 1207〉

갈가지경(揭伽池經)·교진여경(憍陳如經)

부처님께서 첨파국 갈가 못가에 계실 때 존자 바기사가 대중 가운데 있다가 월비송으로 부처님을 찬탄하였다.

"허공에 떠있는 달 맑고 깨끗해 구름 한 점 없습니다.
찬란한 빛 시방을 비추듯 여래의 빛과 공덕 시방에 가득하네."

〈갈가지경, 1208〉

바기사가 교진여를 찬탄하였다.

"상좌중의 상좌 교진여, 이미 건넜고 초월해
아란야에서 편안한 정수 누리어 불법의 재물 보호하시며

근기 따라 제자를 가르쳐 빠짐없이 연설해주고 방일치 않으니
큰 덕과 힘 밝음이 남의 마음 다 아십니다."

〈교진여경, 1209〉

사리불경(舍利弗經)·나가산경(那伽山經)

부처님께서 갈가 못가에 계실 때, 사리불이 공양당에서 설법하시자 바기사가 찬탄하였다.

"간략한 법으로 대중들을 깨우치시니 우바제사(사리불 본명)를 칭송하노라.
아름다운 목소리로 기쁘고, 즐겁고, 사랑스럽게 모두가 기뻐 생각 옮기지 않네."

〈사리불경, 1210〉

부처님께서 왕사성 나가산 곁에서 500비구와 함께 있을 때, 목건련이 대중의 마음을 관찰하는 것을 보고 바기사가 찬탄하였다.

"존자 목건련 신통 이루고 진리도 분명히 알아
제 마음 관찰하니 모두 탐욕을 여의신 이."

〈나가신경, 1211〉

회수경(懷受經)·불락경(不樂經)

부처님께서 여름 안거를 마치고 대 아라한들과 함께 있었는데 오직 아난 존자만 증득하지 못했으나 현세에서 무지증(無知證)을 얻을 것이라 예언하셨다.

"나는 바라문이 되어 반열반을 얻었고 최후 마지막 몸을 얻어 큰 의사가 됨으로써 온갖 칼과 가시를 뽑는다. 너희들은 내 아들로써 내 입에서 태어났고 교화를 받아났으며, 법재를 얻었으니 혹 내 업(3업) 가운데는 꾸짖을 일이 없는지 말해보라."

사리불이 말했다.

"부처님께서는 항상 길들지 않는 이를 길들이고, 고요하지 못한 자를 고요하게 하며, 안온하지 못한 자를 안온하게 하고, 반열반에 들지 못한 자들에게 반열반에 들게 하시니, 꾸짖을 만한 일이 없습니다."

"그대도 마찬가지다. 나는 그대의 몸과 입과 뜻에서 보고 듣고 의심하는 것 가운데 꾸짖을 만한 것을 보지 못했다. 그대는 계를 잘 지키고 들은 것이 많아 욕심이 적고 만족할 줄 알며, 멀리 여의는 행을 알고 방편으로 꾸준히 힘쓰며, 바르게 기억하고 바른 선정에 들어 민첩하게 가르쳐 보이기 때문이다. 마치 전륜성왕의 아들이 아직 관정식을 치르지 아니했으나 모든 것은 아버지의 법대로 실천하고 있는 것과 같다."

"120비구는 어떠했습니까?"

"아난만 현세에서 무지증을 얻을 뿐 나머지는 이미 다 깨달음을 얻었다. 내 보니 500비구 중 90비구는 3명을 얻었고, 90비구는 3해탈, 나머지는 모두 혜해탈을 얻었다. 그 나머지도 흔들림에서 멀리 떠나 피부가 없고 진실 견고하다."

바기사가 게송으로 말했다.

"청정한 보름날 500대중은 결박 끊고 온갖 존재 다한 큰 신선 되었으니
맑고 깨끗하고 친근해 해탈했으며, 다시는 생을 받지 않아 죽음 다했네.
5개(蓋)의 구름 걷히고 가시 같은 애욕 뽑아
두려움 없는 것처럼 번뇌의 결박을 끊고
모든 악마 원수 항복받고 위없는 길잡이 되었네."

〈회수경, 1212〉

존자 니구율상은 사나운 짐승들이 많은 벌판에서 살았다. 촌락이나 도시를 의지해 살면서 반드시 걸식을 해 먹었는데 몸을 잘 단속하고 감관을 지켜 마음을 거두고 생각을 잡아매고 살았다.

"즐겁거나 즐겁지 않거나 모든 것 다 버리고

가까이 있는 것에 작용 없고
더러움 여읜 것이 비구이다.

6감 심상이 온 세간이 치달아
악하고 착하지 못한 것 숨겨 덮고 능히 피부를 버리지 못하며
더러움으로 즐거운 마음 삼는 그런 사람은 비구가 아니다.

남음 있음 번뇌 묶여도 보고 듣고 깨닫고 분별하여
탐욕을 밝게 깨달아 아는 이, 다시는 그것에 물들지 않으니
이 같은 사람이 모니이다.

온 땅 허공 세간의 모든 현상들은 모두 다 사라지는 것
적연히 오래도록 법기 닦아 익히고 삼마제를 얻어
접촉·아첨하지 않고, 거짓없이 그 마음 순수하면
오래도록 열반에 들어 생각 모아 열반을 기다리네."

이렇게 바기사는 자신의 몸뚱이를 싫어하여 여의는 게송을 부르고 스스로 즐겁지 않는 것을 밝게 깨달아 즐거워하는 마음으로 인생을 살아갔다.

〈불락경, 1213〉

탐욕경(貪慾經)·출리경(出離經)

부처님께서 사위국 기수급고독원에 계실 때, 아난이 바기사와 함께 걸식하러 가다가 어떤 미색을 보고 마음이 동요되었다.

"탐욕에 덮였기 때문에 왕성한 불길 내 마음을 태우네.
존자 아난이여, 나를 위해 불을 꺼주세요.
사랑스러운 마음으로 가엾이 여겨 방편을 설해주세요."

아난 존자가 답했다.

“뒤바뀐 생각 때문에 왕성한 불길 마음 태우니
탐욕 키우고 자라게 하는 깨끗한 마음이란 생각 멀리 여의고
부정한 생각을 닦아 선정에 들어 탐욕의 불 꺼서 마음 태우지 말아야 한다.
행은 괴롭고 공한 것, 나도 없고 내 것도 없으니 자세히 관찰하고
생각 붙잡아 몸을 관찰해 싫어 떠날 생각 많이 닦아 익혀라.
모양 없다고 닦아 익히면 교만 번뇌 없어지고
평등한 지혜 얻어 모든 고통에서 완전히 벗어나라.

〈탐욕경, 1214〉

대중 스님들은 초청받아 모두 나가고, 바기사는 홀로 절을 지키고 있는데, 그날따라 많은 여인들이 무더기로 정사를 찾아왔다. 그때 바기사는 젊은 여인을 보고 탐욕이 일어났다.

“나는 이미 생사를 떠나고자 집 떠나 출가해 있는데
소가 남의 여물 생각하듯 탐욕을 일으키니 이것이 웬일인가.
마치 대장 아들이 큰 힘으로 강한 활잡고 적진을 쳐부수듯
나는 이를 부셔야 한다.

부처님께 말씀을 듣고 열반의 길을 나아가야 틀림없이 마음이 즐거우리
방일하지 않고 고요히 정수(正受) 머무르면
능히 내 마음의 의혹 일지 않고 속이는 자도 없다.
결정코 잘 보고 살펴 바른 법에 편안히 머무르면서
나를 유혹하는 악마를 물리치고 내 거기에 속아 넘어가지 않으리라.”

〈출리경, 1215〉

교만경(憍慢經) · 본욕광혹경(本欲狂惑經)

존자 바기사는 지혜가 있어 설법을 잘했고 또 시를 잘 지어 범행자들에게 교만심이 있었다. 스스로 '이것은 기필코 이롭지 못한 일이다'고 생각하고 게송으로 지어 말했다.

"교만을 내지 말고 교만을 남음없이 꺾어 없애
후회하며 뉘우치는 일 없이하려고
다른 사람을 덮고 가리지 말아야 하니,
지옥의 고통이 모두 이것을 의지해 나타난다.
정수 속에 근심을 없애고 도를 깨달아 다른 도에 머물면
그 속에서 기쁨 얻으리
도를 깨달아 걸림없는 변재로 번뇌 장애 여의어
일체 교만 끊고 밝은 일 일으켜
3명·6통으로 남의 속 아는 지혜 바르게 생각하라."

〈교만경, 1216〉

부처님께서 녹자모 강당에 계실 때 바기사가 사색 속에서 3생을 얻었다.

"내 본래 욕심으로 심히 미혹되어 마을마다 집집마다 돌아다니다가
우연히 부처님를 만나 훌륭한 법 얻게 되었네.
스님께서 어여삐 여기시어 나에게 설법해
나는 그 법을 듣고 믿어 모든 것 버리고 집 없는 곳으로 출가했네.

가르친 법에 바르게 머물러 부지런히 생각 잡아매고
굳게 인욕, 마침내 3명을 얻었으니 이제 그 가르침 이미 마쳤네.
부처님께선 타고난 장님들 위해 생사를 벗어나는 길 열주셨네.

괴로움과 괴로움이 발생 원인과 소멸을 몸소 체험하고
8정도로 괴로움 없애 편하고 즐거운 열반으로 나아가네.
좋은 이치와 좋은 구절과 뜻, 그 보다 나은 범행없네."

〈본욕광혹경, 1217〉

사법구경(四法句經) · 나가산측경(那伽山側經)

부처님께서 기수급고독원에 계실 때 네 가지 법구(法句)를 설명하셨다.
① 성현은 법을 잘 연설하고,
② 성현은 듣기 좋은 말만하며,
③ 성현은 거짓말 하지 않고,
④ 성현은 법다운 말만 한다.

바기사가 부연해 말했다.

법을 잘 연설하면 자신도 괴로움 당하지 않고 남을 두려워하지 않으며,
많이 듣기 원하면 듣는 이도 기쁘게 하고 악을 짓지 않고,
감로 같은 진실한 말 무상(無上)을 알며,
법다운 부처님 말씀 편하고 고요한 열반의 길 간다네.

〈사법구경, 1218〉

왕사성 한림에 있던 바기사가 나가산 곁에 1천 명 비구들과 함께 계신 부처님께 나아가 게송으로 말하였다.

"공덕의 큰 용, 모든 신선도의 우두머리
조밀한 구름 일으켜 성문 대중들께 비내리시네.
낮 정수(正受)에서 일어나 나가산 곁에 계신 대도사 뵈옵나니
천 명 비구들도 바른 깨달음 듣고 여래 받들어 섬기네.

파순의 조그만 악도 가만히 깨끗이 멸하시고
모든 악마 억눌러 잘못 깨달음 바로 닦아주시네.
자세히 관찰해 결박을 풀고
맑고 깨끗한 법 해와 달처럼 비쳐주시네.

뛰어난 지혜로 깨달음도 연설하시고
온갖 번뇌 흐름 속에서 벗어나
한량 없는 많은 종류 말씀하시니
중생들 음개(陰蓋) 없애고 모든 법 환히 나타나시네."

〈나가산측경, 1219〉

발전경(拔箭經) · 니구율상경(尼拘律想經)

부처님께서 녹야원에서 4제법을 설하시고 나니 바기사가 이렇게 게송으로 말하였다.

"부처님께 모든 중생 어여삐 여겨 날카로운 화살 뽑아주시고
온갖 병 다스리는 것이 의사 가모 · 파후라 · 첨바기 · 기바 의사와 같습니다.
세상 병은 나았다 다시 제발하지만,
부처님께 가르침은 다시 태어나지 않으니
백천 가지 병들이 한꺼번에 없어집니다."

〈발전경, 1220〉

부처님께서 가란타 죽원에 계실 때, 니구율상 존자가 짐승들이 득실거리는 곳에 있다가, 병이 들자 바기사가 자진하여 간병하였다. 니구길상 존자가 열반에 든 뒤 바기사는 부처님께 게송으로 말하였다.

"멸함이 없으신 부처님께. 이 세상의 일체 의심을 끊으신 부처님께

넓은 들판에 살면서 모든 사람 칭송받던 비구 니구율상이 반열반 하였는데 유여열반에 들었습니까 무여열반에 들었습니까?"

"그는 모든 애욕 끊어 없애고 생사에서 벗어나 저 언덕에 이르러 갔다."

〈니구율상경, 1221〉

잡아함경 제46권

조소경(鳥巢經) · 빈인경(貧人經)

옛날 아수라와 천제석이 전쟁을 하다가 제석이 불리한 처지에 놓여 천궁으로 돌아가는데 수미산 아래 길가에 우거진 숲 속에 금시조들이 새끼를 까 길가에 널려 있었다. 제석이 마부에게 말했다.

"기수를 돌려라. 저 생명이 다 죽겠구나."

"우리가 지금 죽을 지경에 이르러 있는데 금시조 새끼가 문제입니까?"

"차라리 우리가 죽을시언정 많은 생명을 죽이지 말지."

갑자기 기수를 돌려 반대방향으로 쫓아오던 아수라들이 전술이 달라진 것으로 잘못 알고 도망가 자기 집으로 돌아갔다.

〈조소경, 1222〉

왕사성의 어떤 가난한 장정이 3보를 믿으면서 금계를 받들어 섬기다가, 죽어 33천에 태어나 어떤 천인보다도 뛰어난 수명과 형상, 명칭을 얻게 되었다. 이 사정을 다른 천인들이 제석에게 보고하니 천제석이 게송으로 말하였다.

"여래를 바르게 믿고 흔들리지 않는 마음으로 계를 지키며
가난한 가운데서도 보시하여 큰 복 지었으므로 그 같은 과보를 받았도다."

〈빈인경, 1223〉

대사경(大祠經) ①②・삼보리경(三菩提經)

부처님께서 왕사성에 계실 때, 왕사성의 모든 사람들이 널리 모임을 열고, 큰 공덕을 지으려고 제각기 좋아하는 신상과 바라문, 사문들에게 큰 보시회를 열고 있었다. 그때 제석천왕과 대자재천왕이 4과 성현들을 설명하고 부처님과 그의 제자들에게 공양케 하고, 다섯 가지 번뇌를 여의게 하니 의복・음식 등을 보시하며 티끌과 때와 칼과 가시를 벗어나게 되었다.

〈대사경 ①②의 1224・1225〉

부처님께서 구살라국에서 유행하시다가 기수급고독원에 이르셨다. 그때 바사닉왕이 와서 물었다.

"부처님께서는 아뇩다라삼먁삼보리를 이루셨다고 하는데 사실입니까?"

"그 말은 진실이요 거짓이 아니니, 그것은 법다운 말이고 말다운 말이고 법을 따르는 말입니다."

"세존께서는 그렇게 말씀하시지만 사람들은 잘 믿지 않고 있습니다. 부란나가섭・말가리구사리자・산사야비라지자・아기다지사・흡비라・가라구타가전연・니건타야제자 등 나이 많고 덕이 있는 분들도 계시는데, 아직 나이 어린 출가자께서 그런 말씀을 하신다면 이해가 잘 안갑니다."

"아무리 작아도 소홀히 여길 수 없는 네 가지가 있습니다. 첫째는 왕자이고, 둘째는 불이고, 셋째는 뱀이고, 넷째는 깨달은 자입니다. 왕자는 작아도 장차 왕이 되고, 불은 작아도 신전을 태우고, 뱀에게 물리면 죽고, 깨달은 자는 정・사를 구분합니다."

〈삼보리경, 1226〉

모경(母經) · 자념경(自念經) · 자호경(自護經)

바사닉왕의 조모가 돌아가 화장하고 사리에 공양한 뒤, 해진 옷을 입고 머리를 풀고 부처님 계신 곳으로 왔다.

"어디서 오십니까?"

"지극히 존경하던 조모님께서 세상을 떠나셨습니다. 세상에 모든 것을 다 주어도 우리 할머니와는 바꾸지 않으리라 생각하였는데, 할머니께서 돌아가시고 나니 부처님께의 무상법문이 더욱 생각이 났습니다."

"그렇습니다. 이 세상에 태어난 것치고 죽지 않는 것이 하나도 없습니다. 다만 아라한이 되어 반열반을 증득한 사람만은 제외합니다. 그들은 다시 태어나지 않기 때문입니다. 그렇지 않는 자는 각기 자기 업을 따라 지옥 천당에 가서 나게 되어 있습니다."

〈모경, 1227〉

바사닉왕이 고요한 선정 속에서, '어떤 것이 자신을 생각하고 자신을 생각하지 않는 것인지' 의심이 생겨, '선악으로서 그를 판단하고 부처님께 나아갔다. 부처님께서 그의 생각을 아시고 말씀하셨다.

"몸과 입과 뜻으로 선행을 하는 것은 자신을 생각하는 것이고, 악행을 하면 자신을 생각하지 아니한 것입니다. 그러므로 몸과 입과 뜻으로 짓는 업을 단축하여야 하는 것입니다."

〈자념경, 1228〉

바사닉왕이 어떤 것이 자신을 보호하는 것이며, 어떤 것이 자신을 보호하지 않는 것인가를 생각하자, 부처님께서는

"만일 몸과 입과 뜻으로 악행을 하면 자기를 보호하지 않는 것이며, 몸과 입과 뜻으로 신행을 하면 자신을 보호하는 것입니다."

〈자호경, 1229〉

재리경(財利經) · 탐리경(貪利經)

바사닉왕이 사색하다가 부처님께 나아갔다.

"이 세상 훌륭하고 값진 보물을 얻은 사람으로, 방일하지 않고 탐착하지 않는 사람이 있다. 중생들은 그것을 가지고 더욱 악행을 짓고 있어 참으로 딱합니다."

"그렇습니다 대왕님. 탐욕 때문에 미혹하고 날뛰면서 깨닫지 못하니 마치 사냥꾼과 같습니다."

〈재리경, 1230〉

"제가 정전(正殿)에서 왕사(王事)를 서보니 찰제리 바라문들이 탐리 때문에 서로 속이고 싸우는 것을 보았습니다."

"그렇습니다. 그것은 마치 어부가 하는 일과 같습니다."

〈탐리경, 1231〉

간경(慳經) · 명종경(命終經)

"세존이시여, 마하남은 순금이 백천억이나 되는 데도 그의 아들을 싸라기밥을 먹이며, 콩죽에 썩은 새앙을 먹으며 거친 베옷을 홑겹으로 입고 가죽신을 신고, 낡은 수레를 타고 나뭇잎으로 만든 일산을 쓰고 다닙니다."

"그는 올바른 사람이 아닙니다. 재물을 가지고 있으면서도 제 자신을 위해 쓸 줄 모르고, 부모님을 받들지 않고 처자 권속을 돌아보지 않고, 사문 바라문들에게도 보시할 줄 모르는 사람은 참으로 불쌍한 사람입니다. 어떻게 천당에 태어날 수 있겠습니까. 마치 들판에 있는 못물이 가득차 있으면서도, 사람들이 써주지 아니하면 햇볕에 말라 없어져 버리는 것과 같습니다. 지혜로운 사람은 재물을 얻으면, 자신도 즐기고 남도 쓰게 하고 널리 보시하여 공덕을 짓습니다."

〈간경, 1232〉

"마하남은 전생에 다가라시기 벽지불께 한 때의 공양을 올린 공덕으로, 일곱 번 33천에 태어났다가 일곱 번 이곳에 태어나 큰 부자가 되었지만, 이제 그 복이 다해 백천만 겁 동안 고통의 세계에 빠져 헤어나지 못하게 될 것입니다."

〈명종경, 1233〉

사사경(祠祀經)·계박경(繫縛經)

그때 바사닉왕이 큰 재를 베풀기 위해, 황소 천 마리를 기둥에 매어놓고 공양물을 모으고 있었다. 많은 비구들이 탁발 나갔다가 이 광경을 보고, 부처님께 아뢰자 세존께서 게송으로 말씀하셨다.

"날마다 큰 모임 베풀어 백천 번에 이르더라도
바르게 얻는 것이 16분의 1도 되지 못한다.
3보를 믿고 계를 지키면 그 복업이 훨씬 많기 때문이다.

어떤 사람이 억 년 동안 복업을 베풀더라도
정직한 마음으로 경례함에는 4분의 1도 되지 못한다."

〈사사경, 1234〉

바사닉왕이 화가 나서 많은 사람을 잡아 가두고 묶었다. 이 소리를 들은 비구들이 부처님께 아뢰자 게송으로써 말씀하셨다.

"밧줄·사슬·착고도 단단한 결박이 아니다.
물들어 더러운 마음 가지고 재물·보배·아내·자식들을 생각하면
이것이 큰 결박으로 아무리 늦추어도 벗어나기 어렵다."

〈계박경, 1235〉

전투경(戰鬪經) ①② · 불방일경(不放逸經) ①② · 삼법경(三法經)

바사닉왕이 마갈제국 아사세왕과 사이가 좋지 않았다. 아사세왕이 4병을 일으켜 침입해오자 바사닉왕은 그 힘이 저와 비교가 안되기 때문에 도망가 물러섰다.

이 말씀을 들은 부처님께는 다음과 같이 게송으로 말씀하셨다.

"이기면 원수가 불어나고 지면 괴로워 누워도 편치 못하다.
이기고 지는 두 가지를 다 버리면 누웠든 깨었든 고요한 즐거움이다."

바사닉왕이 대오를 정비하여 한 번에 쳐 아사세왕을 생포하여 부처님께 데리고 갔다.

"세존님. 아사세왕은 저의 친구 빔비사라왕의 아들입니다. 나는 생포하였으나 옛정을 생각하여 놓아주려 합니다."

"참으로 잘한 생각입니다. 그를 놓아주면 오래오래 행복하실 것입니다."

〈전투경 ①②의 1236 · 1237〉

바사닉왕이 사색 중에서

"바른 법은 현재 세상에서 모든 번뇌를 여의고, 시절을 기다리지 않고 통달하여 밝게 보고, 바른 법을 스스로 깨달아 중지하는 것이니, 이야말로 좋은 짝이요 나쁜 벗이 아니다."

이렇게 생각하고 부처님께 나아가 아뢰니 부처님께서 게송을 말씀하셨다.

"방일하지 않음을 찬탄합니다. 부처님의 올바른 가르침으로
선정을 닦아 방일하지 아니하면 모든 번뇌 밝게 알아 증득할 것입니다."

"그렇습니다 세존님. 닦고 익히고 많이 닦아 익히면 현세에서 소망을 만족하고, 다음 세상 소원을 만족하게 할 것입니다. 제석도 불방일로 도리천에 태어났

습니다."

〈불방일경 ①②의 1238・1239〉

바사닉왕이 삼매 중에서 '이 세상의 늙고 병들고 죽음이 없었더라면 세존께서는 세간에 태어나지 아니하셨을 것이다.' 이렇게 생각하고 부처님께 아뢰자 부처님께서는 다음과 같이 게송으로 말씀하셨다.

"대왕께서 타고 다니는 수레도 결국 낡아 부서질 것이고
이 몸도 결국 늙고 말 것입니다.
그러나 여래의 법은 쇠하거나 늙지 않으니 바른 법을 믿은 사람은
영원히 안온함을 얻을 것입니다."

〈삼법경, 1240〉

잡아함경 제47권

급고독경(給孤獨經)・공경경(恭敬經)

급고독 장자가 물었다.

"세존이시여, 누구나 깨끗한 믿음을 갖고 우리 집에 있으면서, 목숨이 마치면 천당에 태어날 수 있습니까?"

"그 말이야말로 미묘하다. 그것은 누구의 가르침인가?"

"누구의 가르침도 아니고, 저는 처음 아기를 가졌을 때도 3보에 귀의하고, 계를 지키도록 하고, 태어났을 때도 마찬가지며, 하천한 사람에게도 그렇게 해서 부모・형제・처자・친척・벗・국왕・대신・천신・바라문・사문들에게도 축원하

는데 그 인연으로 모두 천상에 날 것입니다."

"훌륭하다 급고독이여. 그렇다면 네 집에서 살다가 죽는 사람은 모두가 천당에 날 줄을 분명히 알고 있구나."

〈급고독경, 1241〉

부처님께서 비구들에게 말씀하였다.

"마땅히 공경히 머무르고 항상 마음을 잡아매고, 늘 조심하고 삼가야 한다. 다른 사람을 따라 자재하며 모든 범행을 닦으면서, 상·중·하 자리를 가려서 앉으라. 왜냐하면 잘못하면 위의를 상실할 염려가 있기 때문이다. 만일 위의를 상실한다면 어떻게 5분법신을 얻어 해탈할 수 있겠는가?

〈공경경, 1242〉

이정법경(二淨法經)·연소법경(燃燒法經)

"두 가지 깨끗한 법이 있는데 첫째는 자신에 대해서 부끄러워하는 것이고, 둘째는 남에게 부끄러워하는 것이다."

〈이정법경, 1243〉

"세상에는 불에 타는 법과 불에 타지 않는 법이 있으니 나쁜 업은 불에 타는 업이고, 선한 업은 불에 타지 않는 업이다.

지옥에는 등활·흑승·중합·두 규호·연소·극연소·무택(無澤)이 있는데 각각 네 문에 쇠로 된 땅에서 왕성한 불꽃을 솟아내고 있다."

〈연소법경, 1244〉

악행경(惡行經)·주금자경(鑄金子經) ①②

"몸과 입과 뜻으로 짓는 악행을 버린 사람은 몸과 입과 뜻으로 짓는 악행이 모두 끊어진다."

〈악행경, 1245〉

부처님께서 왕사성 사금 마을에 계실 때 비구스님들께 말씀하셨다.

“마치 사금이 흙 모래와 섞어 통에 있을 때 물에 부으면, 먼저는 거친 것이 빠지고, 다음에는 돌과 단단한 흙덩이가 빠지고, 다음에는 굵은 모래와 굵은 물건들이 다 없어지고 오직 진금만 남듯이, 깨끗한 마음으로 정진해 나가면 굵은 번뇌와 결박된 악, 착하지 않는 업들이 차례로 제거되어, 마침내는 그릇된 소견마저 없어져 진금의 삼매에 들었다가 세상사람들이 필요하여 써지게 된다.

그러니 비구들은 마음을 전일하게 써서 정지된 모습(止相), 때로는 사색하고 움직이는 모습(擧相)을 통해 모든 번뇌를 끊어야 한다.“

〈주금자경 ①②의 1246・1247〉

목우자경(牧牛者經) ①②・나제가경(那提迦經) ①②

부처님께서 죽림정사에 계시면서 말씀하셨다.

“옛날 마가다국에 소치는 사람이, 이쪽 언덕을 살피지 않고 저쪽 언덕도 살피지 않고, 강 두 쪽 언덕 사이로 소 떼를 몰고 가다가, 중간 소용돌이치는 물에서 환란을 겪었다. 그러나 수행자는 방편과 지혜를 잘 써서 환란을 겪지 않도록 해야 한다.”

어떤 사람은 힘센 젊은 소를 물 속에 넣어 물살을 가로막고, 다른 소를 건너게 하여 한 마리의 소도 희생하지 않고, 모두 저 언덕에 이르게 하였다.

소치는 사람은 먼저

① 소 색을 보고, ② 모양을 보고, ③ 벌레를 없애고, ④ 부스럼을 가려 보호하고, ⑤ 연기가 일지 않게 하고, ⑥ 길을 선택하고, ⑦ 장소를 가리고, ⑧ 건너갈 곳을 알고, ⑨ 머물 곳을 알고, ⑩ 젖을 모두 짜내고, ⑪ 우두머리를 잘 먹인다.

그래서 저 강을 건너가니 비구도 이와 같은 것을 알아 생사의 바다를 건너야 한다.”

〈목우자경 ①②의 1248·1249〉

일사능가라 마을에 살아온 존자 나제가가 부처님께서 구살라국으로부터 자기가 사는 숲 속에 와 계신다는 말을 듣고 서로 공양코자 떠들어대자

"나를 이롭게 하려고 떠들지 말라. 나는 이익을 구하지 않는다. 나를 칭찬하려고 떠들지 말라. 나는 칭찬을 구하지 않는다. 나제가여, 그대는 저런 이익과 칭찬에서 벗어나야 한다. 나를 이롭게 하고 칭찬을 바라는 것에서 멀리 떠나 적멸에 들면, 마침내 등정각을 얻을 수 있다. 비구들이 좋은 음식을 먹고 이 방에서 저 방으로, 이 사람에게서 저 사람으로, 이 절에서 저 절로 다니며 사람을 사귀는 것을 보았는데, 이것은 수행자에게 맞지 않는 법이다."

〈나제가경 ①②의 1250·1251〉

침목경(枕木經)·부경(釜經)

부처님께서 비사리국 미후지 2층 강당에 계실 때 스님들께 말씀하셨다.

"여러 이차 종족들이, 목침을 베고 손발이 거북등처럼 터지도록 열심히 살아가며, 적이 쳐들어올까 두려워하기 때문에, 마갈타국왕 비제희의 아들 아사세로 하여금 조금도 엿보지 못하게 하고 있다. 만일 조금만 방일한다면 그들은 즉시 아사세왕에게 먹히고 말 것이다. 마찬가지로 비구가 부지런히 방편을 써서 굳건하게 잘 감시하며, 훌륭한 법을 버리지 말아야 하니, 만일 잘못하면 마왕 파순의 밥이 되고 말 것이기 때문이다."

〈침목경, 1252〉

"비유하면 어떤 사람이 3백 개의 솥에다가 밥을 하여, 아침·점심·저녁으로 보시하듯이 중생을 사랑하는 마음을, 소젖을 짜는 순간이라도 잊어서는 안된다."

〈부경, 1253〉

인가경(人家經) · 비수검경(匕手劍經)

"비유하면 집에 남자가 적고 여자가 많으면 도둑 떼에게 겁탈 당하는 것과 같이, 소젖을 짜는 순간이라도 중생 사랑하는 마음을 잊어서는 안된다."

〈인가경, 1254〉

"비유하면 어떤 사람이 넓고 예리한 칼날을 가지고 있는데, 어떤 장부가 주먹으로 쳐 그것을 부셔버릴 수 있다면, 손만 부셔지고 이익한 일이 없듯이, 비구가 소젖을 짜는 시간이라도 중생을 사랑스럽게 생각하는 마음을 가지면, 귀신도 그 잘못을 찾지 못할 것이다."

〈비수검경, 1255〉

조토경(爪土經) · 궁수경(弓手經)

부처님께서 손톱 끝에 흙을 집어 들고 물었다.
"이 흙과 대지의 흙 중 어느 것이 많느냐?"
"비교가 안됩니다."
"이만한 흙만이라도 중생을 사랑하는 마음을 닦아 익히지 아니하면 안된다."

〈조토경, 1256〉

부처님께서 비사리국 미후지 못가에 계실 때 비구들에게 말했다.

"일체의 행은 무상하고 영원하지 못하다. 편안하지 못하고 변해서 바뀐다. 그러니 일체의 행을 관찰하여 싫어하고 여의어야 한다. 마치 네 장정이 강한 활을 잡고 4방을 향해 한 번 쏠 때 이는 매우 빠르다 생각하지만, 지신천자 · 허공천신 · 사왕천자 · 일월천자 · 도일월신(導日月神)이 생각할 때는, 눈 한 번 깜짝이는 시간의 천만분의 1도 안된다."

〈궁수경, 1257〉

고경(鼓經) · 철환경(鐵丸經)

부처님께서 녹야원에 계실 때 말씀하였다.

"옛날 다사라하라는 사람이 아능가라는 북을 가지고 있었는데, 그 북소리가 40리 밖에까지 들렸다. 그런데 그 북이 낡아서 치니 소리가 멀리 들리지 않아, 여러 번 수리를 하였어도 마찬가지였다. 비구가 몸을 닦고, 계를 닦고, 마음을 닦아 지혜를 개발하는 일에 한 번 소홀히 하면, 두 번 세 번 거듭 힘을 내어도 처음만은 못할 것이니 처음에 마음먹었을 때 큰 생각가지고 열심히 정진해야 한다."

〈고경, 1258〉

부처님께서 기수급고독원에 계실 때 비구들에게 물었다.

"여기 불이 빨갛게 달아오른 쇠탄자가 있는데 그것을 무명 솜으로 싸면 어떻겠느냐?"

"빨리 타 없어질 것입니다."

"출가한 스님이 세속을 생각하며 6근 문을 닫지 못한 것도 마찬가지다. 생각에서 감각기관을 잘 지키고 마을에 들어가 걸식하라."

〈철환경, 1259〉

묘경(猫經) · 목저경(木杵經)

"굶주린 고양이가 쥐구멍에서 쥐를 보았다면 어떻게 하겠느냐?"

"통째로 먹을 것입니다."

"그 쥐가 배 속에 들어가 고양이의 창자를 갉아 먹는다면?"

"동서남북으로 뛰다가 그대로 죽겠지요."

"비구가 여자를 생각하는 것도 마찬가지다."

〈묘경, 1260〉

"절구공이를 밤낮으로 쓰면 결국 닳아 없어지듯이, 사문 바라문이 처음부터 감각기관을 닫지 않고, 음식분량을 알지 못하여 함부로 먹고 자면, 악법이 자라나 선법이 절구공이와 같이 되니 우발라꽃·발담마꽃·구모두꽃·분다리꽃이 물 속에서 자라나듯 선근 공덕을 밤낮으로 키워가라."

〈목저경, 1261〉

야호경(野狐經) ①②·요분경(尿糞經)

부처님께서 죽림정사에 계실 때, 여우가 우는 소리를 듣고 대중들에게 말씀하였다.

"너희들은 새벽에 여우 우는 소리를 들었느냐?"

"예. 들었습니다. 저도 어떻게 여우로 태어나 저런 소리를 낼 수 있을까 생각했습니다."

"그런 소리 하지 말라. 너희들은 다만 부지런히 방편을 써서 업의 존재(有)가 불어나지 않도록 하고, 은혜를 알아 은혜를 갚도록 노력해야 한다."

〈야호경 ①②의 1262·1264〉

"나는 어떤 몸을 잠깐 받는 것도 찬탄하지 않는데 하물며 많이 받는 것이겠느냐. 오줌 똥은 많지 않더라도 더럽고 냄새가 나듯, 이 몸도 잠깐 받는다 해도 생·노·병·사의 고통이 따르는 것은 꼭같기 때문이다."

〈요분경, 1263〉

발가리경(跋迦梨經)·천타경(闡陀經)

존자 발가리는 왕사성 금강정사에 있었다. 병에 걸려 괴로워하여 부린니 존자가 간호하며 공양하였다. 하루는 세존이 뵙고 싶어 부린이에게 말했다.

"내 부처님을 뵙고 싶으나 몸이 말을 듣지 않으니 네가 대신 가서 문안하고 오너라."

부린니의 말을 들은 부처님께서 친히 금강정사로 가자, 발가리가 일어나려고 몸부림쳤다.

"그만 일어나지 말라. 어디 병상은 좀 어떠한가?"

"너무 고통스러워 더 이상 살고 싶지 않습니다."

"색은 영원하고 즐거운 것인가?"

"영원하지 않고 괴로운 것입니다."

"그렇다면 그 속에서 욕심낼 것은 아무 것도 없다. 수·상·행·식도 마찬가지다."

발가리는 그 날로 마음이 평온해져 자신을 정사 밖으로 내놓아 달라고 하였다. 평상에 스님을 올려놓으려고 가고 있는데, 부처님께서 심부름 온 사람이 달려왔다. 발가리는 나를 땅바닥에 내려 놓아다오. 부처님의 사자시다. 어떻게 내가 평상에 앉아 그를 맞이하겠느냐. 그래 땅바닥에 내려지자 사자가 말했다.

"부처님께서 그대가 이미 이 몸에 대해서 탐욕심을 일으키지 않는다면, 마지막 가는 길에 밝은 빛이 있으리라고 하였고, 또 두 천인이 와서 스님의 임종을 예언하면서 뒷세상이 좋을 것이다고 하였습니다."

"존자여, 스승님께서는 이미 알아야 할 것을 알았고, 보아야 할 것은 보았습니다. 또 두 천인도 마찬가지이고 나 또한 그러합니다. 5온이 무상한 것을 알았는데 거기 무슨 탐착이 있겠습니까."

하고 그 자리에서 열반하였다. 그런데 그 몸에서는 밝은 빛이 4방에 감돌고 향기로운 냄새가 그윽하여 악마의 빛은 털끗만큼도 찾아볼 수 없었다.

부처님께서는 그 제자들과 함께 와 초상을 치루고 말씀하였다.

"발가리의 식신(識神)은 머무르지 않는다. 아라한과를 얻었기 때문이다."

〈발가리경, 1265〉

나라 마을 호의암라에 살고 있던 천타 존자도 병 중에 있어 사리불과 마하구치라가 문병 갔다.

"어떠한가. 견딜만 한가?"

"매우 위중하여 고통을 참기 어렵습니다. 칼로 자살이라도 하고 싶은 심정입니다.”

“그런 소리 하지 말고 부디 노력해 자신을 해쳐서는 안된다. 장차 의식과 약은 우리들이 담당할 터이니 걱정하지 마시오.”

“저에게는 물자를 대는 바라문 장자들이 있고, 마음씨 착한 시봉도 있습니다. 다만 고통을 참기 어려울 뿐입니다.”

“눈과 눈의 식, 그리고 거기 인식되는 물질은 영원할까요?”

“무상합니다. 귀 · 코 · 혀 · 몸 · 뜻에 연관된 모든 것들도 마찬가지입니다.”

“무엇이고 의지하는 것이 있으면 동요하고, 동요되면 나아갈 길을 찾게 됩니다. 나아갈 길이 끊어지면 왕래가 없으므로 나고 죽음이 있을 수 없으니 그때에는 큰 괴로움도 없어질 것입니다.”

“죄송합니다. 이제 나는 세존께 공양하는 것도 끝났습니다. 선서를 따라다니는 것도 되지 않습니다. 나를 호의암라 숲 속으로 옮겨주시면 나는 그곳에서 편안히 열반에 들겠습니다.”

이 소식을 들은 부처님께는

“그는 일찍이 진진이 마을 바라문 중에, 지극히 친하고 다정히 지내던 공양주가 있었으나, 항상 분수에 맞추어 공양하고 범행을 닦았기 때문에, 그에게는 큰 허물이 있다고 말하지 않는다. 그는 아라한과를 증득하였기 때문이다.”

〈천타경, 1266〉

잡아함경 제48권

도류경(度流經) · 해탈경(解脫經)

한 천자가 물었다.

"부처님께서는 사나운 물결을 건넜습니까?"

"그렇다."

"어떻게 건넜습니까?"

"반연하여 머물지도 않고 집착하지도 않고 건넜다. 곧게 나아가면 물러나지 않고 주착하지 아니하면 떠내려가지도 않는다."

〈도류경, 1267〉

부처님께서 급고독에 계실 때 한 천자가 와서 물었다.

"일체 중생들이 집착하는 것과 모으고 입는 것, 그리고 결정해탈·광해탈·극광해탈에 대해서 알고 계십니까?"

"애욕과 기쁨이고 결정적으로 그로부터 벗어난 것이 결정해탈이고, 3세에 다 통달한 것이 광해탈이며, 시방을 자유자재한 것이 극광해탈이다."

〈해탈경, 1268〉

도제류경(度諸流經)·구가니경(拘迦尼經)

천사가 부처님께 게송으로 아뢰었다.

"어떻게 해야 온갖 흐름을 건너고 밤낮으로 부지런히 정진하며
반연하거나 머무르지도 않고 더러움에도 집착하지 않습니까?"

"계를 완전히 갖추고 지혜로써 바르게 선정에 들며
안으로 깊이 사유하여 잡념을 잡아내면 온갖 흐름 건넨다.
모든 탐욕 생각 좋아하지 않고 물질의 결박에서 벗어나면
얽매이지 않고 머무르지도 않고 더러움에도 집착하지 않는다."

〈도제루경, 1269〉

부처님께서 왕사성 산곡정사에 계실 때 구가니 천녀가 게송으로 말했다.

"마음의 악한 짓 하지 말고, 몸과 뜻으로 세간의 악 짓지 말라.
5욕은 공한 것 바른 지혜를 바르게 생각 매어두면
온갖 괴로움에서 벗어난다."

〈구가니경, 1270〉

사구법경(四句法經) · 구가나사경(拘迦那沙經) ①②

신곡정사에서 비구스님께 4구법경을 설하리라 하니 아난이 게송으로 말하였다.

"그 마음으로 악한 짓 하지 않고 몸과 입으로 악한 짓 하지 말라.
5욕은 공한 것, 바른 지혜로 바르게 생각하라."

〈사구법경, 1271〉

부처님께서 산곡정사에 계실 때 광명천의 딸 구가나사가 와서 한 말을 이튿날 아침 비구들에게 설했다.

어젯밤 구가나사가 와서 게송으로 말하기를

"마음으로 악한 짓 하지 말고 몸과 입으로 세간 악 짓지 말라.
5욕은 공하니 바른 지혜 바른 생각 매어두고 온갖 괴로움 가까이 말라.
그것은 참다운 이치와 맞지 않기 때문이다."

하고 그는

'나는 부처님께 바른 법과 게를 잘 분별해 자세하게 설명할 수 있습니다.'
고 하였다."

〈구가나사경 ①②의 1272 · 1273〉

주로타경(朱盧陀經) · 촉경(觸經)

부처님께서 베살리성 미후지 강가에 있는 2층 강당에 계실 때 구가나사가 천녀와 그의 자매 주로타와 같이 와서 청했다.

"저희들은 지금까지 일찍 한 번도 모니의 바른 법과 율을 못 들었으나, 이를 듣고 법답게 행동하면 반드시 천상에 태어나 즐거움 누릴 것입니다."

부처님께서는 이튿날 이들의 말씀을 비구스님들께 하시고 천녀들을 칭찬하였다.

〈주로타경, 1274〉

부처님께서 급고독원에 계실 때 한 천자가 와서 게송으로 읊었다.

"부딪치지 않으면 부딪치는 과보 있고, 부딪치면 과보 없으니
성내지 않으면 성낸 과보도 받지 않으리."

그때 부처님께서는 게송으로 답하셨다.

"성낸 사람에 대해 성냄으로 대하지 말라.
맑고 깨끗한 바른 선비는 온갖 번뇌 결박에서 벗어났다.
만일 그에게 나쁜 마음을 일으키면 나쁜 마음 다시 제게로 돌아온다.
마치 바람 속에 티끌이 자기에게 돌아오듯이."

〈촉경, 1275〉

우치인경(愚癡人經) · 혐책경(嫌責經)

한 천자가 기수급고독원에 와서 게송으로 말했다.

"어리석은 사람 하는 짓 지혜로운 사람에겐 맞지 않다.
스스로 행한 나쁜 행위, 제 자신 나쁜 벗이 되니

그가 지은 온갖 악한 행위 마침내 괴로운 과보 받는다."

부처님께서 게송으로 말씀하셨다.

"이미 지은 착하지 않는 업, 결국 온갖 괴로움 받네.
그 업 지을 때 비록 기뻤으나 마침내 울면서 과보 받네.
온갖 착한 업 지은 사람 나중에 괴로운 번민 하지 않네.
기뻐하면서 그 업 짓고 편하고 즐겁게 과보 받네."

〈우치인경, 1276〉

한 천인이 기수급고독원에 와서 게송으로 말했다.

"항상 말로만 떠들지 말고 또한 한결같이 듣기만 하지 말라.
먼저 바른 도 자취 얻고 굳게 지키고 바르게 뛰어넘어
아주 고요히 사유하면 온갖 악마 결박에서 벗어난다.

행할 수 있는 것 말하고 행할 수 없는 것 말하지 말라.
행하지 못하면서 말한다면 지혜로운 사람이 아니다.
제가 할일 행하지 않고 했다고 하는 것 도적이니 불선업니다."

〈혐책경, 1277〉

구가리경(瞿迦梨經) · 부처경(負處經)

부처님께서 죽림정사에 계실 때 제바달다의 제자 구가리가 부처님께 와서 예를 올리자 부처님께서 말씀하셨다.

"너는 어찌하여 사리불과 목건련의 청정 범행소에서 청정하지 못한 행을 하였느냐?"

"그들이 마음에 나쁜 욕망을 가지고 있었습니다."

이 말이 끝나기도 전에 그의 몸에 온갖 악성 피부가 나타나 밤톨만큼씩한 부스럼이 나타나더니 그만 죽어 대발담마 지옥에 떨어졌다.

그때 한 천자가 게송으로 말했다.

"대개 사람이 세상에 태어나면 도끼가 입 속에 생겨
도리어 몸을 찍나니 나쁜 말 때문입니다.
비난해야 할 것을 도리어 칭찬하고 칭찬해야 할 것을 비난하고
그 죄가 입에서 생겨나 죽으면 나쁜 곳에 태어난다.
장기와 바둑으로 재물 잃는 것은 아무 것도 아닙니다.
부처님과 성문을 비방하면 그야말로 큰 허물입니다."

"네 말(斗)은 1아라라 하고 4아라가 1독롱나, 16독롱나가 1사마나, 16사마나가 1마니, 20마니가 1가리, 20가리가 1창고, 이 창고에 겨자씨가 가득 들어 100년에 하나씩 가져가서 그것이 다 없어질 때 비로소 구가리 지옥의 수명이 끝난다.

20아부타 지옥의 수명은 1니라부타이고, 20니라부타 지옥의 수명은 1아타타, 20아타타 지옥 수명은 1아파파, 20아파파는 1아휴휴, 20아휴휴 지옥의 수명은 1우발라, 20우발라 수명은 1발담바, 20발담마 수명은 1마하발담바이다. 구가리 비구는 목숨을 마치고 마하발담바지옥에 떨어질 것이다. 사리불과 목건련을 모함한 죄는, 타다 남은 심지도 헐뜯으면 안되는데, 하물며 인식작용이 있는 성자를 헐뜯어서 되겠느냐."

〈구가리경, 1278〉

부처님께서 급고독원에 계실 때 한 천자가 와서 물었다.

"퇴락하여 지는 곳에 떨어지는 것, 어떻게 알 수 있으며, 그곳 문은 어떻게 생겼습니까?"

부처님께서 게송으로 말씀하셨다.

"이기고 지는 이치는 알기 쉽지만 법을 좋아하는 것 이기는 길이고,

법을 비방하는 것은 지는 길이다.
바른 친구 사랑해 좋아하고 좋은 친구 사랑하지 않으면
지는 길의 문이라 하고, 말(斗)로써 남을 속이면 지는 길의 문.

저울눈 속이고 장기 · 바둑 · 술 즐기며, 방탕하게 놀아 여자 집착하며
재물 함부로 낭비하면 지는 문에 떨어지고
여자가 정조를 지키지 않고 남편 버리고 다른 남자 따라가거나
남자 또한 방탕하여 아내 버리고 남의 여자 따라가면 모두가 지는 문.

늙은 아내가 젊은 남편 얻고 항상 질투로써 누워도 편치 못하면 지는 문
많은 재물, 술과 음식 절제하지 않고 친구들과 허비하면 이 또한 지는 문
재물은 적고 탐욕만 많은 이가 찰리의 집안에 태어나
왕 되기를 바라는 사람 이것도 지는 문.

진주목거리 · 귀걸이 · 가죽신 · 미투리 · 일산 · 구해 장식하면 이 또한 지는 문.
풍족하고 맛있는 남의 음식 받으면서 자기 재물은 아까워 신세 갚지 못한 자 지는 문
사문 바라문을 자기집에 청해놓고 제대로 대접을 못하면 지는 문
걸사들을 꾸짖고 제대로 섬기지 못하면 이것도 지는 문

부모나 장로들을 제대로 섬기지 못하고 재물 있어도 베풀지 않으면 지는 문
부모 형제들을 꾸짖고 욕설, 높고 얕은 차례 넘으면 지는 문
4부대중을 비난하고 공경하지 아니하면 지는 문
사실 아라한이 아니면서 아라한을 자칭하고 그것은 세상의 적으로서 지는 문
지혜로운 사람은 이를 보고 알았기에 험난한 두려움 피하니 정신차려 하라."

〈부처경, 1279〉

굴하경(屈下經)·차차경(遮遮經)

한 천자가 부처님께 물었다.
"무엇을 굴복시켜야 따라 굴복하고, 무엇이 치오르면 따라 들고 일어납니까?"
"애욕을 굴복하면 따라 굴복하고, 애욕이 치솟으면 따라 치솟는다.
어리석은 이들이 사랑 장난 아이들의 흙덩이 던지는 것과 같다."

〈굴하경, 1280〉

또 한 천자가 게송으로 말했다.

"마음 속에 망상 일어나려고 하면 결정코 막고 막아야 한다.
만일 사람이 일체를 다 막아버리면 더 이상 핍박을 가해하지 못한다."

부처님께서 게송으로 말씀하셨다.

"망상 막고 악법 그치면 더 이상 핍박 오지 않는다."

〈차차경, 1281〉

명칭경(名稱經)·기능경(技能經)

한 천자가 부처님께 물었다.
"어떻게 명성 얻고 큰 재물 얻으며, 덕과 법을 펼치고 착한 벗을 얻습니까?"
"지계하면 명성을 얻고, 보시하면 큰 재물을 얻으며, 진실하면 덕망을 얻고, 은혜 베풀면 착한 벗을 얻는다."

〈명칭경, 1282〉

또 천자가 물었다.
"똑같이 일을 하여 지혜로써 재물 구했는데 어떤 이는 많고 적습니까?"

"처음 갖가지 기능 배우고 방편 써서 재물 모으되 재물 얻은 뒤에는 네 몫으로 나누어
한 몫은 먹는데, 두 몫은 살림에, 한 몫을 간직해 곤궁에 대비하라.
경영하는 업에는 농사짓고 장사하고 소・양 기르고 셋집을 놓고
집짓는 것과 침구 만드는 것, 이 여섯 가지에 힘쓰면 안락하게 살아가리라."

〈기능경, 1283〉

탄금경(彈琴經)・사리경(捨離經)

부처님께서 기수급고독원에서 비구들에게 말씀하셨다.

"옛날 구살라국 축우라는 거문고 타는 이가 있었는데 광대천 여섯 천녀가 말했다.

"아저씨 아저씨, 우리를 위해 거문고를 타십시오. 우리들은 노래와 춤추겠습니다."

"그래 내 타줄 터이니 그대들의 본래 인연담을 말해주게."

6천녀가 각기 이야기 하였다.

① 남녀가 좋은 의복 베풀어 준 인연으로 좋은 곳에 태어난다. 아까운 물건 베풀면 천당에 태어나 하고픈 일 다한다. 하늘 몸은 금덩어리, 백 명 중에 제일 뛰어나 복과 덕이 제일이다.

② 남녀가 질 좋고 묘한 향 베풀면, 천상에 태어난다.

③ 음식을 은혜롭게 베풀면, 천상에 태어난다.

④ 남의 종 되어서도 도둑질 하지 않고 탐내지 않고, 부지런히 닦고 게으름 피우지 않으며, 음식에 양을 조절, 몸을 아끼고 나누어 가난을 구제하면, 하늘에 태어난다.

⑤ 남의 며느리가 되어 성질 거친 시어머니나 까다로운 말을 써도 절도지켜 도리를 다해 겸손하고 공손하면, 하늘에 태어난다.

⑥ 출가자들에게 바른 법을 듣겠다고 하루 동안이라도 재계하면 허공을 타고

자유롭게 되어 금덩이 같은 몸 백 명의 천녀 중에 뛰어나 이러한 복과 덕이 제일이다.

〈탄금경, 1284〉

"어떤 법을 얻어야만 꼭 멸하겠고, 어떤 법을 꼭 막아야 하며 어떤 법을 꼭 여의어야 하며, 평등하게 보면 어떤 즐거움 있습니까?"

"성냄은 꼭 멸해야 하고, 탐욕은 막아야 하며, 무명을 여의어야 하고, 진리를 평등하게 즐겨야 한다."

〈사리경, 1285〉

종종경(種種經)・정사경(正士經)

"어떤 사람은 방일하고 어리석은 사람 나쁜 지혜에 머무네.
선정 닦고 방일하지 아니하면 빠르게 번뇌 끊을 수 있다."

"온갖 일은 탐욕에서 나고, 사대부의 욕심은 생각이 중심이며,
세간 일은 언제나 존재하니, 지혜로 선행 닦아 애욕을 항복 받아야 한다.
얻음은 벗, 믿음으로 건너고, 이름 높아지니 목숨 마치면 천상에 가서 난다.
몸은 허공, 명・색은 물거품, 거기 집착하지 않으면 멀리 떠나며,
진실한 이치 관찰해 자타가 해탈하면 그 지혜로 인해 세상 사람들 칭찬한다.
능히 잡된 생각 끊고 나고 죽은 흐름 뛰어넘어야 비로소 비구라 한다."

〈종종경, 1286〉

"어떤 사람과 함께 거처하고 누구와 함께 일해야 하며, 어떤 법을 알아야 악하지 않게 됩니까?"

"올바른 사람과 함께 노닐고 바른 사람과 함께 일해, 올바른 법을 이해하면 나쁜짓 하지 않는다."

〈정사경, 1287〉

간인경(慳吝經) · 팔천경(八天經)

"아까운 생각 생기면 보시 못하고, 밝은 지혜와 복은 하늘 사람이라야 은혜를 베풀 수 있다."

"무섭고 두려워 보시 못하면 주리고 목마른 두려움이 생긴다."

〈간인경, 1288〉

부처님께서 금바라산 금바라 귀신이 살고 있는 돌집에 머무시었다.

그때 세존께서 쇠창에 발을 찔린 지 얼마 되지 않아 몹시 고통이 있었지만 버리는 마음을 얻어 바른 지혜로 잘 견디면서 마음을 편안하게 가졌다.

그때 여덟 명의 산신들이 생각했다.

"구담 사문은 사람 중의 사자시네. 몸의 고통을 잘 알고 이겨
편안한 지혜 나고 바른 기억으로 움츠림도 없으시네.
부처님은 큰 용, 큰 소, 큰 용기와 힘이 있으시고 좋은 말 하시네.
최상의 우두머리로써 분다리꽃과같이 가장 훌륭한 분이시네.
네 번째 다섯 번째 내지 여덟 번째 천사도 각기 게송으로 부처님을 찬탄하였다.

〈팔천경, 1289〉

광지경(廣地經) · 화소경(火燒經)

천자들이 게송으로 노래하자 부처님께서도 게송으로 답하셨다.

"땅덩이 보다 넓은 것 없고, 바다 보다 깊은 것 없네.
수미산 보다 높은 것 없고, 비뉴(毘紐) 보다 더한 대사없네."

"애욕 보다 더 넓은 것 없고 마니보다 깊은 것 없으며
교만 보다 더 높은 것 없고 부처 보다 나은 이 없네."

〈광지경, 1290〉

"어떤 물건이기에 불에 타지 않고, 바람에도 날라지 않으며, 땅덩이가 무너질 때도 떠내려가지 않습니까? 나쁜 임금과 도적들의 재물을 강탈해서 누가 빼앗기지 않으며, 보배 간직한 창고 털리지 않습니까?"

"복은 불로도 태우지 못하고, 바람도 날리지 못한다. 물이 땅덩어리를 무너뜨려도 복은 흘러내리지 못한다. 임금님과 도적들은 복을 빼앗아가지 못하고 갚음의 보배창고는 끝내 보물을 잃지 않는다."

〈화소경, 1291〉

양경(糧經) · 난득경(難得經)

"누가 양식을 가지고 있을 때 어떤 물건을 겁탈하지 못합니까. 누가 찾아오면 지혜 인이 기뻐합니까?"

"먼 길의 양식은 복덕, 도둑도 빼앗아 가지 못한다. 사문이 집에 오면 지혜로운 사람은 기뻐한다."

〈양경, 1292〉

"어떤 것이 세상에 가장 얻기 어려운 것입니까?"

"주인으로 와서 인욕을 행하고 재물 없이도 보시 크게 하며, 어려움 만나 법을 행하고 부귀하신 이가 멀리 떠나는 것이 어려울 것이다."

〈난득경, 1293〉

잡아함경 제49권

무소구경(無所求經) · 차승경(車乘經)

부처님께서 기수급고독원에 계실 때 한 천자가 말하였다.

"큰 힘 가진 자재로운 즐거움을 구하여 얻지 못함이 없는 데 있다.
무엇이 그렇게 훌륭한가. 일체 하고 싶은 것 다 갖추었기 때문이다."

"큰 힘 가진 자재로움 즐거움 그것은 구함이 없는 것이다.
욕심으로 구하는 것이 있으면 괴로움이고 즐거움이 아니다."

〈무소구경, 1294〉

"수레는 어느 곳으로부터 생겼으며 누가 굴릴 수 있습니까?
수레를 굴려 어디로 가며 무슨 까닭에 닳아 없어집니까?"

"수레는 온갖 업에 따라 태어나 마음의 의식에 따라 구른다.
그 씨를 따라 구르다가 씨앗 없어지면 수레도 없어진다."

〈차승경, 1295〉

구루타왕녀경(拘屢陀王女經) · 수경(數經)

구루타왕의 딸 수비라제사가 아들을 낳았다는 소식을 듣고 '좋지 않은 일이라'고 하니 천자가 게송으로 말하였다.

"세상 사람들은 아들 낳으면 즐거워하고 기뻐한다.

나이 많아 늙어지면 아들이 받들어 봉양하기 때문이다.
그런데 구담께서는 무슨 까닭에 아들 낳은 것이 좋지 않다고 하는가?"

세존께서 게송으로 대답하셨다.

"그것은 늘 항상 됨이 없고 공이 쌓인 까닭.
자식 낳을 때 언제나 고통 따르지만 어리석은 사람은 즐겁다 말하네.
그러므로 나는 자식 낳는 일 좋은 것이 아니라 하네.

좋지 않는 것을 좋다 하고 사랑하지 않는 것을 사랑하니
실로 고통은 즐거움과 비슷해 언제나 방일에 짓밟히기 때문이다."

〈구루타왕녀경, 1296〉

"어떤 것이 수(數)를 헤아리며, 감출 수 없는 수인가. 어떤 것이 수 가운데 수이며, 어떻게 그것을 설명할 수 있는가?"
부처님께서 게송으로 말씀하셨다.

"부처님법은 측량하기 어렵고 두 가지 흐름(성인·범부)을 드러내지 않으니
명과 색이 남김없이 사라졌네."

〈수경, 1297〉

하중경(何重經)·십선경(十善經)

"어떤 것이 땅보다 무겁고 허공보다 높고 바람보다 빠르고 풀보다 많은가?"
"계율 공덕은 땅보다 무겁고, 교만하게 구는 것은 허공보다 높고
억념하는 것이 바람보다 빠르고, 사상(思想)이 풀보다 많은 것이라네."

〈하중경, 1298〉

"어떻게 계율 지키고 위의와 무엇을 얻어 업으로 삼습니까. 지혜 인은 어떻게 머무르며 어떻게 해야 천당에 납니까?"

부처님께서 게송으로 말씀하셨다.

"살생을 하는 일 멀리 여의고 계율 지키면 스스로 쾌락을 막고
해칠 마음으로 중생을 가해하지 않으므로 곧 하늘에 가 태어나게 된다.

주지 않는 것 갖지 않고 주는 것만 갖는 것 즐겁고
도둑 마음 끊으면 곧 하늘나라에 태어난다.

남의 부인과 관계 맺지 않고 사음 멀리 하며
자기 아내 만족할 줄 아는 자 곧 하늘에 태어난다.

재물과 오락, 자타를 위해 거짓말 하지 않고
이간질 끊어 남의 친한 벗 떠나지 않게 하고
피차 화합시키면 곧 하늘에 태어나는 길.

사랑스럽지 않는 말 멀리 여의고 부드러운 말만하여 남을 상하게 안하며
순박하고 아름다운 말만 하고 정성스럽지 못한 말 하지 않고
유익하지 않는 말 하지 않고 언제나 법다운 말 따르면 곧 생천한나.

촌락이나 혹 텅빈 곳에서 이익 얻어도 내 것이라 하지 않고
탐욕 부리지 않고 해칠 마음 없이 어떤 중생도 해치지 아니하며
맺힌 원한 없으면 하늘에 태어나는 길.

괴로운 업과 과보, 두 가지 다 깨끗하게 끊고
바른 소견 받들어 가지면 하늘에 태어나는 길."

〈십선경, 1299〉

석제환인경(釋提桓因經) · 장승천자경(張勝天子經)

석제환인이 물었다.

"어떤 법이 명을 알고 깨닫지 못합니까. 어떤 법이 명을 가두고 결박합니까?"

"색은 명을 얻지 못하고, 행은 명을 깨닫지 못하며, 몸은 명을 가두고 집착이 명을 결박한다."

"부처님은 몸이 명이 아니라 했는데 어떻게 익숙할 수 있으며, 몸 속에 깊이 감추어 한 조각 살덩이에 머물며, 목숨인지 몸인지 압니까?"

"가라라가 처음 되어 태가 생기고 태 속에서 살이 조각되어 단단하고 두꺼워지며, 그 속에서 지절과 모발을 만들어 낸다. 여기서 차차 감관 훌륭히 갖추면 그 어미 먹는 음식으로 태 안에서 몸을 기른다."

〈석제환인경, 1300〉

장승 천자가 물었다.

"미묘법 잘 배워 설하고 여러 사문들과 가까이 친하고,

아무 것도 없이 오직 혼자서 바르게 사유하며 고요하게 있어야 하는가?"

"묘법 잘 배워 설하려면 사문을 가까이 하고, 아무도 없이 홀로 조용히 감관을 살펴라."

〈장승천자경, 1301〉

시비경(尸毘經) · 월자재경(月自在經)

시비 천자가 물었다.

"누구나 함께 무슨 일 하고 어떤 법을 알아야 훌륭하며 악이 아닙니까?"

"바른 선비와 함께 머물고 같이 일을 하여, 마땅히 선비법 알면 더욱 훌륭해 악이 아니다."

〈시비경, 1302〉

월자재천 천자가 물었다.

"그는 장차 구경에 이르러 풀 속의 모기처럼 생각을 바르게 물들게 되면 한결같은 생각 선정에 들 것이다."

"그는 장차 저 언덕에 이르리라. 고기가 그물을 찢는 것처럼, 원만한 선정 갖추어 머물면 항상 그 마음은 기쁘다."

〈월자제경, 1303〉

비수뉴경(毘瘦紐經)·반사라건경(般闍羅健經)

비수뉴 천자가 말했다.

"여래께 항상 공양 드리고 항상 늘어나고 자람을 기뻐하며
바른 법 늘 좋아하고 방일하지 않고 따라 배우려 합니다."

"만일 그처럼 잘 설법하고 단속하여 방일하지 않으면
그로인해 악마는 마음대로 하지 못한다."

〈비수뉴경, 1304〉

반사라건 천자가 말했다.

"시끄럽고 어지러운 곳에 있어도 지혜 인은 깨달을 수 있다.
선정에서 깨달은 모니의 사색하던 힘입니다."

"어지럽고 시끄러운 법 깨달아 알면 열반을 얻는다.
만일 바르게 생각을 붙들면 한마음으로 선정에 들 수 있으리."

〈반사라건경, 1305〉

수심경(須深經)·적마경(赤馬經)

부처님께서 기수급고독원에 계실 때 아난에게 물었다.

"아난아, 너는 사리불이 설법 잘 하는 것이 마음에 기쁘냐?"

"그렇습니다. 어떤 사람이 미련하고 어리석지 않고, 지혜로워 사리불의 설법을 듣는다면 참으로 기쁠 것입니다. 사리불은 들은 것이 많고, 밝고 평등한 지혜와 계를 지키며, 마음 잘 길들여 쓰기 때문입니다. 실로 그는 최후의 몸을 가지고 모든 악마를 항복 받았습니다."

"그렇다. 아난아."

〈수심경, 1306〉

얼굴이 잘 생긴 적마 천자가(赤馬天子)가 물었다.

"세계의 끝을 지나가서 노·병·사가 없는 곳에 이를 수 있습니까?"

"없다."

"신기합니다. 저는 전생에 적마 외도로써 신통을 얻고 모든 애욕을 다 여읜 신선이었습니다. 그래서 날랜 화살이 다라나무를 지나가는 순간에도 수미산에 오르고 동해를 밟고 넘어 서해까지 갔습니다. 그러나 그곳에는 세계의 끝은 없었습니다. 그리고 지금도 밥을 먹고 대소변을 보는 시간 이외에는 잠을 자지 않고 끊임없이 세계의 끝을 찾아 헤맸으나 그를 찾지 못하고 있습니다."

"나는 이 한 길 밖에 안되는 몸을 가지고도 세계의 발생과 소멸을 깨달았다. 5수음이 이 세상을 만들고 파괴한다는 것을, 그것은 곧 애착과 탐욕, 기쁨 집착에 의해 흥망성쇠는 거듭하고 있다. 그래서 나는 세계의 끝을 알고 이해하고 범행을 성취, 세계를 벗어나 저언덕에 이른 것이다."

〈적마경, 1307〉

외도제견경(外道諸見經)·마가경(摩伽經)

부처님께서 비부라산에 계실 때 아비부·증상아비부·능구·비람바·아구타·가람 등 여섯 천자가 찾아와 게송으로 말하였다.

"비구가 전일하고 지극한 마음으로 언제나 싫어하여 여의는 법을 수행하고

초저녁부터 새벽까지 사색에 잠겨 자신을 잘 단속
부처님의 설법을 들으면 그는 지옥에 떨어지지 않으리라."

〈아비부 천자〉

"검고 어두운 것 싫어 여의고 언제나 스스로 단속해
이 세상의 온갖 번뇌와 서로 다투는 법 멀리 여의면
여래 큰 스승으로부터 사문법을 받아 가지고
세상 잘 거두어 보호하고 온갖 나쁜 일 행하지 않으리."

〈증상아비부〉

"베고 끊고 때려 죽여서 가섭께 공양 보시하여도
그것은 악이라 보지 않고 복이 된다고도 보지 않네."

〈능구 천자〉

"니건 외도 야제자는 출가도를 배워 오랫동안 어려운 도 닦았지만
2승 제자들은 거짓말 여의었으니 머지않아 아라한이 될 것이다."

〈비람바 천자〉

그때 세존께서 게송으로 말씀하셨다.

"죽을 만치 여윈 저 여우는 늘 사자와 함께 어울려 놀아도
끝내 사자가 되지 못하듯
니건 큰 스승들 부질없이 칭찬하지만
그것은 악담, 망언, 아라한에서 점점 멀어진다."

천마 파순이 게송으로 말했다.

"열심히 정근 어둠 버리고 항상 보호해 지키고 멀리 여의라.

미묘한 빛 깊이 집착해 범천세계 탐하고 즐기니
그를 잘 교화해 범천에 태어나게 하리."

아구타 천자가 찬성하자 부처님께서 게송으로 말씀하셨다.

"이 세계 존재하는 온갖 빛깔이
여기 저기 허공 가운데서 제각기 비친다.
그러나 그것은 악마의 결박을 벗어나지 못하니
마치 미끼 달린 낚시에 고기 낚는 것 같다."

고 하자 모든 천자들이 찬탄하였다.

"모든 존재의 애착 끊으려면 마땅히 큰 스승 공양하라.
3독의 애착을 끊고 모든 거짓말 부셔 버리고
소견의 탐욕 끊은 스승을 공경하라.
왕사성의 으뜸가는 비부라산과 같이 설산 중에 제일가는 금시조와 같이
시방 일체세계 인천 가운데서는 등정각이 제일이다.

〈외도제선경, 1308〉

부처님께서 기수급고독원에 계실 때 마가 천자가 와서 물었다.

"무엇을 죽이면 편히 잘 수 있고 즐거움 얻으며, 무엇을 죽인 사람이 구담의 칭찬 받습니까?"

"3독을 죽여 버린 사람 나는 그가 기쁨을 얻고, 그의 칭찬을 좋아하노라."

〈마가경, 1309〉

조명경(照明經)·다마니경(陀摩尼經)

미기가 천자가 말했다.

"밝게 비추는 몇 가지가 세상을 밝게 비추나, 어떤 밝음이 으뜸이 되는지를 부처님께서 말씀하여 주십시오."

부처님께서는 게송으로 말씀하셨다.

"낮에는 해로서 밤에는 달로서, 등불은 낮도 밤도
모든 빛깔과 모양을 비춘다.
위와 아래의 모든 방위의 중생들은 빛을 받으면
인천의 광명 중에서 부처님의 광명이 제일이다."

〈조명경, 1310〉

천자 다마니가 말했다.

"저 바라문들이 하는 일 끊고 배우되 게으르지 않고 애욕 다해 후생을 바라지 않습니다."

"저 바라문은 일이 없으니 해야 할 일을 이미 마쳤기 때문이다.
처음 저 언덕을 얻지 못해 밤낮으로 항상 부지런히 끊었더니
이미 저 언덕에 이르러 머물게 되니 그 언덕엔 이제 아무 것도 끊을 것 없다.
그런 자야말로 바라문이니 꾸준히 정진해 번뇌 다한 선정으로
모든 근심 · 괴로움 · 치열한 불길, 이미 다 없으니
저 언덕에 이르러 열반에 들어 구하는 것 없도다."

〈다마니경, 1311〉

다라건타경(多羅健陀經) · 가마경(迦摩經) ①②

다라건타 천자가 말했다.

"몇 가지가 끊고 몇 가지를 버려야 하며 몇 가지 법을 더욱 힘써 닦아야 몇 가지 무더기를 뛰어 넘어 흐름을 건넌 비구라 합니까?"

"다섯 가지를 끊고, 다섯 가지 법을 힘써 닦고, 다섯 무더기 뛰어 넘으면 흐름을 건넌 비구라 할 수 있다."

〈다라건타경, 1312〉

가마 천자가 말했다.
"매우 어렵습니다. 세존이시여,"
부처님께서 게송으로 말씀하셨다.

"배우기 어렵다고 하지만 계율과 삼매를 두루 갖추고
멀리 떠나 집 없는 데서 한가히 지내며 고요함을 즐겨라.
얻기 어려운 법 배우려면 밤낮없이 한결같이
정근하여 즐거워지는 법 배워라.
그것이 곧 고요하고 잠잠해지는 법이다."

"선정의 마음은 얻기 어렵습니다."
"머물기 어려운 선정에 머물러, 모든 감관과 마음을 확고히 하여 죽음의 악마 그 고삐를 끊으면 성자들의 의욕 따라 정진하게 될 것이다."
"험한 길은 진실로 참기 어렵습니다."
"성현은 정직하게 가기 때문에 험한 길도 저절로 평탄해진다."

가마 천자가 말했다.
"탐욕과 성냄은 어디서 생기며, 즐겁지 않는 두려움과 각상(覺想)은 어디서 생깁니까?"
"애욕에서 생겨 스스로 자라나는 것이 니구율나무와 같고, 집착을 따르는 것은 진면(榛綿)의 숲과 같다.
만일 그것을 아는 이라면 즉시 깨달아 죽음의 바다를 건너가게 된다."
〈가마경 ①②의 1313·1314〉

전단경(栴檀經) ①②·가섭경(迦葉經) ①②·굴마경(屈摩經)

전단 천자가 물었다.

"부처님께서는 걸림 없는 지견은 어디서 머무십니까. 무엇을 배워야 다른 세상에서 악을 만나지 않겠습니까?"

"3업을 단속하고 3악을 범하지 아니하면 가정생활에 있어서도, 많은 손님을 널리 모아 믿음으로 재물과 법보시하고, 법에 머물면 다음 세상에는 두려움 없다."

"누가 흐름을 건너서 밤낮으로 게으르지 않고 반연하여 닦고, 머무는 곳 없으며 어떻게 해야 빠져들지 않겠습니까?"

"계율과 지혜로 선정에 들어 생각 바로 하여 사유하고, 건너기 어려운 흐름을 건널 것이고, 욕심에 물들지 않고 색욕 뛰어 넘어 탐욕과 기쁨 모두 없어지면, 헤아리기 어려운 곳 들어가지 않는다."

〈전단경 ①②의 1315·1316〉

가섭 천자가 게송으로 말하였다.

"비구는 바른 생각을 닦아 그 마음이 잘 해탈하고
밤낮으로 항상 부지런히 구해 모든 공덕 짓기를 생각하네.
이 세간에 대해 깨달아 알고 일체 존재를 없애 버렸으며
아무 근심도 없이 되어 마음이 물들거나 집착하지 않습니다."

"착하고 착하다. 이것이 비구이고 비구의 공덕이니라."

〈가섭경 ①②의 1317·1318〉

부처님께서 마가다국을 유행하시다가 5백 비구와 함께 야차귀신이 굴마가 사는 곳에서 주무시게 되었다. 굴마는 금방 500개의 방을 만들고 침대·평상·걸상·요·베개를 배정하여 편히 쉬게 하고 게송으로 말했다.

어질고 덕 있는 이는 바른 생각 있기 때문에
이 세상 저 세상에서 편히 잠드시고 언제나 그 마음 고요해
죽이고 죽이게 하지도 않고 평등한 마음으로
일체를 항복받고 원한 맺음 없다.

〈굴마경, 1319〉

마구라산경(摩鳩羅山經)·비릉가경(毘陵伽經)

부처님께서 미구라산에 계실 때 나가파라가 시봉하였으나, 부처님께서 밤이 깊도록 경행하시니, 비바람은 몰아치고 번개가 쳐 무서우므로, 나가파라가 귀신 마구라의 모습을 하여 뒤집어쓰고 나타났다. 그러데 부처님께서 보시고

"나가파라야 어리석구나. 여래가 어찌 귀신 모습에 속아 넘어갈 것 같으냐."

제석천왕이 비유리 2층집 속에서 나타나

"불법에도 그런 자가 있습니까?"

"구담의 집은 넓고 깊어 이런 무리도 미래에는 청정법을 얻어 성불하리라."

〈마구라산경, 1320〉

부처님께서 죽림정사에 계실 때, 마가다국을 유행하던 아나율다가 필릉가 귀신 어머니 계신 곳에서 자다가, 새벽녘에 우다나(남전 ; ≪소부자설경≫), 파라연나(≪소부경집≫), 견진제(≪법구경≫), 상좌·비구니들의 게송(尸路偈 ; 頌), 의품, 모니게송, 수다라 등을 외웠다. 귀신 아들이 울자 어머니가 게송을 읊으며 그치게 하였다.

"필릉가 귀신 아들아 너는 지금 울지 말라.
저 비구가 외우는 법구게를 들으라.
만일 저 법구를 알고 스스로 계율 지켜
살생하지 않고 진실을 말하고 거짓말 하지 않아 해탈하리라."

〈비릉가경, 1321〉

부나바수경(富那婆藪經)・마니차라경(摩尼遮羅經)・침모경(針母經)

부처님께서 마가다국 부나바수 귀신 어미가 사는 곳에서 쉬시면서 게송을 읊었는데 그의 딸 울다라와 아들 부나바수가 울자 어머니 귀신이 게송으로 달랬다.

"부나바수와 울다라야 울지 마라. 여래의 설법을 내가 듣도록
부모는 아들 딸들을 괴로움에서 벗어나게 할 능력이 없으니
여래의 설법을 들으면 괴로움에서 벗어날 수 있다.
세상 애욕만 따르면 온갖 괴로움 핍박 받는다.
여래께서는 그들을 위해 설법하여 나고 죽음을 부수게 한다.
내 이제 그 법을 들으려 하니 너희들 잠자고 있어야 한다."

부나바수와 울다라는 그만 울음을 그치고 말했다.
"저희들도 또한 법 듣기를 좋아합니다.
바르게 깨달으신 이는 경치 좋은 마가다국 산에서, 모든 중생의 해탈법 설하였으니
괴로움과 괴로움의 말, 그 소멸과 소멸에 이르는 길 설하시니 어머니는 잘 들으소서."
"기특하다. 지혜로운 아이들아 내 마음 잘 따르니
부나부수야, 울다라야. 우리는 이 기쁜 마음 속에 이미 성스러운 진리를 보았다."

〈부나바수경, 1322〉

부처님께서 마가다국에 유행하시다가 마니차라 귀신 집에 가서 자게 되었다. 어떤 여인이 음식을 가지고 그 귀신 집에 왔다가, 부처님이 앉아 계신 것을 보고 "오늘에야 비로소 마니차라 귀신을 보게 되었다"고 하며 게송으로 말하였다.

"훌륭하신 마니차라여, 마가다국에 머물면서 사람들의 원을 들어주소서.
어떻게 하면 이 세상에 안락하게 머물 수 있고

다음 세상에는 천상락을 받을 수 있겠습니까?"

부처님께서 게송으로 말씀하셨다.

"방일하거나 교만하지 말고 마니치라 귀신에게 청탁하지 말라.
만일 스스로 제 할일만 닦으면 천상락을 받으리라."

"이 분은 마니차라 귀신이 아니라 부처님이시구나."

하고 향과 꽃을 올리고 게송으로 말하였다.

"어떤 길이 안락으로 나아가는 길이고, 장차 어떠한 행을 닦아야
이 세상에서 언제나 편안하고 후생에 천상락을 얻겠습니까?"

"착한 마음으로 보시하고 즐거이 모든 감관 단속해 보호하여
바른 소견 어진 행을 닦고 저 사문들을 가까이 친하라.
바르게 살아가면 33천에 태어나 괴로움의 그물 벗어나리라.
만약 한결 같은 마음으로 온갖 애욕 끊어버리고 감로법을 들어라."

하고 4제 12인연의 법을 연설해 주었다.

〈마니차라경, 1323〉

부처님께서 마가다국에 유행하시다가 침모 귀신 집에 머물자 염(炎)이라는 귀신이 침모 귀신에게 말했다.

"마음의 주인이여, 그대는 큰 이익을 얻었도다. 세존께서 그대의 방에 주무시게 되었으니."

침모 귀신이 동료들과 있다가 가서 보니 과연 부처님이 앉아 계시는지라 일부러 날아 들어가 몸을 부딪치자 몸을 피하셨다.

"두려운가?"

"두려워하지 않는다. 그대가 부딪치는 것이 싫다."

"무엇이고 들으면 물으라. 내 기쁘게 하리라. 만일 나를 기쁘게 하지 못하면 네 가슴을 찢고 심장을 부수어 버릴 것이다. 그리고 네 온돌에 뜨거운 피가 흐르게 하고 두 손을 묶어 항하에 던져버릴 것이다."

"누구고 나를 묶어 던질 자는 없다. 그러나 내 너를 위해 기쁘게 해주겠다."

침모 귀신이 물었다.

"탐욕 성냄 즐겁지 않고 몸의 털이 일어서는 것은 어디서 생기는가. 뜻과 생각 감각은 무엇으로부터 일어나는가?"

"애욕이 자라나면 마치 니구율나무와 같다.

자꾸 바뀌어 가며 서로 끌어 잡아당기는 것 등면 덤불숲 같다.

만일 이것을 안다면 마땅히 저 귀신을 깨닫게 하여 생사의 바다를 건너가리라."

침모 귀신은 비로소 깨닫고 3귀의를 받아 섬겼다.

〈침모경, 1324〉

잡아함경 제50권

수재경(受齋經)・아갈귀경(阿臈鬼經)

부처님께서 죽림정사에 계실 때, 어떤 우바이의 아들이 8재계를 행하다가, 범계하여 귀신에게 잡혔다. 우바이가 말했다.

"14・15・초8일・신통의 상서가 응하는 달(1・5・9)

8재계를 잘 받아지니면 저 귀신에게 잡히지 않는다고 부처님께 들었다."

귀신이 말하였다.

“3장 6재일에 재계하고 엄숙히 덕을 닦으면 귀신에게 놀림을 당하지 않는다.

고 부처님께 들었다 하니 장하도다.

거만 느슨함을 잊고 더럽고 괴로운 행 물든 것, 범행이 청정하지 못하면 따라 얻지 못하네.

마치 골풀을 잡아 뽑을 때 느슨하게 잡으면 손을 다치는 것처럼

사문이 나쁜 것과 접속하면 틀림없이 지옥에 떨어진다.

그러나 네 놓아달라고 하면 나는 그대 아들을 놓아주리라.”

우바이가 아들에게 말했다.

“너는 저의 말 들었느냐. 골풀 잡아 뽑을 때 다 잡으면 손을 다치지 않는 것처럼

사문이 잘 거두어 지키면 반열반에 든다고 한 말을.”

그때 아들이 출가를 희망하여 수염과 머리를 깎고 가사를 입었다. 그런데 얼마 되지 않아 다시 집으로 돌아오자 어머니가 말했다.

“세상을 돌보지 않고 출가하더니 어찌하여 다시 돌아왔느냐.

집에 불났을 때 재물 들어 내더니 어찌 다시 불 속에 던지느냐?”

“어머니 목숨 마칠 때 보지 못할까 돌아왔는데 어찌 돌아온 아들을 보고 기뻐하지 않습니까?”

“탐욕 여의려고 집을 나서더니 도리어 탐욕 누리려 하네. 내 슬퍼하는 것은 악마 하는 대로 될까 두렵다.”

〈수재경, 1325〉

부처님께서 유행하시다가 아갈 귀신의 집에 들어가니 아갈 귀신이 여러 귀신들과 모임을 가지고 있었다. 갈담 귀신이 집주인에게 말했다.

“그대는 큰 이익을 얻었습니다. 여래께서 주인집에 머물게 되었으니.”

“그래 그 분이 여래이신가. 내가 한 번 알아보리.”

하고 회의가 끝난 뒤 집에 돌아와 말했다.
"사문아 나가거라."
부처님은 주인에게 승낙을 받지 않았으므로 즉시 나오셨다.
"사문아 들어가라."
명령하는대로 부처님께서는 들어갔다. 이렇게 두세 번을 거듭하자 부처님께서 말씀하였다.
"내 그대의 청을 세 번씩이나 들었는데 시험이 지나치지 않는가?"
"어떤 것을 일컬어 훌륭한 사람의 재산이라 하고, 어떤 법을 행해야 편하고 즐거운 과보를 얻는가. 어떤 것을 훌륭한 맛이라 하고, 목숨 중의 제일이라 하는가?"
"깨끗한 믿음이 훌륭한 재산이고, 법을 행하면 즐거운 과보를 받으며, 맛 중에서는 해탈 맛이 으뜸이다. 지혜로워서 노·사 없애버리면 그것이 목숨 중의 제일이다."
"어떻게 하면 좋은 이름을 얻는가?"
"계를 지키면 좋은 이름을 얻는다."
"몇 가지 법이 세간에 일어나고 서로 다른 법은 무엇인가. 몇 가지 법에서 느낌이 오고 손상이 된다고 말하는가?"
"여섯 가지 법이 일어나고 따르며, 거기서 느낌과 멸함이 생긴다."
"누가 능히 흐름을 건너기 위해 밤낮으로 방편을 쓰고, 붙잡을 것도, 머무는 것도 없는데, 어느 누구도 가라앉지 않겠는가?"
"모든 계율 완전히 갖추고 지혜와 선정을 잘 닦고, 바른 기억으로 깊이 사색하면 건너기 어려운 흐름 건널 수 있다. 5욕을 즐기지 않고 색욕에서 벗어나면 붙잡을 것도 머무를 것도 없다."
"어떤 법으로써 흐름을 건너고, 무엇으로 큰 바다 건너고, 무엇으로 괴로움을 여의고 청정해질 수 있는가?"
"믿음으로 강의 흐름을 건너고, 방일하지 아니하면 바다를 건넌다. 정진으로 괴로움을 끊고 지혜로써 청정함을 얻는다."
"다른 사문이나 범지에게 번거롭게 물을 것 없네. 오늘 가장 훌륭한 선비를 만나 큰 법의 횃불 높이 밝혔다. 나는 저 갈담마에게 은혜를 갚아야 하리. 등정각 위없는 스승을 모시게 되었다."

〈아갈귀경, 1326〉

숙가라경(叔迦羅經)·비람경(毘籃經)

부처님께서 죽림정사에 계실 때, 왕사에 살고 있던 숙가라 비구니가 밥을 얻지 못했다. 왕사성 사람들이 특별이 모여 경축회를 가졌기 때문이다. 숙가라 스님을 존경하는 한 귀신이 집집마다 돌아다니면서 살폈다.

"왕사성 사람아 술에 취해 자는가. 숙가라 비구니에게 공양도 올리지 않고."

마을 사람들이 이 말을 듣고

"감관을 잘 덮고 번뇌를 떠나 청정하게 사시는 스님을 따르지 못하면 우리는 진실로 즐겹지 못하리라."

하여 어떤 우바새는 옷을 보시하고, 어떤 우바새는 음식을 공양하였다.

〈숙가라경, 1327〉

그때 비람 비구니도 같은 절에 있으면서 공양을 받지 못했는데 이 귀신의 선전으로 옷과 공양을 얻게 되었다.

〈비람경, 1328〉

혜마파저경(醯魔波低經)·가타경(伽吒經)

사다기리 천신과 혜마파저 천신은 서로 약속하였다. 자기 궁중에 보물이 생기면 반드시 서로 알리기로. 그런데 그때 혜마파저 천신궁 중에서 1천 개의 꽃잎이 있고 크기는 큰 수레바퀴만한 파담마화(靑蓮)이 나왔다. 혜마파저가 알리자 사다기리가 또 알렸다.

"지금 내 궁중에는 여래 세존께서 오셨으니 빨리 와서 공양하라."

혜마파저 천신이 500권속과 함께 사다기리에게 가서 물었다.

"달 밝은 날 밤 즐겁게 모였는데 무슨 재를 올려야 하는가?"

"중생의 고통을 벗겨주시는 세존께 공양을 올려라."

"그는 마음에 소원이 있어 사랑으로 중생을 구제하는 자, 받거나 받지 않거나 평등심으로 하리라."

"묘한 원과 자비심으로 중생을 제도하신다."

"밝게 통해 행을 이미 갖추고 번뇌가 없어져 후세의 몸을 받지 않는가?"

"그렇다. 뜻과 행이 원만해지고, 몸과 입으로 짓는 업도 원만하시고, 지혜와 행도 다 갖추었다."

"산목숨을 해치는 일도 없고, 주지 않는 것도 갖지 않고, 방탕을 여의고 선정을 떠나지 않는다."

"그렇다. 5욕을 여의어 흐리거나 어지러운 마음이 없고, 맑고 깨끗한 법눈이 있어 어리석음 남음이 없으시다."

"성내고 거짓말 하지 않고 추하거나 껄끄러운 말 없고 이간질도 하지 않는가?"

"그렇다. 깨끗한 계율 완전히 갖추셨고 바른 기억 언제나 고요하다. 평등한 해탈 성취했고 큰 지혜 얻었느니라. 이니연사슴의 장딴지같이 선인의 훌륭한 상호 갖추고 적게 먹어 탐욕 버리고 숲 속에서 좌선하니 나와 함께 그곳으로 가 공양하자."

그리하여 백천 귀신들이 함께 가서 공양을 올리고 물었다.

"사자는 혼자서 마음대로 놀고 큰 용은 아무런 두려움 없다고 하였는데 어떻게 해서 괴로움에서 벗어나셨습니까?"

"5욕과 의식, 이 여섯 가지가 없으면 고통에서 벗어난다."

"샘물은 무엇으로부터 전환하고 악도에는 어찌하여 윤회하지 않습니까?"

"6입처와 명색이 사라지면 샘물이 전환되고 윤회하지 않는다."

"몇 가지 법이 세간을 일으키고 화합시키고 느끼게 하며, 몇 가지 법에 의해 세간을 멸하게 할 수 있습니까?"

"6법이 세간을 일으키고 화합시키며, 느낌이 되고 멸함이 된다."

"어떻게 해야 모든 흐름을 건너고 부지런히 방편을 써서 반연도 머무름도 없이 저 깊은 못에 빠지지 않겠습니까?"

"모든 계율을 원만히 갖추고, 지혜와 선정에 들어 깊이 사색하고, 생각을 잡아매면 건널 수 있다. 또 바른 믿음을 가지면 흐름을 건너고, 방일하지 않으면 생사의 큰 바다도 건너고, 열심히 정진하면 괴로움이 끊어지고 지혜로써 청정해질 것이다."

〈혜마파저경, 1329〉

부처님께서 죽림정사에 계실 때 기사굴산에 있던 사리불이 수염과 머리를 깎았는데 그때 가타와 우파가타 귀신이 보고 말했다.

"내 저 사문에게 가서 머리를 때려 주리라."

"그런 말 하지 말라. 저 사문은 큰 덕과 힘이 있다."

두 번 세 번 말렸는 데도 그는 기필코 사리불 존자의 머리를 때리고 말했다.

"나를 태운다 가타여, 나를 삶는다 가타여."

그 길로 그는 아비지옥에 떨어졌다.

목련 존자가 사리불이 귀신에 맞았다는 말을 듣고 문안드렸다.

"어떻습니까 존자여. 견딜 만 합니까?"

"조금 아프기는 하지만 참을 만 합니다."

"참으로 신통합니다. 귀신의 손은 무서워 기사굴산도 겨처럼 부숴지는데."

세존께서 그 말씀을 듣고 칭찬하였다.

"그 마음 금강석과 같아 움직이니 않거니, 집착을 여의어 성냄도 갖지 않는구나. 만일 이와 같이 마음을 닦으면 무슨 고통과 근심 있겠는가."

〈가타경, 1330〉

우척경(憂戚經) · 수면경(睡眠經)

부처님께서 기수급고독원에 계실 때, 한 천인이 자기 숲 속에서 공부하던 스님들이 해제한다는 말을 듣고 근심하니, 그의 친구들이 물었다.

"왜 그렇게 슬퍼하는가?"

"정진하는 사람들이 다른 곳으로 가면 이 곳이 텅텅 빌 것 아닌가."
그때 여러 수행자들은 마가다 · 구살라 · 금강지 등으로 뿔뿔이 헤어졌다.

〈우척경, 1331〉

피곤한 비구가 낮에는 정진하다가, 저녁이면 일찍 잠이 드는 것을 보고 천신이 노래 불렀다.

"비구여 일어나라. 무슨 잠이 그렇게 많은가.
뾰족한 가시로 찌르면 잠을 못자는데, 출가한 사문이 잠은 무슨 잠인가.
그대 일찍이 원하는 대로 정진하려면 마음대로 하여 잠에 떨어지지 않게 하라."

〈수면경〉

원리경(遠離經) · 부정경(不正經)

어떤 비구가 숲 속에 머물다가 낮에 선하지 못한 생각이 일어났다. 그 숲 속에 살던 천신이 보고 "이것은 비구의 법이 아닌데" 하고 곧 게송으로 말하였다.

"멀리 여의고자 마음먹고 숲 속에 들어와 살면서도
바깥 경계 따라 어지러운 생각 치달리고 있구나.
어리석은 티끌 흙먼지 털어버리고
바른 법륜 안에서 마음 지켜 방일하지 말라."

〈원리경, 1393〉

또 다른 잠든 비구를 보고 게송으로 말하였다.

"어찌하여 바르지 못한 생각으로 각관 속에서 바른 선정 닦지 못하는가.
3보 높이 받들고 계율 가져 항상 기뻐하는 마음을 내어 정진하면
마침내 괴로움에서 벗어나리라."

〈부정경, 1334〉

차일중경(此日中經)·사린니경(闍隣尼經)

숲 속에서 선정에 들었던 비구가
"한낮에 새들도 잠잠한데 빈들에 갑자기 소란 있어 내마음 두렵네."
라고 하니 천신이
"한낮 새들도 잠잠한데 빈들에 갑자기 소리 있으니 내마음 불쾌하네. 그러니 네 불쾌한 맘 버리고 오로지 선정을 즐겨 닦으라."

〈차일중경, 1335〉

아나율다가 구살라국 어떤 숲에 머무르고 있을 때 사린니 천신이 게송으로 말하였다.

"그대는 큰 서원을 세워 본래 있던 곳에 다시 태어나기를 원하라.
33천에는 오욕락이 모두 갖추어져 있기 때문이다."

아나율다가 게송으로 대답하였다.

"옥 같은 천녀들 큰 괴로움의 무더기
전도된 마음으로 이 몸 영원하다고 집착하니
그곳에 태어나기를 바라는 사람, 큰 고통거리 된다.
그러므로 나는 거기 태어나기 원하지 않는다.
나고 죽음 이미 다하여 후세의 몸을 받지 않기 때문이다."

사린니 천자는 아나율다의 이 말을 듣고 다시 나타나지 않았다.

〈사린니경, 1336〉

송습경(誦習經)·화경(花經)

구살라국 숲 속에 어떤 비구가, 아라한이 되기 전에는 열심히 경전을 독송하고 정근하더니, 된 뒤에는 독송·강설을 게을리 하자 근처 숲 속에 있던 천자가 말했다.

"비구여, 어찌하여 그대는 법구에 대하여 고요히 아무말도 하지 않는가?"

"전에는 탐욕을 여의기 위해 그것이 필요했으나, 지금은 도를 갖추었으니 필요치 않다. 세상에 듣고 보는 것, 아는 체 하지 않아 모두 놓아버렸기 때문이다."

〈송습경〉

쿠살라국 어떤 숲 속에 있던 비구가 눈병이 났다. 스승이 발담마꽃 향기를 맡으라 하여 꽃향기를 맡고 있었더니 근처 못의 천신이 말했다.

"왜 꽃향기를 훔치는가?"

"꺾지도 않고 빼앗지도 않는데 훔치기는, 왜 내가 도적인가."

"구하지도 않고 바라지 않아도 주지 않는 것 맡으면 세상의 도적이라네."

그때 어떤 장정이 연뿌리를 캐 한 짐 잔뜩 짊어지고 가자

"저 장정은 분다리꽃을 꺾고 뿌리를 캐어 무겁게 지고 가지 않는가. 그런데 너는 저 사람에게 말 한 마디 하지 않고 나를 도적이라 하는가?"

"미치고 어지럽고 간교한 사람은 마치 유모의 검은 옷과 같거늘 구태여 그대에게 말해 무엇하겠는가. 그의 가사 더러움 나타나지 않고 검은 옷 먹물을 칠해도 더러워지지 않네. 파리 다리로도 흰 비단은 더럽혀지지만, 밝은 이에겐 적은 허물도 크게 나타나는 법 항상 그를 쫓아 깨끗한 것 결박 없애고 번뇌 여읜 이에겐, 털끗만 한 나쁜 일도 태산처럼 크게 보인다."

"훌륭하다 그대 말이여, 부디 나를 위해 자주 그런 게송을 들려주소서."

〈화경, 1338〉

가섭경(迦葉經)·금강자경(金剛子經)

십력가섭은 왕서성에 있는 선인굴 속에 있었다. 그때 사냥꾼 척지가 근처에 있으면서 그물을 쳐놓고 사슴을 잡고 있었다. 십력가섭이 신통을 나타내(말과 손끝에 불을 내어) 경계하였으나, 알아듣지 못하므로 선인굴 속에 살고 있던 천신이 게송으로 말하였다.

"저 사냥꾼은 지혜가 적어 장님과 같구나.
어진 스님의 가르침도 알아듣지 못하니
들어도 이해하지 못하는 덕없고 분별없는 자
착하고 훌륭한 여러 가지 법 깨닫지 못한다."

〈가섭경, 1339〉

금강자 존자가 파련불읍 어떤 숲 속에 살고 있었다. 여름 넉달도 지나고 교모니대회(通夜行祭)가 있다는 말을 듣고 게송으로 읊었다.

"나 혼자 쓸쓸한 숲 속에 있으니 마치 버려진 마른나무 같네.
여름철 넉달 지낸 뒤 세상은 즐겁게 장엄하였네.
이 세상 두루 보아도 나보다 괴로움 더한 이 없네."

그때 천신이 게송으로 말했다.

"고독한 수행자가 33천에 태어나고 자 하는 것이
저 지옥 고통받는 중생이 인간으로 태어나기를 사모하는 것과 같네."

〈금강자경, 1340〉

비비구법경(非比丘法經)·나가달다경(那迦達多經)

한 비구가 계율 지키기만 좋아하고, 공덕 늘리고 향상시키는 것을 좋아하지 않았다. 그때 천신이 게송으로 말했다.

"한결같이 계율만 지킬게 아니라 많이 듣기를 닦아 익혀야 하리.
혼자 고요히 삼매에 들어 한가히 지내면서 멀리 여의기를 닦아라.
만일 비구가 휴식에만 치우치면 평등하고 바르게 깨달은 즐거움은 범부와는 같지 않으리."

〈비비구법경, 1341〉

나가달다 존자가 어떤 숲 속에 살면서 속인들과 가까이 지냈다. 근처에 있던 천자가 게송으로 말했다.

"비구가 아침 일찍이 나가 저물어야 숲으로 돌아오면서
속인과 비구들과 서로 친근하여 괴로움과 즐거움을 함께 나누는구나.
가정에서 방일한 행동 일으켜 악마의 마음 될까 두렵다."

〈나가달다경, 1342〉

종근문경(縱根門經)·희희경(嬉戲經)

어떤 비구가 어떤 숲 속에 머물고 있으면서 지껄이고 장난질하며, 온종일 산란하게 지내니 근처 천신이 게송으로 말했다.

"예전에는 여기 구담의 바른 생활하는 제자들이 살았는데
그들은 무상한 마음으로 밥과 침구를 받았기 때문에 괴로움에서 벗어났는데
지금은 보양하기 어려운 무리들, 저 사문들이 살던 곳에 머무르면서
곳곳으로 다니며 음식이나 구하고 남의 집으로 돌아다니고 있으니

승가리를 걸친 모습이 늙은 소가 꼬리를 질질 끄는 것 같네."

〈종근문경, 1343〉

구살라국 숲 속의 어떤 비구가, 장자의 아내와 장난치다가 소문이 나쁘게 퍼졌다.

"나쁜 소문이 났으니 나는 차라리 자살하고 싶다."

한 천인이 외쳤다.

"그대는 계를 무너뜨린 것도 아니고 허물도 없지 않는가. 행하는 이는 이것을 참아야 하니, 괴롭다고 제 자신을 해쳐서는 안된다. 소문 듣고 두려워하는 것은 숲 속의 짐승이다. 경솔하고 성급한 행동하다가 도리어 물리어 죽나니 나쁜 소문 마음 속에 두지 말고 출가의 본지를 살려 열심히 정진하라."

〈희희경, 1344〉

견다경(見多經)·수면경(睡眠經)

어떤 숲 속에 살고 있던 견다 존자가 누더기 옷을 입고 있었다. 범천왕이 7백 범천과 함께 친히 내려와 공경 공양하면서 게송으로 말했다.

"고요한 감관, 좋은 공양을 감응할 수 있게 되었구나.
3명 밝히고 흔들리지 않는 법 이뤘으며,
모든 방편에서 벗어나 가진 것은 오직 하나 누더기 옷뿐이네."

〈견다경, 1345〉

한 비구가 숲 속에서 깊은 잠에 빠져 있으므로 천신이 깨웠다.

"일어나라 비구여, 어찌 잠 속에 빠져 있는가. 잠 많이 자면 이익이 없다."

"즐기지 않는 것 어떻게 하리. 게으른 것도 적은 방편, 인연을 다하고 몸을 여의어 밤이면 잠 속에 빠졌노라."

"그대 마음 굳게 잡아 함부로 큰 소리치지 말라. 너는 한가함을 닦아 얻었으니 거기서 물러나지 말라."

그 뒤 스님은 부지런히 정근하여 아라한이 되었다.

〈수면경, 1346〉

미경(味經)·이림경(離林經)

사리불이 구살라국 어떤 마을 밭가에 계셨다. 탁발하러 나갔다가 술에 잔뜩 취한 니건자가 술병을 들고 말했다.

"쌀로 빚은 술 내 몸을 데우고 또 한 병 들고 있으니, 산과 들 모든 돌 나무가 황금빛 뿐이다."

"무상의 맛에 몸을 쪼이고 공삼매의 병을 가지고 산과 초목을 보면 모두 눈물과 가래처럼 보이네."

〈미경, 1347〉

타심지를 얻은 어떤 비구가 그리 멀지 않은 숲 속에 있었는데, 여우가 물을 마시러 왔다가 두레박에 목이 걸렸다. 몸부림치며 그것을 벗기려 애쓰는 여우의 맘을 안 비구가 말했다.

"여래의 빛 솟아라. 공법을 연설한다. 빈마음 두려움 떠나면 이제 놓아주어 떠나게 되리라."

〈이림경, 1348〉

우루조경(優樓鳥經)·파타리경(波吒利經)·공작경(孔雀經)

부처님께서 구살라국 어느 숲 속에 계셨다. 그 숲을 의지해 살고 있던 천신이 부처님 발자국을 밟으려는 우루조를 보고 말했다.

"동그란 눈으로 숲 속에 사는 후루조야,
너는 제발 부처님 발자국 어지럽혀서
내가 부처님을 생각하는 경계를 깨지 말라."

〈우루조경, 1349〉

숲을 의지해 살던 어떤 천신이 게송으로 말했다.

"오늘 바람이 일어 파타리나무에 불어 와
파타리꽃을 떨어뜨리어 부처님을 공양한다."

〈파타리경, 1350〉

어떤 비구가 지제산 밑에 누더기 옷을 입고 있으니 한 천신이 게송으로 말했다.

"문채로 수놓은 저 공작새가 비제혜산에 깃들고 있네.
수시로 아름다운 소리 내어 걸식하는 비구 깨우쳐주네."

〈공작경, 1351〉

나사가다경(那娑佉多經)·빈타경(頻陀經)

지제산 옆 누더기만 입고 사는 스님들 가운데 세 비구가, 나사가다강에 휩쓸려 죽자 천신이 게송으로 말했다.

"걸식하는 아란야 비구들이여, 공사 일 경영하지 말라.
나사강 언덕이 갑자기 무너져 내리면 저 비구들 일하던 곳 덮쳐
세 비구 죽는 것 보지 못했느냐?"

〈나사간다경, 1352〉

빈타산에 큰 불이 나자 한 속인이 게송으로 말했다.

"저 빈타산에 난 불이 장차 대숲을 태우고 대밭의 열매도 태운다."

천자가 게송으로 말했다.

"일체 모든 것은 불타고 있는데 저 불을 끌 지혜 없구나.
만일 감관의 탐욕 태우면 그것은 다 타도 괴롭지 않으리."

〈빈타경, 1353〉

항하경(恒河經)·과경(瓜經)

어떤 비구가 항하강 옆에 있는 숲 속에 있는데, 한 족성자 여인이 집에서 시부모에게 꾸지람을 들을 때마다 강가에 와서 게송으로 말했다.

"강물이여, 나는 지금 흐름을 따라 천천히 저 바다로 흘러가고 싶구나.
다시는 시부모로부터 꾸지람 듣지 않기 위해."

그때 비구가 게송으로 말했다.

"나는 깨끗한 믿음으로 저 여덟 가지 거룩한 물을 따라
천천히 열반으로 흘러들고 싶구나. 악마의 구박을 받지 않기 위해."

〈항하경, 1354〉

부처님께서 기수급고독원에 계실 때 한 비구가 숲 속에 살고 있었다. 그때 오이 도둑놈이 오이 밭에 왔다가 달이 뜨려 하자 게송으로 말했다.

"밝은 달이여, 제발 뜨지 말라. 내 이 오이 다 따갈 때까지.
오이를 다 딴 다에는 내 맘대로 하라."

그때 비구가 게송으로 말했다.

"악마여 너는 제발 나오지 말라. 내가 번뇌를 끊을 때까지.
번뇌를 끊은 뒤엔 네 맘대로 하라."

〈과경, 1355〉

사미경(沙彌經)·와사경(瓦師經)

어떤 사미가 게송으로 말했다.

"걸식은 항상한 것이고 밥은 무상한 것이네.
인드라 당기는 곧고 갈고리는 굽네."

이 노래를 들은 비구스님이 게송으로 말했다.

"영원한 것은 열반이고 무상한 것은 유위법
곧은 것은 8정도이고 굽은 것은 나쁜 길이네."

〈사미경, 1356〉

사리불의 제자 한 사람이 약을 먹고 나서 죽을 먹으려 하였으나, 그릇이 없자 사리불이 질그릇 만드는 집에 가서 사발 하나를 달라 하였더니, 옹기장이가 말했다.

"어떻게 하면 한 푼 주지 않고도 좋은 이름 얻고, 재물을 축내지 않고도 훌륭한 덕 쌓겠는가?"

"고기 먹지 않는 사람에게 고기 보시하고, 범행 닦은 사람에게 색을 보시라며, 높은 자리 앉지 않은 사람에게 높고 넓은 자리 보시하고, 길 떠난 사람에게 쉴 곳 만들어주라."

"훌륭하여라 사리불이여. 백 개의 사발도 주겠는데 그 밖의 물건이야 더 말할 것 있습니까!"

"33천·염마천·도솔타천·화락천·타화자재천도 믿음으로 옹기발우 보시하면 될 수 있는데 그대는 믿음을 일으키지 않는구나."

〈와사경, 1357〉

빈사경(貧士經)·겁패경(劫貝經)

어떤 가난한 사람이 마음 속으로 희망하였다.

"만일 돼지 한 마리에 좋은 술병에 가득 채우고, 음식 사발에 가득 채워서 수시로 가져다 준다면 거기에 무슨 근심 있으랴!"

한 비구가 게송으로 말했다.

"만일 불·법·승과 법을 잘 연설하는 비구를 만나, 병없이 늘 들을 수만 있다면, 숱한 악마의 마음도 두려워하지 않으리."

〈빈사경, 1358〉

한 비구가 이렇게 생각하였다.

"7주 넓이에 2주 쯤 되는 무명배를 얻는다면 옷을 지어 입고, 즐거운 마음으로 훌륭한 법을 닦을텐데."

그때 한 천신이 해골로 변해 비구 앞에서 춤을 추며 말했다.

"비구가 생각하는 무명옷 길이가 7주 넓이가 6주
낮부터 저런 생각 하는 것 보니, 밤에는 무슨 생각할지 알 수 없네."
"그만 그만, 그런 천 필요없네. 나에게 누더기 옷 있으니
낮에 해골춤을 보았으니 밤에는 또 무엇을 볼 것인가."

〈겁패경, 1359〉

환천경(環釧經)·탄금경(彈琴經)·합조경(鴿鳥經)

어떤 여인이 보슬비가 내리고 번갯불이 번쩍이는 어두운 밤, 숲 속을 지나 다른 남자에게로 가려다가 진흙땅에 넘어져, 팔찌와 꽃영락이 바닥에 떨어져

흩어진 것을 보고 게송으로 말했다.

"머리칼은 흐트러지고 꽃영락 진흙탕 속에 떨어졌으며
옥팔찌 산산이 부서졌으니 남자여, 무얼 입어야 합니까?"

그때 옆에서 있던 비구가 게송으로 말했다.

"번뇌 모두 끊어져 부서지고 나고 죽음의 진흙탕에 건넜네.
묶었던 끈 모두 풀려 떨어졌으니 시방의 거룩한 이 나를 보시네."

〈환천경, 1360〉

어떤 사람이 구살라국 강둑을 건너 와서 아내와 함께 거문고를 타면서 게송으로 말했다.

"서로 사랑해 거리낌 없이 푸른 나무 사이를 돌아다니네.
흐르는 물은 맑게도 흐르는데 거문고 소리 너무 아름다워라.
놀기에 알맞은 봄기운 그 어떤 쾌락인들 여기서 더하랴."

그때 한 비구가 게송으로 말했다.

"청정한 계율 받들어 지키고 등정각 늘 그리워하며
3해탈로 목욕, 착한 마음 시원하네.
인간 세상 장엄 갖추었으니 어떤 쾌락 이보다 더하랴."

〈탄금경, 1361〉

한 천인이 비둘기를 보고 게송으로 말했다.

"비둘기야 마땅히 쌓아두어라. 깨와 나물 좁쌀 따위를

그리고 산꼭대기 나무 위 높다랗게 둥지를 틀어라.
그러면 만일 비가 와도 편히 먹고 자고 쉴 수 있으리라."

한 비구가 듣고 게송으로 말했다.

"착한 법을 알고 삼보를 공경하면
몸이 무너져 목숨을 마칠 때도 정신과 마음 안락하게 된다."

〈합조경, 1362〉

증일아함경(增一阿含經)

증일아함경 제1권

1. 서품(序品)

가섭 존자와 아난이 부처님의 사리를 받들고 마가다국에 와서 누가 이 법을 편집하여 길이 끊어지지 않게 할까하고 생각하다가 아난 존자에게 부탁하니 처음에는 사양하였으나, 미륵·범천·제석·4천왕들께서 함께 간청하므로 승낙하고 3장을 편집하였다.

계경은 증일·중·장(영락이 많음)·잡아함의 4아함으로 구성하고, 제1법으로부터 11법까지 37조도품을 기준해서 생각하니 미륵이 훌륭하다고 칭찬하였다.

바라내국에서 처음 설법하셨고 마갈타에서 3가섭을 제도하고 석시·구살라·가시국·첨파·구류·비사리, 그리고 천·용·아수라궁과 건달바 사위성에서 설한 것들을 구린과 수발이 들은 그대로 3승에서 대승에 이르기까지 6바라밀을 차례로 설했다. 누구나 이 경을 읽고 쓰는 사람은 금생에 번뇌를 끊고 후생에 큰 지혜를 얻을 것이고, 책을 쓰고 베끼는 사람들에게 비단 천과 일산, 꽃을 공양하면 그 복도 마찬가지다고 하였다.

아난은 이 법을 편집하여 다생에 인연이 짙은 마하제바에게 전하였다.

2. 십념품(十念品)

부처님께서 기수급고독원에 계실 때 비구스님들께 말씀하셨다.

"한 법을 닦아 행하고 널리 펴면 곧 신통을 얻고 온갖 번뇌를 버리며, 4사문과를 체득, 열반에 나아가게 될 것이다. 그러면 그 한 법이 무엇인가. 불・법・승이고, 계・보시・하늘이며, 수식관과 몸과 죽음을 생각하는 것이다."

증일아함경 제2권

3. 광연품(廣演品)

"한 법을 닦아 행하고 널리 펴면 명예가 있고, 과보를 성취하고, 온갖 선을 널리 모이고, 감로의 맛을 얻어 함이없는(無爲處) 열반에 이르게 된다. 그리고 신통력을 얻어 온갖 번뇌를 없애고 4사문과를 체득할 것이다. 무엇이 한 법인가. 불・법・승・계다.

비구는 뜻을 바르게 가지고 가부좌하고 앉아, 생각을 바르게 하여 부처님만을 생각한다. 잠시도 눈은 부처님 모습에서 떼지 말고 여래의 공덕을 생각하되, '여래의 본체는 금강으로 이루어졌고, 10력 4무소외를 갖추어 대중 가운데서 씩씩한 모습을 형성하고 있다. 여래의 얼굴은 단정하기 그지없어 아무리 보아도 싫증이 나지 않는 계덕을 성취해, 티가 없는 것이 맑은 유리와 같다.

또 여래의 삼매는 증감이 없고 교만하고 악한 마음이 없으며, 욕심도 없고 5개(蓋)가 없다. 여래의 지혜는 끝도 갓도 없으며, 걸리는 데가 없다. 여래의 몸은 해탈을 성취하여 3도를 벗어나 지견법(知見法)을 지나고, 다른 근기를 알아 제도하고 제도되지 않는 것을 알아, 거기에 맞추어 교화하고, 여기서 죽어 저기서 태어나는 것도 모두 아신다.

〈1〉

부처님께서 가르친 법은 일체의 욕락에서 벗어나, 모든 결박과 덮개를 풀고 아름다운 향기가 세상을 풍미하는 것과 같다.

〈2〉

스님들은 바른 업으로 성질이 질박하고 이치를 따르며, 삿된 업이 없고 위아래가 화합하며, 법과 법을 성취한다. 계와 삼매, 지혜・해탈・해탈지견을 성취하여 세상이 복전이 된다.

〈3〉

계는 악을 그치고 선을 이루게 하여 마치 길상병과 같이 사람들을 기쁘게 하고 소원을 성취하게 한다.

〈4〉

보시를 아까워하는 마음을 없애주고 되돌려 받는 생각이 없어 좋은 이익을 얻게 된다. 만약 어떤 사람이 나를 꾸짖어도 나는 끝내 되갚지 않고 사람을 헤치고 분풀이하는 일이 없을 것이다.

〈5〉

하늘의 몸은 광명의 몸이고, 훌륭한 업보는 온갖 행을 원만히 갖춘다.

〈6〉

생각을 쉰다는 것은 몸과 마음과 뜻을 쉬며 의지와 성품은 밝고 깨끗이 하는 것이다. 경솔하거나 사납지 않게 하고, 항상 마음을 전일하게 하며, 한가한 곳에 지내기를 좋아하며 언제나 방편을 구해 삼매와 선정을 닦아야 한다.

〈7〉

수식관을 한다는 것은 숨이 길 때는 길다고 관하고, 짧을 때는 짧다고 관하며, 덥고 차고 길고 짧고, 나고 들 때도 분명하게 하는 것이다.

〈8〉

몸과 뜻을 바르게 하고 가부좌하여 생각한다는 것은 오로지 다른 생각없이 몸만을 생각한다는 것이니, 모발·손톱·발톱·이·피부·살·힘줄·뼈·골수·쓸개·간·허파·심장·지라·신장·대장·소장·백직·방광·똥·오줌·백엽(百葉)·창(倉)·창자·위·포(脬)·오줌·눈물·가래침·콧물·고름·피·기름덩이·침·머리뼈·뇌수 등 이것은 흙과 물, 불·바람의 원소에 의해 집합되어 있는 것을 낱낱이 생각하는 것이다.

〈9〉

죽음을 생각한다는 것은 여기에서 죽어 저기 태어나 온갖 갈래의 세계를 왕래하면서 목숨을 옮겨 멈추지 않는 것이다. 모든 감각기관은 허물어지고 흩어져 마치 썩은 나무처럼 갈라져서 형태도 없고 소리도 없으며, 또한 아무 모습도 없게 된다는 것을 생각하는 것이다.

〈10〉

이것이 한 법을 생각하는 것인데 앞의 것과 명칭은 비슷하나 그 의미 내용은 이렇게 다른 것이다.

증일아함경 제3권

4. 제자품(弟子品)

나의 성문 제자 가운데 너그럽고 어질고 아는 것이 많아 잘 교화 성중들을 길러가는 이는 아야구린(아야교진여)이고,

처음 4제법을 듣고 사유를 잘 한 이도 아야구린이며,

사람들을 복답게 제도하는 이는 우다이(優陀夷)이고,
빨리 신통을 얻어 중간에 후회가 없는 이는 마하남이며,
항상 허공을 날아다니고 땅을 밟지 않는 이는 선주이고,
허공을 날아다니면서도 영화를 바라는 마음이 없는 이는 바파이며,
천상에 살면서 지상을 즐겨하지 않는 이는 우적이고,
항상 부정관으로 생각을 잘 다스리는 이는 선승이며,
네 가지 공양으로 성중을 보양하는 이는 우류비가섭이고,
마음이 고요하여 모든 번뇌를 항복 받는 이는 강가섭(江迦葉)이며,
모든 법을 밝게 관찰하여 조금도 집착이 없는 이는 상가섭(象迦葉) 비구이다.

〈1〉

얼굴이 단정하고 걸음걸이가 조용한 이는 마사(馬師)이고,
지혜가 끝이없어 의심을 분명하게 푸는 이는 사리불(舍利弗)이며,
신령스런 발을 가져 가볍게 시방 곳곳을 날아다니는 이는 마하목건련이고,
용맹스럽게 정진하여 고행을 견디어 내는 이는 20억이 이며,
얻기 어려운 행 12두타를 행하는 이는 마하가섭이고,
천안으로 시방세계를 두루 보는 이는 아나율이며,
좌선 중에 마음을 어지럽게 갖지 않는 이는 이왈(離曰)이며,
두루 전해 강의를 잘 하는 이는 타라바마라이고,
승방을 지어 조제승들에게 잘 주는 이는 작은 타라바바라이며,
귀족으로 출가해 도를 배운 이는 라타파라이고,
진리를 잘 분별하여 도를 펴 연설하는 이는 대가전연 비구이다.

〈2〉

산수를 잘하면서도 금지하는 법을 어기지 않는 이는 군두파막이고,
외도를 항복 받고 바른 도를 행하는 이는 빈두로이며,
병을 보아 약을 잘 지어주는 이는 식(識)이고,
4물 공양을 잘 하는 이도 식이며,

게송을 잘 외워 덕을 찬탄하는 이는 붕기사 이고,
네 변재를 얻어 어려운 질문을 받아도 답변 잘하는 이는 마하구치라이며,
깨끗하고 조용한 곳에 살면서 대중을 좋아하지 않는 이는 견뢰이고,
걸식 중에 욕됨을 잘 참고 비바람을 피하지 않는 이는 난제이며,
혼자 고요히 앉아 오로지 도만 생각하는 이는 금비라이고,
한 자리에서만 공양을 하고 자리를 옮기지 않는 이는 시라(施羅)이며,
세 가지 법의만 가지고 먹고 쉬기를 여의지 않는 이는 부미(浮彌) 비구이다.

〈3〉

나무 밑에서 좌선하면서 마음이 흔들리지 않는 이는 호의이왈(狐疑離曰)이고,
몸을 괴롭히면서 비바람을 피하지 않는 이는 바차이며,
혼자 텅 빈 곳에서 뜻을 집중하여 사유하는 이는 타소이고,
다섯 가지 누더기 옷을 입고 호화롭게 장식하지 않는 이는 니바이며,
항상 무덤 사이를 좋아하고 대중 속에 있지 아니한 이는 우다라이고,
풀 자리에 앉아 복밭이 되어 날마다 사람을 제도하는 이는 노혜녕이며,
사람들과 만나 이야기 하지 않고 땅만 보고 걸어다니는 이는 우겸마니강이고,
행 · 주 · 좌 · 와에 항상 삼매 속에 들어 있는 이는 산제(刪提)이며,
먼 나라에 유람하기를 좋아하고 사람들을 잘 가르치는 이는 담마류지이고,
성중(聖衆)을 도와 법의 이치를 담론하기 좋아하는 이는 가루 비구이다.

〈4〉

수명이 길어 요사(夭死)하지 않는 이는 바구라이고,
언제나 한가한 곳에서 독좌를 즐긴 이도 바구라이며,
자세하게 설법하여 그 이치를 분별해 주는 이는 만원자(부루나)이고,
계율을 잘 받들어 범하지 않는 이는 우바리이며,
믿음의 해탈을 얻어 마음에 망설임이 없는 이는 바가리이고,
몸이 단정하여 세상과 다른 이는 난타이며,
감각기관이 고요하여 마음에 변화가 없는 이는 난타이고,

말재주가 넘쳐 의심을 시원하게 풀어주는 이는 바타이며,
진리를 자세히 설명해 주어 이치에 어긋나지 않게 하는 이는 사니이고,
좋은 옷 입기를 좋아하지만 행실이 본래 청정한 이는 천수보리이며,
후학을 가르치기 좋아하는 이는 난타가 비구이다.

〈5〉

공덕이 풍족하고 어디를 가든지 단점이 없는 이는 시바라이고,
온갖 행과 도품을 원만하게 갖춘 이는 우파선가란타자이며,
온화하게 말하고 부드러운 마음으로 남을 다치게 하지 않는 이는 바타선이고,
수식관을 닦고 오로(惡露)를 생각하는 이는 마하가연나이며,
나는 덧없는 것임을 헤아려 마음이 생각이 없는 이는 우두반이고,
여러 가지 논리를 펴서 마음을 시원하게 해 주는 이는 구마라가섭이며,
떨어진 옷을 입고도 부끄러워하지 않는 이는 면왕(面王)이고,
계율을 헐지 않고 글 읽기를 게을리 하지 않는 이는 라운이며,
신통력으로 잘 숨고 몸을 감추는 이는 반토이고,
몸을 잘 변화하여 여러 가지 신통을 부리는 이는 주리반토 비구이다.

〈6〉

큰 종족으로 부귀하면서도 천성을 온화하게 쓰는 이는 석왕(釋王)이고,
걸식을 싫어하지 않고 끝없이 교화하는 이는 바제바라이며,
기력이 강성하여 어려움을 두려워하지 않는 이도 바제바라이고,
음성이 맑고 트여 말소리가 범천에까지 들리는 이는 라바나바제이며,
몸의 향기가 깨끗하여 사방에 풍기는 이는 앙가사이고,
때를 알고 사물에 밝아 어디가나 의심이 없고 기억을 잘하는 이는 아난이며,
옷을 잘 차려 입고 그림자를 잘 돌아보는 이는 가지리이고,
여러 임금님들이 공경히 대접하고 많은 신하들이 존경하는 이는 월광이며,
하늘 신을 받들어 모심을 받아 아침마다 인사를 받는 이는 수제이고,
사람 형상을 버리고 하늘 모양을 본뜬 이도 바로 수제이며,

천사의 인도를 받아 바른 법을 배우는 이는 천(天)이고,
수천 생의 자기 일을 기억해 아는 이는 과의(菓衣) 비구이다.

〈7〉

성품이 영리하고 깊은 지혜를 알 수 없는 이는 앙굴마이고,
외마의 삿된 업을 잘 항복 받는 이는 승가마이며,
쉽게 물삼매에 드는 이는 질다사리불이고,
아는 것이 많아 남의 존경을 받는 이도 질다사리불이며,
불삼매에 들어 시방을 비추는 이는 선래이고,
용을 항복받아 3존을 받들게 하는 이는 나라타이며,
귀신을 항복 받아 악을 그치고 선을 닦게 하는 이는 귀타(鬼陀)이고,
건달바들을 항복 받아 선행을 닦게 하는 이는 비로차이며,
항상 공정(公定)을 좋아하고 이치를 분명히 해설할 줄 아는 이는 수보리이고,
비고 고요하고 미묘한 덕을 닦는 이도 수보리이며,
무상정을 닦아 온갖 생각을 버린 이는 기리마난이고,
무원정(無願定)에 들어 뜻이 어지럽지 않는 이는 염성(焰盛) 비구이다.

〈8〉

사랑삼매에 들어 마음에 성냄이 없는 이는 범달마이고,
어여삐 여기는 삼매에 들어 본래의 업을 성취한 이는 수심(須深)이며,
기쁜 행덕을 얻어 여러 갈래 생각이 없는 이는 사미타이고
항상 마음을 지키고 보호하여 뜻을 놓아 버리지 않는 이는 약파가 이며,
염성삼매를 닦아 끝내 해탈하지 않는 이는 담미(曇彌)이고,
말씨가 추하고 거칠어 높고 귀한 이를 가리지 않는 이는 비리타바차이며,
금광삼매에 드는 이도 비리타바차이며,
금광(金光)삼매에 들어 무너뜨릴 수 없는 이는 무외(無畏)이고,
주장이 확실하게 겁내지 않는 이는 수니다이며,
항상 고요한 것을 좋아하고 시끄러움을 피해 있는 이는 타마이고,

이치로는 이길 수 없고 끝내 항복 받을 수 없는 이는 수라타 비구이다.

〈9〉

별을 보고 길흉을 잘 점치는 이는 나가파라이고,
삼매를 좋아하여 선정으로 방을 삼는 이는 바사타이며,
항상 삼매를 좋아해서 선정의 기쁨으로 밥을 삼는 이는 바사타이고,
항상 기쁨으로 밥을 삼는 이는 수야사이며,
인욕을 즐겨 상대가 와도 일어나지 않는 이는 만원성명이고,
일광삼매를 닦아 익힌 이는 미해이며,
산술에 밝아 조금도 오차가 없는 이는 니구류이고,
평등한 지혜를 분별해 말해주어 잊지 않게 하는 이는 녹두(鹿頭)이며,
뇌전삼매를 얻어 두려움을 품지 않는 이는 지(地)이고,
몸의 근본을 관찰하여 깨달은 이는 두나이며,
최후에 깨달아 누진통을 얻은 이는 수발 비구이다.

〈10〉

5. 비구니품(比丘尼品)

내 성문 제자들 가운데 제일가는 비구니로서
오랫동안 출가하여 국왕의 존경을 받는 이는 대애도구담미이고,
지혜롭고 총명한 이는 참마이며,
신족이 으뜸 되어 신들을 감동시킨 이는 우발화색이고,
두타법의 11한애(限碍)를 행하는 기리사구담미이며,
천안이 으뜸이어서 걸림 없이 비추어 본 이는 사구리이고,
앉아 참선하여 선정에 들어 흐트러지지 않는 이는 사마이며,
이치를 분별해 널리 도의 가르침을 펴는 이는 파두란사나이고,
계율을 받들어 잘 지켜 범하지 않는 이는 파라차나이며,

신(信)해탈을 얻어 다시는 물러나지 않는 이는 가전연이고,
4변제를 얻어 두려워하지 않는 이는 최승 비구니이다.

〈1〉

자기 전생의 수없는 겁의 일을 아는 이는 발타가비리이고,
얼굴이 단정하여 남의 존경과 사랑을 받는 이는 혜마사이며,
외도를 항복 받아 바른 가르침을 세우는 이는 수나(輸那)이고,
이치를 분별하여 널리 갈래(分部)를 설명하는 이는 담마제나이며,
몸에 더러운 옷을 입고도 부끄러워하지 않는 이는 우다라이고,
모든 감각기관이 고요하고 그 마음의 한결같은 이는 광명이며,
옷을 잘 바로 잡아 언제나 법다운 이는 선두이고,
여러 가지를 토론하되 의심나는 곳이나 걸림이 없는 이는 단다이며,
게송을 잘 지어 여래의 덕을 찬탄한 이는 천여이고,
많이 듣고 널리 알며 은혜로 아랫사람을 대접하는 이는 구비 비구니이다.

〈2〉

항상 한가하고 고요한 곳에 살고 사람들 속에 살지 않는 이는 무외이고,
몸을 괴롭히며 걸식하면서 귀천을 가리지 않는 이는 비사가이며,
어떤 곳에 한 번 앉으면 끝내 옮기지 않는 이는 발타바라이고,
두루 다니며 구걸하면서 사람을 널리 제도하는 이는 마노가리이며,
도과를 빨리 이루어 중간에서 지체하지 않는 이는 타마이고,
세 가지 법의를 가져 끝내 버리지 않는 이는 수타마이며,
항상 나무 밑에 앉아 뜻을 바꾸지 않는 이는 협수나이고,
늘 한데에 있으면서 덮개를 생각하지 않는 이는 사타이며,
텅 비어 고요한 곳을 좋아하여 사람들 속에 있지 않는 이는 우가라이고,
항상 풀밭에 앉아 화려함을 나타내지 않는 이는 이나이며,
다섯 가지 누더기 옷을 입고 차례로 걸식하는 이는 아노파마 비구니이다.

〈3〉

쓸쓸한 무덤 사이를 좋아하는 이는 우가마이고,
불쌍하게 여기는 마음을 많이 내어 생물을 가엾이 여기는 이는 청명이며,
도에 이르지 못한 중생을 슬피 여기는 이는 소마이고,
도를 얻은 이가 있으면 기뻐하고 소원이 일체에 미치게 하는 이는 마타리이며,
모든 행을 단속하고 지켜서 뜻이 멀리 떠나지 않게 하는 이는 가라가이고,
공을 지키고 부질없는 것이라고 고집하여 존재함이 없다는 것을 깨달은 이는 제바수이며,
마음이 생각이 없음을 좋아하여 모든 집착을 버린 이는 일광이며,
원하는게 없는 것을 닦아 익혀 마음으로 항상 넓게 제도하는 이는 말나바이고,
모든 법에 의심이 없어 한량없이 많은 사람을 제도하는 이는 비마달이며,
진리를 널리 설명해 심오한 법을 분별해 주는 이는 보조 비구니이다.

〈4〉

마음으로 욕된 것을 참기를 마치 땅이 모든 것을 수용하는 것처럼 하는 이는 담마제이고,
사람을 잘 교화해 시주 모임을 만들게 하는 이는 수야마이며,
평상 자리를 준비하는 이도 수야마 비구니이고,
마음이 아주 쉬어져서 어지러운 생각을 일으키지 않는 이는 인타사이며,
모든 법을 관찰하여 분명하게 알되 만족할 줄 모르는 이는 용이고,
뜻이 굳세고 용맹스러워 더러운데 물들지 않는 이는 구나라이며,
수삼매에 들어 일체를 두루 적시는 이는 바수이며,
염광삼매에 들어 모든 중생들을 두루 다 비추는 이는 항제이고,
오로의 더러움을 관하여 연기를 분별하는 이는 차바리이며,
모든 사람들의 모자라는 것을 공급해 주어 양육하는 이는 수가이고,
내 성문 중에서 최후로 제일가는 비구니는 발타군타라구이국 비구니이다

〈5〉

6. 청신사품(淸信士品)

내 제자 중에 제일가는 우바새로서,
처음으로 법의 약(法藥)을 얻고 성현의 진리를 깨달은 이는 삼과(三果) 장사꾼이고,
지혜가 재일인 이는 질다 장자이며,
신덕이 제일인 이는 건제아람이고,
외도를 항복 받은 이는 굴다이며,
심오한 법을 잘 설명하는 이는 우파굴이고,
늘 앉아서 참선하며 사유하는 이는 가치아라바이며,
마의 궁전을 항복 받은 이는 용건이고,
복과 덕이 풍성하고 원만한 이는 사리이며,
큰 시주의 주인공은 수달이고,
일가친척이 많은 이는 민토 장자이다.

〈1〉

이치를 묻기를 좋아하는 이는 생루 바라문이고,
근기가 영리하고 밝게 통달한 이는 범마유이며,
모든 부처님들께서 신임하는 사자는 어마마납이고,
몸에 대해 생각하기를 '나라는 것은 없다'고 여기는 이는 희문금이며,
논리로는 이길 수 없는 이는 비구 바라문이고,
게송을 잘 짓고 외우는 이는 우바리 장자이며,
말을 빨리 하는 이도 우바리 장자이고,
좋은 보배를 기꺼이 주고 아까워하는 마음이 없는 이는 수제 장자이며,
선의 근본을 이룩한 이는 우가비사라이며,
미묘한 법을 잘 설명하는 이는 최상무외 우바새이고,
두려움이 없이 설법하고 사람의 성질을 살피는 이는 두마대장 영비사리이다.

〈2〉

항상 자비한 마음 베풀기를 좋아하는 이는 비사왕이고,
보시하는 것이 조금 덜한 이는 광명왕이며,
선한 근본을 건립한 이는 바사닉왕이고,
뿌리 없는 좋은 믿음을 얻어 기뻐하는 이는 아사세왕이며,
지극한 마음으로 부처님을 향해 뜻이 변하지 않는 이는 우전왕이고,
바른 법을 받들어 섬기는 이는 월광 왕자이며,
성중을 받들어 공양하되 뜻이 항상 평등한 이는 조기원 왕자이고,
항상 남을 제도하기를 좋아하고 자기만을 위하지 않는 이는 사자 왕자이며,
남을 잘 공경하고 받들되 높고 낮은 이의 차별이 없는 이는 무외 왕자이고,
얼굴이 단정하여 남보다 뛰어난 이는 계두 왕자이다.

〈3〉

항상 자애로운 마음을 실천하는 이는 불니 장자이고,
마음 속에 항상 모든 중생을 불쌍히 여기는 마음을 내는 이는 석가족인 마하납이며,
항상 기뻐하는 마음을 실천하는 이는 석가족인 발타이고,
항상 평정한 마음을 실천하여 착한 행을 잃지 않는 이는 비사선 우바새이며,
욕됨을 잘 참는 이는 사자 대장이고,
여러 가지 논리를 잘 펴는 이는 비사어 우바새이고,
성현의 침묵을 잘 행하는 이는 난제바라 우바새이며,
착한 행을 부지런히 닦고 중단하지 않는 이는 우다라 우바새이고,
모든 감각기관이 고요하고 조용해진 이는 천마 우바새이며,
내 제자 중에서 맨 마지막으로 깨달은 이는 구이나마라이다.

〈4〉

7. 청신녀품(淸信女品)

내 재자 중에 제일가는 우바사로서,
처음으로 도를 받아 깨달은 이는 난타난타바라이고,
지혜가 제일인 이는 구수다라이며,
항상 좌선하기를 좋아하는 이는 수비야녀이고,
지혜가 밝은 이는 비부이다.
설법을 잘하는 이는 앙갈사이고,
경문(經文)의 뜻을 잘 연설하는 이는 발타사라수염마이며,
외도를 항복 받은 이는 바수타이고,
음성이 맑고 트인 이는 무우이며,
여러 가지로 논리를 잘 전개하는 이는 바라타이고,
용맹스럽게 정진하는 이는 수두 우바사이다.

〈1〉

여래를 공양한 이는 마리 부인이고,
바른 법을 받들어 섬기는 이는 수뢰바 부인이며,
성중을 공양한 이는 사미 부인이고,
3세의 어진 선비를 우러러본 이는 월광 부인이며,
보시에 으뜸인 이는 뇌전 부인이고,
항상 사랑삼매를 실천하는 이는 마하광이며,
불쌍히 여겨 가엾이 생각하는 마음을 실천하는 이는 비제이고,
기뻐하는 마음을 끊지 않는 이는 발제이며,
업을 지켜 보호하기를 실천하는 이는 난타의 어머니이고,
신해탈을 얻은 이는 조요 우바사이다.

〈2〉

항상 인욕을 실천하는 이는 무우이고,

공삼매를 닦는 이는 비수선이며,
무상삼매를 닦는 이는 우나타이고,
무원삼매를 닦는 이는 무구이며,
남을 가르치기를 좋아하는 이는 시리이고,
계율을 잘 지키는 이는 앙갈마이며,
얼굴 모습이 단정한 이는 뇌염이고,
모든 감각기관이 고요하고 조용한 이는 최승이며,
많이 듣고 널리 아는 이는 니라이고,
송게를 잘 짓는 이는 수달의 딸 수마가제이며,
겁내고 연약하지 않은 이도 바로 수달의 딸이고,
내 성문 가운데서 최후에 깨달은 우바사는 바로 람 우바사이다.

〈3〉

이것이 30명의 우바사다.

8. 아수륜품(阿修倫品)

부처님께서 기수급고독원에 계실 때 비구스님들께 말씀하였다.

“아수륜의 키는 8만 4천 유순에 입의 길이는 1천 유순, 해와 달의 앞에 가면 광명이 없어진다. 그러나 해와 달은 큰 신통과 위엄이 있어 아수륜과 부딪치지 않고 1겁을 지낸다. 마찬가지로 마왕 파순은 항상 너희 뒤에 있으면서 방편을 구해 선근을 파괴하고 묘한 색과 소리, 냄새·맛·부드러운 감촉을 가지고 비구들의 마음을 어지럽힌다. 그러니 6경에 물들지 아니하면 파순은 저절로 물러간다. 여래 아라한의 위신 때문이다. 비구들아, 남의 보시 받는 것을 어렵게 생각하라. 소화하지 못하면 틀림없이 3악도에 떨어진다. 설사 보시가 없더라도 받아야 된다는 생각을 일으키지 말라. 거기에 물들고 집착하면 해탈할 수 없다.”

〈1〉

“여래 아라한이 세상에 나오면 사람들을 이익되게 하고 편안하게 하여 뭇 생명들을 어여삐 여기고 천상과 인간으로 하여 복을 얻게 한다.”

〈2〉

“여래 아라한은 도에 든 채로 세상을 살며 2제(眞·俗), 3해탈(공·무상·무원), 4진법(4제), 5근, 6사견멸(邪見滅), 7각의, 8정도, 9중생거(人天·범천·光音·변정·무상·공·식·무소유·유상무상처), 여래10력, 11자심해탈을 세상에 나타나게 한다.”

〈3〉

“만일 불 세존이 출현하면 지혜광명이 세상에 나타난다. 그러므로 마땅히 믿고 그를 향해 비뚫어짐이 없이 배워야 한다.”

〈4〉

“여래 아라한이 세상에 출현하면 무명이 없어져 모든 중생들이 온갖 결박에서 해탈하게 된다.”

〈5〉

“37조도품, 즉 4의지·4의단·4신족·5근·5력·7각의·8정도가 나타난다.”

〈6〉

“그러므로 이 사람 없어지면 온갖 보호막이 없어져 모든 인민들이 근심 걱정하게 된다.”

〈7〉

“한 사람이 나타나면 하늘과 인민들은 광명을 입어 믿는 마음이 생기고, 보시·지계·지혜도 오히려 원만하게 되는 것이 가을 달과 같다.”

〈8〉

"한 사람이 나타나면 천인들이 불꽃처럼 왕성해지고 3악도가 줄어든다. 마치 한 나라에 왕이 나타나면 백성들이 의지처가 생기는 것처럼."

〈9〉

"여래 아라한이 세상에 출현하면 그 어떠한 사람도 동등한 이가 없다. 본보기로써 독보적인 존재라 짝할 이가 없기 때문이다."

〈10〉

증일아함경 제4권

9. 일자품(一子品)

"비유하면 믿음이 독실한 우바사가 외아들을 생각하는 것과 같이 생각하여야 한다. 속가에 있으면 질다 장자나 상동자(象童子)처럼 되어라. 그들은 모든 사람들의 척도이고 저울이기 때문에, 부처님께 인증 받은 제자가 되었기 때문이다.

그렇지 않으면 수염과 머리를 깎고 3의를 입고 출가하여 수행코자 하거든, 사리불 · 목건련처럼 되어라. 시주의 소중한 보시는 진실로 소화하기 어렵다. 더군다나 집착심을 내지 말라."

〈1〉

"딸이 되려면 난타의 어머니 구수다라 우바사와 같이 되고, 출가 비구니가 되고 싶거든 참마 · 우발화색과 같이 되어라."

〈2〉

“나는 마음보다 더 빠른 어떤 법을 보지 못하였다. 마치 원숭이가 하나를 놓으면 다른 하나를 잡아 잠시도 쉬지 않는 것처럼, 너희들은 그 마음을 항복 받아 착한 길로 나아가라.”

〈3〉

“원숭이처럼 빨리 돌아가는 마음을 관찰하라.”

〈4〉

“악한 마음을 먹으면 즉시 악도에 떨어진다.”

〈5〉

“착한 마음을 먹으면 즉시 천당에 태어난다.”

〈6〉

“여래의 청정한 범음을 듣고, 그 이치를 생각 하염없는 마음에 나아가라.”

〈7〉

“뒤바뀐 생각을 여의면 은애의 마음을 일으킨다.”

〈8〉

“탐욕과 성냄, 수면·방일·의심이 일어나면, 탐욕과 성냄, 수면·방일·의심이 계속해서 나타난다. 그러니 똥물처럼 더럽게 생각하고 버려라.”

〈9〉

“나는 이 법 가운데서 한 가지 법을 보지 못하였다. 탐욕과 성냄, 내지 방일·의심에 있어서도 마찬가지이다.”

〈10〉

10. 호심품(護心品)

“한 법을 닦아 행하고 한 법을 널리 펴면 신통을 얻고 모든 행이 고요해져, 4사문과를 얻고 열반의 경지에 이르게 된다. 한 법은 곧 방일하지 않는 것이니, 방일하지 않으면 마음을 잘 보호하여, 유루와 유루법에서 마음을 잘 지켜 유루법에서 기쁨을 얻으면 즐거움을 맛보게 될 것이다. 부지런히 힘쓰라.

아직 생기지 않는 욕루와 유루를 생기지 않게 하고, 이미 생긴 욕루와 유루는 곧 사라지게 하라. 그렇게 하면 곧 무명루가 사라져 온갖 유희와 교만에서 해탈하게 될 것이다.”

〈1〉

“또 선법을 행하면 방일하지 않고 중생을 교란하지 아니하며, 일체 중생을 해치지 않고 괴롭히지 않으며, 바른 소견과 방편, 말·행·생활·다스림·생각·선정으로써, 8정도를 행하게 될 것이다.”

〈2〉

“신도들의 시주를 마땅히 공경하여 자식이 부모님께 효성하는 것처럼, 계율과 들음, 삼매·지혜를 성취하여 나누어 주라. 그리고 그들의 소망을 성취하게 해야 하니, 보시는 왕이나 전륜성왕의 지위를 이어받아, 7보의 공덕을 갖추고 천신(天身)의 보를 받아 32상 80종호를 갖춘 부처가 되어, 법륜을 굴리게도 하기 때문이다.”

〈3〉

“신심있는 시주로 열심히 정진하여 계율을 잘 지키는 성현들을 받들고, 공양하면 마치 헤매는 이에게 바른 길을 보여주듯, 양식 떨어진 이들에게 먹을 것을 제공하듯, 두려운 이에게 근심과 걱정을 없애주듯, 놀라고 무서워하는 이에게 두려움을 없애주듯, 돌아갈 곳 없는 이들을 보호하듯, 장님에게 눈이 되듯, 병든 이에게 의사가 되듯, 농부가 잡초를 제거하여 곡식이 잘 되게 하듯 하여야 한다.

비구도 항상 5성음을 버리고 두려움없는 열반성에 들어가 편안히 쉬는 것과 같이 해야 한다."

부처님의 이 같은 말씀을 듣고 아나빈지 장자가 말했다.

"그렇습니다 세존님. 일체 시주와 그것을 받는 이는 길상병과 같고, 비사왕과 같이 하며, 보시를 권유하는 이는 부모가 자식을 친근히 하는 것과 같이 하며, 좋은 친구와 같이 하여야 할 것입니다. 청컨대 부처님께서 제자들과 함께 저의 청을 받아 주십시오."

침묵으로 승낙하니 이튿날 3의와 발우 · 침통 · 니사단 · 옷걸이 · 물통 등을 준비하여, 모든 스님들께 시주하였다.

부처님께서 스님들께 말씀하셨다.

"필요할 때는 언제나 여기 와서 가져다 쓰되 거기에 대한 애착을 버려라."

〈4〉

부처님께서 아나빈지 장자에게 물었다.

"그대는 지금도 보시하고 있는가?"

"예. 하고 있습니다. 항상 네 성문과 집에서, 가난한 이들에게 보시하고 있습니다. 심지어는 들에 날아다니는 짐승들에게까지도 평등보시하고 있습니다. 중생들은 다 먹음으로써 생명을 유지하고 있기 때문입니다."

"훌륭하다. 보살심으로 보시하고 있구나. 그대는 반드시 큰 과보를 얻고 감로법을 맛볼 것이다. 왜냐하면 보살은 평등한 마음으로 은혜롭게 보시하기 때문이다."

〈5〉

"나는 중생들이 업을 따라 윤회하는 것도 알고 보시의 과보를 알고 있다. 최후 남은 한 덩어리 밥이라도 먹지 않고 남에게 베풀어 주는 사람은 큰 과보를 받게 된다."

〈6〉

"복의 과보는 즐겁고 사랑하고 공경 받는 일이다. 복이 없는 사람은 괴로우니 즐거움이 없기 때문이다. 나는 옛날 7년 동안 자애심을 닦고, 7겁 동안 광음천과 공범천·대범천에 태어났으며, 35번이나 제석천이 되고 무수한 전륜성왕의 과보를 받았다. 어떠한 마군도 복 지은 사람을 항복받지 못한다."

〈7〉

"공덕과 복업을 짓는 자는 천마 파순도 틈을 보지 못한다. 내가 옛날 보리수 밑에서 여러 보살들과 함께 모여 있었다. 짐승 머리에 사람 몸을 한 갖가지 마군들이 구름처럼 몰려와 괴롭혔으나 나는 복덕의 힘으로 항복받았다."

〈8〉

"마음에 독실한 믿음이 있는 자는 누구나 열반에 이르니, 부처님도 들으면 기뻐한다."

〈9〉

"이 한 법을 실천한 사람(부처님)이 이 세상에 태어나면, 중생들은 곧 수명이 불어나고 얼굴에 광택이 있으며, 음성은 온화하고 부드럽게 된다. 그러므로 한결같이 부처를 생각하라."

〈10〉

증일아함경 제5권

11. 불체품(不逮品)

"누구든지 한 법을 생각하면 아나함이 되니 한 법이란,

① 탐욕을 멸하는 것이다.

② 성냄을 없애는 것이다.

③ 어리석음을 없애는 것이다.

④ 간탐이다.

⑤ 마음인데 이 마음을 항복받을 수도 없고 때를 맞추기도 어려워 온갖 괴로움을 받게 하는 것이다.

⑥ 선한 마음이다.

⑦ 재물에 집착하는 것이다.

⑧ 대중들에게 거짓말 하는 것이다.

⑨ 제바달다와 같은 죄는 치료할 수 없는 것이다.

⑩ 죄보를 다 받더라도 치료할 수 없는 사람에게 수기하는 것이다."

〈1-10〉

12. 일입도품(一入道品)

"일입도행(一入道行)을 하는 자는, 온갖 근심을 제거하여 번뇌없는 큰 지혜를 얻게 된다. 그것은 곧 5개(蓋)를 없애고 4의지(意止)를 생각하기 때문이다.

1입은 한 마음을 전일하게 가지는 것이고, 도는 8성도인데 5개를 없애는 것이다. 4의지는 안팎으로 몸과 마음을 관하여 나쁜 생각과 근심 걱정을 없애버리는 것이다. 이 몸은 4대 요소위에 36물로 형성되어 부정하고 무상하며, 죽은

시체가 썩어지고 벌레가 먹고 새 짐승이 쪼아 먹고, 나중에는 흰 뼈만 앙상히 남는 것을 관하여 온갖 집착을 털어버리는 것이고, 마음은 무상하여 고·낙·성·쇠를 받는 것이 일정하지 않는 것을 관하는 것이다."

〈1〉

"그러므로 그대들은 마땅히 자비와 인욕을 닦되 몸과 입과 뜻으로 사랑을 실천하라."

〈2〉

"여래 아라한 삼먁삼붓다가 세상에 태어나면, 인·천·마범·사문·바라문 가운데 최상의 복밭으로 태어나므로 여래를 늘 공양하라."

〈3〉

"병든 사람을 돌보는 것은 곧 나를 보살피는 것이다. 보시 가운데는 이 보다 더 큰 보시가 없다."

〈4〉

"아란야를 찬탄하고 칭송하는 것은 곧 나를 찬탄하는 것이다. 왜냐하면 공부하는 사람은 누더기를 입고 아란야에 앉아 선행을 닦기 때문이다."

〈5〉

부처님께서 죽림정사에 계실 때, 누더기를 입고 아란야에서 공부하기를 좋아하는 가섭 존자가 왔다. 부처님께서 말씀하였다.

"가섭이여, 그대는 이제 나이 많고 노쇠하여 기력이 없으니, 지금부터 걸식과 온갖 두타행을 중단하고, 여러 장자들의 공양과 그들이 주는 옷을 입으라."

"죄송합니다. 저는 여래의 분부를 따르지 못하겠습니다. 왜냐하면 여래의 무상정진도(無上正眞道)를 얻지 못하였을 때는 저는 벽지불이었습니다. 그런데 아란야행을 하면서 걸식에 평등법을 얻었으며, 나무 밑이나 빈데, 한적한 곳에 앉아 다섯 가지 누더기 옷을 입고, 세 가지 법의를 지녔으며, 무덤 사이에서 수행하고 끼니는 하루에 한 때 점심 때만 먹는 두타행을 하게 되었습니다. 그러니 제가 익힌 본래 행을 버리고 무슨 행을 다시 배울 것이 있겠습니까."

"장하다 가섭이여, 중생을 위한 마음이 그와 같다면 천상과 인간에 큰 복전이 될 것이다."

〈6〉

부처님께서 급고독원에 계시면서 비구들에게 말씀하셨다.

"이양은 무거워 사람들에게 무상정진도에 나아가지 못하게 한다. 제바달다는 왕자 바라류지의 공양을 받아 500개의 가마솥밥을 받아먹고 있다."

〈7〉

"제바달다는 승가대중을 혼란스럽게 만들고 여래의 발을 다치게 하였으며, 아사세왕을 시켜 그의 부왕을 죽이고 비구니를 죽인 뒤, '악이 어디 있으며 누가 악을 받는가'라 하였다. 어리석은 사람은 지혜로운 척하며 악을 행해도 복이 있다고 한다. 그러나 나는 선악에는 반드시 과보가 있다고 말한다."

〈8〉

"그러므로 남에게 이양을 받는다는 것은 매우 무거워, 무위(열반)에 들지 못하게 한다. 왜냐하면 이양은 사람의 가죽과 살, 뼈·골수를 끊기 때문이다. 그러니 그대들은 이양에 탐내지 말아라."

〈9〉

"남에게 무거운 이양 받으면 사람의 맑고 깨끗한 행이 무너지니
마땅히 그 마음을 제어하고 그 맛을 탐하여 집착하지 말아라.
사리라 비구가 선정을 닦아 제석궁에 태어났지만
신통력이 갑자기 퇴보하여 백정이 되는 처지로 타락하였다."

〈10〉

증일아함경 제6권

13. 이양품(利養品)

"남에게 이양을 받으면 무위에 들기 어렵다. 수라타 비구가 이양을 탐하지 않았다면 그는 끝내 퇴속하지 않았을 것이다. 그가 옛날 아란야행을 할 때 걸식하고 한 자리에서 먹고 옮겨 먹지 않았으며, 하루 한 때만 먹고 나무 아래나 한데에 앉아 한적한 곳을 좋아 하였고, 누더기 옷을 입고 3의만 지녔으며, 혹은 무덤 사이를 즐겨 부지런히 두타행을 하였기 때문이다. 그런데 어쩌다가 포호 국왕의 보호를 받고 그때부터 맛에 끄달려 모든 것을 달리 함으로써 도에 이르지 못하게 된 것이다."

〈1〉

"부처님께서 기수급고독원에 계실 때 '맛에 의한 한 가지 법만 없애면 누구나 아라한이 된다" 하셨다.

〈2〉

사위성에 살고 있던 한 장자가 외아늘을 잃고 미쳐 놀아다녔다. 기수급고독원에 계신 부처님을 뵙고 물었다.

"혹시 우리 아이 못 보셨습니까?"

"은애와 이별하는 것은 괴로운 것이고, 미워하는 사람끼리 만나는 것도 괴로운 것이다."

장자는 이를 거꾸로 알아듣고 누구나 만나면 물었다.

"은애하는 이와 이별하는 것 즐거운 것이다. 사문 구담도 이렇게 말하는데 옳은 말입니까?"

그러면 사람들은

"은애와 이별하는데 무슨 즐거움이 있겠는가."

이 말이 궁중에까지 들어가니 바사닉 왕이 듣고 마리 부인께 물었다.

"당신은 이 말을 어떻게 생각하시오?"

"무슨 까닭이 있겠지요."

하고 죽부 바라문을 부처님께 보냈다. 부처님께서 들으시고

"미친 사람 이야기다."

"그럼 그렇지 부처님께서 어찌 허망한 말씀을 하시겠느냐!"

하고 마리 부인이 대왕께 물었다.

"대왕께서는 유리 왕자와 아라 왕자 살라타 부인과 저, 가시와 구살라 백성들을 사랑하십니까?"

"사랑하다 뿐입니까. 잠깐도 잊을 수 없지요."

"만일 이들에게 무슨 변고가 생긴다면 어떻게 하시겠습니까?"

"말도 못하게 괴로워 할 것입니다."

"그러므로 은애는 고통이고, 살라타 부인도 고통이라 하신 것입니다."

"참으로 부처님은 위대하신 분입니다."

부처님께서 들으시고 "성문 중에 제일 먼저 도를 깨달은 사람은 마리 부인이다"고 칭찬하셨다.

〈3〉

부처님께서 발지국 시목마라산 귀림 녹원에 계실 때 나우라공 장자가 세존께 찾아가 청했다.

"세존님. 저는 나이가 많고 병도 짙어 번뇌가 많습니다. 교훈이 될만한 말씀을 들려주십시오."

"진실로 이 몸은 두려움과 고통이 많으므로 믿을 만한 것이 못된다. 그렇지만 몸에는 병이 있어도 마음에는 병이 없다."

깜짝 놀란 나우라공 장자는 환희심으로 사리불에게 갔다.

사리불이 보고 말했다.

"장자시여, 오늘은 매우 기분이 좋으십니다."

"그렇습니다. 부처님께 감로법을 들어서 그러합니다."

"그러면 왜 그러는지 묻지 못했습니까?"

"그래서 사리불님께 온 것입니다."

"세상사람은 수 · 상 · 행 · 식을 곧 나, 내 것으로 생각하기 때문에 몸에도 근심이 생기고 마음에도 근심이 생기는 것입니다."

"그렇습니다. 그래서 나는 늘 늙었다 아프다고 생각했는데, 이제 그것을 떠나고 보니 진실로 행복합니다."

〈4〉

부처님께서 기수급고독원에 계시면서 수천 사람들에게 법문하고 있을 때 무거운 짐을 지고 오던 강측 바라문이 그런 생각을 하였다.

"청정한 것으로는 똑같은데 어찌하여 구담은 쌀밥에 좋은 반찬을 먹고, 나는 과일과 오이만 먹고 살아야 하는가."

이렇게 한탄하는 마음을 아시고 부처님께서 말씀하였다.

"그대는 성내는 마음, 헤치려는 마음, 잠자는 마음, 희롱심, 의심, 기피심, 고뇌심, 질투심, 증오심, 무참심, 무괴심, 허깨비 같은 마음, 간사심, 위망심, 투쟁심, 교만심, 거만심, 질투심, 증상만, 탐욕 등 21결 때문에 가난해지고 있다. 마치 오래된 옷이 먼지 때문에 여러 가지 물감이 들여져 있는 것과 같다. 그러니 자 · 비 · 희 · 사심에 진리를 웅크리는 호법심을 길러라. 그렇게 하면 다생에 업장을 소멸하고 삼매를 형성, 이 몸으로 즉시 성현이 된다. 어리석은 사람은 강물에 목욕하지만 성자들은 계로서 목욕하고, 선정을 닦아 지혜의 달이 뜨게 한다."

강측 바라문은 그 무거운 짐을 벗고 그 자리에서 비구가 되어 해탈하였다.

〈5〉

부처님께서 기사굴산에서 500비구와 함께 계실 때 석제환인이 물었다.

"어떤 사람에게 베푸는 것이 가장 복이 많습니까?"

"4과 성현에게 보시하면 큰 과보가 있다."

〈6〉

수보리가 왕사성 천막 속에서 선정을 닦고 있을 때, 몸에 병이 위중하자 석제환인이 파순과 함께 문병하였다. 스님께서 선정에 깊이 들어 있으므로 유리거문고로 찬탄하였다.

"번뇌가 다하여 남음이 없고 모든 생각 고요해져 어지럽지 않네.
온갖 때와 티끌 다 없어졌으니 빨리 선정에서 깨어나소서.
마음은 쉬어 생사의 강을 건너고 항마하여 모든 결박에서 벗어났습니다.
눈은 연꽃 같고 그 공덕은 바다와 같으니 속히 공정(空定)에서 일어나소서."

수보리가 선정에서 일어나자 물었다.

"어떻습니까. 병환은 좀 덜하십니까. 그 병은 어디서 생겼습니까. 몸에서 생겼습니까 마음에서 생겼습니까?"

"모든 법은 저절로 생겨나 저절로 소멸합니다. 서로 움직이고 그칩니다. 탐욕병은 부정관으로 다스리고, 성냄은 사랑으로, 어리석음은 지혜로써 다스립니다. 나도 없고 남도 없으며, 모양도 없고 얼굴도 없는데 거기 어찌 남녀가 있겠습니까. 마치 바람이 나무를 쓰러뜨리면 가지와 잎이 마르고, 눈과 우박이 곡식을 때리면 꽃과 열매 무성하다가 저절로 없어져 버리는 것과 같습니다."

"감사합니다. 나에게는 작은 고통이 있었는데, 스님의 법문을 듣고 나니 마음이 평온합니다."

"우리 부처님께서 '근본을 갖추어 지혜로운 사람은 안온을 얻고 법을 들으면 모든 병이 낫는다'고 하였습니다."

〈7〉

증일아함경 제7권

14. 오계품(五戒品)

"살생하지 아니하면 3악도나 인간에 태어나더라도 장수한다."

〈1〉

"누구나 죽이지 않고 죽이려는 생각을 내지 않으면, 남을 요란하게 하지 아니했기 때문에 건강하고 오래 산다."

〈2〉

"남의 물건을 겁탈하거나 도적질하는 사람은, 어느 곳에 가서 태어나도 가난하게 된다. 생업이 끊어졌기 때문이다."

〈3〉

"누구나 보시를 행하면 이 세상 저 세상에서 부자로 태어나, 아름다운 몸을 받고 큰 세력을 갖추게 된다."

〈4〉

"간음하지 않는 사람은 3악도에 들지 않고, 사람으로 태어나면 부부가 화합하고, 부모 자식지간이 서로 공경하게 된다."

〈5〉

"남의 여자나 남자에 대해 다른 생각도 갖지 않는 사람도, 천상이나 인간에 태어나 청정한 복업을 받게 된다."

〈6〉

"거짓말 하는 사람은 신용을 잃고 몸에서 냄새가 나게 되어 있다."

〈7〉

"거짓말 하지 않으면 입에서 향기가 나고 명예와 덕망을 얻게 된다."

〈8〉

"술 마시는 사람은 태어나는 곳마다 지혜가 없고 항상 어리석게 된다."

〈9〉

"술 마시지 않는 사람은 천상과 인간의 복을 받고 총명하게 된다."

〈10〉

15. 유무품(有無品)

"있다(有) 없다(無) 하는 두 가지 견해는 바로 알아 익혀야, 정상적인 사문 바라문이 된다."

〈1〉

"3계·5욕·근·진(根·塵)의 세계를 있는 세계라 하고, 항상함이 있고 없다고 고집하며 끝과 몸, 목숨 등 62견을 갖는 단멸상이 없다는 견해이다."

〈2〉

"보시에는 법시와 재시가 있는데 비구들은 법시를 배워야 한다."

〈3〉

"업에는 법업과 재업이 있는데 법업이 제일이다."

〈4〉

"은혜에는 법을 베푸는 은혜와 재물을 베푸는 은혜가 있는데, 비구는 법혜를 배워야 한다."

〈5〉

"어리석은 사람은 제가 성취할 수 있는 일을 억지로 하려 하고, 성취할 수 없는 일을 하지 않으려 한다. 지혜있는 이는 이와 반대이다."

〈6〉

"비구에게는 두 가지 법이 있는데, 안으로 스스로 사유하고 여래에게 예를 올리는 일이다."

법보와 승보에 대해서도 예를 올려야 한다.

〈7·8·9〉

"비구는 두 가지 인연에 대해서 바른 소견을 가져야 하니, 첫째는 교화를 받은 일이고, 둘째는 지관을 닦는 일이다."

〈10〉

16. 화멸품(火滅品)

난타 존자가 사위성 상화원에 있으면서 "여래를 만나는 것은 심히 어려운 일이다. 우담바라가 3천 년 만에 한 번 피는 것과 같다"고 생각하니, 마행 천자가 손타리에게 일렀다.

"그대는 이제 몸을 단장하고 풍악을 울려라. 난타 존자가 그대를 보면 범부를 벗고 그대로 즐기리라."

손타지가 방을 꾸미고 나팔을 불자 소문이 퍼져, 바사닉왕이 듣고 흰코끼를 타고 직접 난타에게 찾아갔다. 난타가 물었다.

"어찌하여 임금님께서 직접 이곳까지 오셨습니까?"

"소문을 듣고 왔습니다."

"나는 나고 죽음은 이미 다하고 범행이 섰을 때 할 일은 이미 다 마쳐 다시는 사람의 태를 받지 않는다고 사실대로 알고 있습니다. 사문 바라문은 휴식의 즐거움, 잘 가는 즐거움, 사문의 즐거움, 열반의 즐거움을 즐기지 않는 이가 없습니다. 어찌 음욕의 불구덩이를 바라보겠습니까?"

바사닉왕은 기뻐 떠났고 부처님께서는 이 법문을 듣고

"감각기관이 단정하기로는 난타를 능가할 사람이 없다."

〈1〉

"열반에는 유여열반과 무여열반이 있는데, 유여열반은 5하분결(欲·瞋·身·疑·戒禁取見)을 없애고, 반열반에 들어 다시는 세상에 돌아오지 않는 것이고, 무여열반은 번뇌를 끊어 해탈을 증득한 것이다."

〈2〉

"까마귀와 돼지가 더러운 것을 먹고 입을 닦고, 다른 새들에게 나는 부끄러운 일을 하였다고 고백하듯, 적막하고 고요한 곳에 앉아 오랫동안 음욕을 익히고, 온갖 나쁜 짓을 한 비구도 마찬가지다."

〈3〉

"노새는 아무리 잘나도 보통 말과 같지 않고, 물소 또한 일반소와 다르니 마치 수염과 머리를 깎고 세 가지 법의를 입고, 신심을 굳게 가지고 출가하여 도를 배우는 사람도, 눈이 깨끗하지 못해 생각을 제어할 줄 몰라 위의가 단정치 못하면, 마치 노새와 물소와 같다."

〈4〉

"계를 지키는 것은 착한 행이고, 계를 지키지 못한 행은 착하지 못한 행이다."

〈5〉

“세간에 두 가지 법이 있다. 삿된 소견·삿된 다스림·삿된 말·업·생활·방편·기억·삼매가 그것이고, 바른 소견과 내지 바른 삼매가 그것이다.”

〈6〉

“밝은 등불은 3독이 없는 등불이고, 8정도를 행하는 것이다.”

〈7〉

“두 가지 힘이 있는데 참는 힘과 사유력이다. 나는 이 두 가지 힘 때문에 우류비에서 6년 고행하고 등정각을 이루었다. 4향 4과를 공부하는 비구도 그렇게 해야 할 것이다.”

〈8〉

구시나갈국 출신 아나율 존자가 고향에 돌아가니 제석천과 범천, 4천왕, 500 천인과 28귀왕이 찾아와 머리를 조아리고 찬양하였다.

그때 범마유의 제자 사발타 범지가 자연의 향을 맡고 와서 게송으로 나를 찬탄하였다.

“사람 중에 높으신 분께 귀명하오니, 뭇사람의 존경을 받는 분이여,
우리들은 지금 어떤 선정을 의지해야 할지 모르겠습니다.”

하고 물었다.

“왜 우리는 천인 귀왕을 볼 수 없습니까?”

“천안이 없기 때문입니다. 그러나 그 천안은 겨우 1천 세계를 보고 혜안이 있으면 바른 것을 보고 삿된 것을 보지 않는다.”

“저도 천안과 혜안을 얻고 싶습니다.”

“나쁜 생각을 버리고 착한 마음을 가지고 계를 지키라.”

"어떤 것이 나(我)고 교만입니까?"
"나는 신식(神識)이고, 그것을 나라고 고집하는 것이 교만이다."
범지는 그 말을 듣고 집에 이르기도 전에 법안이 열렸다.

〈9〉

존자 라운은 계율을 잘 지켰으나 번뇌에서는 아직 해탈하지 못했다.
그때 부처님께서 일렀다.
"금하는 계를 완전히 갖추면 모든 기관도 성취해 차츰 체득하게 되므로 마침내 번뇌 끊어진다. 그러니 그대들은 바른 법 닦아 실수가 없도록 하라."

〈10〉

17. 안반품(安盤品) ①

부처님께서 사위성에서 걸식 나가다가 라운 비구에게 물었다.
"5온은 무상한가?"
"예. 5온은 무상합니다."
라운이 이 말을 듣고 즉시 탁발을 그만두고 나무 밑에 가서 안반을 닦았다. 부처님께서 공양 후 라운이 있는 곳에 가서 말하셨다.
"너는 집착심을 일으키지 말고 항상 스스로 법을 따라야 한다. 밝은 횃불로 어두움을 깨뜨리면, 그 이름이 널리 퍼져 천룡들이 항상 받들어 공경하게 된다."
"세존님. 어떻게 안반을 닦아야 근심과 걱정이 없어지고, 생각이 끊어져 큰 과보를 받고 감로를 맛볼 수 있습니까?"
"수식관을 통해 잘 사유하고 기억하라. 아무도 없는 한가한 곳과 고요한 곳에 이르러, 몸과 마음을 바르게 가지고 가부좌하고 앉아, 다른 생각없이 뜻을 코 끗에 매어두고 내쉬는 숨을 길게 하면, 모든 근심·걱정·번민·산란이 없어진다."
라운은 안다 동산에 가서 부처님 가르침대로 수식관을 해 악을 없애고 각관을 통해 4선·8정을 얻고 천안통 숙명통을 얻어 밀행제일 라운이 되었다.

〈1〉

증일아함경 제8권

17. 안반품(安盤品) ②

“세상에 여래와 전륜성왕은 나타나기 어렵고, 벽지불과 아라한도 마찬가지다. 기쁜마음으로 받들어 행해야 한다.”

〈2, 3〉

“두 가지 법이 심한 번뇌를 일으키니 첫째는 원망과 마음을 일으키는 악이고, 둘째는 착한 행으로 온갖 덕의 근본을 짓지 않는 것이다.”

〈4〉

“삿된 소견은 고심·정력자·필지빈지지와 같이 아무리 좋은 땅에 심어도 쓴맛은 없어지지 않는다.”

〈5〉

“정견 중생이 기억하고 나아가는 것은 단 과일과 같아서 모두가 귀하고 공경할만하다.”

〈6〉

아난이 선정 중에서

"세상 사람들은 애욕에 대한 생각을 일으키고 밤낮으로 그것을 익히면서 만족할 줄 모른다."

이렇게 생각하고 부처님께 사뢰니 부처님께서 정생왕의 이야기를 들려주었다.

"옛날 7보를 성취한 정생왕이 1천 명의 아들들을 거느리고, 4천하를 통어하며 자연생 쌀과 겁피옷을 입고, 33천에 올라가 제석천의 자리를 탐하다가, 타락하여 죽으면서 게송으로 말씀하셨다.

"탐욕이란 때맞추어 오는 비처럼 욕심이 자꾸 자라 만족할 줄 모른다.
즐거움은 적고 괴로움은 많으니 지혜로운 사람은 그것을 떨쳐버린다.
비록 하늘의 즐거움 받아 5욕을 만족하더라도 그것은 저 애욕을 끊어버린
불 제자만 못하다.
탐욕으로 억겁을 살아도 복이 다하면 다시 지옥에 떨어지기 때문이다."

〈7〉

생루 바라문이 부처님께 물었다.

"나쁜 벗과 좋은 벗은 어떻게 보아야 합니까?"

"나쁜 벗은 그믐달처럼 보고, 착한 벗은 초승달처럼 보라."

〈8〉

부처님께서 기수급고독원에 계시면서 나쁜 벗의 정의를 내렸다.

"어떤 것이 나쁜 벗입니까?"

"자기 집안과 명망을 믿고 사람들을 헐뜯어 나무래는 사람이다. 자기만 노력하고 남들은 방일하는 것처럼 생각하고, 나는 삼매를 성취하여 지혜가 제일인데 저들은 산란하고 우치하다고 교만을 피우면서, 자신만이 4사공양을 받을만한 자격이 있다고 하며, 이양을 챙기는 자이다. 이와 반대되는 사람을 착한 벗이라 한다.

〈9〉

부처님께서 석시 니구류원에서 500비구들과 함께 계실 때, 500 석가족들이 보의강당에 모여 변론하였다.

"우리 집안에서 출세한 부처님과 근거도 없이 나타난 바보, 주리반특이 있는데 누가 그와 겨뤄볼 것인가?"

세전 바라문이,

"만일 내가 저들에게 지면 체면이 서지 않고, 그렇다고 논의하지 아니해도 내가 바보가 되리라."

이렇게 생각하고 있을 때 주리반특이 발우를 들고 오자 물었다.

"장님이 눈 없는 사람이고 눈 없는 사람이 장님인데, 무엇 때문에 겹말을 씁니까?"

주리반특은 이에 답변하지 않고 18변을 나타내니

"역시 바보로구나. 신통력은 있지만 변론할 줄 모른다."

그때 사리불이 바라문 앞에 나타나 주리반특으로 변하여 물었다.

"내 이름은 범천이다. 그대는 장부인가 사람인가?"

"나는 장부이면서 사람이다."

"장님과 장애인도 마찬가지 아닌가. 금세와 후세에 태어나는 죽는 이, 선악호추의 몸을 그대가 보지 못하므로 그대야말로 장님이다."

"나는 분명 눈을 뜨고 있는데."

"지혜가 없으면 눈뜬 장님이다."

"5음을 의지하여 열반을 증득할 수 있는가?"

"그것은 인연법이다. 애욕에 의해 태어난 것이므로 도를 닦지 아니하면 법안을 얻을 수 없다."

바라문이 이 소리를 듣고 그 자리에서 열반에 들어 곧 화장하여 4거리에 탑을 세웠다.

〈10〉

제바달다가 바라류지(아사세) 왕자에게 말하였다.

"옛날에는 사람의 수명이 길었는데 지금은 100년도 되지 못합니다. 만일 왕자께서 왕위에 오르기 전에 목숨을 마친다면 어떻게 되겠습니까. 그러니까 부왕을 죽이고 백성들을 직접 통치하십시오. 나는 구담 사문을 죽이고 법왕이 되겠으니, 만일 이 두 임금님이 마갈타국에 탄생한다면 통쾌하지 않겠습니까."

그리하여 부왕을 무쇠감옥에 가두고 새 임금님이 탄생하자, 부처님께서 이 말씀을 듣고

"만일 임금님이 정치와 교화를 바르게 하지 아니하면, 대신들과 태자, 신하·관리·백성·군대들도, 법 아닌 법을 행하여 나라가 어지러워질 것이다. 해와 달이 궤도를 잃으면 세월을 잃고, 별들이 변괴를 부르고 폭풍이 일어나, 천신·지신 내지 미물 곤충까지도 제명대로 살지 못할 것이다. 그러니 부디 나쁜 업을 짓지 말고 바른 생각으로 살아야 한다."

〈11〉

증일아함경 제9권

18. 참괴품(慚愧品)

"두 가지 묘한 법이 있어 세상을 옹호하니 참(慚)과 괴(愧)의 법이다."

〈1〉

세상에 만족할 줄 모르고 목숨을 마치는 두 종류의 사람이 있는데,

"하나는 말도 못하게 인색한 사람이고, 하나는 집안이 거덜나도록 보시하는 사람이다."

〈2〉

"비구는 법보시를 해야 하니 후유(後有)가 없기 때문이고, 세상사람들은 물질 보시를 해야 하니 장차 과보를 받기 원하기 때문이다."

〈3〉

한 바라문녀가 바라문에게 보시하고자 밥을 들고 와서 물었다.

"혹 바라문을 보았습니까?"

오래 전부터 골목길에서 기다리고 있던 대가섭을 가르치며 말했다.

"욕심·성냄·어리석음, 온갖 번뇌 다 버려 거만하지 않는 자, 그러면서도 바른 법을 실천하는 자, 그가 곧 바라문이요 범지이다. 그 여인은 대가섭에게 공양하고 법문을 듣고 매우 기뻐하며 기색이 밝아졌다. 그의 남편이 외지에서 돌아와서 묻자

'바라문에게 공양하고 생각이 달라졌다.'

하고 함께 부처님께 가 예배드리고 다시 가섭 존자에게 물었다.

'바라문과 사문은 이름이 다른데 어찌 사문을 바라문이라 하셨습니까?'

'바라문이 사문의 행을 실천하여 부족함이 없고, 사문이 바라문 법에 결격이 없으면 두 분 다 바라문이고 사문이다.'"

〈4〉

제바달다가 아사세왕께 술 취한 코끼리를 놓아 세존을 해치게 하였다. 그런데 부처님께서 탁발하러 가는 길에, 술 취한 코끼리가 달려들더니 순간 그 앞에 이르러 무릎을 꿇고 앉자 부처님께서 말씀하셨다.

"너는 용을 헤치지 말라. 만나기 어려운 용을 해치지 않으면 좋은 곳에 태어난다. 성내거나 분노하면 지옥에 태어나고, 나중에 독사·뱀이 되어 징그럽게 된다."

이 광경을 본 6만의 선남 선녀들이 모두 법안이 열렸다.

난타가 눈부시도록 찬란한 옷을 입고 금장식 신을 신고, 두 눈썹을 예쁘게 그리고 사위성으로 걸식하러 갔다는 소문을 듣고, 부처님께서 그를 불러 확인

하신 뒤 나무라시고 게송으로 말씀하셨다.

"우리 난타가 언제나 아란야행을 닦고
사문법을 좋아하면서 두타행을 실천하는 것을 볼 것인가."

〈6〉

난타가 사문법을 견디지 못하여 속가로 가려하자 부처님께서 불러 물었다.
"네가 지금 속가로 가려고 하느냐?"
"예. 그렇습니다."
"무엇 때문인가?"
"음욕을 참을 수 없습니다."
"출가자가 음욕과 술, 두 가지에 자재를 얻으면 무위처에 이를 것이다."
하고 다음과 같이 게송으로 말씀하셨다.

"지붕을 촘촘히 덮지 않으면 비가 샌다.
범행을 닦는 이는 음욕·성냄·어리석음에 빠지면 새게 된다."

부처님은 난타의 마음이 지나치게 불타고 있는 것을 보고, 방편으로 향산으로 데리고 가니, 동굴 속에서 외꾸눈 원숭이를 보고 물었다.
"네 아내 손타리와 비교가 되느냐?"
"되지 않습니다."
"그러면 나를 따라오너라."
순간 33천에 이르러 옥녀들이 노는 것을 보았다.
"저들은 누구의 아내입니까?"
"네가 직접 가서 물어보라."
난타가 가서 물으니
"저희들은 청정녀로서 장차 난타의 아내가 될 사람입니다."
고 하니 순간

"아, 내가 중노릇을 잘하면 저런 여인들을 데리고 살게 되겠구나."
하고 금방 일었던 욕정이 사라졌다. 부처님께서 물었다.
"어떠냐. 손타리와 비교가 되느냐?"
"비교가 되지 않습니다. 부지런히 공부하여 33천에 태어나고 싶습니다."
"그래. 그렇다면 가라."
하고 설산 근처에 내려오니 아비지옥의 사자들이 큰 가마에 기름을 끓이고 있다가 말했다.
"이놈이 왜 오지 않는가?"
난타가 물었다.
"누구를 말합니까?"
"난타란 놈 말이다."
하며 금방 잡아넣을 듯 하였다.
"왜그러십니까?"
"이놈이 500천녀를 평등하게 사랑하지 않아 많은 여인들이 속을 끓여 놓으므로, 장차 이 지옥에 복진타락하여 고통을 받으리라."
난타의 생각을 또 한 번 변했다.
"사람 목숨이란 귀한 것이 하나도 없구나. 천상락도 죽으면 바로 지옥이 되니."
부처님께서 길을 내려오시다가 지푸라기가 떨어져 있으니 '주어보라'고 하셨다. 주어보니 생선을 엮은 지푸라기가 몹시 냄새가 났다.
"무슨 냄새가 나느냐?"
"비린 냄새가 납니다."
또 얼마쯤 가다가 헝겊이 있자 '주어보라'고 하셨다. 주워 코에 대어 보더니 주머니에 넣었다.
"무슨 냄새가 나느냐?"
"향냄새가 납니다."
"본래 그 헝겊이나 지푸라기에 그런 냄새가 있었겠느냐?"
"아닙니다. 생선을 쌌으므로 생선 냄새가 나고, 향을 쌌으므로 향냄새가 납니다."

"너도 마찬가지다. 임금님의 아들로 부처님의 동생으로 출가한 사문이 되었으면 사문 냄새가 나야 하는데, 속인 냄새가 나니 사람들에게 업신여김의 대상이 된다. 보라. 저 중간에서 만났던 사람들이 서로 만났을 때는 털끗만큼도 차이가 없더니, 한 사람은 갠지스강을 한 사람은 설산으로 가다보니, 그 거리가 천만리나 떨어지게 되지 않느냐."

"예. 부처님. 잘못했습니다. 다시는 천녀도 옥졸도 생각하지 않고, 무위의 법을 배워 해탈 자재하는 사람이 되겠습니다."

〈7〉

부처님께서 석시수 가비라월 니구류원에 계실 때 대애도 구담미가 왔다.

"언제나 어리석음 교화하시고 모든 생명 보호하소서."

"여래는 무량수로 항상 모든 생명을 사랑합니다."

"어떻게 여래께 예를 올려야 합니까."

"뜻을 어지럽게 가지지 않고 용맹스런 마음으로, 평등하게 성문들을 살피면 여래께 예배한 것이 됩니다."

〈8〉

"여래와 여래의 제자를 비방하는 사람은, 법 아닌 것을 법이라 하고, 참된 법을 법으로 알지 않는 이다."

〈9〉

"칭찬할 만한 사람을 칭찬하고, 칭찬하지 아니할 사람을 칭찬하지 않는 사람은, 나는 복많이 받은 사람이라고 한다."

〈10〉

증일아함경 제10권

19. 권청품(勸請品)

부처님께서 마칼라국 보리수 나무 밑에 있을 때

"내가 얻은 매우 깊은 법은 밝히기 어렵고 알기 어려우며, 깨닫기도 어렵고 생각하기도 어렵다. 번뇌가 끊어진 미묘한 지혜를 가진 사람들 만이, 깨달을 수 있을 것이다. 이것을 분별하여 게을리 하지 않는 사람은 기쁨을 얻을 것이지만, 설사 내가 남을 위해 설법한다 하더라도 믿고 받아 실천하지 않을 것이니, 부질없이 수고로움만 끼치지 말고 조용히 침묵을 지키고 있어야겠다."

이렇게 생각하자 그때 범천왕이 "염부제는 이제 망했구나"라고 생각하고 즉시 내려와 청법하였다.

"세존께서는 설법하옵소서. 중생의 근기가 차별이 있어 못 알아듣는 자도 있지만, 우발라꽃 · 구모두꽃 · 분타리꽃처럼 물 위로 솟아난 꽃도 있기 때문에, 혹 알아듣고 생사를 해탈할 사람도 있을 것입니다. 설법하여 주십시오."

〈1〉

부처님께서 바라내국 녹야원에서 설법하셨다.

"탐욕의 즐거움과 비천한 고행에 집착하면 숱한 고통의 실마리가 되니, 수행자는 마땅히 이 두 가지 길을 피해 8정도의 길을 걸어야 한다."

〈2〉

석제환인이 기수급고독원에 계신 부처님께 물었다.

"어떻게 하여야 애욕을 끊고 해탈을 얻어, 천인의 공경을 받을 수 있겠습니까?"

"공한 법을 알면 고 · 낙 · 성 · 쇠에 좌우되지 않으리라."

목련 존자가 이를 다시 확인하였다.

〈3〉

"이 세상에 우뢰와 번개를 보고도 두려워하지 않는 것이 둘이 있으니, 첫째는 사자이고, 둘째는 번뇌가 다한 아라한이다."

〈4〉

"이 세상에 지혜를 없애는 데 두 가지가 있으니, 첫째는 나보다 나은 이에게 묻기를 좋아하지 않는 것이고, 둘째는 잠에 빠져 정진할 뜻이 없는 것이다."

〈5〉

"사람을 가난하게 만드는 것에는 두 가지가 있으니, 첫째는 남이 보시하는 것을 막는 것이고, 둘째는 자신도 보시하지 않는 것이다."

〈6〉

"빈천한 집에 태어나는 원인에 두 가지가 있으니, 첫째는 부모와 어른을 공경 효순하지 않는 것이고, 둘째는 자기보다 나은 이를 받들지 않는 것이다."

〈7〉

범지의 딸 수심이 대구치라 존자께 물었다.
"우답람불(울타라라마차)과 나륵가람(아라라가라마)은 비록 부처님께 제도되지 못했으나, 부처님께서 한 분은 무소유처(無所有處)에 태어났고, 한 분은 유상무상처에 태어났다."

〈8〉

마하 가전연 존자가 바나국의 못가에 500명과 함께 교화하고 있을 때 집장외도 간다 바라문이 500제자와 함께 문안을 왔다. 그런데 가전연이 인사를 하지 않았다. 그래서 말했다.

"가전연 존자처럼 행동하는 것은 법과 율에 맞지 않다. 왜냐하면 젊은 비구가 덕망 높은 바라문에게 인사를 하지 않기 때문이다."

"부처님께서는 나이 많은 어르신과 젊은 위치에 대해 말씀한 바 있는데, 80이 넘었더라도 음욕을 끊지 못하고 나쁜 짓을 하는 자는, 젊은 위치에 있는 것과 같다고 하였다."

"그러면 이들 대중이 다 그렇게 행하고 있는가?"

"그렇다."

"바라문은 즉시 그 권속들과 함께 가전연 발아래 절하고 3귀 5계를 받았다."

〈9〉

"두 사람이 세상에 출현하는 것은 만나기 어려다. 첫째는 설법자고, 둘째는 청법자이다."

〈10〉

부처님께서 암바파리 동산에 계실 때, 법문을 듣고 공양청을 하였다. 부처님께서 승낙하자 기쁜 마음으로 집으로 돌아가다가 500동자를 만나 말했다.

"여자가 단정하지 않게 수레를 타고 달려가느냐?"

"여러분은 아셔야 합니다. 우리들은 내일 부처님과 성중들을 함께 공양하기로 했습니다."

"순금 천 냥을 줄터니 공양청과 바꾸자."

"그것은 안됩니다. 설사 10만 냥이라 해도 안됩니다. 왜냐하면 이 세상에는 재물과 목숨은 누구도 보장할 수 없기 때문입니다.

동자들이 한탄하였다.

"허허, 우리는 저 여자들만도 못하네."

하고 부처님께 가니 부처님께서 설법하셨다.

"은혜를 되돌려 갚을 줄 알고 항상 기억하여 남을 가르치면, 지혜로운 이가 공경해 모시고, 천상이나 인간에 명성이 자자하게 된다."

이튿날 아침 부처님과 대중스님들께 공양한 암바파라는, 자신의 동산을 부처님께 바치니 부처님께서 말씀하였다.

“과수원으로 시원한 것 베풀고, 다리 놓아 건너게 하고
거리마다 변소 지어 사람들의 고통 없애주면
밤낮없이 안온하고 받은 복 헤아릴 수 없다.
살아서는 법과 계 이룩되고 죽어서는 천상에 태어나리라.”

〈11〉

증일아함경 제11권

20. 선지식품(善知識品)

“마땅히 선지식을 친근하고 나쁜 행을 익히거나 나쁜 업을 믿지 말라. 왜냐하면 선지식을 친근히 하면 믿음이 더욱 늘어나고 지식 · 보시 · 지혜가 자꾸만 늘어나기 때문이다.”

〈1〉

부처님께서 왕사성 죽림정사에 계실 때, 제바달다가 500명의 비구를 거느리고 부처님 계신 곳에서 멀지 않은 곳을 지나가고 있을 때 게송으로 말씀하셨다.

“나쁜 벗 친근하지 말고 어리석은 벗 따르지 말라.
사람 중에 가장 뛰어난 것은 선지식이다.
사람은 본래 악하지 않지만 악한 벗 가까이 하면
반드시 나쁜 뿌리를 심어 언제나 어둠 속에서 살게 될 것이다.”

그때 제바달다가 이 게송을 듣고 와서 참회하였다.

"저희들이 어리석고 미혹하여 아무 것도 몰랐습니다. 저희들의 참회를 받아 주십시오."

부처님께서 참회를 받아주고 여러 가지로 설법하자, 더욱 신근이 두터워져 마침내 아라한이 되었다."

〈2〉

부처님께서 급고독원에 계실 때, 담마류지가 고요한 방에서 홀로 사유하다가 숙명통이 열려, 자신이 전생에 큰 물고기였던 것을 알고 게송을 읊었다.

"오랜 겁나고 죽고 끝없이 돌아다니면서
사람마다 편안한 곳 찾고 있지만 끝없는 고통받고 있네.
가령 내 또 그 몸 보고나서 마음에 내 살집 만들고 싶어 할지라도
사지와 뼈마디 모두 허물어져 완전한 형체를 얻을 수 없네.
마음이 이미 모든 행 여의면 애착도 아주 사라져 없을 것이니
다시는 이따위 몸 받지 않고 영원히 열반에 들리라."

부처님께 나아가 사실을 고유하니, 부처님께서는 전생의 인연(초술 범지가 정광여래를 만나 다섯 송이 꽃을 바치는 이야기)을 들어 말씀하였다.

"옛날 야야달 범지는 지금의 백정왕이고, 8만 4천 범시의 상좌는 제바달다이며, 초술 범지는 지금의 나이고, 범지의 딸로 꽃을 판 여인은 구이이며, 사당 주인은 집장 범지이고, 그때 입으로 '사람이 어찌 사람의 머리를 밟고 간단 말인가'라고 좋지 않은 소리를 한 사람은 담마류지다. 담마류지는 이 나쁜 말 때문에 오랜 세월 축생이 되었다가, 최후에 물고기 몸을 받았으며, 다시 사람이 되어 선지식을 좋아한 까닭에 오늘 나를 만났으며, 그래서 내가 '오랫만이다'고 한 것이다."

〈3〉

부처님께서 기수급고독원에 계실 때 비구스님들께 말씀하셨다.

"세상에는 사자와 같은 사람이 있고 양과 같은 사람이 있다. 사람은 4물과 질병에 필요한 의약품 등을 공양 받으면, 그것을 받아 쓰면서도 거기 집착하는 마음을 일으키지 않고 또한 욕심도 없으며, 아무런 생각도 일으키지 않는다. 오직 그것은 번뇌를 벗어나는 요긴한 법으로 생각한다. 설사 이양을 알지 못했다 하더라도, 혼란한 생각을 일으키지 않으므로 마음에 증감이 없는 것이, 마치 사자가 작은 짐승들을 잡아먹을 때, 거기 딴 생각이 없어 오직 삶의 한 방편으로 생각하는 것과 같다.

반대로 양떼 가운데 한 양이 홀로 떨어져 똥을 먹고 와서, '나는 너희들이 맛보지 못한 특수한 음식을 먹고 왔다'고 뽐내며, 다시 또 그렇게 살 것을 생각하는 것이 양과 같은 사람이다."

〈4〉

"만일 어떤 중생이 은혜를 갚을 줄 알면 그 사람은 존경할 만한 사람이다. 나는 언제나 은혜 갚을 줄 아는 사람은 찬탄한다."

〈5〉

"만일 어떤 사람이 게으름을 피우면서 나쁜 짓을 하면, 그는 일에 손해만 있을 것이다. 마치 이는 미륵보살이 나와 함께 발심하였으나, 30겁 뒤에 성불하는 것과 같다."

〈6〉

"아란야 비구는 두 가지 법을 닦고 실천하여야 한다.

① 지(止)인데 지를 터득하고 계율을 성취 위의를 잃지 않고, 금지한 행을 범하지 않아 온갖 공덕을 지은 것이고

② 관법이니 고·집·멸·도를 관하여 욕루·유루·무명루에서 벗어나 해탈하는 것이다."

〈7〉

"아란야 비구가 한가하고 고요한 곳에 있으면서, 공경과 기뻐하는 마음을 내면, 반드시 선행을 성취하여 게으르고 교만한 마음이 없어진다."

〈8〉

"믿음이 없는 사람과 인색하고 탐욕이 있는 사람에게, 보시한다는 것은 매우 어려운 일이다. 왜냐하면 설익은 종기를 칼로 째는 것처럼, 바른 말을 하면 성을 내기 때문이다."

〈9〉

"범부가 부모님께 공양하고 일생보처보살께 공양하면, 큰 공덕을 얻고 무위처에 이른다."

〈10〉

"아무리 착한 일을 해도 아버지와 어머니의 은혜는 다 갚을 수 없다. 평생 동안 4물을 받으면서 양 어깨에 모시고 천하를 구경시킬 때, 똥 오줌을 싸더라도 싫어하는 마음을 내서는 안된다."

〈11〉

부처님께서 기수급고독원에 계실 때 존자 반특이 동생 주리반특에게 말씀하였다.

"계를 지킬 능력이 못되면 속세로 돌아가라."

갈 곳이 없는 주리반특은 기원정사 문앞에서 울고 있었다. 천안으로 이 사실을 아신 부처님께서 직접 찾아가 물었다.

"왜 우느냐?"

"소(掃)자와 제(帚)자도 모른다고 쫓겨났습니다."

"너는 오늘부터 빗자루를 들고 뜰을 쓸면서 재(灰)를 제하고, 흙(土)과 기왓장, 돌을 제거하여 깨끗하게 하라."

주리반특은 청소하며 절 안을 깨끗이 하다가, 지혜의 빗자루로 5온의 때를 쓸어버리고 욕루·유루·무명루까지 해탈하였다.

"부처님. 오늘 저는 지혜의 빗자루로 번뇌의 때를 쓸어버렸습니다."

"고맙다. 주리반특이여,"

〈12〉

"세상에 두 가지 법이 있으니, 진실로 소중히 여길 것이 못되고 애착해서는 안될 것이다. 첫째는 원수가 한데 모이는 것이고, 둘째는 은애가 헤어지는 것이다."

〈13〉

증일아함경 제12권

21. 삼보품(三寶品)

"스스로 귀의하는 덕에 세 가지가 있으니 불·법·승 3보가 그것이다. 두 발 달린 것, 네 발 달린 것, 많은 발 달린 것과 항상 있는 것 항상 없는 것, 생각 있는 것과 생각 없는 것으로부터 비상비비상천에 이르기까지, 여래가 그 가운데서 가장 존귀하고 최상인 것이, 마치 우유에서 낙·소·제호가 나와 그 중 제호를 제일로 치는 것과 같다.

유루·무루·유위·무위·무욕·무염과 멸진, 열반이 있지만, 그 중에서 열반이 가장 존귀하고 최상이어서, 그 어느 것도 여기에 미칠 것이 없다. 또 세상에는 많은 모임이 있으나 승가 대중처럼 청정하고 존귀한 것이 없다.

그러므로 부처님을 섬기면 존귀해지고, 법을 섬기면 탐욕과 집착이 없어지고, 현성을 섬기면 지혜가 난다고 한 것이다. 천인 가운데서 바른 길잡이가 되고 묘한 자리를 얻어 감로를 마시며, 몸에는 7보 옷을 입고 계를 갖추어, 감각기관에 결함이 없어 사람 가운데서 존경받고, 바다와 같은 지혜로 열반의 세계로 나아가기 때문이다.”

〈1〉

“세 가지 복업이 있으니 보시·평등·사유이다.”

〈2〉

“세 가지 인연이 있어야 식(識)의 태를 받는다. 어머니의 애욕과 아버지의 정기에 나의 식(識)이다.”

〈3〉

“만일 어떤 중생이 자애로운 마음을 일으키고, 독실하게 믿는 마음을 가지고 부모·형제·친척·아내·친구·선지식을 받들어 섬기려고 하거든, 마땅히 세 곳에 안주해야 한다. 첫째는 환희심이고, 둘째는 바른 법이고, 셋째는 성중이다.”

〈4〉

구파리 비구가 부처님 계신 곳에 찾아와, 사리불과 목건련을 헐뜯고 몸에 종기가 나서 죽었는데 연화지옥에 떨어졌다. 온몸이 불에 타고 백 마리의 소가 보습으로 그의 혀를 갈았는데, 목건련이 그 소리를 듣고 찾아 갔으나 마음을 고치지 못하고 악담 설욕 하자 다시 천 마리의 소가 와서 그 혀를 갈았다.

부처님께서 게송으로 말씀하셨다.

“대개 사람이 세상에 태어나 도끼가 사람의 입 속에 있어
제 몸을 베나니 악한 말 때문이다.
그러므로 비구들아 너희들은 3업을 청정히 가지라.”

〈5〉

“만일 비구가 세 가지 법을 성취하면 현재 세상에서 쾌락을 누릴 것이고, 용

맹스럽게 정진해 번뇌를 다 끊어 없애게 될 것이다. 그러면 그 세 가지란 무엇인가. 첫째는 감각기관이 고요한 것이고, 둘째는 음식에 절제를 알며, 셋째는 거닐어도 잃어버리지 않는 것이다.”

〈6〉

“세 가지 큰 병이 있으니 풍병·담병·냉병이다. 여기에는 소(우유)와 꿀, 기름이 약이다. 사람에게도 세 가지 병이 있으니 탐욕과 성냄, 어리석음과 부정관, 자비관과 지혜관이 그것이다.”

〈7〉

“세 가지 악행이 있으니 몸과 입과 뜻으로 행하는 것이다. 만일 3업이 청정하여 악이 없고 선이 차면 마침내 무위의 경계에 들리라.”

〈8〉

탁발 나가던 스님들이 시간이 너무 일러 범지들이 있는 곳에 이르니, 범지들이 물었다.

“구담 도사는 욕론·색론·통론·상론에 대하여, 늘 말씀하신다고 들었는데 무엇이 우리와 다른가?”

대답을 하지 못하고 돌아와 부처님께 말씀드리니

“욕·색·통·상에 무슨 맛이 있고 허물이 있는가를 물었어야 한다. 탐욕은 5욕이 기본이 되어 눈·귀·코·혀·몸을 동원하여, 물질에 대해 사랑스럽고 존경하는 마음을 내는데 이것이 뜻대로 되지 않으면 칼과 몽둥이를 들고 전쟁을 하여 이기고 지며, 빼앗아 갖다 놓은 것도 힘있는 사람들에게 빼앗기고 도둑맞을까 걱정한다.

그러므로 우리들은 애초부터 그런 변해가고 부서지고, 빼앗기고 없어질 빌미를 마련하지 않고, 마음 속으로부터 해탈을 얻어 이 세상 걱정거리를 제거하니, 이것이 바라문 범지와 다른 것이다.”

〈9〉

"세상에는 세 가지 든든하지 못한 것이 있다.

첫째는 몸이고, 둘째는 목숨이고, 셋째는 재물이다. 그러나 든든하지 못한 몸을 가지고 겸손·공경·예배하면 그 속에서 든든한 몸을 얻고, 5계·10계를 잘 지키며 몸으로 자비심을 행하면, 무상한 목숨 가운데서도 영원한 목숨을 얻게 되고, 무상 재물을 가지고도 필요에 따라 보시를 행하면, 하늘에 쌓는 복보를 장만한다. 사람 몸 얻기 어렵고 목숨 오래 가지 못하니, 재물 가지고 있을 때 보시하라."

〈10〉

22. 삼공양품(三供養品)

"세상 사람들이 마땅히 공양해야 할 사람이 셋이 있으니, 첫째는 여래이고, 둘째는 아라한이며, 셋째는 전륜성왕이다.

여래는 굴복하지 않는 것을 굴복시키고, 항복하지 않는 것을 항복받으며, 제도 되지 않는 것을 제도하시고, 해탈 못한 것을 해탈시키고, 열반에 들지 못한 것을 열반에 들게 하고, 구호할 수 없는 이를 구호하기를 장님의 눈과 같이 하고, 병든 사람에게 의식과 같이 한다.

아라한은 번뇌가 없어져 무상병을 얻어 음욕과 성냄, 어리석음을 다했기 때문에 세상의 복밭이 되는 까닭이다.

전륜성왕은 세상을 법으로 다스려 10선을 행하기 때문이다."

〈1〉

"세 가지 선근이 있어 선근이 끝이 없고 다함이 없어 열반에 이르게 한다. 첫째는 여래의 처소에 공덕을 심은 것이고, 둘째는 정법 가운데 공덕을 심은 것이며, 셋째는 성중에 공덕을 심는 것이다."

〈2〉

"세 가지 느낌이 있는데 즐거움과 괴로움과, 즐겁지도 않고, 괴롭지도 않는 것이다."

〈3〉

"세 가지는 덮어두면 미묘한데 드러내면 미묘하지 않다. 첫째는 여인이고 둘째는 주술이고, 셋째는 사견이다. 어두운 세상은 해와 달이 밝히고, 캄캄한 마음은 여래의 법을 밝히니, 마땅히 여래법을 배워 들어나게 해야 할 것이다."

〈4〉

"유위법에는 생겨나는 모습과 변해가는 모습 파괴되는 모습이 있다. 이것을 확실히 아는 자가 무위법에 들게 된다."

〈5〉

"어리석은 사람에게 세 가지가 있다. 첫째는 생각해서는 안될 것을 생각하고, 둘째는 논하지 아니할 것을 논하고, 셋째는 행해서는 안될 것을 닦아 익힌다."

〈6〉

"여기 세 가지 법이 있다. 성현의 계와 삼매, 지혜이다. 이 세 가지를 깨달아 익힌 자는 누구나 생사의 업을 끊고 대자유를 얻을 것이다."

〈7〉

"여기 존중하고 사랑할 만한 법 세 가지가 있으니, 첫째는 젊고 씩씩한 것이고, 둘째는 병없이 건강한 것이며, 셋째는 수명이 긴 것이다."

〈8〉

"세 가지 일 때문에 중성은 몸이 부서지고 목숨이 끝나 3악도에 드니, 탐욕과 잠, 들뜸이다."

〈9〉

"세 가지 법을 익히면 만족할 줄 모르고 휴식처를 갖지 못하니, 탐욕과 술마시기, 잠이다."

〈10〉

증일아함경 제13권

23. 지주품(地主品)

바사닉왕이 설법을 듣고 3개월 동안 공양을 한 뒤,

"축생에게 음식을 주면 백 갑절의 복을 받고,

지계자에게 음식을 주면 천 갑절의 복을 받으며,

단욕선인에게 음식을 주면 억 갑절의 복을 받고,

4과 성현이나 벽지불·여래·비구 스님들께 공양하면, 무진한 복을 받는다고 하였습니다. 그래서 저는 지어야 할 공덕을 지금 다 마쳤습니다."

"대왕이여, 복에는 만족이 없습니다. 죽음은 길고도 아득하기 때문입니다. 옛날 지주왕이 한 아들을 낳았는데 백 복을 구축하였습니다. 29세에 출가 성도하고 80억의 대중을 교화하니, 이것은 지주왕이 그 옛날 등광여래께 4물을 공양한 공덕이었습니다. 지주왕은 따로 별장을 짓고 나머지 생을 마칠 때까지 여러 성중들을 공양하고 존중 찬탄하였는데 바로 그 지주왕이 나입니다. 그러나 그 복이 끝없는 세월에 쓰다보니 하나도 남은 것이 없습니다."

또 가전연이 말했다.

"저도 전생일을 기억하니 저는 순흑이라는 심부름꾼이 되어, 식힐 부처님께 공양하고 3악도를 멸할 것을 발원하고, 미래 세상에 훌륭한 분을 만나 해탈을 얻게 해주옵소서라고 하였더니, 그 인연으로 오늘 이 자리에 동참하게 되었습니다.”

대왕이 듣고 크게 느낀 바 있어 참회하고 계속해서 좋은 복을 지을 것을 다짐하였다.

〈1〉

부처님께서 기사굴산에 계실 때 존자 바구로가 산모퉁이에서 헌 옷을 깁고 있었다. 제석천왕이 와서 물었다.

“결박 끊고 거룩한 행을 이루었으면 왜 잠자고 설법하지 않습니까?”

“부처님과 사리불, 아난・균두반 등이 설법하고 있지 않습니까?”

“각기 다른 중생들이 나, 내 것에 대한 설법을 듣고 싶어 합니다.”

“이 세상 나, 내 것은 없습니다.”

〈2〉

부처님께서 점파국 뇌성 못가에 계실 때 12두타행을 닦고 있는, 20억이 발에서 피가 터져 까막 까치가 먹는 데도 욕루의 정이 가시지 않았다.

“나는 재산도 많고 가정도 부유하니 집에 내려가 복업이나 닦으리라.”

하고 부처님께 고하니 부처님께서 물었다.

“너는 집에 있을 때 무엇을 잘 했느냐?”

“거문고를 잘 탔습니다.”

“거문고 줄을 꽉 조이거나 느슨하게 하여도 소리가 잘 나던가?”

“아닙니다. 알맞게 하여야 잘 납니다.”

“그렇다면 그대도 그 거문고 줄처럼 공부하라. 지나친 고행과 향락은 공부에 도움이 되지 않는다.”

〈3〉

하루는 바사닉왕이 먼지를 뒤집어쓰고 급고독원을 찾아왔다.

“어찌하여 옷에 그토록 먼지가 쌓였습니까?”

“바제 장자의 재산을 처리하고 오는 중입니다. 그는 순금 8만 근을 가지고 살았으나 자식이 없고 오직 때묻은 옷으로 끼니도 거를 때가 많았다고 합니다. 그래서 그의 재산을 모두 국고에 환수했습니다."

"어리석은 사람은 많은 재산을 가지고 자기 자신도 잘 먹지 못하는데 하물며 남에게 베풀 수 있겠습니까. 지금 그는 체곡지옥에 떨어져 있습니다. 옛날 가섭부처님 당시 한 농부의 아들로 있으면서, 한 벽지불에게 선한 마음으로 한 때 공양한 복덕으로 이 세상에 부자가 되었으나, 오직 자기 밖에 모르기 때문에 그 흔한 자식 하나 얻지 못했습니다."

〈4〉

아난이 선정 중에 "어떤 향이 순풍과 역풍에 다 향기를 풍길까" 하고 생각하다가 부처님께 물으니 "계향과 문향(聞香), 시향(施香)이라"고 하셨다.

〈5〉

부처님께서 나열성에서 탁발하시다가 제바달다를 보고 피신하려 하자 아난이 물었다.

"두려우십니까?"

"나쁜 사람과 만나고 싶지 않기 때문이다. 어리석고 미혹한 사람은 가급적 상대하지 않는 것이 좋다. 왜냐하면 어리석은 자는 무엇이든 제멋대로 하여 바른 소견과 율을 깨드리기 때문이다."

〈6〉

부처님께서 나열성에 계실 때 아사세왕이 500개의 가마솥을 걸고 밥을 지어 제바달다께 공양하였다. 따라서 소문이 널리 퍼졌다.

"제바달다는 계와 덕을 원만히 갖추어 날마다 왕의 공양을 받고 있다."

비구들이 이 말을 듣고 부처님께 물었다.

"사실이 그렇습니까 부처님."

"너희들은 이양을 탐하지 말라. 제바달다는 날마다 악업을 짓고 있다. 호강을 받으면 받을수록 교만해질 것이다. 왜냐하면 비구가 물질에 집착하면 계와 삼매, 지혜를 성취하지 못하기 때문이다."

〈7〉

부처님께서 기수급고독원에 계시면서 말씀하셨다.
"세 가지 불선론이 있는데 탐욕·성냄·어리석음이다."

〈8〉

"또 세 가지 성질이 있는데, 바른 성질·삿된 성질·결정되지 아니한 성질이다."

〈9〉

"세 가지 생각이 있으니 탐내고·성내고·살해하는 생각이다. 탐욕 자는 죽어 지옥에 떨어지고, 성내는 자는 닭이나 개가 되고 뱀 독사가 된다."

〈10〉

증일아함경 제14권

24. 고당품(高幢品) ①

부처님께서 급고독원에 계실 때 비구스님들께 말씀하셨다.
"옛날 천제석이 33천에게 '두려움이 있으면 나의 깃대를 생각하고 그래도 두려움이 있으면 이사천왕, 바류나천왕의 당기를 생각하라'고 했는데, 그대들도 두려움이 생기거든 불·법·승 3보를 생각하라. 여래는 10호를 구족한 분이고, 여래의 법은 미묘하여 지혜로운 사람이 배우는 법이며, 스님은 화순하고 법답게 계를 지켜 삼매·지혜·해탈·해탈지견을 성취한 중생의 복밭이 되기 때문이다.”

〈1〉

발기국 내에는 비사라는 귀신이 있었는데 흉악하고 포악하여 날마다 1인 내지 4,50명씩 사람을 죽였다. 사람들이 살 수 없어 다른 곳으로 가려하자 매일 한 사람씩만 공양하면 다른 사람을 죽이지 않겠다 하여, 매일 바친 사람의 뼈가 산더미와 같이 쌓였다.

그런데 그때 선각 장자의 외아들 차례가 되어, 선각 장자는 아들을 목욕시키고 단정히 꾸며, 귀신의 무덤 옆에 이르러 땅을 치고 울면서, 천지신들과 28귀왕, 4천왕・제석・대범들께 호소하고 아라한・벽지불・여래께 귀의하고 외쳤다.

“여래께서는 항복하지 않는 이를 항복받고, 건너지 못한 것을 건너주고, 얻지 못한 것을 얻게 하고, 벗어나지 못한 것을 벗어나게 하며, 열반에 이르지 못한 이를 열반에 이르게 하고, 구호해 주는 이가 없는 이에게 구호해 주시고, 장님에게 눈이 되어 주시는 의사입니다. 하나 밖에 없는 이 외동아들을 구원해 주소서.”

이 소리가 천지에 진동하여 마침내 부처님의 귀에 들렸기 때문에, 부처님께서는 신통력으로 귀신에 방에 들어가 삼매에 들었다. 귀신은 설산 악귀들의 모임에 참석하여 아직 이르지 아니했는데, 아이가 그 굴 속에 이르러 보니 32상 80종호에 황금빛 찬란한 모습을 한 부처님이 계시는지라 두려운 마음이 없어지고 오히려 환희심이 생겨 예배드리자, 부처님께서는 보시・지계・생천에 관한 이야기를 들려주고, 고통을 벗어나는 4제법문을 일러주자, 그 자리에서 3귀 5계를 받고 불자가 되었다.

그때 악귀 바사가 와서 보고 화가 나 뇌성벽력을 치고, 우박을 쏟아 부었으나 부처님 곁에 이르기만 하면, 모두 연꽃・음식으로 변하는지라 더욱 화가 났다. 바사가 코끼리로 변하면 부처님은 사자왕이 되고, 큰사자가 되면 불무더기로 변하고, 일곱 개의 머리가 달린 용으로 변하면 금시조가 되어 잡아먹을 수 없었다. 당황한 바사 귀신은 큰소리로 외쳤다.

“내 말을 듣지 않으면 두 다리를 들어 바다 남쪽에 던져버리리라.”

"이 세상 어느 누구도 나를 던질 자는 없다."

"어떤 것이 과거 행이고 현재 행이며, 그 행이 다하는 법은 있는가?"

"6근이 과거 행이고 6근을 통해 6경을 바라보며, 열 가지 악업을 짓는 것이 현재의 업이다. 만일 과거 현재의 업이 다시 일어나지 아니하면, 이것이 곧 행이 다한 것이다."

"당신은 무엇 때문에 내 밥을 빼앗습니까?"

"내가 전생에 비둘기 한 마리를 구원해 준 일이 있는데, 하물며 사람을 죽일 수 있겠느냐."

"너는 전생에 나의 회상에서 중노릇을 하다가 한 생각에 계를 범하는 바람에, 오늘과 같은 악귀가 되었는데 생각이 나지 않느냐?"

귀신은 비로소 숙업의 인연을 생각하며 부처님께 귀의하고 계를 받은 뒤, 그의 동산을 부처님께 바치자, 부처님은 그것을 유행승들의 초제사로 사용하게 하였다. 그리고 그 귀신은 부처님의 말씀을 따라 발기성에 들어가 "부처님은 항복받지 못한 자를 항복받고 내지 장님에게는 눈이 되어주신다"고 외치며 공양하기를 권장하였으므로, 선각 장자는 그의 아들이 부처님에 의해 구원된 것을 기뻐하여 공양하고, 무엇이든 필요한 물건이 있으면 언제나 와서 가져 가시라고 부탁하니, 우바새 가운데 아까운 마음이 없이 보시 잘하기로 유명한 사람은 오직 나우라의 아버지가 제일이라 하였다.

〈2〉

부처님께서 석시 니구류 동산에 500명의 비구들과 함께 계실 때, 석씨의 호성 수천 명이 찾아와 말했다.

"오늘 당장 왕이 되어 이 나라를 다스리면 우리 종성은 썩지 않을 것이니, 전륜성왕의 자리를 끊어지지 않게 하소서."

"나는 지금 왕의 몸이니 그 이름이 법왕이다. 전륜성왕이 7보를 갖추듯 7각의로써 3천대천세계에서 가장 높은 자리에 앉아 있다. 일반 왕은 자리에 오르면 다시 잃는 것이 있지만, 법왕의 자리는 끝도 시작도 없다. 누구도 빼앗을 수 없으니, 그 자리야말로 훌륭한 자리이고 가장 뛰어난 자리라 할 수 있다. 누가 그 자취가 없는 자취를 따르라."

〈3〉

부처님께서 기수급고독원에 계실 때 어떤 비구가 물었다.

"혹 5온은 영원한 것이며 변하거나 바뀌지 않는 것 아닙니까?"

그 어떤 것도 오래가지 못하여 영원한 것이 없다. 만일 그것이 영원하다면 범행을 닦을 필요가 없다. 그러므로 범행을 닦아 그를 없애는 것이다."

하고 손톱 위에 작은 흙을 얹어놓고 물었다.

"어떤가. 이 흙이 보이는가?"

"예. 보입니다."

"이만큼이라도 세상에 변치 않는 것이 존재한다면 범행은 닦을 필요가 없다. 옛날 어떤 대왕이 법으로 세상을 다스려 7보를 완전히 갖추었다. 8만 4천 마리의 코끼리에 8만 4천 우보(수레)를 매고 사자 가죽(혹은 개 가죽)으로 뚜껑을 덮고, 당기를 달고 높은 일산을 씌웠다. 8만 4천 궁전에 8만 4천 강당이 있었는데 모두 법강당과 비슷하였다. 8만 4천 미녀가 높고 넓은 자리에 앉아 금·은·7보로 꾸미고 8만 4천벌의 의복을 갖추었는데 모두가 화려한 문채로 수놓아 부드럽고, 8만 4천의 맛있는 음식이 있었다.

나는 그때 여섯 개의 어금니를 가진 코끼리를 타고 다녔는데 행·주·좌·와, 어·묵·동·정을 자유자재로 하였다.

또 순금으로 된 8만 4천 누각이 있는데 나는 그 가운데서 법설이란 누각에서 최승이란 수레를 타고 다녔다. 좌우에서는 8만4천 옥녀들이 시봉을 들고 있다.

무슨 복을 지어 그 같은 과보를 받았는가. 첫째는 은혜를 베풀고, 둘째는 자애롭고 어질며, 셋째는 자기를 잘 지키는 것으로써 모든 행을 남음없이 하고, 마음대로 놀아도 계율에 어긋남이 없었다.

그러나 나는 이것도 나, 내 것이 아니라는 것을 깨달아 싫어하니 해탈을 얻고 해탈지견을 얻었다. 그래서 나고 죽음이 다했고 범행이 확립되었으며, 다시는 몸을 받지 않는다는 것을 알게 되었다. 그래서 나와 함께 같이 지내던 이들도 모두 아라한이 되었다."

〈4〉

부처님께서 마가다국 도량수 밑에서 처음 부처가 되었을 때 이런 생각을 했다.

"나는 지금 심오한 법을 얻었다. 이 법을 이해하고 어렵고 깨닫기 어려우며 밝히기 어려워 지극하고 미묘한 지혜를 얻은 사람이 아니면 알 수 없다. 우선 누구를 위해 설할 것인가. 라륵가람(아라라가라마)은 감각기관이 익숙했으나 이미 죽었고, 울두람불(우두다카 라마푸타)도 죽었으며, 5비구는 나를 시봉한다고 애썼으니 그들을 제도하기 위해 바라나시로 가리라. 그들은 법을 들으면 반드시 깨달을 수 있을 것이다.

부처님은 도수(보리수)를 뚫어지게 바라보면서 게송을 읊으셨다.

"나는 지금까지 이 자리에 앉아 나고 죽음을 겪다가
기어이 지혜의 도끼를 잡아 그 뿌리를 아주 잘라 버렸네.
온갖 방편으로 천마의 권속들을 항복받고 해탈의 갓을 쓰고
금강 보좌에 앉아 일체를 아는 지혜를 얻었네."

그때 거리에서 만난 우비가 범지가 물었다.

"당신은 어디서 와서 어디로 가십니까. 출가하여 배운 도는 무엇이고 어떤 설법을 하십니까?"

"나는 아라한이 되어 인간과 천상에서 가장 뛰어난 이가 되었다. 스승도 없고 나와 같은 이도 없으니 홀로 높아 견줄 이 없다. 나는 지금 법륜을 굴리기 위해 가시나로 가니 감로로써 눈멀고 어두운 이들을 깨우치기 위해서다. 누구나 내 법을 들으면 누진통(漏盡通)을 얻고 악업의 뿌리를 캐리라."

그때 5비구들이 세존이 오시는 것을 보고 약속하였다.

"저자는 존경할 만한 사람이 아니니, 자리도 권하지 말고 인사도 나누지 말며, 친근히 대하지도 말자."

그런데 부처님께서 가까이 가자, 자신들도 모르는 사이에 자리를 펴고 물을

가지고 와서 말했다.

"그대여."

"나를 그렇게 부르면 안된다. 여래라 하거나 정등각이라 부르라."

"그대는 고행 중 상인법도 얻지 못했지 않는가?"

"나는 감로를 얻었다. 너희들은 생각을 모아 나의 말을 들으라. 세상에는 네 가지 진리가 있는데 고통과 고통의 원인, 고통의 멸과, 고통에서 벗어나는 길이다. 이것을 보고(一轉) 깨달아(二轉) 알면(三轉) 누구나 해탈할 수 있다."

그런데 그때 아야구린이 순간 번뇌가 다 없어지고, 진리의 눈을 얻고 '아' 소리를 질렀다. 그 소리가 천지를 진동하였으므로 천인·귀신·33천이 듣고 두 번째 깨달은 이가 나온 것을 알았다.

그때 세존께서 5비구에게 말했다.

"너희들 중 두 사람이 이곳에서 가르침을 받을 때는, 세 사람이 나가서 밥을 얻어 여섯 사람이 나누어 먹고, 세 사람이 교육을 받을 때는, 다시 두 사람이 나가 얻은 밥으로 여섯 사람이 나누어 먹으라."

이 말을 듣는 순간 다섯 사람이 모두 열반의 법을 얻어 모두 다 아라한이 되었다. 이때 33천대천세계가 6종으로 진동, 이를 증명해 주었다.

부처님께서 5비구들에게 말씀하셨다.

"걸식할 때는 부디 혼자서 가지 말라. 중생들 가운데는 근기가 성숙한 사람들도 있는데, 법을 듣지 못하면 망할 것이니 나는 우류비 마을로 가겠다."

그때 우류비에는 니련강가에 천문과 지리, 산수에 능통한 가섭이라는 수행자가 살고 있었다. 그는 500명의 제자를 거느리고 날마다 그들을 교화하고 있었는데, 돌집 속에 있는 독룡을 섬기고 있었다.

부처님께서 그곳에서 하룻밤을 묵어가기를 청하니

"독룡이 있는 작은 방 하나밖에 없다."

고 하여

"좋다."

승낙을 받고 들어가 선정에 드니 독룡이 화독(火毒)을 퍼부었다. 부처님께서 자삼매(慈三昧)에서 화염광삼매(火焰光三昧)에 들어가니 돌집이 온통 불빛으로 변했다. 가섭은 한밤중에 별자리를 살펴보다가 제자들에게 말했다.

"아마 구담 사문이 독룡에게 잡혀먹는 가 보다. 함께 가서 불을 끄도록 물과 사다리를 가지고 가자."

가서 보니 용을 벌써 항복받아 부처님의 발우 속에 들어가 있었다. 부처님께서 독룡의 몸을 어루만지며 말했다.

"용신은 독기라 용의 몸 벗기 어렵다. 갠지스강가의 모래수와 같은 부처님들이 모두 열반에 들었는 데도, 내가 아직 해탈을 얻지 못한 것은 그 성내는 독 때문이다. 그러니 그 독을 버리고 천상에 태어나라."

독룡은 즉시 가섭과 그의 권속들에 의해 방생되고, 그의 정신은 하늘사람에 가서 태어났다.

〈5〉

증일아함경 제15권

24. 고당품 ②

놀란 가섭은 부처님께 간청하였다.

"90일 동안 저희들을 청을 받아주시면, 필요한 의복과 음식, 평상·침구·약을 제공해 드리겠습니다."

침묵으로 그의 청을 받았다.

그러나 이튿날 아침

"공양이 다 되었으니 공양하십시오."

아뢰자 부처님은 그에게 먼저 가라고 하고 염부제에 가서 염부수 나무 과일을 따가지고 와서 드셨다. 그리고 이튿날은 아마륵, 북울단월에서는 자연산 쌀을, 구야니에서 하리륵 과일을 가지고 와서 잡수셨다.

그런데 이튿날 가섭이 큰 제사를 지내려고, 제자들에게 나무를 쪼개라고 하였는데, 도끼가 올라가지도 않고 내려오지도 않고, 불을 붙이려 해도 불이 붙지 않고 끄려고 해도 꺼지지 않는지라, "이것은 모두 구담 사문의 신통력 때문이다"라고 생각하고 가서 아뢰니 모두가 자유자재로 되었다.

"만일 저렇게 잘 생긴 사람이 우리 재에 참석하여 국왕 대신들을 만난다면, 그들은 모두 구담의 신도가 되어, 나는 장차 공경과 공양을 받을 수 없게 될 것이다."

생각하고 고민하자 그 마음을 아신 부처님께서, 울단월에 가서 맵쌀을 구하고, 구야니에서 우유를 구해 먹으면서 종일토록 아뇩달 못옆에 계셨다. 재가 끝난 뒤 나타나니 가섭이 물었다.

"어제는 어디 가서 계셨습니까?"

"그대가 나 때문에 공경과 공양이 줄어들까 걱정하여, 아뇩달 샘물 있는 곳에 가서 놀다 왔노라."

그런데 그로부터 연 이틀동안 부처님이 계신 방 근처에, 빛이 휘황찬란하여 물었다.

"무슨 불이 그렇게 찬란하게 켜졌습니까?"

"4천왕 · 제석천 · 대범천들이 차례로 내려와 법문을 들었기 때문이다."

부처님께서 떨어진 누더기 옷 다섯 벌을 얻어 그것을 빨려고 하자, 4천왕이 치댈 돌을 가지고 오고, 나무신들이 말릴 장소를 제공하였다. 그런데 그날 밤 큰 비가 내려 강물이 불었으므로, 물에 빠져 돌아가신 줄 알고 나가 보니, 물 위에서 천연스럽게 경행하고 있었다. 가섭이 놀라 신통하게 바라보면서

"나도 그렇게 해 볼까?"

생각하고 물 속에 발을 넣으니 순간 빠져 떠내려 가는지라, 황급히 구원을 청하니 부처님께서 잡아 올려놓고

"너는 아직 아라한도 되지 못했다."

고 하자

"진심으로 참회합니다."

하고 불을 섬기던 모든 도구를 강물에 버리고, 500제자와 함께 삼보에 귀의하자 그대로 몸에 모두 가사가 입혀졌다.

강물에 떠내려 오는 물건을 보고 강가섭이 300제자와 함께 와 귀의하고, 또 그 밑에 있던 가야가섭이 와서 200제자와 함께 귀의하니 3가섭 제자 1천 명이 모두 함께 부처님 제자가 되어 상수중(常隨衆)·공양중(供養衆)이 되었다.

그러니까 부처님은 여기서 신통과 말, 훈계 세 가지 방법으로 그들을 구제한 것이다. 말하자면 한 몸으로 여러 몸을 나투기도 하고, 여러 몸으로 한 몸을 나투기도 하며, 혹은 석벽을 통과하고 땅에서 솟아 물로 들어가기도 하고, 막힘을 뚫고 허공 가운데 앉기도 하고, 새가 허공을 날 듯 날아가기도 하고, 물·불·바람 등을 자유롭게 놓아 신통을 부리게 하기도 한 것인데 이것이 신통이다.

또 해야 할 일과 해서는 안될 일, 버려야 될 일과 간직해야 할 일, 가까이 해야 할 일과 멀리해야 할 일, 닦아야 할 일과 익혀야 할 일을 교훈적으로 가르친 것이 교화이고, 4제·12인연의 도리를 말하여 1천 제자가 모두 아라한이 된 것을 보시고 가비라위를 향해 돌아앉으셨다. 우비 가섭이 물었다.

"어찌하여 가비라위를 돌아보면서 앉으십니까?"

"불자가 세간에 있으면서 다섯 가지 일을 해야 한다. 첫째는 법륜을 굴리는 것이고, 둘째는 아버지를 위해 설법하는 것이며, 셋째는 어머니를 위해 설법하는 것이고, 넷째는 범부를 인도해 보살행을 닦도록 하는 것이며, 다섯째는 보살에게 기별하는 것이다."

우다이가 그것을 보시고

"부처님께서 가비라위로 가 친척을 구제하고자 하는 것이로다."

하고 아뢰니

"그렇다. 이레 뒤에 가비라위국에 가 진정왕을 뵙고자 한다고 아뢰라."

우다이가 분부를 받고 진정왕에게 가니 진정왕이 물었다.

"그대는 누구인가?"

"18억의 마군을 항복받은 석가 세존의 제자입니다."

"실달태자는 잘 있는가?"

"성불하여 중생을 제도하고 있는데, 그의 제자가 수천에 달해 지상에 있는 사람만 헤아린다면 1천 명을 헤아립니다."

"의식은 어떠한가?"

"1일 1식 하되, 걸식을 중심으로 하고, 옷은 누더기를 입고 있습니다. 이레 뒤에는 뵙게 될 것이니 걱정하지 마십시오."

이레 뒤 세존께서는 1천의 제자들을 거느리고 성문밖에 이르니 그 몸에서 밝은 빛이 쏟아져 온 세계를 빛냈다.

진정왕은 온갖 번뇌 망상이 일시에 없어지고 오직 기쁜 마음이 생겨 부처님 발에 절하고 자신의 존함을 밝혔다.

"나는 찰리왕 진정입니다."

"대왕께서 누리는 수명은 무궁하시고 바른 법으로써 세상을 다스려 삿된 법을 쓰지 마십시오. 그렇게 되면 목숨이 마친 뒤에는 반드시 천상에 태어나기 때문입니다."

진정왕은 여러 가지 법문을 듣고 석씨들에게 말했다.

"석씨 왕족 가운데 두 아들을 가진 사람은 반드시 한 사람씩 출가시키라."

이 소식을 듣고 난타·아나율·아난 등이 기뻐 날뛰었으며, 곡정왕·숙정왕·감로왕께서도 그의 권속들에게 그렇게 하기를 명령하였다.

아난 존자는 흰코끼리에 흰옷을 입고 왔는데

"저자가 장차 출가하여 나를 시봉할 자다."

라고 예언하시고, 지식이 많고 국왕의 사랑을 받는 자는 아야구린이고, 교화 잘하기로 유명한 사람은 우다야가 될 것이며, 민첩한 지혜를 가진 자는 마하남이고, 날아다니기를 좋아하는 자는 수바휴, 공중 왕래를 자유자재할 자는 바파, 제자 많기로 유명한 자는 우비가섭, 공관으로 이름날 자는 강가섭, 지관으로 제일가는 이는 상가섭이 될 것이다고 하였다.

〈5〉

증일아함경 제16권

24. 고당품 ③

“비구들아 8일·14일·15일 재법(齋法)을 잘 받들어 행하라. 이날 선행을 하고 계를 잘 지키면 4천왕이 제석천에 보고하여 초선과를 받게 하여, 내생에는 반드시 천당에 태어나게 된다.

살생하지 말고 도둑질하지 말며, 음행하지 말고 거짓말하지 말며, 술 마시지 말고 향과 꽃을 멀리하며, 맛에 집착하지 말고 노래하고 춤추는 일을 삼가하라. 8관재계를 잘 지키는 자는 아라한이 되어 윤회의 세계에서 벗어나니, 그렇지 못하면 생사의 고통을 벗어날 수 없다. 사랑하는 사람과 모이지 말고 미워하는 이들과 만나지 않으면, 열반에 들어 근심 걱정 없게 되고, 마침내는 다 귀의하리라.”

〈6〉

“믿음과 재물, 범행은 얻기 어려운 것, 지계 자만이 받아지닐 수 있다. 이 세 가지를 깨닫고 나서 지혜롭게 보시하라. 그렇게 하면 오랜세월 동안 편안함을 얻고 천신들의 보호를 받을 것이다.”

〈7〉

부처님께서 구심성(교상미) 구사라원 동산에 계실 때 싸우기를 좋아하는 구심 비구가 악행을 저지르고 얼굴을 맞닥뜨려, 칼과 몽둥이를 휘둘렀다. 부처님께서 경계했다.

“비구는 싸워서는 안된다. 시비하지 말고 화합하라. 한 스승을 섬기는 제자로써 물과 꽃처럼 어울려 살아야 한다.”

“바라건대 세존께서는 걱정하지 마십시오. 저희들도 스스로 생각하고 지나온 일들에 대해 허물을 뉘우치고 있습니다.”

“너희들은 무엇 때문에 도를 닦느냐. 임금을 위해서, 두려움 때문에, 아니면 험한 세상을 도피하기 위하여 도를 닦느냐. 그렇지 아니하면 무위도를 얻기 위해 닦느냐?”

“무위도를 얻기 위해서입니다.”

“옛날 사위성의 장수왕이 바라내국 범마달과 전쟁을 하여, 한 번 승리하였으나 계속해서 침범해 와 많은 백성들을 살상하자, 나라를 포기하고 거리에 다니면서 거지가 되어 태평가를 불렀다. 나라를 빼앗은 범마달은 장수왕을 생으로 잡아 죽이지 못했기 때문에, 항상 불안한 마음으로 나날을 보내고 있었다. 한편 장수왕은 임금으로 있을 때는 아이를 낳지 못하다가 걸인이 된 뒤 장수 태자를 낳아 이웃나라로 보냈다. 10수 년이 지난 뒤 바라내국에서 범마달의 악정을 피해 도방 온 피난민이, 재산과 가정을 몰수당하고 돌아다니다가 장수왕을 만났다.

‘나는 착한 장수왕의 소문을 듣고 사위성으로 피난왔다가, 범마달에게 잡혀 모든 것을 다 빼앗기고 거지가 되어 돌아다니고 있습니다.’

장수왕의 가슴은 찢어지는 것 같았다. 백성을 위해 왕위를 포기하였으나, 자기를 의지하고자 피난왔던 사람이 자기 때문에 거지가 되어 돌아다니고 있는 것을 보니 가슴이 아팠다. 장수왕이 제안했다.

‘여보, 내가 장수왕이요. 지금 범마달이 나를 잡아오는 사람에겐 큰 상을 준다고 하니, 당신이 나를 데리고 가 상을 받아 가족을 살리고, 또 내가 하지 못한 일을 내신해 주시오.’

하고 억지로 손을 잡고 범마달에게 나아갔다.

범마달은

‘이 자가 나를 발뻗고 잠을 자지 못하게 한 악인이다.’

하고 코에 뚜레를 뚫어 시가지를 돌린 뒤, 나무더미에 올려 백만 대중이 보는 가운데 화형을 시키고자 하였다. 이웃 나라에서 소문을 들은 장생태자가 칼을 들고 범마달에게 나아가

‘장수왕은 만 겁의 원수이니 불에 태워서 죽기 전에 내 손으로 죽이겠다.’

고 하니

'용감한 청년이다.'

칭찬하고 허락하였다. 나무더미에 올라간 장생 태자는 죽기 직전의 아버지를 만나

'범마왕을 죽이겠다.'

고 하니 아버지가 말렸다.

'참아라. 참으면 복이 되고 평화가 온다.'

불 속에서 이별한 장생 태자는 용장으로 인정 되어, 범마달의 부마가 되었다. 하루는 범마달이 사냥을 가자고 하여 깊은 산 속에 유인, 아버지의 원수를 갚고자 잠이든 범마달을 죽이려 하자, 허공 가운데서 소리가 났다.

'참아라. 참아라. 참아라. 참으면 평화가 오고 복이 온다.'

이마에 그렁그렁 땀방울을 흘리며 울고 있을 때 범마달이 잠 속에서 깨어나면서

'장생 태자, 장생 태자.'

하고 벌벌 떨었다. 장생 태자는 무릎을 꿇고 고백하였다.

'저는 장수왕의 아들 장생 태자입니다. 아버지의 원수를 갚고자 하였으나 아버지의 간절한 말림 때문에, 복수를 하지 못했습니다. 죽여주십시오.'

'그 아버지의 그 아들이로다. 내 가구국 전체를 그대에게 내어줄 것이니 이 나라를 평화스럽게 잘 다스려보라.'

'안됩니다. 아버지는 절대로 욕심을 부리지 말라고 했습니다. 만약 주신다면 옛 아버지 땅만 내어 주신다면 내 아버지 뜻을 받들어 선정을 베풀겠습니다.'

이리하여 가구국과 사위국은 세세생생에 전쟁이 없는 나라가 되었다."

하고 부처님께서 게송으로 말씀하셨다.

"원한으로써 원한을 갚으면 그치지 않으니
옛날부터 이런 법이 있어 왔다.
원한 없으면 원한을 이기니
이 법은 영원히 변치 않는 법이다.
싸움이 없고 다툼이 없이 자애스런 마음으로 중생을 가엾이 여겨

괴롭히지 않는 것은 모든 중생들이 칭찬하는 것이다."

하시고 부처님께서는 발기국으로 떠나갔다.

발기국에는 아나율·난제·금비라 세 성자가 있어, 규칙적인 생활로 4선 8정을 얻어, 많은 사람들의 칭찬을 받고 있었다.

장수 대장이 부처님께 말했다.

"우리 발기국은 큰 이익을 얻었습니다. 이 세 분의 족성자가 화합한 가운데 조용히 공부에 열심히 하므로, 천룡 8부가 호위하고, 백성들의 윤리 도덕이 한결 높아져 큰 복전이 되고 있습니다."

"그렇다. 한 고을에 한 성자가 있다면 그 고을은 큰 이익을 얻는다."

〈8〉

부처님께서 고독원에 계시면서 비구스님들께 말씀하셨다.

"세상에 세 가지 결사가 있는데 신견과 계금취견과 의심이다.

중생들은 이 몸을 자기라고 생각하고 거기 수명을 정하고, 각 직업과 지위 때문에 그릇된 소견에 집착한다.

계금취견은 계를 지킴으로써 다음 과보 받은 것을 헤아리는 것을 말하고,

의심은 이 언덕과 저 언덕 이 몸과 저 몸에 대한 것을 의심하는 것이다."

〈9〉

"세상에는 세 가지 삼매가 있으니 공삼매·무원삼매·무상삼매가 그것이다."

〈10〉

증일아함경 제17권

25. 사제품(四諦品)

"마땅히 네 가지 성스러운 진리를 닦고 실천하여야 한다. 어떤 것이 네 가지인가.

첫째는 괴로움에 대한 진리이고, 둘째는 괴로움의 발생에 대한 진리이며, 셋째는 괴로움의 소멸에 대한 진리이고, 넷째는 괴로움의 소멸에 이르는 길에 대한 진리이다.

이 네 가지 진리를 사실대로 알지 못하면, 나고 죽는 속에 윤회하면서 끝내 거기서 해탈하지 못할 것이고, 이것을 밝게 깨달으면 다시는 후생에 몸을 받지 않으리라."

〈1〉

"이 네 가지 법은 사람들을 많이 유익하게 하고 있다. 첫째는 선지식을 친근하게 하고, 둘째는 법을 듣게 하고, 셋째는 법을 알게 하고, 넷째는 법마다 그 현상을 밝히는 것이다. 그러므로 마땅히 방편을 구해 이 네 가지 법을 성취하도록 하여야 할 것이다."

〈2〉

"여래께서 세상에 출현하시면 일찍이 없던 네 가지 법이 세상에 타나난다.

첫째 이 법은 집착을 여의는 법이고, 둘째는 5도의 윤회에서 해탈시키는 법이며, 셋째는 거만을 없애는 법이고, 넷째는 무명을 밝히는 법이다.

그러므로 기쁜 마음으로 이 네 가지 법을 배워야 한다."

〈3〉

"나는 지금 무거운 짐에 대하여 설명하고 또 그 짐을 진 사람에 대하여, 짐의 인연과 짐을 버리는 법에 대해서 설명하는 것이다. 무엇이 짐인가. 5수음이 그것이다."

〈4〉

"네 가지 생이 있으니 난생과 태생, 습생과 화생이다. 닭·참새·까마귀·까치·공작·뱀·물고기·개미 등은 난생이고, 사람과 축생, 두 발 달린 곤충은 태생이며, 썩은 고기 속에서 생기는 벌레는 습생이고, 천·큰 지옥·아귀·사람 같은 것, 축생 같은 것 등은 애초에 화생이었느니라."

〈5〉

그때 사리불이 죽림정사에서 비구들에게 말했다.

"세상에는 네 종류의 사람이 있는데, 첫째는 번뇌를 따르지만 번뇌가 번뇌인 줄을 알지 못하는 사람, 둘째는 번뇌가 무엇인지 아는 사람이며, 셋째는 본래 번뇌가 없는 줄 아는 사람이고, 넷째는 번뇌가 없는 줄 사실적으로 아는 사람이다."

목련 존자가 물었다.

"어찌하여 그렇습니까?"

"첫째는 번뇌를 따르면서도 마음에 번뇌가 있는 줄 모르는 사람은, 마치 먼지 낀 구리그릇을 씻을 줄 모르고 사용하는 것처럼, 나는 마땅히 깨끗하다고 생각하여 욕심을 일으키고, 성내고 어리석은 마음을 일으켜, 방편을 구해 욕심을 없애지 않는 사람이고, 둘째는 번뇌를 따르지만 마음에 번뇌가 있는 줄 아는 사람은, 나는 깨끗하다는 생각을 버리고 깨끗하지 못하다는 생각을 가짐으로써, 때 낀 그릇을 수시로 닦아 쓰는 사람이며, 셋째는 번뇌를 따르면서도 마음에 번뇌가 없는 줄 아는 사람은, 방편을 구해 생각하지 않는 데도 얻지 못한 것을 얻고 거두지 못한 것을 거두고, 증득하지 못한 것을 증득함으로써, 마음에 방편을 구해 번뇌를 없애는 사람이다. 넷째는 번뇌를 따르지 않고 또 마음에 번뇌가 없는 줄 아는 사람은 그는 방편을 구해 얻지 못한 것을 얻음으로써 번뇌가 없이 목숨을 마치는 것과 같다.

그러므로 앞의 두 사람을 어리석은 사람이라 하고, 뒤의 두 사람을 훌륭한 사람이라 한다. 번뇌는 선악을 구분하지 못하고 사견을 일으키는 것이다."

〈6〉

"세상에는 네 가지 과일이 있으니 어떤 과일은 덜 익었는 데도 익은 것 같고, 어떤 과일은 다 익었는 데도 덜 익은 것 같으며, 어떤 과일은 완전하게 익어야 익은 것 같고, 어떤 과일은 덜 익은 그대로 덜 익은 것 같다.

마찬가지로 사람에게도 네 가지가 있는데, 익숙한 가운데서도 선 것이 있는 것 같고, 설면서도 익숙한 것 같으며, 설기 때문에 선 것 같고, 익숙하기 때문에 익숙한 것 같은 사람이 있다."

〈7〉

"오늘 하늘에서 수람풍(隨嵐風)이 있었다. 까마귀·까치·기러기·따오기 같은 새들은 바람을 만나면, 두뇌와 날개가 제각기 흩어져 어느 한 곳에 있을 것이다. 마치 파계한 비구가 속인의 집으로 돌아가 있는 것과 같아 3의와 발우, 그릇·짐통이 흩어진다."

〈8〉

"네 가지 새가 있는데, 첫째는 소리는 좋으면서도 모습이 추한 것이고, 둘째는 모양은 좋은데 소리가 듣기 싫은 것이 있고, 셋째는 울음소리도 듣기 싫고 모양도 보기 싫은 것이 있고, 넷째는 모양도 좋고 울음소리도 좋은 것이다. 첫 번째는 구시라새이고, 두 번째는 세매이고, 세 번째는 올빼미이고, 네 번째는 공작새이다.

이와 같이 비구에게도 네 가지 종류가 있는데, 얼굴이 단정하면서도 위의가 구족한 이를, 공작새와 같아 처음도 좋고 중간도 좋고 끝도 좋은 것이고, 이를 골고루 갖추지 못한 것은 나머지 새와 같다."

〈9〉

"네 종류의 구름이 있는데, 어떤 구름은 우레를 치면서도 비를 내리지 않고, 비는 내리면서도 우레를 치지 않고, 비도 우레도 없는 구름이 있고, 비도 내리고 우레도 친다. 비구에게도 네 종류가 있으니 계경·미증유·비유법을 읽으면서도 설법하지 않는 이가 있고, 안색은 단정하면서도 위의가 법답지 못하고 본인도 익히지도 못하고 남도 가르치지 못하는 자가 있으며, 안색과 위의를 갖추어 12부를 읽으면서 남에게도 가르쳐 주는 자가 있다."

〈10〉

증일아함경 제18권

26. 사의단품(四意斷品) ①

"산과 강, 석벽, 온갖 풀과 다섯 가지 곡식은 다 땅을 의지하여 존재한다. 그러나 땅은 무엇도 의지하지 않고 가장 높고 최상이 있듯이 37조도품 가운데서도 방일하지 않는 것이 으뜸이 되어 4의단을 닦는다. 4의단이란 아직 생기지 않는 나쁜 법과, 이미 생긴 나쁜 법은 방편을 구해 생기지 않게 하며, 이미 생긴 선과 생기지 않는 선은 방편을 구해 생겨나게 해야 한다."

〈1〉

"여러 작고 큰 나라의 왕들이 모두 전륜성왕을 의지하여 존재 하듯이, 37조도품은 불방일을 제도하여 4의단을 닦는다."

〈2〉

"별빛 가운데서는 달빛이 제일이듯, 온갖 공덕 가운데서는 37조도품이 제일이나, 그 가운데서도 불방일, 불방일 가운데서도 4의단을 닦는 것이다.”

〈3〉

“첨복화·수마나화 등 천상과 인간의 모든 꽃들 가운데 바사화가 제일이듯, 모든 공덕 가운데서는, 37조도품 중 불방일로써 4의단을 닦는 것이 제일이다.”

〈4〉

바사닉왕이 깃털로 만든 수레를 타고 기수급고독원에 나아가니, 부처님께서 말씀하셨다.

“대왕께서는 마땅히 알아야 합니다. 첫째, 먼저는 어둡다가 나중에 밝아지는 사람이 있고 둘째, 먼저 밝다가도 나중에 어두워지는 자가 있으며 셋째, 먼저도 어둡지만 나중에도 어둡고 넷째, 먼저나 나중이 다 밝은 자가 있습니다.

첫째 사람은 비천인·전다라·담인종·공사종·음일인의 집에 태어났으면서, 눈이 없고 손발이 없고, 혹은 발가벗고 맨발이거나, 감각기관이 어지러운 사람을 말하나, 몸과 입으로 착한 법을 행함으로써 뜻이 착해져, 바라문이나 사문, 어른을 존경하고 맞아들이고 배웅함에 있어서 때를 놓치지 않고, 웃음으로 맞이하고 수시로 일용품을 공급해주는 자인데, 이는 마치 땅에서 평상에 오르는 것과 같고, 평상에서 말을 타는 것과 같으며, 코끼리에서 강당에 오르는 것과 같은 사람입니다.

둘째 사람은 찰리·장자·바라문의 집안에 태어나, 재물도 넉넉하고 보물·노예도 많고 가축도 풍족한 이다. 인물은 단정히 생겼으나 항상 삿된 소견을 가지고 치우친 견해와 호응하므로 주는 것도 받는 것도 선도 악도 없고, 3세를 믿지 않아 어른을 공경하지도 않고 베풀지도 않아, 마치 강당으로부터 코끼리에 이르고 코끼리로부터 말, 말에서 평상, 평상에서 땅에 이르는 것과 같습니다.

셋째 사람은 비천한 곳에 태어나 비천한 짓만 하는 사람이니, 마치 어두운 곳에서 어두운 곳으로 가고 불 속에서 불 속으로 가서 지혜를 버리고 어리석음에 나아가는 사람입니다.

넷째 사람은 귀한 종족으로 태어나, 귀한 일을 하여 죽은 뒤에는 하늘나라에 태어나는 사람입니다. 그러므로 대왕이여 마땅히 먼저도 밝고 나중에도 밝은 것을 배워야 할 것입니다."

〈5〉

아난이 부처님 발에 절하고 말했다.

"천존의 몸이 많이 느슨해졌습니다."

"그렇다. 늙으면 누구나 그렇게 된다."

부처님께서 아난 존자와 함께 걸식하러 나갔다가 바사닉왕 집 근처에 부셔진 수레를 보고

"부셔진 수레는 가지 못하고 사람은 늙으면 닦기 어려우니, 젊어서 부지런히 공부하여 후한이 없이 하라."

바사닉왕이 부처님을 맞아 갖가지 음식으로 대접하고 물었다.

"어떻습니까. 불신은 금강으로 되어 있는 것으로 아는데, 부처님 몸도 늙고 병듭니까?"

"그렇습니다. 나도 사람의 수에 포함되므로, 마땅히 늙고 병들고 죽게 되어 있습니다. 하물며 다른 것들이야 더 말 할 것이 있겠습니까?"

절에 돌아오신 부처님께서 비구들에게 말했다.

"세간에 네 가지 법이 있어 사랑과 존경을 받는다. 첫째, 젊은 나이에 사랑을 받고 둘째, 건강할 때 사랑 받으며 셋째, 오래 살 때 사랑을 받고 넷째, 은혜를 베푸는 자가 사랑을 받는다. 그러니 그대들은 젊고 건강하고 명이 있을 때 은혜를 베풀어 사랑과 존경을 받도록 하라."

〈6〉

바사닉왕의 어머니는 나이가 백 세에 가까웠다. 바사닉왕께서 부처님을 뵈오려 간 사이에 돌아가셨으므로, 불사밀이란 대신이 미리 준비해 놓은 500마리의 코끼리와 말·보병·기녀·노모·바라문·사문, 500벌의 의상과 보배를 장엄하고 큰 관에 아름다운 채색을 하여, 비단으로 만든 번기와 일산을 달고, 창기들에게 풍류를 잡히고 행렬하도록 하였다. 바사닉왕이 궁으로 돌아오다가 이 행

렬을 보고 불사밀에게 물었다.

"저것이 무엇인가?"

"늙은 할머니가 돌아가셔 장례지내는 모습입니다. 저 늙은 할머니들은 염라대왕에게 바치면 혹 다시 살아날까 하여 차례로 500명의 기녀와 대신, 거사·진보·일산을 마련해 가는 것입니다."

"참으로 어리석은 사람이구먼. 죽은 사람이 어찌 다시 살아날 수 있겠는가. 거기엔 어떤 뇌물을 써도 소용이 없는 것일세. 부처님께서 생자는 필멸이라 하였어."

"그렇습니까 대왕이시여. 서운하게 생각하지 마옵소서. 오늘 당신의 사랑하던 어머니께서 돌아가셨습니다."

대왕은 통곡하며

"자네야 말로 좋은 방편으로 나의 마음을 크게 위안하였다. 향과 꽃을 가져오너라. 내 어머니의 마지막 길을 전송하리라."

그리고 화장장에 이르러 치상을 하고, 흙투성이가 된 몸을 이끌고 부처님께 오니 부처님께서 물으셨다.

"어찌하여 온 몸에 먼지가 그렇게 많이 앉았습니까?"

"어머님 장례를 치르고 오늘 길입니다. 만일 내가 어머니 목숨을 대신할 수만 있다면, 코끼리·말·기녀·대신들을 다 썼을 것이나, 돌이킬 수 없으므로 한 물건도 희생하지 않고 어머니의 장례를 모셨습니다."

"참으로 잘 하셨습니다. 어머니께서 살아계실 때 나쁜 일을 하신 일이 있습니까?"

"내가 알기로는 착한 일만 하시다가 가신 것으로 압니다."

"그렇다면 반드시 어머니는 좋은 곳에 가서 태어나게 될 것이니 근심하지 마십시오."

〈7〉

"나는 모든 것은 무상하고 내가 없는 것을 알았고, 열반은 휴식이라는 것을 알았다."

〈8〉

부처님께서 나열성으로 가서 여름 안거를 지내시려고 하실 때, 사리불·목건련이 장차 열반에 들게 되어 있었다. 부처님은 마지막 법문을 부탁하였다.

"나는 피곤하니 오늘은 그대들이 비구들을 가르치라."

사리불이 1,250명 대중에게 말했다.

"어떤 것이 4변재인가. 첫째는 의변(義辯)이고, 둘째는 법변이고, 셋째는 응변이고, 넷째는 자변(自辯)이다. 의변에 의해 법변이 생기고, 법변에 의해 응변이 생기고, 응변에 의해 자변이 생긴다.

오늘 나는 여러분에게 마지막 법문을 하게 되었으니 그대들은 4의단·4신족·4의지·4성제 등 무엇이고 의심이 있는 것이 있으면 물으라. 내 마땅히 대답해 주겠다."

이렇게 법문을 마치고 목건련이 나열성으로 걸식하러 가다가 집장(執杖) 외도들에게 집단 폭행을 당해 죽게 되었다.

목건련이 사리불게 하직 인사를 했다.

"내가 전생에 지은 업보로 비록 신통력은 얻었으나 과보를 받게 되었소."

"그렇다면 잠깐 기다리시게. 내 부처님께 하직 인사를 드리고 올 것이니,"

하고 사리불이 부처님께 나아가 하직인사를 하였다.

"저도 오늘 세존 앞에서 열반에 들고 싶습니다. 부처님께서 100세 정명을 80으로 줄여 가시려 하늣, 4신속을 통해 더 오래 머물러 싶으나, 차마 부처님의 열반을 볼 수 없으니 먼저 떠나겠습니다."

하고 4선 8정을 통해 서자 분신삼매에 들어 있다가 떠났다.

비구들이 따라 오자 만류하였다.

"나는 나의 고향 어머니에게 가서 아뢰고 멸진정에 들고자 하니, 따라오지 마십시오."

부처님께서 게송으로 말씀하셨다.

"일체 행은 덧없는 것, 한 번 나면 반드시 죽는다.

나지도 않고 죽지도 않는 멸도의 법이 으뜸이니라."

〈26-9-①〉

증일아함경 제19권

26. 사의단품 ②

부처님께서 아난 존자에게 말씀하셨다.

"너는 지금 사리불의 사리를 받아가지고 오너라."

아난은 사리를 받아 부처님의 손바닥 위에 올려놓았다.

부처님께서 사리를 손에 들고 비구들에게 말했다.

"지금 이것이 사리불의 사리다. 지혜 총명하고 뛰어난 재주는 말로 다할 수 없다. 신속하고 민첩한 지혜 갖추어야 할 것은 모두 다 갖추었다. 욕심이 적고 만족할 줄 알았으며, 한가하고 고요한 곳을 좋아해 용맹 정진하면서도 어지럽지 않았으며, 겁나거나 나약하지 않고, 모든 일에 인내하였고, 나쁜 법이 없고 성품이 부드러워 다투기를 좋아하지 않았으며, 항상 정진 속에서 삼매를 얻어 해탈하고 해탈견의 몸을 닦았다. 마치 큰 나무와 같아 항상 시원하게 그늘을 제공하였는데 큰 나무가 없어진 것과 같구나. 어느 곳에서나 그가 있는 곳에서는 행운을 얻었다고 칭찬하였고, 어떤 외도들 하고도 논쟁해서 한 번도 진 일이 없다."

그때 목건련이 신통력으로 사리불게 나아가 인사하고 부처님 계신 처소에 이르러 하직 하였다.

"저도 열반에 들고자 합니다."

부처님께서 잠자코 계시자 그의 출생지 마수로 돌아와 포교하다가, 가부좌하고 화광삼매에 들어 떠났다.

천지가 6종으로 진동하고 천신들이 내려와 향과 꽃으로 공양하였다. 부처님께서 500비구와 함께 걸식하다가 이 마을에 이르러 말씀하였다.

"나는 왜 이 많은 비구들이 있는 강당이 텅빈 것과 같은 느낌이 나는지 알 수 없다. 여기에는 사리불과 목건련이 빠져있기 때문이다.

그러나 나는 평온하다. 이제 그대들은 재물 보시를 바라는 이는, 사리불과 목건련의 사리에서 구하고, 법을 바라는 자는 나에게 구하라."

"사리불과 목건련을 어떻게 공양하여야 합니까?"

"네 거리가 있는 곳에 탑과 절을 세우고 공양하라."

"왜 그렇게 해야 합니까?"

"전륜성왕은 10선으로 공덕을 닦고 번뇌가 없어진 아라한들은 다시 후생의 몸을 받지 않기 때문에, 그를 기리기 위해서 탑을 세워야 하며, 벽지불은 스스로 번뇌를 끊어 다시 어머니의 배 속에 들지 않으므로 탑을 세워야 하고, 여래는 열 가지 힘 때문에 세워야 하는데, 건너지 못한 이를 건네주고 도를 얻지 못한 것을 얻게 해 주고 열반하지 못한 이는 열반에 들게 함으로써 모든 것들을 기쁘게 해주기 때문에 탑을 세워야 하는 것이다."

〈9〉

부처님께서 급고독원에 계실 때, 존자 바가리가 병에 걸려 대소변 위에 누워 있었다.

바가리가 제자에게 말했다.

"나는 출가를 너무 늦게 하여 금세와 후세를 잘 알지 못하고 이 언덕과 저 언덕도 잘 알지 못하며, 여기 죽어 저기 태어나는 것도 잘 알지 못하고 있으니, 차라리 칼로 자살하여 그동안 법답지 못하고 나쁜 이력만 얻고, 부처님과 부처님의 교만을 욕되게 한 것을 참회하려 한다. 5온은 무상하고 고통법이다. 내 이제 무여열반에 들고자 하니 칼을 가져오너라."

칼을 갖다 주니 그대로 찔러 자살하였다. 부처님께서 하늘 귀로 바가리가 한 말을 듣고, 여러 비구스님들과 함께 그의 정사에 나아가니 폐마 파순이 물었다.

"바가리 존자의 신식이 어디 있는가. 하늘·용·귀신·건달바·아수라·가루·마후라·야차. 동·서·남·북·상·하 어느 곳에 가 찾아도 찾을 수가 없다."

"바가리는 완전한 열반에 들었다. 오늘 숨지기 직전에 5온을 통찰하고 신해탈 심해탈을 얻어 멸진정에 들었다."

〈26-9-②〉

27. 등취사제품(登趣四濟品)

"비구들아 4제법을 관찰하고 그 뜻을 분별하여 사람들을 위해 널리 설명하라. 너희들은 마땅히 사리불과 목건련 비구를 받들어 섬기고 공양하라. 그는 늘 무수한 방편으로 진리를 펴고 사람들을 위해 연설하였기 때문이다."

〈1〉

부처님께서 기수급고독원에 계실 때, 걸식 나가던 비구들이 시간이 일러 이학촌에 들르니 이학들이 물었다.

"구담 사문께서는 이런 법을 분명하게 배워 알고 행해야 한다고 하는데, 우리들도 똑같이 그렇게 말하고 있다. 그렇다면 무엇이 다른 것이 있는가."

스님들은 그들에게 대답을 하지 않고, 걸식 후 공양을 마치고 부처님께 나아가 아뢰었다.

"저희들은 오늘 이러한 일이 있사온데 어떻게 대답했어야 됩니까?"

"그 목적이 무엇에 있는가를 물었어야 한다. 그리고 욕심이 있는가 없는가도. 그래서 유(有)의 소견인가 무(無)의 소견인가 분명히 알아 깨달음을 얻게 해야 된다. 거기에 털끝만큼이라도 집착이 있고 욕망이 있다면, 그것은 외도이고 없다면 비록 외도 일지라도 멸법이다."

〈2〉

부처님께서 기수급고독원에 계실 때 아나빈저 장자에게 물었다.

"늘 보시를 행하고 있느냐?"
"예. 하고 있으나 음식이 평상시와 달라 거칠고 맛이 없습니다."
"만일 서원이 있고 믿음이 있고 행위 과보를 생각하지 않는다면, 걱정할 것이 없다. 만일 서원과 믿음 속에 평등보시를 행한다면 그는 반드시 칠재(信・戒・慚・愧・施・慧・聞・財)를 얻을 것이기 때문이다."

〈3〉

"해가 처음 떠 들에 나가 일을 하면 새들은 구슬피 울고, 어린 아이들은 애달파하듯 여래께서 처음 세상에 태어나면 4사 시주가 농부가 농사지어 공급하듯 하고, 명망 있는 법사가 새처럼 법문을 하나, 마군이들은 어린아이들처럼 보챈다."

〈4〉

미륵보살이 물었다.
"보시는 몇 가지 법을 성취하여야 바라밀을 성취하고, 6바라밀을 원만하게 갖추어, 무상정진도를 빠르게 성취할 수 있습니까?"
"첫째는 평등심으로 보시하여야 하고, 둘째는 애착없이 보시해야 하며, 셋째는 공덕이 일체에 미치게 하고, 넷째는 청정히 계를 지키며 용맹정진으로 선법을 닦으며 보시하여야 한다."

〈5〉

"여래에게는 두려움이 없다. 첫째는 법을 성취했고, 둘째는 번뇌를 다 끊었으며, 셋째는 어리석음(무명)을 완전히 제거했으며, 넷째는 생사에서 완전히 벗어났다. 이것이 네 가지 두려움이 없는 법이다."

〈6〉

"용맹스럽고 많이 들어 설법 잘 하면
대중 가운데 사자가 되어 겁내고 약한 법이 없다.

4부대중이 계를 잘 지키고 많이 듣고 믿음이 있으면
대중 가운데 제일이 되어 능히 대중과 화순하면
마치 처음 뜨는 해와 같다."

〈7〉

"네 종류의 금시조가 있는데 알로 태어난 것과 태로 태어난 것, 습·화로 태어난 것이 그것이다. 그런데 용에도 똑같이 4생이 있는데, 태생 금시조가 용을 잡아먹을 때는, 철차나무 위에 올라가 재물을 바다에 던져, 바다물이 두 쪽으로 갈라지면 알로 태어난 용을 잡아먹으나, 태·습·화룡을 잘못 치면 그만 그 자리에서 죽고 만다. 바다의 넓이가 28만리가 되기 때문이다. 그런데 만일 그 용왕들이 부처님을 섬겨 4등심을 얻으면 금시조는 용을 잡아먹을 수 없다. 부처님은 자·비·희·사로 일체 중생을 보호하고 있기 때문이다."

〈8〉

"선지식이 첫째, 보시할 때는 때를 알아 보시하고 둘째, 제손으로 보시하고 셋째, 항상 깨끗한 것을 보시하고 넷째, 미묘한 것을 보시한다. 마치 바닷물과 같이 우바새·우바이가 이 네 가지에 의해 보시하면, 누구나 열반의 복덕을 형성하게 될 것이다."

〈9〉

"믿음을 가진 사람, 법을 받드는 사람, 몸으로 증득한 사람, 지혜가 밝은 사람은 세상의 복밭으로 공경할 만하고 증득할 만하다."

〈10〉

증일아함경 제20권

28. 성문품(聲聞品)

부처님께서 가란나 죽원에 계실 때 500비구와 함께 있었다.

이 성에 인색하기로 유명한 발제 장자와 그의 누이 난타가 살고 있었는데, 일곱 겹의 문에 그물을 쳐놓고 새들까지도 함부로 들어오지 못하게 하였다.

하루는 발제 장자가 떡을 먹고 있을 때 아나율이 신통력으로 땅 속으로부터 솟아나 탁발을 가자 떡을 조금 떼어 주고 나서 문지기에게 야단을 쳤다.

"아무도 문 안에 들어오지 못하게 하였는데 어찌하여 사람을 들여보냈느냐?"

"저희들도 알 수 없습니다. 문이나 하늘로부터 온 것이 아니고 땅 속에서 솟아난 것으로 압니다."

다시 마하 가섭과 대목건련 빈두로 존자가 차례로 나타났다. 화가 난 발제가 문지기들을 꾸짖자 그들은 모두가

"알 수 없는 일이다."

고 하였다. 그때 장자가

"저까짓 까까머리 사문들이 요술을 부리는 것이 아닌가!"

그런데 장자의 아내는 질다 장자의 누이동생으로 바사산에서 시집 온 사람인데 장자에게 말했다.

"입 조심 하십시오. 아나율은 가비라위국 곡반왕의 아들로 천안제일의 성자가 되신 분이고, 가섭 존자는 나열성 가비라 범지의 아들로 999마리 소로 농사를 짓던 사람이며, 비파라야단나(대가섭)는 천하일색 바타를 데리고 살았던 사람이며, 대목건련은 청제 장자의 아들입니다."

이렇게 말하고 있는데 대목건련이 신통력으로 일곱 문을 부수고 들어왔다. 장자가 물었다.

"그대는 하늘 인가 건달바인가?"

"나는 하늘도 건달바도 귀신도 나찰도 아니다. 3세에 걸쳐 해탈을 얻은 석가모니 부처님의 제자이다."

"무엇 때문에 여기 나타났느냐?"

"그대에게 법문을 들려주기 위해서다. 여래는 두 가지 보시를 말하는데 하나는 재보시이고 하나는 법보시다. 그런데 그 가운데도 다섯 가지 보시가 있으니

① 살생하지 않는 것이고,

② 주지 않는 것을 가지지 않는 것이며,

③ 음란한 행위를 하지 않는 것이고,

④ 거짓말 하지 않는 것이며,

⑤ 술 마시지 않는 것이다."

"그것은 내가 본래부터 지키고 있는 것이니 나에게도 큰 공덕이 있겠구나."

하고 공양한 뒤 털 담요를 보시하고자 창고 속에 들어가 이것 저것을 가렸다.

목련이 말했다.

"보시를 생각하는 것 훌륭하지만 현성을 아는 것이 보시 중에 제일이 되니 좋은 밭에서, 과일이 나기 때문이니 더 큰 복덕을 받으리."

하고 4제법을 설하자 그는 즉시 법안이 열리었다.

빈두로 존자가 늙은 할머니 난타에게 갔다.

그 역시 작은 떡을 들고 먹다가, 존자가 나타나 발우를 내미는 것을 보고 화를 내었다.

"내 눈이 빠지는 한이 있더라도 나는 끝내 그대에게 밥을 주지 않겠다."

그때 빈두로 존자가 18변을 나타내 보이다가, 갑자가 멸진정에 들어 죽었다. 당황한 난타가 겁이나 온몸에 털이 곤두서며 속으로 생각하였다.

"큰일났구나. 신통 비구가 내 집에서 죽었으니, 만일 살아난다면 내 밥을 주리라."

빈두로가 다시 살아나 가지고 있던 떡은 너무 크다고 생각하여, 밀가루로 새로운 떡을 만들어 주고자 하였는데, 먼저 만들어 놓은 떡과 새로 만든 떡이 들러붙어 도무지 떨어지지 않자 말했다.

"비구여 떡이 먹고 싶으면 직접 집어 먹을 일이지, 어찌하여 이런 신통을 부리는가."

"나는 떡이 필요 없다."

"그러면 무엇이 필요합니까?"

"이 떡을 가지고 부처님께 가자."

그리하여 그들은 떡을 가지고 부처님께 나아가니, 부처님은 그 떡으로 1,250명을 나누어 먹이고도 남자,

"이 남은 떡은 우바새・우바이에게 돌리고, 남은 것이 있거든 깨끗한 물이 있는 곳에 버려라."

모두 나누어 주고도 처음 가지고 온 것 보다 더 많은 분량이 남자 그것을 깨끗한 물에 버렸더니, 물 속에서 연기가 나고 나중에는 불꽃이 솟아나, 사람들을 두렵게 하였다.

"보살은 저런 독 든 음식을 누구에게 함부로 보시하면, 먹는 자가 해를 보게 되어 있으니, 아끼는 마음과 독 든 마음으로 보시하면 안된다."

이렇게 하여 발제 장자와 난타 여인이 교화 되었다는 말을 듣고, 아사세왕의 좋은 채녀 우바가니(난타의 동생)가 부처님께 가서

"우리 집안이 큰 이익을 얻은 것을 진심으로 축하드립니다."

고 하자 아사세왕이 듣고 여러 가지 음식으로 그를 공양한 뒤

"3보를 받드는 집에서는 내 세금을 받지 않으리라."

고 하였다. 이에 부처님께서 설법하였다.

"음식에는 친근해야 할 것이 있고, 친근하지 말아야 할 것이 있으니, 친근해서 착해지는 것이 있으면 먹고, 그렇지 않으면 먹어서는 안된다."

발제는 그의 누이와 함께 3귀 5계를 받고 독실한 불자가 되었으며, 나라에서 존경받고 사랑받는 인격자가 되었다.

〈1〉

"해와 달에는 네 가지 그늘이 드리워져 빛을 들어내지 못하게 한다. 첫째는 구름이고, 둘째는 티끌이며, 셋째는 연기이고, 넷째는 아수륜이다. 마찬가지로

사람을 깨닫지 못하게 하는데 네 가지가 있으니, 첫째는 탐욕의 번뇌이고, 둘째는 성냄이며, 셋째는 어리석음이고, 넷째는 이양이다. 마땅히 방편을 써 4결을 없애도록 하라."

〈2〉

부처님께서 아라비사당 곁에 있을 때, 수아라바 장자의 아들이 산책 나왔다가 부처님을 뵙고 문안하였다.

"안녕히 주무셨습니까?"

"그렇다 동자야. 기분좋게 잘 잤다."

"날씨가 추워 만물이 시들어 떨어지는데, 세존께서는 풀밭에서 입으신 옷도 얇으신데, 어떻게 잘 주무셨다고 하십니까?"

"집을 단단하게 단속하여 바람이나 먼지가 없고, 방 안에는 짐승들의 가죽과 비단으로 된 침구가 있어 아무런 불편이 없으며, 얼굴이 단정하고 얼굴은 봉숭화 같고 쳐다 보아도 싫증이 나지 않는 미녀 네 명이 있으며, 항상 등불이 켜져 있다면 어찌 즐겁지 않겠느냐."

"그렇습니다 세존님."

"자리에는 전륜성왕, 수다원향과 같이 낮은 자리가 있고, 제석천왕 수다원과와 같은 하늘 자리가 있으며, 대범천왕 사다함향과 같은 청정한 자리가 있고, 부처님의 여의지와 같은 진리의 자리가 있다.

말하자면 낮은 자리는 욕계이고, 하늘자리는 색계이며 청정한 자리는 무색계이고, 부처님 자리는 다시는 3독을 일으키지 않는 4신족 무여열반의 자리이다."

〈3〉

부처님께서 기사굴산에 계실 때 녹두 범지와 함께 다비장 근처에 가 두개골 하나를 들고 물었다.

"그대는 별을 보고 점을 치고 의술까지 있어 병을 고치고, 다른 갈래의 세계를 알며, 또 사람의 죽은 인연과 다시 태어난 자리까지 아니, 자세히 설명해 보라. 이자가 남자인가 여자인가. 지금 어느 곳에 태어나 있는가?"

"이 자는 남자로써 산통(酸痛)으로 죽었습니다. 하리륵 열매를 꿀에 섞어 먹었으면 죽지 않았을 것입니다. 그러나 이미 죽어 그는 3악도에 태어났습니다."

다시 두개골 하나를 집어 범지에게 주면서,

"남자인가 여자인가?"

"여자로써 아기를 났다가 죽었습니다. 그때 제호가 있었더라면 구할 수 있었을텐데, 지금은 죽어 축생이 되었습니다."

"이 사람은?"

"계를 지켜 인간으로 태어난 여자입니다."

"이것은?"

"거처를 알 수 없는 사람입니다."

"그렇다. 이 자는 보향산 남쪽에 거주하던 우타연 비구다. 이미 아라한이 되어 있으므로 남녀 생사에 관계없이 반열반에 들었다."

"참으로 거룩하십니다. 저는 개미새끼를 보고도 어디서 온 줄 알고, 새짐승의 소리만 들어도 암수를 가리는 재주가 있습니다. 그러나 오늘 아라한은 번뇌가 없으므로 아주 생이 없는 이치를 처음 알았습니다. 참으로 부끄럽습니다. 식(識)이 나아가는 것만 보았지 나아감이 없는 것을 알지 못했습니다. 저도 출가하여 다시는 어머니의 태에 들지 않는 인격자가 되도록 하겠습니다. 4대 8계는 모두 시간따라 변해가나 계경·율·아비담·계는 다시 윤회에 들지 않기 때문입니다."

〈4〉

부처님께서 기수급고독원에 계실 때 말씀하셨다.

"그렇다. 이 세상에는 다시 타락하지 않는 계경·율·아비담·계가 있다. 그러니 늘 경을 외우고 아비담을 의논하며 율을 지키고 계를 실천하라. 법이 있으면 4성 계급이 생기고, 욕색제천이 생겨나지만 4아라한, 벽지불, 불법에는 다시 생사가 없다."

〈5〉

바사닉왕이 온 몸에 먼지를 뒤집어쓰고 4군과 함께 기수급고독원을 찾아왔다.

"어디서 오시기에 그렇게 피곤해 보이십니까?"
"나라에 도둑이 들어 잡아오는 길입니다."
"그렇습니다. 괴로운 가운데서도 즐거운 일이 네 가지가 있으니
① 일찍 일어나는 일은 먼저는 괴로우나 뒤에는 즐겁고,
② 기름과 생우유를 마시는 일은 먼저는 괴로우나 뒤에는 즐거우며,
③ 쓴 약을 먹는 것도 먼저는 괴로우나 뒤에는 즐겁고,
④ 살림살이와 혼인하는 것도 먼저는 괴로우나 뒤에는 즐겁습니다."
바사닉왕이 돌아간 뒤 비구들에게 말했다.
"범행을 닦는 일 먼저는 괴로우나 뒤에는 즐겁고,
경문을 외우는 일 먼저는 괴로우나 뒤에는 즐거우며,
선정을 닦는 일 먼저는 괴로우나 뒤에는 즐겁고,
수식을 관하는 일 먼저는 괴로우나 뒤에는 즐겁다.
또 선정을 닦을 때도
먼저 탐욕과 같은 나쁜 법을 없애면 첫 번째로 즐거움이 되고,
각관을 쉬어 삼매를 형성하면 두 번째 즐거움이 되며,
기쁨이 없어지고 마음에 평정을 얻으면 세 번째 즐거움이 되고,
3결의 그물을 끊고 열반을 얻으면 네 번째 즐거움이다."

〈6〉

"세상에는 황람꽃과 같은 사문이 있고, 빈타리꽃 같은 사문이 있으며, 부드럽고 연약한 사문, 더 부드럽고 연약한 사문이 있는데 이것이 수다원 · 사다함 · 아나함 · 아라한이다."

〈7〉

증일아함경 제21권

29. 고락품(苦樂品)

"세상에는 먼저는 괴로우나 뒤에는 즐겁고, 먼저는 즐거우나 뒤에 괴롭고, 먼저도 괴롭고 뒤에도 괴롭고, 먼저도 즐겁고 뒤에도 즐거운 사람이 있다.

① 비천한 집과 살생족, 가난한 집에 태어나, 의식이 넉넉지 않는 데도 보시하고, 부모와 사문, 바라문의 교육을 받아, 부자는 덕을 베풀고 방일하지 않았기 때문에 빈천함 과보를 받지 않았다고 생각하고, 부지런히 악행을 그치고 참회 생활을 하는 사람이다.

② 찰리 왕족으로 태어났으나, 삿된 소견을 가지고 다시 복을 짓지 않는 자이다.

③ 천박한 곳에 태어나 천박한 짓만 하는 자이다.

④ 고귀한 집에 태어나 고귀한 짓만 하는 자이다."

〈1〉

"또 몸은 즐거우나 마음이 괴롭고, 마음은 즐거우나 몸이 괴로운 사람, 몸과 마음이 모두 괴롭고, 몸과 마음이 모누 슬거운 사람이 있다.

① 3악도의 생활을 하면서도 먹고 입고 쓰는 것에 걸림이 없는 자이다.

② 아라한이 공덕을 짓지 않고 마음은 넉넉하면서도 몸이 괴로운 자이다.

③ 공부도 공덕도 짓지 않는 자이다.

④ 복도 짓고 지혜도 닦은 자이다."

〈2〉

"범천의 복을 받는데 네 가지가 있으니

① 믿음으로 탑이 없는 곳에 탑을 세우고,

② 믿음으로 절을 짓거나 수리하며,

③ 분열 자를 화합시키고,

④ 여래의 법륜시 인천에 권한 사람들이다.

4천하 사람들의 복은 똘똘 뭉쳐도 4천왕 복만 못하고, 4천하 사람들 복과 4천왕 복을 합쳐도 33천만 못하듯, 석제환인·염마천·도솔천·자재천·타화자재천·대범천왕의 복 순으로 올라가듯 범천의 복은 끝도 갓도 없느니라."

〈3〉

"중생의 음식에는 단식(段食 ; 摶食)·경식(更食 ; 觸食)·염식(念食)·식식(識食) 네 가지가 있다. 여기서 사람과 귀신, 색계와 무색계의 차별이 생긴다."

〈4〉

"말에는 의변(義辯)과 법변(法辯)·사변(辭辯)·응변(應辯) 네 가지가 있는데, 의변은 천·용·귀신들의 말을 분별하는 것이고, 법변은 12부 경전을 구분하는 것이며, 사변은 8부의 말을 판단하는 것이고, 응변은 4부 대중의 뜻을 기쁘게 하는 말이다. 마하구치라는 이 네 가지 말을 완전히 갖추었느니라."

〈5〉

"이 세상에 생각으로 헤아릴 수 없는 것이 네 가지가 있으니, 첫째는 중생의 생각이고, 둘째는 세계의 생각이며, 셋째는 용의 생각이고, 넷째는 부처의 생각이다. 중생은 오고 가는 것이 끝이 없고, 생겨나고 죽는 것이 헤아릴 수 없기 때문이고, 세계의 생각은 사견을 가진 사람들은 세계가 생겨나고 없어짐, 끝나고 끝없음, 이 몸 제 목숨의 수가 없기 때문이며, 용도 빗방울을 헤아릴 수 없고, 부처님은 신족을 헤아릴 수 없기 때문이다."

〈6〉

"4신족이 있다. 자재삼매행진신족·심삼매행진신족·정진삼매행진신족·계삼매행진신족이 그것이다.

첫 번째는 모든 삼매는 자유자재하여 몸과 마음과 뜻을 가볍고 편리하게 가지는 것이고, 둘째는 석벽과 같은 장애물을 마음대로 뚫고 다니는 것이며, 셋째는 게으름 없고 두려움 없이 용맹 정진하는 것이고, 넷째는 중생들의 생각을 따라 3독심이 없이 해탈한 마음을 가지는 것이다."

〈7〉

"애착을 일으키는데 네 가지가 있다. 첫째는 옷이고, 둘째는 음식이고, 셋째는 좌구이고, 넷째는 의약이다. 공부하는 사람이 이 네 가지에 집착하면 다음에 반드시 생을 받게 되어 있다."

〈8〉

"네 개의 큰 강이 있는데 아누달샘에서 흘러나오는 항하・신두・바차・사타가 그것이다. 항하는 물소의 입에서 나와 동쪽으로 흐르고, 신두는 사자의 입에서 나와 남으로 흐르며, 사타는 코끼리 입에서 나와 서쪽으로 흐르고, 바차는 말의 입에서 나와 북으로 흐른다.

사람에게는 찰리・바라문・장자・거사 네 가지 종족이 있으나 법의를 입고 출가하여 도를 닦으면 모두가 석가 사문이다."

〈9〉

"자・비・희・사 4능심은 범당(梵堂)의 수행사들이 마땅히 닦아야 한다. 범당은 욕계를 벗어난 청정한 천당으로 1천 세계를 통솔하는 범당이다."

〈10〉

증일아함경 제22권

30. 수타품(須陀品)

부처님께서 마가다국 파사산에서 500명의 비구와 함께 있을 때 수타 사미에게 물었다.

"영원한 형상과 무상한 형상은 이치가 하나인가 여럿인가?"

"하나가 아니고 여럿입니다. 영원한 형상은 안(內)이고 무상한 형상은 바깥(外)이기 때문입니다."

"번뇌가 있고 없는 것은 같은가 다른가?"

"그것도 하나가 아닙니다. 번뇌가 있는 것은 결사(結使)이고, 없는 것은 열반이기 때문입니다."

"모이는 법과 흩어지는 법은?"

"모이는 것은 4대이고, 흩어지는 법은 고통입니다. 그래서 하나가 아닙니다."

"수의(受義)와 음의(陰義)는?"

"느낌은 형상이 볼 수 없고, 쌓임은 형상이 있어 볼 수 있습니다."

"이름이 있는 것과 없는 것은?"

"이름이 있는 것은 죽음의 결박이고, 이름이 없는 것은 열반입니다. 이름이 있는 것은 나고 죽음이 있기 때문입니다."

부처님께서 보집강당으로 들어가 선언하였다.

"오늘부터 수타 사미를 대비구로 인정하노라. 누구나 4사를 시주하면 큰 이익을 얻으라."

〈1〉

부처님께서 죽림정사에 계실 때, 대중설법을 하는데 8세된 수마나 사미 옆에 늙은 비구가 졸고 있자 게송으로 말씀하셨다.

"수염과 머리를 깎았다 하여 장로가 아니다.
그는 아무리 나이가 많아도 어리석은 행을 면치 못한다.
만일 네 가지 진리를 보고 어떤 생명도 해치지 않고
더럽고 나쁜 행 버리면 그야말로 장로라 부른다.

저 늙은 비구는 생을 마치면 축생보(용)를 받을 것이고
수마나는 살아서 4신족을 얻어 해탈할 것이다."

〈2〉

부처님께서 1,250대중과 함께 기수급고독원에 계셨다. 억만장자 아나빈저는 만부성에 큰 재물을 가지고 장사하면서 만재 장자와 거래하고 있었다. 그런데 만재 장자가 아나빈저의 집에 왔다가 그의 딸 수마제를 보고 청했다.

"저희 며느리를 삼았으면 좋겠는데 승낙해 주시겠습니까?"

"안됩니다. 족성과 재물도 재물이지만 믿음이 다르기 때문입니다."

"재물은 얼마쯤 가지면 됩니까?"

결혼시킬 생각이 없는 아나빈저는 크게 부풀려서

"6만 냥을 가져야 할 것입니다."

"내 그렇다면 여기서 당장 6만 냥을 내겠습니다."

할 말이 없자

"우리 부처님께 물어보아야 합니다."

하고 부처님께 나아가 물으니

"수마제가 그곳으로 시집가면 큰 이익이 있으리라."

고 하셨다. 그래서 약혼이 이루어져 정한 날짜에 신랑 신부가 만나게 되었는데, 만부성 사람들은 외부의 남녀를 가족으로 삼을 수 없고, 만일 어기면 6천 명의 범지에게 돼지고기 공양을 올리게 되어 있었다.

그래서 나체범지 6천 명을 초대하여 대잔치를 베푸는데, 며느리가 범지들께서 옷을 입지 않았다고, 굳이 절을 하지 아니하므로 만재 장자가 난처하게 되었다.

일단 공양을 하고 나왔지만, 장차 이 불명예를 무엇으로 씻을 것인지, 걱정이 되어 2층 다락에 올라가 고민하고 있을 때, 5통신선 수발이 말했다.

"다른 데서 같으면 그 여인은 틀림없이 자살했을 것이다. 그런데 지금까지 죽지 않고 있다니 참으로 신통한 일이니, 그의 스승 부처님을 초대해 보십시오.

내가 옛날 설산 아뇩달지에 들어갔다가 쫓겨난 일이 있는데, 부처님의 4선(禪) 사미 균두가 그곳에 오니, 천인들이 쌍수로 맞아 접대하고, 시체에서 걷어온 피묻은 옷까지 빨아 주었습니다. 말단 제자도 그러한데 하물며 큰 스님들이야 더 말할 것 있겠습니까!"

이 이야기를 듣고 어떻게 초청할까 근심하자 수마제가 높은 누에 올라가 향을 피우니 난데없이 기원정사 뜰에 향 구름이 나타났다. 아난이 물었다.

"이상한 향 구름이 나타났습니다."

"수마제의 청공이다. 비구들은 묘회강당에 모여 내일 공양 받으러 갈 준비를 하라고 일러라. 그리고 신통을 얻은 대목건련과 마하가섭·아나율·이월·수보리·우비가섭·마하가필나·라운·주리반특가·균두 등을 먼저 보내라."

"그러면 사환 건다에게 가마솥을 가지고 먼저 보내 이 소식을 알리겠습니다."

흰옷 입고 머리 기르고 드러낸 몸 바람같이 빠른 건다가, 가마를 지고 가자 안재 장자가 보고 물었다.

"그가 누구냐?"

"심부름꾼 건다입니다."

다음에는 우발라꽃을 한 아름 않은 균두 사미가 따라가고, 사리불과 주리반특이 5백 마리의 소떼를 몰고 가고, 라운은 공작을 타고, 마하가필나는 금시조, 우비는 용, 수보리는 유리산, 가전연은 고니, 이월은 호랑이, 아나율은 사자, 대가섭은 말, 목건련은 흰코끼를 타고 먼저 가 세존을 맞을 준비를 하고 있었다.

부처님께서는 때에 맞추어 승가리를 입고, 아약구린과 아난을 좌우보처로 데리고 1,200대중과 함께 가니, 일월 양 천자와 석제환인과 범천, 제두뢰타·비류륵·비류박차·비사문과 여러 성왕들이 호위하고 밀적금강들의 시위를 받으며 거문고 장인 바차순과 바사닉왕은 향과 꽃을 뿌리며 따라갔다.

만재 장자는 32상 80종호를 갖추시고 황금빛도 찬란한 부처님을 뵙고, 감격

하여 며느리와 함께 오체투지하고 찬탄하니, 6천 범지들은 저절로 고개가 수그러졌다.

부처님께서 옛날 이야기를 들려주었다.

"옛날 애빈왕의 딸에 수마나가 있었다. 부처님 계를 받고 늘 보시하기를 좋아하여, 평등심으로 무엇이고 베풀어 주며 공경하고 사랑했다. 가섭여래 처소에서 법구를 배우고 서원하였다.

'세세생생 태어날 때마다 가난과 악도를 만나지 않고, 거룩한 분을 만나 반드시 법안을 얻게 하옵소서.'

하고 발원하였는데, 그때의 애민왕은 오늘의 아나빈저 장자이고, 왕녀가 바로 수미제다. 그때의 인연으로 말미암아 오늘 이렇게 거룩한 복전을 이루고, 큰 불사를 하게 되었으니 심은 과는 결코 헛되지 않나니라."

이로 인해 만부성의 모든 외도는 모두 불교에 귀의하고, 옷을 입고 화식을 하게 되었으며, 인도에서도 몇째 가지 않는 지성국가로 발전하게 되었다.

증일아함경 제23권

31. 증상품(增上品)

생루 바라문이 부처님께 물었다.

"굴 속에 한가하게 사는 것은 매우 괴로운 것이고, 혼자 지내고 혼자 다니면서 마음 쓰는 것도 어려운 일입니다."

"그렇다. 나도 옛날에는 그러하였다."

"그래서 부처님께서는 견고한 믿음으로 출가해 도를 닦으셨군요."

"그렇다. 나는 그와 같은 이들의 우두머리가 되어 큰 이익을 주었으니, 그들 가운데는 참괴심이 없는 자들도 있었고 3업이 깨끗한 자도 있었다. 만일 이렇게 4선 8정을 통해 1생 내지 천 생의 일과 인과를 모두 안다면 인연의 본말을 훤히 알게 될 것이다."

"부처님 마치 꼽추가 등이 펴지고 헤매는, 이가 길을 알고, 장님이 눈을 뜨고 어두운데서 빛을 얻는 것과 같습니다. 저는 오늘부터 3보에 귀의하여 5계를 지닌 우바새가 되겠습니다."

〈1〉

부처님께서 구심국 구사원 과거 4불이 계셨던 곳을 지나가시다가, 우전왕이 사미 부인과 산책 나왔다가 한 비구를 보고 사모하자, 우전왕이 화가 나 쏘려다가, 갑자기 500마리의 사슴떼가 나타나 사냥하게 되었다.

그때 그 비구는 부처님께 나아가니 부처님께서 물으셨다.

"사위성에서 여름 안거를 지냈느냐. 때를 따라 걸식하여 피곤하지나 않았느냐?"

"예. 괴로움이 없었으나 우전왕의 마음을 치료하기 위해 여기 왔습니다."

"너는 왜 선정 중에 일어난 일에 대해서 설명하지 않았느냐?"

"왕은 탐욕과 흉폭이 있을 뿐입니다."

"낡고 찌든 옷은 씻어야 하고, 왕성한 욕심은 부정관을 해야만 없어집니다."

"여래의 처세 마법은 기이하고 특별하다. 어떠한 악인에 대해서도 설법하니 네 가지 두려움이 없기 때문이다. 그러므로 그대들은 3보에 귀의하고 도행을 행하여야 할 것이다."

〈2〉

"4행적이 있으니 첫째는 즐거움이고, 둘째는 괴로움이며, 셋째는 영리한 근기로 즐거운 근기를 따라 모든 번뇌를 없애는 것이고, 넷째는 모든 괴로운 행적을 따라 5근 5력을 성취하는 것이다."

〈3〉

부처님께서 죽림정사에서 500명 비구와 있을 때, 5신통을 얻은 4범지가 한 곳에 모여 의논하였다.

"죽음의 사자가 오면 어디로 피할 것인가?"

한 사람은 '허공', 한 사람은 '바다', 한 사람은 '수미산' 한 사람은 '땅 속에 숨어' 죽음을 면한다고 하여 각기 그곳으로 갔으나 목숨을 부지한 사람은 없었다.

그때 세존께서 게송으로 말씀하셨다.

"허공도 아니고 바다 속도 아니고 험한 산 바위 속에 들어갈 일도 아니다.
어디를 가도 숨을 곳 없으니 이것을 벗어나면 죽음 면하리.

비구야, 그러므로 그대들은 네 가지 법을 사유하라.
제행은 무상하고, 제법은 무아하며, 일체법은 고통이고,
사라져 없어지는 것은 열반이다."

〈4〉

"33천에 네 가지 공원이 있으니, 심성이 즐거운 난단반나 공원, 몸이 거칠어지는 추삽 공원, 여러 모습으로 변하는 주야 공원, 오직 같은 부류들만 드나드는 잡종 공원이다. 각기 거기엔 지극히 차가운 극냉욕지(極冷浴池)와 향기롭고 맛있는 목욕못(香味浴池), 몸이 가벼워지는 경변욕지(輕便浴池), 몹시 깨끗한 청철욕지(淸澈浴池), 난타욕지, 난타정욕지, 소마욕지, 환열욕지가 그것이다. 마찬가지로 여래의 공원에도 자원・비원・희원・호원(護園)이 있어, 성문들로 하여금 즐겨 놀게 한다. 거기에는 첫째, 각관지(覺觀池)가 있고 둘째, 무각관지가 있으며 셋째, 기억이 평정한 못이 있고 넷째, 고락이 없는 못이 있다. 누구나 이 못에 목욕하면 21결을 씻게 된다."

〈5〉

"옛날 한 왕이 네 마리 독사가 든 상자를 주면서, 수시로 목욕시키고 깨끗하게 하라고 하였다. 만일 그렇지 아니하면 다섯 명의 칼잡이와 여섯 명의 원수를 시켜 죽이겠다고 하였다. 그 사람은 독사에 물려 죽을까봐 도망치기 시작하

였다. 동서 4방으로 뛰어 도망가다가 빈 마을에 이르니 도적들이 꽉 차 있었다. 그래서 거기서 다시 도망치다 보니 강쪽에 다달아 급류에 휘말리게 되었다. 그는 어떻게 생각하여 뗏목을 만들어 간신히 그 강을 건넜으니, 그 뗏목은 8정도의 반야선이고, 네 마리 독사는 4대, 다섯 명의 칼잡이는 5온, 여섯 명의 원수는 6입이다. 강은 생사의 강이고, 무명의 견유(見流)며, 이쪽 언덕은 파순의 경계이고, 저쪽 언덕은 여래의 경계이다."

〈6〉

"어떤 장자는 죽어 다시 자기 부인의 배 속으로 들어가고 어떤 범지는 지옥으로 들어갔다. 이와 같이 부처님은 아나빈저 장자가 죽어 천상에 태어난 것과, 비구들이 멸도에 든 것을 천안으로 보았다.

신·구·의·명이 청정한 이는 사람으로 태어나고, 네 가지 법이 악한 자는 지옥에 떨어지고, 보시·인애·이인(利人)·평등심을 쓴 사람은 천상에 태어나고, 번뇌를 끊은 사람은 해탈하게 된다.

그러니 각관을 통해 선정을 닦아 인천에 태어나고 해탈하고자 하는 자는, 마땅히 그에 해당되는 행을 닦으라."

〈7〉

부처님께서 성불하기 직전 대외산(大畏山)에 있으면서 게송을 읊었다.

"나는 대외산 속에서 밤낮없이 담담하고 편안하네.
내 형체를 들어내는 것, 이것은 나의 서원이다."

무덤 사이에서 죽은 사람의 옷을 주어 뒤집어쓰며, 안타 마을 사람들은 와서 막대기로 콧구멍을 쑤셔보는 자도 있고, 침을 뱉고 오줌을 싸고 흙을 끼얹는 자도 있었으나, 나는 그대 외양간에 가서 송아지나 큰 소의 똥을 먹으면서, "이것으로 오늘 식사를 만족하게 생각하자." 천인들이 와서 감로를 베풀면서 단식을 중지하도록 촉구했다.

그래서 그때부터 깨 한 알과 쌀 한 알씩으로 연명하였다. 그런데 몸이 쇠약해져 뼈와 가죽만 남고 정수리엔 부스럼이 생겨, 가죽과 살이 저절로 떨어져 나갔다.

마치 오래된 수레가 낡아 부서지듯 두 다리가 낙타의 다리처럼 되었다. 배는 등뼈와 마주 붙었다.

그러나 거기서 얻은 것은 한 가지도 없었다. 화장실에 가려고 일어서면 그대로 쓰러졌다.

"이젠 곧 목숨이 마치게 되었구나."

그러나 정신은 멀쩡하여 세속에서 일어난 일들을 훤히 알 수 있었다. 그래서 호흡이 끊어진 선정에 들고자 드나드는 숨을 헤아리니, 기운이 귀로 빠져나가면서 뇌성벽력과 같은 소리를 냈다. 다시 입을 막고 귀를 막아 숨이 나가지 못하게 하니 정기가 손발을 통해 나가고, 눈・귀・코・혀・입을 사용하지 않았다.

그래서 신식(神識)을 온몸에 돌려 숨이 있는 선정에 드니 머리와 이마가 송곳으로 쑤시는 것처럼 아팠다. 다시 숨길을 막으니, 그 기운이 모두 배 속으로 모여 백정이 칼로 소를 죽이는 것처럼, 산사람을 불에 지지는 것처럼 고통이 극심하였다.

그래도 의식은 끊어지지 않고 붙어 있었다. 그때 어떤 사람이 말하기를

"사문의 얼굴이 마치 죽은 사람 같구나."

하였다. 이렇게 6년을 지내고 나서, 대추알 같은 작은 과일을 먹기 시작하였더니 옛날의 기억이 되살아났다. 궁중에서 시내던 일들이, 그러나 그때에 일어났던 탐욕과 선악법이 모두 없어지면서 초선에 노닐었고, 각관이 없는 경계에서 제2선, 평정한 기억에서 제3선, 다시는 괴로움도 즐거움도 없는 경계에서 제4선이 형성되었다.

옛날 가시 위에 드러눕기도 하고 널빤지 쇠못 위에 눕기도 하고, 혹은 땅에서 멀리 떨어진 새처럼 매달려 있기도 해보았으며, 두 다리를 올리고 땅에 머리를 대기도 하고, 다리를 꼬고 걸터앉아 수염과 머리를 기르기도 하였으며, 혹은 햇볕에 노출시켜 몸을 태우기도 하고, 혹은 몸을 물 속에 넣기도 하고, 말없이 침묵을 지키기도 하였다.

하루 한 끼만 먹고, 두 끼, 세 끼, 네 끼를 먹기도 하였으며, 혹 나물과 과실만 먹기도 하고, 벼나 깨, 풀뿌리나 나무 열매를 먹기도 하였으며, 꽃과 향기를 먹기도 하고, 혹은 옷을 벗기도 하였으며, 해진 옷을 입기도 하고, 때로는 풀로 만든 옷을 입기도 하였으며, 혹은 털옷을 입기도 하고, 머리를 기르기도 하였으며, 남의 머리털을 취하여 머리 위에 얹기도 하고, 그렇지만 거기에는 현성의 계율이나 지혜, 삼매가 나타나지 않았다.

그래도 나는

"기필코 위없는 도를 구해야 한다."

하며, 현성의 계율과 삼매, 지혜·해탈을 위해 몸부림쳤다. 더 이상 견딜 수 없어 고행을 포기하자, 다섯 비구들은 나를 버리고 떠나며 말했다.

"구담 사문이여, 그대는 성행(性行)이 어지러워 참다운 법을 버리고, 사업(邪業)으로 나아가는구나."

그래서 나는 곧 거기에서 일어나 동쪽을 향해 거닐면서 생각했다.

"과거 항하사 부처님들이 성도하신 곳이 어디일까."

하늘에서 소리가 났다.

"저 보리수나무 그늘이다."

그래서 어디 앉을까 하고 생각할 때 한 초동이 풀을 베고 있었다.

"당신은 누구요."

"저의 이름은 길상이며 성은 불성(弗星)입니다."

"훌륭합니다. 그대 이름은 결코 헛되지 아니할 것이니, 내 자리를 만들어다오."

그래 나는 그 자리에 앉아 4선을 이루니 비로소 번뇌가 없어지고, 과거 무수한 겁을 내려왔던 일들이 지금 눈앞에 보이는 것처럼 환히 나타났다. 그리고 악업을 지은 사람이 악도에 떨어지고, 선업을 지은 사람들이 낙토에 태어나 있는 것도 훤히 보였다. 모두 네 가지 법을 생각한 덕분이다."

〈8〉

제석천왕이 옥녀들과 함께 난단반나 공원에 놀면서 게송을 읊었다.

"이 공원을 보지 못한 사람은 어떤 즐거움도 알지 못하니
모든 하늘들이 사는 곳, 이보다 더 나은 곳은 없으리라."

다른 한 천인이 부처님의 게송을 읊었다.

"일체의 행은 무상한 것, 태어나면 반드시 죽는다.
태어나지 아니하면 결코 죽지 않으니 그래서 열반을 즐거움이라 한다."

그때 부처님께서는 욕류·유류·견류·무명류에 휩싸이면 끝내 도를 얻지 못한다고 하였다. 그때 제석천왕이 부처님을 뵙자 부처님께서는 보시와 지계, 생천, 탐욕을 끊는 법에 대하여 설명하였다.

〈9〉

"무상한 생각을 닦고 널리 펴면 3계의 애욕을 끊을 것이며, 무명·교만은 초목에 불을 놓듯 태워버릴 것이다.

옛날 한 천자가 500옥녀를 데리고 난단반나 공원에서 유희하다가 가니라는 나무 밑으로가 5욕을 즐기다가 떨어져 죽었다. 옥녀들은 가슴을 치고 울부짖었는데, 그는 8, 9월 뒤 사위성 장자의 집에 태어나 사랑을 받다가, 아내를 맞은 지 얼마 되지 않아 죽어 용이 되었다가, 다시 금시조에게 먹히니 인간·용의 세계가 모드 울음바다가 되었다. 그러므로 무상을 관하고 애욕과 교만, 무명을 끊어야 한다."

〈10〉

목련과 아난이 서로 경 읽기 내기를 했다. 소문을 들은 부처님께서 두 사람을 불러 꾸지람을 하였다.

"나는 비구들에게 승부를 따지는 경쟁법을 가르친 일이 없다. 비구는 내 법을 받을 때, 계경과 아비담과 율에 맞는가를 생각해 보아야 한다."

〈11〉

증일아함경 제24권

32. 선취품(善聚品)

"어떤 것이 선취인가. 신·진·염·정·혜 5근이 선취이다. 이를 닦으면 4과를 증득 마침내 등정각이 될 수 있기 때문이다."

〈1〉

"어떤 것이 불선취인가. 탐·진·수(睡)·희(戱)·의(疑)가 그것이다. 이를 가까이 하는 자는 반드시 3악도에 떨어진다."

〈2〉

부처님께 예배 공경하면 다섯 가지 공덕을 얻으니 단정, 좋은 음성, 부자, 좋은 집안에 태어나고, 생천한다. 모두 이것은 환희·칭송·보시·하심하고 선행을 하기 때문이다.

〈3〉

어떤 사람이 유리알 같은 2층에서 아래를 내려다보고, 오고가는 사람과 집안에서 사는 사람들을 훤히 들여다보고 알듯이, 천당을 얻은 사람은 생사·선악·호추의 세계를 그렇게 들여다본다.

염라대왕이 죄인에게 물었다.

"너는 어머니께서 너를 배 안에 안고 고생하신 것을 보았느냐?"

"보았습니다."

"그런데 어찌하여 그 말과 행이 법답지 못하여, 병든 사람과 노인들을 업신여기며, 죽은 사람에 대한 생각이 없었는가. 너는 길고 넓은 네 벽과 네 성문 안에 쇠그물이 처진 곳에 가서, 칼나무를 잡고 16지옥을 윤회하게 되리라."

말이 끝나기도 전에 옥졸들이 달려와 붙들어 잡고, 온갖 기구로 형을 집행한 뒤 칼산지옥·화탕지옥·불산지옥·맷돌지옥 등 갖가지 지옥을 돌아가며 고통을 주었다. 한 지옥이 끝나면 한 지옥, 한 지옥에서 열회(熱灰)지옥·도자(刀刺)지옥·대열회지옥·도검지옥·비시(沸屎)지옥에 보내졌으니, 그러므로 선행을 닦고 계를 지켜야 한다."

〈4〉

부처님께서 동원 녹자모 강당에 계실 때, 7월15일 비구스님들께 건추를 치게 하여 사람들이 모이자 말씀하셨다.

"수세(受歲)란, 세 가지 업을 깨끗이 하는 것이니, 저마다 잘못을 고백하는 것이 3세 제불의 의제이다. 그대들은 혹 나에게서 허물을 발견한 일이 있는가?"

사리불이 말했다.

"부처님은 건너지 못한 것을 건너게 하고, 벗어나지 못한 이를 벗어나게 하고, 열반하지 못한 이를 열반하게 하고, 구원하지 못한 이를 구원하게 하시고, 장님들에게 눈이 되고, 병자에게 큰 의사가 되어 3업에 허물이 없이 하셨으므로, 3계에서 홀로 높아 미칠 이가 없는 것으로 압니다. 뿐만 아니라 부처님은 뜻을 내지 못한 이로 하여금 뜻을 내게 하고, 깨닫지 못한 이를 깨닫게 하고, 법을 듣지 못한 이들에게 법을 듣게 해주시고, 헤매는 이에게 바른 길을 제시해 주셔서 허물이 없는 것으로 생각합니다."

"사리불이여, 그대도 마찬가지다. 갖가지 지혜, 한량없는 지혜, 끝없는 지혜, 짝할 이 없는 지혜, 빠른 지혜, 민첩한 지혜, 매우 깊은 지혜, 평등한 지혜를 가지고 있으면서도 욕심이 적고 만족을 알며, 조용한 곳을 좋아하고 온갖 방편을 알아 생각이 어지럽지 않고, 총지삼매의 근원을 갖추고 계를 성취하였고 해탈시킴을 이루고, 용감하고 날쌔고 잘 인내하며, 하는 일마다 악의가 없고, 법에 저촉되는 일을 하지 않으며, 심성이 조용하여 사납지 않게 써 법륜을 굴리므로, 어떤 마도 자네를 침범할 수가 없는 것으로 아네. 자네뿐 아니라 이곳에 모인 사람들도 다소 차이는 있지만, 모두 나름대로 수다원·사다함·아나함·아라한을 증득하여, 할일들을 다 마치었다 하니 다기사가 게송을 읊어 찬탄하였다.

〈5〉

천자가 죽을 때가 되면 다섯 가지 형상이 나타난다.

① 화관의 꽃이 시들고,

② 의상에 때가 끼며,

③ 겨드랑이에서 땀이 나고,

④ 본래의 자리도 좋아하지 않는 것이며,

⑤ 옥녀가 어기고 배반하는 것이다.

그때 제석천왕이 이와 같은 현상을 그 천자에게 말하고 3보께 귀의하게 하여 나열성 부잣집에 태어나게 하였다.

사리불이 그 전생을 아는지라 아이가 성숙해지자 찾아갔다. 아이가 보고 물었다.

"스님께서는 무엇을 구하십니까. 재물입니까 옷입니까 음식입니까?"

"나는 아무 것도 구하는 것이 없고, 그대가 전생에 부처님을 뵙고 싶어 하였기 때문에 여기 왔다."

"부처님이 이 세상에 계십니까?"

"그렇다."

"그렇다면 친히 가서 뵙겠습니다."

하고 부처님께 나아가 법문을 듣고 출가하여 해탈을 얻었다.

〈6〉

나라타 존자가 파라리국 죽림에 있었다. 문다왕이 첫 번째 부인이 죽자 그 시체를 참깨 기름에 담가놓고 식음을 전폐하자 선념 장군이 말했다.

"이 나라에 나라타 존자가 있으니 한 번 가서 법문을 들으소서. 그는 진실로 모르는 것이 없습니다."

"그렇다면 먼저 가서 통지하라."

왕은 평상시 지니는 칼·일산·화만·주병불(珠柄佛)·신을 벗고, 들어가 예배한 뒤 한쪽에 앉았다. 존자께서 말했다.

“몽환법은 무상하여 근심과 걱정을 일으키니, 그림자 물거품 같은 법을 생각해서는 안됩니다. 이 세상 다섯 가지는 마음대로 되지 않으니,

① 이 세상 색은 없어지지 않게 하기 어렵고

② 모든 색은 사라지지 않게 하기 어려우며,

③ 늙게 되는 법은 늙지 않게 하기 어렵고,

④ 병드는 법은 병들지 않게 하기 어려우며,

⑤ 죽는 법은 죽지 않게 하기 어렵습니다.

그러므로 부처님께서 근심 걱정하는 것으로서는 복을 얻지 못하니, 지혜있는 사람은 바깥 도둑이 틈을 보지 않게 하는 것이다. 위엄스런 거동과 예절로 보시를 베풀면, 비록 어쩔 수 없는 일이라 해도 좋은 과보를 받는다고 하였습니다.

그러니 대왕이여, 마땅히 잃게 되어 있는 것은 잃게 되어 있으니, 근심・걱정・고통・번민을 버리고 이 일은 임금님 혼자만의 일이 아니고, 이 세상 모든 존재들이 언젠가 한 번은 겪어야 할 일인 것입니다. 이 경은 근심・걱정・고통・번민을 고치는 경이니 그렇게 알고 받들어 행하십시오. 이것은 여래의 가르침입니다.”

〈7〉

부처님께서 기수급고독원에 계실 때 비구스님들께 말씀하셨다.

“병든 사람이 다섯 가지 법을 성취해도 그 병은 조금도 차도가 없게 된다.

① 음식을 가리지 않는 것.

② 때에 맞추어 먹지 않는 것.

③ 의약을 가까이 하지 않는 것.

④ 근심과 기쁨과 성냄이 많은 것.

⑤ 간호하는 사람에게 애연심을 갖지 않는 것.

그러니 마땅히 이 다섯 가지를 버리고 반대로 행하라.”

〈8〉

또 다음 다섯 가지를 간호인이 실천하지 못하면 환자가 병상에서 떠나지 못할 것이다.

① 간호하는 사람이 좋은 의사를 분별하지 못하는 것.
② 게으르고 용맹스런 마음이 없는 것.
③ 항상 성내기를 좋아하는 것.
④ 잠자기를 좋아하는 것.
⑤ 다만 먹는 것만을 위해 간병하면서 병자를 제대로 공양하지 않는 것이다.

〈9〉

부처님께서 비사리 미후림에 500비구와 함께 계실 때 사자 대장이 존자를 찾아오자 부처님께서 물으셨다.

"어떤가. 그대는 늘 집에서 보시를 행하는가?"

"예. 4대문 밖에서 힘따라 하고 있습니다."

"그렇다면
① 그대의 이름이 사방에 퍼져나갈 것이고,
② 어느 곳에 있더라도 두려움이 없을 것이며,
③ 보는 사람마다 좋아하고,
④ 목숨이 마치면 천상에 나고,
⑤ 현세에서 번뇌를 끊고 대자유를 얻는다."

〈10〉

부처님께서 기수급고독원에 계시면서 보시에 대한 다섯 가지 공덕을 말씀하셨다.
① 목숨을 보시하면 오래 살게 되고,
② 몸을 보시하면 용모가 단정하며,
③ 건강을 보시하면 무병장수하고,
④ 힘을 보시하면 자기를 이길 사람이 없고,
⑤ 변재를 보시하면 바르고 참된 웅변가가 된다.

〈11〉

또 때에 알맞는 보시가 있으니,

① 멀리 오는 사람에게 보시하고,
② 먼 길 떠나는 사람에게 보시하며,
③ 병든 사람에게 보시하고,
④ 걸식하는 사람에게 보시하며,
⑤ 계를 지키고 공부하는 사람에게 보시하되 햇과일·채소·햇곡식을 보시하면 알맞은 보시라고 한다."

〈12〉

증일아함경 제25권

33. 오왕품(五王品)

"부처님께서 급고독원에 계실 때, 바사닉왕·비사왕·우전왕·악생왕·우타연왕 등 다섯 나라 임금님이 모여 토론하는데, 우타연왕은 색이 제일이라 하고, 우전왕은 소리, 악생왕은 냄새, 바사닉왕은 맛, 비사왕은 촉감이 제일이라 하니, 부처님께서 모두 일리가 있다고 하셨다. 그렇기 때문에 중생들이 거기 집착하여 떠나지 못하나, 또한 거기에는 과실이 없지 않으니, 거기서 완전히 벗어나야 해탈합니다."

〈1〉

사위성 월광 장자는 나이 늦게까지 자식이 없어, 천지 자연에게 기도하여 매우 단정하고 복숭아꽃처럼 아름다운 자식을 낳았는데, 태어나면서 두 손에 값을 헤아릴 수 없는 마니주를 쥐고 나왔다.

그런데 태어나면서부터 보물과 곡식, 재물을 보시해, 가난한 자를 구해야 한다고 하자 부모님께서는 "우리 집에 귀신이 태어났는가" 하여, 한 이건자에게 물으니 말했다.

"장차 이 집이 망하리라. 이 아이가 박복하기 때문이다."

그런데 그때 부처님은 나이가 젊어 "저런 장로 바라문도 잘 모르는데 젊은 비구가 어떻게 미래의 일을 알까?" 하고 의심하자 천신이 말했다.

"국왕은 아무리 나이가 어려도 법에 따라 사람을 죽이고, 작은 불씨는 산천 초목을 태우며, 신령한 용은 작아도 비를 내리고 배우는 이는 나이 어려도 한량없는 사람을 건진다."

이 소리를 듣고 부처님을 뵙고 공양청을 드려 공양하고, 아이의 이름을 시바라라 지었다. 그 이유는 이 아이가 처음 태어날 때, 시바라 귀신이 동서로 치달았기 때문이다. 그리고 그 상을 보고 부처님께서 말했다.

"제사에는 불이 제일이고 문장에는 게송이 제일이며, 왕은 사람 중에 높고 바다는 물의 근원, 달은 별 가운데 제일이고, 해는 빛 가운데 제일이네. 시방 중생들이여, 만일 그 가운데서 복을 구하려 한다면 3존이 제일 높다네."

시바라는 나의 500동자와 함께 항상 즐겁게 지냈는데, 나이 28이 되니 출가를 희망하여 부모님의 승낙을 받고 출가하여, 몇 일만에 아라한이 되어 6신통과 8해탈을 얻었다.

성도 후 본국(사위국)에 돌아오니, 많은 사람들이 4물을 공양하여 주위가 번잡하였으므로, 걸식을 하다가 마침내는 산 속으로 피신해 갔으나, 가는 곳마다 공양청을 하여 부족한 것이 하나도 없었다.

가란타 죽림정사에 있을 때나 기사굴산 동쪽 보장산에 있어서나, 석제환인이 시바라의 생각을 따라 만 가지를 풍족하게 주었으므로, 간탐한 숙부까지도 제도하였다.

이렇게 가는 곳마다 풍족한 의식과 단월이 나타나는 것을 보고 물었다.

"부처님. 시바라는 전생에 무슨 인연을 지었기에 이렇게 많은 복을 받나이까?"

"91겁 전에는 야야달 범지가 되어 비바시 부처님을 섬기고, 31겁 전에는 목동 시바라와 장사꾼 선재, 선각장자로 태어나 식힐 부처님, 비사라바 부처님, 현겁 중에는 구류손 부처님을 섬겨, 저렇게 한량없는 복을 지었느니라. 그러므로 나의 대중 가운데 복덕이 거룩하기로 제일인 자는, 곧 시바라가 될 것이니라."

〈2〉

"전투병이 갑옷을 입고 무기를 들고 전쟁에 나가지만, 바람 속의 티끌이나 깃발만 보고도 두려워하는 이가 있어, 싸우지 못하는 자가 있고, 또 활과 화살을 보고 두려워 싸우지 못하고, 적진에 들어가 사로잡혀 죽는 이가 있는가 하면, 내외의 진지를 부시고 백성들을 거느리는 사람이 있는 것과 같이, 비구에게도 다섯 종류가 있으니, 걸식 중 어여쁜 여인만 보아도 마음에 티끌이 일어나, 혹은 희롱하고 말을 주고받는 데서 마음의 항복되는 자가 있고, 여자의 손을 잡고 항복되는 자도 있으며, 법복을 벗고 퇴속하는 자도 있고, 완전히 그를 정복하여 욕루로부터 해탈자재한 비구가 있다."

〈3〉

"또 어떤 군인은 갑옷을 입고 무기를 들고도, 바람에 이는 먼지를 보고 군진에 들어가지 못하는 자도 있고, 북소리를 듣고 두려워하는 자도 있으며, 깃발을 보고 두려워하는 자가 있고, 적군에 잡혀 죽는 자가 있고, 적을 항복받아 백성들을 다스리는 자가 있듯이 비구에게도 걸식 중 애욕을 일으켜 마음을 속되게 가지는 자가 있고, 아름다운 여인이 있다는 말만 듣고도 금계를 파하는 자가 있으며, 그곳에 가 직접 보고 상대하여 타락한 자가 있고, 완전히 그를 정복하여 열반을 증득하는 자도 있다. 애욕은 불꽃과 같기 때문이다."

〈4〉

"땅을 청소하는 사람은 역풍과 순풍을 알고, 모을 줄 알고, 치울 줄 알며, 나머지를 남겨두지 말아야 한다."

〈5〉

"탑을 소제하는 사람은, 가르친 법을 외우지 못하고, 외웠던 법을 잊어버리고, 삼매를 얻지 못하고, 얻은 삼매를 잃어버리고, 법을 듣고 가지지 못한다."

〈7〉

"만일 비구가 한 곳에 오래 머물러 있으면, 집에 집착하여 집을 빼앗길까 걱정하고, 재산에 집착하여 많은 것을 주워 모으고, 재산을 모아 아까워하며, 다른 사람들이 자기가 집에 가는 것을 좋아하지 않으며, 속인들과 같이 왕래를 빈번히 하는 다섯 가지 법답지 못한 일이 생긴다."

〈8〉

"그러므로 한 곳에 오래 머물지 않는 이에겐, 집에 탐하지 않고, 살림살이에 탐하지 않고, 재물에 탐하지 않고, 친족에 집착하지 않으며, 속인들과 왕래하지 않는 다섯 가지 공덕을 짓게 된다."

부처님께서 마가다국 광명 못가에 앉아 500비구에게 물었다.

"너희들 생각이 어떠냐. 저 불 속에 들어가 타서 죽는 것이 무섭겠느냐, 어여쁜 여자를 안는 것이 무섭겠느냐?"

"그거야 말할 필요도 없지요. 누가 저 뜨거운 불 속에 들어가겠습니까."

"그렇다 비구야. 그렇게 저 불 속에 들어가면 한 번만 죽지만, 아름다운 여인의 품 속에 들어가면 세세생생 뜨거운 불길 속에서 헤어나기 어렵다. 그러므로 너희들은 사문법을 실천하여 범행을 닦고 바른 법을 듣고 맑고 깨끗한 행을 하라."

또 물었다.

"비구가 남의 예배와 공경을 받는 것과, 예리한 칼로 자신의 손발을 끊는 것, 부드러운 옷 · 음식 · 의복 · 침구 · 탕약과 뜨거운 쇠사슬, 어느 것이 즐겁겠느냐?"

"예배와 공경, 부드러운 음식과 의복, 침구, 탕약 이 모두가 좋으나, 사문의 행을 익히지 않는 사람이 함부로 시주를 받았다가는, 뜨거운 쇠사슬에 얽매임이 되는 것과 같겠습니다."

"그렇다 비구들아. 계행이 없이 선정과 지혜를 익히지 않고 남의 시주를 탐하지 말라."

〈10〉

증일아함경 제26권

34. 등견품(等見品)

비구 스님들이 사리불께 찾아가자 사리불이 말했다.

“계를 성취한 비구는 5음은 무상하고, 괴롭고 번민스러우며 두려운 것이라 생각해야 한다. 이와 같이 사유하는 사람은 누구나 4향 4과를 얻을 수 있기 때문이다.”

〈1〉

부처님께서 처음 도를 이루신 지 얼마 되지 않아 녹야원에 계셨는데, 바사닉왕이

“내 보위에 오른 지 얼마 되지 않으니 석가족 집안의 딸을 데려오리라. 만일 순순히 받아들이면 말할 것 없지만 그렇지 않으면 힘으로 핍박하리라.”

하고 사신을 보냈다. 가비라위국에서는 500명의 석가족들이 모여 의논한 결과, 마하남이 종에게서 난 딸을 데리고 와서 말했다.

“나의 딸인데 단정하고 아름답습니다.”

바사닉왕은 매우 기뻐하였고, 그와 결혼 후 얼마 있다가 유리알같이 맑고 깨끗한 아들을 낳아, 그의 이름을 ‘비류륵’이라 부르게 되었다.

유리 태자가 여덟 살이 되었을 때 왕은 그에게 말하였다.

“너도 이제 컸으니 외갓집에 가서 궁술을 익혀오너라.”

마하남은 큰 코끼리를 타고 온 유리 태자를 환영하여 500동자와 함께 무술을 익히도록 하였다. 그런데 그때 큰 강당이 마련되어 부처님을 모셔 공양하자고 의논하고 있는데, 유리 태자가 그곳에 이르러 사자좌에 앉자 석가족 아이들이 꾸짖었다.

“이 종년의 자식아. 하늘도 사람도 아직 머무른 일이 없는데, 네가 어찌 감히

이 자리에 들어와 큰 자리에 앉는다는 말이냐."

하며 그를 끌어냈다. 화가 난 유리 태자는 뒤에 서 있는 범지의 아들 호고에게 말했다.

"내가 만일 왕위에 오른다면 석가족들을 가만두지 않으리라."

하고 호고에게

"석가족에게 당한 치욕을 기억하도록 다음 게송을 외우라."

고 하였다.

"모든 것은 다 사라짐으로 돌아가니 과일도 익으면 반드시 떨어지고 마네.
합하고 모인 것은 반드시 흩어지고, 태어나면 반드시 죽음이 있을 뿐이네."

그 뒤 얼마 있다가 바사닉왕이 돌아가시자 유리 태자가 왕위를 계승하였다. 보좌에 오르자마자 호고 범지가 말했다.

"석가족에게 당한 치욕을 기억하소서."

유리왕은 4군을 이끌고 가비라월를 가다가 메마른 나무 밑에 앉아 계시는 부처님을 발견하였다.

"부처님. 어찌하여 이 마른 나뭇가지 밑에 앉아 계십니까?"

"내 친족의 그늘은 그래도 바깥사람들 보다 낫다."

이 말을 들은 유리왕은 "부처님께서 친족들을 생각하고 있구나" 하고, 군대를 돌이켰다.

그런데 호고 범지의 말을 듣고 다시 또 두 번째 출정하다가

"친족들의 그늘은 시원하여라. 석가족이 부처를 내었다네.
저들이 모두 내 가지와 잎이니 그러므로 이런 나무 밑에 있다네."

세 번째는 대목건련이 와서 말했다.

"제가 신통력으로 저 4군을 다른 세계에 던져 버릴까요?"

"네가 어찌 전생의 업연을 없애버릴 수 있다는 말이냐. 비록 저 허공을 땅으

로 만들고 또 이 땅을 허공으로 만든다 해도, 과거의 인연에 묶인 그 인연은 영원히 썩지 않는다."

급기야 유리왕은 가비라월국으로 가서 사방 1유순 이내에 모든 석가족을 집어넣고 그물 조이듯 점점 조여 왔다. 마하남이 말했다.

"대왕이여, 내가 저 물 속에 들어가 죽는 순간, 도망친 석가족들을 죽이지 말고 살려주소서."

"비록 나의 원수지만 외할아버지가 되는 것인데, 그 말까지 들어주지 않을 수 있느냐."

하고 허락하였다. 이에 물 속에 들어가 마하남이 떠오르지 않자, 잠수부를 들여보내 보니 물 속의 나무뿌리에 자신을 꼭꼭 매어 위로 떠오르지 않게 하고 죽어 있었다.

유리왕은 남녀 노소를 가리지 않고 활로 쏘고 창으로 찌르고 낫으로 베어 자그만치 9,990만 명을 죽이고 철수했다. 본국에 돌아온 유리왕은 자기에게 협조하지 않은 친형 기타 왕자를 죽이고 이튿날 복수한 군인들을 위해 아지라 강가에서 연회를 베풀었는데, 그날 저녁 소낙비가 내려 한 사람도 구하지 못하고 다함께 물에 빠져 죽었다.

부처님은 고향에 돌아가 살아있는 석가족들을 위안하고, 옛 이야기를 들려주셨다.

"옛날 나열성에 어부들이 살던 마을이 있었다. 흉년이 들어 풀뿌리로 연명하였다. 마침 연못에 고기들이 많아 그것을 잡아먹고 살았는데, 그 가운데 구소(拘璅)와 양설(兩舌)이라는 물고기가 있었다. 한 어린아이가 고기들이 언덕에 잡혀와 펄펄 뛰는 것을 보고 매우 즐겨하였는데, 그 뒤 구소는 유리왕으로 태어나고 양설은 호고 범지로 태어났으며, 그 고기를 먹은 사람들은 석가족이고 그것을 보고 좋아했던 사람은 바로 나였다. 그때 좋아한 인연으로 나는 지금 머리가 돌로 맞은 것과 같이 괴롭고 수미산이 짓누르는 것과 같은 고통을 당하고 있다."

〈2〉

“천자가 목숨을 마치려 할 때는 다섯 가지 징조가 나타난다.

① 화관이 저절로 시들고,

② 옷에 때가 끼며,

③ 몸에서 냄새가 나고,

④ 본래 자리를 좋아하지 않으며,

⑤ 천녀들이 별처럼 흩어진다.

이런 일이 일어나면 천자도 조심한다. 그러나 여러 천자들이 좋은 마음을 가지고 죽어, 좋은 곳에 태어날 수 있도록 조언하기 때문에, 좋은 곳에 가서 태어난다.”

하고 게송으로 말씀하였다.

“하늘은 인간 세상 가운데 가장 좋은 곳, 선량한 벗은 이익된다.

출가는 좋은 업, 번뇌가 다하면 열반을 얻게 된다.”

〈3〉

“출가한 사문이 비방 받게 되는 데는 다섯 가지가 있다.

① 머리를 기르고,

② 손톱을 기르며,

③ 옷에 때가 끼고,

④ 적적한 시기를 모르며,

⑤ 말이 많은 것이다.

이런 사람은

① 남들이 말을 믿지 않고,

② 남들이 말을 듣지 않으며,

③ 남들이 미워하고,

④ 거짓말 하며,

⑤ 남과 싸운다.”

〈4〉

부처님께서 기수급고독원의 500비구와 함께 있을 때, 빈비사라왕이 와서 청하였다.

"나열성에 오셔서 여름안거를 지내소서. 네 가지를 갖추어 받들어 모시겠습니다."

부처님께서 가란다죽원에 와서 계시자, 그 앞에 큰 강당을 마련하고 스님들을 공양한 뒤 청했다.

"내일은 궁중에 오셔서 공양하십시오."

빈비사라왕은 궁중에서 공양하고, 법문을 듣고 부처님의 노래 소리를 들었다.

"제사에는 불이 제일이고, 글 중에는 게송이 으뜸이네.
임금은 사람 중에 높은 이고, 물 가운데는 바다가 제일이네.
별 중에는 달이 제일이고, 빛 가운데는 해가 제일이네.
상하 4방, 존재 만물 가운데 인천 중에 부처님이 제일 높으시니
복을 구하는 자는 마땅히 공양하라."

그때 대신들이 뜻을 모아 공양준비를 하는데, 계두 장자는 집이 가난하여 동참하지 못하고 있다가, 아내의 뜻을 따라 불사밀다라 장자에게 돈 세 냥을 빌려 준비하는데, 부처님께서 제석천왕에게 그를 도울 것을 말하니, 제석천왕은 비사문천왕에게 비사문천왕은 5백 귀신들께 명령하여, 비사문천왕은 부엌을 만들고, 자재천왕은 강당을 만들어 부처님과 그의 제자들을 공양하니, 빔비사라왕이 크게 칭찬하였다. 부처님은 공양을 마친 뒤 계두 장자에게 5계 10계의 법문을 하여, 그 마음은 환희롭게 하자, 계두 장자는 즉시 깨달음을 얻어 4선 8정을 증득한 아라한이 되었다.

〈5〉

"세상에는 도저히 될 수 없는 것이 다섯 가지가 있다.
① 없어질 물건을 잃지 않으려 하여도 그렇게 될 수 없다.
② 완전히 소멸할 법은 소멸하지 않게 하려 하여도 그렇게 수 없다.

③ 늙는 법은 늙지 않게 하려 하여도 그렇게 될 수 없다.

④ 병드는 법은 병들지 않게 하려 하여도 그렇게 될 수 없다.

⑤ 죽는 법은 죽지 않게 하려 하여도 그렇게 될 수 없다.

이 법은 여래가 출현하든 출현하지 않던 영원히 변하지 않는다.

〈6〉

"세상에 고칠 수 없는 다섯 가지 병이 있다.

① 아첨이고,

② 간사며,

③ 입이 거친 사람이고,

④ 질투하는 자며,

⑤ 은혜를 모르는 사람이다.

〈7〉

석제환인이 33천에게 말했다.

"너희들이 아수륜과 싸워 이기게 되거든 비마질다라 아수륜을 꼭꼭 묶어 이끌고 오너라."

과연 전쟁을 하여 천인들이 이기니 비마질다라 아수라왕이 꼭꼭 묶여 왔다. 부처님께서 그들에게 4제 12인연을 설하니 저절로 그 묶인 것이 풀어졌다.

〈8〉

아난이 부처님께 물었다.

"어떤 것이 없어지는 것입니까?"

"5온이 무위에 들면 함이 없으므로 아주 없어지는 법이라 한다."

〈9〉

바사닉왕과 빈비사라왕, 우전왕과 악생왕, 우다연왕으로부터 범지의 복을 받은 생루 범지가 물었다.

"어떤 인연과 과거행 때문에 백성들이 없어지고 사라지게 됩니까?"

"백성들의 행이 법답지 못했기 때문이다. 백성들이 간탐하거나 법답지 못하면, 비바람이 사납게 불고 뇌성벽력이 쳐 자연의 재해가 생기므로 망하게 되고, 또 싸움과 도둑질이 심하면 망하게 된다."

"참으로 부처님은 꼽추의 등을 펴고 장님의 눈을 뜨게 하며, 어둠 속의 등불이 되어 눈없는 이에게 눈이 되게 하십니다. 저는 오늘부터 3보께 귀의하고 5계를 지키며, 언제 어느 곳에서나 부처님을 뵈오면 오른쪽 어깨를 들어내고, 신을 벗고 예배하겠습니다."

〈10〉

증일아함경 제27권

35. 사취품(邪聚品)

"사견 무리 속에 사는 사람은 다음 다섯 가지로, 그가 삿된 무리 중에 머물고 있다는 것을 알 수 있다.

① 웃어야 할 때 웃지 않고,

② 기뻐해야 할 때 기뻐하지 않으며,

③ 사랑해야 할 때 사랑하지 않고,

④ 나쁜 짓을 하고도 부끄러워하지 않으며,

⑤ 좋은 말을 들어도 마음에 두지 않는다.

그러므로 바른 삶을 하는 사람도 이 다섯 가지의 반대로써 알 수 있다."

〈1〉

"여래는 세상에 출현하여 다섯 가지 일을 한다.
① 법륜을 굴리고,
② 부모를 제도하며,
③ 믿음이 없는 사람에게 믿음을 주고,
④ 보살심이 없는 사람에게 보살심을 일으키며,
⑤ 미래에 올 부처를 예언한다.

〈2〉

다음과 같은 다섯 가지 보시는 복을 얻지 못한다.
① 칼을 남에게 주는 것.
② 독약을 남에게 주는 것.
③ 들소를 남에게 주는 것.
④ 음녀를 남에게 주는 것.
⑤ 귀신 사당을 짓는 것.

그러면 어떤 사람이 복을 받는가.
① 동산을 만들어 시원함을 베풀거나,
② 튼튼한 다리를 놓아 사람들을 건너게 하거나,
③ 나그네를 위해 숙박시설을 하거나,
④ 계율과 선정을 성취한 그 사람,
⑤ 이는 밤낮없이 복을 누리게 된다.

〈3〉

"여자는 다섯 가지 힘을 가지고 남편을 가볍게 본다.
① 아름다운 용모.
② 친척의 힘.
③ 농사의 힘.
④ 아이의 힘.

⑤ 스스로 지키는 힘.

그러나 남편은 '부귀의 힘' 하나로 이 다섯 가지를 눌러 버린다.

악마 파순에게도 다섯 가지 힘이 있다.

① 빛의 힘.

② 소리의 힘.

③ 맛의 힘.

④ 냄새의 힘.

⑤ 감촉의 힘.

그러나 이 모든 힘이 '무방일의 힘'에 의해 무너진다. 계율은 달콤한 이슬과 같고, 방일은 죽음의 길이며, 탐하지 않으면 죽지 않고 도를 잃으면 죽는다."

〈4〉

"여자에겐 다섯 가지 욕망이 있다.

① 세력 있는 귀한 집에 태어나는 것이고,

② 부귀한 집에 시집가는 것이며,

③ 남편으로 하여금 제 말을 따르게 하는 것이고,

④ 아이를 많이 두는 것이며,

⑤ 집에서 혼자 마음대로 하는 것이다.

그런데 비구에게는 계·다문·삼매·지혜·해탈의 힘이 있나."

〈5〉

"남을 향해 예배하지 않는 것에 다섯 가지가 있다.

① 탑 가운데 있을 때,

② 대중 가운데 있을 때,

③ 길을 가고 있을 때,

④ 병으로 누워 있을 때,

⑤ 음식을 먹고 있을 때,

그러니 누구나 이 시간을 피해 예배하라."

〈6〉

부처님께서 우두반에게 말했다.

"내 등창을 앓아 고통이 심하니 나열성에 가서 더운물을 조금 구해오너라."

우두반은 5도대신을 섬기고 있는 인색한 비사라선 장자의 집으로 갔다.

"무엇을 구하는가?'

"더운물을 구합니다."

바사라선이 망설이자 5도대신이 '물과 꿀을 주라'고 말했다.

장자는 5일 후 죽어 4왕천에 태어났다. 우두반이 물었다.

"여기서 죽으면 어느 곳에 태어납니까?"

"33천 · 타화자재천에 태어났다가, 60겁 뒤에는 장차 벽지불이 되어 성불할 것이다."

〈7〉

어떤 비구가 범행 닦기가 싫어 속가로 돌아가려 하자 부처님께서 물었다.

"왜 가려 하느냐?"

"이성이 그립습니다."

"수행자에게는 여자가 다섯 가지로 나쁜 것이 있다.

① 더러운 것이고,

② 이간질 이며,

③ 질투심이고,

④ 성내는 것이고,

⑤ 은혜를 모르는 것이다.

재물이 기쁨 아니고, 착한 모양 가운데는 독이 들었다. 착한 길로 나아가는 사람, 방해하니 더러운 못을 버리는 매와 같다. 만일 욕애 · 색애 · 무색애를 끊고 무명 · 교만이 없으면 노 · 병 · 사에서 해탈하리라."

〈8〉

부처님께서 죽림정사에 계실 때 500비구와 함께 있었다.

아난과 다기사가 탁발하러 가다가 단정한 여인을 보고 마음이 산란하였다.

"아난이여, 애욕의 불길 타올라 제 마음 뜨겁게 달아오르니 무슨 방법 없겠습니까?"

"전도된 마음이 없어지면 불이 절로 꺼지리라."

"마음은 몸의 근본, 눈은 보는 것이 주인이네. 꿈보고 일어났던 마음이 몸이 듯이 풀과 같습니다."

"옛날 부처님께서 난타를 제도하실 때 천당과 지옥을 함께 보여주었느니라."

다기사가 빙긋웃는 여인을 보니 마른 뼈에 가죽을 둘려놓은 것과 같아 게송을 읊었다.

"탐욕아, 내 너의 근본을 아니 모든 것이 생각 속에서 생겨나는 것, 생각 없어지니 존재까지도 볼 수 없구나."

다기사가 부처님께 나아가 이 사실을 고하고 게송을 지어 바쳤다.

"색(色)은 거품 덩어리, 통(痛)은 거품, 상(想)은 아지랑이, 행은 파초
식은 허깨비와 같다는 부처님 말씀 듣고
온갖 행 자세히 관찰, 진실이 아닌 줄 알았습니다."

이 말을 듣고 60명 비구가 모두 번뇌가 없어졌다.

〈9〉

부처님께서 기수급고독원에 계실 때 승가마 장자의 아들이 와서 청했다.

"원컨대 구도를 희망합니다."

승낙을 받고 한적한 곳에 들어가 공부하다가, 곧 과를 얻고 아라한이 되었다. 그때 그의 장모가 이 소문을 듣고, 딸이 낳은 아들 딸과 함께 그의 옆에 나아가

"이것이 자네가 낳은 아들 딸이고 마누다. 어찌 이렇게 버리고도 책임감이 없는가."

"이밖에 더 착한 일 없고, 묘하고 착한 일 없습니다."

"허허, 내 딸이 무슨 죄가 있다는 말인가."

"냄새나는 곳에서 더러움 자라고, 성을 잘 내고 거짓말 좋아하고 질투하는 것이 여자입니다."

"유독 내 딸만 그런 것은 아니지 않는가?"

"나에겐 아들 딸도 없고, 농사도 재물도 시종도 계집도 권속도 없습니다. 홀로 거닐며 짝하는 이 없어 한적한 곳 즐거워 사문법 실천하고 있습니다."

딸이 듣고 있다가

"불로 하여금 물 되게 하고, 물로 하여금 불되게 하더라도 저 빈 마음에 욕심이 일어나지 않을 것이니 찾아온 우리가 진실로 부끄럽습니다."

"괴로움은 괴로움이 서로 일으키는 것, 괴로움 벗어나 다시는 이런 괴로움 없게 하리니 나는 천상락도 바라지 않노라. 하물며 태에 드는 일이겠는가."

아난과 부처님께서 이 말씀을 듣고 크게 칭찬하였다.

"공정하게 아라한을 논한 이는 바로 승가마가 그이로다."

〈10〉

증일아함경 제28권

36. 청법품(請法品)

"수시로 설법을 들으면 다섯 가지 공덕이 있다.

① 일찍이 듣지 못했던 것을 듣게 되고,

② 이미 들었던 것을 외우게 되며,

③ 소견이 삿된 되로 기울지 않고,

④ 의심이 없어지며,

⑤ 심오한 이치를 이해하게 된다."

〈1〉

"욕심을 지으면 다섯 가지 공덕이 있다.
① 풍기를 없애고,
② 병이 났으며,
③ 때를 없애고,
④ 몸이 가쁜해지며,
⑤ 살결이 희어진다."

〈2〉

"양지(楊枝)를 보시하면 다섯 가지 공덕이 있다.
① 풍기를 없애고,
② 가래침을 없애며,
③ 생장에 소화가 잘 되고,
④ 입에서 냄새가 나지 않으며,
⑤ 눈이 맑아진다."

〈3〉

"너희들은 백정이 하는 일을 좋아하시 발라. 애써 밀고도 결과가 없다."

〈4〉

석제환인이 부처님 말씀을 인용하여 부처님이 세상에 나시면
① 법륜을 굴리고,
② 부모를 제도하며,
③ 믿음 없는 자에게 믿음을 주고,
④ 보살심이 없는 자에게 보살심을 내게 하며,
⑤ 장차 어떤 일이 일어날 것을 예언하신다.

그때 난타용왕과 우반난타용왕이, 사문들이 자기 위를 날아다니는 것을 보고 매우 불쾌하게 생각하였다.

그래서 대가섭・아나율・이월・가전연・수보리・우다이・바갈 존자가 청원하였으나 안된다고 말하고, 목련 존자가 교화하겠다니 승낙하셨다.

난타・우반난타용왕은 꼬리로 바다를 쳐 물이 범가이천까지 치솟게 하자 목련은 그들보다 배로 치솟게 하였고, 또 우레와 번개도 마찬가지고, 작은 벌레로 변하여 용의 입과 코를 왔다 갔다 하니 정신이 혼란하여 온몸에 털이 곤두섰다. 목련이 말했다.

"왜 너희들은 까까머리 중을 업신여기느냐?"

"천만리나 잘못했습니다. 이제 3보께 귀의하고 다시는 그런 아만심을 내지 않겠습니다."

바사닉왕이 별일도 없는데, 온 세계에 이상한 연기가 나는 것을 보고, 나왔다가 별일 없는 것을 보고 귀가 하였는데, 그것이 모두 두 용왕과 목련존자가 투쟁한 것인 것을 알고 존자께 꽃과 향을 올리며

"존자께서 오래 오래 살면서 언제나 저희들의 목숨을 보호해 주십시오."

라고 하였다.

이에 부처님께서는 석제환의 청을 따라, 도리천으로 올라가 마야부인을 제도하셨다. 먼저 시론(施論)・계론(戒論)・생천론(生天論)을 설하고, 다음에 4제법을 설해 번뇌가 없어지고 법안이 열리자, 석제환인도 인간의 시간에 맞추어 인간적인 음식을 공양하였다.

지상에서는 부처님께서 없어진지 석 달이 다 되어가자, 모두 걱정하였다. 우전왕이 아난 존자를 찾아 물었다.

"여래께서 지금 어느 곳에 계십니까. 뵙고 싶습니다."

"저도 알 수 없습니다."

"그렇다면 부처님과 똑같은 상을 만들어 예배 공양하면 어떨까요?"

그때 모든 신하들이 '좋다'고 하자 뛰어난 조각가를 불러, 우두전단으로 다섯자 되는 여래상을 만들어 신앙하였다. 바사닉왕도 이 소식을 듣고 자마금으로 부처님을 조성하였다.

이렇게 석 달 동안 도리천에 계시면서 어머니와 천인들을 제도하고, 목건련의 청을 따라 승가시국으로 내려오셨다. 자재천이 금・은・수정으로 세 길을 만들어 가운데 부처님이 서고, 왼쪽에는 제석천왕이, 오른쪽에는 대범천왕이 모시고 내려왔다.

그때 우발화색 비구니가 전륜성왕의 모습을 하고, 여러 왕들 앞에 서서 부처님을 맞자 부처님께서 게송으로 말씀하셨다.

"선업으로 먼저 예배했으니 그대가 최초라 허물이 없으나
텅 비어 아무 것도 없는 해탈문, 이것이 부처님께 예배하는 것이다."

가시국왕 바사닉과 발차국왕 우전, 5개 도시의 주인 악생, 남해의 주인 우다연, 마갈국의 왕 빈비사라가 인사를 드리니, 나유타 사람들과 1,250명이 차례로 인사드렸다.

그때 우전왕이 물었다.

"불상을 만든 사람은 어떤 복이 있습니까?"

"태어날 때 눈이 온전하고 또 나중 천안을 얻어, 흰자위 검정동자 분명합니다. 온몸이 완전해 이지러짐이 없고 뜻은 반듯해 미혹되지 않고, 힘은 보통 사람의 배, 나쁜 세계에 떨어지지 않고 천상에 태어나 천왕이 되니 그 복 다 헤아릴 수 없습니다."

다섯 왕이 말했다.

"이 땅이야말로 복밭는 신령스런 땅입니다. 부처님께서 도솔천에서 내려와 설법하셨기 때문입니다."

다섯 왕이 각기 신사(神寺)를 지어 영원히 보호할 것을 서원하고, 절의 공덕을 묻자

"법답게 지으면 오래 오래 전해갈 것입니다."

〈5. 유천법본(遊天法本)〉

증일아함경 제29권

37. 육중품(六重品) ①

"여기 여섯 가지 소중한 법이 있으니 몸과 입과 뜻의 행을 자비롭게 닦고, 이익을 얻으면 나누어 줄 생각을 하고, 금계를 잘 지켜 이지러짐이 없게 하고, 탐내는 생각을 일으키지 말라."

〈1〉

부처님께서 아뇩달샘에 계실 때 용왕이 보고 물었다.

"이 모임에 사리불이 빠졌습니다."

"목련 존자를 보내 데려오라 하였습니다."

목련이 순간 기원정사에 가서 사리불게 말하니, 사리불은 기원정사에서 옷을 깁고 있다가 갈지(竭支) 띠를 풀어 땅에 두고 목련에게 말했다.

"자네 저것 한 번 들어보게."

온갖 힘을 써도 까딱도 하지 않는지라, 순간 사리불이 4신족(自在三昧力 · 精進三昧力 · 心三昧力 · 試三昧力)으로 먼저 와 있었다.

목련 존자는 동방 기광(奇光) 여래국에 가서, 500비구를 그물에 넣어 가지고 와 법문을 듣게 하니, 법문은 6계 법문이었다.

"지 · 수 · 화 · 풍 · 공 · 식이 눈 · 귀 · 코 · 혀 · 몸 · 뜻을 만들어, 6경을 보고 6식을 형성하니 이를 깨달아 아는 자는, 누구나 목련과 같이 대신통을 얻을 것이다."

〈2〉

부처님께서 발기국 사자원에서 신통이 있고 덕이 높은 비구, 사리불과 목건련, 가섭 · 이월 · 아난 등 500비구와 함께 있었다.

그때 목련과 가섭, 아나율이 아침 일찍 사리불에게 가는 것을 보고 아난이 이월에게 함께 가자고 하여 가자 사리불이 아난과 이월에게 말했다.

"우사자원(牛師子園)은 즐거운 곳입니다. 무엇이 이 동산을 이처럼 즐겁게 할까요?"

"법문을 듣고 들은대로 실천하기 때문이며, 수행자들이 조용히 지관을 닦고 있기 때문입니다."

"아나율과 가섭, 목련은 어떻게 생각합니까?"

"천안으로 모든 세계를 관찰하고 아란야행으로 두타행을 하며, 계덕으로 삼매와 해탈을 성취한 까닭이며, 큰 신통으로 대자유를 행하기 때문입니다."

"그렇습니다. 마음을 항복받지 못한 자는 마음을 항복받고, 삼매를 얻고자 하는 자는 삼매를 얻어 의식(衣食)을 자유자재 합니다."

부처님께서 뒤에 이 말씀을 듣고 모두 긍정하고 크게 칭찬하였다.

〈3〉

부처님께서 기원정사에서 여섯 가지 주원(呪願 ; 공양)에 대하여 설명하였다.

"단월들은 신근과 계덕, 들음을 성취하고 보시한 물건은 빛과 맛, 향기를 성취하니 이것이 여섯 가지 주원이다."

〈4〉

"만일 비구가 여래께서 몸소 가르쳐 주셨으면 하고 생각한다면 더러움이 없게 하고, 지관을 닦아 한적한 곳을 즐겨해야 할 것이다. 의복·음식·침구·의약을 구하는 자나 만족을 알아 널리 그 이름이 드날리고자 하거나, 4선 8정을 얻어 해탈코자 하는 자가 있다면 5분법신을 구족해야 할 것이다."

〈5〉

증일아함경 제30권

37. 육중품 ②

사리불이 부처님께 아뢰었다.

"저는 사위성에서 여름 안거를 마쳤으니, 이제 세상에 나아가 교화코자 합니다."

"좋다. 바로 그 때이니라."

그런데 그때 어떤 비구가 사리불을 비방하려고,

"사리불은 대중과 다투고 참회하지도 않고 유행코자 합니다."

"그래. 그렇다면 사리불을 이리 불러오너라."

그때 모든 대중을 모으고 사리불을 불러 왔다.

"그대는 다른 비구와 다툰 일이 있는가?"

"여래의 생각에 맡기겠습니다."

"그대가 대중 앞에 결백을 호소하라."

"저는 어머니 뱃속에서부터 80이 다 되도록, 살생하고 거짓말하고 남과 다툰 적이 없습니다. 그러나 저 땅과 물과 불이 더럽고 깨끗한 것을 다 받아들여도, 저는 그것을 가지고 다투고 싶지 않습니다. 저의 마음은 땅·물·불·빗자루와 같고, 뿔 달린 소, 전다라 여인, 부서진 기름 가마, 송장을 걸친 여인과 같아서 감히 범행자들과 다투지 않습니다."

부처님께서 비구에게 참회하라 하고 명령하셨다.

비구는 즉시 부처님과 사리불에게 참회하여 간신히 지옥을 면하게 되었다.

세상에는 여섯 가지 지옥법과 천당법, 열반법이 있다.

① 남을 헤치려 하고,

② 헤칠 마음을 일으키고,

③ 헤치는 것을 기뻐하며,

④ 헤치는 마음을 일으키게 하고,

⑤ 헤치고 나서 기뻐하며,
⑥ 이런 일이 일어나지 아니하면 근심 걱정하는 것,
이것은 악도에 나는 것이다.

몸과 입과 뜻으로 첫째는 계행을 갖추고 둘째는 완전히 갖춘 것은 선도에 태어나는 길이며, 셋째는 신·구·의 3업으로 자비를 베풀고 넷째는 금계를 지켜 다섯째는 지혜를 소중히 여겨 여섯째는 삿된 소견이 없으면 이것이 열반에 드는 여섯 가지 문이다."

〈6〉

"어떤 것이 공법(空法)인가. 저 눈은 생길 때에는 곧 생기지만 오는 것도 볼 수 없고, 멸할 때에는 곧 멸하지만 그 멸하는 것은 볼 수 없다. 다만 임시로 이름 붙여진 가호법(假號法)과 인연법은 제외된다.

이것이 있으면 저것이 있고, 이것이 생기면 저것이 생기는 것이다. 무명을 인연해 행이 있고, 행을 인연해 식이 있고, 식을 인연해 명색·육입·촉·수·애·취·유·생·사·수·우·비·고·뇌가 다 그렇게 되기 때문에, 이것이 없으면 저것도 없어지고, 이것이 멸하면 저것도 멸하는 것도 마찬가지다. 모두가 단지 이름뿐이다. 마치 나무를 비벼 불을 일으키듯 6근·6경·6식도 마찬가지이다.

비구들아, 마땅히 알아야 한다. 사람 몸에는 360골절이 있고, 9만 9천 개의 털구멍이 있으며, 5백 개의 맥이 있고, 5백 개의 근육과 8만 종의 벌레가 있다. 이것을 깊이 사유해 보면 아나함 혹은 아라한이 되니 이것이 첫째가는 공법이다."

〈7〉

생루 범지가 물었다.

"부처님께서는 무엇을 바라고 어떤 교훈에 집착하고 무엇을 구경을 삼습니까? 지금 바라문은 무엇이고 국왕·도둑·여자는 무엇을 바랍니까?"

"찰리는 싸우기를 좋아하고, 온갖 기술을 익혀 사무를 좋아하고, 중도에 쉬지 않고 끝까지 하기를 바라고, 바라문은 궁술을 즐기고 살 집을 짓고 한적한 곳을 좋아하고 범천에 뜻을 둔다. 왕은 정치권력 얻기를 바라고, 군대와 무기에 뜻을 두며, 재물에 탐착한다.

도둑은 훔칠 뜻을 품고 간사함에 마음을 두며, 자기가 한 것을 남도 모르게 하기 바라고, 여자는 남자에게 뜻을 품고, 재물에 탐착, 남녀 간의 일에만 마음을 매어 자유롭기 바란다.

만일 계덕을 갖추고 도법에 놀며 뜻을 4제에 두고, 열반에 이르려 한다면 이것이 비구니라."

"참으로 놀랍습니다. 열반은 매우 즐거운 것이고, 여래는 장님의 눈을 뜨게 하고, 귀머거리가 소리를 듣게 하는 어둠 속에 빛이 됩니다."

〈8〉

"이 가운데 어떤 비구가 어떻게 하여 범행을 닦으며, 번뇌가 흘러나오는 일이 없고 청정범행을 닦을 수 있습니까?"

"6근이 6경을 보더라도 생각이 전혀 없으면 청정한 범행을 닦아, 그 뜻을 온전하게 할 수 있다."

"어떤 사람이 범행을 닦지 않고 번뇌가 있습니까?"

"여러 사람이 모여 남의 일이나 논하고 있으면 그것은 범행이 아니다. 남녀가 교접 손발을 부비고 음탕한 이야기를 주고받으면, 이것도 범지의 행이 아니다. 그러므로 범행을 닦는 자는, 함부로 장난치거나 음탕한 눈길을 주고받지 말 것이며, 우는 소리와 웃는 소리에 탐·진·치가 끼지 않아야 번뇌가 없어진다. 그러니까 첫째는 접촉이고, 둘째는 욕망이며, 셋째는 말 넷째 웃음, 다섯째는 얽어매고 여섯째는 자신도 얽매이는 것 이것이 번뇌이다."

〈9〉

어느 때 부처님께서 베살리 숲에서 500비구와 함께 있었다. 그때 마사(馬師)는 성에 들어가 걸식을 할 때 살차니건자가 마사에게 물었다.

"당신의 스승은 무슨 이치를 말하고 어떤 교리와 계율을 가르칩니까?"

"색은 무상하고 괴롭고 내가 없으며, 공한 것이다. 공한 것은 소유가 없어 나, 내 것도 아니니 수·상·행·식도 마찬가지다."

니건자는 귀를 막고 5백 동자가 있는 곳으로 가서

"색은 영원한 것인데 사문 구담이 무상하다고 한다 하니, 우리 다같이 가서 마치 역사가 깃털을 갖고 마음대로 끌고 가듯 코끼리가 산에서 놀듯, 두 사내가 연약한 사람을 붙잡아 마음대로 가지고 놀듯, 내 그대를 마음대로 상대해주리라."

동자들의 생각은 분분하였지만 그들을 데리고 부처님께 나아갔다.

"당신은 어떤 계율로 제자들을 훈계하고 계십니까?"

"색은 무상하여 나, 내 것이 아니다고 가르칩니다."

"그런 소리 마시오. 색은 영원합니다."

"전륜성왕도 늙지 않는가. 돈과 여자, 군대를 마음대로 하듯 늙고 죽음도 마음대로 할 수 있겠는가?"

그는 온몸에서 땀을 흘리며 항복하였다.

"성자이시여, 저는 지금까지 장님 귀머거리가 되어 자기 주장만 주장할 줄 알았지 참과 거짓도 분별하지 못했습니다. 내일 구담과 제자들을 함께 초청하겠습니다."

이튿날 부처님께서는 초청한 장소에 가서 공양하시고, 보시·계율·생천에 관한 것을 말씀하시고, 4제 인연법을 설하자 하얀 천에 물감이 스미듯 그는 불법의 깨달음을 얻고 불제자가 되었다."

〈10〉

증일아함경 제31권

38. 역품(力品) ①

세상에는 여섯 가지 힘이 있다.

① 어린애는 우는 것이 힘이고,
② 여자는 성내는 힘이 있으며,
③ 사문 바라문은 참음과 겸손한 힘이 있고,
④ 국왕은 교만한 힘이 있으며,
⑤ 아라한은 정밀하고 골똘의 힘이 있고,
⑥ 불세존은 자비의 힘이 있다."

〈1〉

"너희들은 무상관을 닦으라. 그렇게 하면 3계의 욕망·무명·교만이 없어져 열반에 나아가기 때문이다."

〈2〉

부처님께서 마가다국 우가지 강가에 계실 때 어떤 범지가 세존의 발자국을 보고 찾아왔다.

"당신은 하늘입니까 건달바입니까?"

"용도 야차도 사람의 선근도 아니고 5욕·6진·6입의 본질을 안 사람이다."

〈3〉

부처님께서 기수급고독원에 계실 때 비구들에게 말씀하셨다.

"나는 옛날 보살로 있을 때 이 세상을 너무 괴롭게 생각했다. 그래서 그 생·노·병·사가 차례로 일어나는 과정을 생각하여, 무명을 깨닫고 명을 얻어 이 세상의 모든 존재를 훤히 꿰뚫어 볼 수 있게 되었다."

〈4〉

하루는 법회도중 아나율이 졸고 있었다.

"너는 무엇이 두려워 도를 닦느냐."

"고통을 없애기 위해서입니다. 오늘부터 몸이 무너지는 한이 있더라도 절대로 잠을 자지 않겠습니다."

그래서 눈이 물러져 피고름이 나는 데도 잠을 자지 않았다.

"의사 기바가에게 가서 눈을 치료하라."

"잠이 없어지기 전에는 절대로 가지 않겠습니다."

그리하여 아나율은 결국 잠을 항복받았으나, 장님이 되어 천안을 얻어 갠지스강의 모래알과, 하늘에서 내리는 비를 헤아릴 수 있었다.

〈5〉

앙굴라마나가 사람을 닥치는 대로 죽여 그 손가락을 꿰어 목에 걸었다. 보는 사람마다 도망치는데 부처님은 그를 향해 천천히 걸어갔다.

"게 섰거라 사문아."

"나는 언제나 서 있다만 네가 서지 못하고 있구나."

앙굴라마나는 즉시 깨닫고 칼을 던지고 부처님께 귀의하였다.

그때 바사닉왕이 앙굴마를 무찌르러 가다가 세존을 뵈오니

"만일 그 자가 사문이 되어 있다면 어떻게 하시겠습니까?"

"받들어 섬기겠습니다."

"이 자가 바로 그 자입니다."

왕이 물었다.

"그대의 성은 무엇인가?"

"저의 성은 가가(加加)이고 어머니는 만족(滿足)입니다. 사람을 죽이면 천당에 태어난다는 말을 듣고 아흔 아홉 명이나 죽였습니다."

대왕이 그의 발아래 절하고 가자 앙굴라마는 아란야를 닦으면서, 다섯 가지 누더기를 입고 발우를 들고 집집마다 걸식하였다.

그때 한 여인이 아기를 낳기 위해 몸부림치고 있는 것을 보고, 부처님께서 물었다.

"저 아기와 어머니를 구할 방책을 주소서."

"너는 저 여인 앞에 가서 큰 마음으로 서원을 세워라."

"나는 이 세상에 태어난 이후로 조그마한 살생도 하지 않았습니다. 진실이라면 아기를 낳게 해주십시오."

"부처님. 저는 99명을 죽인 살인귀입니다."

"그런 소리 하지 말라. 네가 출가한 이후로 사람을 죽인 일이 있느냐?"

"없습니다."

"그렇다면 가서 자신있게 하라."

과연 아이는 순산하였으나 이 소리를 들은, 아버지를 잃고 자식을 잃고 남편과 아내를 잃은 사람들이 쫓아와 기왓장·돌·막대로 쳤다. 앙굴라마라는 간신히 기원정사에 와서 부처님께 말했다.

"살기를 바라지 않고 죽기도 원하지 않습니다."

하고 숨을 거두었다. 너무도 신비한 일이다. 사람들이 몰려와 구경하고 있는 사이 바사닉왕이 물었다.

"앙굴라마라는 무슨 인연으로 이런 과보를 받게 되었습니까?"

"옛날 가섭 여래 때 대과왕이 있었는데 늦게 자식을 하나 얻었으나 세상 물에 물들지 않고 오직 공부만 하였습니다. 그런데 아버지가 걱정이 되어, '이 아이에게 여자 맛을 보여준 이는 누구를 막론하고 태자비로 삼을 것이니 신청하라'고 하였다. 수많은 여인들이 지나간 뒤에 한 소복을 한 여인이 와서 태자의 마음을 흔들었는데, 한 번 맛을 본 태자는 한 곳에 만족하지 않고, 초야전을 가질 정도로 탐닉하자 백성들이 분노하여 그를 쳐 죽였다. 그 과보로 오늘 또 이와 같은 살인이 나타나게 된 것입니다."

고 하니 바사닉왕은 놀라며 더욱 깊은 신앙을 갖게 되었다.

증일아함경 제32권

38. 역품(力品) ②

부처님께서 나열성 기사굴산에 계실 때 500비구들에게 말씀하셨다.

"너희들은 저 영취산을 보고 있느냐?"

"예. 봅니다."

"아주 먼 옛날에는 이 산은 다른 이름이었는데 광보산·백선산·부중산·선인산도 마찬가지다. 아리타와 파리타라는 벽지불이 거기 살았고 심제중·선관·구경·총명·무구·제사념관·무멸·무형·승·최승·극대·극뇌전광명 벽지불도 거기 계셨는데 지금은 내가 거기 살고 있다.

옛날 나열성에 희익왕이 있어, 3악도의 고통을 생각하고 출가하여 도를 닦았다. 장차 미륵도 이 산에 와서 머물게 될 것이다."

〈7〉

부처님께서 기수급고독원에 계실 때 말씀하셨다.

"너희들은 오로지 스스로 닦으라. 가야할 때 갈 줄 알고, 행·주·좌·와, 어·묵·동·정에 모두 깨달아 행할 줄 알아야 한다. 비구가 생각이 바르면 아직 생기지 않는 탐욕을 일으키지 않고, 이미 생긴 번뇌도 사라질 것이다. 만일 오로지 6입을 분별하여 끝내 나쁜 짓을 하지 않으면, 다시는 무명이 생기지 아니할 것이다.

만일 어떤 사람이 개·여우·원숭이·상어·독사·새를 잡아 밧줄로 묶어 놓았다 풀어 주었다면, 개는 마을 마을로, 여우는 무덤으로, 상어는 물속, 원숭이는 숲, 독사는 구멍, 새는 공중으로 날아가려하듯 6정(情)도 그와 같다."

〈8〉

부처님께서 녹야원에 계실 때 500명 비구들에게

"무상한 생각을 닦고 펴라. 그렇게 하면 욕애를 끊고 색애·무색애·교만·무명을 끊게 될 것이다.

옛날 선목 벽지불이 탁발 나갔다. 한 여인에게 걸렸다.

'당신은 진실로 아름답습니다. 나와 짝하면 어떻습니까?'

'누이여, 나의 어디를 좋아하는가?'

'눈·입 다 좋아합니다.'

그때 벽지불은 갑자기 자기의 눈을 빼 땅바닥에 놓고 밟아버렸다. 그리고 또 물었다.

'또 어디를 사랑하는가?'

'이제 허물을 고치고 다음부터는 다시 그런 생각을 내지 않겠습니다.'

'아니다. 내가 전생에 특별한 상호를 원해, 그대의 마음을 사로잡는 것에서 허물은 바로 나에게 있다.'

하고 18변을 나투며 아라한이 되었다."

〈9〉

부처님께서 기수급고독원에 계실 때 바사닉왕이 왔다. 여래께서 눈에 보이지 않자 물었다.

"부처님께서 어느 곳에 계시는가?"

"석가족 땅 녹당(鹿堂)에 계십니다."

그곳으로 가서 인사드렸다.

"원컨대 세존께서는 무궁한 수명을 누리시며, 천상과 인간을 안락하게 하옵소서."

"왕께서는 법답게 다스리시고 오래오래 사십시오. 천당에는 여섯 가지 공덕이 있습니다.

첫째는 수명이 길고, 둘째는 부드러운 몸을 받고, 셋째는 항상 즐겁고, 넷째는 신통을 마음대로 부리고, 다섯째는 부유하고, 여섯째는 광명 속에서 삽니다. 그러므로 모든 백성들은 비법에서 벗어나 천상락을 받게 하소서."

"부처님께서도 여섯 가지 공덕이 있습니다.

① 정법은 부드럽고 아름다워 지혜로운 사람이 닦아야 할 것입니다.
② 온유한 성품이 여러 가지 계율 · 삼매 · 지혜 · 해탈 · 해탈지견을 얻었습니다.
③ 누구도 해결하지 못하는 논리로 부처님께서 답변해 주십니다.
④ 외도들에게 설법, 바른 견해를 내게 합니다.
⑤ 사견을 없애 세상을 편안하게 하십니다.
⑥ 중생들이 3업으로 악행을 하다가 죽을 때 여래의 공덕을 생각하면 천상에 태어납니다."

〈10〉

부처님께서 죽림정사에 계실 때 아사세왕이 찾아와 청하였다.

"원컨대 90일 동안 안거를 나열성에서 해주십시오. 4사 도구를 만족하게 준비하겠습니다."

그때 베살리성에 귀신이 흥성해 죽는 사람이 헤아릴 수 없이 많았다. 사람들이 의논했다.

"하루에 1백 명이 넘는 사람들이 죽어가는데, 어떻게 하면 이 재난을 구제할 수 있겠습니까?"

"여래를 모시는 방법이 제일 좋을 것 같습니다."

왕과 신하 백성들이 의논하여 초대자로 장자를 보냈다.

"부처님. 베살리성의 재난을 구해주십시오. 사람의 종사가 남아날 것 같지 않습니다."

"아사세왕과 약속한 바가 있으니 그대는 왕에게 가서 먼저 의논해 보라."

아사세왕에게 가니 아사세왕은 관리들과 함께 있다가 물었다.

"너는 누구냐?"

"부처님이 보내서 왔습니다."

왕은 부처님이란 말씀을 듣고 즉시 자리에서 내려와, 오른쪽 무릎을 꿇고 부처님 계신 곳을 향하여 물었다.

"무슨 분부냐?"

"부처님께서 성왕께서는 아버지를 죽인 죄로 1겁 동안 아비지옥에 들어가 고생을 할 것이나, 이미 참회해 허물이 고쳐졌으므로 잠시 박구지옥에 들어갔다가, 4천왕천 내지 타화자재천을 거쳐, 최후에 인간의 몸을 받아 벽지불이 된다고 하셨습니다."

왕은 기뻐하면서 물었다.

"네 소원이 무엇이냐. 네 들어주겠다."

"베살리성의 병을 구하는 것인데 우리 힘으로써는 되지 않으므로, 부처님의 신력을 빌리고자 하는 것입니다."

"이는 진실로 안될 일이나, 내 너에게 무엇이든 들어준다고 하였으니, 어떻게든지 모시고 가거라."

부처님께 아뢰니 '먼저 가면 내 때를 알아 가마' 하셨다.

이튿날 아침 길을 떠나는 부처님을 멀리서 바라본 아사세왕은 탄식하였다.

"장자에게 속아 부처님을 이 나라에서 떠나가게 하였구나."

하고 2,500개의 일산으로 부처님을 하직하였다.

그때 부처님은 빙그레 웃으시면서 선화치왕이 애념 왕자의 탑위에 일산을 보시한 인연으로, 이같이 많은 일산을 받게 되었다고 하셨다. 그리고 베살리성에 이르러 이렇게 게송으로 말씀하셨다.

"내 이제 여래가 되었으니 이 세상에서 제일이다.
지성스런 법으로 열반세계에 나아가면 비살성엔 재앙 없으리.
지성스런 승가, 성현들 중 제일이라.
모든 중생 가고 오는 이에게 축복 있으리.
밤낮없이 안온하고 괴롭히는 자 없을 것이니,
이 정성스러운 말을 가지면 비살리성의 재앙은 없어지리."

이 말을 들은 나찰들이 모두 도망쳐 병자들은 병이 나았다.

그때 세존께서는 미후강변에 머물자 사람들은 4사 공양으로 귀천을 가리지 않고 8관재를 닦으니, 불란가섭 · 아이단 · 구야루 · 파휴가전 · 선비로지 · 니건자

등이 시비를 걸어왔다.

"우리의 공양을 저들이 다 받는다. 보시는 없고 주고받는 이도 없으며, 이승도 저승도 중생도 없고 선악도 없다."

아이단이 이렇게 말하자 구야루가

"항하 강변에서 헤아릴 수 없는 사람을 죽여 그 시체로써 산을 이루고, 강 건너편에 공덕을 쌓는다 하더라도 그에 대한 선악의 과보는 없다."

고 하였다. 파휴가전 역시

"설사 항하수처럼 보시하고 계율를 지키고, 때때로 이바지해 모자람이 없게 되더라도 그에 따른 복보는 없으리."

고 하자 선비로지는

"말도 말의 과보도 없으니 침묵이 제일이다."

고 하였다. 또 니건자는 반대로

"말도 있고 말의 과보도 있다. 구담도 사람이고 나도 사람이니 그가 아는 것 나도 안다. 신통 또한 같다. 그런데 어찌하여 저들만 공양하고 '우리에겐 돌아오는 것이 없는가.'"

그때 수로니 비구니가 외쳤다.

"아무도 우리 스승 능가할 이 없으니 누구고 나와 변론하자. 우리 스승 제쳐 놓고는 여래 이름을 가진 이가 없다."

그래서 수로니 비구니가 성문 중 외도를 항복을 받는데 있어서 제일인자가 되었다.

〈11〉

부처님께서 급고독원에 계시면서 말씀하였다.

"범부들은 6감으로 인해 자유를 박탈당하고 있다. 6정(情)은 공하여 나, 내 것이 없음을 알면 아라한이 되어 열반을 얻게 된다."

〈12〉

증일아함경 제33권

39. 등법품(等法品)

"만일 일곱 가지 법을 성취하면 현세에서 무궁한 즐거움 누린다. 첫째, 법을 알고 둘째, 이치를 알며 셋째, 때를 알고 넷째, 자기를 알고 다섯째, 만족할 줄 알고 여섯째, 대중 가운데 들어갈 줄 알고 일곱째, 사람들을 관찰할 줄 아는 것이다.

말하자면 12부(계경 · 기야 · 게 · 인연 · 비유 · 본말 · 광연 · 방등 · 미증유 · 광보 · 수결 · 생경)경을 알아 그 뜻을 이해하고, 지관을 닦아 자신과 대중 가운데서 위의를 분명히 가져 교화하는 것이다.

만일 비구가 만나는 사람마다 안부를 묻고, 법을 설해 관찰하고, 뜻을 이해, 법을 성취, 그름을 닦아 성취하면, 마치 우유에서 낙과 소, 제호를 얻은 것과 같이, 일곱 가지 법을 성취하면 무위락을 얻어 탐욕과 번뇌를 끊고, 의심도 없어질 것이다."

〈1〉

"33천의 주도수는 밑동의 세로와 가로가 50유순, 높이로 100유순, 주위가 50유순이나 되어, 천인들이 거기서 넉 달 동안이나 어울려 즐긴다. 노란 꽃이 떨어지면 열매가 맺은 것을 알고, 열매가 떨어지면 단풍이 들어 눈망울이 생긴 것을 알며, 다시 봉우리가 생겨 꽃이 핀 것을 안다. 그러면 그 향기가 온 나라를 즐겁게 한다. 성현의 제자도 처음 출가할 때는 나뭇잎이 처음 떨어지는 것과 같고, 탐욕을 버리고 초선에 들면 젖빛이 되는 것과 같으며, 제2선에 들면 눈망울이 생기는 것과 같고, 3선에 들면 꽃봉오리가 올라오는 것과 같으며, 4선에 들면 계의 향기가 온 세계를 향기롭게 만드는 것과 같다."

〈2〉

"물밑에 가라앉아 있는 사람, 잠깐 수면 위로 나왔다가 다시 가라앉는 사람, 수면 위에서 고개를 들고 4방을 살피는 사람, 수면 위로 계속 머리를 내밀고 있는 사람, 수면 위에서 헤엄쳐 나가는 사람, 이미 저쪽 언덕에 이른 사람, 이렇게 일곱 가지 사람이 있으니

첫 번째 사람은 불선으로 꽉 찬 사람이고, 두 번째 사람은 신근이 엷은 사람이며, 세 번째 사람은 선근을 가지고 3업을 지키는 사람이고, 네 번째 사람은 선근을 가지는 사람이며, 다섯 번째 사람은 3견을 끊은 사람이고, 여섯 번째 사람은 괴로움을 벗어난 사람이고, 일곱 번째 사람은 5하분결을 끊고 참괴심을 깨달아 아나함이 된 사람이다."

〈3〉

"전륜성왕은 일곱 가지 법을 성취하였기 때문에 원수나 도적에게 잡히지 않는다.

① 성을 높고 튼튼하게 정비되어 있다.
② 성문이 튼튼하다.
③ 성밖의 해자는 넓고 깊다.
④ 성안에 곡식을 비축해 놓았다.
⑤ 섶과 풀이 풍족하다.
⑥ 온갖 기구와 무기를 갖추어져 있다.
⑦ 총명하고 재주있는 사람들을 써서 원수나 도적을 침범하지 못하게 한다."

"마찬가지로 일곱 가지 법을 성취한 비구는 파순에게 틈을 주지 않는다.
① 소소한 계율이나 중요한 계율을 성취하고 위의를 갖추는 것이다.
② 빛에 집착하지 않고 소리나 냄새, 맛·감촉·법에도 집착하지 않는다.
③ 바른 법을 기억해 사유하여 과거법을 모두 안다.
④ 청정 범행이 처음부터 끝까지 좋으며, 범행을 닦는다.
⑤ 4증상심(4선)의 법을 사유하고 빠뜨림이 없다.
⑥ 4신족을 성취한다.

⑦ 음·입·계를 분별하면 어떤 파순도 침범하지 못할 것이다."

〈4〉

"정신이 머무르는 일곱 곳이란 무엇인가?

① 여러 가지 몸에 같은 생각을 하는 범가이천,

② 똑같은 몸으로 여러 가지 생각을 하는 광음천,

③ 똑같은 몸에 같은 생각을 하는 변정천,

④ 한량없는 허공에 머무는 공처천,

⑤ 한량없는 식에 머무는 식처천,

⑥ 아무 것도 소유하지 않는 무소유천,

⑦ 아무 경계에도 머무는 곳이 없는 무유처천(無有處天)이 그곳이다."

〈5〉

균두 존자가 중병에 누워 일어나지 못하고 있는 것을 보고, 부처님께서 직접 문병 갔다.

"너는 지금 병이 매우 위중하구나. 자리에서 내려올 것 없다. 나는 이 자리에 앉겠다. 어디 견딜 만 하느냐. 누가 간호하느냐?"

"견딜 수 없습니다. 범행자들이 간호하고 있습니다."

"7각의를 아는가?"

"예. 염각·법각·정진각·희각·의각(猗覺)·정각(定覺)·호각(濩覺)입니다."

균두 존자가 이렇게 세 번 외우는 사이에 몸을 일으켜 그만 병이 나았다.

"법보다 병에는 7각의가 좋은 약이 된다. 병이 있던지 없던지 7각의를 닦도록 하라."

〈6〉

"전륜성왕이 세상에 출현하면 7보(윤보·상보·마보·주보·옥녀보·거사보·전병보)가 나타나듯 여래가 세상에 나타나면 7각의(念·法·精進·喜·猗·定·濩覺意)가 나타난다. 그러므로 너희들은 7각의를 닦아야 한다."

〈7〉

"전륜성왕의 성은 동서 12유순, 남북 7유순, 기름진 땅 위에 7보(금·은·수정·유리·호박·마노·자거)로 된 성곽과 7보로 된 해자, 7보 나무가 형성되고, 4방에 네 개의 욕실과 7종의 소리(고동·북·소고·종·장구·춤·노래)가 있다.

그는 장차 죽으면 33천에 태어나지만 복이 다하면 또한 다시 3악도에 타락할 수 있으므로 7각의를 닦아야 한다. 7각의를 닦으면 다시는 타락하지 않기 때문이다."

〈8〉

동진가섭이 사위국 주암원(晝闇園)에 있을 때 한 천인이 찾아와, '이 집은 밤에는 그곳에서 연기가 나고 낮에는 불길이 치솟는다'고 하면서, '칼(刀)을 가지고 산길을 뚫으면 바라문·지혜인을 만나고 등짐·산·두꺼비·고깃덩어리·칼(枷)·두 갈래 길·나뭇가지·용을 볼 것이니 그 모든 것을 버려야 한다. 그 뜻을 잘 모르겠으면 세존에게 가서 물으라'고 하였다.

부처님께 물으니

"집은 이 몸이고, 연기는 생각이고, 불길은 3업, 바라문은 아라한, 지혜인은 공부인, 산길을 뚫는 것은 정진, 칼(刀)은 지혜, 등짐은 5결, 산은 교만, 두꺼비는 성냄, 고깃덩어리는 탐욕, 칼(枷)은 5욕, 두 갈래 길은 의심, 나뭇가지는 무명, 용은 여래를 말한다."

〈9〉

부처님이 나열성 죽림정사에 계실 때 대비구 500명과 함께 계셨다. 안거를 마치고 사위국으로 가서 물었다.

"누가 이 가운데서 아란야행을 하고 걸식하고, 누더기 옷을 입고 만족할 줄 알고, 스스로 욕심을 제거하고, 한적한 곳을 좋아해 자기의 행을 지키고, 청정한 계율로 삼매를 성취, 해탈행을 실천하며, 남도 또 그렇게 하도록 설법하였는가?"

"만원자가 했습니다."

만원자가 부처님께 칭찬을 듣고 주암원으로 가자, 사리불이 직접 가서 문안하고 물었다.

"어떻게 범행을 닦고 계행을 지켰기에 부처님께 칭찬을 받을 수 있습니까?"

"부처님으로 인해 범행을 닦고 마음을 청정하게 하여, 소견에 망설임이 없이 도를 닦았기 때문입니다. 마치 바사닉왕이 7곱 개의 수레를 가지고 바지국까지 도착한 것과 같습니다."

"훌륭합니다. 어머님의 이름이 미다나니 이시지요. 저의 이름은 우바제사요 어머니가 사리입니다."

"법의 주인께서 이곳까지 와서 저와 함께 변론해 주신데 진심으로 감사드립니다."

〈10〉

증일아함경 제34권

40. 칠일품(七日品) ①

급고독원 보회강당에 모여 "수미산이 아무리 크고 넓다고 해도 결국은 부셔지고 만다"고 하니 부처님께서 천이로 듣고 오셔서 말씀하셨다.

"잘했다. 비구는 모이면 법을 논하고 성현의 침묵을 지키는 것이다. 이 두 가지를 잘 지키면 누구든지 안온을 얻기 때문이다.

수미산은 높이가 8만 4천 유순인데 물 속에 들어가 있는 것도 마찬가지다. 금·은·수정·유리로 구성되어 있다. 다섯 개의 하늘이 있으니 은성에는 세각천(細脚天), 금성에는 시리사천(施利沙天), 수정성에는 환열천(歡悅天), 유리성에는 역성천(力盛天)이 살고 있다.

금성·은성 중간에 바사문천왕이 야차들을 거느리고 살고, 금성·수정성 중간에 비류박차천왕이 용신들을 거느리고 살고 있으며, 수정성·유리성 중간에 비류륵차천왕이, 유리성·은성 중간에 제두뢰타천왕이 살고 있다.

산 밑에는 아수륜이 33천과 싸울 준비를 하고 있다가 먼저 세각천과 싸운다. 거기서 이기면 다시 금성으로 가서 시리사천과 싸우고, 시리사천을 이기면 환열천·역성천으로 갔다가 다음에 33천으로 향한다.

33천은 밤낮으로 밝으니 자신의 몸에서 나온 빛들이 서로 비추기 때문이다. 수미산을 의지해서 해와 달, 별이 있는데 정상은 동서남북으로 8만 유순이다.

수미산 남쪽에 큰 철위산이 있는데 길이는 8만 4천 리고 높이는 8만 리이다. 그 주위에 니미타산·가라산·이사산·마두산·비나야산이 있고, 그 다음에 철위산과 대철위산이 있다.

철위산 중간에 16격자가 있는 8대지옥이 있고, 그 옆에 염부리가 있으며, 철위산 밖에 코끼리가 살고 있는 향적산이 있어, 좋은 코끼리는 석제환인이 타고, 나쁜 코끼리는 전륜성왕이 타고 있다. 향적산 기슭에 마타못이 있는데 우발연화와 구모두화가 자라 코끼리의 밥이 되고 있다.

또 마타못 옆에는 우사가라산이있어 온갖 초목과 새·짐승·벌레들이 살고 있으며, 또 반다바산과 기사굴산은 염부리 땅을 의지해 있다.

비구들아 언젠가 때가 되어 이 세상이 부서지려 할 때면, 비가 내리지 않아 곡식이 자라지 않고, 작은 강과 샘물이 모두 말라버린다. 긍가강·사두강·사타강·바차강도 바닥이 들어나는데, 두 개 내지 여섯 개의 해가 나타나서, 마치 옹기를 굽는 불길처럼 솟아오르기 때문에, 지옥까지도 다 타버리는데 하물며 삼천대천세계이겠느냐. 7곱개의 해가 나타나면 타화자재천까지도 불길이 올라오게 된다.

이렇게 모두 타버린 세계에는 수람풍(隨嵐風)이 불어 물은 불어 한 곳에 모아, 수미·기미타·니미타·가라·이사·비나야·철위·대철위산과 8대지옥을 다시 만들고, 마두·향적·반다바·우사가·염부제·구야니·불우체·울단왈·4해·4천왕궁·33천·염천·도솔천·화자재천·타화자재천을 각각 1천 개씩 만들어, 물이 땅이 되어 그 위에 지비(地肥)가 저절로 생기고, 맛있는 감로가 나타나면 광음천(光音天)들이 내려와서 그것을 맛보고 거기에 탐착하여 자리를 잡게 된다.

지비를 먹은 광음천들은 몸이 무거워 신통을 잃고 탐욕이 많은 자는 여자가 되어 정욕을 즐기면서 살다보니, 거기에 집을 짓고 몸을 가리는 옷을 입고 정착하게 되자, 지비는 없어지고 맵쌀이 났으나, 이것을 서로 쌓아두고 남의 것을 훔쳐오자, 이것을 가리기 위해 수호자를 뽑은 것이 찰리왕이 된 것이다.

양심이 있는 사람들은 초막을 짓고 무소유 생활을 하면서, 청정을 지켰으므로 바라문이 생기고, 그 나머지 사람들이 농·공·상의 기술을 읽혀 살아가므로 바이샤가 생겼으며, 끝으로 게으름뱅이 심부름꾼들이 수다라가 되었다. 이것이 4성계급이 만들어지게 된 동기이다.

세상에는 다섯 가지 종류의 종자가 있으니 첫째는 뿌리로 된 것, 둘째는 줄기로 된 것, 셋째는 가지로 된 것, 넷째는 꽃으로 된 것, 다섯째는 열매를 된 것이 그것이다.

세상은 이렇게 태어나, 늙고, 병들고, 죽는 과정이 생기게 되었으니, 이 세상에 태어난 자 치고 이 네 가지 고통을 여의는 이는, 깨달음을 얻은 불·아라한이 아니고는 없다."

〈1〉

부처님께서 죽림정사에 계실 때 아사세왕이 발지국을 치고자 바리가 바라문을 세존께 보내어 자문을 구했다.

그런데 부처님은 바리가 바라문에게 대답하는 것이 아니라, 옆에서 부채질을 하고 있는 아난 존자에게 물었다.

"저 발지국 사람들은 일곱 가지 법(① 회의를 자주하고, ② 상하 화합하고, 순종하며, ③ 음탕하지 않고, ④ 이간질 하지 않으며, ⑤ 사문 바라문을 잘 공경하고, ⑥ 남의 재물을 탐내지 않으며, ⑦ 절(神寺)만을 향하지 않고 조상을 잘 섬긴다는 말을 들었느냐?"

"예. 들었습니다."

"그렇다면 어떤 외적에게도 패하지 않는다."

이 말을 전해들은 아사세왕은 전쟁을 하지 않고, 마갈타국 사람들이 이 법을 잘 지킬 수 있게 노력하여, 강력한 나라를 만들었다.

한편 부처님께서는 비구스님들께 타락하지 않는 일곱 가지 법을 설하셨다.

① 한 자리에 모여 화합 단결하고, 위 아래가 순종하며 착한 법을 닦고,

② 서로 화합하고 가르침을 받아 순종하며,

③ 세상일에 집착하지 않고,

④ 세속 서적을 보지 않고 종일 채찍질로 정진하며,

⑤ 잠을 떨쳐버리고,

⑥ 한적한 곳을 즐기며 산문을 즐기지 않으며,

⑦ 선정을 익혀 나아가면 어떤 마군도 침입하지 못할 것이다.

〈2〉

또 부처님께서 기수급고독원에 이르러 7사(使)를 설명했다.

"① 탐욕의 번뇌이고,

② 성냄이며,

③ 교만이고,

④ 어리석음이며,

⑤ 의심이고,

⑥ 소견이며,

⑦ 욕심 세계의 번뇌이다.

마치 흰 소가 검은 소와 함께 멍에를 같이 매고, 흔들림없이 농사를 짓는 것과 같이 하면 누구나 3악도를 멸하리라.

또 일곱 가지 약이 있으니,

① 염각의,

② 법각의,

③ 정진각의,

④ 회각의,

⑤ 의당의,

⑥ 정각의,

⑦ 호각의가 그것이다.

욕계의 중생들은 이것을 다스리지 못해 윤회를 면치 못하는 것이다."

〈3〉

"섬길 만 하고 공경할 만 한 자에게 일곱이 있다.

① 자애로운 것이고,

② 불쌍히 여기는 마음이며,

③ 기뻐하는 마음이요,

④ 평정을 지키는 자이고,

⑤ 공(空)을 아는 자이며,

⑥ 잡생각을 일으키지 않는 자이고,

⑦ 바라는 것이 없는 자이다.

이 일곱 종류의 사람들에게 공양하면 현세에서 바로 그 과보를 받게 된다."

〈4〉

부처님께서 비사리 미후강변에 있을 때, 비라선 장자가 인색하기 짝이 없다는 말을 듣고 나갔다. 집 근처에 이르니 미녀들을 거느리고 풍류를 즐기고 있었다.

부처님께서 아난 존자에게 말했다.

"저자는 1주일 있으면 죽어 체곡지옥(涕哭地獄)에 떨어질 것인데, 만일 출가하여 3의를 입으면 이를 면할 것이다."

아난이 이 소식을 전하니 그는 깜짝 놀라면서도, 아직 1주일이나 남았으니 좀더 놀다 가리라 하고 제5일 째가 되어도 떠날 생각을 하지 않다가 제6일이 되어 삭발하고 법의를 입었다.

"출가자는 3보를 생각하고 계율·보시·하늘·휴식·호흡·몸·죽음을 생각하여 수행하여야 한다."

그는 하루 동안 이 법을 수행하고 이튿날 죽어 4천왕천에 태어났다. 부처님께서 말했다.

"그는 다시 거기서 33천·염마천·도솔천·자재천·타화자재천에 태어났다가, 다시 4천왕에 이르러 사람으로 태어나 여래의 믿음을 가지고 해탈하게 된다. 그러니 아난아, 어떤 사람이 소젖을 짜는 순간이라도 10념(3보－죽음)을 생각하도록 하라."

〈5〉

"여기 번뇌를 깨끗이 하는 법이 있으니 첫째, 봄 둘째, 공경 셋째, 친근 넷째, 원리 다섯째, 즐김 여섯째 위의로 말미암아 일곱째, 사유가 그것이다.

범부가 성현을 보면 여래의 법에 순종, 선지식을 가까이 하고 함께 일하게 될 것이다. 법을 공경하면 탐욕과 번뇌가 생기지 않는다. 그러므로 선지식을 친근히 하여 악지식을 멀리하고 법을 즐겨 4향 4과에 나아가면 그 사유로 인하여 해탈을 얻게 될 것이다."

〈6〉

증일아함경 제35권

40. 칠일품 ②

부처님께서 아유사강 가에 계실 때 대균두가, "공덕을 더하는 이치가 없을까?" 하고 생각하자 부처님께서 일곱 가지 공덕에 대해서 말씀하셨다.

① 족성자나 족성녀가 승가람이 없는 곳에 절을 세우는 것,

② 수행자들에게 침구와 자리를 보시하는 것,

③ 음식을 보시하는 것,

④ 비옷을 보시하는 것,

⑤ 약을 보시하는 것,

⑥ 광야에 우물을 파 보시하는 것,

⑦ 나그네가 잘 수 있는 방을 제공하는 것이 그것이다."

〈7〉

부처님께서 기수급고독원에 계실 때,

"너희들은 죽음에 대한 생각을 잊고 깊이 사유하라."

그때 한 비구가 말했다.

"저는 늘 죽음을 생각하고 있습니다."

"어떻게 생각하느냐?"

"이레 동안만 살 수 있다면 7각의를 닦아야 한다고 생각하고 있습니다."

또 다른 비구들이 말했다.

"나는 엿새 동안만 살 수 있다면 부처님 바른 법 속에서 죽겠습니다."

"탁발하고 와서 밥을 먹고 죽는 순간이라도 있으면 좋겠다고 생각합니다."

"모두 그것은 죽음을 생각하는 것이 아니다."

"그러면 어떻게 해야 합니까?"

"바가리 비구처럼 죽음은 숨 하나에 달려 있다고 생각하면서 깨달음을 얻으면, 이것이 죽음을 생각하는 것이다."

〈8〉

바사닉왕이 기수급고독원에 오니 일곱 명의 니건자들이 옷을 벗고 지나갔다.

"저 사람들이야말로 욕심이 적은 사람들이다."

부처님께서 말씀하였다.

"진인 즉 나한은 겉모습만 보고 판단하지 않습니다. 옛날 노바라문들이 서로 둘러앉아 여기서 죽으면 고행의 덕택으로 왕이나 혹 제석 · 범천 · 4천왕이 되리라."

그때 아사타 선인이 범천에 있다가 내려와 말했다.

"마음으로 계율을 지켜 행을 깨끗이 하고, 입으로 말하는 것도 그와 같이해, 나쁜 생각 멀리 떠나면 천상에 나리라. 옷만 벗었다고 천상에 나는 것이 아니고, 고행을 일삼는다고 천상에 나는 것이 아니다."

"그러니 대왕이여, 그 사람의 수행 정도를 알아야 해탈여부를 가늠할 수 있습니다."

〈9〉

부처님께서 석시가비라위국 니구루원에 계실 때, 비리야로 가서 나무 밑에 앉아 계셨다.

이때 지팡이를 짚은 석가족이 물었다.

"사문께서는 무엇을 가르치고 주장하십니까?"

"천룡·귀신이 미칠 수 있는 것이 아니고, 집착하지 않고 세상에 머무르지 않기 때문입니다."

하시고 방으로 들어가시자 대가전에게 물었다.

"부처님께서 집착하지 않고 세간에 머무르지 않는다고 하셨는데, 무슨 말씀입니까?"

"온갖 번뇌에서 벗어나면 그것이 이 세상에 머물지 않는 것입니다. 6근이 6경을 보고 6식을 일으키지만 거기 집착하지 않고 벗어났기 때문이다."

〈10〉

41. 막외품(莫畏品)

부처님께서 니구루 동산에 계실 때 마하남이 와서 물었다.

"3결을 끊으면 수다원을 얻어 다시 두려운 생각이 나지 않게 됩니까?"

"3악도에는 떨어지지 않는다. 그러나 내가 우류비에서 6년 동안 고행하고 있을 때 음식을 먹지 못하니 1백 살 노인처럼 되어 일어나려해도 일어날 수 없었다. 내가 죽으면 나쁜 곳에는 태어나지 않겠지 하고 생각하였지만, 그런 가운데서도 한 니건자는 나체로 해를 향해 까치발을 하고 있어 물었다.

'무엇 때문에 그렇게 하고 있는가?'

'죄를 소멸하여 열반을 증득코자 합니다.'

'빈비사라왕은 즐거움 속에서 즐거움에 이르는데?'

'빈비사라왕의 즐거움이 아무리 즐겁더라도, 수행자의 즐거움만 할 수 있겠는가. 마치 연못의 물은 세상사람의 즐거움이고, 한 방울의 물은 작아도 수행자의 즐거움이다.'

라고 하니 마하남이 매우 기뻐하였다."

〈1〉

존자 나가바라가 녹야원에 있을 때 그의 옛 친구가 와서 말했다.

"그대는 행복하구나."

니가바라는 "무슨 이유로 '즐거움 중에서 최고의 즐거움을 누린다'고 말하는가?"

"나는 1주일 동안에 일곱 아들을 잃고 엿새 동안에 12머슴을 잃고, 닷새 동안에 4형제, 나흘 동안에 부모님을 잃었다. 또 사흘 전에는 두 아내가 죽고, 어제는 몰래 묻어놓은 재물을 파 보았더니 어디인지 구분도 할 수가 없었다. 그런데 그대는 잃은 것이 없으니 얼마나 행복한가."

"왜 약초를 써 구하지 못했는가?"

"약초를 쓰고 주술을 하고, 의복·음식·와구를 보시 하였지만 소용이 없었다. 꽃과 향도 소용 없는데 무슨 행을 닦아야 이를 면할 수 있겠는가?"

"은혜와 사랑은 무명의 산물이다. 온갖 고뇌 남김없이 사라지면 다시는 고통이 없다."

"비록 늙었으나 아주 늙지 않았고, 하는 짓도 자세히 들으니 원컨대 출가하여 재앙에서 물러나게 하여다오."

그리하여 존자 나가바라는 곧 그에게 3의를 주고 출가의 도를 배우게 하였다.

"이 몸의 36물을 자세히 관찰하라. 그리고 장차 떠나면 어디로 갈 것인가를 생각할지언정 다른 생각을 하지 말라."

그는 얼마가지 않아 아라한이 되어 천인들의 찬양을 받았다.

"이미 구족계를 받고 한적한 곳에 지내며 집착 없는 도에 마음을 받아 근원적인 악의 근본을 떨쳐버렸네."

〈2〉

부처님께서 급고독원에 계실 때 상인법에 대해서 설했다.

"일곱 가지 상인법이 있는데 자·비·희·사 4무량심을 4방에 가득차게 하면서도 공·무상·무원삼매를 실천하는 분이다."

〈3〉

부처님께서 석시가비라월성 니구루원에 계실 때, 여러 비구들이 북방으로 유행코자 하자 허락하시고, 신사(神寺)에 있는 사리불께 인사드리고 가라고 하셨다. 사리불에게 가자 사리불이 말했다.

"북방 바라문들은 총명하여 그 지혜가 다루기 어렵다. 그들이 만일 무엇을 주장하는가를 묻는다면 무엇이라 대답할 것인가!"

"5온이 무상함을 설하고 8정도와 7각지로써 설명하겠습니다."

"그렇다면 마음을 굳게 가지고 가볍게 행동하지 말라."

〈4〉

부처님께서 기수급고독원에 계실 때 가섭에게 말씀하셨다.

"그대는 너무 늙어 장자들의 시주를 받는 것이 좋겠다."

"저는 이 누더기와 저 음식으로 족합니다."

"훌륭하다 가섭이여, 그대는 세상에 큰 이익을 주고 있구나. 내가 반열반에 든 뒤에도 이와 같은 두타를 행하는 자가 있으면 세상의 큰 복밭이 되리라. 나는 가섭과 아난에게 이 경법을 권한다. 잘 기억하여 끊어지지 않게 하라. 천상이나 인간에 이 두 사람보다 더 법보를 잘 받들어 섬길 자가 없다."

〈5〉

증일아함경 제36권

42. 팔난품(八難品) ①

부처님께서 기수급고독원에 계시면서 비구들에게 말씀하셨다.

"범부들은 설법을 듣지 못하면 망하게 되는 수가 있다.

첫째는 지옥중생들은 여래의 생과 멸을 보지 못하고, 둘째는 축생, 셋째는 아귀, 넷째는 장수천이며, 다섯째는 변방중생, 여섯째는 장애인, 일곱째는 인과를 불신하는 자이며, 여덟째는 사견중생이다.

그러니 법을 설해 듣고 깨달음을 얻게 해야 한다."

〈1〉

"여덟 개의 큰 지옥의 있는데 첫째는 환활지옥, 둘째는 흑승지옥, 셋째는 등해지옥, 넷째는 체곡지옥, 다섯째는 대체지옥, 여섯째는 아비지옥, 일곱째는 염지옥, 여덟째는 대염지옥이다. 이들 모든 지옥에 들어가면 말도 못하게 고생이 많다."

〈2〉

부처님께서 비사리의 나기원에 500비구들을 데리고 떠나시면서 말씀하셨다.

"지금 저 비사리는 이후로 두 번 다시 보지 못하고, 다시는 들어가지 못하리라. 모든 행은 무상하고 괴롭고 내가 없고, 열반은 완전히 사라지는 것이니 이것을 잘 알고 널리 펴라."

하시고 슬픔에 젖어 있는 비사리 사람들에게 발우를 주시면서 '잘 공양하면서 뛰어난 법사들을 잘 받든다면 후세에 큰 복전이 되리라'고 하셨다.

그리고 '옛날 구시나갈국 역사들이 옮기려다가 옮기지 못한 길이, 120걸음 너비 60걸음의 큰 돌을 들어, 범천에까지 올렸다가 내려 보이시고, 열 마리 낙타

힘이 한 마리 가라륵 코끼리보다 못하고, 또 열 마리 낙타와 한 마리 보통 코끼리와 가라륵 코끼리의 힘은 한 마리 구다연 코끼리 힘만 못하고, 이렇게 한 마리 구다연은 바마나·가니류·우발·발두마·고모다·분다리·향·마하나극의 힘보다 못하다. 또 그것을 합해 비교해도 나라연·전륜성왕·아비발치·보처보살·보리수 보살 힘만 못하고, 보리수 보살 한 명의 힘도 여래께서 부모님께 받은 신력(身力)만 못하다'고 하셨다.

그리고 목련 존자의 신통(극심한 흉년 중에 지비·울단왈 걸식), 사리불의 지혜(바다의 물을 먹물로 삼고 수미산을 나무껍질로 삼고, 초목으로 붓을 만들어 그 공덕을 다 쓰려 해도 안된다), 군도라계두 비구니 이야기(18변)를 들려주시고, 이 보다 더 신속한 것은 무상이라 말했다.

그리고 머리를 북쪽으로 두고 누운 이유는, 북천축국에 불법이 있는 것을 예측한 까닭이고, 오랜 세월 6도 세계를 윤회하면서 보살도를 닦았던 일을 회상하시며, 입에서 오색광명을 내고, 흐느껴 울고 있던 아난에게 네 가지 법(보는 사람마다 기뻐하고, 말을 하고 침묵해도 모두 기뻐하며 싫어하지 않는)이 있다고 칭찬하시고, 여자에 대해서는 절대로 사귀지 말고 이야기를 나누지 않는다면 여덟 가지 어려움에서 벗어난다고 예언하셨다.

증일아함경 제37권

42. 팔난품 ②

아난이 물었다.

차나(차닉) 비구는 어떻게 대해야 되겠습니까?"

"범법벌(梵法罰 ; 침묵)로 하라.

그때 구시나갈 사람들이 모두 와서 예배드리고 바아타와 수발타 두 종성이 찾아왔으며, 제사와 우파제사, 불사(佛舍)와 계두(鷄頭) 같은 이들도 찾아와 3귀의를 하고 5계를 지킬 것을 다짐했다.

그때 120세 된 수발타 범지가 물었다.

"저 이 세상 모든 종교인들은 모두 찾아보았습니다. 그러나 모두가 제 종교가 옳고 그가 깨친 것이 제일이라고 하는데, 부처님의 생각은 어떠하십니까?"

"바를 정자(正)가 있으면 외도도 정법이고, 바를 정자가 없으면 불도도 사법이니라. 그대는 마땅히 8정도품을 실천하라."

그는 그 자리에서 출가 득도하고 열반에 들었다. 그 분이 부처님의 마지막 제자이다. 앞으로 젊은 비구든 나이든 비구든 장로라 부르고, 늙은 비구는 젊은 비구의 성명을 불러도 좋다. 누구나 비구가 제 이름을 지으려면 3존께 의지하여 지어야 한다.

〈3〉

어느 때 부처님께서 녹야원에 계셨다. 그때 파하라 아수륜·모제륜 천자가 때 아닌 때 나아가 예배드리자 부처님께서 아수륜에게 물었다.

"큰 바다를 좋아하는가?"

"좋아합니다."

"무엇을 좋아하는가?"

"첫째, 바다는 매우 깊고 넓고 둘째, 온갖 강물이 모이고 셋째, 일미이며 넷째, 조수가 때를 어기지 않고 다섯째, 온갖 어류가 한데 모여 살며 여섯째, 어떠한 큰 것이나 작은 것도 버리지 않고 일곱째, 온갖 보물을 갈무리고 있으며 여덟째, 바다 밑에 금모래와 4보의 수미산이 있습니다."

"그렇다. 내 법에도 첫째, 바다처럼 깊고 넓은 계가 있고 둘째, 출가 사문이 되면 세속적인 성명을 쓰지 않으며 셋째, 차례를 어지기 않고 넷째, 한 맛 8정품이 있고 다섯째, 4의지·4의단·4신족·5근·5력·7각지·8정도 등 온갖 법이 들어있고 여섯째, 염각의·법각의·정진각의·희각의·의각의·정각의·호각의와 같은 보물이 들어있으며 일곱째, 수염과 머리를 깎고 3법의를 입고, 무여열반에 도에 나아가나 불어나고 줄어드는 것이 없다. 여덟째, 금강삼매 · 멸진삼매 · 일체광명삼매 · 득불기삼매 등 헤아릴 수 없는 삼매가 들어있다.

불법에는 또 괴로움, 괴로움의 발생과 소멸, 괴로움의 소멸에 이르는 길이 있으니 다른 생각 말고 정진하라."

〈4〉

부처님께서 사위국 기수급고독원에 계실 때, 천지가 여덟 가지로 진동하였는데 부처님께서 처음 태어나실 때를 비롯하여, 8상성도를 이룰 때마다 나타난 현상임을 말씀하셨다.

〈5〉

그때 아나율은 한적한 곳에서 있다가 와서 물었다.

"계율이 훌륭합니까 지식이 훌륭합니까?"

"계율이 훌륭하니 의심 하지 말라. 왜냐하면 계로 인하여 선정 · 지혜 · 다문 · 해탈 · 무여열반을 얻게 되기 때문이다."

〈6〉

부처님께서 기수급고독원에 계실 때 여덟 무리에 대해 설명하였다.

"세상에는 여덟 무리가 있는데, 찰리 · 바라문 · 장자 · 사문 · 4천왕 · 33천 · 마왕 · 범천이 그것이다."

〈7〉

아나빈저 장자는 항상 4문 밖에서 여덟 가지를 보시하였다.

① 옷을 구하는 자에게는 옷을 주고,

② 음식을 구하는 자에게는 음식을 주며,

③ 보배를 구하는 자에게는 보배를 주고,

④ 침구를 구하는 자에게는 침구를 주며,

⑤ 병든 자에게는 의약품을 주고,

⑥ 더 원하는 자에게는 더 주며,
⑦ 덜 받기를 원하는 자에게는 덜 주고,
⑧ 항상 평등하게 기쁜 마음으로 보시하였다.
특히 4향 4과의 성현들에게는 더욱 깊은 신심으로 보시하였다.

〈8〉

이렇게 재물을 보시하면 여덟 가지 공덕을 성취한다.
① 때에 맞추어 보시하고,
② 깨끗한 것을 보시하고 아끼고 탐하는 마음이 없으면서,
③ 제 손으로 보시하고,
④ 서원을 세워 보시하며,
⑤ 보시했다는 생각에서 벗어나고,
⑥ 보시로써 열반을 구하고,
⑦ 좋은 밭을 찾아 보시하며,
⑧ 중생을 위해 보시하는 것이다.
이렇게 보시하면 죽은 뒤에는 반드시 좋은 천당에 태어날 수 있다.

〈9〉

부처님께서 기수급고독원에 계시면서 비구들에게 말씀하였다.
"삿된 소견 · 삿된 다스림(邪治) · 삿된 말 · 삿된 업 · 삿된 생활 · 삿된 방편 · 삿된 기억 · 삿된 선정은 지옥으로 가는 길이고, 바른 소견 · 바른 다스림 · 바른 말 · 바른 업 · 바른 생활 · 바른 방편 · 바른 기억 · 바른 선정은 열반으로 향하는 길이다.
그러니 너희들은 하가한 곳에서 지내고, 나무 밑에 앉아 관을 즐기며, 법을 생각하고 게으름 없이 닦으면 나중에 후회하지 않는다."

〈10〉

증일아함경 제38권

43. 마혈천자문팔정품(馬血天子問八政品) ①

부처님께서 기수급고독원에 계실 때 마혈 천자가 물었다.

"저는 땅위를 걸어 이 세계 끝까지 갈 수 있을까 하고 생각했는데, 가능할 수 있을까요. 제가 옛날 화살 같은 신통으로 바가범천에 가니 범천이 '여기는 무위세계이므로 걱정 근심이 없다'고 하며 이것이 열반인가 생각했습니다."

"첩보 천자는 해와 달보다 빠르고 33천은 첩보 천자보다 빠르며, 염천은 33천보다 빠르다. 옛날 마혈 천자도 너와 같은 생각을 하여 4방 8방으로 다니다가, 끝도 갓도 없는 세계를 보고 8정도를 통해서 지름길로 갔다."

"그러니 그대도 이 8정도의 길을 걸어 시공을 초월하라."

〈1〉

"팔관재법이 있으니

① 생물을 죽이지 않는 것이고,

② 주지 않는 것을 갖지 않는 것이며,

③ 음란한 짓을 하지 않는 것이고,

④ 거짓말하지 않는 것이며,

⑤ 술 마시지 않는 것이고,

⑥ 때 아닌 때 음식 먹지 않는 것이며,

⑦ 호화로운 침대(평상)을 사용하지 않는 것이고,

⑧ 풍류를 멀리하고 향이나 꽃으로 몸을 꾸미지 않는 것이다."

우바리가 물었다.

"8관재법은 어떻게 수행하여야 합니까?"

"8일·14일·15일 사문 혹은 장로 비구에게 찾아가, 제 이름을 일컫고 아침부터 저녁까지 흔들리지 않는 마음으로, 중생들에게 칼이나 몽둥이를 쓰지 않고, 일체 누구나 사랑하는 것이다. 지혜있는 이에게는 8조목을 낱낱이 가르치고, 지혜가 없는 이에게는 개인적으로 물어 서원을 세우게 해야 한다."

"어떻게 서원을 세워야 합니까?"

"8관재법으로 3악 8도에 떨어지지 않고 바른 벗, 곧은 부모, 중국(; 인도)에 태어나 좋은 법을 듣고 법을 성취하겠습니다."

하고

"이 공덕으로 선법을 거두어 가지고 중생들에게 그 공덕이 베풀어져, 위없는 도를 성취하게 하옵소서. 이 서원으로 3승의 복을 성취하고 중간에 물러나지 않게 하며, 아라한 법을 익혀 마침내 무상정각을 이루게 하옵소서. 장차 미륵 세상에 출현하실 때 3처 96억·94억·92억 대중스님들과 함께 하여, 아라한과를 얻고 국왕대신들을 가르키는 그들의 스승이 되게 하옵소서."

라고 하라.

비록 복을 얻기는 쉬우나 복은 말할 것이 못된다. 옛날 보악왕이 아첨과 왜곡됨이 없이 염부제를 잘 다스리고 있었다. 그런데 그때 보장여래가 있었는데 왕의 단정한 딸을 위해 3회(1처 때 1억 6만 8천 명, 2처 때 1억 6만 명, 3처 때 1억 3만 명) 설법하고, 시자 만원(滿願)의 청을 따라 대중들에게 우둔한 자를 위해서는 좌선과 송경, 대중의 일을 돕는 일을 시키라 하였다. 그런데 그 가운데 야마성(野馬城)에 늙어 힘이 모자라는 장로 비구가 기름을 구해 등불을 켜는 일을 그의 원을 따라 담당시켰는데, 왕녀가 힘들게 기름 구걸하는 것을 보고 어여삐 여겨, 자신이 내겠다고 하여 큰 복업을 입게 되었다. 그래서 그는 서원을 세웠다.

"이 공업으로 태어날 때마다 악한 세상에 떨어지지 않고, 미래 세상에서도 보장여래와 같은 부처님을 만나, 항상 설법을 듣고 오늘과 같은 성중을 만나게 하여주옵소서."

보장여래는 그이 마음을 알고 빙긋이 웃으며

"너는 내생에 등광여래가 될 것이다."

라고 예언하였다. 왕녀가 듣고 부처님께 나아가

"불의 자료는 내가 내었는데 어찌하여 갔다 켠 사람만 수기 하십니까?"

고 하니

"갔다 켠 사람도 원을 따라 부처가 되거늘 준 사람이야 더 말할 것 있겠느냐. 옛날 등광부처님께서 발두마대국에서 16만 8천 명을 거느리고 계셨는데 제파연나왕이 법답게 세상을 다스리고 있었다. 그때 범지의 아들 미륵이 뛰어난 인물로 부처님께 꽃공양을 올리며, 32상 가운데 광장설상과 음마장상를 보고 싶어 하므로, 신통력으로 보여주니

'제가 다섯 송이 꽃을 공양한 인연으로, 내세에 반드시 성불하게 하옵소서.'

하니 부처님의 광명이 그의 정수리로 들어갔다. 그때 부처님께서 수기하셨다.

'너는 내생에 석가모니불이 되어 한량없는 중생을 제도하리라.'

부처님은 광명을 수기하실 때 정수리로 들어가면 여래가 되고, 입에서 나와 귀로 들어가면 벽지불, 어깨 위로 들어가면 성문, 팔 속으로 들어가면 천상, 양 옆구리로 들어가면 인간, 겨드랑이로 들어가면 아귀, 무릎으로 들어가면 축생, 다리 밑으로 들어가면 지옥에 탄생하게 된다."

〈2〉

부처님께서 마갈국 강가에서 큰 목재가 강 가운데를 흘러가는 것을 보고 말씀하셨다.

"만일 저 나무가 이쪽 언덕에도 닿지 않고 저쪽 언덕에도 닿지 않으며, 중간에도 가라앉지 않고 또 언덕 위에 있지도 않으며, 사람에게도 잡히지 않고 사람 아닌 것에게 잡히지도 않으며, 물에서 빙빙 돌지도 않고, 썩지도 않으면서 계속해서 흘러간다면 반드시 큰 바다에 이를 것이다. 그대들도 8정도의 길을 반드시 걸으면 마침내 열반에 이를 것이니 열심히 정진하라."

그때 난다 목동이 이 말씀을 듣고 있다가

"저도 그렇게 하겠아오니 출가를 허락해 주십시오."

"집에 가서 그 소들을 주인에게 돌려주고 오라."

난다가 돌아오자 세존께서는 구족계를 주시고 배구들에게 말했다.

"이쪽 언덕은 몸이고, 저쪽 언덕은 몸의 소멸이며, 중간에 가라앉는 것은 욕망과 애욕이고, 언덕에 있는 것은 5욕이며, 사람에게 붙잡힌다고 하는 것은 족성자가 공덕과 복으로 국왕대신이 되는 것이고, 사람 아닌 것에 붙잡힌다고 하는 것은, 4천왕 등 천당세계에 붙잡히는 것이며, 물에서 빙빙도는 것은 삿된 의심에 빠지는 것이고, 썩는 다는 것은 삿된 소견과 기억, 삿된 선정이다."

〈3〉

부처님께서 나열성 가란타죽원에 계실 때, 신통을 잃은 제바달다에게 아사세왕이 5백 가마의 밥으로 공양하였다. 그때 이 소식을 들은 비구들이 말했다.

"제바달다는 큰 위력을 가졌습니다. 지금 아사세왕의 공양을 받고 있으니,"

"그런 이익을 탐하면 안된다. 그 이익 때문에 스스로 멸망하게 되기 때문이다. 설사 비구가 이익을 얻기 위해 스스로 자랑하지도 않고, 또 남을 비방하지도 않는다 하더라도, 마치 큰 재목을 베러간 사람이 가시와 잎만 베어오는 것과 같이, 지혜와 삼매를 얻지 못하게 될 것이니 주의하여야 한다."

"어찌하여 제바달다는 계법을 모르는 자라 하십니까?"

"그렇다. 계법과 삼매, 신통도 세속적인 것이지만 올바른 지혜의 성취가 없으면 그는 곧 삿된 법에 떨어지기 때문이다."

그때 60여 명의 비구는 법복을 벗고 퇴속하고, 60명의 비구는 번뇌를 다하고 법안도 얻었다.

〈4〉

부처님께서 급고독원에 계실 때 뗏목에 대하여 비유로 설명하셨다.

"너희들은 길을 가다가 도적에게 사로잡히더라도, 마음을 바로 가져 미워하지 말고, 땅과 같은 마음으로 4무량심을 가져라. 교만을 의지하여 교만·만만·증상만·자만·사견만·만중만을 없애야 한다. 내가 출가하여 도를 닦을 때 욕계에서 가장 욕심 많은 자가 누군가 생각하다가 마침내 마왕을 항복받고 해탈하였느니라."

〈5〉

증일아함경 제39권

43. 마혈천자문팔정품 ②

그때 악마 파순이 분노가 불꽃처럼 일어나 4군을 대리고 몰려왔다.

나는 그때 인자(仁慈)의 옷을 입고 삼매의 활을 손에 쥐고, 지혜의 화살을 들고 저들을 기다렸다. 원숭이 사자 등의 얼굴을 한 18억의 군대들이 몰려왔는데, 나찰의 무리들은 한 몸에 몇 개의 머리가 달린 자도 있었고, 수십 개의 몸에 한 개의 머리만 가진 자도 있었으며, 두 어깨에 세 개의 목, 가슴에 입이 붙은 자, 하나의 손, 두 개의 손, 네 개의 손을 가진 자도 있었다.

어떤 자는 두 손에 머리를 받쳐 들고 죽은 뱀을 입에 물은 자도 있고, 머리에서 불이 활활 타오르는 자도 있으며, 입으로 불빛을 내는 자도 있고, 두 손으로 입을 벌리고 삼킬 듯 달려드는 자도 있었으며, 배를 가르고 마주보며 손에 칼을 잡고 창을 둘러맨 자도 있었다. 어떤 자는 절구를 들고, 산을 둘러매고, 큰 돌과 나무를 짊어지고, 두 다리는 위에 있고 머리가 밑에 있는 자도 있고, 코끼리·사자·호랑이·이리·독충 따위를 타고 다니는 자도 있고, 혹 걷기도 하고 공중을 나는 자도 있었다.

악마는 그때 내곁에 와서 말했다.

"사문이여, 빨리 일어나라. 두렵지 않는가. 어서 빨리 일어나라."

"나는 인자의 갑옷과 삼매의 활을 쥐고, 지혜의 화살로 무장하고 복된 업의 군사를 거느리고 있으니, 무서울 것이 없다."

"내 그대에게 당장 이익을 주겠다. 단정한 얼굴, 평평한 청춘, 찰리의 전륜성왕으로 태어난 사람이 무엇 때문에 여기서 고생하고 있느냐. 나에게 돌아오면 전륜성왕이 되게 하여 5욕락을 마음껏 누리게 하리라."

"나는 원하는 것이 아무 것도 없다. 근심과 두려움이 없는 열반이요 해탈이다. 그러니 걱정 말고 물러가라."

"네, 내 말을 듣지 아니하면 네 다리를 잡아 바다 속으로 던져버리리라."
"나는 너와 싸우지 않는다. 너의 무기는 교만이고 증상만이며 자만이고 사만·만중만·증상만이다."
"무엇으로 나의 이 증상만을 없앤다는 말인가?"
"자·비·희·사의 4삼매에 공·무상·무원의 삼매와 바른 법이다. 너는 부처님께 한 번 복을 짓고도 마왕이 되었는데, 나는 무수한 복을 지었다. 이는 반드시 땅이 증명하리라."
하고 땅의 흙을 만지니 즉시 지신이 나타나 이를 증명하였다.
그때 파순을 놀라 도망갔다.

〈5〉

어느 때 부처님께서 마갈국 항하가에 500비구와 함께 있었다.
그때 한 목동이 물을 살피지도 않고 많은 소 떼를 강물에 몰아넣다가 중간에서 많은 소 떼를 잃는 일이 있었다. 그로 인해 부처님께서 말씀하였다.
"우리가 저 언덕에 이르러 가려면, 먼저 그 강의 깊이와 넓이를 알고, 가장 얕은 곳을 향해 뗏목을 마련하고, 천천히 물살을 따라 건너야 한다. 금세와 현세을 살펴보고 생사의 바다 악마의 길을 살펴, 8정도의 길을 걸어가면 마침내는 심해탈·혜해탈을 얻고, 5하분결을 끊고 반열반하게 될 것이다."

〈6〉

부처님께서 나열성 기바가리원에 1,250인과 함께 계셨다. 모두가 아라한이 되어 모든 번뇌가 소멸되었는데, 오직 아난 만이 번뇌를 완전히 소멸하지 못하고 있었다.
아사세왕이 칠월 보름 찬란한 달빛을 보고 월광 부인에게 물었다.
"달은 밝고 빛은 총명한데 이 밤에 무엇을 하면 좋겠소."
"오늘은 설계일이니 창기들을 데리고 5욕을 즐기는 것이 좋겠습니다."
다시 우다야 태자에게 물었다.
"너는 오늘밤 무엇을 하는 것이 좋겠느냐?"

"4군을 거느리고 항복하지 않는 왜적을 타파하는 것이 좋겠습니다."
다시 무외 태자에게 물으니
"불란가섭에게 가서 산수와 천문, 지리를 익히는 것이 좋겠습니다."
"수니마 대신은?"
"총명인 아이단에게 가서 물어보는 것이 좋겠습니다."
"바사 범지는?"
"구야루라는 사람에게 나아가 의심있는 것을 문의하는 것이 좋겠습니다."
"마특 범지는?"
"파휴가전에게 가서 물어보십시다."
"색마는?"
"선필 존자에게 가십시다."
"최승 대신은?"
"니건자에게 가십니다."
"기바가 왕자는 어떤가?"
"여래께서 지금 빈취원에 계시면서 1,250인과 함께 계시는데, 거기 가서 문의해 보는 것이 좋을 것 같습니다."
"그렇다. 달은 밝아도 내 마음은 깨달을 수 없구나. 부드러운 말씀만 들어도 마갈어에서 벗어나리니 기바가의 말대로 하자. 나는 부처님의 참제자 빈비사를 죽였으니 어찌 내 부끄러운 마음으로 그를 찾을 수 있으랴!"
"부처님은 차별이 없습니다. 마치 외아들 라훌라를 생각하듯 대왕을 기쁜 마음으로 보살펴 주실 것입니다. 죽어가는 자에게도 사람을 보내 문안하였는데 하물며 왕이시겠습니까."
"그렇다. 우리 그곳으로 가자."
하여 기바가리원에 이르니 부처님께서 염광삼매에 들어계셨다. 기바가가 임금님께 말씀하였다.
"저 뭇별들 가운데 태양처럼 빛나신 분, 저분이 바로 여래이십니다."
"참으로 기이하고 특별하구나. 어찌하여 몸에서 저런 광명이 납니까?"
"삼매의 힘입니다."

왕은 조심스럽게 가까이 가서 말했다.

"저는 아사세입니다. 어여삐 여겨 보살펴 주십시오."

"잘 오셨습니다 대왕이여."

왕은 여래의 곁으로 나아가 두 손을 발아래 얹고 참회하였다.

"저의 죄를 받아주십시오. 저는 부왕을 죽였습니다. 진실로 참회하오니, 과거의 죄를 없애주시고 미래의 선행을 닦도록 하옵소서."

"지금이 바로 그때입니다. 세상을 살아가면서 허물이 있을 때 바로 고칠 줄 아는 사람이 성인입니다."

"현세에서 복을 지으면 현세에서 복을 받을 수 있습니까?"

"누구에게 그런 질문을 해본 일이 있습니까?"

"그렇습니다. 그런데 불란가섭은 복도 없고 이승과 저승, 선악의 과보도 없다고 하였습니다. 또 아이단은 설사 이 강 언덕에서 사람을 죽이고, 저 언덕에 가더라도 죄도 없고 나쁜 과보도 받지 않는다고 하였습니다.

구야루도 과보가 없다고 대답했으며, 파휴가전은 오직 한 사람이 왔다 갔다 하면서, 그 괴로움과 즐거움의 과보를 받는다고 하고, 선비로지는 과거는 이미 사라졌고 미래는 아직 오지 않고, 현재는 머무르지 않는다고 하였으며, 니건자는 인도 없고 연도 없다고 하였습니다."

"대왕이시여, 좌우 심부름꾼 전주(典酒)와 주재(廚宰)가 있습니까?"

"있습니다."

"오랫동안 그들이 왕을 위해 수고하였다면, 상을 주어야 할 것이 아닙니까?"

"그렇습니다."

"그렇다면 그것이 현세의 복입니다."

"만일 천한 백성이 공을 세웠거나 공로가 있는 사람이, 뒤에 임금님을 찾아와 출가 수도하고자 한다면, 임금께서는 어떻게 하시겠습니까?"

"당연히 함께 즐거움을 나누고 출가를 허락하여, 계를 지키고 도를 잘 닦는다면, 마땅히 그를 받들고 공양한 뒤에 법을 들을 것입니다. 만일 그가 반열반에 든다면 네 거리에 탑을 세워 많은 사람들의 공경을 받게 할 것입니다."

"이것이 현세의 복이고 미래의 과이니, 어찌 인과가 없다고 할 수 있겠습니까."

"참으로 부처님의 가르침은 사실적이고 그 방편이 진실로 교묘합니다. 원컨대 세존께서는 저를 제자로 받아 주십시오. 부처님의 정법을 믿고 따르겠습니다."

〈7〉

부처님께서 기수급고독원에 계실 때 말씀하셨다.

"세상에는 여덟 가지 법이 있으니 첫째는 이익, 둘째는 손실, 셋째는 헐뜯음, 넷째는 칭찬, 다섯째는 칭송, 여섯째는 비난, 일곱째는 괴로움, 여덟째는 즐거움이다."

〈8〉

"여래는 이 여덟 가지 법에 대하여 집착하거나 떠돌지도 않는 것이 마치 진흙탕에 핀 연꽃, 유리와 같아 다시 물들지 않는다."

〈9〉

"생사에 다시 휩쓸리지 않는 여덟 사람이 있으니 4향 4과가 그것이다."

〈10〉

증일아함경 제40권

44. 구중생거품(九衆生居品)

"아홉 가지 중생들이 사는 곳이 있으니 천과 사람이다. 최초에 출현한 범가이천, 여러 가지 생각들을 가지고 있는 광음천 · 변정천 · 공처천 · 식처천 · 불용처천 · 유상무상처천이 그것이다."

〈1〉

"축원에는 아홉 가지 공덕이 있다. 단월은 믿음·서원·불살생을 성취하고, 보시한 물건은 빛·냄새·맛을 성취하고, 시주를 받은 자는 계·지혜·삼매를 성취하는 것이다."

"세상에는 아홉 가지 법을 성취하는 것이 있다.

뻔뻔스러움·욕됨을 참음·탐심·인색함·생각을 버리지 않음·잘 잊음·잠이 적음·숨어서 하는 음행·은혜를 끊지 않는 것이다."

〈3〉

"공작새는 아홉 가지 법을 성취한다.

얼굴이 단정하고, 소리가 맑으며, 걸음걸이가 조용하고, 때를 알아 움직이며, 음식을 절제할 줄 알고, 항상 만족스럽게 생각하며, 분산하지 않고, ⑧ 잠이 적으며, 욕심이 적어 은혜를 갚는 것이다.

어질고 착한 비구가 이 법을 성취하면 여래께서 매우 기뻐할 것이다."

〈4〉

"아홉 가지 법이 남자를 결박한다.

노래하고, 춤추며, 재주부리고, 연주하며, 웃고, 울며, 항상 방편을 쓰고, 스스로 요술을 부리며, 거짓을 백 배 천 배를 부리더라도 끝내 견줄 수 없을 만큼 강하게 사람을 결박한다."

〈5〉

부처님께서 우가라죽원에 계실 때 일체법의 근본에 대해서 말씀하였다.

"보는 자는 본다고 스스로 알고,

듣는 자는 듣는다고 스스로 알며,

하고자 하는 자는 하고자 하는 것을 스스로 알고,

지혜로운 자는 지혜롭다고 스스로 알며,
같은 무리는 같은 무리라고 스스로 알고,
모두 갖춘 자도 갖추었다고 스스로 알며,
열반한 자는 열반했다고 스스로 알고,
성중은 성인을 찾아가 그 법을 배우며,
좋은 벗은 좋은 벗을 찾아 항상 섬기고 가까이 한다.

4대와 9천(범왕·광음·변정·과실·아비야타·공처·식처·불용처·유상무상천)도 마찬가지다."

〈6〉

한 비구가 병들어 죽게 되었는데, 누운채로 대소변을 보면서 "왜 나를 살피지 않는가?" 하고 원망하고 있었다. 그때 부처님께서 비구승들의 방을 낱낱이 점검하시다가, 병든 비구를 발견하고 물었다.

"병은 좀 어떤가?"

"갈수록 심합니다."

"시자는 있는가?"

"아무도 돌보는 사람이 없습니다."

"네가 병들기 전에 다른 환자들을 문병한 일이 있는가?"

"없습니다."

"너는 바른 법 안에서 좋은 이익을 얻지 못했다. 그러나 이제 너에게 공양수가 되어 불편이 없게 하겠다. 구호할 이 없는 이를 구호하고, 눈이 어둔 자에게 눈이 되어주기 바란다."

하시고 부처님께서는 손수 더러운 것들을 치우고, 좌구를 까시자 비사문천왕과 석제환인이 말했다.

"저희들이 알아서 보살피겠으니 여래께서는 더 이상 신경 쓰지 마십시오."

"내 전생에 보살도를 닦을 때, 비둘기 한 마리를 위해서 목숨을 바친 일이 있는데, 어찌 이 병든 비구를 버릴 수 있겠느냐."

하시고 손수 자리를 깔고 목욕시키고 밥을 먹인 뒤 말씀하셨다.

"너는 이 3세의 병을 버려야 한다. 한 번 몸을 받으면 1대에 101병이 일어나, 404병이 사람의 몸을 괴롭히는 것이 한 두 생이 아니다. 빨리 눈을 얻어 이에서 벗어나야 할 것이다."

하시고 다음과 같이 게송을 읊으셨다.

"만일 누군가 내게 공양하고 과거 부처님께 공양한다면
내게 베푼 그 복과 덕은 병자를 돌본 것과 다름이 없다."

〈7〉

부처님께서 고독원에 계실 때 비구들에게 말씀하였다.

"공경할 만하고 귀하게 여길만한 아홉 종류의 사람이 있다.

① 아라한 향 ② 아라한과

③ 아나함 향 ④ 아나함과

⑤ 사다함 향 ⑥ 사다함과

⑦ 수다원 향 ⑧ 수다원과

⑨ 향종성인(向種性人)

이들에게 공양하면 복을 얻고 손해가 없다."

〈8〉

부처님께서 죽림정사에 계실 때 만호 왕자가 와서 물었다.

"주리반특 비구는 로가연 범지와 변론해서 졌다고 합니다."

"신통력을 얻고 상인법을 얻었어도 변론은 익히지 못했다."

"오늘 저는 500비구의 공양을 청하되 오직 주리반특만 제외 합니다."

침묵으로 승낙하신 부처님께 감사하고 가서 밤새도록 음식을 장만했다.

이튿날 부처님께서 주리반특에게 발우를 맡기고 "너는 여기 있으라" 하셨다. 공양시간이 되어 직접 공양을 드리려고 발우를 청하니

"내 발우를 주리반특이 가지고 있다."

고 하셨다.

"사람을 보내어 가져오게 할까요?"
하고 물으니
"네가 직접 가서 가져오너라."
고 하셨다. 만호 왕자가 가니 주리반특이 신통력으로 5백 명의 화신을 나투어 나무 밑에 앉아있는지라 누가 진짜 주리반특인가 몰라 그냥 왔다.
"한 가운데 있는 분 앞에 가서 가짜는 없어지고 진짜 주리반특만 일어나세요."
하라 하여 모시고 와서 공양한 뒤 만호 왕자는 크게 참회하고 더욱 존중 찬탄하였다.

〈9〉

부처님께서 기수급고독원에 계실 때 아난이 아뢰었다.
"선지식은 범행의 절반이니 무위의 길에 인도하기 때문입니다."
"아니다 아난아, 선지식은 범행의 전부다. 그를 떠나면 반드시 무상정각을 얻게 된다."

〈10〉

부처님께서 기사굴산에서 500비구와 함께 계실 때 석제환인이 물었다.
"천인은 어떤 생각을 가지고 있고, 또 그 마음은 무엇을 구합니까?"
"세상 사람들은 흐르는 물과 같아서 모두 본성이 같지 않고, 향하는 곳이 각기 다르다. 생각이 다르기 때문에 중생이 사는 아홉 곳을 알 수 있다. 3악도에 8대지옥을 아는 것도 모두 그 생각 때문이다."

〈11〉

증일아함경 제41권

45. 마왕품(馬王品)

부처님께서 가란타죽원에 계실 때, 경술·천문·지리에 밝은 마혜제리 바라문이 그의 딸을 부처님께 바치고자 데리고 와서 두 번 세 번 간청하였다.

"부디 세존께서는 저의 딸을 받아 주십시오."

"너의 뜻은 내가 이미 받았으나, 여래는 다시 세상락을 즐기지 않는다."

그때 장로 비구가 옆에 있다가 하도 사정하는 것을 보고 말했다.

"부처님께서 필요치 않으면 받아서 저희들에게 주십시오. 저희들이 알아서 쓰겠습니다."

"그런 소리 하지 말라. 여자에게는 아홉 가지 나쁜 법이 있다.

① 더러운 것을 깨끗한 척 하고,

② 한 번 당하면 당장 그날부터 입버릇이 달라지고,

③ 은혜를 갚을 줄 모르며,

④ 질투하기를 좋아하고,

⑤ 인색하기 짝이 없으며,

⑥ 놀러 다니기를 좋아하고,

⑦ 성을 잘 내며,

⑧ 거짓말을 많이 하고,

⑨ 경솔한 점이 있다.

옛날 바라내성에 보부 장자가 500명의 상인들을 거느리고 있었는데, 보배를 캐러 바다에 들어가려 하면, 바닷가에서 사람을 잡아먹는 나찰이 있어, 여자로 변해 유혹하였는데, 오직 우두머리 상인만이 그에 넘어가지 않고, 지조를 지켜 죽지 않고, 마왕의 구원으로 살아나 고향으로 돌아왔다.

그런데 나찰이 500명의 상인을 다 잡아먹고, 마혜제리까지 먹고자 바라내성

에 와서 범마달 임금님께 호소하니 임금님이 보고,

"네가 필요치 아니하면 내가 거두리라."

"아닙니다. 그 이는 사람이 아니고 나찰입니다."

라고 호소하였으나 남몰래 궁중 안에 감추어 놓고 상종하다가, 결국 그에게 잡혀먹고 뼈대만 앙상하게 남게 되었다. 그런데 어찌하여 출가 수행자가 여자를 거두겠다고 하는가."

〈1〉

부처님께서 석시 암바리과원에 계실 때 사리불과 목건련이 멀리서 안거를 마치고 돌아와, 그 권속들과 이곳에 머물고 있는 권속들이 즐거워, 서로 인사를 나누다보니 소리가 커졌다.

부처님께서 사리불과 목건련에게 말씀하셨다.

"빨리 이곳을 떠나라."

두 존자가 데리고 온 권속들과 초라한 발걸음으로 석시 동산을 떠나자, 석가족 권속들이 보고 안타깝게 생각하여 부처님께 대신 참회하였다.

"저들이 떠든 것은 저희들 때문이니 용서해 주십시오. 마치 갓난아이가 어미를 찾아왔다가, 젖도 한 모금 얻어먹지 못하고 떠나는 것과 같아, 안타깝기 그지 없습니다. 용서해주십시오."

"그래. 용서하겠다."

그리하여 아난 존자가 사리불과 목건련에 이 소식을 전하여, 다시 돌아오게 되었다. 부처님께서 물으셨다.

"너희들은 어떻게 생각하느냐. 내가 너희들을 쫓아낸데 무슨 뜻이 있다고 생각하느냐?"

"사문은 언제 어느 곳에서나 조용히 해야하는데, 옆에 사람들까지 시끄럽게 하였으니 당연히 받아야할 꾸중으로 이해하였습니다. 그렇지만 이들 대중들을 이대로 흩어지게 해서는 안되기 때문에 거두어 드리고 있습니다."

"잘한 생각이다. 다시는 나쁜 곳에 떨어지지 않도록 노력하여야 한다. 비구가 아홉 가지를 성취하지 못하면 현세에서 성장하지 못하고 교화를 펴지 못한다.

① 좋은 벗을 섬기는 것,
② 바른 법을 수행하고, 삿된 업에 집착하지 않는 것,
③ 홀로 놀며 사람들과 어울리기를 좋아하지 않는 것,
④ 병이 적고 근심이 없는 것,
⑤ 재보를 많이 쌓아두지 않는 것,
⑥ 가사와 발우를 탐착하지 않는 것,
⑦ 부지런히 정진하여 어지러운 마음이 없는 것,
⑧ 이치를 들으면 곧 이해하여 거듭 배우지 않는 것,
⑨ 때때로 법을 들으며 싫증 내지 않는 것이다.

〈2〉

부처님께서 기수급고독원에 계실 때 비구스님들께 말씀하셨다.

"만일 비구가 촌락에 살면서 선법을 소멸하고, 악법을 불어나게 하면 그 비구는 그곳을 떠나야 한다. 그러나 그 반대가 되면 오래 머물러도 상관이 없다. 의복 · 음식 · 침구 · 병에 맞는 약에 만족할 줄 알고 집착을 일으키지 않으면, 모든 천인들이 기뻐할 것이기 때문이다."

〈3〉

부처님께서 바라원에 계실 때 탁발 나가자, 악마 파순이 방해하여 밥을 얻지 못하게 하였다.

"저 사문에게 음식을 주지 말라."

여러 집을 거쳤으나 누구 하나 나와 반기는 자도 없고, 공양하는 자도 없었다. 돌아오는 부처님께 마왕이 말했다.

"사문이여, 아무것도 얻지 못했구나."

"마군이의 장난 때문이다."

돌아와서 보니 비구 스님들도 마찬가지였다. 부처님은 이 인연으로 아홉 가지 음식에 대한 설법을 하셨다.

"사람이 먹는 네 가지 음식이 있고, 세간을 벗어난 이들이 먹는 다섯 가지

음식이 있다.

첫째는 단식(端食)이고, 둘째는 갱락식(更樂食), 셋째는 염식(念食), 넷째는 식식(識食)이고, 다섯째는 선식(禪食), 여섯째는 원식(願食), 일곱째는 염식(念食), 여덟째는 해탈식(解脫食), 아홉째는 희식(喜食)이다.

그러니 그대들은 4식을 버리고 5식을 성취하라.

그런데 며칠 후 부처님께서 이양을 구하던 이를 위해, 방편을 베풀고 탁발가라 하니, 가서 많은 음식과 의복과 약을 얻어 왔다. 그래서 그로 인해 다음과 같은 법문을 하였다.

"이양은 나쁜 곳에 떨어지고 무위의 곳에 이르지 못하게 한다. 비구가 이양을 즐기면 법신을 증득하지 못하니 정신 차려 공부하라."

〈4〉

부처님께서 기수급고독원에 계실 때 비구스님들께 말씀하셨다.

"자애로운 마음을 내라. 자애로운 마음을 내면 성내는 마음이 저절로 소멸될 것이다. 석제환인은 자기 자리에 와 있는 악귀도 화내지 않고 물리쳤으며, 나 또한 7년 동안 인욕심을 닦아, 광음천에 태어났다가 무상천에 난 일이 있고, 그 뒤 37번이나 석제환인이 되었다. 집에 있으면서도 혼자 있기를 즐기는 사람은, 장차 출가하여 벽지불이 될 사람이다."

〈5〉

부처님께서 사리불에게 말씀하셨다.

"그대로 감각기관이 청정하고 얼굴이 다른 사람과 다른데, 어떤 삼매에 들었는가?"

"공삼매에 놀고 있습니다. 공삼매에 들면 4상을 보지 않는다. 나도 옛날 보리수 나무 밑에서 공삼매를 통해 생사에서 벗어났으며, 보리수를 관찰하면서 7일 동안 눈도 깜짝하지 않았다."

〈6〉

부처님께서 죽림정사에 계실 때 외도를 숭상하고, 불교를 배척하는 나열성의 시리굴 장자가 있었는데, 외도들이 그의 집에 와서 부탁하였다.

"요즘 우리는 구담 때문에 모두 의식이 가난해지고 있다. 그러니 특별히 그들을 청하여 거기 독약을 넣어 시험해보시오."

시리굴 장자는 그 말을 듣고 쾌재를 부르며 시키는 대로 하였다. 그런데 부처님은 그 날 비구스님들께 당부하셨다.

"나 보다 먼저 가지 말고 먼저 앉지 말며, 먼저 음식을 먹지 말라."

그때 나열성 사람들은 시리굴이 큰 불구덩이를 만들고, 음식에 독을 넣어 부처님과 비구스님들께 공양한다는 소문을 듣고, 초청에 응하지 말 것을 간곡히 발했으나, 부처님께서는 걱정하지 말라고 하시고 그 집에 이르니, 불구덩이가 저절로 목욕하는 연못으로 변했으며, 또 연꽃들이 피어 벌 나비가 춤을 추었다. 부처님이 꽃을 밟고 들어가면서

"너희들도 연꽃을 밟고 오라."

고 하니 모든 사람들이 이 광경을 보고 예경하고 찬탄하였다.

시리굴이 눈물을 흘리며 외도들에게 속은 것을 참회하니, 부처님께서 허락하시고 독 든 음식을 가져오라 하여 잡수셨으나 아무 이상이 없었다.

지성스런 불승은 어떤 독도 없앤다.
원래 불승에는 3독이 없기 때문이네.

〈7〉

증일아함경 제42권

46. 결금품(結禁品)

부처님께서 기수급고독원에 계시면서 비구스님들께 말씀하셨다.

"열 가지 공덕이 있으니

① 성중을 받들어 섬기고,

② 화합하고 순종하며,

③ 성중을 안온케 하고,

④ 나쁜 사람 항복받으며,

⑤ 부끄러워하는 비구 괴롭히지 않고,

⑥ 믿지 않는 사람은 신근을 세우게 하고

⑦ 믿음 있는 사람은 더욱 믿게 하며,

⑧ 현세와 미래의 번뇌를 없애고,

⑨ 바른 법을 오래 머물게 하는 것이며,

⑩ 어떤 방편으로 법을 오래 머물게 하고 사유하는 것이다.

〈1〉

"성현들이 사는 곳에 열 가지가 있으니

① 비구는 다섯 가지 일(탐・진・치・만・의)을 이미 버렸고,

② 여섯 가지 일(根境에 倫重하지 않은 것)을 성취하며,

③ 한 가지 일(열반사)을 항상 보호하고,

④ 4신족을 성취하여 4부대중을 이끌어 보호하며,

⑤ 교만을 버리고 약한 이를 보살피고,

⑥ 생사행을 없애고 평등하게 가까이 지내며,

⑦ 3결로 번뇌 없는 곳으로 바로 나아가고,

⑧ 3명을 없애고 몸의 행을 고요히 하며,

⑨ 애욕에서 벗어나 마음이 잘 해탈하고,

⑩ 생사고통에서 벗어나 지혜를 잘 해탈하는 것이다.

〈2〉

"여래는 10력을 성취하여 스스로 집착 없음을 알아, 대중 가운데서 사자처럼 외치면서 위없는 법륜을 굴린다."

〈3〉

"여래께서는 10력을 성취하고 4무소외를 얻어 무외의 생활을 한다."

〈4〉

"나라의 일을 가까이 하면 열 가지 잘못이 있다.

① 나라를 모반하여 국왕을 죽이려 음모하고,

② 대신들이 반역을 일으켜 왕에게 붙잡혀 죽게 되는 것,

③ 나라의 재물을 잃어버렸을 때 의심받게 되는 것,

④ 국왕의 성숙한 딸이 아기를 배고,

⑤ 중병 든 국왕이 약에 중독 되어 죽고,

⑥ 국왕 대신이 서로 다투며,

⑦ 국왕이 보시를 잘 하다가도 인색해지고,

⑧ 나라에 재앙이 일어나며,

⑨ 국왕이 올바른 법도를 행하다가 잘못하고,

⑩ 인민들이 역병을 앓게 되면 백성들은 생각할 때 스님들의 주술에 의한 것이라 잘못 이해하게 된다.

그러니 그대들은 나라 일에 함부로 간섭해서는 안된다."

〈5〉

"만일 국왕이 열 가지 법을 성취하면 오래 보호하지 못하고 도적이 많을 것

이다.

① 인색하고 탐욕하며 화를 잘 내고 의리를 살피지 않고,
② 재물을 탐착, 보시를 잘 하지 아니하며,
③ 남의 충고를 잘 받아들이지 않고 폭악하여 자애로운 마음이 없고,
④ 인민들을 함부로 억눌러 가두고 감옥에서 나올 기약이 없게 하며,
⑤ 법도를 지키지 않고 대신들도 바른 행을 살피지 않고,
⑥ 남의 여자를 탐하고 제 아내를 멀리 하며,
⑦ 술을 즐겨 나라 일을 잘 하려하지 않고,
⑧ 노래와 춤과 놀이를 좋아하며,
⑨ 병에 시달려 건강한 날이 없고,
⑩ 충효를 믿지 않고 심복에 튼튼한 신하가 없는 것이다.

비구도 마찬가지다.

① 계를 지키지 않고,
② 불 ③ 법 ④ 승을 받들지 않으며,
⑤ 이양에 탐착하고,
⑥ 부지런히 배우고 읽고 익혀 외우지 않으며,
⑦ 착한 벗을 멀리하고 나쁜 벗과 사귀고,
⑧ 일만 좋아하고 좌선을 즐기지 않으며,
⑨ 산수를 즐기고 법을 익히지 않고,
⑩ 범행을 닦지 않고 더러운 것에 탐착하면 3악도에 떨어진다.

〈6〉

부처님께서 가란타죽원에 계실 때 탁발 나가던 비구들이, 시간이 있어 이교도들이 있는 곳에 들렀는데 그들이

"우리들과 그대들이 다를 게 무엇이 있는가. 우리도 미묘법을 설하고 그 법을 이해하고 스스로 즐겨 노는데?"

라고 하자 부처님께 이 말씀을 드리니

"하나의 주장, 하나의 이치, 하나의 연설을 열 가지씩 설명하는 것은 그대들에게는 없다."

고 하고

"① 음식이다. 음식에 의해서 살고 먹지 않으면 죽는다. 그러므로 비구는 평등하게 싫어하고 해탈하여 관찰하고 분별하며 괴로움에서 벗어난다.

② 명과 색이다. 명에는 느낌 · 생각 · 기억 · 접촉 · 사유이고, 색은 4대이다.

③ 고 · 낙 · 사이다.

④ 4제이다.

⑤ 신 · 진 · 염 · 정 · 혜 5근이다.

⑥ 신 · 구 · 의 3업으로 자애를 행하는 것이고, 이행 · 동사 · 해탈이다.

⑦ 7식주이니 범가이천 · 광음천 · 변정천 · 공처 · 식처 · 불용처천 · 유상무상천이다.

⑧ 이익 · 손실 · 헐뜯음 · 찬양 · 칭찬 · 꾸짖음 · 고 · 낙이다.

⑨ 9식처이다.

⑩ 3보 · 지계 · 보시 · 천 · 휴식 · 호흡 · 몸 · 죽음이 그것이다."

"참으로 신기합니다. 만일 이 열 가지를 다 기억한다면 언제 어디에서나 부처님을 친히 만난 것과 같을 것입니다."

〈7〉

부처님께서 기수급고독원에 계실 때 "열 가지 생각을 하면 번뇌를 없애고 신통을 얻는다"고 하였는데 그 열 가지는

흰 뼈라는 생각(白骨想) · 시퍼런 어혈덩어리라는 생각(青瘀想) · 썩어 부풀어 오른다는 생각(膖脹想) · 소화되지 않은 음식이라는 생각(食不消想) · 핏덩어리라는 생각(血想) · 뜯어 먹힌다는 생각(噉想) · 영원하고 영원하지 않다는 생각(有常無常想) · 탐욕스럽게 먹는다는 생각(貪食想) · 죽는다는 생각(死想) · 모든 세상은 즐거워할만한 것이 없다는 생각(一切世間不可樂想) · 이다.

〈8〉

10가지 생각의 법문을 들은 비구가 부처님께 아뢰었다.

"부처님 저는 욕심이 많아 몸과 마음이 불꽃같아, 10가지 생각의 법문을 닦을 수 없을 것 같습니다."

"깨끗한 생각을 버리고 부정관을 닦으라. 영원한 생각을 버리고, 무상을 생각하고, 나를 버리고, 무아를 관하라. 그리고 즐거워할 만한 것이 없다는 생각을 버리고 괴롭다는 생각을 사유하라.

욕심은 똥무더기와 같고, 앵무새·독사와 같으며, 빛 속의 눈송이처럼 허망하다. 그러므로 시체를 무덤 사이에 버리듯 버려라. 뱀은 반드시 해하고 욕심의 짠물은 마실수록 갈증이 나게 되어 있다. 욕심을 바다처럼 강물을 삼켜버리고 나찰처럼 두려운 것이며 원수와 같으니 먼저 여의라. 칼에 달린 꿀과 같고, 버려진 해골과 같으며, 뒷간에서 꽃이 피는 것과 같고, 거품과 같다."

"참회합니다. 저는 오랫동안 어리석고 미혹했습니다."

"내 참회를 받아 드리니 다시는 범하지 말라."

그는 한적한 곳에 나아가 부정관을 닦아 해탈을 얻었다.

〈9〉

"열 가지 생각이 있으니 욕계·색계·무색계의 욕망과 교만·무명을 끊는 것이다.

불·법·승 3보를 생각하고 계율·보시·하늘·지관·호흡(안반)·몸·죽음을 생각하라. 이것을 생각하면 욕심과 교만·무명이 사라진다."

〈10〉

증일아함경 제43권

47. 선악품(善惡品)

"여기 천상에 태어나는 열 가지 법과 악도에 태어나는 열 가지 법, 그리고 열반을 증득하는 열 가지 법이 있다.

① 살생 ② 투도 ③ 사음 ④ 망어 ⑤ 기어 ⑥ 악어 ⑦ 양설 ⑧ 질투 ⑨ 성냄 ⑩ 사견은 나쁜 세계에 태어나고

이와 반대로 10선은 좋은 세계에 태어나며, 3보 · 하늘 · 지계 · 보시 · 휴식 · 호흡 · 몸 · 죽음을 생각하면 열반을 증득하게 된다."

〈1〉

"10악을 하면 수명이 줄어들고 비천해지고 불순한 냄새가 나고, 가문이 순결하지 않으며, 평평치 못한 땅에서 살게 되고, 가시넝쿨 속에서 살게 되며, 복잡한 언어 속에서 살게 되고, 곡식이 풍족치 않으며, 더러운 물건이 많아지고, 8대 지옥에 들어간다."

〈2〉

바사닉왕이 부처님께 아뢰었다.

"부처님께서는 부처님과 부처님 제자에게 보시하면 복덕이 많다고 하고, 다른데 보시하면 복덕이 적다고 하였다는데 사실입니까?"

"먹다 남은 밥을 깨끗한 물에 버려 벌레들이 먹게 해도 복이 되는데, 하물며 계를 가진 비구이겠습니까?

보시는 범법자 보다는 계를 가지고 청정한 생활을 하는 수행자에게, 보시하는 것이 복이 많다는 이야기입니다."

"니건자들이 말하기를 구담 사문은 환술을 알아, 세상을 빙빙 돌린다 하는데

사실입니까?"

"그렇습니다. 악한 자를 착하게 하고, 삿된 자를 바르게 하고, 어리석은 자를 지혜롭게 하기 때문입니다."

〈3〉

보회강당에 모인 대중들이 의복 · 음식 · 와구 · 약이며, 이웃나라 · 도적 · 싸움 · 술 · 음행 · 노새 · 춤에 관한 이야기를 하자, 부처님께서 천이(天耳)로 듣고 야단치셨다.

"그런 소리 하지 말라. 정근하는 비구는

① 욕심이 적고, ② 만족할 줄 알며, ③ 용맹심이 있고, ④ 다문 설법을 하며, ⑤ 두려움 없이, ⑥ 계율을 완전히 갖추며, ⑦ 삼매를 성취하고, ⑧ 지혜를 성취하며, ⑨ 해탈을 성취하고, ⑩ 해탈지견을 성취하는 것에 대해서 이야기 하여야 한다."

〈4〉

보회강당의 비구들이 의논했다.

"사위성은 곡식이 귀해 구걸하기 어려우니 길을 나누어 행걸하자. 도로에 아름다운 여자를 보고 4사 시주도 얻을 수 있으니 즐겁지 않겠는가."

부처님께서 천이로 듣고 경계하셨다.

"걸식에 가까이 해야 할 것과 해서는 안될 것이 있다. 나쁜 법이 늘어나게 되는 것은 아무리 좋은 4사라도 받지 말고, 선을 불어나게 하면 받으라. 그러니 너희들도 앞에서 말한 바 열 가지 법을 받고 실천하라."

〈5〉

욕심 많은 비구들이, 각기 다른 나라 임금님들의 행정을 비교하며 행각을 꿈꾸고 있었다.

"마가다국은 걸식은 풍족하나, 아사세왕이 부왕을 죽이고, 제바달다를 가까이 하고 있으니 안되고, 구류사국은 인민은 번성하고 재물과 보배가 많으나, 악생왕이 흉악하여 좋지 않고, 구심의 바라내성은 우전왕이 불법을 독신하나, 잡된 신앙이 널려 있으니 만족치 못하다."

부처님께서 천이로 들으시고 말씀하셨다.

"너희들은 어느 나라의 왕이고 칭찬하거나 비방하지 말고, 또 우열을 따지지 말라. 누구나 선악을 짓는 자는 과보를 받기 때문이다. 다만 비구는 열 가지 법만 생각하고 말하라."

〈6〉

"바사닉왕은 비법자다. 아라한도를 얻은 비구니를 가두어 놓고 12년 동안이나 정을 통하여 있다."

이 말씀을 들은 부처님께서 말씀하셨다.

"너희들은 나라 일에 대해서 말하지 말라. 몸을 단속하고 생각을 살펴 10법을 생각하라."

〈7〉

사위성의 어떤 장자가 라운을 위해 좌선당을 지어 주었다. 그런데 라운은 며칠 동안 그 집에 있다가 세간으로 나가 유행하였다. 4방으로 찾아도 없는지라 다른 사람에게 보시하려 하자 부처님께서 말씀하셨다.

"과일 동산도 만들고 다리나 배를 만들며, 길 가까이에 뒷간을 만들어 보시하면 항상 복을 받고, 계법을 성취해 죽은 뒤에 천상에 태어난다."

그래도 장자는 다른 사람을 그곳에 머물게 하겠다고 하고 다른 사람을 주었다.

라운이 오랫동안 유행하다가 부처님이 뵙고 싶어 가니, 자기 방에 다른 사람이 있으므로 부처님께 말씀드리니, 시주자에게 가서 이렇게 말하라 하셨다.

"나에겐 아무 허물이 없는데 어찌하여 내 방을 다른 사람에게 주었는가?"

"허물을 보지 못했습니다. 그러나 방이 비어 있어 다른 사람에게 사용하도록 한 것입니다."

다시 부처님께 여쭈니 건추를 쳐 대중을 모이게 하고, 다음과 같이 말씀하셨다.

"보시한 물건은 주인의 승낙없이 남에게 주면, 이것은 청정한 보시라 할 수 없다. 전륜성왕이 자기 나라를 마음대로 할 수 있듯, 비구는 자기 가사와 발우를 마음대로 할 수 있다. 만일 사람이 허락하지 않는데 남의 물건을 가져다가 다른 사람에게 준다면, 이것은 평등한 보시가 아니다.

주는 이가 주었다고 생각하더라도 받는 이가 받았다고 생각하지 아니하면, 그것은 평등보시가 아니다. 만일 가진 이가 주었다면 대중의 갈마를 시행해 대중에게 외쳐야 한다.

"아무 비구가 목숨을 마쳤으니 이제 이 방을 여러분의 소유입니다. 누구를 여기서 지내게 하면 좋겠습니까. 여러분의 분부를 따르겠습니다."

그래서 그곳을 희망한 사람이 나오면

"아무게 비구가 그곳에서 살고자 하는데, 그 스님께 맡겨 지내도록 대중스님들께서는 승낙해주시겠습니까?

고 하라. 그래서 대중이 승낙하면 두 번 세 번 되풀이 하여 허락하면 그렇게 하지만, 한 두 사람이라도 허락하지 않는다면 그것은 평등보시가 아니다.

지금 그 방을 라운에게 돌려주니 라운은 기쁜 마음으로 그것을 깨끗이 받아야 한다."

〈8〉

대균두 비구가 앞 뒤의 여러 가지 소견 가운데 의심이 생겨 세존께 물으니,

"소견은 생기는 곳이나 멸하는 곳이, 모두 무상하여 괴롭고 공한 것이다. 남들은 10악을 가지더라도 우리는 10선을 행해야 하고, 나쁜 길을 따라가서 바른 길로 나아가게 한다 하더라도, 자신이 실천하지 못하면서 남만 그렇게 가르치면 되지 않는다.

범부들은 '내가 있는가 없는가. 있기도 하고 없기도 한가. 세상은 영원한가 무상한가. 세계는 끝이 있는가 없는가. 목숨이 곧 몸인가. 목숨과 몸은 다른가. 여래는 죽는가 죽지 않는가. 죽음은 있는가 없는가. 누가 이 세계를 만들었는가. 과연 범천이 이 세계를 만들었는가. 지주(地主)가 세계를 펼쳐 놓았는가. 범천이 중생을 만들었는가. 지주가 만들었는가. 중생은 본래 없던 것이 지금 있고, 본래 있던 것은 곧 멸할 것인가. 온갖 삿된 소견을 일으킨다. 범부들은 들

은 것도 본 것도 없으면서 곧 그런 생각을 일으킨다.

그러므로 중생들의 소견은 같지 않고 생각도 다르다. 그러나 그 소견 또한 무상한 것이니 거기서 좌우될 것은 없다."

〈9〉

"지옥중생이 그 죄업을 받는 시간은 1겁이다. 중간에 일찍 죽는 사람도 있다. 축생도 아귀도 마찬가지다.

울단왈 사람들의 수명은 1천 세이나, 죽은 뒤 모두 천당에 태어나 타락하는 일이 없다. 불우체 사람들은 500세, 구야니 사람들은 250세, 염부제 사람들은 100세이다. 100세 정명 가운데서도 그 행과 성질이 같지 않아, 10세까지는 아직 어려 지각이 없고, 10대에는 지각이 있으나 완전하지 못하고, 20대에는 의욕이 왕성하여 색탐하며, 30대에는 온갖 기술이 많고, 40대는 도리를 분명히 이해하고, 50대는 재물에 집착하고, 60대는 게을러 잠자기를 좋아하고, 70대는 젊은 마음이 없고, 80대는 병이 많고 피부가 늘어나고, 90대는 감각기관이 쇠잔하여 뼈마디가 들어나고, 들은 것도 쉽게 잊어버려 정신이 혼미해진다. 100세를 살면 300번 겨울과 여름, 가을을 지내야 하고, 3만 6천 끼니를 먹어야 하니 얼마나 고통이 많은가.

염부제 사람들은 처음에는 수명이 길어, 온갖 병을 고치는 왕이 있어 헤아릴 수 없이 오래 살았는데 살생을 많이 하여 명이 짧아졌다.

염부제 땅의 50년이 4천왕천의 하루이다. 그들은 이렇게 계산해 30일이 한 달, 12달이 1년이며 500세를 산다. 인간 수명의 18억 년이 환활지옥의 1주야인데 이렇게 30일이 한 달, 12달이 1년 하여 그들의 수명은 1,000세를 산다. 그러니까 36억 세를 사는 것이다.

인간 100세는 33천의 하루이고, 36억 세는 아비지옥의 하루인데, 그들의 수명은 2번 태어나 이렇게 하여 모두 곱절씩 늘어가 무상천에 이르면 8만 4천 겁이 되는데 정거천은 이 세상에 다시 돌아오지 않는다.

그러므로 너희들은 방일하지 말고 정진하여 현세의 몸도 번뇌도 모두 없애도록 해야 한다.

옛날 한 부부가 한 아들을 낳았는데 곧 죽어버렸다. 안타까워 며칠을 두고 보다가 요중병왕에게 가니 '죽었다'고 하며, '얼마 있으면 썩어 문드러지리라' 하므로 집에 데리고 왔다가 상납하여, 그 가죽을 벗겨 북을 만들어 1백 년에 한 번씩 쳐서, 사람들을 경각시킨 일도 있다."

〈10〉

증일아함경 제44권

48. 십불선품(十不善品) ①

"어떤 사람이 살생을 하면 3악도의 업을 짓는 것이고, 설사 인간으로 태어난다 해도 단명 횡사한다.

어떤 사람이 남의 물건을 훔치면 3악도의 업을 짓는 것이고, 설사 인간으로 태어난다 해도 가난한 과보를 받는다.

어떤 사람이 음행을 좋아하면 3악도의 업을 짓는 것이고, 설사 인간으로 태어난다 해도 정숙치 못한 가문에 태어난다.

어떤 사람이 거짓말 하면 3악도의 업을 짓는 것이고, 설사 인간으로 태어난다 해도 신용이 없게 된다.

어떤 사람이 이간질 하면 3악도의 업을 짓는 것이고, 설사 인간으로 태어난다 해도 불안 초조하게 된다.

어떤 사람이 악담 설욕하면 3악도의 업을 짓는 것이고, 설사 인간으로 태어난다 해도 남의 미움을 받고 욕설을 듣게 된다.

어떤 사람이 양설을 하게 되면 3악도의 업을 짓는 것이고, 설사 인간으로 태어난다 해도 미워하는 사람들이 많고, 가족들이 뿔뿔이 헤어질 것이다.

어떤 사람이 질투하면 3악도의 업을 짓는 것이고, 설사 인간으로 태어난다 해도 옷이 모자란다.

어떤 사람이 해칠 마음을 일으킨다면 3악도의 업을 짓는 것이고, 설사 인간으로 태어난다 해도 허황함이 많고 참된 이치를 이해하지 못해 마음이 어지러울 것이다.

어떤 사람이 삿된 소견을 가지면 3악도의 업을 짓는 것이고, 설사 인간으로 태어난다 해도 변방에 태어나 바른 도법을 모를 것이다. 혹 농아·시각장애·벙어리가 되어 선악을 구분하지 못하고 신근을 형성하지 못할 것이다."

〈1〉

부처님께서 15일 보회강당에 모여 설계하기 되었으나 마사(馬師)와 만숙(滿宿) 두 사람이 계를 범해, 초저녁부터 새벽에 이르도록 계를 설하지 않자 몇 번 간청하였으나 듣지 않으시고, 상좌가 설하든지 지율 자가 설하든지, 계율에 통달한 자가 설하라고 하셨다.

이에 목련이 파계 자를 쫓아내고

"내 또한 유나를 더 이상 할 수 없으므로 새로 유나를 뽑으라."

하고 본 자리에 돌아가 앉았다. 그때 아난이 물었다.

"비바시 부처님과 가섭 부처님 때도 범계 자가 있었습니까?"

"91겁전 비바시 때는 3처에 걸쳐 모임을 가졌는데 첫 번째는 16만 8천 비구, 두 번째는 16만 명, 세 번째는 10만 명이었고, 모두 아라한이었다. 부처님의 수명은 8만 4천에 100년 동안 항상 청정 하였으므로 하나의 게송을 금계로 삼았다.

"참고 견디는 것이 제일이요, 함이 없는 부처님 말씀 제일이며
비록 수염과 머리 깎았어도 남을 해치면 사문이 아니다."

31겁 전 시힐(試詰)여래는 1회 16만, 2회 14만, 3회 10만이 모였으나, 80년 동안 범계자가 없이 한 가지 게송으로 계를 삼았다. 그리고 시힐 부처님의 수명은 7만 세였다.

"눈으로 보아도 삿되지 않고, 지혜인은 집착하지 않나니
갖가지 악 버리고 이 세상을 지혜롭게 살아라."

비사라바 부처님도 3회 설법하였는데. 1회 10만, 2회 8만, 3회 7만 모였으나 70년 동안 범계 자가 없어 하나의 게송으로 계를 삼았고 수명은 7만 세였다.

"헤치지 말고 그른짓 하지 말고 음식에 만족하고
앉은 자리도 그렇게 하되 뜻을 잡아 전일하게 하라."

현겁 중의 구루손 부처님께서는 1회 7만, 2회 6만, 법회를 하였으나 60년 동안 범계 자가 없이 하나의 게송으로 계를 삼았고 수명은 6만 세였다.

"꿀벌이 꽃밭을 따라 향기롭고 예쁜 꽃에서 꿀을 따듯
맛있는 음식을 남에게 보시하고 도사들은 촌락에서 유행하리
함부로 남을 비방하지 말고 옳고 그름을 보지 말며
다만 자신의 행 돌아보고 바르고 그릇됨을 분명히 보라."

또 현겁 중 구나함모니 부처님은 1회 60만, 2회 40만이 모였으나 40년 동안 범계 자가 없으므로 한 게송으로 계를 삼았고 수명은 4만 세였다.

"뜻을 굳게 하여 경솔하지 말고, 거룩하고 고요한 도를 배워라.
현자는 근심 걱정 없으니 항상 마음 속의 생각 없애라."

현겁의 가섭 부처님은 1회 40만, 2회 30만 성중이 모였으나 20년 동안 범계 자가 없어 한 게송으로 계를 삼았으며, 수명은 2만 세였다.

"온갖 악한 일 짓지 말고, 부디 착한 일 받들어서 행하라.
그 마음 스스로 깨끗이 하면 이것이 부처님 가르침이니라."

내 지금 한 번 모임에 1,250명이 모였으나 12년 동안 범계 자가 없었으므로 한 게송으로 계를 삼았다.

"입과 마음 단속해 청정케 하고, 몸의 행 또한 깨끗이 하라.
이 세 가지 행 깨끗이 하여 큰 선인의 도를 닦아라."

하였는데 비로소 범계 자가 생겨 250계를 만들게 되었다.
비구들이 함께 모이면 다음과 같이 하라.

"여러분 모두 들이시오. 오는 15일 계를 설하는 날입니다. 지금 스님들께서 승인하시면 스님들도 화합하여 금계를 설할 것입니다."

이렇게 알린 뒤 만일 할 말이 있는 비구가 있거든 계를 설하지 말고, 말하는 사람이 없으면 계를 설한다.
차례로 계를 설명한 뒤에는
"여러분, 누가 청정하지 않습니까?"
두 번 세 번 물은 뒤 잠잠히 말이 없으면 청정한 것으로 간주하여 계를 마친다.

나의 수명은 100세를 넘지 못할 것이니 잘 지켜 가지라."

그때 아난이 물었다.
"옛 사람들은 수명이 길고 범계 자도 없었습니다. 과거 부처님들의 법이 멸도하신 뒤 얼마나 갔습니까?"
"오래 가지 않았다. 가섭 부처님 법은 1주일 밖에 가지 않았으니, 그러나 나의 제자는 동방에 무수억이 있고 남방에도 무수억이 있으니, 내 육신이 멸도하더라도 법신의 수명은 길 것이다."

〈2〉

아난이 물었다.

"장차 올 미륵 부처님의 시대에 대해 듣고 싶습니다."

"장차 동서 12유순, 남북 7유순 되는 계두성(鷄頭城)에, 풍성한 인민과 번성한 거리가 즐비할 것이다. 그때 그 성에는 수광 용왕이 밤이면 비를 내려 향기롭고 낮은 밝고 환할 것이다. 엽화 나찰이 법을 따라 행하고 바른 법을 어기지 않으며, 늘 인민들이 잠들기를 기다렸다가, 온갖 나쁘고 더러운 것을 치우고는 향수를 땅에 뿌리니, 그 향기롭고 깨끗한 것은 말로 다 표현할 수가 없다.

그때 염부제는 4방이 10유순, 강과 샘, 석벽이 다 없어지고, 네 바다들이 각기 한 방위를 차지할 것이다. 땅은 평평하여 거울 같고, 곡식은 풍부하고 인민은 번성, 온갖 보배가 넘쳐흐르고, 마을들은 닭 우는 소리가 서로 들릴 만큼 가까울 것이다. 또 그때 더러운 꽃과 과일 나무는 모두 말라버리고 나쁘고 더러운 것은 없어지며 달고 맛있는 빼어난 과일들만 땅에서 자라날 것이다.

화창한 기후가 4계절을 어기지 않고 사람 몸에 108근심이 없어져 3독이 성하지 않고, 사람들의 마음도 고르고 또 뜻이 같아서 서로 보면 기뻐하고, 좋은 말로 대하여 저 울단왈 사람들과 견주어 차별이 없을 것이다.

염부제 사람들은 크고 작기가 꼭 같아서 여러 가지 차별이 없고, 또 남녀가 대소변을 보고 싶어 보면 대소변이 땅 속으로 저절로 들어가, 더러운 것이 보이지 않을 것이다.

또 껍질 없는 맵쌀이 저절로 나 매우 향기롭고 맛있으며, 그것을 먹으면 괴로움이 없어질 것이다. 또 이른바 금·은 보배 등 7보가 기왓장처럼 땅위에 흩어져도 살피고 구하는 사람이 없으므로 저희들끼리 손에 들고, "옛 사람들은 이것 때문에 싸움을 하다가 죽이고 죽어 감옥에 갔다"고 말할 것이다.

상카라는 법왕이 나타나 정법으로 인연을 다스려, 7보를 성취함으로써 칼이나 몽둥이를 사용하지 않고 세상을 다스릴 것이다. 건타월국에는 이라발창고, 미제라국에는 반주창고, 수뢰타국과 바라내상가에는 큰 보배창고가 있어, 모든 빈궁한 사람들에게 때 없이 보시하고, 또 나무에서 곱고 부드러운 옷이 저절로 나서 필요한 대로 가져다 입을 것이다.

상카 법왕 밑에 수범마 대신은, 어려서부터 왕과 절친한 친구였고 그의 부인은 범마월이다. 미륵보살이 이들을 부모로 선택, 도솔천에서 몸을 버리고 하강하면, 32상 80종호를 갖추어 이름을 미륵이라 부를 것이다.

그때 사람들의 수명은 8만 4천 세이고 무병장수하여 500세가 되어야 시집 장가 갈 것이다. 미륵보살이 계두성 멀지 않은 곳에 출가 용화수 밑에서 성불, 천지가 진동하면 욕계의 모든 천왕들과 대장이란 마왕도, 그의 권속들과 함께 와서 뛸 듯이 기뻐하며 공경 공양할 것이다.

그러면 미륵불은 보시와 계율로써, 천상에 태어나는 법과 더러운 욕심을 제거하는 법문을 하여, 모두 고통을 없애고 즐거움을 얻게 할 것이다.

그리하면 8만 4천 천자들이 번뇌가 없어지고, 대장 마왕은 그의 권속들을 출가하게 하여, 모두 열반을 증득하게 할 것이다.

그때 선재 장자가 마왕의 말을 듣고 미륵 부처님 말씀을 듣고, 법안이 열려 출가해 아라한이 될 것이다. 미륵 부처는 3회에 걸쳐 법문하는데, 처음도 좋고 중간도 좋고 끝도 좋은 깊고 그윽한 법문을 할 것이다.

그때 상카왕은 태자에게 자리를 물려주고, 보물은 이발사에게 주고, 8만 4천 무리와 함께 출가하여 아라한 도를 얻을 것이며, 수범마 장자도 출가하여 3결을 끊고 성불할 것이며, 범마월도 8만 4천 궁녀들을 데리고 출가하여 모두 수다원을 얻을 것이다.

그때 미륵 부처님은 3승법으로 12두타행을 실천한 가섭과, 군도발한 비구, 빈두루 비구, 라운 비구를 불러 인민들을 교화하도록 할 것이다.

그러니 대가섭은 마갈제국 비제산 속에 있다가 교화할 것이니, 그때가 제1회 96억 인민을 제도할 때이다. 그때 미륵은 내가 가섭에게 전한 승가리를 받아 입게 되는데, 순간 가섭은 몸이 별처럼 사라지면, 미륵 부처님도 그에게 꽃과 향으로 공양할 것이다.

두 번째 모임에서 94억, 세 번째 모임에 92억 사람들을 모아 아라한이 되게 하는데, 모두가 자씨의 제자라 부를 것이다.

미륵 부처님이 게송으로써 부촉하였다.

"계율을 지키고 사문의 덕과 선정과 사유의 업을 논하고 깨끗한 범행 잘 닦았기 때문에 내게로 오게 되었네.
보시를 권하고 기쁜 마음 내고 마음의 근본을 닦아 행하고
여러 가지 생각 없던 이들이 모두 내게로 오게 되었네.

평등한 마음으로 부처님을 받들어 섬기고 성중을 공양한 사람,
계율과 경전을 외우고 잘 익혀 남에게 설한 까닭에 나에게 오게 되었네.
교화에 능한 석가 종족 사리에 공양하고 법을 받들어 섬겼으며
또 어떤 이는 흰 비단에 사경하고 5색 비단으로 공양하여 내게 오게 되었네."

그때에는 금계가 따로 없고

"입과 뜻으로 악을 행하지 않고 몸으로 범하지 않아
이 세 가지 나쁜 행 버리면 생사의 깊은 바다에서 벗어난다."

하는 게송 하나로써 계를 가져도 범하는 이가 없을 것이다.

미륵 부처님의 수명은 8만 4천 세이고 열반한 뒤 남기신 법은 8만 4천 년 동안 보존될 것이다."

〈3〉

증일아함경 제45권

48. 십불선품(十不善品) ②

보회강당에 모인 비구들이, 부처님께서 과거 전생일을 훤히 아는 것에 대해

서, 천신들이 일러주신 것인가, 아니면 스스로 분별하는 것인가를 의논하고 있으니, 천이로써 듣고 와서 말씀하셨다.

이는 모두 지혜의 힘이다.

91겁 전에는 비바시 부처님이 계셨고,

31겁 전에는 식힐 여래가 출현했으며,

지금 현겁에는 구류손·구나함모니·가섭, 그리고 나 네 분이나 나셨다.

비바시·식힐·비시라 여래와 나는 찰리종이고, 구류손·구나함·가섭은 바라문종이다.

비바시·식힐·비사라바 여래, 나의 성은 똑같이 구담이고,

가섭·구류손·구나함모니 성은 모두 가섭 여래다.

그리고 또 먼저 세 부처님과 나는 구린야에서 나고,

뒤에 세 분은 바라타에서 났고,

비바시 부처님은 파라리화 나무 밑에서 성불하고 식힐 여래는 분다리

비사라바 여래는 파라 나무 아래서 성불하였다.

구류손은 시리사 아래서, 구나함모니는 우두발라

가섭은 니구류, 나는 길상 나무 아래서 도를 깨쳤다.

비바시 여래의 제자는 16만 8천이요

식힐 여래는 16만, 비사라바는 10만, 구류손은 8만

구나함모니는 7만, 가섭은 6만, 나는 1,250명이다.

대도사·선각·승종·길상·비라선·도사·아난은 그들의 시자이고

최근 부처님은 8만 4천세, 다음은 7만·6만·5만·2만이고, 나는 100세가 정명이다.

미륵 부처님 다음에는 사자응·승유순·광염·무구·보광 부처님들이 그 뒤를 계승할 것이나 모두 7대만 설해 갈 것이다.

이 경 이름은 기불명호(記佛名號)이니 잘 기억해 가지라."

〈4〉

부처님께서 죽림정사에 계실 때, 사자 장자가 사리불게 찾아와 청공하고, 다시 목건련·리월·대가섭·아나율·가전연·만원자·우바리·수보리·라운·균두 등 500명을 초청하였다.

그때에 따라 가서 공양하고 옷 한 벌씩을 받아가지고 왔다. 라운이 부처님께 들어와 인사하자 물었다.

"너는 어디서 오느냐?"

"사자 장자의 초청을 받아 공양하고 오는 길입니다."

하고 훌륭한 음식과 데려간 대중에 대해 낱낱이 아뢰니, 부처님께서 다시 물었다.

"그래, 그는 큰 복을 받을 수 있겠느냐?"

"그렇습니다. 한 명의 아라한에게 공양하여도 복이 한량없다고 하는데 하물며 500의 아라한에게 공양한 것이겠습니까?"

"그렇다. 개인에게 한 보시는 강물과 같고, 대중에게 한 보시는 바닷물과 같기 때문에 그 복이 더욱 클 것이다. 축생에게 보시한 복도 큰데 하물며 사람에게 한 복이야 말할 것 있겠느냐. 우리 대중은 마치 긍가·신두·사타·박차가 한데 어울린 것과 같다. 그러니 가려서 보시하되 덕이 있는 사람에게 하면, 8복이 더욱 많아지는 것이 좋은 밭에 곡식과 같으리라."

〈5〉

사리불이 어느 날 기사굴산에서, 누더기를 깁고 있다가 금강삼매에 들었다. 이 광경을 본 1만 명의 범천이 내려와 보고 있다가 떠났다.

"가장 으뜸이고 거룩한 분께 귀의합니다.
지금 무슨 선정에 드셨는지 저희들은 알 수 없습니다."

이때 비사문 천왕이 가라·우파가라라는 두 귀신을, 비류륵 천왕에게 보내 인천의 일을 의논코자 하였다. 심부름 가던 가라가 사리불이 삼매에 든 것을 보고, 미운 생각이나 시험코자 주먹으로 치려하자, 우파가라가 말렸으나 듣지 않으므로 우파가라는 혼자 가 버렸다.

가라가 사리불의 머리를 치는 순간 천지가 크게 진동하고, 4방에서 사나운 바람이 일어 억수같은 비가 쏟아져, 땅이 두 조각이 났다. 나쁜 귀신들은 지옥에서 벌벌 떨었다.

사리불이 삼매에서 일어나 부처님께 가니 물었다.

"요즈음 몸에 이상이 없는가?"

"머리가 좀 아픕니다."

"가라 귀신이 머리를 쳤구나. 옛날 구루손 여래 때도 신통제일 등수와 지혜제일 대지 제자가 있었는데, 그들이 삼매에 들어 있자 소먹이·염소먹이·나무하는 사람들이, 좌선하는 것은 죽은 사람이라 생각하여 불을 놓아 화장했는데, 등수 비구가 이튿날 거리에서 탁발하는 것을 보고 놀라 죽은 사람이 살아났다 하여 이름을 환활(還活)이라 불렀다.

누구고 금강삼매에 들면 불도 태울 수 없고 칼로 벨 수도 없고, 물로 쓸어버릴 수도 없으니, 금강삼매의 위력이 이와 같다. 그런데 사리불은 공삼매와 금강삼매 두 곳에서 항상 노닌다.

사리불이말로 꽃과 같은 비구이다. 능히 부처님의 나무를 장엄하고 깨달음의 나무를 무성하게 하여 일체 중생을 덮어주기 때문이다."

〈6〉

증일아함경 제46권

49. 방우품(放牛品) ①

"소치는 사람이 11가지 법을 성취하면 소는 성장하지 못하고 소를 보호하지 못한다.

① 형체를 분별하지 못하고,

② 그 모양을 알지 못하며,

③ 긁어서 떨어내야 할 것을 긁어 떨어내지 않고,

④ 상처를 감싸주지 않고,

⑤ 때맞추어 연기를 피워주지 않고,

⑥ 좋은 풀 무성한 풀을 알지 못하며,

⑦ 안온한 곳을 알지 못하고,

⑧ 소가 건너야 할 지점을 알지 못하며,

⑨ 적당한 때를 알지 못하고,

⑩ 젖을 짤 때 남겨두지 않고 다 짜며,

⑪ 때없이 부리는 것이다.

비구도 마찬가지다.

① 4대 색신을 알지 못하고,

② 어리석은 행과 지혜로운 행을 분별하지 못하며,

③ 눈을 단속치 못해 재앙을 불러일으키고,

④ 소리를 듣고, 냄새 맡으며, 맛보고 감촉을 느끼며,

⑤ 뜻으로 법을 알지 못해 어지러운 생각을 일으키고 고치지 않고,

⑥ 탐·진·치를 떠나지 않으며,

⑦ 알고 있는 법을 남에게 설법하지 않고,

⑧ 4념처를 알지 못하며,

⑨ 8정품을 알지 못하며,

⑩ 12부경을 알지 못하고,

⑪ 천한 집 도박장을 알고 왕래하며 음식에 탐착하며 만족을 모르면 덕높은 사람들의 사랑을 받지 못하고, 이 법안에서 이익을 얻을 수 없다."

고 하고 다음과 같이 게송으로 말씀하셨다.

"소를 먹이되 방일하지 않으면 소 주인은 큰 복을 얻는다.
여섯 마리가 6년 후면 60마리가 되기 때문이다.
만일 비구가 계율을 성취하고 선정에서 자재를 얻으면
6난이 고요해져 6년 동안 6신통을 얻는다."

〈1〉

"만일 비구가 위의 11가지 법을 성취하면 반드시 성장하게 될 것이다.
① 아란야에 살고,
② 걸식하며,
③ 한 곳에 앉고,
④ 하루 한 끼만 먹으며,
⑤ 한낮에 먹고,
⑥ 집을 가려 걸식하지 않으며,
⑦ 3의만 입고,
⑧ 나무 밑에 앉으며,
⑨ 한적한 곳에 앉고,
⑩ 누더기를 입으며,
⑪ 혼자 무덤가에 사는 것이다.
만일 비구가 11년 동안 이렇게 살면 현재의 몸으로 아나함을 얻고, 몸을 바꾸면 아라한을 이룰 것이다.
옛날 다살아갈 등정각께서도 이 11가지 법을 통해 등정각을 얻었으니 그대들도 그렇게 하도록 노력해야 할 것이다."

〈2〉

부처님께서 기수급고독원에 계시면서 사리불 · 목건련 · 대가섭 · 아나율 · 리월 · 가전연 · 만원자 · 우바리 · 수보리 · 라운 · 아난 · 제바달다가 각각 그의 무리들을 거느리고 경행하는 것을 보고
"젖은 젖으로 어울리고, 소(酥)는 소로 어울리는구나."

하고 비구들에게 '보라'고 하셨다.

"보아라. 저들은 대부분 두타행을 실천하고 있는데, 오직 제바달다의 제자들이 호화로운 모습으로 악의에 찬 걸음을 띠고 있구나."

하고 게송을 읊으셨다.

"나쁜 벗 어리석은 이들과 함께 하지 말라.
착한 벗 지혜로운 이와 함께 하라.
본래 악하지 않던 사람도 악한 사람 가까이 하면
차차 그 이름 악하게 퍼져 몸 둘 곳이 없으리라."

이에 제바달다를 따르던 30명 비구가 참회하고 정진하여, 아라한과를 증득하였다.

〈3〉

부처님께서 구류사 법행성에 500비구와 함께 계실 때 상사리불(象舍利弗)이 속인 생활로 돌아갔을 때 아난이 탁발 나가니 그는 두 여자의 어깨에 몸을 기대고 있다가 자리를 둘려 앉았다.

아난은 탁발을 마치고 세존께 가서 말했다.

"그는 열심히 정진하고 들은 것이 많고, 성품과 행실이 부드럽고 온화하니, 항상 범행자로써 설법하기를 그칠 줄 몰랐는데, 어찌하여 그렇게 되었는지 알 수 없습니다."

"아라한이 되지 못했기 때문이다. 그는 이레 뒤면 다시 나를 찾을 것이다. 그는 전생의 업에 끌려 그렇게 되었을 뿐이다."

과연 그는 이레 뒤 부처님께 찾아와 과거를 뉘우치고 재출가하여, 아라한이 되었다.

그런데 상사리불이 탁발을 나가니 한 범지가 보고

"엊그저께 퇴속했던 사람이 또 오늘은 어떤 여인을 구하려 탁발하는가."

하고 속으로 비웃고 사람들에게 악소문을 퍼뜨렸다.

이에 상사리불이 그에게 게송을 읊었다.

"안목도 방편도 없이 나쁜 생각으로 범행을 헐뜯는 자여,
쓸데없는 길은 스스로 지으면 오래도록 지옥의 고통 받는다."

이 말을 들은 마을 사람들이 상사리불에게 나아가 물었다.
"아라한도 타락합니까?"
"아라한은 타락하는 일이 없다. 배우는 사람에게는 옛 인연을 만나면 혹 타락하는 수가 있다."
하고 다음과 같이 게송을 읊었다.

"세속 선정 아무리 노니더라도 끝내 번뇌에서 벗어나지 못한다.
멸진도를 얻지 못하면 5욕을 다시 익히기 때문이다.
섶나무가 없으면 불붙지 않고, 뿌리가 없으면 가지가 생기지 않듯
석녀는 아이를 밸 수 없고, 아라한은 번뇌를 받지 않는다."

사람들이 물었다.
"상사리불은 먼저도 5신통을 구족했는데."
"그렇다. 그때는 6신통을 구족하지 못했기 때문에 인연에 끄달린 것이다.
서로 어느 것이 중요한 줄 모르고 외도들의 술수만 익혔으니.
지혜로운 사람은 그런 짓 않는다는 것을 깊이 깨달아 알았다."

〈4〉

부처님께서 기수급고독원에서 여러 비구들께 인연법을 설했다.
"무명을 인연하여 행이 이루어지고, 행을 인해 식 · 명색 · 6입 · 촉 · 수 · 애 · 취 · 유 · 생 · 노 · 사 · 우 · 비 · 고 · 뇌가 있다.
무명은 고락의 발생과 소멸을 잘 알지 못하는 것이고,
행은 신 · 구 · 의 3업이며,

식은 6식이고,
명색은 수・상・념・접촉・사유이며, 색은 4대이다.
6입은 6근입이고,
촉은 6근의 접촉이며,
수는 고・낙・사이고,
애는 욕애・유애・무유애이며,
취는 집착이고,
유는 욕유・색유・무색유이며,
생은 5음이 새로 태어난 것이고,
노는 이가 빠지고 털이 세어지는 것이며,
사는 숨이 거두어지는 것이다.

아난은 이 법이 그렇게 깊지 않다고 하는데, 옛날 수염 아수라왕이 해와 달을 들자 바라문이 그의 허리춤 밖에 차지 않았다. 아들 구나라가 아버지 허리춤까지 차지 않는 바다 속에서, 내가 목욕하리라 장담한 일이 있어 잘못하다가는 거기 빠져 죽는다고 말린 일이 있다. 아난아, 쉽게 보지 말고 깊이 생각해 보라. 인연법은 참으로 깊고 묘하느니라."

〈5〉

부처님께서 죽림정사에서 5백 비구와 함께 계실 때, 천문지리에 능통한 시라 범지가 시녕 선비와 함께 5백 동자들을 가르치며, 빈비사라왕의 공급을 받고 있었다.

부처님께서 널리 중생을 제도하신다는 말씀을 듣고 와서 물었다.

"바라문들은 범천에서 태어났다고 자랑하며, 자기들만이 이 세상에 제일 귀하다 합니다."

"결혼할 때는 그런 것을 따질지 모르나, 나의 문중에서는 그런 것을 따지지 않는다. 타고 날 때는 귀천이 있을지 모르나, 바르게 말하고 착한 행동한 사람이 귀한 사람이고, 악한 행동을 하고 삿된 말하는 자는 천한 사람이다. 평민이 노예된 자도 있고, 노예가 귀인이 된 자도 있으니, 전쟁의 승패가 사람들을 그렇게 만들고 있다."

〈6 ①〉

증일아함경 제47권

49. 방우품 ②

시녕 범지가 부처님과 부처님 제자를 초청해 공양 준비를 하고 있었다.

그때 시라 범지가 부처님 법문을 듣고 출가하기를 희망하니, 500제자도 그렇게 하겠다고 하여 모두 한꺼번에 계를 받고 불제자가 되었다.

그런데 그때 한 부인이 아이를 배 가지고 물었다.

"저 같은 이도 우바새 우바이가 될 수 있겠습니까?"

"유쾌하거라. 이 복의 과보여, 원대로 결과는 있어
차츰 안온한 곳에 이르러 근심과 액난 영원히 없으리라.
죽으면 천상에 나리니 어떤 마군도 그를 죄에 떨어지지 않게 하리라.
온갖 방편으로 성현의 거룩한 지혜 얻어 괴로움 근본 없애고 8난을 벗어난다."

〈6 ②〉

부처님께서 기수급고독원에 계실 때 말씀하셨다.

"하루에 한 끼 먹으면 몸이 가볍고 기력이 강성해지리라."

그때 발제바라가 말했다.

"저는 힘이 없어 하루에 한 때만 먹을 수 없습니다."

"너는 시주 집에 가면 1분만 먹고 1분을 가지고 오너라."

"그렇게 할 수는 없습니다."

"그러면 너에게 만은 계를 어기는 것을 허락하겠다. 하루 세 때 먹도록 하여라."

그때 가루타이가 해질 무렵 성중에 들어가 걸식하였다. 날이 차차 어두워졌을 때 우다이도 탁발하러 갔는데, 비바람이 몰아치는 가운데 검정 얼굴빛을 가진 우다이를 본 임부가, 밥을 가지고 나왔다가 귀신인줄 알고 놀라 아기를 사산하였다. 세상에 소문이 나쁘게 퍼졌다.

"부처님 제자가 남의 집 아이를 주술로 떼어 죽게 하였다."

"요즘 출가인들이 절도가 없으니 속인과 무엇이 다르랴?"

부처님은 우다이를 불러 꾸짖었다.

"옛날 옛적부터 모든 부처님들이 한 자리에서 한 끼만 먹고 살았으니, 너희들도 그렇게 하되 삼매로써 양식을 삼아야 하리라."

우다이가 청했다.

"시간을 정해주세요."

"점심때만 먹으라. 반드시 구걸하여 먹으라. 먹은 뒤에 다시 얻더라도 두 번 먹어서는 안된다."

3개월 후 발제바라가 아난의 안내로 부처님께 참회하고, 부처님께 이런 게송을 말씀하셨다.

"생사가 끊어지지 않는 것, 이것이 탐욕이다.
원망과 미움으로 악을 키우는 것, 어리석은 사람이 익히는 것이다."

발제바라는 그 길로 12두타행을 배워 아라한이 되었다.

〈7〉

부처님께서 앙예촌에 500비구와 함께 계실 때 말씀하였다.

"사문에는 습행(習行) 사문과 서원(誓願) 사문이 있으니 4위의 가운데서 철저히 계율을 지키는 것이 습행 사문이고, 맹세코 아라한이 된 이를 서원 비구라

한다.”

하고 게송을 말씀하셨다.

사문은 식심(息心)이라 하니, 악을 영원히 끊은 것이고
범지는 청정이라 하니, 온갖 어지러운 생각을 버린 것이다.

〈8〉

부처님께서 석시 가비라월 니구류원에 계실 때 제바달다가 와서 청했다.

“저도 출가하여 도를 배우고 싶습니다.”

“너는 집에 있어 단월이 되는 것이 좋겠다.”

제바달다는 속으로 “부처님은 시기 질투가 있구나. 머리를 깎아주지 않으면 내 손으로 깎고 스스로 사문이 된 뒤에, 누더기를 입고 걸식 나온 수라타 비구에게 청했다.

“저를 위해 설법하여 오랫동안 안온을 얻게 하소서.”

수라타 비구는 위의와 예절에 대해 간단히 설명해주고

“이 법을 깊이 사유하여 가지고 버릴 것을 잘 분별하여야 한다.”

“원컨대 존자께서는 저에게 신통을 가르쳐 주소서.”

“먼저 마음의 가볍고 무거운 것을 관찰하고, 다음에 4대의 경중을 닦고, 자재삼매로 수행한 뒤 용맹삼매·심의삼매(心意三昧)·자계삼매(自戒三昧)를 순서적으로 닦으면 신통을 얻을 것이다.”

제바달다는 가르쳐 준대로 빠뜨리지 않고, 열심히 공부하여 신통을 얻었다. 그리하여 그 힘으로 33천에 올라가, 우발연화와 구모두화 등을 가져다가 아사세 태자에게 바치고, 스스로 그 몸을 동자의 몸으로 변하여, 태자의 무릎 위에 앉기도 하니, 여기 감동한 아사세는 궁녀들과 함께 제바달다를 부처님처럼 받들고 예배 공양하였다. 소문이 퍼지자 부처님께서 듣고 경계하였다.

“이양을 탐하고 신통을 부러워하는 자는 3악도에 떨어진다. 배운 것을 좋게 쓰는 자는 복이 있지만 잘 못쓰면 화가 온다.”

제바달다는

"사문 구담이 시기 질투가 나서 그런 소리 하는 것이다. 나와 구담이 무엇에 차이가 있단 말인가?"

사리불과 목건련이 제바달다가 있는 곳으로 가니 지극히 환영하고,

"내 대신 설법 좀 해 달라. 나는 피곤하니 잠깐 누워 쉬어야겠다."

하고 누웠는데 코를 골고 깊이 잠이 들었다. 사리불과 목건련은 잠든 틈을 이용해 그의 제자들과 함께 돌아왔다. 잠에서 깨어난 제바달다는 흥분하여 말했다.

"내 기필코 원수를 갚을 것이다."

이것이 저 첫 번째 지은 제바달다의 5역죄이다. 그런데 이렇게 화를 내고 나자 그만 신통이 없어졌다.

부처님께서 말했다.

"제바달다는 금생만 그렇게 성중을 무너뜨린 게 아니라 다겁생에 원한을 품어왔다."

아니나 다를까 제바달다가 아사세 태자에게 말했다.

"옛날에는 사람의 수명이 길었지만 지금은 매우 짧아졌습니다. 만일 아사세 태자께서 하루아침 목숨을 마친다면, 임금 노릇 한 번 해보지 못하고 죽을 것이니, 세상에 태어나 보람이 없지 않습니까. 나는 여래를 죽이고 부처가 될 것이니, 태자께서도 부왕을 죽이고 임금님이 되옵소서."

태자는 순간 마음이 변하여, 문지기를 시켜 부왕을 감옥에 가두고 스스로 왕이 되었다. 내신들이 말했다.

"저 아들은 태어나지 말았어야 할 아들인데 결국 아버지를 죽이고 말겠군."

그래서 미생원(未生怨), 아자타사투라 부르게 된 것이다.

부왕을 가둔 것을 본 제바달다는 기사굴산으로 올라가, 세존 계신 곳에 길이 30주 넓이 15주 되는 큰 돌을 집어던졌다. 산신 금비라가 있다가 손을 펴 온몸으로 돌을 막았다. 그런데 부셔진 돌 한 조각이 여래의 발에 떨어져 상처를 입혔다. 이것이 두 번째 5역죄다.

실패하자 제바달다는 왕궁에 이르러 아사세 왕에게, 검은 코끼리 한 마리를 달라하여 술을 취하게 한 뒤, 걸식 나온 구담을 밟아죽이게 하려 했다. 그런데

코끼리가 부처님을 보더니 그 앞에 나아가 무릎을 꿇고 엎드려, 부처님 발에 절하고 발을 핥아주었다.

"코끼리야 이 용을 해치지 말라. 용과 코끼리는 나타나기 어렵나니
용을 해치지 않으면 좋은 곳에 태어나리라."

이 광경을 본 사람들이 말했다.

"등정각은 결코 남의 해침을 받지 않는구나."

제바달다는 화가 나서 누워 있다가 손톱에 독약을 바르고, 가마를 타고 석가 부처님 계신 곳으로 가자고 하였다. 아난 존자가 보고

"참회하러 옵니다."

고 하니 부처님께서 말씀하였다.

"그는 결코 여기 오지 못하고 그만 세상을 떠날 것이다."

과연 그는 가마를 타고 오다가 가마에서 내리는 순간, 땅이 떡 벌어지며 불과 연기가 솟아 산채로 지옥에 떨어졌다.

그런데 부처님께서 말했다.

"그는 지옥에 떨어지면서 '나무불' 하고 소리를 지르다가, '불'자를 못하고 '나무'만 한 덕으로 무간지옥에서 고생하다가, 차차 상승하여 마지막에는 '천왕여래'라는 부처가 되리라."

〈9〉

"만일 중생들이 자애로운 마음으로 해탈하고, 그 이치를 널리 펴서 남을 위해 연설하면 열한 가지 과보를 얻는다.

① 누워도 편안한 것,

② 깨어도 편안한 것,

③ 나쁜 꿈을 꾸지 않는 것,

④ 하늘의 보호를 받는 것,

⑤ 사람도 사랑하는 것,

⑥ 독약을 먹지 않는 것,
⑦ 무기의 상해를 받지 않는 것,
⑧ 물, ⑨ 불, ⑩ 도적의 침해를 입지 않는 것,
⑪ 몸이 무너진 뒤에 범천에 태어나는 것이다."

〈10〉

증일아함경 제48권

50. 예삼보품(禮三寶品)

"만일 어떤 사람이 절에 와서 예배하려면 열한 가지 법으로 하라.
① 잘 견디어 용맹심을 일으키는 것,
② 한결같은 마음으로 어지럽지 않는 것,
③ 지관심으로 전일하게 생각하는 것,
④ 삼매심으로 생각을 영원히 쉬는 것,
⑤ 지혜로 한량없는 데까지 나아가는 것,
⑥ 형상을 말미암아 뜻의 어려움을 관찰하는 것,
⑦ 위의를 통해 뜻이 맑고 고요한 것,
⑧ 명칭대로 흐트러지지 않게 하는 것,
⑨ 색을 인해 상상(想像)이 없는 것,
⑩ 부드러운 음성을 말미암기 때문에
⑪ 범음도 미치기 어려운 것이다."

〈1〉

또 열한 가지를 생각한 뒤 예배하여야 한다.
① 교만을 제거하고,
② 애욕을 제거하며,
③ 탐욕을 제거하고,
④ 생사의 깊은 흐름을 끊으며,
⑤ 평등법을 얻고,
⑥ 악취를 끊으며,
⑦ 좋은 곳에 이르고,
⑧ 욕망의 그물을 끊으며,
⑨ 유위에서 무위에 이르고,
⑩ 밝아 비추지 않는 곳이 없게 하며,
⑪ 마침내 열반에 이르게 한다.
이렇게 예배하면 한량없는 복을 얻는다."

〈2〉

"승가에 예배할 때도 11가지 법을 집중하여 생각한 뒤에 예배해야 한다.
① 여래의 제자는 바른 법을 성취하고,
② 상하가 화합을 생각하며,
③ 법과 법을 성취하고,
④ 계율을 성취하며,
⑤ 삼매를 성취하고,
⑥ 지혜를 성취하며,
⑦ 해탈을 성취하고,
⑧ 해탈지견을 성취하며,
⑨ 3보를 보호하고,
⑩ 외도의 학을 항복받으며,
⑪ 중생의 좋은 복밭이 되는 것이다."

〈3〉

바가바께서 마갈국 밀제라성 동쪽 대천원에서 1,250인과 함께 계셨다. 공양을 마치고 아난과 함께 동산을 걷다가 갑자기 웃으시자 아난이 물었다.

"무슨 이유로 웃으십니까?"

"과거 현겁 초에 대천이란 전륜성왕이 온 천하를 다스리고 있었을 때, 동자 때도, 태자 때도, 왕위에 올라서도 각각 8만 4천 세를 지냈다. 그는 머리에 흰 털이 나면 출가 하겠다고 생각했기 때문에, 옆에 겁북(劫北)이라는 신하를 두고 점검하도록 하였다. 왕은 태자 관계(冠髻)에게 왕위를 넘기고 출가하였다. 그런데 갑자기 7보가 없어지므로 관계가 놀라 아버지 전륜성왕께 말하니,

① 가난한 이에게 보시하고,

② 백성들께 효도를 가르치며,

③ 철따라 제사를 잘 지내고,

④ 인내를 잘 가르치며,

⑤ 음욕 ,

⑥ 질투,

⑦ 어리석음을 버리게 하라고 하였다.

관계가 이렇게 행하자 다시 7보(輪·象·馬·珠·女·主藏·典兵寶)가 나타나 대대로 나라를 잘 다스렸으니, 그것이 곧 나와 인연이 있어 웃었노라."

〈4〉

"큰 지옥에 갈 사람에 넷이 있다.

① 말가리 죄인,

② 제사 비구,

③ 제바달다,

④ 구파리 죄인이 그들이다.

말가리 죄인은 몸에서 불꽃이 60주(肘)나 되고, 제사는 40, 제바달다는 30, 구파리는 20이나 된다. 말가리는 무수한 중생을 유무의 논리로 삿되게 가르친 죄이고, 제사는 발우를 산산이 부순 죄고, 제바달다는 화합을 깨드리고 아라한 비

구니를 죽인 죄와, 여래에 대해 해칠 마음을 가진 죄고, 구파리는 사리불과 목건련을 비방한 죄다.

이들은 제1차 본 지옥을 지내고 나면, 염광·등해·아비·발투마 지옥에 다시 떨어져 고통을 받을 것이며, 옥졸들이 산채로 혀를 뽑고, 몸을 찢고, 구리쇠물을 심장에 붓고, 철환도 먹게 할 것이다. 또 뜨거운 쇠바퀴로 몸을 쓸고 쇠절구공이로 몸을 찧으면 사나운 코끼리가 몸을 짓밟고, 뜨거운 큰 철환이 얼굴을 짓누르고, 뜨거운 구리쇠판으로 몸을 둘둘 말아 머리를 쇠바퀴로 끊는 것이다.

또 절굿공이로 몸을 부수고 술취한 코끼리 떼로 해치고 짓밟을 것이며, 큰 돌을 던져 온몸을 깨고 연화지옥에 들어가, 천 마리의 소가 끄는 보섭으로 혀를 갈고, 바닷물 속에 잠겨 놓을 것이다. 이것이 네 종류의 사람들이 죄를 받는 모습이다."

〈5〉

"나는 이렇게 지옥의 내용을 소상이 알고, 지옥에 가는 길, 지옥중생의 근본을 모두 안다. 만일 어떤 중생이 온갖 악하고 착하지 않는 행을 지으면, 몸이 무너지고 목숨이 끝난 뒤에 지옥에 들어가게 된다.

축생·아귀·인간·천상에 가는 길, 열반에 나아가는 길을 안다. 축생은 어리석기 때문이고, 아귀는 탐욕, 인간은 정직, 천상은 선행, 열반은 바른 길을 걷기 때문이다."

〈6〉

뿌리가 훌륭하고 껍질이 두껍고 가지가 넓게 드리우고 덮지 않는 것이 없고, 잎이 무성한 큰 나무가 있듯이, 보시·믿음·계율·들음이 있으면 지혜가 더욱 자라나게 될 것이다."

〈7〉

"무라파군 비구는 비구니들과 어울려 놀았다. 사람들이 무어라 하면

'음행 정도는 죄가 되지 않는다.'

고 큰 소리를 쳤는데 부처님께서 그를 불러 크게 나무랬다.

'음행은 출가자가 즐길 일이 아니다. 이것은 마치 뱀을 잘못잡는 사람이 뱀에게 물리는 격이다. 그러니 너는 12부경을 깊이 외우고 이해하고 금계를 지키라.'"

〈8〉

생극 범지가 물었다.

"과거에는 몇 겁이 있었습니까. 부처님께서는 3세를 말씀하셨는데."

"만일 내가 이 겁에서 시작하여 저 겁에 이르기까지 계산한다면, 그대가 죽었다 낳다 수백 번을 하더라도 다 계산하지 못한다. 미래의 겁수도 마찬가지다."

"겁에는 몇 가지나 있습니까?"

"성・주・괴・공 4겁이 있다."

〈9〉

또 어떤 비구가 겁에 대해 묻자 구류손・구나함모니・가섭・석가모니・미륵 부처님에 대해 설명해주셨다.

〈10〉

증일아함경 제49권

51. 비상품(非常品)

"비구들아 너희들은 그동안 생사에 유전하며 흘린 눈물을 생각해 보았느냐?"

"갠지스강의 물보다 더 많습니다."

"훌륭하다. 부모와 하직하고 형제・자매・아내・자식과 이별하며 친척들과 관계에서 흘린 눈물도 훨씬 그보다 더 많으리라.”

〈1〉

“생사 중에서 흘린 피도 마찬가지다.”

〈2〉

“무상을 생각하라. 욕애·색애·무색애가 모두 무상한 것이니 모두 끊으라. 그리하면 무명과 교만이 없어질 것이다. 마치 불 속에서 초목이 타는 것과 같이, 옛날 청정음향이라는 국왕이 있었는데, 8만 4천 대신과 채녀를 거느리고 있으면서도 자식이 없었다. 그래서 천지신명에게 지극히 기도했더니, 33천에 있던 수보리라는 천인이 숨을 거두면서 그곳에 태어났으나, 전생의 소망이 출가하여 도를 깨닫는 것이므로, 나무 밑에 나아가 정진하다가 그대로 반열반에 들었다.

그래서 전륜성왕의 장례법을 따라 화장하고, 4거리에 탑을 세워 공경 공양하였으니, 그의 공덕이 전륜성왕·성문·벽지불보다 뛰어났기 때문이다. 그는 곧 석가모니 부처님의 전신이었다.”

〈3〉

“만일 비구가 마음에 다섯 가지 폐(心五弊)와 5결(結)을 끊지 못한다면, 갈수록 선법이 줄어지게 되어 있다.

① 여래에 대한 의심.

② 법에 대한 의심.

③ 승가 대중에 대한 의심.

④ 금계에 대한 의심.

⑤ 마음과 뜻이 인정되지 못한 것이다.

5결은 첫째, 게으른 것, 둘째, 방편을 구하지 않는 것, 셋째, 거짓말을 좋아하고, 넷째, 잠자기를 즐기는 것, 다섯째, 감각문이 불안정 하여 시끄러운 장터에 있기를 좋아하는 것이다.

〈4〉

"혹 어떤 왕의 위엄이 널리 미치지 못하면, 도적이 다투어 일어나는 것과 같이, 비구가 정진하지 않고 계를 지키지 아니하면, 마침내 도를 도적맞아 비법이 성하게 될 것이다."

〈5〉

"차라리 항상 잠을 잘지언정 혼란한 생각으로 사유하지 말라. 몸이 무너지면 악도에 빠지기 때문이다."

〈6〉

아나빈기 장자가 네 아들에게 말했다.

"너희들이 3보에 귀의하면 순금 1천 냥을 주겠다."

"귀의하지 않겠습니다."

"5천 냥을 준데도?"

"꼭 귀의해야 할 이유가 무엇입니까?"

"한량없는 복을 받게 되기 때문이다."

그래서 장자는 네 아들을 데리고 부처님께 나아갔다.

"건타위에는 이라발용왕의 창고가 있고, 밀체라국에는 반조창이 있으며, 수뢰타국에는 빈가라, 바라내국에는 낭가라는 큰 창고가 있어 거기 보물이 꽉 차, 염부제인들이 4년 4개월 4일을 두고 꺼내도 그 보물을 다 꺼낼 수가 없다. 그런데 장차 미륵 부처님께서 출세하시면 계두왕이 나타나, 여러 가지 선정을 할 것인데 4방의 창고가 모두 이 네 아들의 창고가 될 것이다."

이 말은 들은 장자와 아들들은 뛸 듯이 기뻐하였다.

〈7〉

아나빈기 장자가 몸에 중병을 앓고 있었다.

사리불이 아난과 함께 문병 갔다.

"어떠십니까. 병이 더하지나 않습니까?"

"더욱 심해지고 있습니다."

"그런 때일수록 여래와 3보를 생각하고 4쌍8배의 해탈과 해탈지견을 생각하십시오. 만일 여기 의존하여 모든 경·식에 분별심이 없으면 근심 걱정이 사라지게 될 것입니다."

그 말을 들은 아나빈기는 슬피 눈물을 흘렸다.

"진실로 감격해 눈물이 납니다."

아난이 말했다.

"세간에는 두 종류의 사람이 있습니다. 첫째는 즐거움을 아는 사람이고, 둘째는 괴로움을 아는 사람입니다. 즐거움을 익힌 자는 야수제 족성자이고, 괴로움을 익힌 자는 바가리 비구입니다. 야수제는 공을 깨닫고, 바가리는 믿음을 통해 해탈했습니다. 만일 해탈하면 다시 생을 받지 않으니, 두 곳을 깊이 생각하여 해탈하시기 바랍니다."

그는 곧 33천에 태어나 하늘의 즐거움을 만끽했다. 그는 하늘에서 내려와 게송을 읊었다.

"여기는 바로 기원정사, 여러 선인들이 즐겨 노는 경계
법왕께서 다스리는 곳이니 기쁘고 즐거운 맘 내리."

그는 기원정사를 일곱 바퀴 돌고 하늘로 다시 올라갔다.

〈8〉

그때 아나빈기 장자에게는 선생이란 이름을 가진 며느리가 있었다.

그런데 그는 바사닉왕의 제일가는 신하의 딸로 시집 왔으나, 시집 법을 따르지 않고 이교도 법을 행하고 있었다. 그래서 장자가 부처님과 그 제자들을 청하고 며느리에게 말했다.

"부처님과 성중께 인사드려라."

며느리가 인사하고 부처님 근처에 자리를 정하자 부처님께서 말씀하셨다.

"세상에 어머니와 같은 부인이 있고, 친척과 같은 부인, 도적과 같은 부인, 노비와 같은 부인이 있다. 노비와 같은 부인은 남편 섬기기를 주인 섬기듯 하

고, 도적과 같은 부인은 남편 섬기기를 도적과 같이 하며, 나머지도 그와 같이 한다. 어머니와 같은 부인, 노비와 같은 부인을 보면 천신이 옹호하고 사랑하므로, 모든 사람들이 공경하게 되었다."

선생은 이날 법문을 듣고 그 마음을 낮게 가져, 노비와 같은 여자로 남편 섬기기를 주인과 같이 하였다.

〈9〉

사리불이 부처님께 말씀하였다.

"부처님은 늘 부호 장자에 대한 말씀을 많이 하시고 중간과 천민에 대한 말씀을 많이 하시지 않았습니다. 이제 중·하민을 위해 출가의 도를 가르치고자 합니다."

"사리불아, 상·중·하 모두가 죽음의 고통이 있고, 이별의 고통이 있다. 단지 깨달음은 줄지언정 어느 편을 들어서는 아니된다."

〈10〉

증일아함경 제50권

52. 대애도반열반품(大愛道般涅槃品) ①

부처님께서 비사리성 보회강당에 계실 때, 고대사에서 500명 비구니를 거느리고 있던 대애도가 부처님을 뵙고 청하였다.

"부처님께서 3개월 후에 반열반 하신다는 말씀을 들었는데, 저희들로서는 차마 볼 수 없는 일입니다. 죄송하오나 저희들이 먼저 열반에 들겠아오니 허락하여 주십시오. 저희들은 모두 아라한과를 증득하였습니다. 그러니 제가 직접 계를 설할 수 있도록 승낙하여 주십시오."

"조금도 차질이 없게 하라."

"다시는 포태에 들지 않아 뵈올 수 없게 될 것 같습니다."

부처님 주위를 일곱 번 돌고 비구니 회상에 나아가

"나는 오늘 반열반에 드려 하니 너희들은 각기 가고 싶은 곳으로 가라."

차마·우발색·가리시·발타란자·바라자라·가전연·사야 비구니 등도 가서, 부처님께 승낙을 받고 와서, 강당에 들어가 대애도의 신통을 보고 반열반에 들자, 비사리성 야수제 대장이 500평상과 좌구·소·기름·병·수레·향·섶나무를 준비하여 여래께 보시하자, 그것으로 초상을 치게 되었는데, 강당에는 난타와 우반난타 두 사미가 있다가, 대장이 들어오는 것을 보고 몸을 날려, 그 역시 해탈하니 화장하여 사리를 부처님께 바쳤다.

부처님께서 게송을 읊으셨다.

"제행은 무상하다. 한 번 나면 반드시 멸한다.
나지 아니하면 멸하지 않으니 이것이 진실로 즐거움이다."

하고 탑을 세워 공양케 하였다.

〈1〉

부처님께서 기수급고독원에 계실 때, 전생일을 훤히 안 바타 비구니가 500명의 비구니를 거느리고 있다가 말했다.

"91겁 중에 비바시 여래가 태어났을 때 이 세계의 이름은 반두마였고, 여래께서는 16만 8천 명의 대중을 거느리고 설법하였습니다. 그때 범천 동자가 보배 일산을 손에 들고 다녔으나, 누구하나 보아주는 자가 없고, 어떤 거사의 부인이 일산을 들고 다닐 때는 그를 유심히 보아주었다.

그래서 동자는 비바시 부처님께 나아가 꽃과 향을 바치고, 이렛 동안 기도하고 33천에 여자의 몸을 받아, 천수·천색·천락·천복·천자제를 얻어 그 모습이 뛰어나자 서로 그 부인을 삼으려 하였소. 그래서 천왕께서 미묘법을 연설한 이에게, 이 여자를 주겠다고 하니 천자들은 서로 게송을 읊었다.

일어나거나 앉거나 자나 깨나 즐거움이 없네.
만일 내가 깊은 잠에 빠진다면 그때나 욕심 없을까.

또 다른 천자가

너는 지금 일부러 잠에 들어 즐거움 누리려하지만
나는 지금 일어나 그리운 생각이 마치 전장에서 북치는 것과 같네.

또 다른 천자가

전장 북은 그칠 때나 있지만
빠른 속도로 치달리는 욕심
흐르는 물 그치지 않는 것과 같네.

또 다른 천자가

물은 큰 나무를 떠내려 보내도 오히려 멈출 때 있지만
내 생각 그리워하는 자는
죽은 코끼리 눈깜박이는 것과 같네.

또 다른 천자가

그대들 별 소리 다하지만 나는 알지 못하겠네.
죽었는지 살았는지.

그러나 천녀는 누구에게 가지 않고 천왕궁으로 들어갔다.

그런데 그때의 그녀가 오늘의 나인 것을 깨닫고 웃었소. 나는 31겁 중에 식힐 여래 때도, 바사라바 여래 때도, 여러 몸으로 태어나 불승들께 공양하고 오늘 무생의 법을 깨닫게 되었다."

〈2〉

"겁이 길고 짧음은 4방 1유순의 성중에 가득찬 겨자씨를 1백 년에 한 번씩 가져가 다 없어지는 사이 계산하더라도 다 할 수 없다."

〈3〉

증일아함경 제51권

52. 대애도반열반품 ②

"부처님 겁이 길고 멉니까?"

"마치 1방 1유순 되는 큰 돌을 안개와 같은 옷을 입은 사람이 100년 만에 한 번씩 스쳐 다 달아 없어진다 하더라도 계산할 수 없다."

〈4〉

"수시로 법을 들으면 다섯 가지 공덕이 있다.

① 듣지 못한 법을 듣는 것,

② 들은 법은 받들어 가지는 것,

③ 의심을 제거하는 것,

④ 삿된 소견을 끊는 것,

⑤ 매우 깊은 법을 얻게 되는 것이다.

〈5〉

부처님께서 비사리성 마하바나원에 계실 때, 사자 대장이 찾아오자 부처님께서 단월의 다섯 가지 공덕에 대해서 말하셨다.

① 시주의 이름이 멀리 퍼지는 것,
② 시주자는 어떤 곳에 가더라도 두려워하는 마음이 없는 것,
③ 사랑을 받아 모든 사람들의 우러르는 바가 되는 것,
④ 즐거움과 괴로움을 깨닫는 것,
⑤ 진리를 사실대로 깨닫는 것이다.

시주자는 내생에
① 얼굴이 아름답고 호귀한 집안에 태어나 위신이 서고,
② 무엇이고 하고 싶은 것이 되며,
③ 인간에 태어나면 부귀하고,
④ 재물이 풍족하고 보배가 많으며,
⑤ 말대로 순종 작용하게 된다."
고 하고 다음과 같이 게송을 읊으셨다.

"평등보시는 거스름이 없고 성현을 만나 해탈하게 된다.
사람에게는 선악행이 있어 마땅히 그 과보를 받게 된다.
보시는 사람들이 기뻐하고 사랑하며 칭송하니
어디를 가나 의심없고 누구에게나 질투심이 없다."

〈6〉

부처님께서 기수급고독원에 계실 때 바사닉왕이 찾아와서 물었다.

"보시는 어떤 곳에 해야 합니까?"

"평등하게 하되 5개(蓋)를 벗어나, 4마(魔)를 항복받은 지혜로운 이들께 보시하면 더욱 공덕이 큽니다."

하고 다음과 같이 게송을 읊으셨다.

"마음은 모든 법의 근본이 되니, 마음 속에 악을 생각하면
그 과보가 바퀴처럼 따라와 괴롭고
마음 속에 착한 일 생각하면 그 행도 그렇게 되어
그림자가 형체를 따르듯 합니다."

〈7〉

바사닉왕은 서모의 아들 1백 명을 죽이고 크게 후회하였다.

"걱정만 할께 아니라 세존께 나아가 참회하리라."

하고 부처님께 나아가자 부처님께서 설법하였다.

"사람의 목숨은 매우 위태롭고 연약한 것입니다. 33천은 10만 년 환활지옥은 5천 년 모두가 괴로움 투성입니다. 그러니 대왕은 자신이나, 부모 · 처자 · 국토 · 백성들로 하여금 죄업을 행하지 않게 하십시오. 석밀은 처음에는 달아도 뒤에는 씁니다. 인생의 핍박은 주술 · 전투 · 약초로 꺾을 수 없습니다. 생 · 노 · 병 · 사야 더 말할 것 없지요. 살생하면 단명하고 도둑질하면 가난해지며, 바람피우면 단정치 못한 가족을 거느리게 되고, 거짓말 하면 신용을 얻지 못합니다. 지혜로운 이는 보시하고 계를 지켜, 모든 사람들의 존경과 사랑을 받습니다. 죽은 사람들과 산 사람들을 위해 복업을 닦으면 더 큰 공덕을 얻을 것입니다."

〈8〉

바사닉왕이 부처님께 말했다.

"저는 어젯밤 열 가지 꿈을 꾸고 매우 근심하였습니다.

① 세 가마솥 가운데 좌우 가마솥은 가득차 끓고 있는데 가운데 것은 비어 있었고,

② 말이 입과 엉덩이로 무엇인가를 먹고 있었으며,

③ 큰나무에 꽃이 피어 있는 것이 보였고,

④ 작은 나무에 열매가 맺혀 있는 것을 보았으며,

⑤ 어떤 사람이 밧줄을 끌고 가고 그 뒤에 따라가는 양의 주인이 밧줄을 먹고 있는 것을 보고,

⑥ 여우가 금 평상에 앉아 금 그릇에 담긴 음식을 먹는 것을 보았으며,

⑦ 큰 소가 송아지의 젖을 빨고 있는 것을 보고,

⑧ 검은 소 떼가 4방에서 몰려와 울부짖고 싸우려 하다가 흩어졌으며,

⑨ 큰 늪의 물이 복판은 흐리고 4방은 맑았고,

⑩ 개울물이 시뻘겋게 흐르는 것을 보았습니다.

점성가들은 왕과 왕자 황태후가 죽을 꿈이라 하면서 태자와 부인, 대신이나 종을 죽여 천왕께 제사를 지내라 하였습니다."

"이 꿈은 장차 다가올 후세의 조짐인데, 후세 사람들이 법을 두려워하지 않고 음일(淫泆)하고, 처자에 탐착하고 마음껏 놀고도, 만족할 줄 모르고 시기 질투하여, 자신의 잘못을 부끄러워 할 줄 모르면서도, 청렴결백한 사람들을 버릴 징조입니다.

솥은 식기이므로 가운데 솥이 빈 것은, 부모·형제·자매와는 속이 빈 것처럼 지내면서도 남들하고는 가까이 지내고, 좌우 사람들과 음식을 나누어 먹고 산다는 말입니다.

말이 두 군데로 음식을 먹는다는 것은, 관리들이 안팎으로 녹을 먹는 것을 말하고, 큰 나무의 꽃은 백성들이 고역을 당하자 일찍 늙어 죽는 것이고, 작은 열매는 여인들이 어려서 아기를 갖는 것이고, 밧줄은 길고 양의 주인이 밧줄을 먹는다고 한 것은 밖에 나간 남편이 없는 틈을 타서 피자가 바람을 피우는 것이며, 금 평상에 앉은 여우는 양민이 노비가 되고 천민이 자리에 앉는 것이며, 큰 소가 송아지 젖을 먹는 것은 어머니가 매파가 되어 다른 남자를 딸에게 소개, 그 재물을 얻어먹는 것이고, 검은 소 떼는 국왕 대신들이 서로 어울려 청렴결백하지 못한 것이고, 기후가 고르지 못한 것은 황충이 나타나 곡식이 여물지 않는 것이고, 4방에서 구름이 나타난 것은 가뭄에 비를 기다리는 백성들을 의미합니다.

그러니까 변괴를 통해 행실을 고치고 선을 지켜 계를 가지고 천지를 두려워할 줄 알아서 나쁜 길에 들지 않고, 곧고 청렴하게 제 분수를 지키고 한 아내

와 남편을 가지고, 자애로운 마음으로 성내지 않고 살라는 것이 여덟 번째 꿈이고, 늪지대 사람들은 흐린 중앙의 관리이고, 변방의 사람들은 효도 충성하는 백성들을 말하며, 빨간 물은 전쟁입니다.

그러므로 만일 후세 사람들이 불도를 믿고, 경전에 밝은 도인들을 받들어 섬기면 죽어서 천상에 날 것이고, 그렇지 못하면 3악도에 들어가 고생할 것입니다.

이 꿈은 미래의 일을 이렇게 미리 보인 것이니, 임금님께서 깨닫고 나라와 백성을 위해 모범을 보이면, 그와 같은 일들이 모두 없어지게 될 것입니다."

〈9〉